图解薪酬激励

―――――――――――
·工具与方法应用全书·

 王胜会 ◎ 编著

中国水利水电出版社
www.waterpub.com.cn
·北京·

内 容 提 要

科学技术日新月异，企业人力资源管理亟需创新，设计开发并高效应用薪酬激励工具与方法可以最大限度地调动员工的积极性、主动性，提高其创造力，进而促进企业可持续发展。本书设计并绘制了薪酬激励管理的大模型和全景图，深度剖析了薪酬激励的痛点和兴奋点，提供了最新最全的薪酬激励工具与方法，并创新性地运用插画、图形和表格解析薪酬激励的逻辑与操作步骤，研究对标案例，给出应用薪酬激励工具与方法的落地技巧。

本书适合缺少工具、方法和案例的薪酬经理；亟待突破"专业瓶颈""职业天花板"的HR专业工作者；刚入职场的HR新手，人力资源管理及相关专业的在校大学生、研究生；还有人力资源课程设计和授课的企业培训师与大学教师；以及重视薪酬激励管理提升业绩成果的企业高层领导者、各业务部门负责人和项目团队管理者；还可以为咨询机构的薪酬激励管理与企业人力资源管理方向和相关领域的咨询顾问等提供有益参考。

图书在版编目（CIP）数据

图解薪酬激励：工具与方法应用全书 / 王胜会编著．
北京：中国水利水电出版社，2025.8. -- ISBN 978-7
-5226-3572-9

Ⅰ．F272.923-64

中国国家版本馆 CIP 数据核字第 2025JG1078 号

书　　名	图解薪酬激励——工具与方法应用全书 TUJIE XINCHOU JILI—GONGJU YU FANGFA YINGYONG QUANSHU
作　　者	王胜会　编著
出版发行	中国水利水电出版社 （北京市海淀区玉渊潭南路 1 号 D 座 100038） 网址：www.waterpub.com.cn E-mail：zhiboshangshu@163.com 电话：（010）62572966-2205/2266/2201（营销中心）
经　　售	北京科水图书销售有限公司 电话：（010）68545874、63202643 全国各地新华书店和相关出版物销售网点
排　　版	北京智博尚书文化传媒有限公司
印　　刷	河北文福旺印刷有限公司
规　　格	185mm×260mm　16 开本　29.25 印张　652 千字
版　　次	2025 年 8 月第 1 版　2025 年 8 月第 1 次印刷
印　　数	0001—3000 册
定　　价	89.80 元

凡购买我社图书，如有缺页、倒页、脱页的，本社营销中心负责调换

版权所有·侵权必究

序 言

在科技迅猛发展的今天，企业如同逆水行舟，既会面临惊涛骇浪的挑战，也会迎来顺风顺水的机遇。企业管理层深谙此道，因此对于运用尖端人力资源管理之兵器与法门，以策动内政革新、显著提升行事效率的渴望愈加急迫。他们不仅希望这些工具能够高效、精准地管理人力资源信息，更寄希望于借助大数据、云计算和人工智能（AI）等尖端技术，推动人力资源管理的智能化、自动化与高效化，以适应复杂多变的市场环境，提升企业的核心竞争力。

随着企业人力资源管理的持续创新，管理者们愈发聚焦于通过绩效管理、薪酬激励、人才招聘及培训开发等核心环节，精心设计、开发并创新应用管理工具与方法。这些举措旨在深度挖掘员工的潜能，实现人才资源的优化配置，进而全面提升企业的整体绩效。本书选题源于对当前市场环境及企业实际需求的深刻理解和精准把握，旨在为企业带来前沿、实用的人力资源管理工具与方法，助力企业实现持续发展与人才价值的最大化。

对工具与方法的掌控和利用是绵延几千年人类智慧的结晶，然而，工具与方法本身并不涉及价值判断，关键在于人如何高效地对其加以应用。要想做好事情，必须先有合适的工具与方法，并熟能生巧，进而形成工作习惯和创新思维。《荀子·劝学》中有"君子生非异也，善假于物也"的表述，君子之所以不同于一般人，是因为他们善于利用外物，包括各种工具与方法技巧，以及人、财、物、数据和信息等资源。因此，人们应该充分发挥自己的主观能动性，善用工具与方法技巧，追求更好的效果、效益与职业生涯发展。

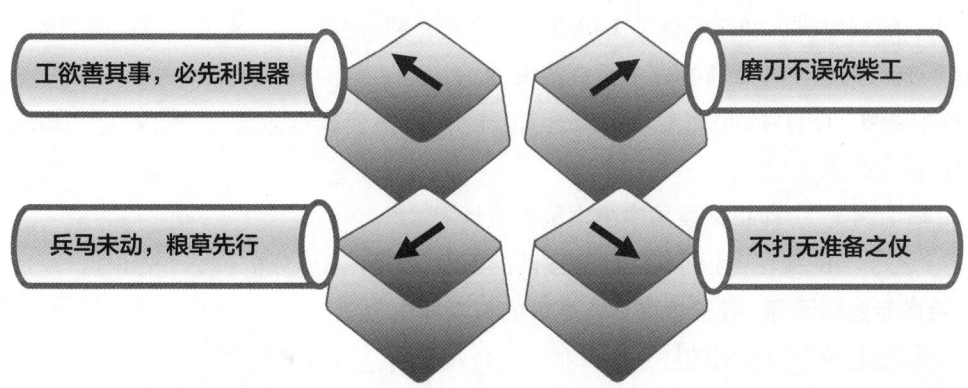

1. 工欲善其事，必先利其器

"工欲善其事，必先利其器"这句话深刻阐明了工具的重要性。对于企业人力资源管理而言，选择和应用合适的管理工具与方法，并不断更新迭代，才能适应企业日益增长的管理需求和改进变革。

2. 磨刀不误砍柴工

本书将从多个维度全面剖析企业在薪酬激励、人才招聘与培训开发等核心业务方面的痛点和兴奋点。针对这些关键点，本书将提供具体的解决方案和实用的操作工具与方法技巧，助力企业打通人力资源管理的"任督二脉"，实现管理效能的加速飞跃。

3. 兵马未动，粮草先行

面对日益复杂多变的市场环境，本书还将重点强调人力资源管理的战略规划和前瞻性布局，帮助企业制定出符合目前实际又未雨绸缪的人力资源管理策略和解决方案。同时，分享一些成功企业的经典案例和近几年新商业模式下的新赛道、新风口、新创企业的最佳实践，以便读者能够从中汲取灵感，更好地应对未来的挑战。

4. 不打无准备之仗

本书将深度融入 AI、大数据、数字化等新技术在企业人力资源管理领域的应用。这些技术工具与方法的引入，不仅能够大幅度提升人力资源管理的效率和准确性，还能够帮助企业实现更为精准的人才匹配、个性化的培训开发和科学的高绩效管理。

本书在体例设计、"案例"编制和阅读感受方面，还有以下五大亮点。

1. 本书体例：即特色模块的设计

包括问题与痛点，以及最佳实践、疑难杂症、望闻问切、决策重点、执行要点、落地关键点等模块形成的多种组合。

2. "最佳实践"：即特色模块中案例的设计

（1）"最佳实践"案例名称的编写：既有世界 500 强企业的最佳经验案例，名称直接用"华为、格力、东阿阿胶、谷歌、IBM、微软"等，也有作者编写的企业实践经验案例，名称模糊用"××公司"或虚拟编撰名称用"XY 公司、HUI 公司"等。

（2）"最佳实践"案例内容的编写：大而全。案例关键词包括标题、背景、问题、特点、创新做法、流程阶段、操作步骤、关键点、风险点、利益点、启示启发、总结展望等。

3. "对标案例"：即正文标题中案例的设计

"对标案例"的编写：小而美。相较于"最佳实践"案例，"对标案例"的内容少、知识面窄，但知识点精准提炼。

4. "举个例子"：即正文段落中小案例的设计

"举个例子"的编写：小而精。即一段话的案例，用于阐述分析一个小知识点。

5. 特邀专业插画师：带给读者朋友更好的视觉冲击效果

特邀宋凝老师作为本书的插画设计师，负责视觉传达设计并绘制。

作品的设计包括大模型、工具箱、方法锦囊和正文中图形、表格的细节等。

综上所述，本书不仅顺应了当前企业人力资源管理的实际需求，还紧跟高新技术的发展趋势，旨在为读者提供一套全面、先进、实用的人力资源管理工具与方法。我们相信，通过本书的学习和实践，读者能够在相关领域取得显著的进步和成就。

前　言

人是目的，薪酬激励是手段。员工不是企业实现目标的工具，而是企业发展的最终目的。因此，薪酬激励工具与方法的设计必须以人为本，以满足员工的需求和提升其工作动力为出发点。薪酬不仅仅是对员工工作的回报，更是对员工价值和贡献的认可。

人不是工具，薪酬激励需要考虑个性化。每位员工都是独一无二的个体，他们有着不同的需求、动机和期望。因此，薪酬激励不能一刀切，而应该根据员工的个性化需求进行设计。例如，有的员工可能更看重基本工资的稳定性，而有的员工则更希望获得与绩效挂钩的奖金或股票期权。因此，薪酬激励工具与方法需要灵活多样，以满足不同员工的需求。

在薪酬激励管理实践过程中，企业缺少薪酬激励工具与方法的表现有以下五个方面：

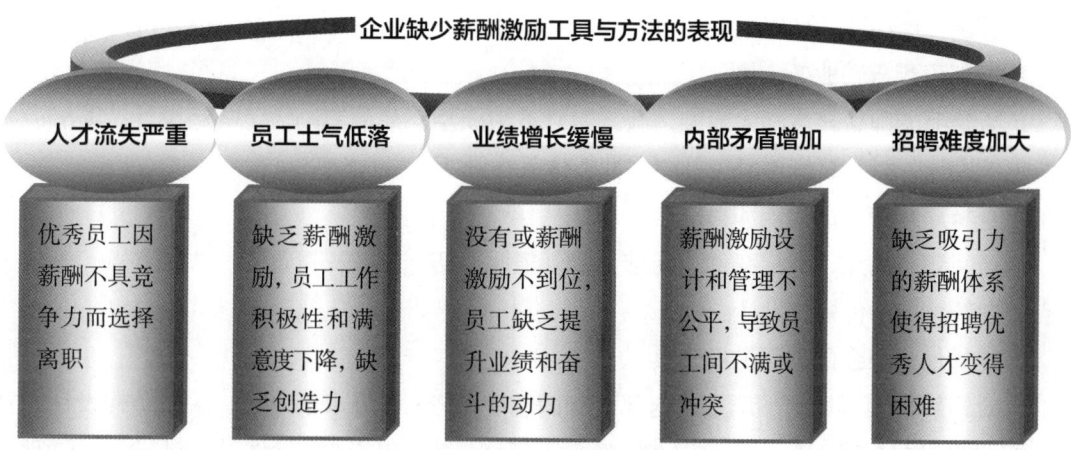

正如彼得·德鲁克所说："企业管理的核心就是人力资源管理，而人力资源管理的核心就是如何吸引、留住和激励优秀员工。"而亚伯拉罕·马斯洛的需求层次理论指出："满足员工的生理和安全需求，特别是经济安全，是激发其更高层次需求和动机的基础。"

企业薪酬经理和人力资源（HR）要科学合理、高效地用好薪酬激励工具与方法。薪酬应与员工的绩效紧密相连，以激励员工更好地完成工作任务。通过设定明确的绩效指标和相应的薪酬标准，可以让员工清楚地知道自己的努力方向和目标。薪酬激励制度必须公平且透明，以确保每个员工都能得到公正的待遇。员工对薪酬制度的信任和满意度将直接影响他们的工作积极性和忠诚度。薪酬激励制度不仅要关注当前的激励效果，还要考虑企业的长远发展和员工的职业成长。通过设定长期激励计划，如员工持股计划（Employee Stock Ownership Plan，ESOP）、利润分享等，可以引导员工关注企业的长期发展，并与企业共同成长。

《论语》有言："不患寡而患不均。"这句话启示我们，薪酬激励的价值不仅在于给予员工物质回报，更在于确保这种回报的公平性和合理性。一个科学、公正的薪酬体系能够增强员工的归属感和满意度，进而提高工作效率和创造力。此外，薪酬激励还能作为企业战略实施的有力支撑，帮助企业吸引和留住优秀人才。

《孙子兵法》有言："故善战者，求之于势，不责于人。"在企业管理中，善于运用薪酬激励的管理者会借助这一工具与方法来营造积极的组织氛围和竞争态势。通过合理的薪酬设计，管理者可以明确地向员工传达企业的期望和价值观，引导员工的行为与企业目标保持一致。这种"势"的营造，能够显著提升员工的工作表现和团队的凝聚力。

"天下熙熙，皆为利来；天下攘攘，皆为利往。"这句古语揭示了人们对利益的追求是普遍存在的。在企业管理中，合理的薪酬激励能够带来显著的效益。它不仅能够激发员工的潜能，提高工作绩效，还能够增强企业的竞争力和市场地位。更重要的是，通过薪酬激励，企业可以建立起与员工共同成长的良性循环，实现长期的可持续发展。

可见，薪酬激励工具与方法在企业人力资源管理中具有不可替代的作用和价值。通过深度剖析其作用、价值、应用效果和效益，我们可以更加清晰地认识到薪酬激励对于企业成功的重要性。本书应运而生，工具性强、方法实用。本书中关于薪酬激励的四个关键词包括"绘制""剖析""提供""给出"。

1. 绘制薪酬激励业务全景

包括卷毛老师薪酬激励大模型、薪酬激励五力模型、薪酬激励大工具箱设计、薪酬激励方法锦囊设计，以及薪酬调研工具应用框架体系插画等。

2. 剖析薪酬管理的痛点和兴奋点

包括问题与痛点、对标案例、疑难杂症、望闻问切，以及决策重点、执行要点、落地关键点等创新性的特色模块设计。

3. 提供最新最全的薪酬激励工具

包括外部薪酬市场水平调查、内部薪酬满意度调查；薪酬水平设计、薪酬结构设计、宽带薪酬设计；岗位工资制、技能工资制、绩效工资制、结构工资制、计件工资制、薪点工资制、提成工资制、年功工资制、谈判工资制；ESOP、股票期权计划、期股计划、管理层收购；经营者年薪制、专业技术人员薪酬设计、销售人员薪酬设计；平行团队薪酬设计、流程团队薪酬设计、项目团队薪酬设计；AI岗位人员薪酬设计工具、大数据岗位人员薪酬设计工具等。

4. 给出最新最全的薪酬激励方法

包括领导决定法、集体洽谈法、专家咨询法；岗位排列法、岗位分类法、职位参照法、因素比较法、要素计点法、海氏三要素法、IPE职位评价系统、CRG职位评价系统、全球职位评价系统、美世国际职位评估法；奖金制度设计、津贴管理、补贴管理；法定福利管理、弹性福利计划、企业特色福利设计；精神激励方法、薪酬设计与员工职业生涯发展挂钩方法等。

《道德经》中有："太上，不知有之；其次，亲而誉之；其次，畏之；其次，侮之。信不足焉，有不信焉。悠兮，其贵言。功成事遂，百姓皆谓：'我自然'。"薪酬激励有工具、用方法，而且可以通过规章制度、程序、步骤、数据、公式，以及框架、模型等呈现出来；本书还有更多员工看不到、摸不着却实实在在的激励理念、创新机制、落地模式、执行原则，即最好的薪酬激励工具与方法，员工并不知道其存在，但能真真切切地感受到。从企业可持续发展的角度来看，应用薪酬激励工具与方法助力企业成长为生态组织有以下三条路径：

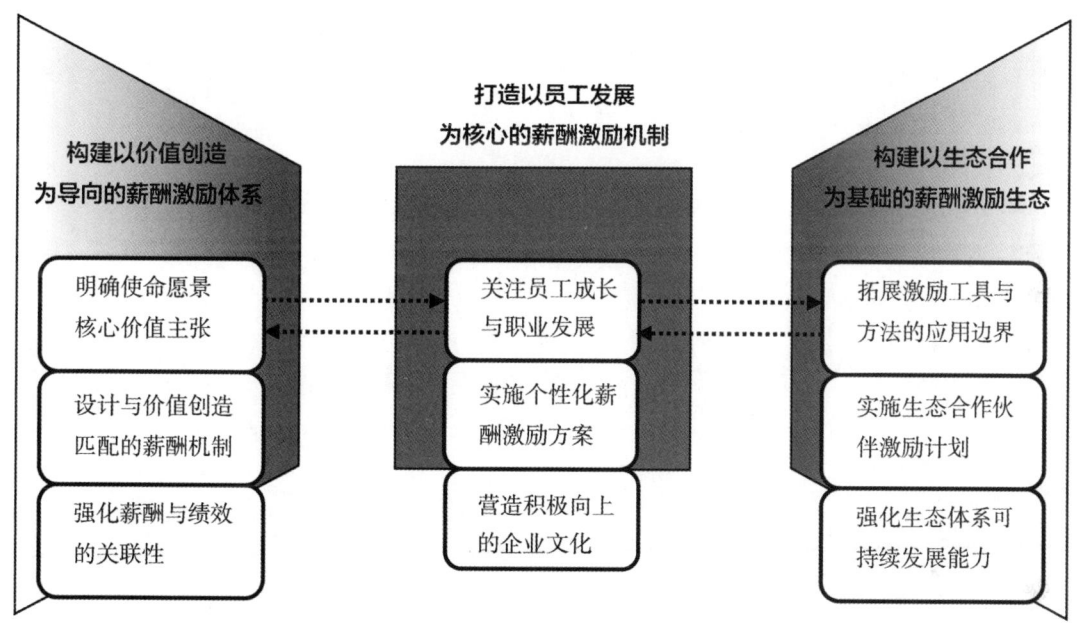

综上所述，本书具备实用性、可读性、透彻性、创新性、工具方法的落地性，以及对标案例的丰富性，相信本书定能为广大读者提供宝贵的指导和有益的启示。

目　录

第1章　薪酬管理系统设计 ... 1

卷毛老师薪酬管理大模型 ... 3

1.1 薪酬管理五大关键 ... 4

 1.1.1 痛点：薪酬激励不到位亟待解决 ... 4

  对标案例　××公司绩效工资改革遭遇多方阻挠 ... 6

 1.1.2 痒点：薪酬设计挑战与困境并存 ... 8

 1.1.3 兴奋点：激发员工内驱力的关键点 ... 11

  对标案例　华为公司的股权激励计划 ... 12

 1.1.4 发展新质生产力：薪酬的驱动力 ... 13

  对标案例　××国企借力薪酬激励工具与方法发展新质生产力 ... 15

 1.1.5 AI加速度：激励技术开发 ... 16

  对标案例　××企业薪酬管理AI化实践与趋势展望 ... 19

1.2 薪酬激励效益性分析 ... 21

薪酬激励五力模型 ... 23

 1.2.1 对外具有"竞争力" ... 24

 1.2.2 对内具有"公平力" ... 24

 1.2.3 对员工具有"驱动力" ... 24

 1.2.4 对成本具有"控制力" ... 24

 1.2.5 对管理具有"法治力" ... 25

  对标案例　××企业点线面立体化薪酬激励模式 ... 25

1.3 薪酬激励大工具箱设计 ... 27

 1.3.1 薪酬激励工具发展的四大趋势 ... 28

 1.3.2 薪酬激励26大工具 ... 29

1.4 薪酬激励方法锦囊 ... 31

 1.4.1 薪酬激励方法的创新 ... 32

 1.4.2 薪酬激励21种方法 ... 33

第2章 薪酬调查工具的应用 35

薪酬调查工具应用框架体系插画 37
问题与痛点：如何既控制薪酬成本又留住优秀人才 38

2.1 外部薪酬市场水平调查 38
2.1.1 调查目标、对象、岗位及内容 39
2.1.2 四种具体方式 40
2.1.3 四种分析方法 41

> 对标案例　×× 企业 ×× 岗位的薪酬频次分析 41
> 对标案例　×× 公司会计岗位工资调查数据排列 42

2.1.4 五步操作流程 45
2.1.5 两大注意事项 49

> 对标案例　×× 公司外部薪酬市场水平调查设计流程 50
> 对标案例　×× 机构外部薪酬市场水平调查问卷 51

2.2 内部薪酬满意度调查 53
2.2.1 薪酬满意度调查的作用、内涵、对象及内容 53
2.2.2 五种调查方法 54
2.2.3 六大关键要点 55
2.2.4 七步操作流程 56
2.2.5 问卷设计注意事项 57

> 对标案例　×× 公司员工薪酬满意度调查问卷 58

决策重点：薪酬调查费用预算与审批 60
执行要点：薪酬调查问卷统计与分析 61
落地关键点：薪酬调查工作人员的培训 62

第3章 薪酬水平结构设计工具的应用 65

薪酬水平结构设计工具应用框架体系插画 67
问题与痛点：如何确保薪酬水平结构的设计发挥效用 68

3.1 薪酬水平设计 68
3.1.1 薪酬水平与对外竞争力分析 68
3.1.2 影响企业薪酬水平的六个因素 69
3.1.3 影响个人薪酬水平的七个因素 70
3.1.4 薪酬水平高低的四个衡量指标 70
3.1.5 薪酬结构线与薪酬五分位 72
3.1.6 薪酬水平定位的四种策略 73
3.1.7 薪酬总额承受能力分析 74

> 对标案例　两类企业承受能力控制标准对比 75

目录

  3.1.8 薪酬总额效益指标设计 ... 75
3.2 横向结构薪酬组成设计 ... 77
  3.2.1 高稳定性薪酬结构 ... 77
  3.2.2 高弹性薪酬结构 ... 79
  3.2.3 折中性薪酬结构 ... 80
  3.2.4 管理序列薪酬结构及计算公式 ... 81
  3.2.5 职能序列薪酬结构及计算公式 ... 82
  3.2.6 技术序列薪酬结构及计算公式 ... 83
  3.2.7 操作序列薪酬结构及计算公式 ... 85
  3.2.8 销售序列薪酬结构及计算公式 ... 86
3.3 纵向结构薪酬等级设计 ... 87
  3.3.1 分层式薪酬等级 ... 87
  3.3.2 宽泛式薪酬等级 ... 88
  3.3.3 以职位为主导的薪酬等级 ... 88
  3.3.4 以能力为主导的薪酬等级 ... 89
  3.3.5 以业绩为主导的薪酬等级 ... 91
  3.3.6 薪酬等级数目设计 ... 92
  3.3.7 薪酬级差中位值设计 ... 94
  3.3.8 薪酬等级标准设计 ... 95
  3.3.9 薪酬等级宽度设计 ... 96
  3.3.10 薪酬等级创新性优化方案 ... 97
3.4 宽带薪酬设计 ... 98
  3.4.1 纵向宽带与横向宽带 ... 98
  3.4.2 薪酬宽带的数目与幅度级差 ... 100
  3.4.3 宽带薪酬落地的操作流程 ... 101
  3.4.4 宽带薪酬成功实施的条件 ... 101
最佳实践：××公司劳动力市场薪酬水平调研报告 ... 102
最佳实践：××生产制造企业薪酬结构范例 ... 104
最佳实践：领航科技公司薪酬等级结构设计 ... 105
最佳实践：××公司宽带薪酬设计实施方案 ... 105

第4章 工资制度设计工具的应用 ... 109
工资制度设计工具应用框架体系插画 ... 111
问题与痛点：如何通过分析应用场景以选择适合的工资制度 ... 112
4.1 岗位工资制设计 ... 113
  4.1.1 岗位等级工资制 ... 113
  4.1.2 岗位薪点工资制 ... 113

		4.1.3	岗位工资设计的九个步骤	114
		4.1.4	工资等级设计的三个因素	115
		对标案例	××企业岗位等级划分	116
		对标案例	××企业工资等级标准	116
	4.2	技能工资制设计		117
		4.2.1	技能工资制设计的基础、目标和步骤	117
		4.2.2	技术工资	118
		4.2.3	能力工资	118
		4.2.4	实施技术工资制的六个前提	118
	4.3	绩效工资制设计		119
		4.3.1	三大优势	119
		4.3.2	四种形式	120
	4.4	结构工资制设计		121
		4.4.1	四大优势	121
		4.4.2	六个组成部分	122
	4.5	计件工资制设计		122
		4.5.1	计件工资制分析的三个维度	122
		4.5.2	计件工资制的12种形式	124
		4.5.3	差额单价计件的三种形式	125
		对标案例	××公司计件工资核算标准	126
		对标案例	××公司计件工资日报表	127
	4.6	薪点工资制设计		127
		4.6.1	薪点构成的五个要素	127
		4.6.2	薪点工资计算公式	128
		4.6.3	薪点工资构成的四个部分	128
		4.6.4	基本岗点和技能点的确定	129
		4.6.5	薪点工资设计流程的七个步骤	129
	4.7	提成工资制设计		130
		4.7.1	超额提成和全额提成	131
		4.7.2	实施提成工资制的三个关键要素	131
	4.8	年功工资制设计		132
		4.8.1	设计理念	132
		4.8.2	实施要点	132
		4.8.3	优势分析	132
		4.8.4	挑战与应对策略	133
		对标案例	日本企业实施年功工资制的特色	133

目录

- 4.9 谈判工资制设计 ... 135
  - 4.9.1 三个特点 ... 135
  - 4.9.2 优点和缺点 ... 135
  - 4.9.3 适用场景分析 ... 136
- 最佳实践：××公司生产人员工资激励方案范例 ... 136

第5章 股票期权股权设计工具的应用 ... 141

股票期权股权设计工具应用框架体系插画 ... 143

问题与痛点：如何实现长效激励与长期合作共赢 ... 144

- 5.1 ESOP ... 145
  - 5.1.1 ESOP的十项内容 ... 145
  - 5.1.2 非杠杆型与杠杆型ESOP ... 148
  - 5.1.3 ESOP的应用价值和设计原则 ... 149
  - 5.1.4 实施ESOP操作的七个步骤 ... 150
- 5.2 股票期权计划 ... 151
  - 5.2.1 股票价格与行权价 ... 151
  - 5.2.2 股票期权计划的九种类型 ... 151
  - 5.2.3 股票期权计划的激励对象 ... 152
  - 5.2.4 股票期权计划的12大事项 ... 153
  - 5.2.5 股票期权计划的操作步骤 ... 154

  对标案例　TT硅谷科技公司经理股票期权计划 ... 154

- 5.3 期股计划 ... 156
  - 5.3.1 期股的四个特点 ... 156
  - 5.3.2 期股区别于股票期权 ... 156
  - 5.3.3 经营者期股获取模式 ... 157
  - 5.3.4 期股计划的应用场景 ... 158
- 5.4 管理层收购 ... 158
  - 5.4.1 管理层收购的三种方式 ... 159
  - 5.4.2 管理层收购的六种融资渠道 ... 159
  - 5.4.3 实施管理层收购的条件和注意事项 ... 160
  - 5.4.4 实施管理层收购的八个步骤 ... 161

第6章 个性化薪酬设计工具的应用 ... 163

个性化薪酬设计工具应用框架体系插画 ... 165

问题与痛点：如何针对不同类型员工实施有效薪酬激励 ... 166

- 6.1 经营者年薪制 ... 167
  - 6.1.1 年薪制的四个特点 ... 168

6.1.2	年薪收入的构成	168
6.1.3	基本年薪的设计	168
6.1.4	效益年薪的设计	169
6.1.5	福利津贴的设计	169
6.1.6	年薪制的五种模式	169

> 对标案例　××公司管理人员年薪设计方案 171

6.2 专业技术人员薪酬设计 174
- 6.2.1 专业技术人员的薪酬模式 174
- 6.2.2 技能取向型薪酬模式设计 174
- 6.2.3 价值取向型薪酬模式设计 175
- 6.2.4 技术成果提成设计 176

6.3 销售人员薪酬设计 176
- 6.3.1 五种结构形式 177
- 6.3.2 优缺点分析 177
- 6.3.3 适用性分析 178

> 对标案例　××公司销售人员薪酬管理办法 178

最佳实践：××公司薪酬激励实施方案范例 181
最佳实践：真芯互联网公司"00后"新员工薪酬激励策略 185
望闻问切："00后"新世代员工的痛点与薪酬设计 186

第7章　团队薪酬设计工具的应用 189

团队薪酬设计工具应用框架体系插画 191
问题与痛点：如何实现团队激励提升整体效能 192

7.1 平行团队薪酬设计 193
- 7.1.1 四种典型的组织结构 193
- 7.1.2 薪酬设计的四项原则 194
- 7.1.3 薪酬体系设计要素 195
- 7.1.4 薪酬设计实施步骤 196
- 7.1.5 薪酬设计的注意事项 197

7.2 流程团队薪酬设计 198
- 7.2.1 典型组织结构成员 199
- 7.2.2 薪酬结构 199
- 7.2.3 薪酬设计实施步骤 200
- 7.2.4 薪酬设计的注意事项 201

7.3 项目团队薪酬设计 202
- 7.3.1 组织结构的三种典型 202
- 7.3.2 薪酬设计的三个要点 202

目录

7.3.3	项目奖金设计的三个要素	203
7.3.4	项目团队薪酬水平综合设定	204
7.3.5	项目团队薪酬动态调整分析	205
7.3.6	项目团队薪酬设计的五个步骤	206
7.3.7	项目团队薪酬设计15个关键点	207

最佳实践：YY上市公司多种类型团队薪酬设计方案 207
决策重点：三种类型团队薪酬方案的优点与局限性 210
执行要点：确保三种类型团队薪酬方案激励到位 211
落地关键点：整合三种类型团队薪酬的人财物资源 213

第8章 其他岗位人员薪酬设计工具的应用 217

其他岗位人员薪酬设计工具应用框架体系插画 219
问题与痛点：如何实现新兴岗位的创新性激励 220

8.1 AI岗位人员薪酬设计 222
- 8.1.1 AI岗位的设计 222
- 8.1.2 AI岗位胜任力模型 225
- 8.1.3 薪酬设计考量的五个要素 226
- 8.1.4 岗位总薪酬计算公式分析 226
- 8.1.5 薪酬方案实施流程的七个阶段 227
- 8.1.6 薪酬方案落地执行的八个步骤 228

最佳实践：××公司AI岗位的薪酬激励机制 229

8.2 大数据岗位人员薪酬设计 231
- 8.2.1 大数据岗位的设计 231
- 8.2.2 大数据岗位胜任力模型 232
- 8.2.3 薪酬设计的五个影响因素 233
- 8.2.4 岗位薪酬方案与计算公式 234
- 8.2.5 薪酬方案实施的关键环节 236

最佳实践：××公司大数据岗位的薪酬体系创新 237
望闻问切：新兴岗位薪酬激励模型和模式的设计 240

第9章 薪酬体系设计方法的应用 243

薪酬体系设计方法应用框架体系插画 245
问题与痛点：如何避免薪酬体系与企业所处生命周期脱节 246

9.1 领导决定法 248
- 9.1.1 特点和优缺点 248
- 9.1.2 四个实施要点 248
- 9.1.3 三类应用场景 249
- 9.1.4 管理者素质 249

XV

| 对标案例 | AB 公司基于领导决定法的薪酬体系设计 250

9.2 集体洽谈法 251
    9.2.1 特点和优缺点 251
    9.2.2 五个实施要点 252
    9.2.3 应用场景 252
    | 对标案例 | AC 公司采用集体洽谈法的薪酬体系设计 253

9.3 专家咨询法 254
    9.3.1 特点和优缺点 254
    9.3.2 五个实施步骤 255
    9.3.3 三大注意事项 256
    | 对标案例 | AD 公司引进专家咨询法的薪酬体系设计 256

9.4 个别洽谈法 258
    9.4.1 特点和优缺点 258
    9.4.2 适用情境和对象 259
    9.4.3 三大注意事项 260
    | 对标案例 | AE 公司运用个别洽谈法确定核心技术人员的薪酬体系 260

最佳实践：××公司薪酬体系设计流程与权责利明细 262
望闻问切：科学、合理、高效的企业薪酬体系设计 263

第10章 岗位评价方法的应用 267

岗位评价方法应用框架体系插画 269
问题与痛点：如何优选岗位评价方法夯实薪酬激励基础 270

10.1 岗位排列法 271
    10.1.1 实施步骤 271
    10.1.2 定限排列法和成对排列法 271
    10.1.3 成对排列法应用实践 273

10.2 岗位分类法 273
    10.2.1 实施步骤 273
    10.2.2 岗位分类法应用实践 274

10.3 职位参照法 274
    10.3.1 三个阶段九个步骤 274
    10.3.2 应用职位参照法的注意事项 275

10.4 因素比较法 276
    10.4.1 优点与局限性分析 276
    10.4.2 应用因素比较法的步骤 277
    10.4.3 应用因素比较法的注意事项 278

目 录

- 10.5 要素计点法 278
  - 10.5.1 要素计点法的工作场景及应用价值 279
  - 10.5.2 应用要素计点法的关键 279
- 10.6 海氏三要素法 280
  - 10.6.1 系统付酬因素及子因素 280
  - 10.6.2 工作评价指导量表 281
  - 10.6.3 岗位形状构成与权重分配 283
  - 10.6.4 应用海氏三要素法的步骤 284
- 10.7 IPE职位评价系统 285
  - 10.7.1 职位评价指标 285
  - 10.7.2 职位评价标准 287
  - 10.7.3 职位评价技术方法 287
  - 10.7.4 数据处理 287
- 10.8 CRG职位评价系统 288
  - 10.8.1 评估流程五个步骤 288
  - 10.8.2 评价标准及指标 288
  - 10.8.3 优点与局限性 290
- 10.9 全球职位评价系统 290
  - 10.9.1 GGS五等级架构 290
  - 10.9.2 GGS的特点与应用价值 291
  - 10.9.3 应用GGS的五项规则 292
- 10.10 美世国际职位评估法 292
  - 10.10.1 选择因素的四个依据 292
  - 10.10.2 四个必需的主要因素 293
  - 10.10.3 十个维度的界定分析 293
  - 10.10.4 实施流程操作步骤 294
- 最佳实践：××公司技术岗位评估量表 295
- 最佳实践：××公司生产岗位评估量表 297
- 最佳实践：敏捷科技公司岗位价值评估与薪酬设定 299

第11章 奖金、津贴、补贴管理方法的应用 301

- 奖金、津贴、补贴管理方法应用框架体系插画 303
- 问题与痛点：如何实现奖金、津贴、补贴的投入产出比最大化 304
- 11.1 奖金制度设计 306
  - 11.1.1 设计奖金制度的依据 306
  - 11.1.2 九种划分类型 306
  - 11.1.3 奖金总额计算方法 307

- 11.1.4 奖金体系设计内容 ... 307
- 11.1.5 年终奖的计算公式 ... 308
- 11.1.6 年终奖的发放依据和形式 ... 308

11.2 津贴管理 ... 309
- 11.2.1 津贴的多种类型 ... 310
- 11.2.2 津贴设计的步骤 ... 310
- 11.2.3 四大注意事项 ... 311

11.3 补贴管理 ... 311
- 11.3.1 补贴管理体系五大要素 ... 311
- 11.3.2 补贴项目的八种形式 ... 312
- 11.3.3 补贴管理的四个注意事项 ... 313

最佳实践：WA科技公司奖金、津贴和补贴管理方案 ... 313

第12章 员工福利管理方法的应用 ... 315

员工福利管理方法应用框架体系插画 ... 317

问题与痛点：如何设计福利把每一分钱花在刀刃上 ... 318

12.1 法定福利管理 ... 319
- 12.1.1 法定福利的主要种类 ... 319
- 12.1.2 休息休假相关规定 ... 319
- 12.1.3 五险一金缴纳比例 ... 321
  - 对标案例 ××公司保险基金台账 ... 321
- 12.1.4 法定福利管理原则 ... 322

12.2 弹性福利计划 ... 323
- 12.2.1 弹性福利计划的种类及优缺点 ... 323
- 12.2.2 弹性福利计划的操作要点 ... 323

12.3 企业特色福利设计 ... 324
- 12.3.1 员工奖励设计要避免的九类错误 ... 325
- 12.3.2 员工奖励设计的八项要求 ... 325
- 12.3.3 不同年龄段员工的福利设计 ... 326

最佳实践：谷歌公司的特色福利项目体系 ... 326

决策重点：福利体系设计影响因素分析 ... 328

执行要点：先落实法定福利再补充其他福利项目 ... 329

落地关键点：实施员工福利管理的七个步骤 ... 331

第13章 精神激励与职业生涯挂钩方法的应用 ... 335

精神激励与职业生涯挂钩方法应用框架体系插画 ... 337

问题与痛点：如何实现少花钱多办事强激励 ... 338

13.1 精神激励方法 ... 339
13.1.1 四个要点和三项原则 ... 339
13.1.2 多种激励方式 ... 340
对标案例 STAR 公司精神激励大模型 ... 341
13.1.3 四个实施关键点 ... 344
对标案例 HH 公司精神激励方式创新 ... 344

13.2 晋升竞聘与员工职业发展 ... 347
13.2.1 员工晋升基本模式 ... 347
13.2.2 员工晋升八种类型 ... 348
13.2.3 职业晋升三大标准 ... 348
13.2.4 晋升评估七项内容 ... 349
13.2.5 能力素质评估六个步骤 ... 350
13.2.6 竞聘与职业发展 ... 351
对标案例 ××公司营销类人员的职业发展规划 ... 352

望闻问切：波特–劳勒综合激励模型设计 ... 353

第14章 战略性薪酬设计与应用 ... 357

战略性薪酬设计应用框架体系插画 ... 359
问题与痛点：如何确保企业薪酬设计与经营战略高度一致 ... 360

14.1 战略性薪酬设计 ... 361
14.1.1 整体梳理全面薪酬系统 ... 362
14.1.2 设计战略性薪酬体系的步骤 ... 363
14.1.3 战略性薪酬管理的特征 ... 364
14.1.4 构建战略性薪酬管理体系 ... 365

14.2 企业集团薪酬设计与管理 ... 366
14.2.1 松散管理型模式 ... 366
14.2.2 政策指导型模式 ... 368
14.2.3 操作指导型模式 ... 369
14.2.4 全面管理型模式 ... 371
14.2.5 企业集团跨行业下属机构薪酬设计 ... 373
14.2.6 企业集团跨地区分支机构薪酬设计 ... 374
14.2.7 企业集团分支机构高管人员薪酬设计 ... 376

最佳实践：星巴克实施的薪酬战略实战 ... 378
望闻问切：把握影响薪酬战略的七大因素 ... 381
最佳实践：BATJ的薪酬战略与薪酬管理模式 ... 384
望闻问切：薪酬设计精准对接企业集团人力资源管控模式 ... 393

第15章 薪酬诊断与调整、沟通 ... 395

薪酬诊断与调整、沟通应用框架体系插画 ... 397

15.1 薪酬管理系统诊断 ... 398
15.1.1 薪酬管理制度诊断 ... 398
15.1.2 人工成本管控诊断 ... 399
15.1.3 工资总额诊断 ... 401
15.1.4 福利总额诊断 ... 405
15.1.5 收入成本利润诊断 ... 408
15.1.6 薪酬总体水平诊断 ... 411
15.1.7 岗位评价与等级诊断 ... 412
15.1.8 绩效工资与兑现诊断 ... 413
15.1.9 薪酬结构和薪酬构成诊断 ... 415
15.1.10 薪酬日常管理规范性诊断 ... 416

15.2 薪酬策略调整 ... 419
15.2.1 薪酬策略调整六大影响因素 ... 420
15.2.2 薪酬策略划分五维13种类型 ... 420
15.2.3 跟随型薪酬策略 ... 421
15.2.4 领先型薪酬策略 ... 423
15.2.5 滞后型薪酬策略 ... 424
15.2.6 混合型薪酬策略 ... 426

15.3 薪酬体系调整 ... 427
15.3.1 横向结构与纵向等级薪酬调整 ... 427
15.3.2 等比例调整与等额式调整 ... 429
15.3.3 薪酬体系调整六个步骤 ... 431

15.4 员工薪酬调整 ... 432
15.4.1 涨薪类型与涨薪面谈 ... 432
15.4.2 七种降薪方式与风险防范 ... 433

15.5 薪酬保密制度与薪酬沟通 ... 434
15.5.1 薪酬保密制度 ... 434
15.5.2 薪酬谈判策略 ... 435
15.5.3 薪酬沟通技巧 ... 438

最佳实践：IBM公司的薪酬诊断与调整 ... 438

最佳实践：微软公司的薪酬激励剖析 ... 441

第 1 章
薪酬管理系统设计

美国经济学家杰克C.弗朗西斯（Jack C.Francis）曾说："你可以买到一个人的时间，你可以雇一个人到固定的工作岗位，你可以买到按时或按日计算的技术操作，但你买不到热情，买不到创造性，买不到全身心的投入，你不得不设法争取这些。"面对国内外市场竞争日益激烈的现实，企业必须把人才激励摆在优先考虑的位置。

通过薪酬激励体系的设计与优化，企业可以吸引和留住优秀人才，提升员工的积极性、主动性、创造力和生产率，最终增强企业的整体竞争力。薪酬激励管理，尤其是薪酬激励工具与方法的高效应用是企业进行有效薪酬管理的核心与关键，更是人才激励的最大利益点所在。

薪酬激励工具与方法的应用，是应对薪酬管理难点、实现"五力"激励（即对外具有"竞争力"、对内具有"公平力"、对员工具有"驱动力"、对成本具有"控制力"、对管理具有"法治力"）的有效手段。其必要性体现在减少人为错误、提升管理效率，确保管理准确性和可靠性，增强管理透明度、减少员工疑虑，引导资源向高绩效员工倾斜，优化人力资源配置和提高员工满意度等多个方面。

本书在系统绘制"卷毛老师薪酬管理大模型"的基础之上，创新性地原创"薪酬激励五力模型"，设计并应用26大工具和21种方法，以充分体现薪酬激励的"五力"，从而帮助企业加速、高效地发展新质生产力。

卷毛老师薪酬管理大模型

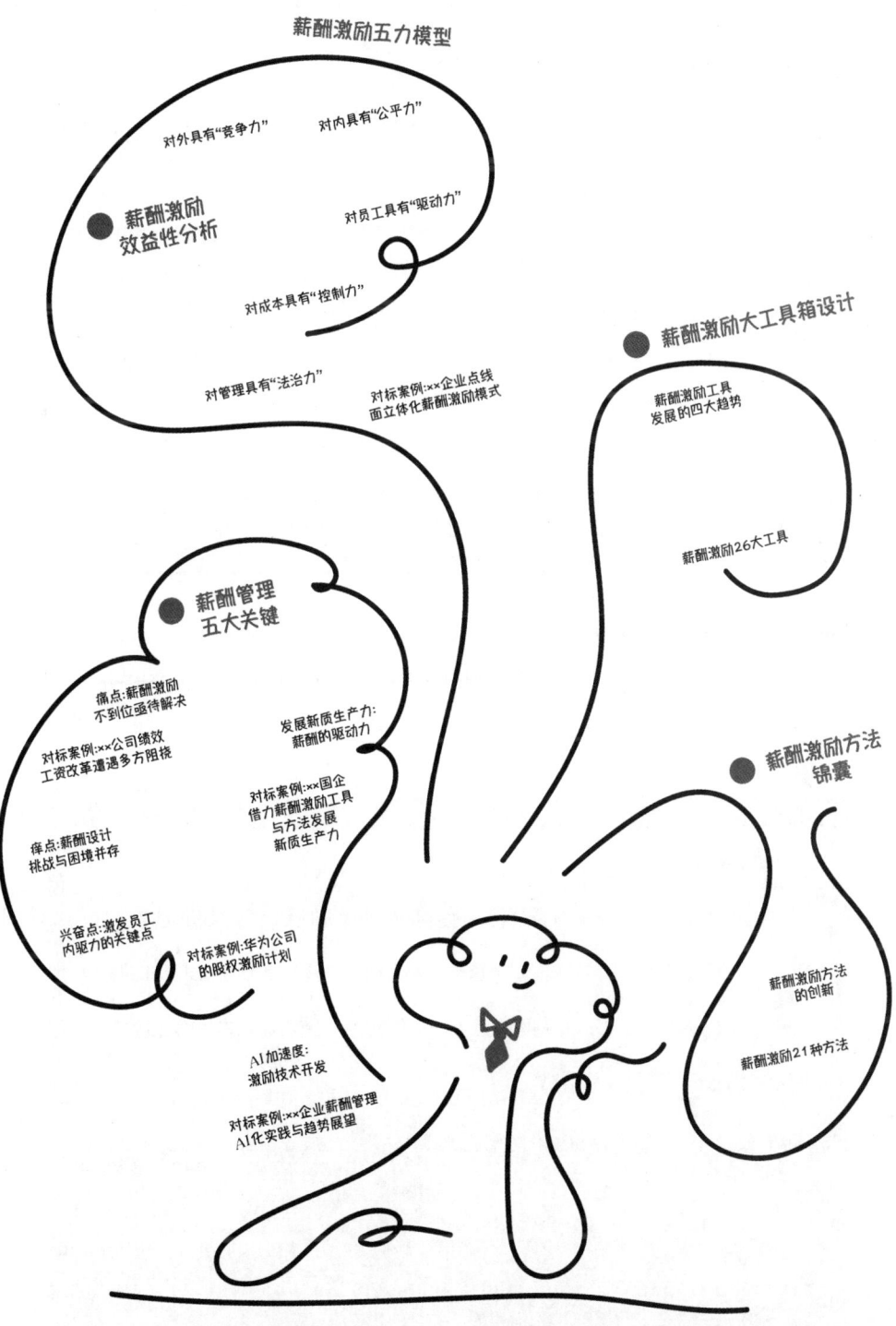

1.1 薪酬管理五大关键

| 痛点 | 痒点 | 兴奋点 | 发展新质生产力 | AI 加速度 |

1.1.1 痛点：薪酬激励不到位亟待解决

薪酬管理发展至今一直存在三大矛盾点：公平、效率与合法，以及三者的目标与两两之间相互作用的关系问题，如图 1.1 所示。

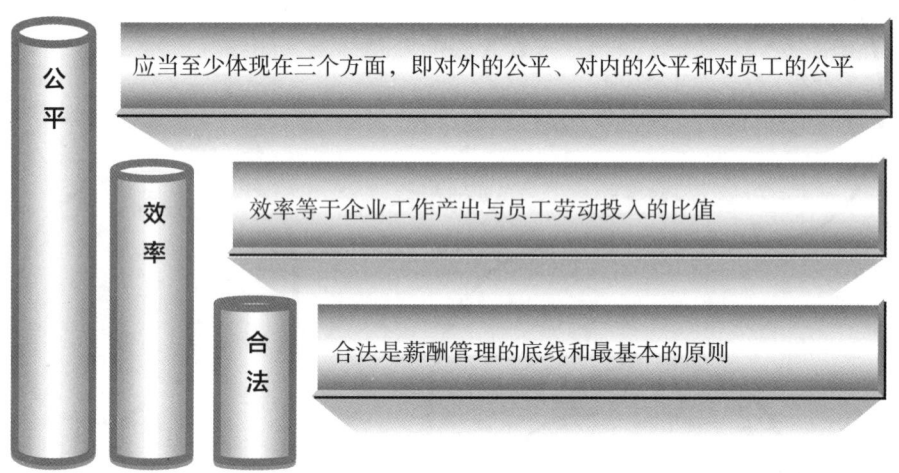

图 1.1　薪酬管理的公平、效率与合法

工作场景一：薪酬管理效率问题

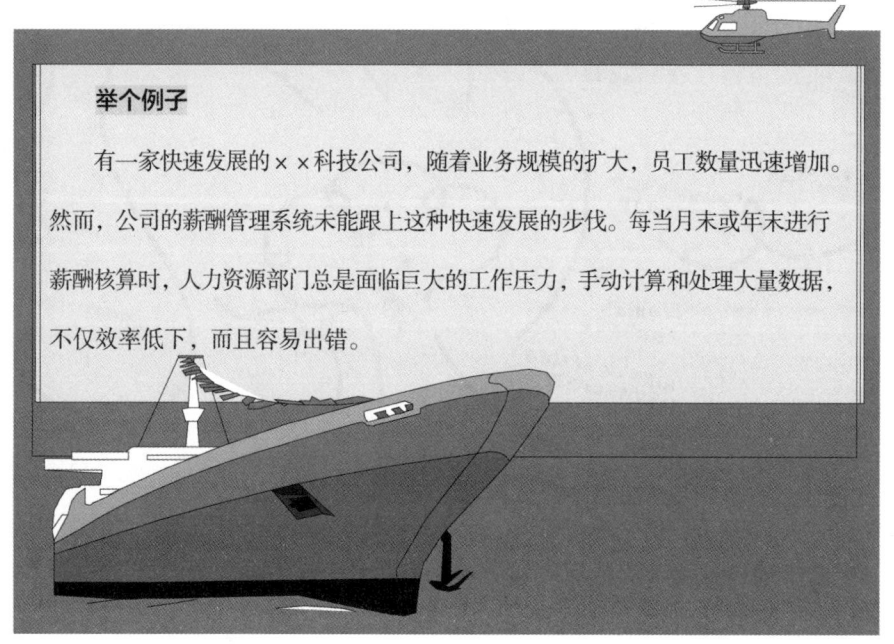

举个例子

有一家快速发展的××科技公司，随着业务规模的扩大，员工数量迅速增加。然而，公司的薪酬管理系统未能跟上这种快速发展的步伐。每当月末或年末进行薪酬核算时，人力资源部门总是面临巨大的工作压力，手动计算和处理大量数据，不仅效率低下，而且容易出错。

痛点分析：薪酬管理的效率问题主要体现在两个方面。首先，由于缺乏自动化的薪酬管理系统，人力资源部门在处理数据上花费了大量时间，这直接影响了整体的工作效率；其次，手动处理数据容易导致错误，这不仅会使员工对 HR 的专业性产生质疑，还可能带来法律风险。

工作场景二：薪酬公平性问题

举个例子

××科技公司由于薪酬管理体系的不完善，不同部门、不同职位之间的薪酬差距引发了员工的不满。一些关键岗位的员工发现自己的薪酬与实际付出不相匹配，而一些非核心岗位的员工却获得了相对较高的报酬。

痛点分析：薪酬的公平性是企业内部和谐与稳定的关键因素。当员工感到自己的付出与回报不成正比时，他们的工作积极性就会受到影响。这种不公平感可能导致优秀员工的流失，进而损害企业的长期发展。

工作场景三：薪酬合法性问题

举个例子

××科技公司随着其规模的扩大和业务的多样化，薪酬管理的法律合规性变得越来越重要。由于缺乏对最新劳动法规的及时了解，该公司薪酬激励方面存在不少潜在的法律风险。

痛点分析：薪酬管理的合法性问题不容忽视。企业必须确保薪酬政策和实践符合相关法律法规的要求，以避免可能的法律纠纷和罚款。缺乏专业的法律指导和合规审查可能导致企业在不知不觉中违反《中华人民共和国劳动法》（以下简称《劳动法》）的规定。也就是说，不仅效率、公平与合法本身目标难以达成，各自的战略诉求也偏离初衷。截至目前，不少企业薪酬管理的效率、公平与合法没有实现平衡，薪酬激励的效果、力度也不到位。薪酬管理的效率、公平、合法的目标和问题见表1.1。

表1.1 薪酬管理的效率、公平、合法的目标和问题

项目	效率	公平	合法
目标	员工同等劳动投入，带来越多业绩产出，则表明工作效率越高	◆对外薪酬总体水平公平 ◆对内员工基本薪酬公平 ◆对绩效考核与激励工资公平	遵守全国性和地方性劳动相关法律法规和企业规章制度
问题	◆局部效率与总体效率 ◆企业效率与个体效率 ◆生产效率和工作效率 ◆设备效率与劳动效率 ◆当前效率与长远效率	◆对外不等于或低于劳动力市场价格的薪酬水平 ◆对内做不到一岗一薪、同岗同薪 ◆对员工实现不了多劳多得、少劳不得、不劳不得，不能体现贡献率	执行最低工资标准，缴纳"五险一金"费用，安全生产作业条件和工作环境，以及必需福利和服务提供等不到位问题

由表1.1可见，薪酬激励不到位的综合影响到底有多大。当薪酬管理的效率、公平和合法性问题没有得到妥善解决时，薪酬激励自然无法到位。员工可能感到自己的工作没有得到应有的认可，从而降低工作效率，甚至产生离职的念头。这对企业来说是一个巨大的损失，尤其在人才竞争日益激烈的今天。

为了解决这些问题，企业需要建立一个全面、高效的薪酬管理系统，确保薪酬政策的公平性、合法性和激励性。通过引入自动化工具和专业的薪酬管理软件，可以大大提高工作效率并减少错误。同时，定期的市场薪酬调查和内部职位评估也是确保薪酬公平性的关键。最后，与专业的劳动法律顾问合作，确保企业薪酬政策的合法性，从而避免潜在的法律风险。

对标案例　××公司绩效工资改革遭遇多方阻挠

××公司是一家中型制造企业，近年来随着市场竞争加剧，企业为了提升员工积极性，决定进行绩效工资改革。然而，这场改革自提出之日起就遭遇了来自多方的阻挠。

××公司的产品与服务涵盖了机械设备制造、定制解决方案等多个方面，其业务领域广泛涉及制造业、能源行业和交通物流等多个重要领域，如图1.2所示。

产品服务业务	具体领域与范围
核心产品	◎ ××公司主要生产中高端机械设备，这些设备广泛应用于制造业、能源、交通等领域； ◎ 除了实体产品，××公司还提供相关的技术支持和售后服务，确保客户能够高效、稳定地使用设备
定制解决方案服务	◎ 根据客户需求，××公司提供定制化的机械设备解决方案，包括设计、生产、安装和调试等全流程服务； ◎ ××公司还为客户提供设备优化升级服务，帮助客户提升生产效率，降低运营成本
业务领域范围	◎ 制造业：××公司的机械设备在制造业中有广泛应用，如汽车零部件制造、电子产品组装、精密加工等领域。该公司与多家知名制造企业建立了长期合作关系，提供稳定可靠的设备支持； ◎ 能源行业：××公司的机械设备也应用于能源行业，特别是在新能源领域，如风电、太阳能等设备的制造和安装过程中。公司积极参与国家新能源项目建设，为推动绿色能源发展贡献力量； ◎ 交通物流：××公司的机械设备还广泛应用于交通物流领域，如港口装卸设备、物流仓储设备等。通过提供高效稳定的设备，公司助力交通物流行业提升运营效率和服务质量

图1.2 ××公司的产品与服务

工作场景一：管理层内部意见不一

在××公司的高层会议上，总经理提出了绩效工资改革的方案，旨在通过更明确的绩效考核标准来激励员工提高工作效率。然而，方案一出，便遭到了部分管理层的反对。有的担心新的薪酬体系会增加管理成本，有的则担心绩效考核标准难以公平设定，会引发员工间的矛盾。

工作场景二：法律合规性审查引发争议

在改革方案提交给法务部门进行合规性审查时，也出现了问题。法务部门指出，方案中某些考核与奖惩措施可能存在与法律相悖的风险，需要进一步修改和完善。这无疑给原本就进展缓慢的改革方案又增加了一层阻碍。

工作场景三：员工对改革持怀疑态度

在员工大会上，当绩效工资改革的消息传出后，员工们的反应也是复杂多样。一些员工担心新的考核标准会过于严苛，影响自己的收入；另一些员工则对考核的公正性表示怀疑，担心管理层会利用这一制度进行不公平的操作。

在会议休息期间，员工休息区的气氛明显变得紧张起来，员工们聚在一起，私下讨论着即将到来的改革。

> "听说这次改革后，我们的工资就要跟绩效考核挂钩了。"一位老员工眉头紧锁，语气中透露出一丝担忧。
>
> "是啊，我也不知道这个考核标准会是怎么样的，万一太严苛了怎么办？"一位年轻员工接话道，脸上露出不安的神情。
>
> 旁边的一位技术人员则表达了对考核公正性的怀疑："我就怕这个考核会被某些人操纵，到时候努力工作也不一定能得到应有的回报。"
>
> 还有员工担心改革后自己的收入会受到影响："我现在的工资虽然不算高，但还算稳定。如果改革后工资变得忽高忽低，我还怎么规划我的家庭支出啊？"

这些担忧和疑虑在员工之间迅速传播，形成了一种对绩效工资改革的抵触情绪。员工们对未知的改革内容和可能带来的后果感到不安，这种情绪甚至会影响他们的工作积极性和团队合作氛围。

由以上工作场景可以判断，××公司的绩效工资改革在推进过程中，充分暴露了薪酬管理中效率、公平与合法三大矛盾点。管理层内部对改革效率的预期不一，员工对公平性的担忧，以及法务部门对合法性的审查，都使得这场改革步履维艰。

为了解决这些问题，××公司需要更加细致地平衡各方利益，确保改革方案既能提高效率，又能保证公平，同时符合法律规定。这可能需要更多的沟通和协商，或者引入外部专家的帮助，来设计一个更加完善、更加符合公司实际情况的绩效工资体系。

1.1.2 痒点：薪酬设计挑战与困境并存

在薪酬管理系统中，薪酬设计的挑战与困境是一个长期存在且复杂的问题，这就像企业管理中的一个"痒点"，不挠不快，但又难以彻底解决，如图1.3所示。

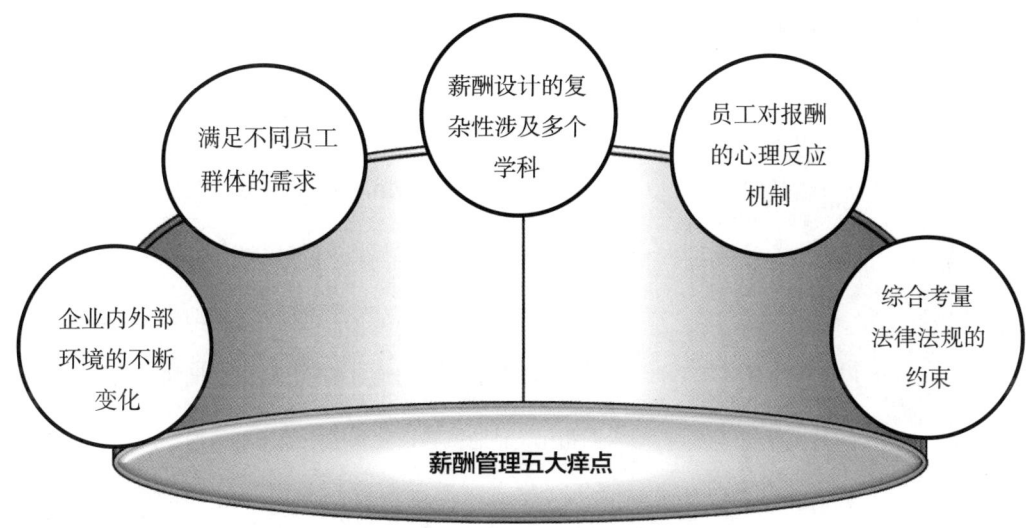

图 1.3 薪酬管理五大痒点

1. 企业内外部环境的不断变化

薪酬设计的挑战首先来自企业内外部环境的不断变化。随着市场竞争的加剧，企业需要不断调整薪酬策略以吸引和留住人才。然而，薪酬策略的调整往往牵一发而动全身，既要考虑企业内部的公平性，又要考虑市场的竞争性，还要兼顾企业的经济效益。这种平衡如同走钢丝，稍有不慎就可能导致内部矛盾激化或者人才流失。

2. 满足不同员工群体的需求

薪酬设计的困境体现在如何满足不同员工群体的需求上。根据马斯洛的需求层次理论，员工的需求是多层次的，既包括物质需求，也包括精神需求。薪酬设计不仅要考虑基本的薪资待遇，还要考虑奖金、福利、职业发展机会等多种因素。这就要求薪酬设计者具备深厚的专业知识和敏锐的市场洞察力，能够根据不同的员工需求设计出具有针对性的薪酬方案。

3. 薪酬设计的复杂性涉及多个学科

薪酬设计的复杂性涉及多个学科领域的知识，如经济学、心理学、管理学等。亚当斯的公平理论认为，员工不仅关心自己的绝对报酬，还关心自己的相对报酬。这就要求薪酬设计既要考虑个体的公平性，也要考虑整体的公平性。然而，在实际操作中，这种绝对公平与相对公平的平衡往往难以实现，因为每个员工对公平的感受都是主观的，而且随着时间和环境的变化而变化。

4. 员工对报酬的心理反应机制

亚当斯的公平理论深刻地揭示了员工对报酬的心理反应机制，特别是员工如何评估自己的报酬并与他人进行比较。当员工通过比较后感到不满意时，这种情绪会对工作态度、团队合作及整体工作氛围产生明显的负面影响。

工作场景一：团队内部的不公平感

举个例子

假设在一个销售团队中，张三和李四是两名销售员，他们的工作表现和业绩都相当出色。然而，在某次薪酬调整中，张三意外地发现自己的加薪幅度远低于李四。尽管张三的绝对薪酬已经有所增加，但与李四相比，他感到自己受到了不公平的待遇。

这种相对报酬的不满足感让张三开始对工作失去热情，他不再像以前那样积极主动地寻找客户，甚至开始考虑跳槽到其他公司。同时，他与李四之间的关系也变得紧张起来，原本和谐的团队氛围受到了严重影响。

工作场景二：跨部门的不公平比较

举个例子

王五是公司技术部门的一名工程师，他发现自己与市场部门的同事赵六在薪酬上存在较大差距。尽管他们的工作性质和职责截然不同，但王五仍然感到自己的技术专长和贡献没有得到应有的认可。

这种跨部门的不公平比较让王五产生了强烈的挫败感，他开始怀疑自己在公司的价值和地位。随着时间的推移，他的工作效率逐渐下降，甚至开始寻找其他的工作机会。

从上述工作场景中可以看出，员工对相对报酬的关注度非常高。当员工通过比较感到自己的报酬不公平时，他们会产生强烈的不满情绪，进而影响工作态度、团队协作和工作效率。因此，企业在设计薪酬体系时，必须充分考虑员工的公平感受，确保薪酬的分配既合理又公平，从而激发员工的工作积极性。同时，企业还应该建立有效的沟通机制，及时了解员工的心理动态和需求，以便更好地调整和优化薪酬策略。

5. 综合考量法律法规的约束

另外，薪酬设计还需要考量法律法规的约束。随着劳动法律法规的不断完善，企业在薪酬设计上必须更加谨慎,以避免触碰法律红线。这无疑增加了薪酬设计的难度和复杂性。

综上所述,薪酬设计的挑战与困境并存,是薪酬管理系统中的一个重要"痒点"。要解决这个问题,企业需要从多个角度出发,综合考虑各种因素,制定出既符合市场规律又满足员工需求的薪酬方案。同时,企业还需要不断学习和借鉴先进的薪酬设计理念和方法,以适应不断变化的市场环境和员工需求。

1.1.3 兴奋点:激发员工内驱力的关键点

在薪酬管理体系中,如何有效激发员工的内驱力,是提升员工工作积极性和组织整体绩效的关键。这一环节称为薪酬管理的"兴奋点"。内驱力,即员工内在的、自发的动力,是推动员工持续努力、追求卓越的重要因素。薪酬体系若能精准触发这一"兴奋点",便能极大地提高员工的工作热情和创造力。

薪酬激励设计在触发员工内驱力方面具有显著作用。通过明确绩效与奖励的关联、确保薪酬制度的公平性和透明度、提供多元化的激励方式、关注员工的个人发展,以及定期审查和调整薪酬制度等实现路径,企业可以有效地激发员工的内驱力,从而提升整体绩效和竞争力。

薪酬激励设计触发员工内驱力的价值如图 1.4 所示。

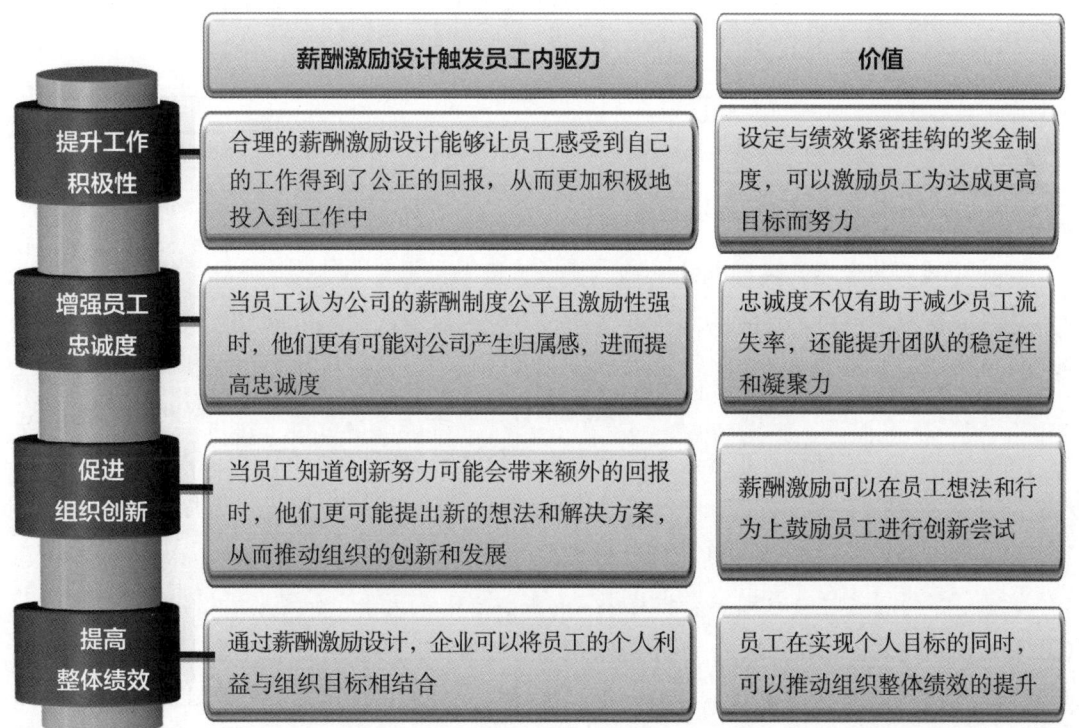

图 1.4 薪酬激励设计触发员工内驱力的价值

薪酬激励工具与方法的设计和应用触发员工内驱力的五条路径，如图1.5所示。

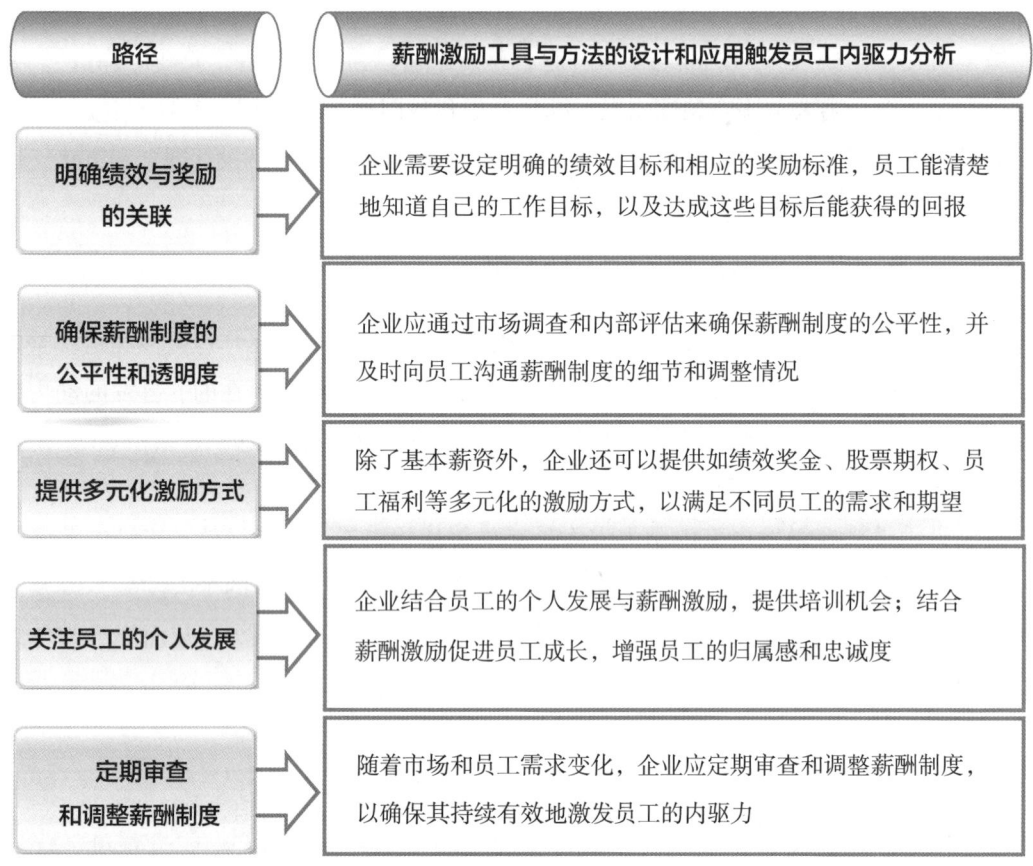

图1.5　薪酬激励工具与方法的设计和应用触发员工内驱力的五条路径

对标案例　华为公司的股权激励计划

华为公司作为全球知名的科技企业，其成功在很大程度上归功于其独特的薪酬管理体系，尤其是股权激励计划。华为通过让员工持有公司股份，使他们成为公司的"合伙人"，从而深度激发员工的内驱力。

在华为的股权激励计划中，员工可以根据自己的工作表现和贡献，获得相应的股权奖励。这种奖励方式不仅让员工分享到了公司成长的红利，更让员工在心理上产生了一种"主人翁"意识。他们明白，自己的工作表现直接关系到手中股权的价值，从而更加努力地工作，以期提升公司价值，进而提升自己的收益。

此外，华为还通过一系列配套措施来强化股权激励的效果，如定期的股权激励宣讲会、员工持股计划（Employee Stock Ownership Plan，ESOP）的透明化管理等，确保员工充分理解并认同这一计划。这些措施共同作用，使得华为的员工在追求个人收益的同时，也积极地为公司的发展贡献力量。

华为强化股权激励的六大措施见表1.2。

表1.2 华为强化股权激励的六大措施

措施	具体做法	效果分析
定期股权激励宣讲会	华为定期组织股权激励宣讲会,确保每位员工都充分了解股权激励计划的具体内容、目的和预期效果	通过这些宣讲会,华为向员工传达了公司的长期发展战略,以及员工如何通过股权激励计划与公司共同成长和获益
ESOP的透明化管理	华为非常注重股权激励计划的透明性,确保员工能够清楚地了解自己的股权份额、增值情况以及分红政策	定期公布股权激励的相关数据和信息,让员工对自己的投资有明确的了解和预期,从而增强他们对公司的信任感和归属感
动态调整股权分配	华为的股权激励机制并非一成不变,而是根据公司的业绩、员工的贡献及市场情况进行动态调整	这种动态调整确保了股权激励的公平性和有效性,让真正作出贡献的员工得到应有回报
丰厚的分红政策	华为的股权激励计划不仅包括股权增值的潜力,还有丰厚的分红政策	根据业绩和员工持股比例进行年度分红,让员工切实感受到股权激励带来的实际收益
完善的退出机制	对于离开公司的员工,华为有完善的股权回购机制,确保员工在离开时能够得到合理的回报	这种退出机制既保护了员工的利益,也维护了公司股权结构的稳定性
强化企业文化建设	华为通过股权激励计划强化了"以奋斗者为本"的企业文化	这种文化激励员工积极进取、不断创新,为公司的长期发展贡献力量。同时,也让员工更加珍视和看重自己手中的股权

华为的股权激励计划就是一个典型的通过薪酬管理激发员工内驱力的案例。华为成功地将员工个人利益与公司利益紧密绑定,以有效地调动员工的积极性和创造力,进而提升组织的整体绩效。华为的股权激励计划充分展示了如何通过薪酬管理来触发员工的"兴奋点",实现员工与组织的共赢。

1.1.4 发展新质生产力:薪酬的驱动力

随着国家发展新质生产力的大规划推进,企业作为社会经济发展的重要细胞,其薪酬激励工具与方法的设计和应用也必然需要与时俱进,以适应和推动这一宏观战略。

国家发展新质生产力的大规划对于企业薪酬激励工具与方法设计和应用的要求见表1.3。

表1.3 国家发展新质生产力的大规划对于企业薪酬激励工具与方法设计和应用的要求

要求	具体解读	创新实践
与国家战略对齐	企业在设计薪酬激励工具与方法体系时,应确保其与国家发展新质生产力的战略目标相一致	不仅要能激发员工的积极性,还要能引导员工为实现国家产业创新、科技进步等目标贡献力量

续表

要求	具体解读	创新实践
强化科技创新激励	鉴于科技创新在国家发展新质生产力中的核心地位，企业应通过薪酬激励特别奖励那些在技术研发、产品创新等方面有突出贡献的员工	可以设立创新奖金、技术成果转化奖励等，以鼓励员工积极参与科技创新活动
注重长期激励与短期激励的结合	企业需要平衡长期和短期的薪酬激励措施。长期激励，如股权激励、ESOP等；而短期激励，如绩效奖金、项目完成奖等	长期激励可以促使员工关注企业的长远发展，并与企业共成长；短期激励可以迅速提升员工的工作投入和产出
灵活性与公平性并重	在设计薪酬激励方案时，企业应考虑到不同岗位、不同职责员工的实际需求和贡献差异，确保激励措施既灵活多样，又能体现公平性	对于关键岗位和核心人才，可以提供更具吸引力的薪酬和福利待遇
关注员工的成长与发展	随着新质生产力的发展，员工的知识和技能更新速度也在加快，因此，企业的薪酬激励体系应包含对员工个人成长和发展的支持	如提供培训机会、职业规划指导等，以帮助员工适应不断变化的工作环境
绩效管理的科学性与透明度	薪酬激励与绩效管理紧密相连。为了确保激励措施的有效性和公正性，企业必须建立科学的绩效管理体系，并公开透明地实施绩效评估	这样不仅能提升员工对薪酬激励体系的信任度，还能促进企业整体绩效的提升

在现代企业管理中，薪酬不仅仅是员工劳动的报酬，更是一种重要的管理工具，能够直接驱动组织生产力的发展。当薪酬体系设计得当，并与企业战略目标相一致时，就能成为推动企业持续进步和创新的强大动力。

薪酬作为生产力的驱动力，其价值和作用主要体现在四个方面，如图1.6所示。

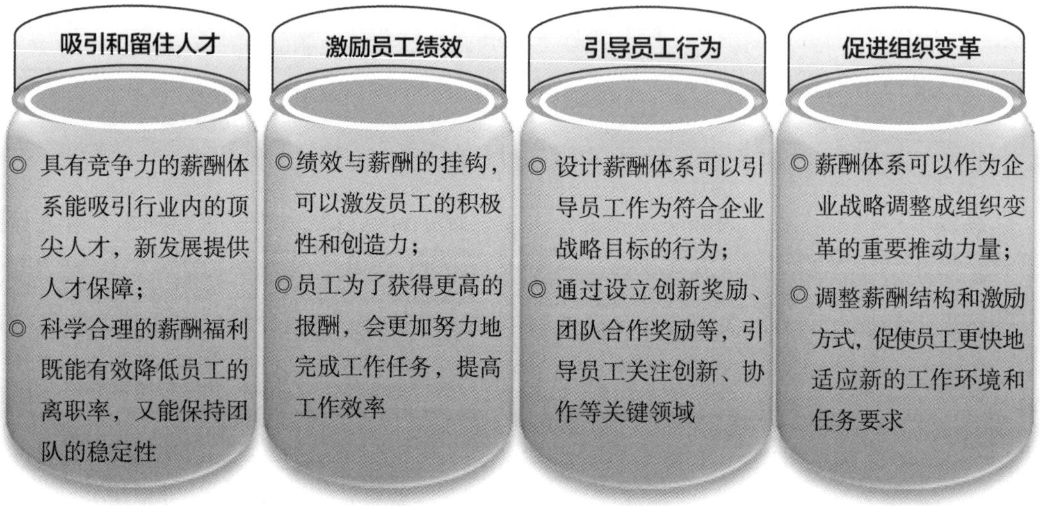

吸引和留住人才
- 具有竞争力的薪酬体系能吸引行业内的顶尖人才，新发展提供人才保障；
- 科学合理的薪酬福利既能有效降低员工的离职率，又能保持团队的稳定性

激励员工绩效
- 绩效与薪酬的挂钩，可以激发员工的积极性和创造力；
- 员工为了获得更高的报酬，会更加努力地完成工作任务，提高工作效率

引导员工行为
- 设计薪酬体系可以引导员工作为符合企业战略目标的行为；
- 通过设立创新奖励、团队合作奖励等，引导员工关注创新、协作等关键领域

促进组织变革
- 薪酬体系可以作为企业战略调整成组织变革的重要推动力量；
- 调整薪酬结构和激励方式，促使员工更快地适应新的工作环境和任务要求

图1.6 薪酬作为生产力的驱动力的价值和作用

为了充分发挥薪酬作为生产力驱动力的作用，企业在设计薪酬体系时应考虑四大要求，如图1.7所示。

作为生产力驱动力的薪酬体系设计的四大要求

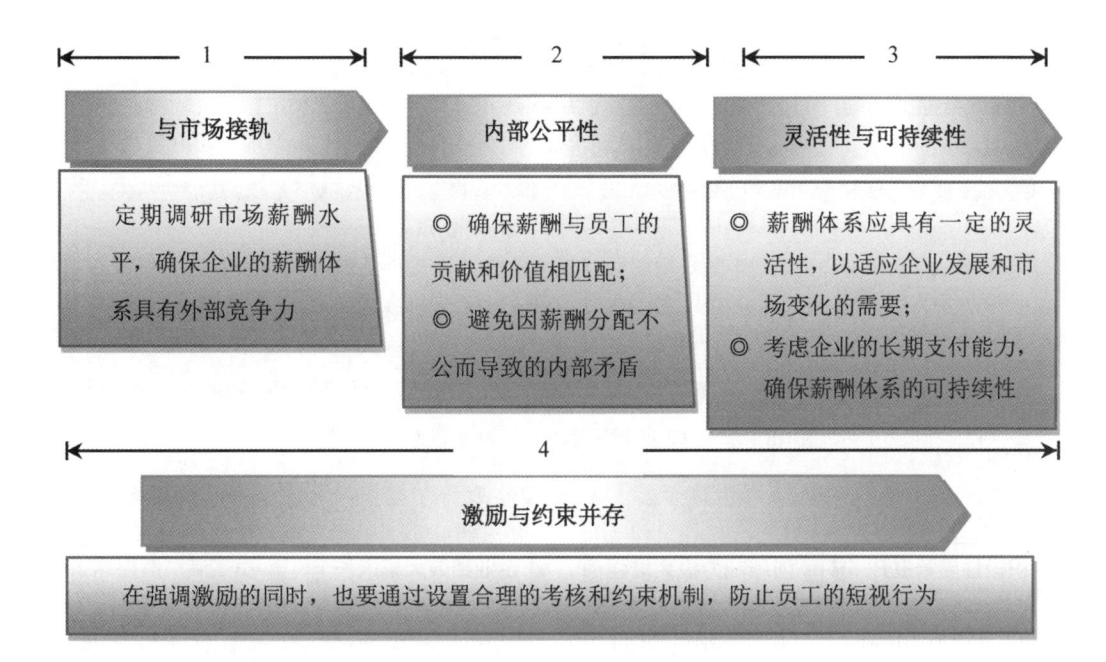

1 与市场接轨
定期调研市场薪酬水平,确保企业的薪酬体系具有外部竞争力

2 内部公平性
◎ 确保薪酬与员工的贡献和价值相匹配;
◎ 避免因薪酬分配不公而导致的内部矛盾

3 灵活性与可持续性
◎ 薪酬体系应具有一定的灵活性,以适应企业发展和市场变化的需要;
◎ 考虑企业的长期支付能力,确保薪酬体系的可持续性

4 激励与约束并存
在强调激励的同时,也要通过设置合理的考核和约束机制,防止员工的短视行为

图 1.7 作为生产力驱动力的薪酬体系设计的四大要求

发展新质生产力的要求成为薪酬激励管理的驱动力,通过合理设计薪酬体系,企业不仅能够吸引和留住人才,还能有效激励员工,引导员工行为,进而促进组织的整体发展和创新。因此,企业在制定薪酬策略和选择激励工具与方法时,应充分考虑其与企业战略目标的契合度,以及其对员工行为和组织绩效的潜在影响。

对标案例 ××国企借力薪酬激励工具与方法发展新质生产力

××国企作为传统的重工业企业,近年来面临着市场竞争加剧、技术更新换代快速等多重挑战。为了响应国家发展新质生产力的号召,并提升自身的市场竞争力,企业决定对薪酬激励体系进行全面改革,以激发员工的创新活力和工作热情。

××国企薪酬激励工具与方法的设计,如图 1.8 所示。

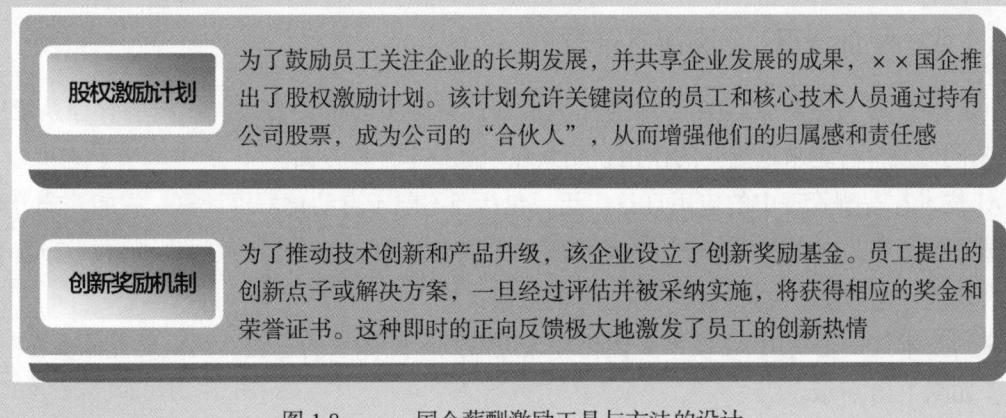

股权激励计划
为了鼓励员工关注企业的长期发展,并共享企业发展的成果,××国企推出了股权激励计划。该计划允许关键岗位的员工和核心技术人员通过持有公司股票,成为公司的"合伙人",从而增强他们的归属感和责任感

创新奖励机制
为了推动技术创新和产品升级,该企业设立了创新奖励基金。员工提出的创新点子或解决方案,一旦经过评估并被采纳实施,将获得相应的奖金和荣誉证书。这种即时的正向反馈极大地激发了员工的创新热情

图 1.8　××国企薪酬激励工具与方法的设计

绩效与薪酬挂钩	企业建立了完善的绩效管理体系，并将员工的薪酬与绩效紧密挂钩。通过设定明确的绩效目标和考核标准，确保员工的工作成果能够直接反映在薪酬上，从而实现了"多劳多得、优绩优酬"的分配原则
培训与晋升机会	除了直接薪酬激励之外，企业还重视员工的个人成长和职业发展。因此，提供了丰富的培训资源和晋升机会，帮助员工提升技能、拓展视野，同时也为他们打开了更多的晋升通道

图1.8　××国企薪酬激励工具与方法的设计（续）

通过实施上述薪酬激励工具与方法，××国企取得了显著的成效，如图1.9所示。

积极性显著提升	创新能力极大增强	企业绩效大幅增长	员工满意度提高
新的薪酬激励体系让员工看到了通过努力工作可以获得的实际回报，从而更加积极地投入到工作中	创新奖励机制的引入，使得员工更加敢于尝试新思路、新方法，企业的创新能力因此得到了显著提升	绩效与薪酬挂钩的做法，使得员工的工作成果直接转化为企业的经济效益。在薪酬激励的驱动下，企业的整体绩效实现了大幅增长	股权激励计划和培训与晋升机会的提供，让员工感受到企业的关怀和重视，从而提高了其满意度和幸福感

图1.9　××国企薪酬激励工具与方法的实施成效

××国企通过借力薪酬激励工具与方法，成功激发了员工的创新活力和工作热情，推动了企业的新质生产力发展。这一案例启示我们，在当前竞争激烈的市场环境下，企业必须不断创新薪酬激励体系，以满足员工多样化的需求，从而激发他们的潜能，推动企业的持续发展和进步。

1.1.5　AI加速度：激励技术开发

随着科技的飞速发展，AI已逐渐成为推动社会进步的重要力量。在薪酬管理系统中，AI技术同样发挥着越来越重要的作用，尤其在激励技术开发方面。

AI技术在薪酬管理中的应用日益广泛，包括但不限于自动化薪资计算、智能薪酬分析、员工绩效预测等。这些应用以经典的薪酬激励工具与方法为基础，不仅提高了薪酬管理的效率和准确性，还为企业决策提供了强有力的数据支持。

激励技术开发是利用AI技术来优化和改进薪酬激励体系的过程，其重要性体现在三个方面，如图1.10所示。

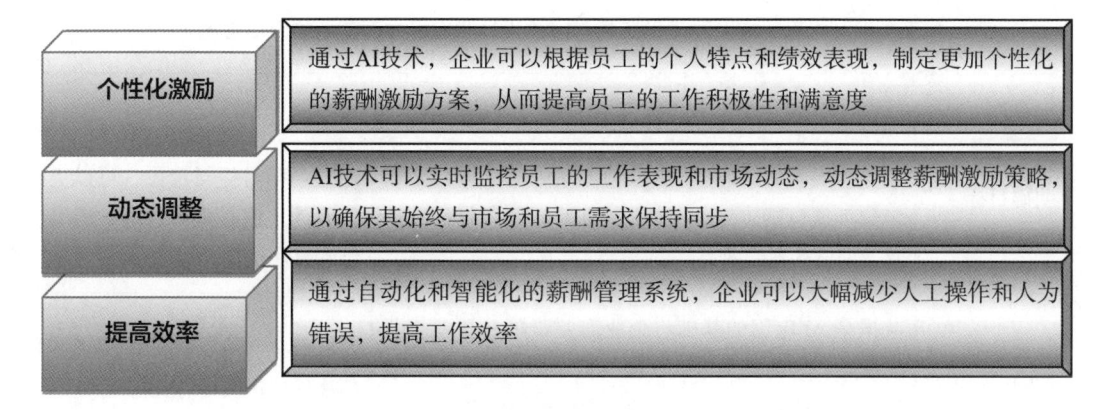

个性化激励	通过AI技术，企业可以根据员工的个人特点和绩效表现，制定更加个性化的薪酬激励方案，从而提高员工的工作积极性和满意度
动态调整	AI技术可以实时监控员工的工作表现和市场动态，动态调整薪酬激励策略，以确保其始终与市场和员工需求保持同步
提高效率	通过自动化和智能化的薪酬管理系统，企业可以大幅减少人工操作和人为错误，提高工作效率

图 1.10　利用 AI 开发激励技术的三大重要性

为了加速 AI 在薪酬管理中的应用和开发，有三条建议可以采纳，如图 1.11 所示。

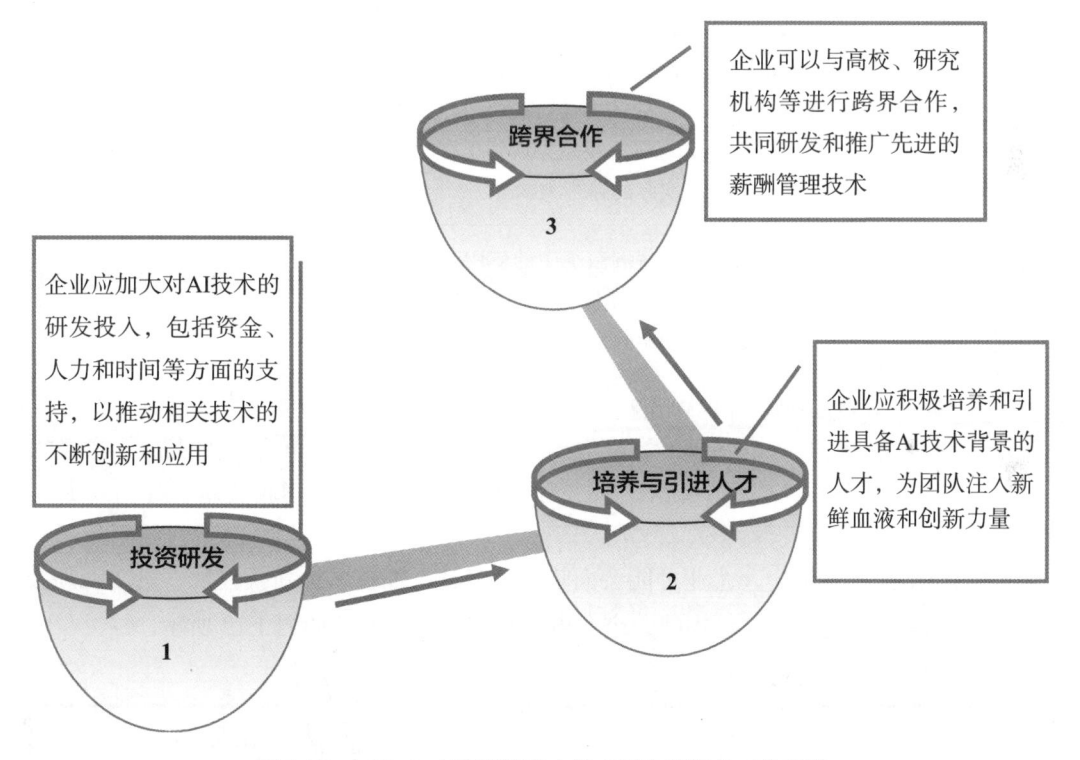

图 1.11　加速 AI 在薪酬管理中的应用和开发的三条建议

1. 投资研发：企业应加大对AI技术的研发投入，包括资金、人力和时间等方面的支持，以推动相关技术的不断创新和应用
2. 培养与引进人才：企业应积极培养和引进具备AI技术背景的人才，为团队注入新鲜血液和创新力量
3. 跨界合作：企业可以与高校、研究机构等进行跨界合作，共同研发和推广先进的薪酬管理技术

加速 AI 在薪酬激励工具与方法设计和应用方面的落地，需要从明确目标与定位、数据收集与整理、技术选型与模型训练、开发与测试、员工培训与推广，以及持续监控与优化等多个方面进行全面考虑和实施。通过这些措施的有效执行，企业可以更好地利用 AI 技术提升薪酬激励的效率和效果，从而推动企业的持续发展和创新。

加速 AI 在薪酬激励工具与方法设计和应用方面落地的六项措施见表 1.4。

表1.4　加速AI在薪酬激励工具与方法设计和应用方面落地的六项措施

措施	AI的做法	执行效果分析
明确目标与定位	企业需要明确AI在薪酬激励体系中的具体目标和定位。这包括确定AI将要解决的问题、优化的流程及期望达到的效果	通过明确目标与定位，可以更有针对性地进行技术选型、模型训练和算法优化
数据收集与整理	数据是AI应用的基础。企业需要收集并整理与薪酬激励相关的各类数据，包括但不限于员工绩效数据、市场薪酬数据、员工满意度调查数据等	这些数据将为后续的模型训练和算法优化提供有力支持
技术选型与模型训练	选择合适的AI技术并进行模型训练是落地的关键步骤。企业可以根据自身需求和数据特点，选择适合的机器学习算法和深度学习模型进行训练	通过不断优化模型参数和算法逻辑，提高预测的准确性和稳定性
开发与测试	在模型训练完成后，企业需要进行系统的开发和测试工作。这包括将训练好的模型集成到现有的薪酬管理系统中，并进行实际的运行测试	通过测试，可以发现并修复潜在的问题和漏洞，确保系统的稳定性和可靠性
员工培训与推广	包括向员工介绍AI在薪酬激励中的应用和优势，提供必要的操作指南和培训材料，以及定期收集员工的反馈和建议，以便不断完善和优化系统	目的是让员工更好地接受和使用新的薪酬激励工具与方法
持续监控与优化	AI在薪酬激励中的应用是一个持续优化的过程。企业需要建立有效的监控机制，实时跟踪系统的运行情况和员工的反馈意见，及时发现并解决问题	根据市场变化和员工需求的变化，不断调整和优化薪酬激励策略，确保其实时性和有效性

在激励技术开发过程中，企业可能会面临一些挑战，如技术更新换代快、员工对新技术的接受程度不同等。为应对这些挑战，企业可以采取三大策略，如图1.12所示。

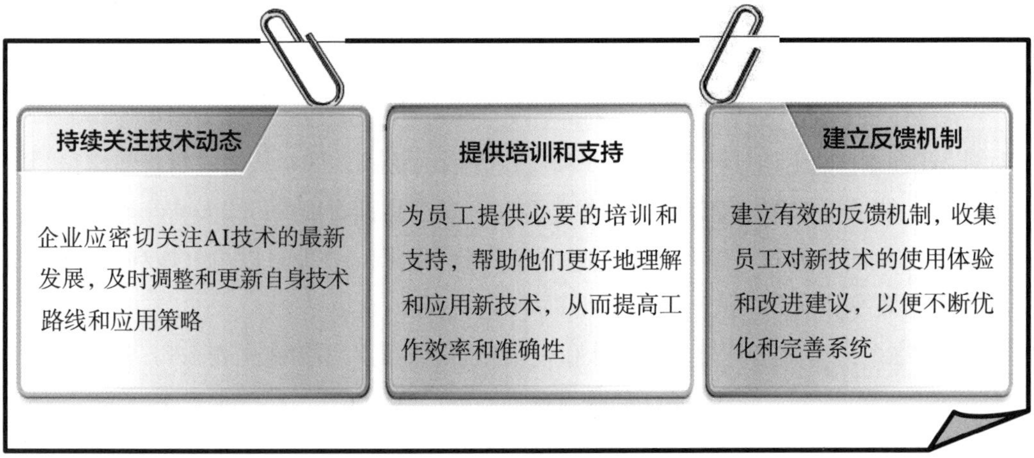

持续关注技术动态

企业应密切关注AI技术的最新发展，及时调整和更新自身技术路线和应用策略

提供培训和支持

为员工提供必要的培训和支持，帮助他们更好地理解和应用新技术，从而提高工作效率和准确性

建立反馈机制

建立有效的反馈机制，收集员工对新技术的使用体验和改进建议，以便不断优化和完善系统

图1.12　应对AI开发激励技术带来的挑战的三大策略

第1章 薪酬管理系统设计

对标案例 ×× 企业薪酬管理 AI 化实践与趋势展望

作为国内领先的制造业公司，×× 企业近年来面临着市场竞争加剧和人才流动加速的双重压力。为了提升员工满意度，保持企业竞争力，×× 企业决定对其薪酬管理体系进行全面升级，引入 AI 技术，实现薪酬管理的智能化。

×× 企业引入 AI 技术实现薪酬管理智能化的实践，如图 1.13 所示。

智能薪酬核算系统：×× 企业开发了一套智能薪酬核算系统，该系统能够自动收集员工的考勤、绩效等数据，并根据预设的薪酬规则，自动计算出每位员工的应发工资、奖金、社保等明细。这不仅大大提升了薪酬核算的准确性和效率，还降低了人为错误的风险

个性化薪酬激励方案：借助 AI 技术，×× 企业为每位员工量身定制了个性化的薪酬激励方案。根据员工的历史绩效、能力评估、岗位价值等因素，智能推荐最适合的薪酬组合和激励方式，这种个性化的激励策略显著提升了员工的工作积极性和留任率

实时薪酬分析与调整：通过大数据分析技术，×× 企业能够实时监控薪酬体系的运行效果，包括员工薪酬满意度、薪酬与绩效的关联性等。一旦发现异常或效果不佳，系统会及时提醒管理层进行调整，确保薪酬策略的灵活性和时效性

图 1.13 ×× 企业引入 AI 技术实现薪酬管理智能化的实践

具体工作场景为对标 ×× 企业薪酬管理部门薪酬专员小张的日常业务。

> 在 ×× 企业的薪酬管理部门，小张作为一名薪酬专员，现在她的工作变得更加高效和轻松。每个月末，她只需在智能薪酬核算系统中输入少数关键数据，系统便能自动完成全员的薪酬核算工作。同时，系统还能根据每位员工的表现和需求，生成个性化的薪酬激励建议。小张只需根据这些建议，与直线经理沟通确认后，即可快速实施新的激励方案。
>
> 此外，小张还能通过系统的实时分析功能，随时掌握薪酬体系的运行状态。一旦发现有员工对薪酬不满或薪酬与绩效脱节的情况，她会立即收到系统的预警提示，从而能够及时进行调整和优化。

通过薪酬调研、薪酬水平结构设计、岗位评价，以及精神激励和职业生涯规划等方面的 AI 化实践，×× 企业不仅提升了薪酬管理的效率和准确性，还为员工提供了更加个性

化、科学化的激励和发展方案。这有助于激发员工的工作热情，提高企业的整体绩效和竞争力。随着技术的不断进步和应用深化，××企业在薪酬管理领域的智能化水平将持续提升，为企业的长远发展注入更强大的动力。

××企业针对"薪酬调研、薪酬水平结构设计和岗位评价方法、精神激励及与职业生涯挂钩方法等"进行了AI化的实践。

1. 薪酬调研AI化

为了保持薪酬体系的竞争力和市场适应性，××企业定期开展薪酬调研。传统上，这项工作耗时且易出错，但现在，通过引入AI技术，薪酬调研变得更加高效和精准，如图1.14所示。

◎ 系统能自动爬取各大招聘网站、统计部门的公开数据及相关数据源，对行业内相似岗位的薪酬数据进行实时抓取和分析；

◎ 该系统的应用加快了数据收集的速度，提高了数据的全面性和准确性

调研智能化

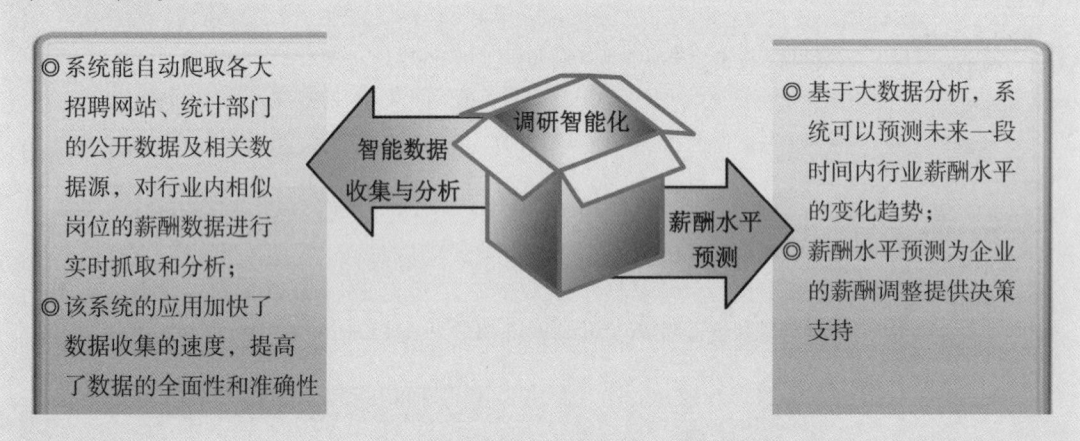

智能数据收集与分析

薪酬水平预测

◎ 基于大数据分析，系统可以预测未来一段时间内行业薪酬水平的变化趋势；

◎ 薪酬水平预测为企业的薪酬调整提供决策支持

图1.14　××企业引入AI技术实现薪酬调研智能化

2. 薪酬水平结构设计和岗位评价方法AI化

薪酬水平结构设计和岗位评价是薪酬体系中的关键环节。××企业通过AI技术优化了这两个环节。

××企业引入AI技术实现薪酬水平结构设计和岗位评价智能化的实践，如图1.15所示。

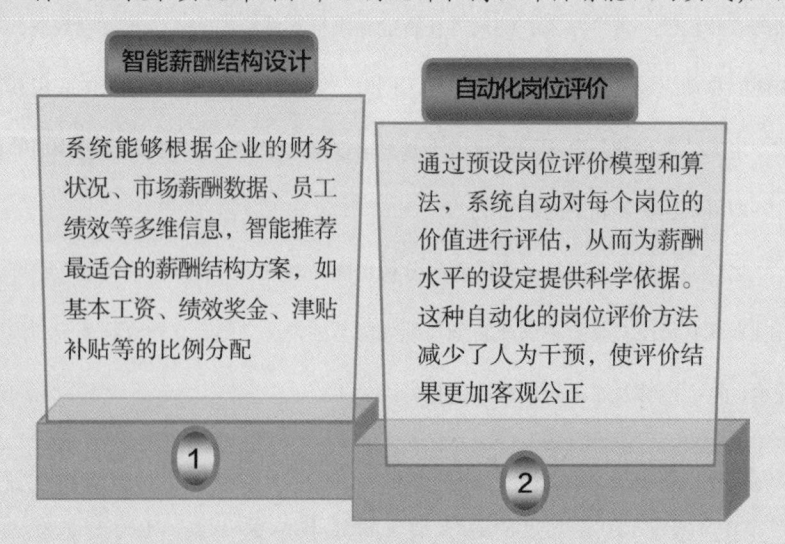

智能薪酬结构设计

① 系统能够根据企业的财务状况、市场薪酬数据、员工绩效等多维信息，智能推荐最适合的薪酬结构方案，如基本工资、绩效奖金、津贴补贴等的比例分配

自动化岗位评价

② 通过预设岗位评价模型和算法，系统自动对每个岗位的价值进行评估，从而为薪酬水平的设定提供科学依据。这种自动化的岗位评价方法减少了人为干预，使评价结果更加客观公正

图1.15　××企业引入AI技术实现薪酬水平结构和岗位评价智能化的实践

3. 精神激励及与职业生涯挂钩方法 AI 化

除了物质激励外，精神激励和职业发展机会也是员工关注的重要方面。××企业利用 AI 技术，为员工提供了更加个性化的精神激励和职业发展路径。

××企业引入 AI 技术实现精神激励和职业发展路径智能化的实践，如图 1.16 所示。

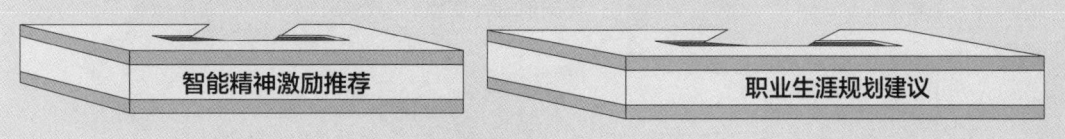

智能精神激励推荐	职业生涯规划建议
系统根据员工的性格特征、工作表现等因素，智能推荐适合的精神激励方式，如颁发荣誉称号、提供学习机会等，以增强员工的工作满足感和归属感	结合员工的个人能力、兴趣和发展需求，系统能够为员工提供个性化的职业生涯规划建议，包括推荐适合的培训课程、轮岗机会及晋升路径等，帮助员工明确职业目标，实现个人价值的最大化

图 1.16　××企业引入 AI 技术实现精神激励和职业发展路径智能化的实践

随着 AI 技术的不断进步和应用深化，××企业计划在未来进一步拓展薪酬管理智能化的范围和功能。例如，探索基于区块链技术的薪酬支付系统，以提高薪酬发放的安全性和透明度；利用更先进的算法模型，进一步优化个性化薪酬激励方案的生成逻辑；以及通过与其他人力资源管理系统的集成，实现薪酬管理与招聘、培训、绩效等模块的全面协同。

××企业通过薪酬管理的 AI 化实践，不仅提升了薪酬核算的效率和准确性，还实现了更加个性化和动态的薪酬激励。展望未来，随着技术的不断创新和应用拓展，××企业有望在薪酬管理领域实现更高的智能化水平，为企业的发展注入更强劲的动力。

1.2　薪酬激励效益性分析

薪酬激励是企业通过对员工薪酬的管理与设计，以激发员工的工作积极性、提高工作效率、增加工作满意度，从而提升企业绩效的一种手段。

薪酬激励的效益主要体现在员工的工作效率、满意度、留存率，以及企业的整体绩效等方面，量化为 4 个关键绩效指标（Key Performance Indicator，KPI），如图 1.17 所示。

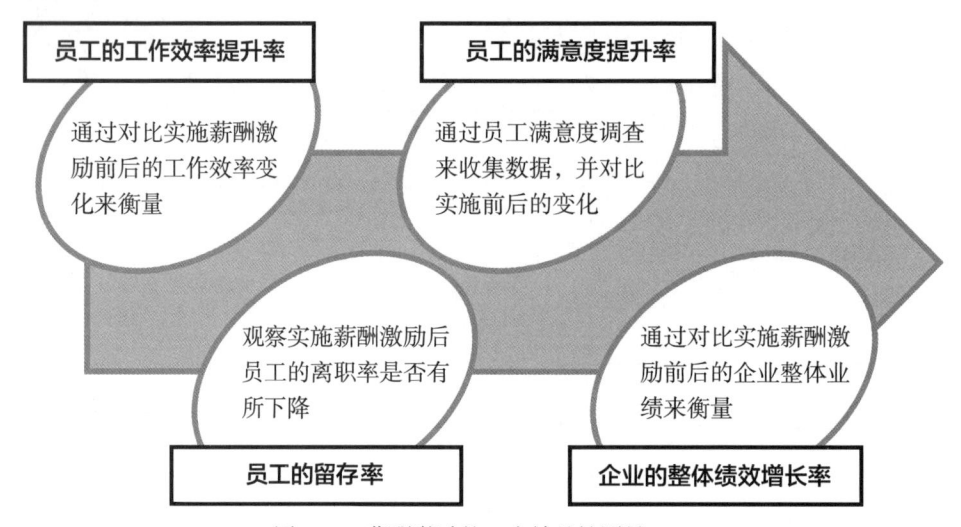

图1.17 薪酬激励的4个效益性测量KPI

- **员工的工作效率提升率**：通过对比实施薪酬激励前后的工作效率变化来衡量
- **员工的满意度提升率**：通过员工满意度调查来收集数据，并对比实施前后的变化
- **员工的留存率**：观察实施薪酬激励后员工的离职率是否有所下降
- **企业的整体绩效增长率**：通过对比实施薪酬激励前后的企业整体业绩来衡量

薪酬激励实施中的四大关键因素如图1.18所示。

薪酬激励实施中的四大关键因素

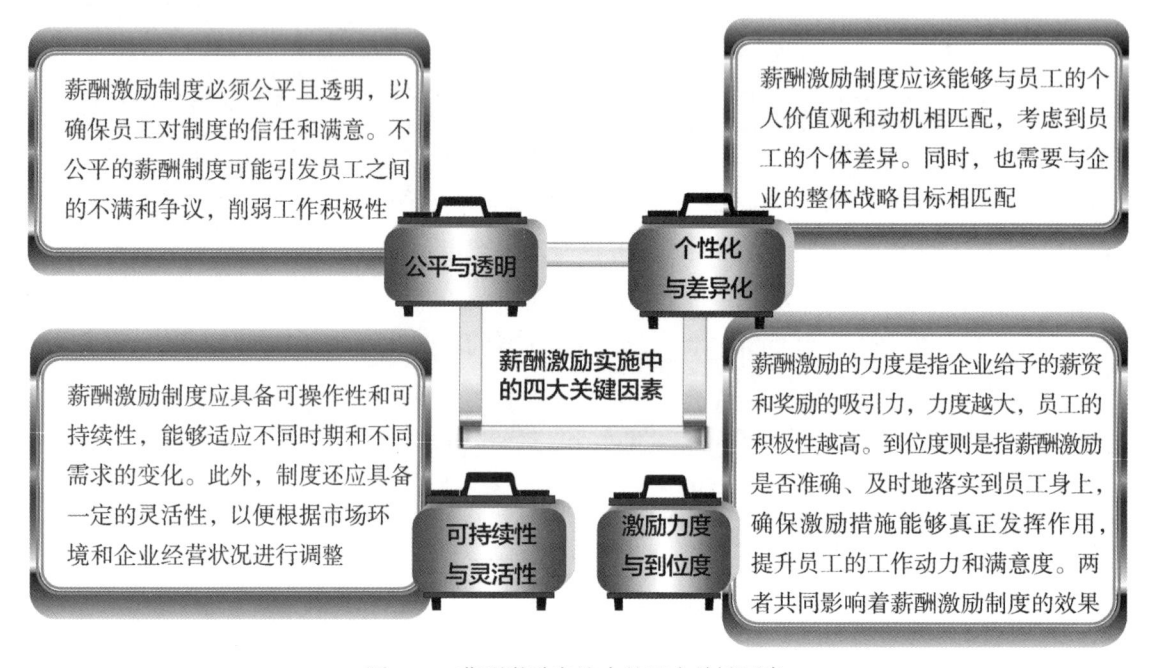

- **公平与透明**：薪酬激励制度必须公平且透明，以确保员工对制度的信任和满意。不公平的薪酬制度可能引发员工之间的不满和争议，削弱工作积极性
- **个性化与差异化**：薪酬激励制度应该能够与员工的个人价值观和动机相匹配，考虑到员工的个体差异。同时，也需要与企业的整体战略目标相匹配
- **可持续性与灵活性**：薪酬激励制度应具备可操作性和可持续性，能够适应不同时期和不同需求的变化。此外，制度还应具备一定的灵活性，以便根据市场环境和企业经营状况进行调整
- **激励力度与到位度**：薪酬激励的力度是指企业给予的薪资和奖励的吸引力，力度越大，员工的积极性越高。到位度则是指薪酬激励是否准确、及时地落实到员工身上，确保激励措施能够真正发挥作用，提升员工的工作动力和满意度。两者共同影响着薪酬激励制度的效果

图1.18 薪酬激励实施中的四大关键因素

薪酬激励作为一种有效的管理手段，在提高员工的工作积极性、工作效率和满意度方面发挥着重要作用。同时，激励力度与到位度有助于增强员工的归属感和责任感，促进企业绩效的增长。然而，在实施过程中需要特别注意制度的公平性和可持续性，以及与员工个体差异和企业战略目标的匹配性。只有全面实现薪酬激励对外具有"竞争力"、对内具有"公平力"、对员工具有"驱动力"、对成本具有"控制力"和对管理具有"法治力"，薪酬激励管理才能发挥最大的效度、效果和效益。

薪酬激励五力模型

价值定位
确定员工与企业的关系
编制人力资源管理策略与配套规章制度

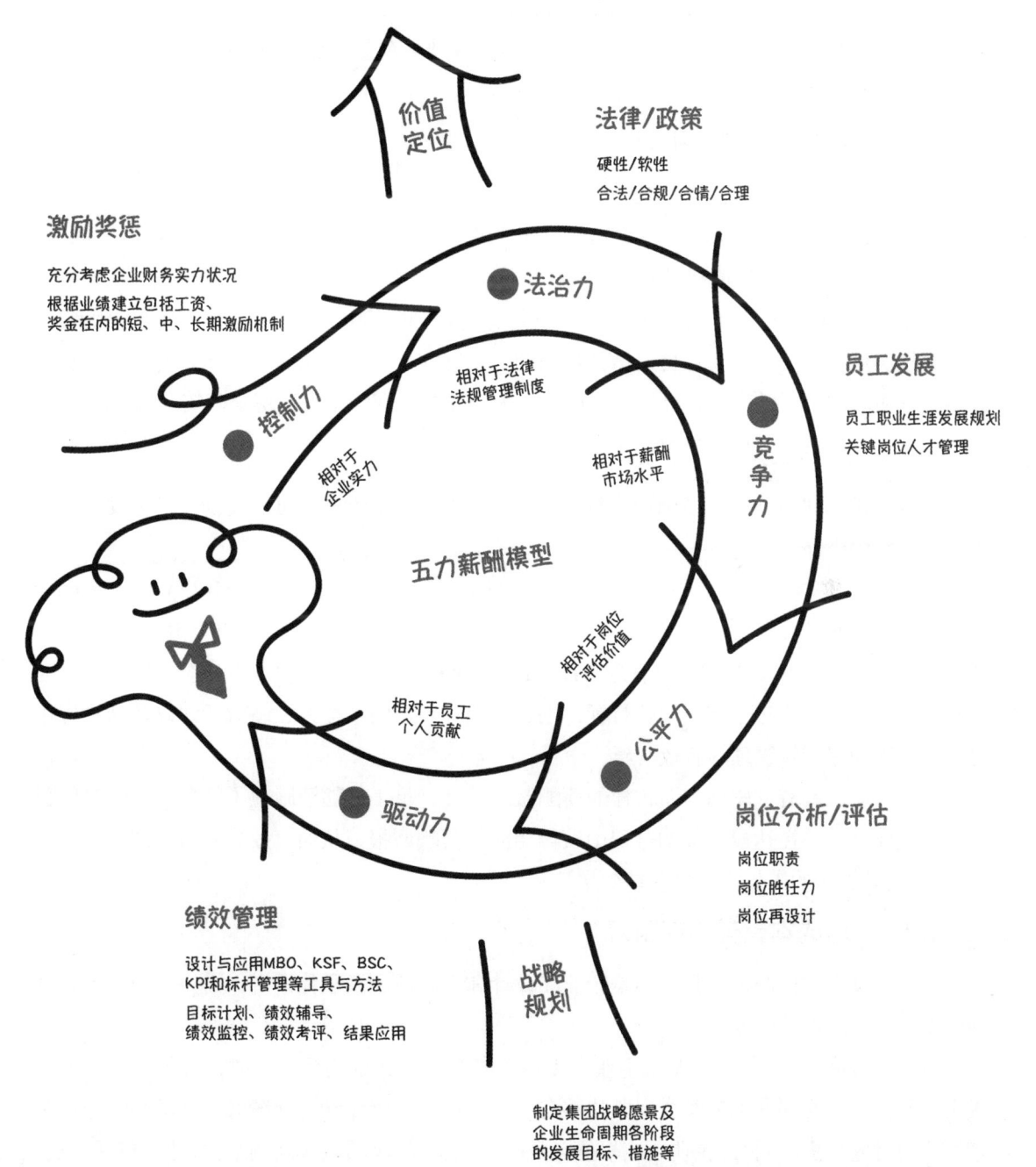

法律/政策
硬性/软性
合法/合规/合情/合理

激励奖惩
充分考虑企业财务实力状况
根据业绩建立包括工资、奖金在内的短、中、长期激励机制

员工发展
员工职业生涯发展规划
关键岗位人才管理

五力薪酬模型
- 法治力（相对于法律法规管理制度）
- 控制力（相对于企业实力）
- 竞争力（相对于薪酬市场水平）
- 公平力（相对于岗位评估价值）
- 驱动力（相对于员工个人贡献）

岗位分析/评估
岗位职责
岗位胜任力
岗位再设计

绩效管理
设计与应用MBO、KSF、BSC、KPI和标杆管理等工具与方法
目标计划、绩效辅导、绩效监控、绩效考评、结果应用

战略规划
制定集团战略愿景及企业生命周期各阶段的发展目标、措施等

1.2.1 对外具有"竞争力"

在薪酬激励五力模型中,"对外具有'竞争力'"这一要素强调的是企业薪酬体系与外部市场水平的相对位置。

对外具有"竞争力",不仅要求企业薪酬水平能够吸引和保留人才,与同行业及同地区的薪酬标准保持竞争力,还要求进一步考虑员工的长期发展,如通过提供与市场接轨且具有吸引力的薪酬,支持员工的职业生涯发展规划,确保关键岗位的人才管理策略能有效实施,从而吸引并留住对企业至关重要的核心人才。

薪酬激励对外具有"竞争力",这样的设计不仅有助于企业在激烈的市场竞争中占据优势,也是构建企业品牌和增强企业吸引力的关键一环。

1.2.2 对内具有"公平力"

对内具有"公平力"强调的是企业薪酬体系内部的公平性和一致性。

对内具有"公平力",要求企业根据岗位评估价值来确定薪酬水平,确保不同岗位之间的薪酬差异能够反映其相对价值和贡献。这一设计需要考虑岗位分析/评估、岗位职责、岗位胜任力,以及岗位再设计等多个方面,以确保薪酬分配与员工的实际工作内容、责任和能力相匹配。

通过实现内部公平,企业可以增强员工的公平感知,提高员工对薪酬体系的满意度和信任度,进而激发员工的工作积极性和忠诚度,为企业的长期稳定发展奠定坚实基础。

1.2.3 对员工具有"驱动力"

对员工具有"驱动力"强调的是薪酬体系对员工个人贡献的认可和奖励,以激发员工的工作动力和积极性。

对员工具有"驱动力",要求企业充分考量绩效管理,设计与应用如 MBO(Management Buy-Outs,管理层收购)、KSF(Key Success Factors,关键成功因素)、BSC(Balanced Score Card,平衡计分卡)、KPI 和标杆管理(Benchmarking)等先进的工具与方法。同时,企业还需建立完善的绩效管理系统,包括目标计划、绩效辅导、绩效监控、绩效考评以及结果应用等环节,以确保绩效管理的有效实施。

通过对员工具有"驱动力"这样的薪酬激励设计,员工能够清晰地了解到自己的工作目标与期望成果,并在达成目标的过程中获得相应的薪酬回报,从而有效激发员工的内在"驱动力",提升员工的工作满意度和绩效水平。

1.2.4 对成本具有"控制力"

对成本具有"控制力"强调的是企业在设计和实施薪酬激励体系时,需要充分考虑自身的财务实力和成本承受能力。

对成本具有"控制力",要求企业在制定薪酬策略和激励奖惩力度时,必须进行全面的成本效益分析,确保薪酬激励方案既能够有效激发员工的工作动力和绩效,又不会给企业带来过重的财务负担。同时,企业还应根据自身的业绩状况,灵活调整薪酬结构,建立包括工资、奖金在内的短、中、长期激励机制,以实现薪酬成本与激励效果之间的最佳平衡。

通过对成本具有"控制力"这样的薪酬激励设计，企业可以在保障员工激励效果的同时，有效控制薪酬成本，确保企业的可持续发展。

1.2.5 对管理具有"法治力"

对管理具有"法治力"强调的是薪酬激励工具与方法的设计与应用必须符合劳动相关法律法规和企业管理规章制度的要求。

企业在制定和实施薪酬激励方案时，需要重点考量法律政策的硬性规定和软性要求，确保薪酬激励的合法、合规、合情、合理。这要求企业不仅要遵守国家劳动法律法规的强制性规定，还要结合企业自身的管理规章制度，确保薪酬激励方案的合规性和有效性。

通过对管理具有"法治力"这样的薪酬激励设计，企业可以在保障员工权益的同时，提升薪酬激励的管理效果，促进企业的和谐稳定发展。

对标案例 ×× 企业点线面立体化薪酬激励模式

在激烈的市场竞争中，×× 企业深知人才是企业最宝贵的资源，而有效的薪酬激励机制是吸引、留住和激励人才的关键。为此，×× 企业创新性地构建了点线面立体化的薪酬激励模式，该模式以薪酬激励五力模型为基础，力求在对外"竞争力"、对内"公平力"、员工"驱动力"、成本"控制力"和管理"法治力"五个方面达到平衡与优化。

×× 企业是一家科技创新型公司，员工结构年轻化，知识密集，对人才的需求和依赖度极高。随着业务的快速发展，企业急需建立一套科学、合理、有效的薪酬激励体系，以激发员工的创造力和工作热情，同时控制成本，确保企业的可持续发展。

×× 企业点线面立体化薪酬激励模式的实施如图 1.19 所示。

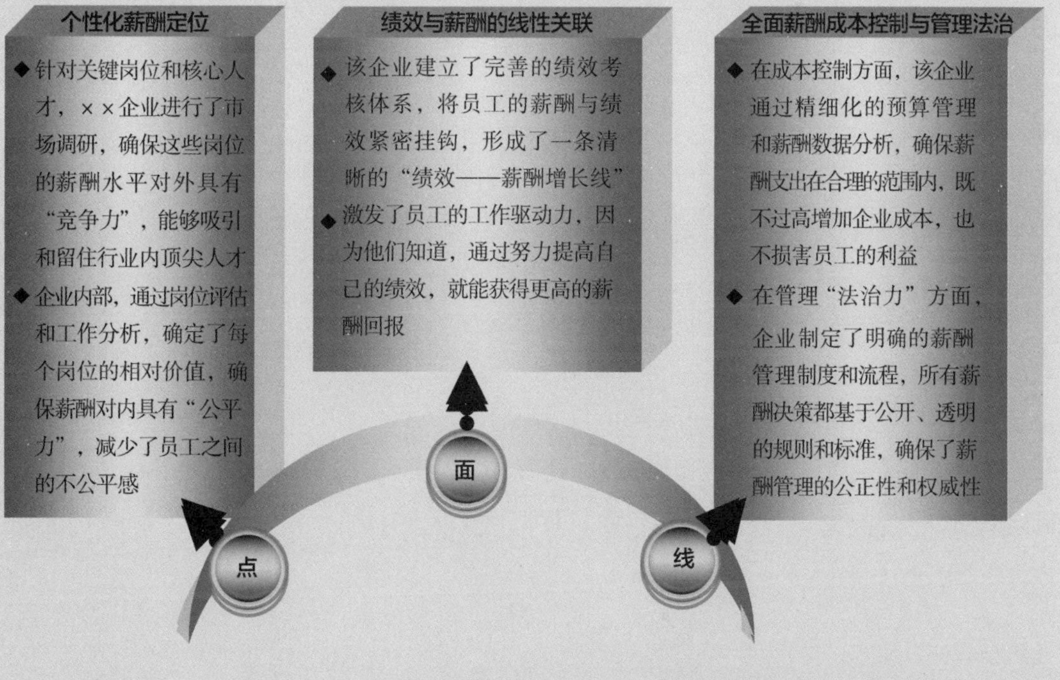

个性化薪酬定位
- 针对关键岗位和核心人才，×× 企业进行了市场调研，确保这些岗位的薪酬水平对外具有"竞争力"，能够吸引和留住行业内顶尖人才
- 企业内部，通过岗位评估和工作分析，确定了每个岗位的相对价值，确保薪酬对内具有"公平力"，减少了员工之间的不公平感

绩效与薪酬的线性关联
- 该企业建立了完善的绩效考核体系，将员工的薪酬与绩效紧密挂钩，形成了一条清晰的"绩效——薪酬增长线"
- 激发了员工的工作驱动力，因为他们知道，通过努力提高自己的绩效，就能获得更高的薪酬回报

全面薪酬成本控制与管理法治
- 在成本控制方面，该企业通过精细化的预算管理和薪酬数据分析，确保薪酬支出在合理的范围内，既不过高增加企业成本，也不损害员工的利益
- 在管理"法治力"方面，企业制定了明确的薪酬管理制度和流程，所有薪酬决策都基于公开、透明的规则和标准，确保了薪酬管理的公正性和权威性

点　面　线

图 1.19　×× 企业点线面立体化薪酬激励模式的实施

卷毛老师薪酬激励五力模型在××企业应用的价值体现，如图1.20所示。

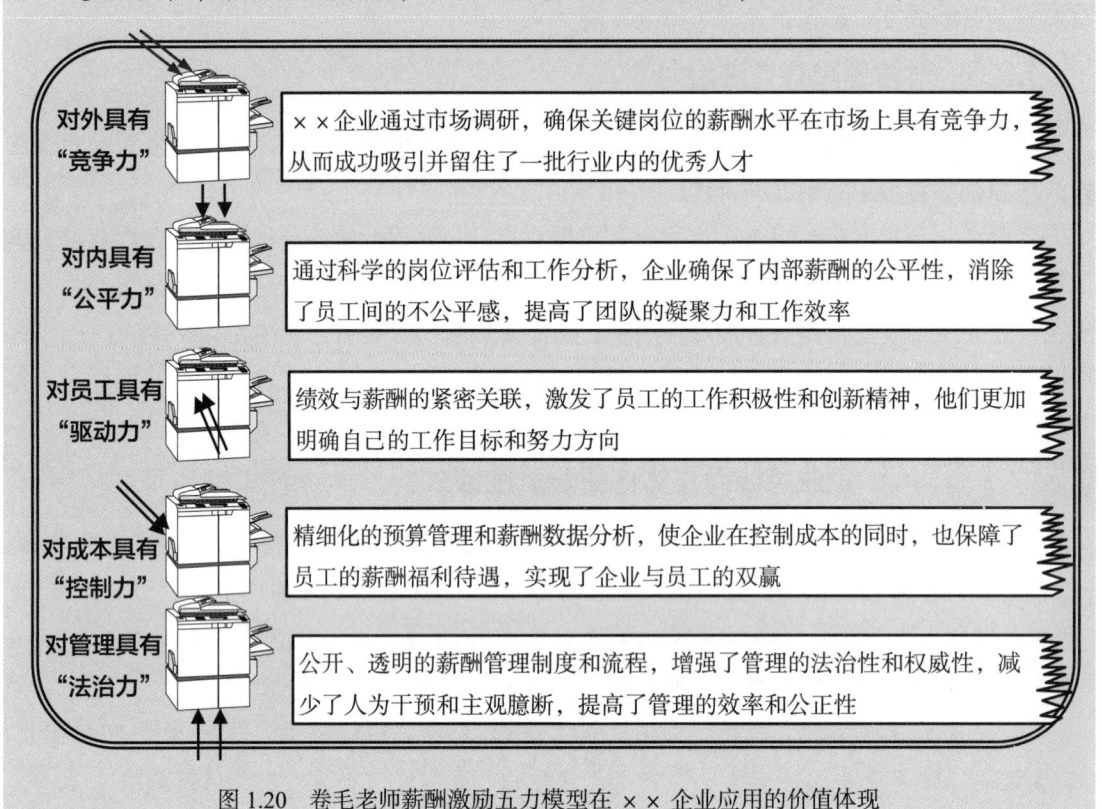

对外具有"竞争力"	××企业通过市场调研，确保关键岗位的薪酬水平在市场上具有竞争力，从而成功吸引并留住了一批行业内的优秀人才
对内具有"公平力"	通过科学的岗位评估和工作分析，企业确保了内部薪酬的公平性，消除了员工间的不公平感，提高了团队的凝聚力和工作效率
对员工具有"驱动力"	绩效与薪酬的紧密关联，激发了员工的工作积极性和创新精神，他们更加明确自己的工作目标和努力方向
对成本具有"控制力"	精细化的预算管理和薪酬数据分析，使企业在控制成本的同时，也保障了员工的薪酬福利待遇，实现了企业与员工的双赢
对管理具有"法治力"	公开、透明的薪酬管理制度和流程，增强了管理的法治性和权威性，减少了人为干预和主观臆断，提高了管理的效率和公正性

图1.20 卷毛老师薪酬激励五力模型在××企业应用的价值体现

1.3 薪酬激励大工具箱设计

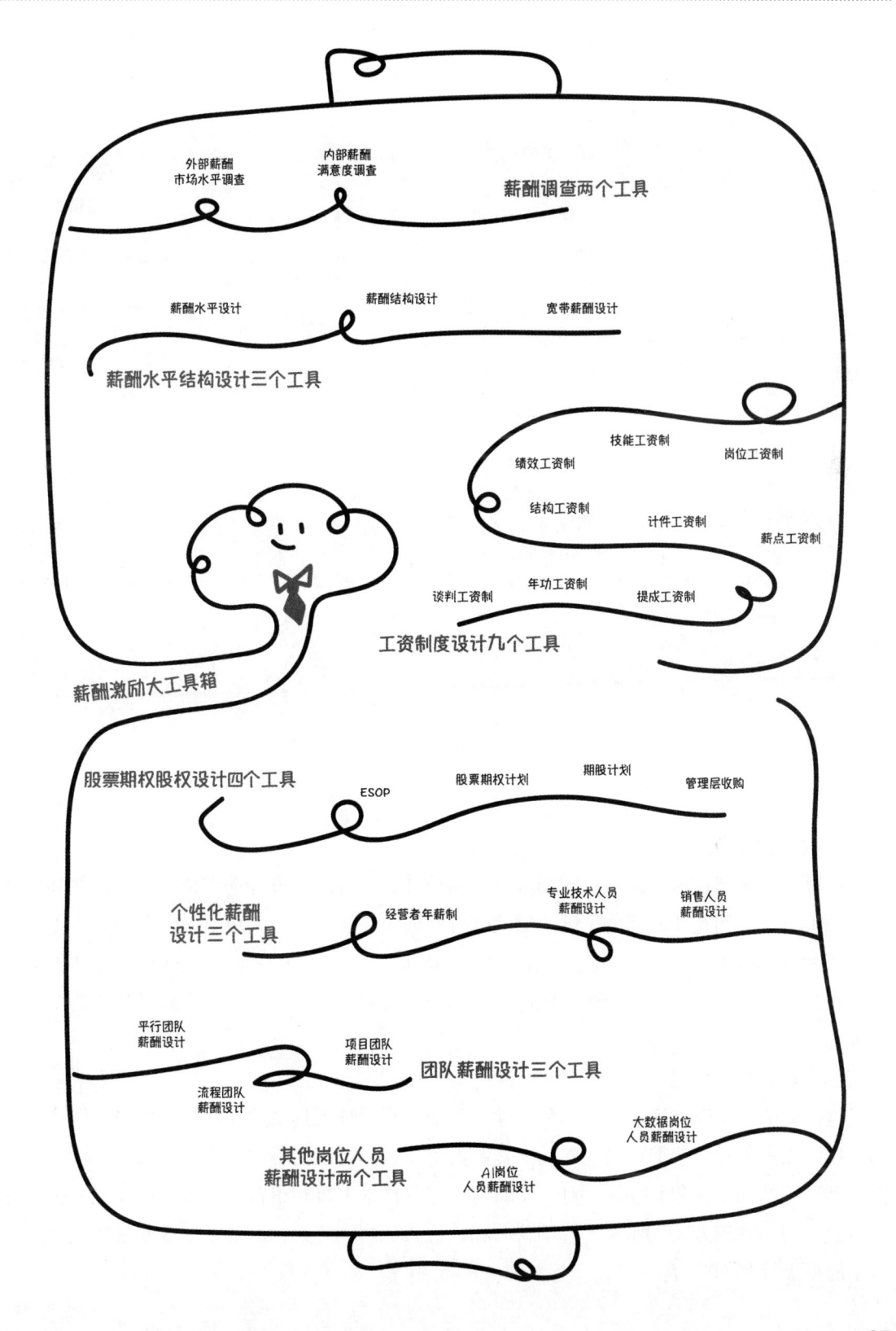

薪酬激励大工具箱

薪酬调查两个工具
- 外部薪酬市场水平调查
- 内部薪酬满意度调查

薪酬水平结构设计三个工具
- 薪酬水平设计
- 薪酬结构设计
- 宽带薪酬设计

工资制度设计九个工具
- 绩效工资制
- 技能工资制
- 岗位工资制
- 结构工资制
- 计件工资制
- 薪点工资制
- 谈判工资制
- 年功工资制
- 提成工资制

股票期权股权设计四个工具
- ESOP
- 股票期权计划
- 期股计划
- 管理层收购

个性化薪酬设计三个工具
- 经营者年薪制
- 专业技术人员薪酬设计
- 销售人员薪酬设计

团队薪酬设计三个工具
- 平行团队薪酬设计
- 项目团队薪酬设计
- 流程团队薪酬设计

其他岗位人员薪酬设计两个工具
- AI岗位人员薪酬设计
- 大数据岗位人员薪酬设计

1.3.1 薪酬激励工具发展的四大趋势

从七个维度划分的薪酬激励 26 大工具的发展呈现出数字化与智能化、差异化与个性化、长期化与股权化,以及团队化与协作化四大趋势,如图 1.21 所示。这些趋势反映了现代企业对薪酬激励工具的新需求和新挑战,也为企业提供了更多元化、更科学的薪酬激励方案选择。

随着企业组织结构的扁平化和项目制的兴起,团队化与协作化的薪酬设计工具越来越受到重视	团队薪酬设计工具注重团队内部的公平性和激励性	通过设定团队目标、分享团队成果等方式,激发团队成员的积极性和创造力	**4. 团队化与协作化**
为了留住关键人才和稳定员工队伍,薪酬激励工具的发展呈现出长期化与股权化的趋势	长期化和股权化的薪酬激励方式能够提高员工的归属感和忠诚度	**3. 长期化与股权化**	还能够吸引和保留高素质人才,为企业的持续发展提供有力保障
面对多样化的员工群体和复杂的市场环境,薪酬激励工具的发展越来越趋向于差异化与个性化	**2. 差异化与个性化**	随着新生代员工对个性化需求的增加,企业也越来越注重薪酬方案的个性化设计	如提供弹性福利、定制化薪酬包等,以满足员工的个性化需求,提高员工的满意度和忠诚度
1. 数字化与智能化	随着信息技术、AI 和大数据技术的广泛应用,薪酬管理工具正逐步向数字化转型	在薪酬管理系统应用上,系统能自动化完成各项薪酬管理流程,减少人为错误,提高工作效率	通过数据分析实时监控薪酬政策执行情况,及时调整策略,确保薪酬激励的有效性

图 1.21 薪酬激励工具发展的四大趋势

1. 数字化与智能化

这种趋势体现在薪酬调研、薪酬水平结构设计、工资制度设计等多个维度上。例如,外部薪酬市场水平调查和内部薪酬满意度调查可以通过在线问卷、大数据分析等方式,更高效地收集和处理数据,为企业提供更精准的薪酬决策支持。宽带薪酬(Broad Band Salary)设计、薪点工资制等复杂薪酬结构的设计也可以通过智能算法进行优化,提高设计的科学性和合理性。

2. 差异化与个性化

这种趋势在工资制度设计工具和个性化薪酬方案设计工具中尤为明显。例如,岗位工资制、技能工资制和绩效工资制等不同工资制度可以根据员工的不同特点和需求进行设计,确保薪酬激励的针对性和有效性。对于经营者、专业技术人员和销售人员等特定岗位,企业可以设计专门的薪酬方案,如经营者年薪制和销售人员薪酬方案,以更好地激发这些关键岗位员工的积极性和创造力。

3. 长期化与股权化

这种趋势在期权股权设计工具中表现得尤为突出。ESOP、股票期权计划、期股计划等工具的引入，使得员工的薪酬与企业的长期发展紧密绑定，激励员工关注企业的长远利益。同时，这些工具也有助于优化企业的资本结构，促进企业的长期稳定发展。

4. 团队化与协作化

这种趋势在团队薪酬设计工具中得到了充分体现。平行团队、流程团队和项目团队等不同类型的团队薪酬设计方案，旨在通过合理的薪酬激励，促进团队成员之间的协作和沟通，提高团队的整体绩效。同时，这些工具也有助于打破传统薪酬结构中的等级制度，引导员工将注意力从职位晋升转移到个人发展和能力提高上，以促进企业的整体发展。

1.3.2 薪酬激励26大工具

薪酬激励工具与方法的应用选择，绝非简单的"照搬套用"。面对多样化的企业管理模式和参差不齐的员工基本素质，企业必须采取灵活多变的策略，因地制宜、因人而异、与时俱进地选用合适的薪酬激励工具与方法。唯有如此，才能确保薪酬激励措施的有效性与针对性。薪酬激励的每种工具都有其独特性。薪酬激励26大工具类型划分与亮点见表1.5。

表1.5　薪酬激励26大工具类型划分与亮点

类型	序号	工具	亮点
薪酬调查工具		掌握市场与内部情况，确保薪酬策略的竞争力与满意度	
	1	外部薪酬市场水平调查	掌握市场薪酬动态，确保企业薪酬竞争力
	2	内部薪酬满意度调查	了解员工薪酬期望，优化薪酬体系以提升满意度
薪酬水平结构设计工具		科学规划薪酬体系，实现内部公平与外部竞争力的平衡	
	3	薪酬水平设计	科学设定薪酬标准，平衡企业成本与员工期望
	4	薪酬结构设计	构建合理薪酬架构，实现薪酬内部公平与激励效果
	5	宽带薪酬设计	提供薪酬弹性空间，激发员工潜能与职业发展动力
工资制度设计工具		多样化设计，满足不同岗位、技能与绩效需求的灵活性	
	6	岗位工资制	以岗位价值为基础，确保薪酬与岗位职责相匹配
	7	技能工资制	鼓励员工提升技能，实现技能与薪酬的双重增长
	8	绩效工资制	将薪酬与绩效挂钩，激励员工创造更高价值

续表

类型	序号	工具	亮点
工资制度设计工具	9	结构工资制	多元化薪酬组合，满足员工的不同需求与期望
	10	计件工资制	以工作量计酬，激发员工的生产积极性与效率
	11	薪点工资制	灵活调整薪酬点值，适应企业不同发展阶段的需求
	12	提成工资制	销售额与薪酬挂钩，激励销售人员积极拓展市场
	13	年功工资制	奖励员工忠诚与贡献，增强企业凝聚力
	14	谈判工资制	个性化薪酬谈判，吸引与保留关键人才
股票期权股权设计工具	长期激励，绑定员工与企业利益，共促发展			
	15	ESOP	员工持股，共享企业成长收益
	16	股票期权计划	长期激励，绑定员工与企业共同利益
	17	期股计划	延期支付与股权激励结合，促进员工长期贡献
	18	管理层收购	管理层持股，激发其经营管理与创新动力
个性化薪酬设计工具	定制化激励，精准匹配关键岗位与特殊人才			
	19	经营者年薪制	高额年薪激励，确保经营者目标与企业战略一致
	20	专业技术人员薪酬设计	定制化薪酬，吸引与保留技术核心人才
	21	销售人员薪酬设计	高额提成与奖励，激发销售人员的市场开拓能力
团队薪酬设计工具	强化团队协作，通过集体激励提升整体绩效			
	22	平行团队薪酬设计	团队间公平竞争，促进团队协作与绩效提升
	23	流程团队薪酬设计	以流程效率为基准，激励团队优化流程与提升效率
	24	项目团队薪酬设计	项目成果与薪酬挂钩，激发团队创新与执行力
其他岗位人员薪酬设计工具	紧跟时代趋势，为新兴关键岗位提供创新激励方案			
	25	AI岗位人员薪酬设计	紧跟技术趋势，为AI人才提供竞争力薪酬
	26	大数据岗位人员薪酬设计	重视数据价值，激励大数据人才为企业创造更多价值

1.4　薪酬激励方法锦囊

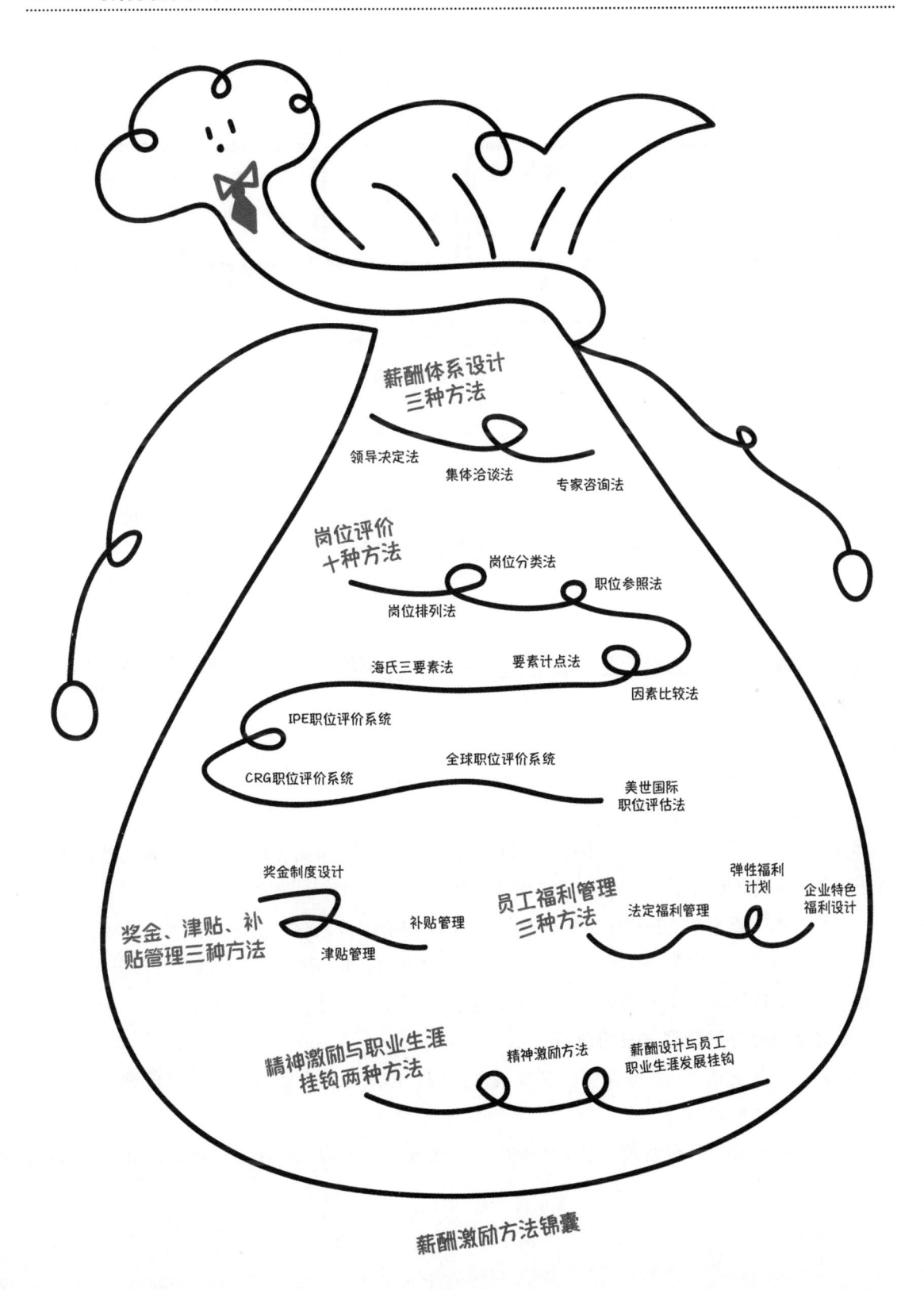

薪酬体系设计三种方法
- 领导决定法
- 集体洽谈法
- 专家咨询法

岗位评价十种方法
- 岗位分类法
- 职位参照法
- 岗位排列法
- 海氏三要素法
- 要素计点法
- 因素比较法
- IPE职位评价系统
- 全球职位评价系统
- CRG职位评价系统
- 美世国际职位评估法

奖金、津贴、补贴管理三种方法
- 奖金制度设计
- 补贴管理
- 津贴管理

员工福利管理三种方法
- 弹性福利计划
- 企业特色福利设计
- 法定福利管理

精神激励与职业生涯挂钩两种方法
- 精神激励方法
- 薪酬设计与员工职业生涯发展挂钩

薪酬激励方法锦囊

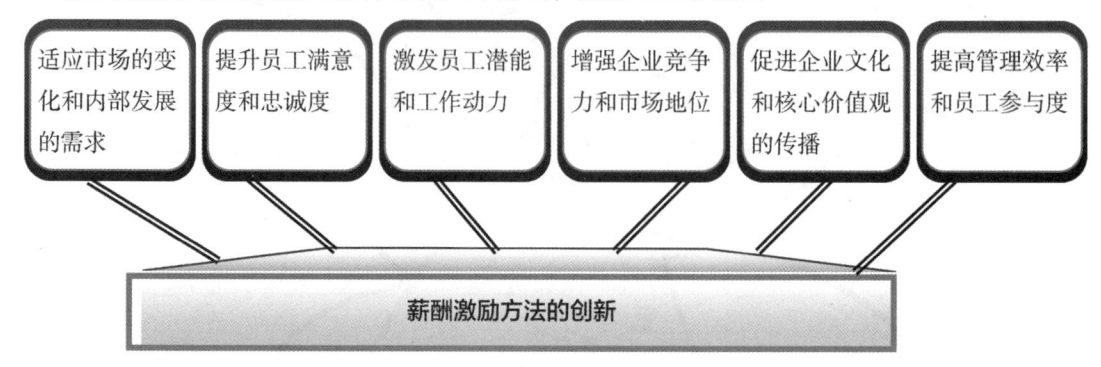

1.4.1 薪酬激励方法的创新

薪酬激励方法的创新不仅在于引入新的工具和方法，更在于如何结合企业实际和员工需求，灵活应用这些方法，实现薪酬体系的科学性和有效性。通过创新，企业可以在不增加过多成本的情况下，显著提升员工满意度和绩效水平，实现事半功倍的效果。

薪酬激励方法的创新主要体现在六个方面，如图 1.22 所示。

图 1.22　薪酬激励方法的创新

1. 薪酬体系设计方法的创新

（1）领导决定法：虽然领导决定法传统，但高层领导的战略眼光和快速决策能力能为薪酬体系带来及时且有力的调整，关键在于领导的创新思维和前瞻性。

（2）集体洽谈法：创新之处在于员工参与，通过集体讨论达成共识，增强员工对薪酬体系的认同感和满意度。

（3）专家咨询法：引入外部专业力量，借鉴最新薪酬理念和工具，确保薪酬体系的科学性和市场竞争力。

2. 岗位评价方法的创新

（1）岗位排列法、岗位分类法：这两种方法基础但实用，创新之处在于如何更细致地划分岗位，体现岗位间的价值差异。

（2）职位参照法、因素比较法、要素计点法：这些方法强调客观评价，创新之处在于如何选取和权衡评价因素，更准确地反映岗位价值。

（3）海氏三要素法、IPE 职位评价系统、CRG 职位评价系统、全球职位评价系统、美世国际职位评估法：这些先进方法提供了系统的评价框架，创新之处在于如何结合企业实际，灵活应用这些框架，实现内部公平性和外部竞争力。

3. 奖金津贴补贴管理方法的创新

（1）奖金制度设计：关键在于与绩效紧密挂钩，创新之处在于如何设计更科学、更个性化的绩效考核体系。

（2）津贴管理、补贴管理：创新之处在于如何根据员工需求和岗位特性，设计更具针对性和吸引力的津贴补贴方案。

4. 员工福利管理方法的创新

（1）法定福利管理：合规是基础，创新之处在于如何在此基础上提供额外福利，提升员工满意度。

（2）弹性福利自助超市：创新之处在于提供多样化的福利选择，满足员工个性化需求。

（3）企业特色福利设计：创新之处在于如何结合企业文化和员工需求，设计独具特色的福利方案，增强企业吸引力。

5. 精神激励及与职业生涯挂钩方法的创新

（1）精神激励方法：创新之处在于如何关注员工内心需求，通过表扬、认可、晋升等方式激发员工潜能和工作热情。

（2）薪酬设计与员工职业生涯发展挂钩：长期激励的创新之处在于如何将薪酬与员工个人成长和企业发展相结合，实现双赢。

1.4.2 薪酬激励21种方法

薪酬激励21种方法的类型划分与亮点见表1.6。

表1.6 薪酬激励21种方法的类型划分与亮点

类型	序号	方法	亮点
薪酬体系设计方法		确保科学性，灵活适应企业需求，能因地制宜，提供定制化的薪酬体系解决方案	
	1	领导决定法	决策迅速、流程简洁高效，体现高层战略意图，能够快速响应市场和组织变化
	2	集体洽谈法	集思广益，增强员工参与感，促进共识形成，提升方案实施效果
	3	专家咨询法	借助外部专业力量，确保薪酬方案的科学性和前瞻性
岗位评价方法		实现岗位价值量化，确保内部公平性，能准确评估岗位价值，为薪酬设计提供客观依据	
	4	岗位排列法	简单直观，便于理解和操作，适合小型或初创企业
	5	岗位分类法	分类清晰，便于管理和比较，有助于内部公平性
	6	职位参照法	参照市场标准，确保薪酬竞争力，吸引和保留人才
	7	因素比较法	通过要素对比，体现不同岗位之间的价值差异
	8	要素计点法	量化评估岗位价值，确保内部薪酬结构的公平性
	9	海氏三要素法	综合考虑知识、技能和努力程度，系统全面
	10	IPE职位评价系统	体系完善，评价准确，适用于大型企业
	11	CRG职位评价系统	科学规范，国际通用，便于跨国企业应用
	12	全球职位评价系统	国际化标准，适用于全球化企业，统一薪酬管理
	13	美世国际职位评估法	国际认可度高，权威性强，便于国际人才招聘

续表

类型	序号	方法	亮点
奖金、津贴、补贴管理方法			灵活多样，激励效果显著，能针对员工需求和企业目标，设计个性化奖金、津贴、补贴方案
	14	奖金制度设计	灵活多样，与绩效紧密挂钩，激励效果显著
	15	津贴管理	针对特殊岗位或条件，体现企业关怀，增强员工归属感
	16	补贴管理	满足员工个性化需求，提升员工满意度和忠诚度
员工福利管理方法			提升员工满意度，增强企业吸引力，亮点在于能够满足员工的多元化需求，营造温馨和谐的企业氛围
	17	法定福利管理	合规保障，提升企业社会形象，吸引合规意识强的员工
	18	弹性福利计划	福利选择多样，满足员工的不同需求，提升员工满意度
	19	企业特色福利设计	独特创新，增强企业吸引力，塑造企业文化
精神激励与职业生涯挂钩方法			激发员工潜能，促进长期发展，亮点在于能够关注员工的职业成长和精神需求，实现企业与员工的共赢
	20	精神激励方法	关注员工内心需求，激发潜能，提升员工忠诚度和热情
	21	薪酬设计与员工职业生涯发展挂钩	长期激励，促进员工的个人成长与企业发展相结合

第 2 章
薪酬调查工具的应用

薪酬调查是一种通过收集、整理和分析市场上相同或相似岗位薪酬数据，以评估企业薪酬体系的竞争力和内部公平性，并指导企业合理设定和调整各岗位薪酬水平，从而确保企业薪酬策略与市场动态保持同步，增强企业的薪酬吸引力和员工满意度。

一般来说，调查的依据不同，薪酬调查划分的种类也不尽相同。薪酬调查从四个不同维度可以划分为12种类型，如图2.1所示。

从主持薪酬调查的主体划分
- 政府主持的薪酬调查
- 行业的薪酬调查
- 专业协会或企业家联合会的调查
- 咨询公司的调查
- 企业自己组织的调查

从调查的组织者划分
- 商业性薪酬调查
- 专业性薪酬调查
- 政府部门的薪酬调查

薪酬调查的四个维度12种类型

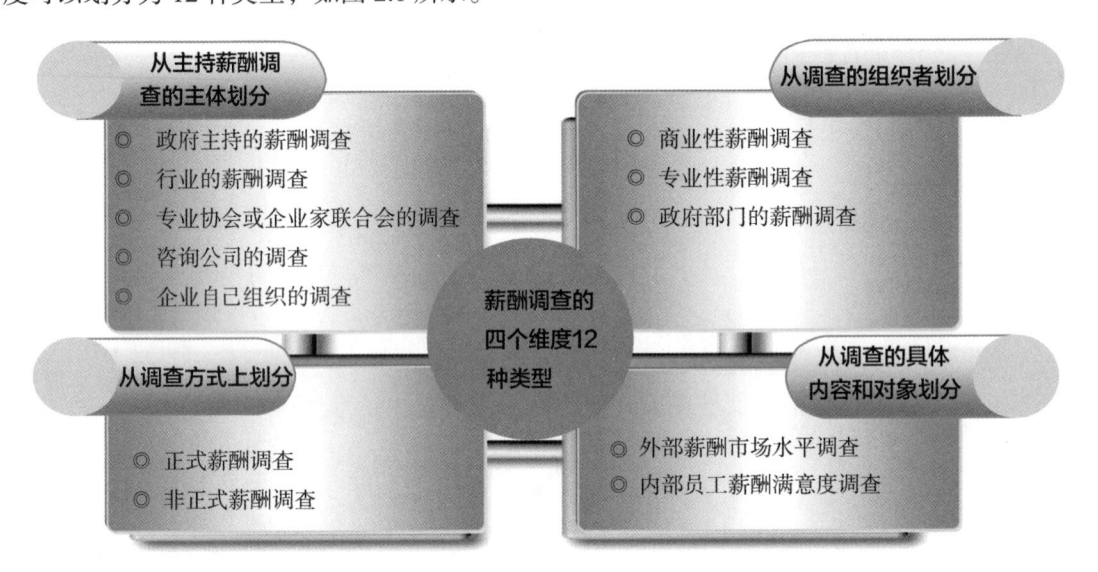

从调查方式上划分
- 正式薪酬调查
- 非正式薪酬调查

从调查的具体内容和对象划分
- 外部薪酬市场水平调查
- 内部员工薪酬满意度调查

图 2.1　薪酬调查的四个维度 12 种类型

企业之所以进行薪酬调查，其核心目的在于解决薪酬体系内部及外部的均衡性问题，确保企业薪酬策略既符合市场标准，又能满足内部公平性。通过深入分析外部薪酬市场调查所得的数据，企业能够以此为依据，科学地设定内部各岗位的薪酬标准，从而实现薪酬体系的合理性和竞争力。

薪酬调查工具应用框架体系插画

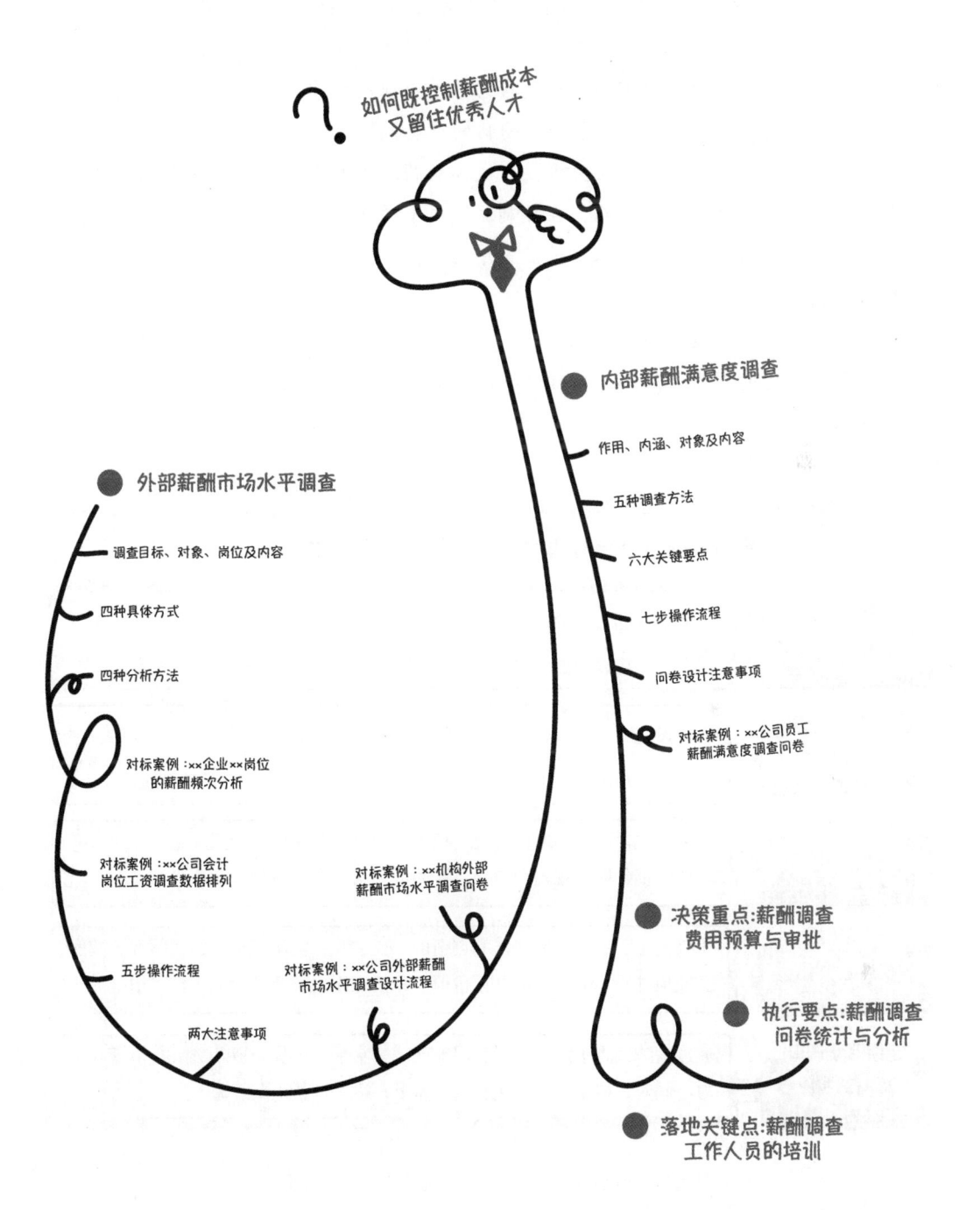

如何既控制薪酬成本又留住优秀人才

- 外部薪酬市场水平调查
  - 调查目标、对象、岗位及内容
  - 四种具体方式
  - 四种分析方法
  - 对标案例：××企业××岗位的薪酬频次分析
  - 对标案例：××公司会计岗位工资调查数据排列
  - 对标案例：××机构外部薪酬市场水平调查问卷
  - 五步操作流程
  - 对标案例：××公司外部薪酬市场水平调查设计流程
  - 两大注意事项

- 内部薪酬满意度调查
  - 作用、内涵、对象及内容
  - 五种调查方法
  - 六大关键要点
  - 七步操作流程
  - 问卷设计注意事项
  - 对标案例：××公司员工薪酬满意度调查问卷

- 决策重点：薪酬调查费用预算与审批

- 执行要点：薪酬调查问卷统计与分析

- 落地关键点：薪酬调查工作人员的培训

问题与痛点：如何既控制薪酬成本又留住优秀人才

在企业管理中，薪酬成本控制与留住优秀人才之间往往存在一种微妙的平衡。一方面，企业需要合理控制薪酬成本，以确保经济效益和长期发展的可持续性；另一方面，优秀的人才是企业最宝贵的资源，他们的去留直接影响着企业的竞争力和创新能力。因此，如何在这两者之间找到平衡点，成为许多企业面临的重要挑战。

薪酬成本控制对于企业来说至关重要。过高的薪酬成本会压缩企业的利润空间，甚至可能导致企业陷入经营困境。然而，在控制薪酬成本的同时，企业也面临着如何保持员工激励和满意度的问题。如果薪酬水平过低或增长缓慢，可能会导致员工士气低落，工作效率下降，甚至引发人才流失。

优秀人才是企业发展的核心动力。他们不仅具备高超的专业技能，还能为企业带来创新思维和解决问题的能力。然而，留住这些人才并不容易。在激烈的市场竞争中，优秀人才往往面临着更多的职业选择和发展机会。如果企业不能提供具有竞争力的薪酬待遇和发展空间，他们很可能会选择离开。

既控制薪酬成本又留住优秀人才，解决方案与人力资源管理专业方面的建议，如图2.2所示。其中，定期薪酬调查与市场对比方面的建议是重中之重。

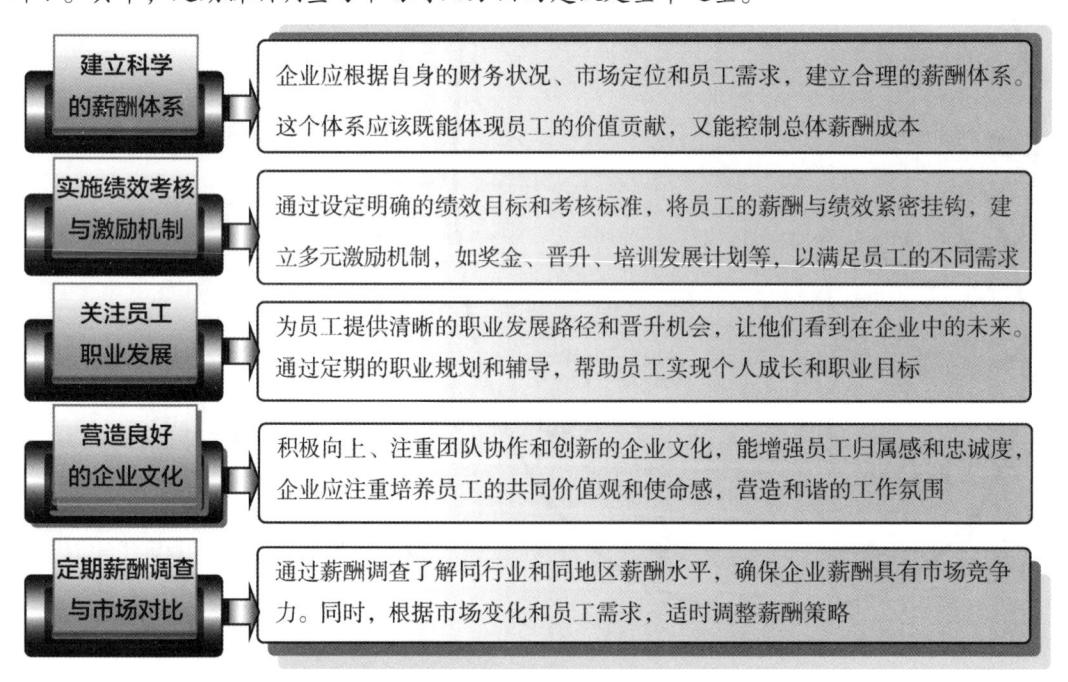

建立科学的薪酬体系	企业应根据自身的财务状况、市场定位和员工需求，建立合理的薪酬体系。这个体系应该既能体现员工的价值贡献，又能控制总体薪酬成本
实施绩效考核与激励机制	通过设定明确的绩效目标和考核标准，将员工的薪酬与绩效紧密挂钩，建立多元激励机制，如奖金、晋升、培训发展计划等，以满足员工的不同需求
关注员工职业发展	为员工提供清晰的职业发展路径和晋升机会，让他们看到在企业中的未来。通过定期的职业规划和辅导，帮助员工实现个人成长和职业目标
营造良好的企业文化	积极向上、注重团队协作和创新的企业文化，能增强员工归属感和忠诚度，企业应注重培养员工的共同价值观和使命感，营造和谐的工作氛围
定期薪酬调查与市场对比	通过薪酬调查了解同行业和同地区薪酬水平，确保企业薪酬具有市场竞争力。同时，根据市场变化和员工需求，适时调整薪酬策略

图2.2 既控制薪酬成本又留住优秀人才的五个建议

2.1 外部薪酬市场水平调查

外部薪酬市场水平调查，是指对本地区同行业企业的薪酬水平进行调查，通过调查可以获得本地区同行业企业的最高和最低工资发放标准、奖金发放办法、员工激励方法等信息。

外部薪酬市场水平调查的目的是确保企业薪酬水平的外部均衡性。因为，外部均衡性失调通常表现在两个方面：一是远远高于外部薪酬水平，会增加本企业的人力资源成本；二是远远低于外部薪酬水平，会造成本企业的薪酬失去对外的竞争性，导致人员流动率加大，而不利于吸引和留住优秀人才。

2.1.1 调查目标、对象、岗位及内容

1. 调查目标

外部薪酬市场水平调查的首要目标是帮助企业了解自身薪酬体系在市场中的定位，评估自身和竞争对手的相对薪酬水平，控制好人工成本，了解其他企业薪酬管理实践的最新发展和变化趋势，进而优化薪酬策略，确保企业的薪酬水平具有市场竞争力。具体包括三个目标，如图 2.3 所示。

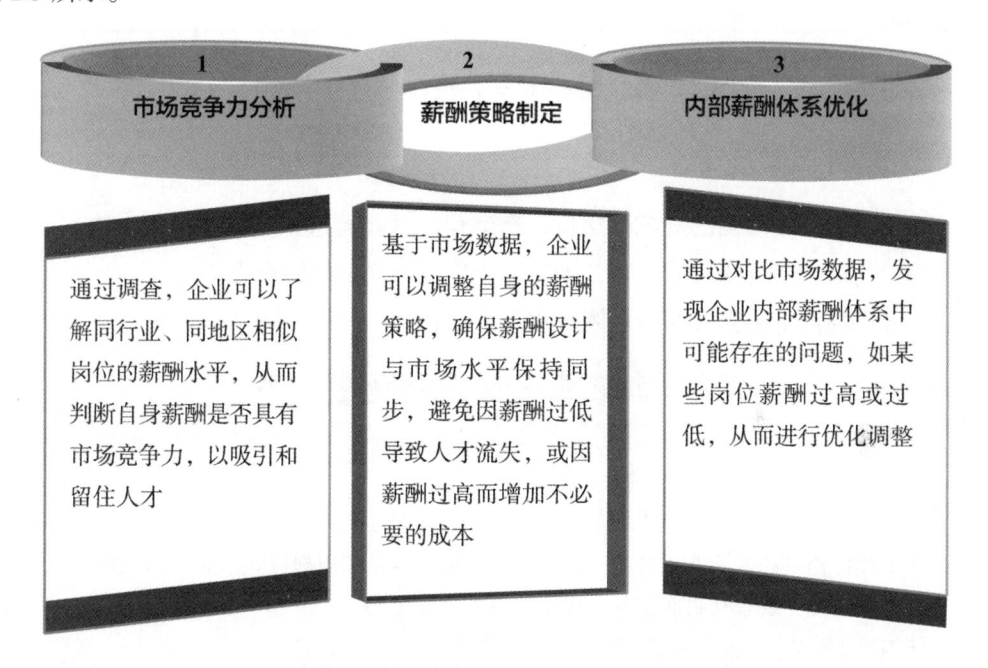

1 市场竞争力分析	2 薪酬策略制定	3 内部薪酬体系优化
通过调查，企业可以了解同行业、同地区相似岗位的薪酬水平，从而判断自身薪酬是否具有市场竞争力，以吸引和留住人才	基于市场数据，企业可以调整自身的薪酬策略，确保薪酬设计与市场水平保持同步，避免因薪酬过低导致人才流失，或因薪酬过高而增加不必要的成本	通过对比市场数据，发现企业内部薪酬体系中可能存在的问题，如某些岗位薪酬过高或过低，从而进行优化调整

图 2.3　外部薪酬市场水平调查的三个目标

2. 调查对象

外部薪酬市场水平调查的对象主要包括同行业、同地区的其他企业，尤其是与企业自身业务相近、规模相当的竞争对手。通过了解这些企业的薪酬水平，可以更为准确地定位自身薪酬体系的市场位置。

3. 调查岗位

在外部薪酬市场水平调查中，应重点关注企业内部的关键岗位和核心岗位与外部同等或相似岗位的薪酬水平的对标，如高、中、基管理层，研发技术人岗位，市场销售岗位，以及大数据、AI 等新增岗位等。这些岗位的薪酬水平往往直接影响企业的整体薪酬策略和市场竞争力。

4. 调查内容

外部薪酬市场水平调查的内容十分丰富，主要包括五个方面，如图 2.4 所示。

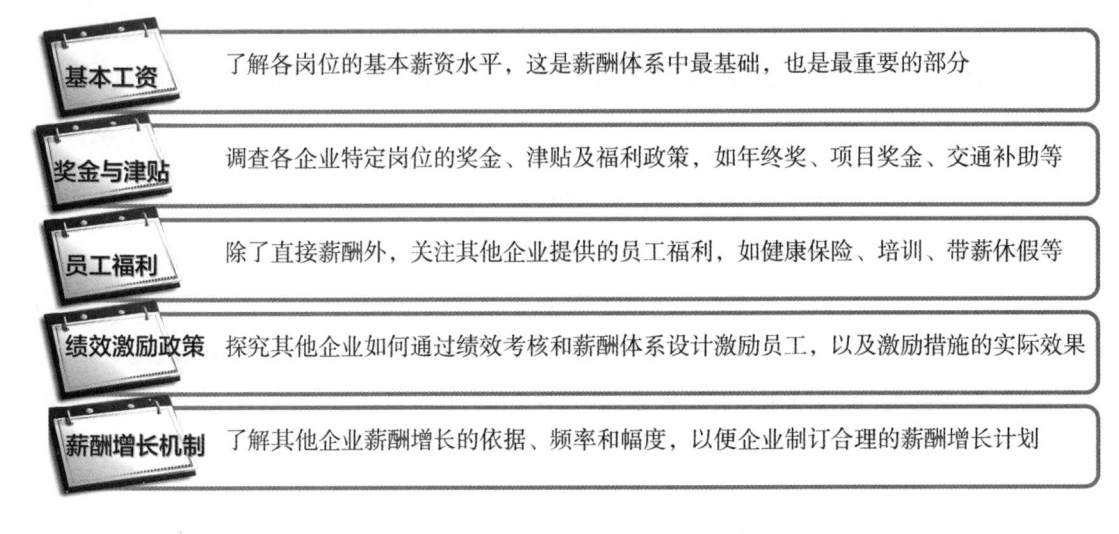

基本工资：了解各岗位的基本薪资水平，这是薪酬体系中最基础，也是最重要的部分

奖金与津贴：调查各企业特定岗位的奖金、津贴及福利政策，如年终奖、项目奖金、交通补助等

员工福利：除了直接薪酬外，关注其他企业提供的员工福利，如健康保险、培训、带薪休假等

绩效激励政策：探究其他企业如何通过绩效考核和薪酬体系设计激励员工，以及激励措施的实际效果

薪酬增长机制：了解其他企业薪酬增长的依据、频率和幅度，以便企业制订合理的薪酬增长计划

图 2.4 外部薪酬市场水平调查内容的五个方面

2.1.2 四种具体方式

一般而言，对于较明确的规范性岗位，薪酬信息采集可选择简单的调查方法。而对于新兴的高新技术的复杂岗位的薪酬调查，则需要使用较为复杂的调查方法。

外部薪酬市场水平调查的四种具体方式见表 2.1。

表 2.1 外部薪酬市场水平调查的四种具体方式

方式	含义说明	优点/缺点	适用范围
采集社会公开信息	包括各级政府部门公布的薪酬数据资料，有关行业协会、专业学会或学术团体提供的薪酬调查数据，以及见诸报纸、杂志互联网等各类媒体的统计数据	缺点：采集的数据针对性不强，更多的是宏观把握和参考的信息	只有这些信息达到一定专业水准，并较便宜时，企业才可能积极采用
委托中介机构调查	是指委托商业性的调研机构或专业性的人力资源咨询公司进行调查。在选择中介机构时，应考虑其专业性、经验和声誉	优点是较易说服目标企业合作和参与，且时间短、质量高、数据全；缺点是花费较高	适用于企业需要确定薪酬水平的岗位难以在类似企业中找到对标岗位，或该企业属于新兴行业时
企业之间相互调查	成立非正式组织，构建同行业人力资源管理联盟，凭借自身的信用和互助的承诺，定期交换薪酬水平数据，实现薪酬管理信息互通和共享	优点包括成本效益、针对性和相关性、及时性；缺点有数据可靠性、标准化问题、隐私和保密问题	适用于有良好对外关系的企业之间采用
设计调查问卷调查	操作流程包括设计调查问卷、发放回收问卷、逐项汇总分析、查询疑点、核对数据、调整数据，并分析原因、给出意见或建议	优点包括广泛、匿名、便于量化分析；缺点有数据质量差、回收率低、设计难度高、响应偏差大	适用于大量的、复杂的岗位体系的薪酬水平调查

2.1.3 四种分析方法

一般而言,在对获取的外部薪酬市场水平调查数据进行整理、汇总、统计和分析时,可以采用的专业方法包括频率分析法、数据排列法、回归分析法、图表分析法、离散分析法和趋势分析法等。为了提高数据分析的可信度和有效度,需要根据实际情况对各种方法进行优选。当然,考虑到各种方法的操作难易程度和计算机自动化的依赖程度,这里重点介绍四种分析方法。

1. 频率分析法

如果被调查企业没有给出准确的薪酬水平数据,只能了解到该企业的平均薪酬情况时,可以采取频率分析法,记录在各薪酬额度内各企业平均薪酬水平出现的频率,从而了解这些企业或某类岗位人员薪酬的一般水平。

对标案例 ××企业××岗位的薪酬频次分析

××企业××岗位的薪酬频次分析表见表2.2。

表2.2 ××企业××岗位的薪酬频次分析表

工资额度/元	出现频次
2200 ~ 2499	1
2500 ~ 2799	2
2800 ~ 2999	3
3000 ~ 3499	4
3500 ~ 3799	3
3800 ~ 4000	2

为了更直观地进行观察,还可以根据调查数据绘制出直方图,如图2.5所示。

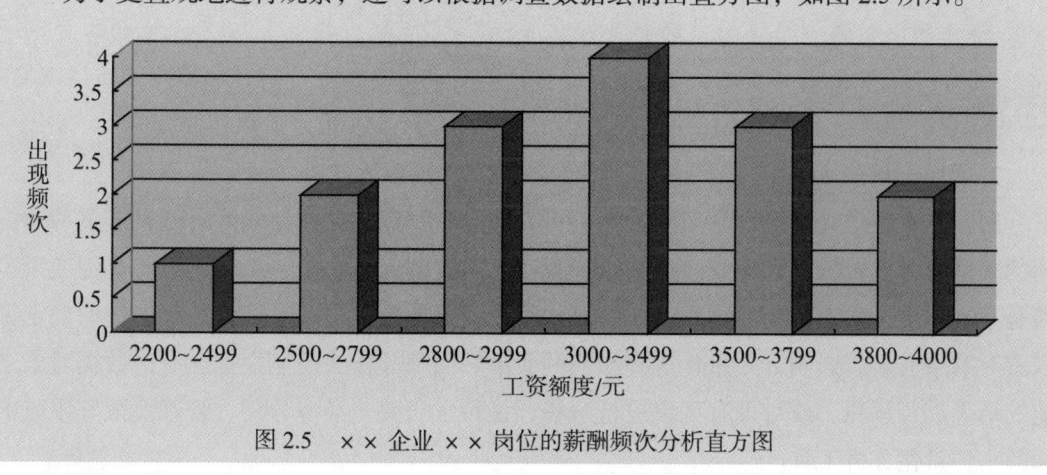

图2.5 ××企业××岗位的薪酬频次分析直方图

2. 数据排列法

数据排列法是先将薪酬调查的同一类数据由高至低进行排列,再计算出数据列中的几个特殊的位置,并标示出中点或50%点处、25%点处、75%点处和90%点处。其中,工资水平较高的企业应该关注75%点处,甚至是90%点处;工资水平较低的企业应该关注25%点处,一般的企业应该关注中点即50%点处。

对标案例 ××公司会计岗位工资调查数据排列

例如,××公司需要给本公司的会计岗位确定工资,并要求在控制人工成本的前提之下,在薪酬市场上具有一定竞争力。那么,可以选择性地调查15家企业的会计岗位,用数据排列法进行统计分析。具体会计岗位工资调查数据排列表见表2.3。

表2.3 ××公司会计岗位工资调查数据排列表

企业名称	平均月工资/元	数据排列结果
A	2500	1
B	2200	2(90%点处=2200元)
C	2200	3
D	1900	4(75%点处=1900元)
E	1700	5
F	1650	6
G	1650	7
H	1650	8(中点或50%点处=1650元)
I	1600	9
J	1600	10
K	1550	11
L	1500	12(25%点处=1500元)
M	1500	13
N	1500	14
O	1300	15

综上所述,工资水平较高的企业应该关注75%点处,甚至是90%点处的工资水平,工资水平较低的企业应该关注25%点处,而××公司要求会计岗位的薪酬在市场上具有一定竞争力,所以就可以关注中点即50%点处,定为1650元左右即可。

3. 回归分析法

回归分析法是一种统计学上的数据分析方法,它利用数据统计软件对两种或多种数据之间的关系进行定量分析和建模。通过这种方法,可以明确自变量(影响因素)与因变量(通常是某种需要预测或解释的结果,如薪酬水平或薪酬差距)之间的依赖关系,进而确定哪些因素对结果有显著影响,并量化这些影响的大小。回归分析法还能根据已有的数据对未来可能的结果进行预测,或对现有现象进行解释,是科学研究、经济分析、管理决策等领域中常用的一种量化分析工具。

在外部薪酬市场水平调查中,回归分析法是指借用一些数据统计软件(如SPSS、Excel等)所提供的回归分析功能,分析两种或多种薪酬数据之间的关系,从而找出影响薪酬水平、薪酬差距的主要因素及其影响程度，进而对薪酬水平或者薪酬差距的发展趋势进行预测的方法。

（1）回归分析法具备三大优点，如图 2.6 所示。

简单方便
- 回归分析法在分析多因素模型时表现出色，它使得研究者能够更加方便地探究多个自变量与因变量之间的关系；
- 通过回归模型，可一次性考虑多个影响因素，从而更全面地理解数据间的关系

结果唯一性
- 只要采用的模型和数据相同，回归分析法就可以通过标准的统计方法计算出唯一的结果；
- 回归分析法保证了分析的一致性和可重复性，便于不同研究者或团队之间进行交流和验证

准确计量关系程度
- 回归分析法能够准确地计量各个因素之间的相关程度，以及回归拟合程度的高低；
- 回归分析法有助于预测变量之间的关系，还能为决策者提供量化的依据，使决策更为科学和精准

图 2.6　回归分析法的三大优点

（2）回归分析法的局限性有五个方面，如图 2.7 所示。

依赖回归方程	回归分析法完全依赖于回归方程，不同的回归方程可能导致不同的经验公式，这在一定程度上影响了分析的一致性和可比性
因素考虑有限	当输入/输出变量很多、作用复杂时，回归方程变得难以确定。特别是在处理具有复杂非线性关系的数据时，简单的回归模型可能无法准确捕捉所有数据点之间的关系
人为影响因素	回归方法从数学角度来看属于显式算法，在猜测回归公式时可能带入人为影响因素。如果回归公式选择不当或不完备，将会导致错误的结果
无法确定因果关系	尽管回归分析法可以揭示变量之间的统计关系，但并不能确定因果关系。真正的因果关系需要通过实验设计、逻辑推断和其他研究方法来进一步验证
对自变量组合敏感	回归分析法对自变量的组合十分敏感。一个自变量的引入或剔除都可能显著影响其他变量的系数和模型的解释力。这要求研究者在选择自变量时需要格外谨慎

图 2.7　回归分析法的局限性有五个方面

（3）回归分析法优化方向的五个方面见表2.4。

表2.4 回归分析法优化方向的五个方面

优化方向	优化分析	适用性与效果
数据清洗与预处理	在进行回归分析前，对数据进行彻底的清洗和预处理至关重要。这包括处理缺失值、异常值、重复值等，以确保数据的准确性和可靠性	对于薪酬数据，特别需要关注数据的时效性和行业特点，以确保回归模型的适用性
变量选择与转换	合理选择自变量和因变量，确保它们之间的逻辑关系清晰	根据数据特性，可能需要对某些变量进行转换（如对数转换、多项式转换等），以改善模型的拟合效果
模型选择与验证	在选择回归模型时，应综合考虑数据的分布特点、变量的性质及研究目的	使用交叉验证、正则化等方法来防止模型过拟合，提高模型的泛化能力
结果解读与应用	回归分析的结果应详细解读，明确各因素对薪酬的具体影响	根据回归结果，企业可以调整薪酬策略，如针对关键影响因素制定更具针对性的激励措施
动态调整与持续优化	薪酬体系应随着企业内外部环境的变化而动态调整	定期对回归模型更新和优化，以确保其始终能够反映当前的薪酬影响因素

（4）使用回归分析法的注意事项。在使用回归分析法时，应确保数据的真实性和代表性，避免因数据偏差导致错误的结论；回归分析只能揭示变量之间的统计关系，不能证明因果关系。因此，在应用回归结果时，应结合企业的实际情况和薪酬管理的专业知识进行综合判断；在进行薪酬决策时，除了考虑回归分析的结果外，还应兼顾企业的战略目标、市场行情，以及员工的期望和需求。

4. 图表分析法

图表分析法是在对调查数据进行统计汇总及对资料进行整理的基础上，首先按照一定格式编制统计表，然后制成各种统计图（如直线图、柱状图、饼状图、结构图等），对薪酬调查结果进行对比分析的一种统计分析方法。

图表分析法具有直观、形象、鲜明、突出和简洁等特点。国外企业采用的薪酬调查统计分析样表见表2.5。

表 2.5 国外企业采用的薪酬调查统计分析样表

岗位名称			岗位等级代码	
样本数量			任职人数	
任职年龄： 任职时间： 教育水平代码：	低限平滑值（LQ）	中间值（MED）	高限平滑值（UQ）	平均值（AVE）
1. 付薪月数				
2. 年基本工资				
3. 年固定奖金				
4. 年可变奖金				
5. 物价补贴				
6. 饭贴				
7. 车贴				
8. 房贴				
9. 服装费用				
10. 洗理费用				
11. 节日津贴				
12. 防暑降温费				
13. 冬季取暖费				
14. 旅游/搬迁费用				
15. 加班费				
16. 轮班津贴				
17. 其他费用				
18. 工资性津贴合计				
19. 年总现金收入				
20. 医疗费				
21. 养老金				
22. 住房公积金				
23. 福利费				
24. 教育费				
25. 工会费				
备注	岗位等级代码：1级—总经理；2级—执行总监；3级—职能部门经理；4级—中级管理；5级—初级管理；6级—班组长；7级——般员工 教育水平代码：1级—高中或以下；2级—现年制大专；3级—三年制大专；4级—大学学士；5级—硕士；6级—博士			

2.1.4 五步操作流程

要想做好外部薪酬市场水平调查的专业工作，应按照流程一步一步地进行精细化操作，同时，还要特别注意调查问卷的编制与调查报告的分析与撰写。

外部薪酬市场水平调查流程的五个步骤如图2.8所示。

步骤	实施内容	注意事项
1. 明确调查目的和范围	确定薪酬调查的目的 确定薪酬调查的范围（如企业范围、岗位范围、薪酬信息、调查时间段等）	调查的岗位包括技术类岗位、生产类岗位、管理类岗位、操作类岗位或全部岗位等；调查时间段指收集薪酬数据开始和截止的时间周期
2. 编制调查计划	选取调查岗位 确定调查区域 确定调查方法 拟定计划草案	人力资源部根据调研目的确定需要的薪酬信息，包括员工的基本工资收入情况、年终奖、各种福利计划、长期激励计划等
3. 实施外部薪酬市场水平调研	根据上级审核通过的调查计划，人力资源部开展调查活动，各部门需协助信息收集归纳	信息收集方法主要包括采集政府部门的公开信息、通过设计调查问卷收集数据、从第三方调查机构购买相关信息等多种方法的组合
4. 编制薪酬调查报告与正式发布	统计分析数据 编制调查报告 正式发布报告	调查报告应说明薪酬调查的组织实施情况、数据收集分析情况，以及相应的薪酬政策调整建议，并将薪酬调查分析报告提交上级领导审批
5. 运用调查结果	各部门会签调查报告并研讨 各部门提出意见与建议 调查报告运用与改进	薪酬调查结果一般用于企业薪酬的制定或调整、企业薪酬激励方案的制定等

图2.8 外部薪酬市场水平调查流程的五个步骤

针对图2.8中第一个步骤的"企业范围、岗位范围、薪酬信息"的确定，具体的依据、范围的广度和宽度及问题等，还需要进一步分析与探讨。

1. 确定调查的企业范围

薪酬市场调查的目的是了解与企业在同一劳动力市场上争夺劳动力的其他企业的薪酬状况，因此，企业首先需要确定自己所在的劳动力市场的范围到底有多大。

根据企业是在一个多大范围内的市场中去与其他企业展开竞争来划分，分为地方性劳动力市场、地区性劳动力市场、全国性劳动力市场和国际性劳动力市场。对于不同类型岗位人员的招聘，进行有针对性的选择劳动力市场类别。

应当将一些什么样的企业纳入薪酬市场调查的范围，企业最好多问这样几个问题："企业的员工都流动到哪里去了？""员工主要是通过何种渠道，采用何种方法招聘的？"等。例如，需要了解的是那些由地方劳动力市场状况决定薪酬水平的岗位，调查样本的选择就必须严格限制在企业所在地方区域范围之内。

按照可比性的原则,在选择被调查的具体企业时,要选择其雇用的劳动力与本企业具有可比性的企业。一般来说,薪酬市场调查可供选择的五类企业如图 2.9 所示。

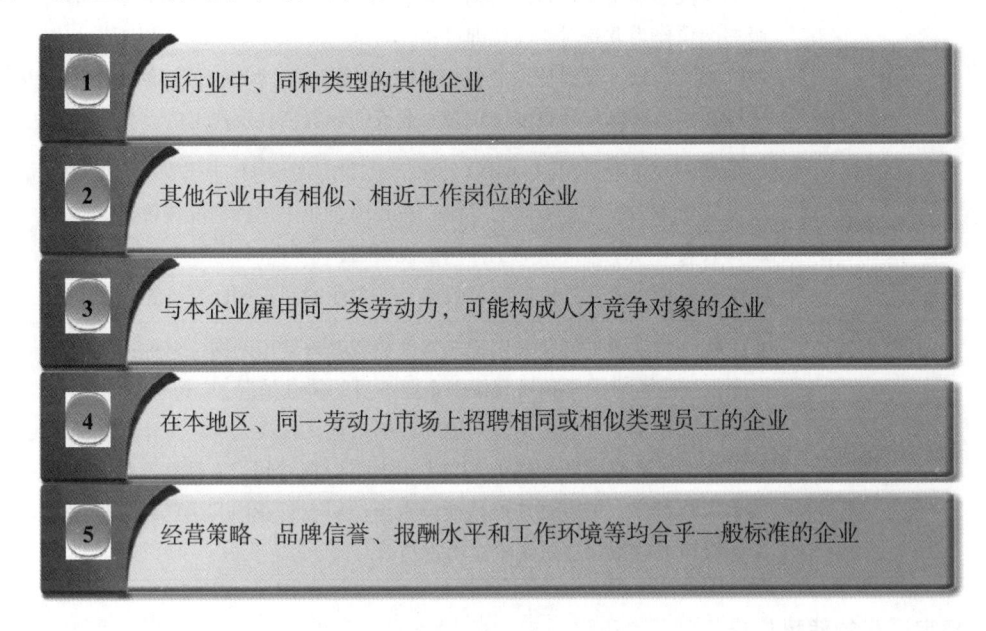

1	同行业中、同种类型的其他企业
2	其他行业中有相似、相近工作岗位的企业
3	与本企业雇用同一类劳动力,可能构成人才竞争对象的企业
4	在本地区、同一劳动力市场上招聘相同或相似类型员工的企业
5	经营策略、品牌信誉、报酬水平和工作环境等均合乎一般标准的企业

图 2.9　薪酬市场调查可供选择的五类企业

当然,如果调查的目标之一,是确定企业规模或企业经营绩效差异对于企业高层管理岗位的浮动薪酬数量的影响,那么调查对象的构成应尽量包括在企业规模或经营绩效方面有较大差异的各种不同类型的企业。同时,调查所需要的最低样本规模在很大程度上取决于调查本身的详细程度。

2. 确定调查的岗位范围

为了实现薪酬调查的目的和要求,在明确了所要调查的行业和企业范围之后,接下来的一项重要任务就是选择对哪些岗位进行调查。例如,是选择操作性、技术性岗位,还是包括所有的各种类型的岗位,是确定调查的薪酬信息前必须明确的事项。可供选择的调查岗位范围的规范见表 2.6。

表 2.6　可供选择的调查岗位范围的规范

关键点	确定调查岗位范围的规范
岗位的典型性、代表性	1. 鉴于薪酬调查时间和费用等方面的限制,对所有岗位进行调查几乎无法实现; 2. 可以将典型性、代表性的岗位调查数据推广运用到其他非典型的岗位上
可比性原则	1. 组织薪酬调查前,对被调查岗位的各种相关信息做出必要的筛选和确认; 2. 注重岗位之间在时间和空间多个维度上的可比性; 3. 包括岗位的工作性质、难易复杂程度、岗位职责、工作权限、任职资格、能力要求、劳动强度、环境条件等方面与本企业需要调查的岗位的可比性

续表

关键点	确定调查岗位范围的规范
调查关注点原则	1. 如果关注点是企业管理类岗位人员的薪酬，则只需将公司高层和部门经理一级的岗位作为调查对象岗位即可； 2. 针对专业技术类岗位，应将相关职能领域中整个岗位族都纳入调查范围，因为这类岗位薪酬差异更多体现在专业或任职资格在层次上的差异性
工作岗位说明书	1. 虽然不同企业采用同一岗位名称，但其组织结构和工作安排可能有差异，甚至可能从事内容完全不同的工作，在我国企业中这种情况较普遍； 2. 调查者必须掌握最新的工作岗位说明书； 3. 确保所调查企业提供的岗位数据与本企业的岗位相匹配、相一致
岗位名称和岗位描述	1. 工作岗位说明书必须采用比较常见或者普遍使用的岗位名称； 2. 岗位描述不应太紧扣发起调查企业本身的特殊情况，应具有一定普遍适用性； 3. 从详细程度上来看，岗位描述的篇幅不宜冗长或太少，充分、准确即可； 4. 工作内容几乎相同的岗位不必占用太多调查时间，一种情况如企业的经营层或首席执行官，另一种情况是被调查岗位属于行业内几乎已经标准化的岗位，如超级市场收银员、机场安全检查员等

3. 确定调查的薪酬信息

在企业薪酬管理中，由于同样的岗位在不同的组织中所获得的价值评价是不同的，各岗位在不同的组织中获得的报酬多少、报酬方式也不尽相同。例如，有的企业某个岗位的基本工资可能不是很高，但该岗位的奖励性浮动工资或者福利可能很高。

如果薪酬调查中仅仅采集员工的基本工资收入状况，那么调查所获得的最终薪酬数据将无法反映劳动力市场的全部情况。薪酬调查信息的六项内容见表2.7。

表2.7 薪酬调查信息的六项内容

内容	具体说明
与员工基本工资相关的信息	应询问被调查对象在某一具体时期内的基本工资收入情况，要求填写具体的工资形式，是年薪、月薪、日薪还是小时工资，以及工资浮动范围
与支付年度和其他奖金相关的信息	奖金数额，年终奖提供与否，年终奖是以年底双薪还是相当于几个月薪水的方式发放及占岗位基本工资的百分比或者是其中间值，以及包括一次性加薪等其他年度利润分享形式
股票期权或影子股票计划等长期激励计划	1. 在企业高级技术人员、管理人员当中实行的股票期权等长期激励手段； 2. ESOP中，股份数量与员工所承担的岗位的关系，普通岗位是否在持股计划中
与企业各种福利计划相关的信息	1. 如国家法定福利项目外的补充养老保险、健康或人寿保险、伤残保险及休假福利等； 2. 如经营管理高层岗位人员的乘坐头等舱旅行、使用公司专车、家庭保安服务、俱乐部会员等

续表

内容	具体说明
与薪酬政策诸方面有关的信息	1. 直接和间接薪酬信息之外的企业薪酬政策、策略和薪酬管理实践方面的信息； 2. 加薪时的百分比、加班与轮班政策、试用期长短、薪酬水平地区差异、新毕业生起薪点等
与中、高管理层或监督类岗位相关的信息	1. 权限范围的信息，如管辖的人员数量及其类型、所支配的预算额等； 2. 调查可以考虑避开较敏感的信息，让被调查者提供一些有助于数据分析但又不太敏感的信息，如房地产行业询问某岗位所负责管理的平方米数

2.1.5 两大注意事项

1. 设计薪酬调查问卷的注意事项

在设计薪酬调查问卷时，应将为实现调查目标所需要的所有信息设置在其中，然后请有关人员试填，以发现并解决可能在填写调查问卷过程中存在的问题。

设计薪酬调查问卷的八大注意事项如图 2.10 所示。

1. 依据薪酬调查的目的来设计问卷的具体内容，要求语言标准，问题简单明确
2. 确保每个调查项目都是必要的，经过必要的审核来剔除不必要的项目，实现有效性和实用性
3. 尽量采用选择判断式提问，即封闭式问题，尽可能减少问卷中的文字书写量
4. 一般一份调查问卷至少需要两个开放式问题，并注意要留有足够的填写空间
5. 尽量把相关的问题放在一起
6. 设计好后需要请同事填写样本，倾听反馈意见，判断设计是否合理，适当修改完善
7. 用简单的打印样式以确保易于阅读，也可采用电子问卷，以便于统计分析软件处理
8. 若数据自动读入计算机，则问卷设计更需非常仔细，确保准确完成数据处理

图 2.10 设计薪酬调查问卷的八大注意事项

此外，填写调查问卷的时间不要超过两个小时，因为调查问卷设计的内容过多、过繁，

会引起填写人的反感,反而难以收集到全面的准确信息。所以,调查问卷设计不要期望一次调查获取所有的信息资料。

2. 制作薪酬调查报告的注意事项

薪酬调查报告的制作,须以薪酬调查数据的统计与分析结果为依据。内容一般包括薪酬调查的组织实施情况分析,薪酬数据分析、政策分析、趋势分析,企业薪酬状况与市场状况对比分析,以及薪酬水平或制度调整的建议等。

随着人力资源市场的变动越来越频繁,企业的薪酬水平也会随企业的效益和市场中人力资源的供需状况而变化,所以薪酬调查的资料要随时注意更新。如果一直沿用以前的调查数据,很可能会做出错误的判断。

具体而言,制作薪酬调查报告的七大注意事项如图2.11所示。

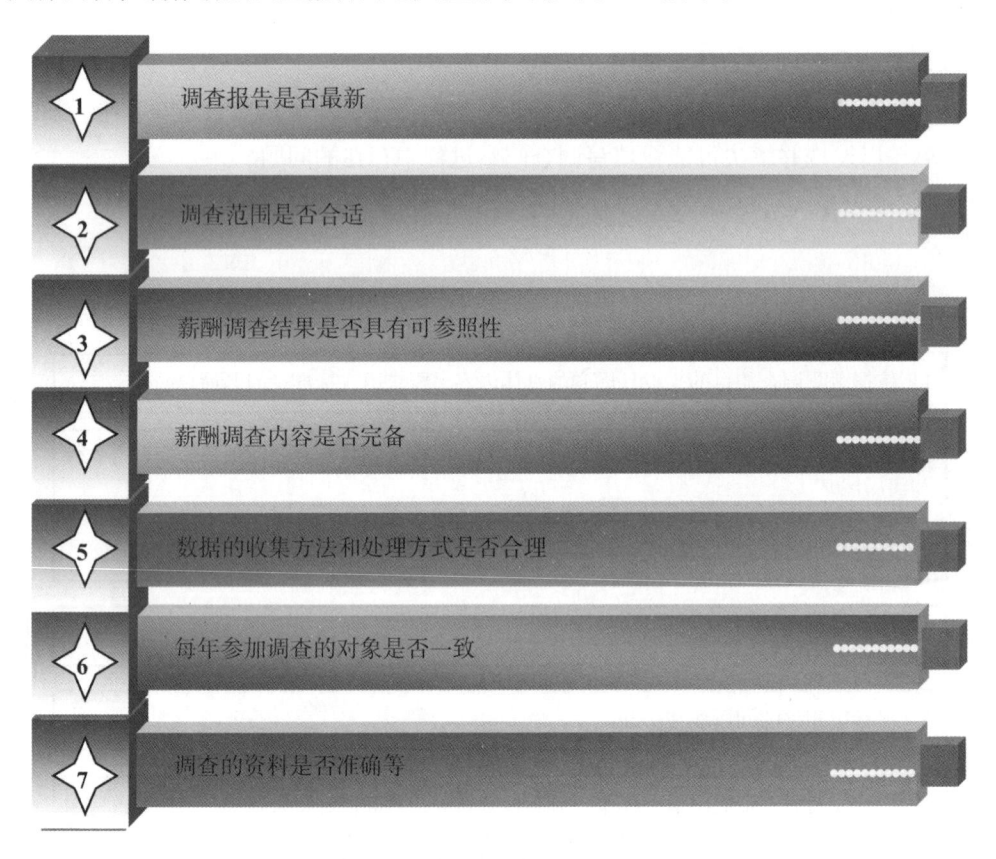

1. 调查报告是否最新
2. 调查范围是否合适
3. 薪酬调查结果是否具有可参照性
4. 薪酬调查内容是否完备
5. 数据的收集方法和处理方式是否合理
6. 每年参加调查的对象是否一致
7. 调查的资料是否准确等

图2.11 制作薪酬调查报告的七大注意事项

对标案例　××公司外部薪酬市场水平调查设计流程

××公司为了分清外部薪酬市场水平调查的职责、明确先后顺序和交叉关系,设计了外部薪酬市场水平调查的流程图,如图2.12所示。

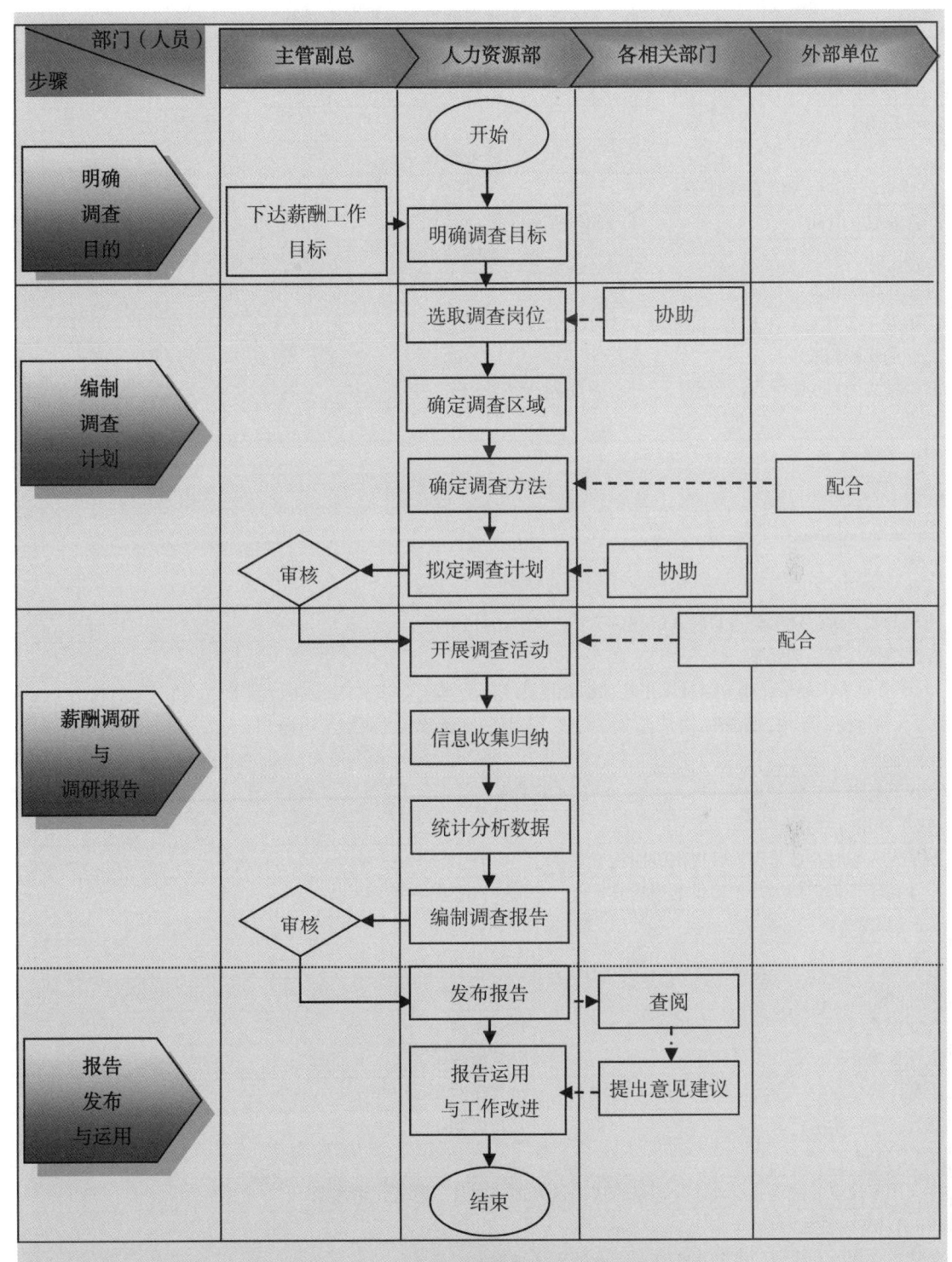

图 2.12　××公司外部薪酬市场水平调查的流程图

对标案例　××机构外部薪酬市场水平调查问卷

一般来说，可以根据薪酬调研的内容设计调查问卷。××机构外部薪酬市场水平调查问卷见表2.8。

表2.8 ××机构外部薪酬市场水平调查问卷

一、个人情况							
姓名		年龄		性别		工作年限	
所在部门		职务		学历		任职时间	
二、企业情况							
简述贵公司的主要产品或服务								
企业成立时间		企业所属行业			企业员工人数		

三、薪酬状况

1. 您目前的年薪

□ 1万~2万元（含）　　□ 2万~3万元（含）　　□ 3万~5万元（含）　　□ 5万元（含）以上

2. 您的薪资构成

薪资构成项目	所占比重
基本工资	
岗位工资	
绩效工资	
奖金	
津贴	
其他	

您认为收入中浮动部分占总收入的比例为_____%时最合适

3. 薪酬增长与结构调整

（1）在过去一年中，企业给员工平均加薪幅度达_____%

（2）在过去一年中，薪酬结构是否有所调整，若是，则调整后的薪酬结构为_____

4. 福利待遇

（1）体检

新员工入职时企业是否为其提供健康检查	□是　　□否
企业每年是否定期为员工提供健康检查	□是　　□否

（2）保险

养老保险	每月缴纳（　　　）元
医疗保险	每月缴纳（　　　）元
失业保险	每月缴纳（　　　）元
工伤保险	每月缴纳（　　　）元
生育保险	每月缴纳（　　　）元
意外伤害保险	每月缴纳（　　　）元

（3）假期

除了国家规定的法定假日外，公司是否还提供其他节假日，若有，请注明

（4）其他（请注明）

5. 您觉得您所在企业的薪酬水平在同行业处于何种地位

□较低　　　□中等　　　□偏高

6. 您对目前的薪酬满意吗

□不满意　　　□一般　　　□满意

非常感谢您的合作，祝您工作愉快！

2.2 内部薪酬满意度调查

薪酬满意度,是指员工从企业获得经济性报酬和非经济性报酬并将其与他们的期望值相比较后形成的心理状态。用公式表示如下:

> **薪酬满意度**=(获得经济性报酬+非经济性报酬的实际感受)÷期望值

也就是说,员工薪酬满意度是一个相对的概念,超出期望值表示满意,达到期望值表示基本满意,低于期望值表示不满意。

2.2.1 薪酬满意度调查的作用、内涵、对象及内容

1. 薪酬满意度调查的四个作用

企业内部员工薪酬满意度调查需要花费大量的时间、投入不少的精力,甚至触及某些人的既得利益,但是重要性和价值也很明显。员工薪酬满意度调查的作用体现在四个方面,如图2.13所示。

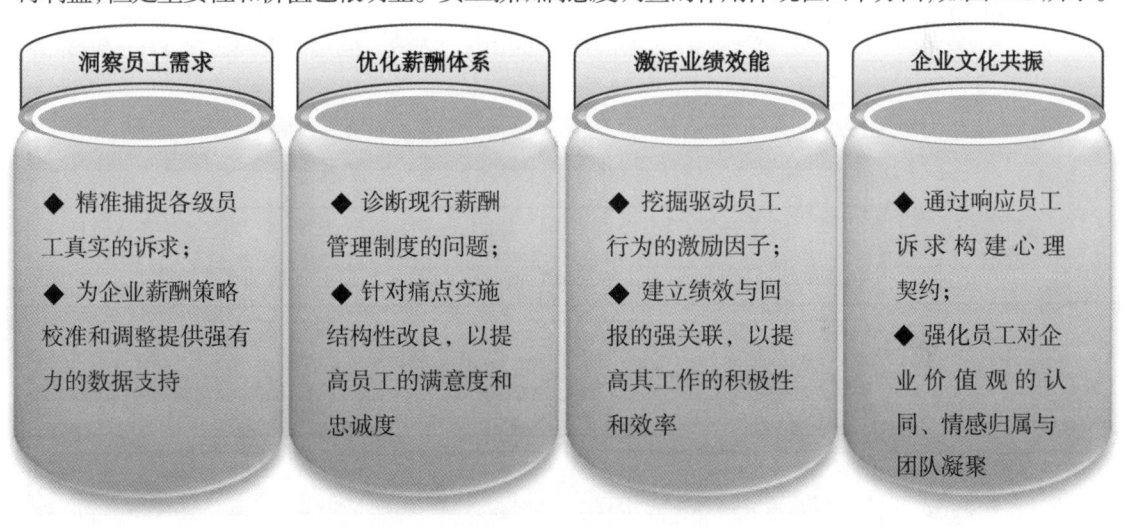

洞察员工需求	优化薪酬体系	激活业绩效能	企业文化共振
◆ 精准捕捉各级员工真实的诉求; ◆ 为企业薪酬策略校准和调整提供强有力的数据支持	◆ 诊断现行薪酬管理制度的问题; ◆ 针对痛点实施结构性改良,以提高员工的满意度和忠诚度	◆ 挖掘驱动员工行为的激励因子; ◆ 建立绩效与回报的强关联,以提高其工作的积极性和效率	◆ 通过响应员工诉求构建心理契约; ◆ 强化员工对企业价值观的认同、情感归属与团队凝聚

图2.13 薪酬满意度调查的四个作用

2. 薪酬满意度调查的三种内涵

企业内部员工的薪酬满意度从不同角度来看有不同的内涵,如图2.14所示。

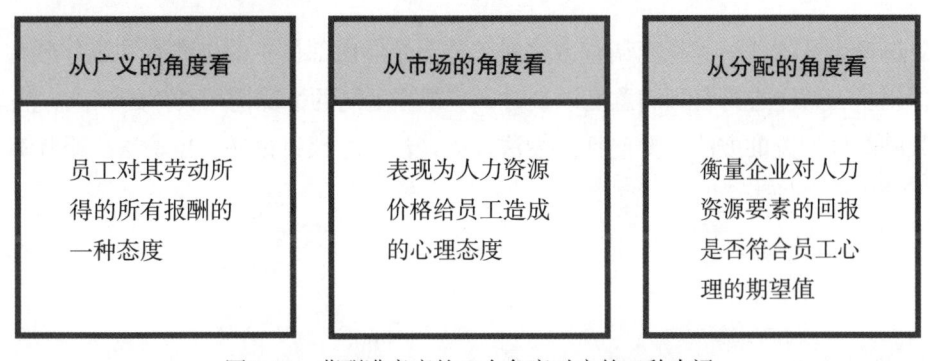

从广义的角度看	从市场的角度看	从分配的角度看
员工对其劳动所得的所有报酬的一种态度	表现为人力资源价格给员工造成的心理态度	衡量企业对人力资源要素的回报是否符合员工心理的期望值

图2.14 薪酬满意度的三个角度对应的三种内涵

3. 薪酬满意度调查的主要对象

员工薪酬满意度调查的主要对象是企业内部的所有员工。这是因为员工是薪酬体系的直接受众，他们对薪酬的满意度直接关系到其工作积极性和企业的稳定发展。通过调查企业内部员工，可以获得最直接、最真实的反馈，从而为企业调整薪酬策略提供有力依据。

4. 薪酬满意度调查的七项内容

员工薪酬满意度调查的内容涵盖多个方面，以确保全面了解员工对薪酬体系的看法和期望。具体内容通常包括七个方面，如图2.15所示。

薪酬水平满意度	员工对当前薪酬数额是否满意，是薪酬满意度调查最基本、最核心的内容
薪酬结构比例满意度	员工对薪酬的构成（如基本工资、奖金、津贴等）及其比例是否认为合理
薪酬差距满意度	一是与市场同行业相比，员工认为自己的薪酬是否处于合理水平；二是与企业内部其他职位或同事相比，薪酬差距是否被员工接受
薪酬决定因素满意度	员工对薪酬决定过程和依据是否满意，如绩效考核的公正性、透明度等
薪酬调整满意度	员工对于薪酬调整的频次、幅度和方式是否满意，以及调整是否及时反映了市场变化和个人绩效
薪酬发放方式满意度	薪酬的发放周期、方式（如现金、转账等）是否符合员工的期望和需求
非财务酬赏满意度	除了薪酬福利等财务方面之外，员工对于工作本身（如内容、挑战性、成就感等）和工作环境（如办公条件、团队协作氛围等）的满意度

图 2.15 员工薪酬满意度调查的七项内容

2.2.2 五种调查方法

高效选择合适的薪酬满意度调查方法对于提高企业内部员工的满意度和工作效率有非常重要的作用。在具体进行薪酬满意度调查时，应根据不同的情况运用具体的调查方法。

薪酬满意度调查的方法主要包括问卷法、面谈法、会议讨论法、走访法、委托调查公司调查等五种类型，见表2.9。

表 2.9 薪酬满意度调查的五种方法

类型	优点	缺点	操作步骤	适用范围	注意事项
问卷法	执行方便，不会耽误同事太多工作时间	需要消耗经济成本，如果问卷设置不当，会影响效率	1. 进行题目设计； 2. 执行薪酬调查； 3. 统计分析； 4. 撰写报告和反馈	适合部门和岗位比较多的成熟型公司	注意问题的设计和公司经济成本预算的消耗
面谈法	问答沟通深入，还可以增进员工对企业的信任	需要消耗大量的人力，占用较多的工作时间	1. 设计问题提纲； 2. 选择面谈对象； 3. 进行面对面交流； 4. 分析和评价	适合初具规模的中、小、微型企业	注意问题的设计和评分方法的计量
会议讨论法	通过讨论可以充分交流，可以产生不错的想法	需要消耗时间和人力，且不一定会产生正确的薪酬决策	1. 组织会议； 2. 安排时间和地点； 3. 通知参加人员； 4. 进行讨论； 5. 形成决议	适合规模比较大、比较成熟的企业	注意会议人选的安排和时间程序的安排
走访法	调查范围广泛，可以全方位、多角度了解薪酬信息	需要消耗大量的人力、物力和时间	1. 设置访谈问题提纲； 2. 通过到具体部门和岗位走访的方式深度交流； 3. 打分和评价	适合规模比较大、在多个地区有分公司的企业	注意题目的设计、人员的选拔，以及调研工具与方法的培训
委托调查公司调查	专门的机构调查比较专业，效率高	需要消耗很多的经济成本	1. 选择机构； 2. 签订合同； 3. 通过外部机构实施调查，并确定结论	适合具备一定规模和经济实力的公司	注意调查机构的资信状况和企业成本的付出预算

2.2.3 六大关键要点

为了顺利、高效地开展员工薪酬满意度调查工作，通过研究、分析、改进以提升员工对企业薪资的满意度，在进行员工薪酬满意度调查风险管理时，须把握好六大关键要点，见表 2.10。

表 2.10 员工薪酬满意度调查的六大关键要点

序号	要点	风险、重点、节点说明
1	调查目的的确定	1. 调查执行前，必须确定调查的目的，而不是没有目标地盲目行动； 2. 调查目的须符合公司的发展战略目标，并以提升员工工作效率为前提
2	调查对象的确定	1. 调查对象须明确，是对本公司内的调查，还是集团及分公司的调查； 2. 是针对中高层的调查还是基层员工的调查，根据调查目标来执行
3	调查方法的选择	1. 调查方法是选择问卷法还是面谈法等，要根据公司实际需要确定； 2. 方法应用要结合薪酬调查的对象和公司的规模、成本预算来选择

续表

序号	要点	风险、重点、节点说明
4	调查问卷的设计	1. 问卷的设计不能忽略员工对薪酬水平的满意度，员工对薪酬结构比例的满意度，员工对薪酬差距的满意度，员工对薪酬决定因素的满意度，员工对薪酬调整的满意度，员工对薪酬发放方式的满意度，员工对工作本身自主权、成就感、工作机会等的满意度，员工对工作环境（如管理制度、工作时间、办公设施）的满意度等关键因素； 2. 在问卷的设置上要有选择题和开放式问答相结合
5	调查的实施与执行	1. 根据调研方法的不同特点，组织并分配人员，保障调查的专业性； 2. 在成本预算方面要严格控制，一般应符合公司的既定费用标准； 3. 严格把关问卷的填写和回收，把无效问卷控制在一定的百分比之下
6	调查的统计与分析	1. 调查的统计数据要根据设计的问题进行分类统计，问题的大小类要设计明确； 2. 分析数据时，要剔除无效问卷，分析部分有效的内容，同时要保证整体问卷统计的高效性与信度、效度问题； 3. 统计与分析要进行初步归类和再次复审，保障结果的有效性

注意事项：
1. 须清醒认识到薪酬满意度调研过程中潜在的风险，主要包括数据失真、样本偏差及信息泄露等；
2. 规避风险，调查可以匿名性，保证数据的代表性须抽样科学，同时保护员工隐私，防止信息外泄；
3. 调查问卷设计与实施执行须严谨，以减少误导性问题的出现，保证调查结果的客观性和有效性，为企业提供真实可靠的决策依据。

2.2.4 七步操作流程

要做好企业内部员工薪酬满意度调查工作，应遵循一定的程序，主要包括七个步骤，如图 2.16 所示。

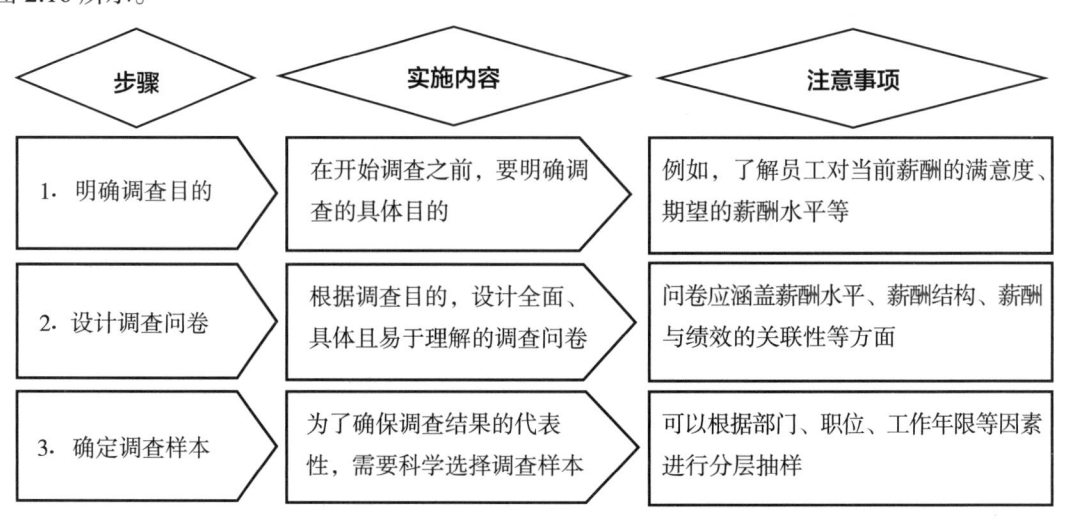

步骤	实施内容	注意事项
1. 明确调查目的	在开始调查之前，要明确调查的具体目的	例如，了解员工对当前薪酬的满意度、期望的薪酬水平等
2. 设计调查问卷	根据调查目的，设计全面、具体且易于理解的调查问卷	问卷应涵盖薪酬水平、薪酬结构、薪酬与绩效的关联性等方面
3. 确定调查样本	为了确保调查结果的代表性，需要科学选择调查样本	可以根据部门、职位、工作年限等因素进行分层抽样

图 2.16 员工薪酬满意度调查的七个步骤

第 2 章 薪酬调查工具的应用

步骤	说明	备注
4. 实施调查	通过在线、纸质或其他形式向选定的样本群体发放问卷	确保调查的匿名性，以便收集到更真实的数据
5. 数据收集与分析	收集所有问卷，并通过统计分析软件进行数据分析	了解员工薪酬满意度的整体情况，以及不同群体之间的差异
6. 制定改进措施	根据调查结果，识别薪酬体系中的问题并制定相应的改进措施	这些措施可能包括调整薪酬水平、优化薪酬结构、改进绩效考核与薪酬的关联性等
7. 实施并评估改进措施	将制定的改进措施付诸实践，并定期评估其效果	如果有需要，可以根据实际情况进行进一步的调整

图 2.16　员工薪酬满意度调查的七个步骤（续）

2.2.5　问卷设计注意事项

为了保证薪酬满意度调查的质量，应精心设计调查问卷，并根据环境和条件的变化对调查问卷进行必要的补充、修订与优化。薪酬满意度调查问卷设计的 12 大注意事项，如图 2.17 所示。

序号	注意事项
1	先明确薪酬调查问卷要调查的内容，再设计表格。保证表格满足它的使用目的
2	确保表格中的每个调查项目都是必要的，经过必要的审核剔除不必要的调查项目，以提高调查问卷的有效性和实用性
3	请几位同事来填写表格样本，倾听反馈意见，了解表格设计是否合理
4	要求问卷中的语言规范，问题简单明确，以便于书面沟通
5	把相关的问题放在一起
6	尽量采用选择判断式提问，尽可能减少表中的文字书写量
7	保证留有足够的填写空间，考虑到一些人手写时字体较大的情况
8	使用简单的打印样式以确保易于阅读，当然也可以采用电子问卷，以便于统计分析软件处理
9	如果认为有必要，可以注明填表须知
10	充分考虑信息处理的简便性和正确性。如果需要将表格中的调查结果转录到其他文件中，就应按照同样的顺序排列提问答案的选项，以便减少抄录时发生的错误

图 2.17　薪酬满意度调查问卷设计的 12 大注意事项

11	如果在多种场合需要该信息，则可考虑表格带有复写纸，以免多次填写表格
12	如果表格收集的数据使用 OCR（光学字符阅读）和 OMR（光学符号阅读）处理，这两种方法可以将信息自动读入计算机，则需要非常仔细地设计表格，保证准确地完成数据处理

图 2.17　薪酬满意度调查问卷设计的 12 大注意事项（续）

对标案例　××公司员工薪酬满意度调查问卷

比较典型的企业内部员工薪酬满意度调查问卷的设计，见表 2.11。

表 2.11　××公司员工薪酬满意度调查问卷

调查问卷说明：本问卷共计 25 个问题，采用封闭式的单项选择题目和开放式的论述题目两种方式，简明扼要、易于回答，并具有主客观相结合、全面性等特点。本调查问卷的保密等级为一级，任何信息都将严格保密，所以您可以放心作答。当有超过 50% 的题目未作答时，本问卷将做无效处理。

姓名	（可以不写）	所在部门	（可以不写）	年龄	
入职年限		学历		职位	

1. 你针对自己目前薪酬水平的感受
  A. 非常满意　　B. 比较满意　　C. 一般　　D. 不满意　　E. 非常不满意
  如果选择 D 或 E，请说明具体原因_____

2. 以下关于薪酬与工作的关系，哪个最接近你的观点
  A. 通过工作我自己感到生活充实并获得合理的薪酬回报
  B. 我工作的基本目的就是挣一份工资
  C. 干什么工作都是次要的，只要有钱赚
  D. 给我多少钱，我就干多少活
  E. 没有钱什么也别谈

3. 以下关于薪酬与生活的关系，哪个最接近你的实际情况
  A. 因为薪酬很高，自己的生活过得非常富裕
  B. 目前的薪酬除维持基本生活外，有一定的节余
  C. A 和 B 之间
  D. 目前的薪酬只能维持最基本的生活开支
  E. 因为目前的薪酬太低，自己过得非常之贫苦
  如果有其他叙述，可写出_____

4. 你认为现有的薪酬制度公平吗
  A. 非常公平　　B. 比较公平　　C. 一般　　D. 不公平　　E. 非常不公平
  如果选择 D 或 E，请说明具体原因_____

5. 你的努力工作在工资中有明显的回报吗
  A. 一定有　　B. 可能有　　C. 不确定　　D. 没有　　E. 完全没有

续表

如果选择 D 或 E，请简要说明理由或感受_____

6. 你认为与同行业其他公司相比，本公司的薪酬
  A. 很高   B. 比较高   C. 差不多   D. 偏低   E. 很低

7. 与本部门的相似资历员工相比，你对自己的薪酬水平
  A. 相当满意 B. 比较满意 C. 差不多 D. 比较不满意 E. 非常不满意

8. 你对公司目前的福利状况
  A. 非常满意 B. 比较满意 C. 一般   D. 不满意   E. 非常不满意

如果选择 D 或 E，请简要说明理由或感受_____

9. 你认为目前本公司主管级人员的薪酬相比普通员工来说
  A. 太高   B. 偏高   C. 合理   D. 偏低   E. 太低

10. 你认为目前本公司经理级人员的薪酬相比普通员工来说
  A. 太高   B. 偏高   C. 合理   D. 偏低   E. 太低

11. 你认为保密薪酬好还是透明好
  A. 保密   B. 无所谓   C. 透明

12. 你觉得公司大部分员工的辞职
  A. 薪酬而直接导致   B. 和薪酬有一定的关系   C. 不明确
  D. 与薪酬关系不大   E. 绝对与薪酬无关

13. 你认为本公司的薪酬结构中最不合理的部分是
  A. 基本工资 B. 福利   C. 电话补助 D. 工龄   E. 车油补助
  F. 出差补助

请简要说明理由_____

14. 你认为目前的薪酬制度对员工的激励
  A. 很好   B. 较好   C. 一般   D. 较差   E. 非常差

15. 你认为多长时间调整一次薪酬比较合理
  A. 3 个月   B. 半年   C. 一年   D. 两年   E. 两年以上

16. 你认为决定工资最重要的因素是（请按顺序列出前五位）
  A. 个人业绩 B. 个人能力 C. 学历   D. 资历   E. 职位高低
  F. 专业   G. 工作复杂程度 H. 工作中承担的责任和风险

17. 结合自己的岗位任务、职责大小及贡献度，你心目中的工资待遇是____月/元

18. 与公司其他同等职位的同事相比，你认为自己的工资
  A. 非常高   B. 较高   C. 一般   D. 较低   E. 非常低

如果选择 D 或 E，请简要说明理由或感受_____

19. 你觉得目前的工资就是你个人价值的体现吗
  A. 肯定   B. 应该是   C. 不确定   D. 不是   E. 绝对不是

如果选择 D 或 E，请简要说明理由或感受_____

20. 你对目前公司薪酬制度对人才吸引性的评价是
  A. 非常吸引   B. 较吸引   C. 一般
  D. 不够吸引   E. 几乎没有吸引力

如果选择 D 或 E，请简要说明理由或感受_____

21. 你对目前公司薪酬制度的公正性和公平性的评价是	
A. 非常公正和公平　　　　　　B. 较公正和公平　　　　　　C. 不确定	
D. 不够公正和公平　　　　　　E. 完全不够公正和公平	
如果选择 D 或 E，请简要说明理由或感受_____	
22. 你认为你的薪酬与你的职位	
A. 非常相称　　B. 基本相称　　C. 不确定　　　D. 不相称　　　E. 非常不相称	
如果选择 D 或 E，请简要说明理由或感受_____	
23. 你认为公司员工的工资层级差别	
A. 有一定的层级差别，很合理　　B. 有一定的层级差别，比较合理　　C. 不确定	
D. 层级差别过大（小），不太合理　　E. 层级差别非常大（小），非常不合理	
24. 针对上述问题没有涉及的薪酬体系相关内容，你还有哪些需要补充说明的？	
_____	
_____	
25. 关于公司薪酬管理的制度和薪酬激励的效果，你还有哪些需要补充说明的？	
_____	
_____	
非常感谢你完成了这份调查问卷！合作愉快！	

决策重点：薪酬调查费用预算与审批

在企业人力资源管理过程中，薪酬调查是一个至关重要的环节，不仅关系到企业人力资源成本的控制，更直接影响到员工的满意度、工作积极性和企业的整体竞争力。然而，薪酬调查并非一项简单的任务，需要投入相当的资源，包括时间、人力和资金。因此，合理的费用预算与审批流程对于薪酬调查的顺利进行至关重要。

薪酬调查费用预算的两个方面与审批的七大关键点，见表 2.12。

表 2.12　薪酬调查费用预算的两个方面与审批的七大关键点

两个方面	七大关键点	预算与审批分析
薪酬调查费用预算	明确调查目标与范围	在制定预算前，必须明确薪酬调查的具体目标和范围。例如，是全面调查还是针对特定职位、部门的调查？是否需要涵盖行业内外、地区内外的数据
	费用构成分析	1. 数据收集费用：包括购买薪酬数据库、调查问卷的设计与分发成本等； 2. 人力资源费用：如数据分析师、人力资源专员的工资及相关福利； 3. 技术费用：使用专业薪酬调查软件或平台的费用； 4. 其他费用：如差旅费（若需实地考察）、印刷费、通信费等
	预算编制	1. 根据上述费用构成，详细列出每项费用的预计金额； 2. 考虑可能的额外费用，并为其预留一定预算； 3. 结合企业的财务状况和薪酬调查的紧迫性，制定合理的总预算

两个方面	七大关键点	预算与审批分析
薪酬调查费用审批	审批流程设计	1. 明确审批的层级和责任人，确保流程的透明和高效； 2. 设定每个审批环节的时限，避免流程拖延
	审批标准与原则	1. 审批人应评估预算的合理性和必要性，确保资金的有效利用； 2. 需考虑薪酬调查对企业长远发展的价值，而不仅仅是短期成本
	风险评估与应对	1. 对预算超支、数据不准确等潜在风险进行评估； 2. 制定应急预案，如设立预算缓冲区、选择备选数据供应商等
	审批后的监督与执行	1. 审批通过后，需建立监督机制，确保预算的合理使用； 2. 如果遇到预算调整，应重新进行审批流程

薪酬调查费用预算与审批是企业进行薪酬体系优化和人力资源管理的重要环节。合理的预算能够确保薪酬调查的顺利进行，而高效的审批流程则能减少不必要的时间和资源浪费。

执行要点：薪酬调查问卷统计与分析

薪酬调查问卷的统计是数据收集的关键步骤，能够帮助企业全面了解员工对于薪酬的满意度、期望，以及行业内外的薪酬水平。这些数据分析的结果不仅为企业提供了宝贵的市场薪酬信息，还是制定和调整薪酬政策的重要依据。

薪酬调查问卷统计的四种方法与技巧如图 2.18 所示。

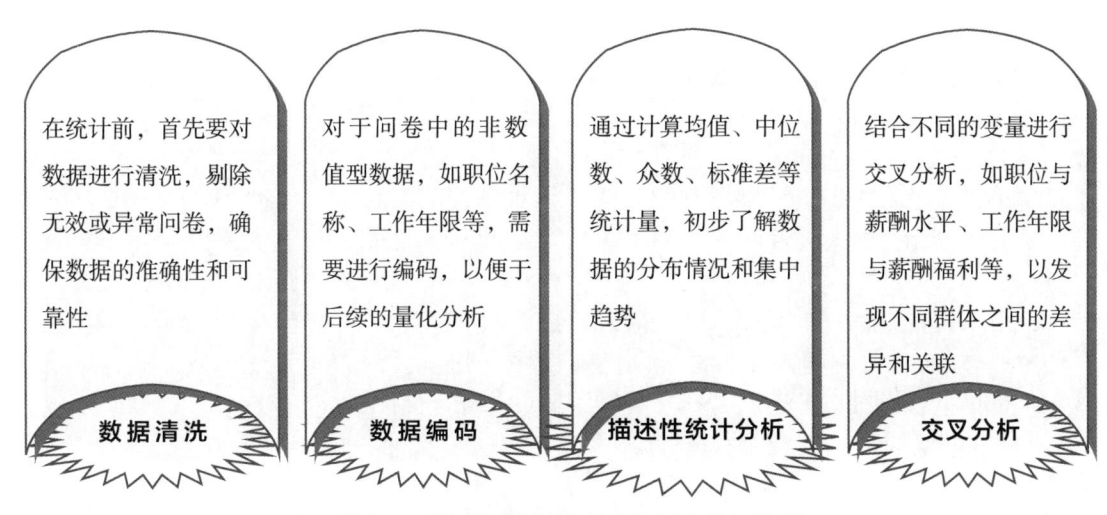

数据清洗	数据编码	描述性统计分析	交叉分析
在统计前，首先要对数据进行清洗，剔除无效或异常问卷，确保数据的准确性和可靠性	对于问卷中的非数值型数据，如职位名称、工作年限等，需要进行编码，以便于后续的量化分析	通过计算均值、中位数、众数、标准差等统计量，初步了解数据的分布情况和集中趋势	结合不同的变量进行交叉分析，如职位与薪酬水平、工作年限与薪酬福利等，以发现不同群体之间的差异和关联

图 2.18 薪酬调查问卷统计的四种方法与技巧

薪酬调查数据分析的三个挑战与对策如图 2.19 所示。

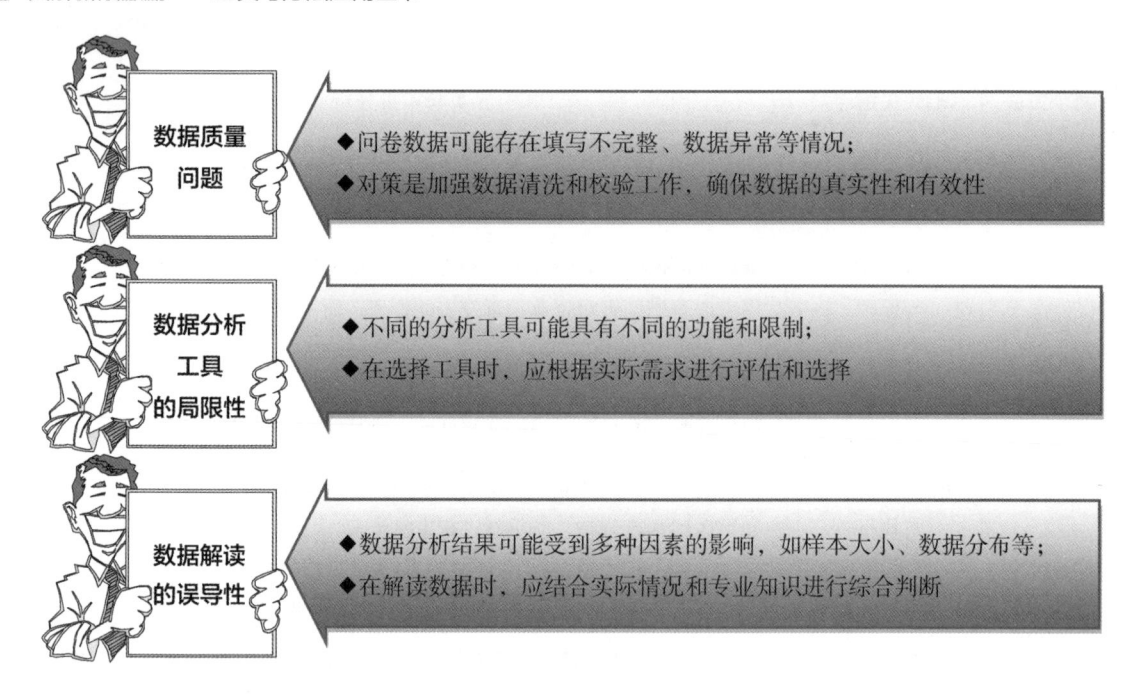

数据质量问题
- 问卷数据可能存在填写不完整、数据异常等情况；
- 对策是加强数据清洗和校验工作，确保数据的真实性和有效性

数据分析工具的局限性
- 不同的分析工具可能具有不同的功能和限制；
- 在选择工具时，应根据实际需求进行评估和选择

数据解读的误导性
- 数据分析结果可能受到多种因素的影响，如样本大小、数据分布等；
- 在解读数据时，应结合实际情况和专业知识进行综合判断

图 2.19 薪酬调查数据分析的三个挑战与对策

落地关键点：薪酬调查工作人员的培训

在薪酬调查工作中，工作人员的专业素养和操作能力对于调查结果的准确性和有效性至关重要。因此，对薪酬调查工作人员进行系统的培训，是确保薪酬调查顺利落地的关键环节。

薪酬调查工作人员培训的重要性主要体现在四个方面，如图 2.20 所示。

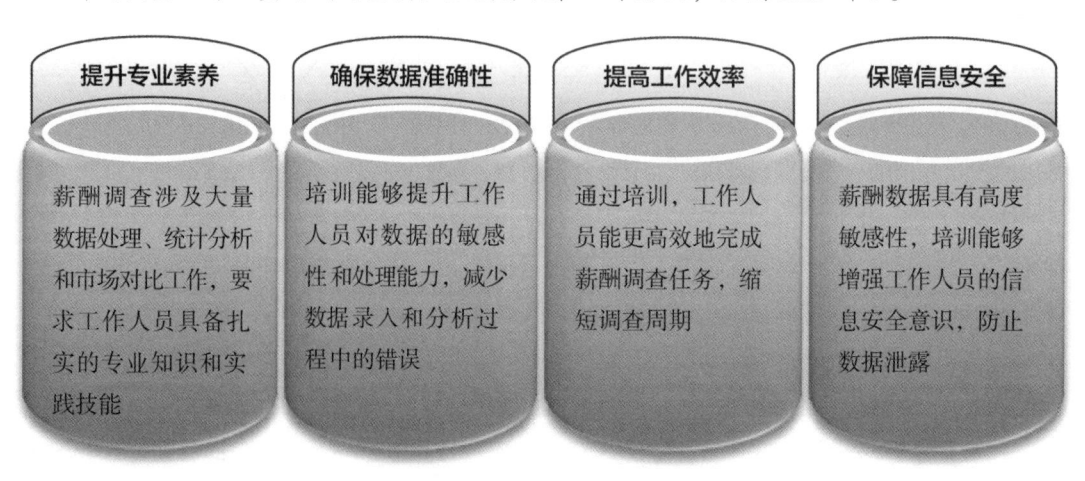

提升专业素养	确保数据准确性	提高工作效率	保障信息安全
薪酬调查涉及大量数据处理、统计分析和市场对比工作，要求工作人员具备扎实的专业知识和实践技能	培训能够提升工作人员对数据的敏感性和处理能力，减少数据录入和分析过程中的错误	通过培训，工作人员能更高效地完成薪酬调查任务，缩短调查周期	薪酬数据具有高度敏感性，培训能够增强工作人员的信息安全意识，防止数据泄露

图 2.20 薪酬调查工作人员培训的重要性的四个方面

薪酬调查工作人员的培训的三个维度及重点分析见表 2.13。

表 2.13　薪酬调查工作人员的培训的三个维度及重点分析

维度	重点	分析
培训内容设计	基础知识培训	包括薪酬体系的概念、薪酬调查的目的和意义、薪酬数据的来源和分类等
	操作技能培训	涵盖数据收集方法、数据清洗和整理技巧、统计分析工具的使用等
	法律法规培训	确保工作人员了解、遵守薪酬调查相关法律法规，如《中华人民共和国劳动法》《中华人民共和国数据安全法》等
	职业道德培训	强调职业道德和职业操守，尤其在处理敏感薪酬数据时的保密义务
培训方法与实践	理论授课	通过专业讲师进行课堂讲解，传授基础知识和理论
	案例分析	结合真实案例，分析薪酬调查过程中的成功与失败经验
	实操演练	组织模拟薪酬调查项目，让工作人员在实践中学习和掌握操作技能
	互动讨论	鼓励工作人员提问和交流，共同解决问题，提升团队协作能力
培训效果的评估与跟进	考核测试	设置理论知识和操作技能考核，检验工作人员的学习成果
	项目复盘	在实际薪酬调查项目完成后，进行项目复盘，总结经验教训
	持续学习	鼓励工作人员在工作之余持续学习，跟上行业发展的步伐
	反馈机制	建立有效的反馈机制，收集工作人员对培训内容和方式的意见和建议，以便不断优化培训体系

综上所述，薪酬调查工作人员的培训是确保薪酬调查工作高效、准确、安全进行的关键。企业应高度重视这一环节，投入必要的资源和精力，建立起完善的培训体系。同时，培训不应仅是一次性的活动，而应成为企业人力资源管理中的一项持续工作，以适应不断变化的市场环境和业务需求。通过不断提升工作人员的专业素养和操作技能，企业才能够更好地利用薪酬调查数据来优化薪酬体系，提高员工满意度和企业竞争力。

第 3 章
薪酬水平结构设计工具的应用

薪酬水平结构设计工具的应用是一个系统而复杂的过程，需要综合考虑市场调查、岗位评价、职位分析、薪酬等级划分，以及宽带薪酬设计等多个方面。这些工具的应用旨在建立一个公平、有竞争力和可持续的薪酬体系，以激励员工的工作表现和发展，同时确保组织能够吸引、留住和激励优秀人才。

其中，薪酬水平设计是薪酬体系构建的基础，决定了企业薪酬的总体水平和定位；横向结构薪酬组成设计关注的是不同职位和岗位之间的薪酬差异和相对价值；纵向结构薪酬等级设计关注的是薪酬体系中的等级划分和薪酬范围的设定；宽带薪酬设计是一种新型的薪酬设计理论体系，打破了传统薪酬体系结构中职位等级的观念，强调个人的绩效水平和能力拓展。

薪酬水平结构设计工具应用框架体系插画

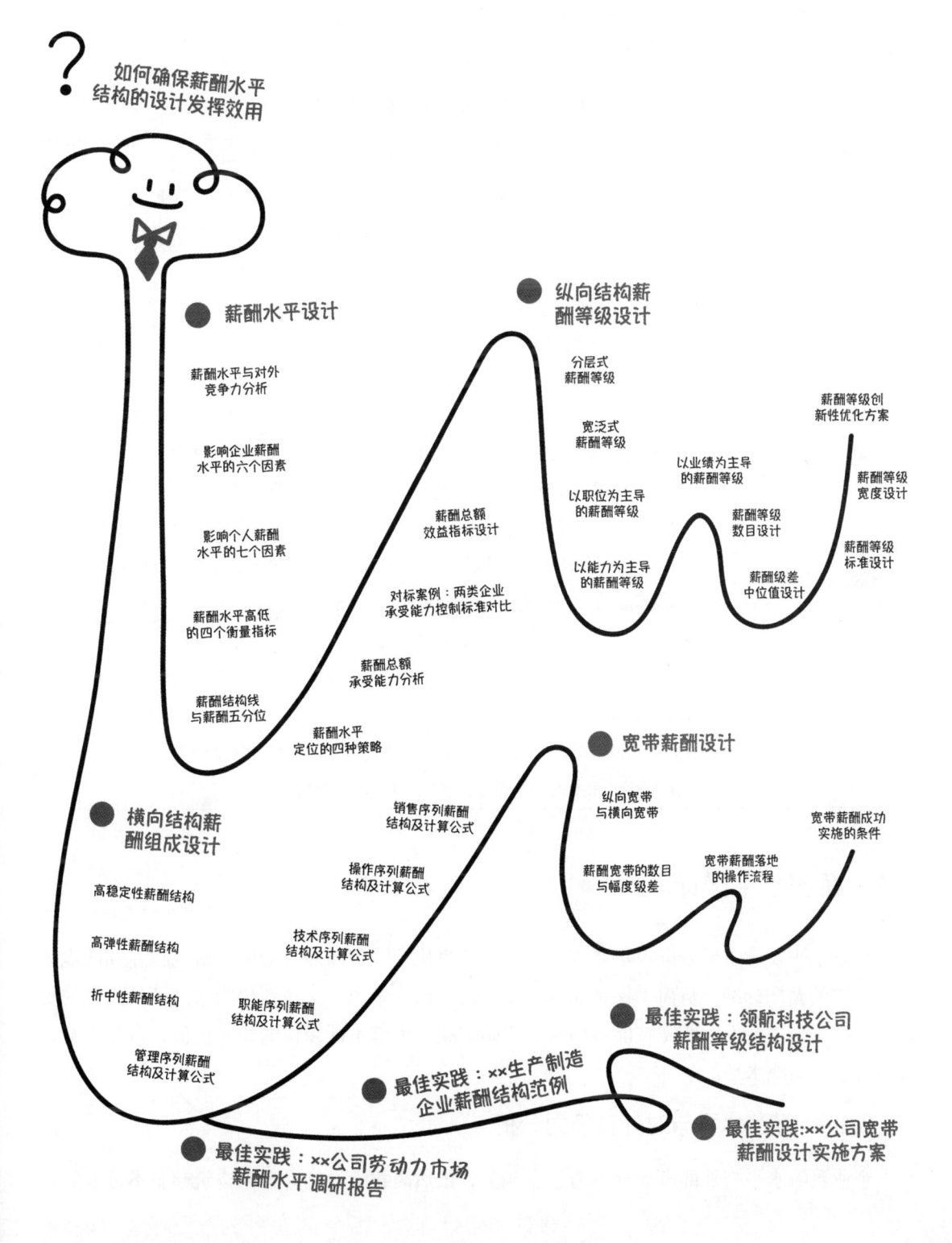

? 如何确保薪酬水平结构的设计发挥效用

● 薪酬水平设计
- 薪酬水平与对外竞争力分析
- 影响企业薪酬水平的六个因素
- 影响个人薪酬水平的七个因素
- 薪酬水平高低的四个衡量指标
- 薪酬结构线与薪酬五分位
- 薪酬总额效益指标设计
- 对标案例：两类企业承受能力控制标准对比
- 薪酬总额承受能力分析
- 薪酬水平定位的四种策略

● 纵向结构薪酬等级设计
- 分层式薪酬等级
- 宽泛式薪酬等级
- 以职位为主导的薪酬等级
- 以能力为主导的薪酬等级
- 以业绩为主导的薪酬等级
- 薪酬等级数目设计
- 薪酬级差中位值设计
- 薪酬等级创新性优化方案
- 薪酬等级宽度设计
- 薪酬等级标准设计

● 横向结构薪酬组成设计
- 高稳定性薪酬结构
- 高弹性薪酬结构
- 折中性薪酬结构
- 管理序列薪酬结构及计算公式
- 职能序列薪酬结构及计算公式
- 技术序列薪酬结构及计算公式
- 操作序列薪酬结构及计算公式
- 销售序列薪酬结构及计算公式

● 宽带薪酬设计
- 纵向宽带与横向宽带
- 薪酬宽带的数目与幅度级差
- 宽带薪酬落地的操作流程
- 宽带薪酬成功实施的条件

● 最佳实践：××公司劳动力市场薪酬水平调研报告
● 最佳实践：××生产制造企业薪酬结构范例
● 最佳实践：领航科技公司薪酬等级结构设计
● 最佳实践：××公司宽带薪酬设计实施方案

问题与痛点：如何确保薪酬水平结构的设计发挥效用

要想确保设计的薪酬水平结构能够最大限度地激励员工，首先需要做到的就是全方位、系统化地梳理薪酬水平设计、横向结构薪酬组成设计、纵向结构薪酬等级设计和宽带薪酬设计面临的问题与痛点，见表3.1，然后才有设计能力与技巧展示的余地。

表3.1 薪酬水平结构设计的问题与痛点体系

划分维度	问题与痛点	具体分析与呈现
薪酬水平设计	问题	如何确定公司整体薪酬水平以确保既吸引人才又不增加过多成本
		薪酬水平是否应该根据市场情况、行业标准和地域差异进行调整
	痛点	薪酬水平设置不合理可能导致人才流失或招聘难度增加
		薪酬与市场脱节，无法反映真实的人才市场价值
横向结构薪酬组成设计	问题	如何设计薪酬的组成部分（如基本工资、绩效奖金、津贴补贴等）以最大限度地激励员工
		如何平衡固定薪酬与变动薪酬的比例，以适应企业不同发展阶段的需求
	痛点	薪酬组成过于复杂或简单，都可能影响员工的积极性和满意度
		薪酬结构未能充分体现员工的实际贡献和绩效差异
纵向结构薪酬等级设计	问题	如何合理划分薪酬等级，以反映不同职位的价值和员工的职业发展路径
		如何确保薪酬等级制度既能激励员工晋升，又不导致组织内薪酬差距过大
	痛点	薪酬等级划分不合理，可能导致内部公平性问题
		员工晋升通道不明确，影响职业发展动力
宽带薪酬设计	问题	如何设计宽带薪酬体系以适应企业不断变化的业务需求和员工多样化能力
		在设计宽带薪酬时，如何平衡企业成本控制与员工激励
	痛点	宽带薪酬设计不当可能导致企业成本上升，同时员工激励效果有限
		宽带薪酬体系未能与企业的长期发展战略相结合

3.1 薪酬水平设计

薪酬水平设计主要依据市场调查和岗位评价来确定。市场调查帮助了解同行业和同地区相似岗位的薪酬标准，从而确保企业薪酬水平的外部竞争力。岗位评价则通过评估岗位的责任大小、工作复杂性、所需技能等因素，来确定企业内部不同岗位的相对价值，以此为基础设定合理的薪酬水平。

3.1.1 薪酬水平与对外竞争力分析

企业薪酬水平与外部市场竞争力息息相关，虽然高薪未必能为企业构筑起坚不可摧的竞争优势，但薪酬决策的失误可能使企业陷入深重的困境。薪酬水平的竞争性对企业的影响是深远的，不仅直接关系到企业的运营成本，更在潜移默化中影响着员工的工作态度和日常行为。因此，在制定薪酬策略时，企业必须审慎而精准，既要考虑到成本控制，也要注重激发员工的工作热情和创造力，以实现企业长期稳健的发展。

薪酬水平的竞争性带来的影响主要体现在六个方面，如图 3.1 所示。

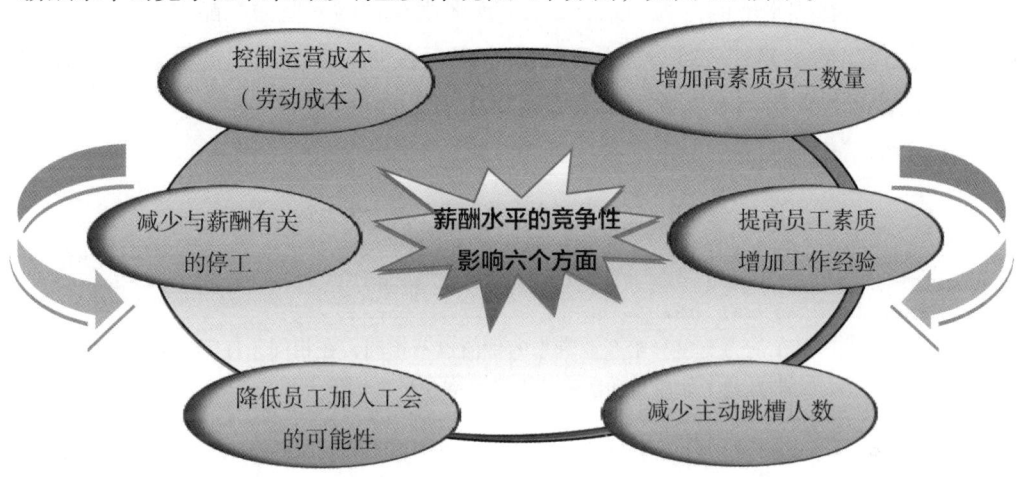

图 3.1　薪酬水平的竞争性带来的影响主要体现在六个方面

具备对外竞争力的薪酬水平是企业吸引、留住优秀人才的重要筹码，更是企业促进并维持高效生产率的重要手段。

3.1.2　影响企业薪酬水平的六个因素

影响企业薪酬水平的因素主要是外部环境因素，还包括企业内部经营状况、财务支付能力，以及产品市场竞争力等，见表 3.2。

表 3.2　影响企业薪酬水平的六个因素

影响因素	说明
劳动力市场供求状况	劳动力市场供大于求，企业可以以较小的代价招到合适的人选；劳动力市场供不应求，企业将要花费较高的代价来满足企业生产对人力资源的需求
地区之间工资差异	企业应参考所在地居民的生活水平、薪酬水平，不能将本企业各岗位的薪酬水平定位低于所在地区同行业企业同岗位的薪酬水平，否则就失去了对外竞争力
生活水平和物价水平	企业在制定薪酬标准时，要考虑到社会物价水平的上涨，必须能满足企业员工的基本生活需要，保证其实现基本购买力
不同行业工资差距	除了考虑同行业的薪酬水平之外，不同行业的薪酬水平也可作为企业薪酬水平的制定标准，如朝阳产业薪酬水平较高，夕阳产业薪酬水平较低一些
企业自身负担能力	员工薪酬水平原则上应该控制在企业财务承受能力范围之内，并且与企业的生产率增长保持步调一致。若企业经济实力强，则可以支付较高的薪酬水平；若企业经济实力弱，则只能支付较低的工资水平，如此才能保证企业长期稳定的发展
企业产品市场竞争力	若企业薪酬水平过高，产品生产成本较高，则企业产品的价格就要偏高，进而企业产品的竞争力就不是很强，价格低了企业利润没有保障

3.1.3 影响个人薪酬水平的七个因素

在企业内部各岗位、职位、职务之间的薪酬水平，即员工个人的薪酬水平也有着很大的区别，这些区别的主要影响因素来源于岗位本身和员工本人。

岗位本身是影响员工个人薪酬水平的外在因素，如该岗位在企业内部的价值，职务任职者本人是影响个人薪酬水平的内在因素，员工个人客观存在的一些潜在能力是其中的一部分，员工主观意愿付出的是另外一部分。员工个人客观存在的内在潜质、主观意愿、付出程度，以及所担任的职务性质等与个人薪酬水平之间存在一定的关系。

影响员工个人薪酬水平的七个因素，见表 3.3。

表 3.3　影响员工个人薪酬水平的七个因素

影响因素	说明
个人贡献大小	员工能力有差异给企业带来的价值也不相同，在相同条件下，只有参照员工给公司带来的工作质量和数量的大小来衡量员工贡献大小
员工职务高低	职务是权力和责任大小的象征，所以职务不同员工薪酬水平也不同，一般是职务越高，薪酬水平就会越高
员工所在岗位的相对价值	职位的存在能决定着企业的存亡，如核心技术岗位，其职位价值相对较高，薪酬水平也会相对较高
员工技术水平高低	技术水平高的人能为企业解决更多的问题，给企业带来的价值会更高。相比较技术水平低的人，之间的薪酬差距应能弥补技术水平低的员工为增长技术水平而耗费的精力、体力、时间，以及为了学习而减少的机会成本。只有这样，才能保证员工不断学习新知识，提高生产率
工作时间与弹性	一般来讲，从事季节性与临时性工作的人员薪酬水平比长期工种要略高，以维持员工歇工时的正常生活
补偿性工资差别	从事某些岗位工作的员工因为其工作场所或工作性质的特殊性，影响了员工的生命安全或人身健康的，要给予一定的经济补偿
年龄与工龄	年龄和工龄也是影响薪酬水平的重要因素之一，通常，较多企业采用早期低工资，晚期高工资的薪酬策略

3.1.4 薪酬水平高低的四个衡量指标

影响薪酬水平高低的四个衡量指标是指薪酬平均率、增薪幅度、平均增薪率和薪酬比较比率。这四个指标各有侧重点，共同构成了评估企业薪酬水平高低的综合体系。企业在制定和调整薪酬政策时，应综合考虑这些指标，以确保薪酬体系的合理性和竞争力。

薪酬水平高低的四个衡量指标的界定如图 3.2 所示。

薪酬平均率	指企业薪酬总额与员工人数之间的比率，反映了企业支付给员工的薪酬平均水平
增薪幅度	指员工薪酬增长的绝对值，通常以百分比或具体金额表示
平均增薪率	指在一定时期内（如一年），所有员工薪酬增长的平均百分比
薪酬比较比率	指企业员工平均薪酬与市场薪酬水平（或行业标准）的比值

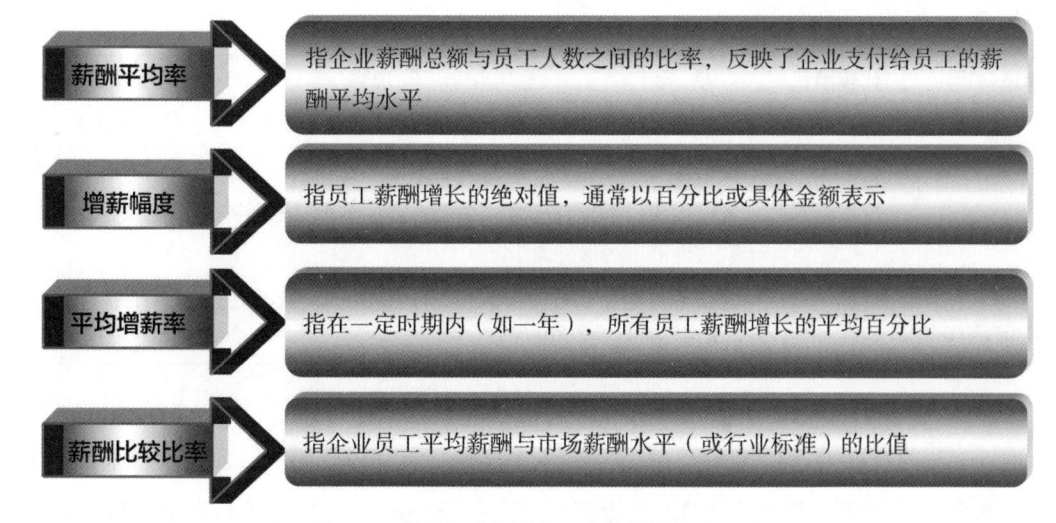

图 3.2　薪酬水平高低的四个衡量指标的界定

薪酬水平高低的四个衡量指标的计算公式、应用标准和局限性，见表 3.4。

表 3.4　薪酬水平高低的四个衡量指标的计算公式、应用标准和局限性

衡量指标	比较项目	说明
薪酬平均率	计算公式	薪酬平均率 = 企业薪酬总额 / 员工人数
	应用标准	该指标有助于了解企业在薪酬方面的投入力度，可以作为企业薪酬成本控制和预算制定的参考
		通过对比行业或地区薪酬平均率，企业可以评估自身薪酬水平的竞争力
	局限性	该指标无法反映薪酬的内部结构和差异，也无法体现员工个体之间的薪酬差异
增薪幅度	计算公式	增薪幅度 =（增薪后的薪酬 − 增薪前的薪酬）/ 增薪前的薪酬 × 100%
		如果以具体金额表示，则增薪幅度 = 增薪后的薪酬 − 增薪前的薪酬
	应用标准	该指标是衡量员工薪酬增长情况的重要指标，直接关系到员工的激励和留任；合理的增薪幅度能够提升员工的工作积极性和忠诚度
	局限性	该指标仅反映了薪酬增长的绝对值，但未能体现薪酬增长的相对速度和与行业标准的对比情况
平均增薪率	计算公式	平均增薪率 =（所有员工增薪幅度之和 / 员工人数）× 100%
		如果已经有了每位员工的增薪百分比，则可以直接计算平均值：平均增薪率 =（Σ 每位员工增薪百分比）/ 员工人数
	应用标准	该指标有助于企业了解整体薪酬增长的趋势，以及薪酬增长在员工之间的分配情况；还可以帮助企业评估薪酬政策的公平性和有效性
	局限性	该指标可能掩盖了个别员工薪酬增长的不均衡现象，因此需要结合其他指标来全面评估薪酬体系

续表

衡量指标	比较项目	说明
薪酬比较比率	计算公式	薪酬比较比率＝企业员工平均薪酬/市场薪酬水平（或行业标准）
	应用标准	该指标有助于企业了解自身薪酬水平在市场上的竞争力，从而调整薪酬策略以吸引和留住人才；一个合理的薪酬比较比率可以确保企业薪酬体系与外部市场保持同步
	局限性	该指标可能受到数据来源和统计方法的影响，因此在使用时需谨慎选择比较对象和数据来源

需要注意的是，表3.4中的这些计算公式提供的是基本的计算方法，实际应用时可能需要根据企业的具体情况进行调整。例如，在计算薪酬平均率时，如果企业有多种不同类型的员工（如全职、兼职、临时工等），可能需要对不同类型的员工分别进行计算。同样地，在计算平均增薪率时，也需要考虑员工的入职时间、绩效表现等因素。

3.1.5 薪酬结构线与薪酬五分位

企业根据薪酬调查数据，结合自身实际情况，确定整个薪酬体系的最高薪酬和最低薪酬。在这个过程中，需要考虑区域及行业人力资源市场供求状况的影响并正确判断薪酬水平的发展趋势，确保今后一定时期内公司所有人员的工资水平不会超出这个范围。

一般来说，在企业经济条件允许的情况下，企业所确定的薪酬水平要在本地区同行业中处于中、上等水平，才具有竞争力。

1. 薪酬结构线

根据企业组织结构中各项职位的相对价值及其对应的实付薪酬之间保持的对应关系所描绘出的曲线称为薪酬结构线，如图3.3中所示的A、B两条线。

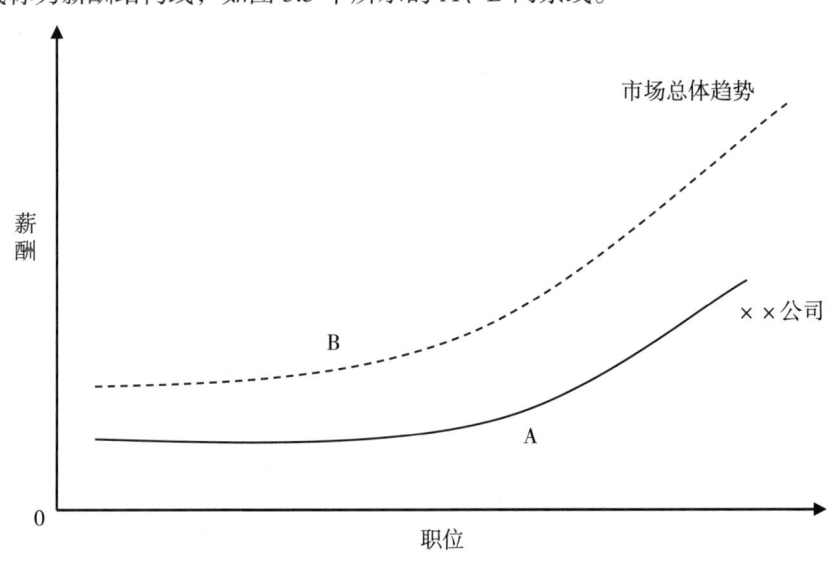

图3.3 薪酬结构线示意图

2. 薪酬五分位

薪酬五分位的表述形式是指 10P、25P、50P、75P、90P。例如，如果有 100 家公司参与薪酬调查，则通过薪酬五分位的五条线就可以看出有多少家公司处在既定的薪酬水平之下。

一般来说，企业在薪酬定位上具体可以选择领先策略和跟随策略。领先策略是指企业的薪酬水平自始至终都领先于市场平均水平；跟随策略是指企业的薪酬水平自始至终都追随市场平均水平，但总是低于市场平均水平。薪酬五分位示意图如图 3.4 所示。

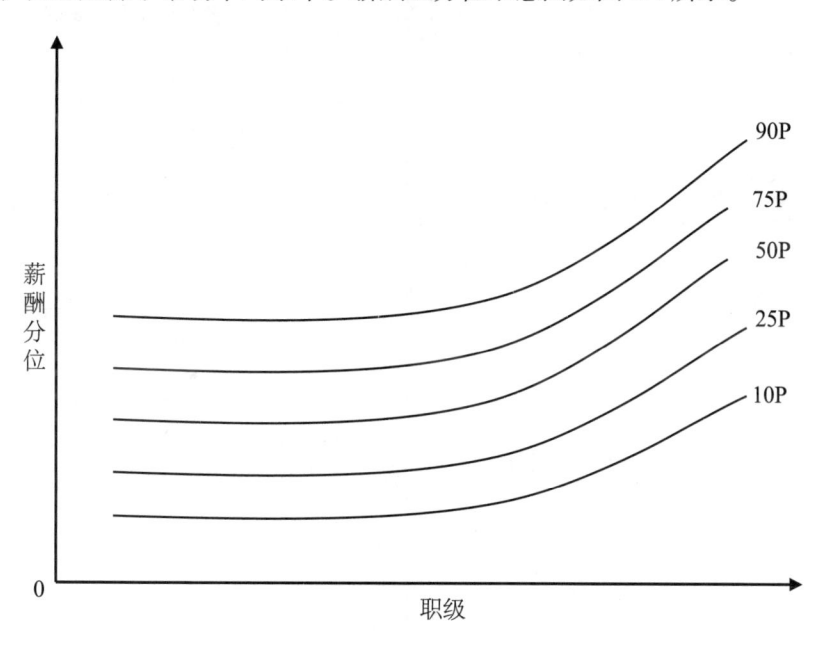

图 3.4 薪酬五分位示意图

综上所述，当企业具有较雄厚的经济实力，同时继续打开市场或提升经营业绩时，会采用领先策略，期望通过完善的薪酬体系、较高的薪酬水平，以及其他方面的配套措施吸引和保留能实现企业快速发展目标的优秀人才。而当企业处于创业初期，或尚未建立市场声誉、资金周转比较困难时，则倾向于采用跟随策略。

3.1.6 薪酬水平定位的四种策略

企业的薪酬水平定位关乎其人才吸引、激励及整体运营成本。选择适合的薪酬政策对于企业的长远发展至关重要。不同的薪酬策略各有千秋，企业应根据自身的经营状况、市场环境及人才需求作出明智的选择。

企业薪酬水平的定位可以选择采取四种策略中的一种或几种的组合，如图 3.5 所示。

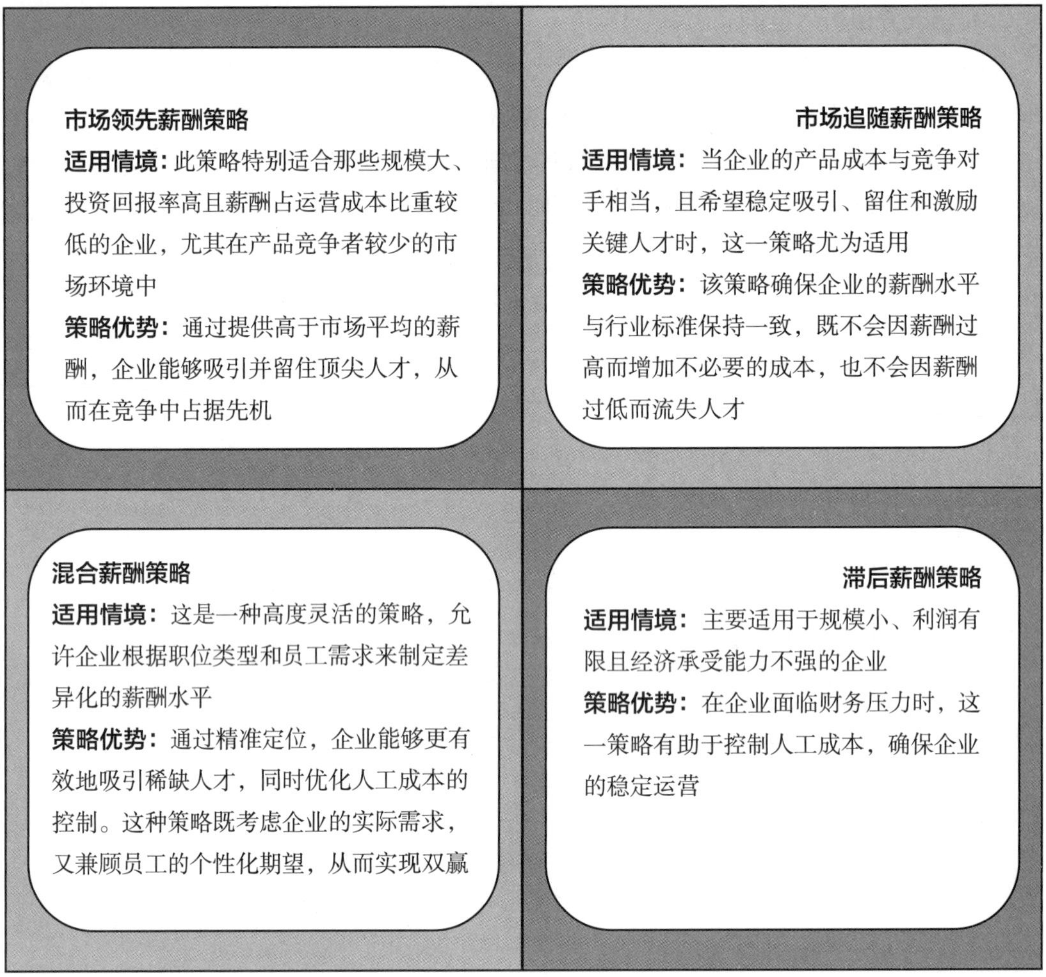

市场领先薪酬策略

适用情境：此策略特别适合那些规模大、投资回报率高且薪酬占运营成本比重较低的企业，尤其在产品竞争者较少的市场环境中

策略优势：通过提供高于市场平均的薪酬，企业能够吸引并留住顶尖人才，从而在竞争中占据先机

市场追随薪酬策略

适用情境：当企业的产品成本与竞争对手相当，且希望稳定吸引、留住和激励关键人才时，这一策略尤为适用

策略优势：该策略确保企业的薪酬水平与行业标准保持一致，既不会因薪酬过高而增加不必要的成本，也不会因薪酬过低而流失人才

混合薪酬策略

适用情境：这是一种高度灵活的策略，允许企业根据职位类型和员工需求来制定差异化的薪酬水平

策略优势：通过精准定位，企业能够更有效地吸引稀缺人才，同时优化人工成本的控制。这种策略既考虑企业的实际需求，又兼顾员工的个性化期望，从而实现双赢

滞后薪酬策略

适用情境：主要适用于规模小、利润有限且经济承受能力不强的企业

策略优势：在企业面临财务压力时，这一策略有助于控制人工成本，确保企业的稳定运营

图 3.5　薪酬水平定位的四种策略

3.1.7　薪酬总额承受能力分析

企业薪酬总额承受能力受到多方面因素的影响。为了确保薪酬政策的合理性和可持续性，企业需要综合考虑薪酬成本占比、绩效考核与薪酬挂钩机制、行业薪酬标准比较，以及风险评估与应对措施等因素。通过科学分析和合理规划，企业可以制定既符合自身实际情况又具有竞争力的薪酬政策，从而在实现员工激励的同时，确保企业的稳健发展。

1. 薪酬成本占比分析

薪酬成本在企业总成本中的比重是一个关键指标。如果薪酬成本占比较高，则可能会对企业利润产生较大影响，进而限制企业在其他方面的投入和发展。因此，合理控制薪酬成本占比是企业薪酬总额承受能力的重要考量因素。

2. 绩效考核与薪酬挂钩机制

企业的绩效考核机制与薪酬挂钩情况也直接影响薪酬总额承受能力。科学合理的薪酬挂钩机制能够激发员工的积极性和创造性，提高企业整体绩效，从而有助于增强企业的薪酬承受能力。通过将员工绩效与薪酬紧密挂钩，企业可以更有效地分配薪酬资源，确保薪酬支出与员工的实际贡献相匹配。

3. 行业薪酬标准比较

企业在制定薪酬政策时，还需要参考同行业的薪酬水平。如果企业薪酬水平过高，则可能会对企业财务健康造成负面影响；而薪酬水平过低，则可能导致员工流失和招聘难度增加。因此，企业需要在比较行业薪酬标准的基础上，结合自身实际情况，制定合理的薪酬政策，以确保薪酬总额在可承受范围内。

4. 风险评估与应对措施

在评估企业薪酬总额承受能力时，还需要考虑可能面临的财务风险和员工流失风险。通过制定相应的风险评估和应对措施，企业可以更好地应对潜在的风险和挑战，确保薪酬总额的可持续性和稳定性。例如，企业可以建立风险预警机制，及时监测薪酬成本的变化情况，以便采取必要的调整措施。

对标案例 两类企业承受能力控制标准对比

企业承受能力的控制标准主要是指企业人工成本和企业销售净收入的百分比关系。企业人工成本不仅指员工工资，还应该包括员工的福利费用、社会保障费用和人力资源管理成本（如企业人才招聘费用、培训项目费用）等。

就企业人工成本和企业销售净收入的百分比关系而言，对于不同企业类型而言，两者之间的百分比关系不同，如图3.6所示。

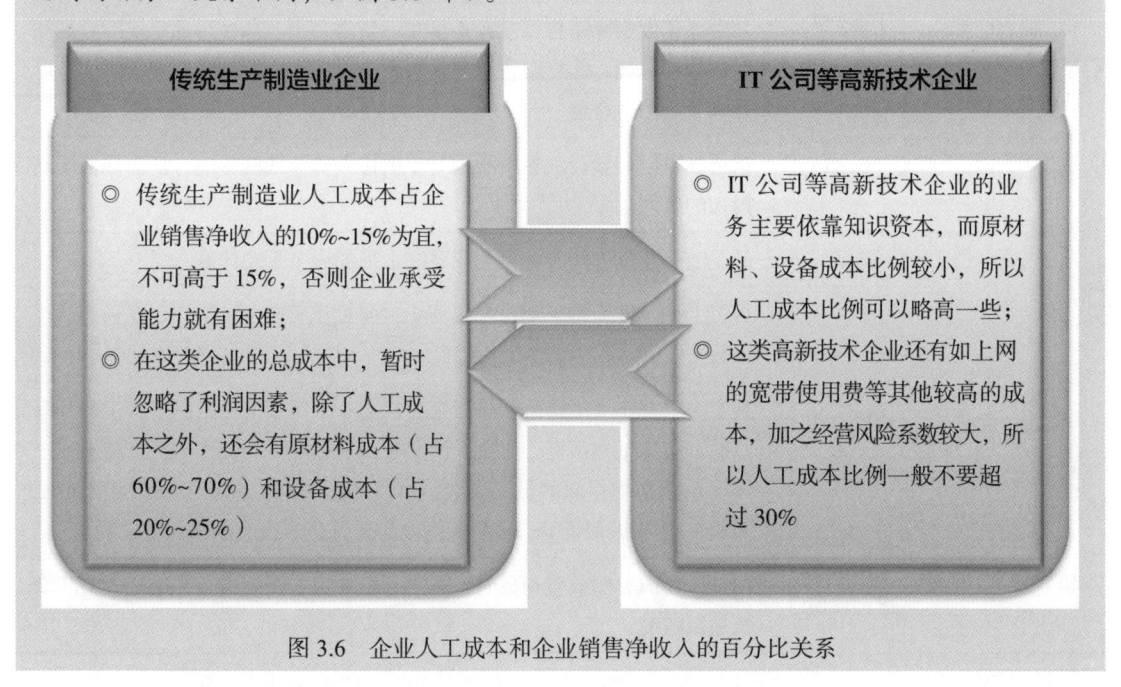

传统生产制造业企业
- 传统生产制造业人工成本占企业销售净收入的10%~15%为宜，不可高于15%，否则企业承受能力就有困难；
- 在这类企业的总成本中，暂时忽略了利润因素，除了人工成本之外，还会有原材料成本（占60%~70%）和设备成本（占20%~25%）

IT公司等高新技术企业
- IT公司等高新技术企业的业务主要依靠知识资本，而原材料、设备成本比例较小，所以人工成本比例可以略高一些；
- 这类高新技术企业还有如上网的宽带使用费等其他较高的成本，加之经营风险系数较大，所以人工成本比例一般不要超过30%

图3.6 企业人工成本和企业销售净收入的百分比关系

3.1.8 薪酬总额效益指标设计

薪酬总额效益指标是衡量企业薪酬投入与产出效益的关键工具。它不仅能反映企业的薪酬成本，还能体现薪酬投入对企业绩效的影响。通过合理设计薪酬总额效益指标，企业可以更加科学地评估薪酬体系的效率，优化薪酬结构，从而提高员工的工作积极性和企业的整体绩效。薪酬总额关键效益指标体系见表3.5。

表3.5 薪酬总额关键效益指标体系

四个效益指标	比较项目	具体说明
利润完成率（A1）	界定	利润完成率是衡量企业利润目标完成情况的重要指标
	计算公式	利润完成率（A1）=（年末利润总额 – 年初利润指标）/ 年初利润指标 × 100%
	指标价值	该指标直接反映了企业的盈利能力，也是评估薪酬投入与产出效益的重要依据
净资产收益率（A2）	界定	净资产收益率反映了企业净资产的盈利情况
	计算公式	净资产收益率（A2）=（当期净利润 ± 调整因素）/（（期初所有者权益 + 期末所有者权益）/2）× 100%
	指标价值	该指标有助于评估企业薪酬投入对股东权益的增值能力
年度销售回款率（A3）	界定	年度销售回款率体现了企业的资金回笼情况
	计算公式	年度销售回款率（A3）=（年度实际销售回款额 / 年度销售总额）× 100%
		其中，年度实际销售回款额是指在一年内，企业从客户那里实际收回的销售款项总额；年度销售总额是指企业在一年内销售产品或提供服务所开具发票的总金额
	指标价值	该指标可以间接反映薪酬激励对于销售人员业绩的影响，从而评估薪酬投入的效益
员工上一年度人均工资（A4）	界定	员工上一年度人均工资是企业薪酬水平的一个重要体现
	计算公式	员工上一年度人均工资（A4）= 上一年度工资总额 / 上一年度平均员工人数
		其中，上一年度工资总额是指企业在上一个年度支付给所有员工的工资总额，包括基本工资、奖金、津贴等；上年度平均员工人数是指上一个年度企业平均在职的员工人数，可以通过（年初员工人数 + 年末员工人数）/ 2 来近似计算，或者根据全年各月员工人数的平均值来确定
	指标价值	在设计薪酬总额效益指标时，需要考虑人均工资的增长与企业效益的增长是否匹配

基于上述分析，企业可以设计一个综合效益评估模型，用于计算效益工资。这个模型将结合利润完成率（A1）、净资产收益率（A2）、年度销售回款率（A3）和员工上一年度人均工资（A4）等指标，以全面评估企业的薪酬总额效益。

综合效益评估模型，即效益工资的计算公式如下：

> **效益工资** =（利润完成率系数 × 利润完成率 A1 + 净资产收益率系数 × 净资产收益率 A2 + 销售回款率系数 × 年度销售回款率 A3）× 员工上一年度人均工资 A4

其中，利润完成率系数、净资产收益率系数和销售回款率系数是根据企业实际情况和行业特点设定的权重，用于调整各个指标在综合评估中的重要性。这些系数的总和应该等于1，以确保评估的公正性和准确性。

例如，可以设定以下系数作为示例。

（1）利润完成率系数：0.6。

（2）净资产收益率系数：0.2。

（3）销售回款率系数：0.2。

将这些系数代入效益工资计算公式中，可以得到：

> **效益工资** =（0.6 × 利润完成率 A1 + 0.2 × 净资产收益率 A2 + 0.2 × 年度销售回款率 A3）× 员工上一年度人均工资 A4

通过这个综合效益评估模型，企业可以更加全面地评估薪酬总额的效益，并根据评估结果对薪酬体系进行优化和调整。请注意，这只是一个示例模型，具体应用时需要根据企业的实际情况和需求进行适当修改和完善。

3.2 横向结构薪酬组成设计

横向结构薪酬组成设计过程涉及对组织中各个职位的详细分析，包括职位的职责、技能要求、工作条件等。通过职位评估方法确定职位的相对价值和贡献，进而设定不同职位的薪酬水平。这种设计确保了薪酬体系的内部公平性和一致性。

3.2.1 高稳定性薪酬结构

高稳定性薪酬结构，顾名思义，其核心特点是薪酬的相对稳定性。在这种薪酬结构下，员工的基本薪酬占据了薪酬的绝大部分比例，而绩效薪酬、奖金等激励性薪酬则处于相对次要的地位。这种结构旨在为员工提供稳定的收入来源，从而降低他们的生活风险，增强他们对企业的归属感和忠诚度。

高稳定性薪酬结构适用于那些员工流动性较低、工作稳定性要求较高的企业或岗位。

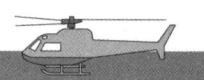

举个例子

一些大型国有企业、公共服务机构等通常采用高稳定性薪酬结构。员工每月有固定的工资收入，还有一定的福利和津贴。虽然可能存在绩效奖金，但占比相对较小。这种结构在一定程度上保障了员工的生活，但可能导致一些员工在工作中缺乏竞争意识和进取精神。

高稳定性薪酬结构的三个优势与两个局限如图 3.7 所示。

高稳定性薪酬结构的三个优势

保障收入可预期性	强化组织认同	降低员工流失率
通过固定薪酬占比优势锁定基础收入区间，保障员工基本生活规划能力，减少经济波动带来的焦虑，从而提升工作专注度与效率	薪酬确定性显著延长员工心理契约周期，促进职业安全感向组织忠诚度转化，形成稳定的雇主品牌认知和团队协作生态	这种结构能够吸引那些注重工作稳定性和安全感的员工。这类员工在企业中往往能够长期留任，从而降低人才流失率，减少流动成本

高稳定性薪酬结构的两个局限

绩效激励传导失效	对市场变化反应迟钝
该结构中绩效工资等激励性薪酬占比较小，会使个体绩效表现与薪酬回报关联断裂，易造成核心人才"躺平"，尤其影响"00后"员工的成就动机	这种薪酬结构的灵活性较差尤其在技术迭代加速的行业中，可能导致企业无法及时调整人力资源策略和人才吸引措施以适应新的市场环境

图 3.7　高稳定性薪酬结构的三个优势与两个局限

3.2.2 高弹性薪酬结构

高弹性薪酬结构是一种薪酬管理方法，其中员工的薪酬与组织的绩效和市场条件之间存在较大的变动范围和灵活性。这种薪酬结构的特点主要体现在薪酬与个人绩效、企业业绩的高度关联性，以及薪酬水平的较大可调整空间。

高弹性薪酬结构适用于那些追求快速发展、注重创新和绩效的企业。在实施时，建议企业建立公平公正的绩效评估机制，确保薪酬与员工的实际表现相符合；同时，也要关注员工的生活和工作需求，避免薪酬波动过大对员工造成不利影响。

在高弹性薪酬结构中，固定薪酬部分占比较低，通常在 0 ~ 60%；而浮动薪酬部分占比则较高，通常在 40% ~ 100%。这意味着员工的薪酬有很大一部分是根据其工作表现和企业的整体业绩来决定的。

高弹性薪酬结构的三个优势与三个劣势如图 3.8 所示。

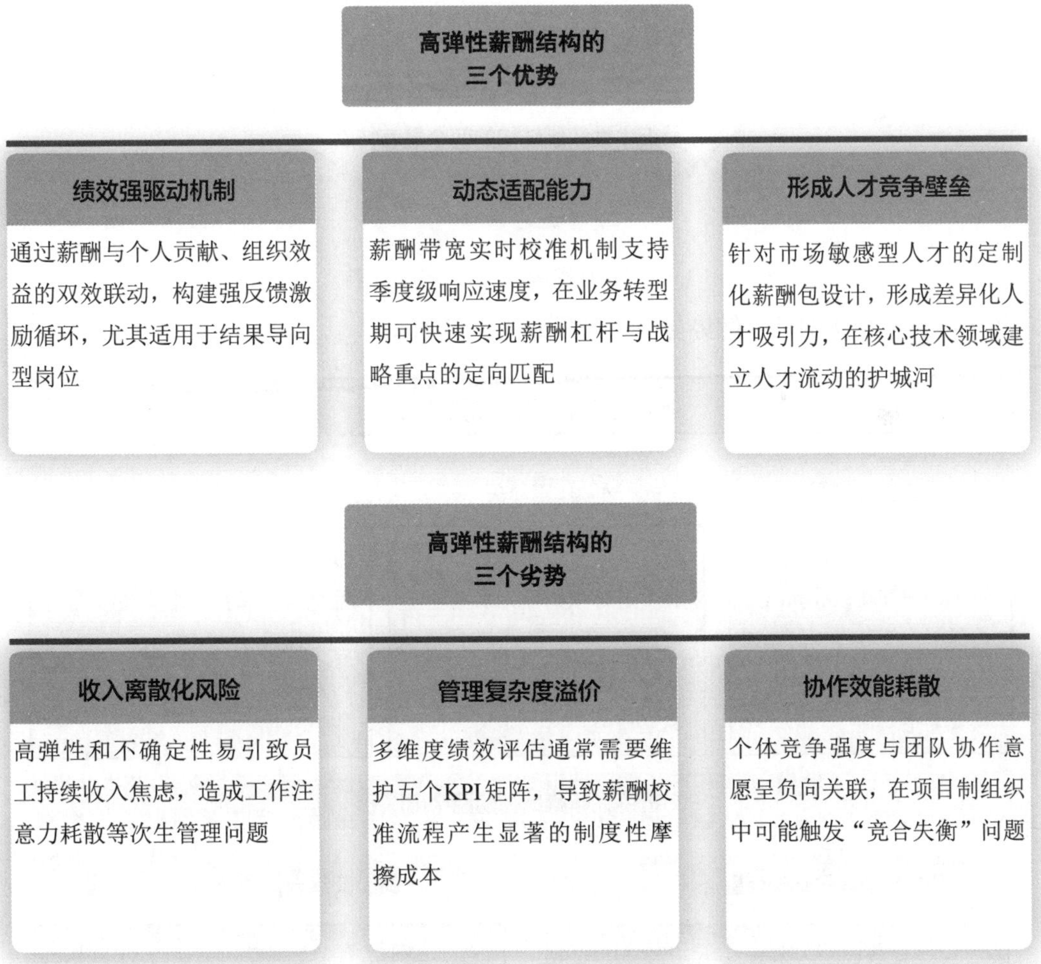

高弹性薪酬结构的三个优势

绩效强驱动机制	动态适配能力	形成人才竞争壁垒
通过薪酬与个人贡献、组织效益的双效联动，构建强反馈激励循环，尤其适用于结果导向型岗位	薪酬带宽实时校准机制支持季度级响应速度，在业务转型期可快速实现薪酬杠杆与战略重点的定向匹配	针对市场敏感型人才的定制化薪酬包设计，形成差异化人才吸引力，在核心技术领域建立人才流动的护城河

高弹性薪酬结构的三个劣势

收入离散化风险	管理复杂度溢价	协作效能耗散
高弹性和不确定性易引致员工持续收入焦虑，造成工作注意力耗散等次生管理问题	多维度绩效评估通常需要维护五个 KPI 矩阵，导致薪酬校准流程产生显著的制度性摩擦成本	个体竞争强度与团队协作意愿呈负向关联，在项目制组织中可能触发"竞合失衡"问题

图 3.8　高弹性薪酬结构的三个优势与三个劣势

3.2.3 折中性薪酬结构

折中性薪酬结构是一种结合了高稳定性薪酬结构和高弹性薪酬结构特点的薪酬体系。它旨在平衡员工对于薪酬稳定性和激励性的双重需求，既保证员工有一定的基础收入，又通过绩效挂钩的部分来激发员工的工作积极性。

折中性薪酬结构具备两个显著特点，如图3.9所示。

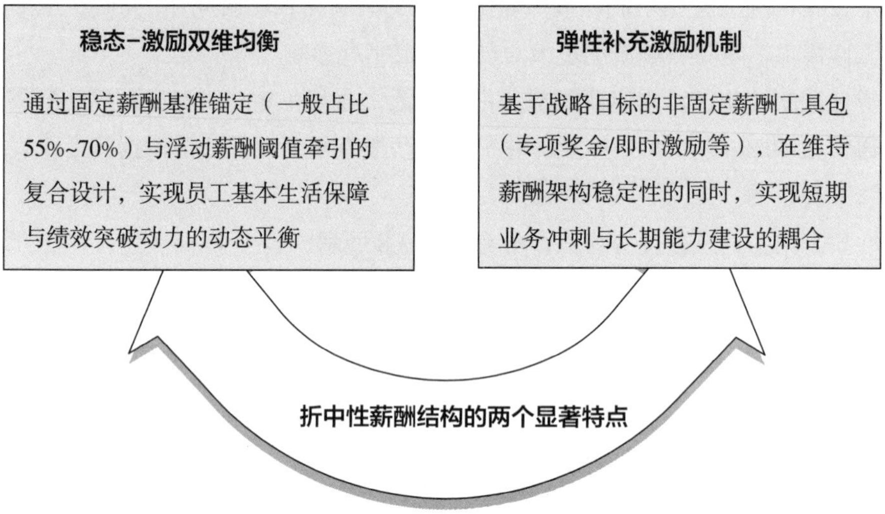

稳态-激励双维均衡

通过固定薪酬基准锚定（一般占比55%~70%）与浮动薪酬阈值牵引的复合设计，实现员工基本生活保障与绩效突破动力的动态平衡

弹性补充激励机制

基于战略目标的非固定薪酬工具包（专项奖金/即时激励等），在维持薪酬架构稳定性的同时，实现短期业务冲刺与长期能力建设的耦合

折中性薪酬结构的两个显著特点

图3.9 折中性薪酬结构的两个显著特点

折中性薪酬结构的三个优势与两个局限如图3.10所示。

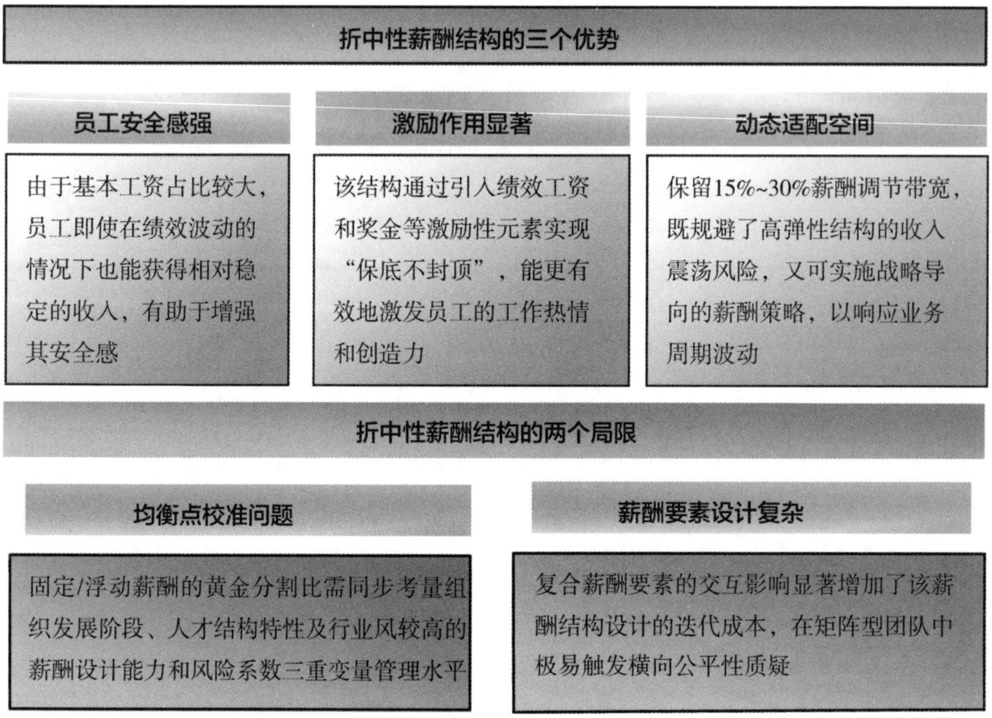

折中性薪酬结构的三个优势

员工安全感强	激励作用显著	动态适配空间
由于基本工资占比较大，员工即使在绩效波动的情况下也能获得相对稳定的收入，有助于增强其安全感	该结构通过引入绩效工资和奖金等激励性元素实现"保底不封顶"，能更有效地激发员工的工作热情和创造力	保留15%~30%薪酬调节带宽，既规避了高弹性结构的收入震荡风险，又可实施战略导向的薪酬策略，以响应业务周期波动

折中性薪酬结构的两个局限

均衡点校准问题	薪酬要素设计复杂
固定/浮动薪酬的黄金分割比需同步考量组织发展阶段、人才结构特性及行业风较高的薪酬设计能力和风险系数三重变量管理水平	复合薪酬要素的交互影响显著增加了该薪酬结构设计的迭代成本，在矩阵型团队中极易触发横向公平性质疑

图3.10 折中性薪酬结构的三个优势与两个局限

折中性薪酬结构适用于那些既需要保证员工收入稳定性，又希望通过薪酬激励提高员工工作积极性的企业。在具体实施时，企业应充分考虑三个方面的可行性并落地，如图 3.11 所示。

确保薪酬分配的公平性
建立公开透明的薪酬分配机制，确保每位员工都能根据自己的工作表现获得相应的报酬

定期调整薪酬结构
随着企业发展和市场环境的变化，定期对薪酬结构进行调整，以保持其时效性和有效性

折中性薪酬结构实施的三个要点

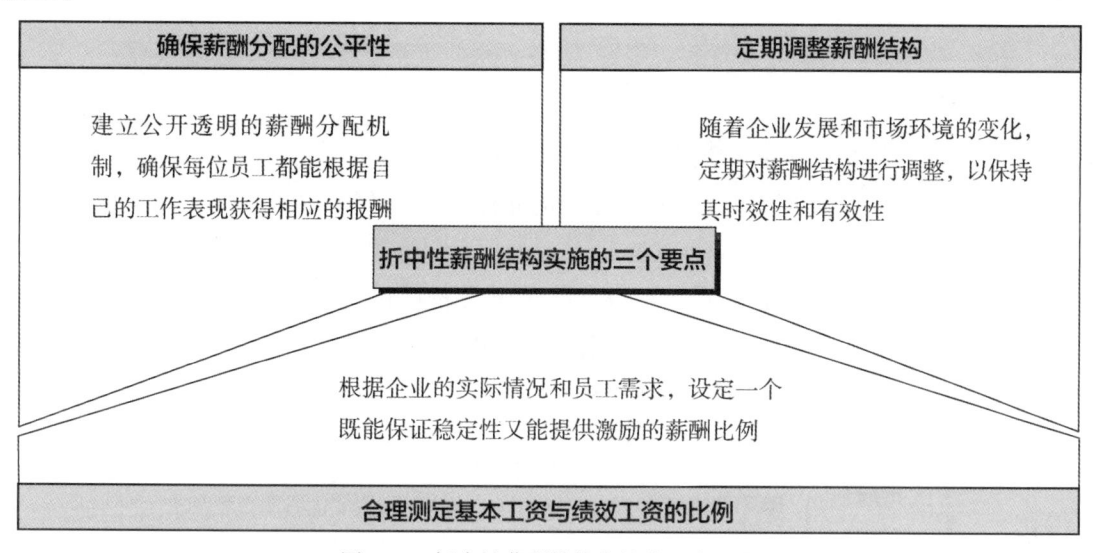

根据企业的实际情况和员工需求，设定一个既能保证稳定性又能提供激励的薪酬比例

合理测定基本工资与绩效工资的比例

图 3.11　折中性薪酬结构实施的三个要点

3.2.4　管理序列薪酬结构及计算公式

管理序列薪酬结构通常是为了激励管理者更好地履行职责，带领团队，以及实现组织目标而设计的。这种薪酬结构不仅考虑管理者的个人能力和贡献，还考虑其带领团队的整体绩效。以下是对管理序列薪酬结构及计算公式的深度剖析。

管理序列薪酬结构通常包括四个部分，如图 3.12 所示。

管理序列薪酬结构的四个部分

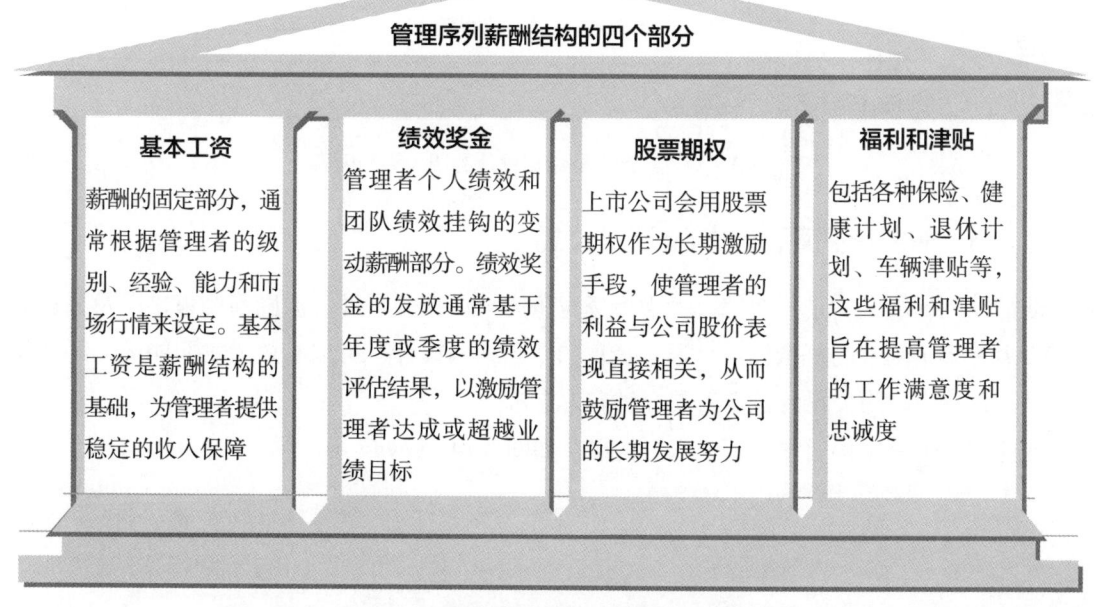

基本工资
薪酬的固定部分，通常根据管理者的级别、经验、能力和市场行情来设定。基本工资是薪酬结构的基础，为管理者提供稳定的收入保障

绩效奖金
管理者个人绩效和团队绩效挂钩的变动薪酬部分。绩效奖金的发放通常基于年度或季度的绩效评估结果，以激励管理者达成或超越业绩目标

股票期权
上市公司会用股票期权作为长期激励手段，使管理者的利益与公司股价表现直接相关，从而鼓励管理者为公司的长期发展努力

福利和津贴
包括各种保险、健康计划、退休计划、车辆津贴等，这些福利和津贴旨在提高管理者的工作满意度和忠诚度

图 3.12　管理序列薪酬结构的四个部分

管理序列薪酬的计算公式因公司而异，但通常可以表示为

> **管理序列薪酬** = 基本工资 + 绩效奖金 + 股票期权价值（如有） + 福利和津贴

其中：

（1）基本工资：根据职位等级和市场薪资水平设定。

（2）绩效奖金：通常基于个人和团队绩效的评估结果来计算。例如，可以设定绩效奖金为基本工资的一定比例（如10%~30%），然后根据实际绩效得分来调整这个比例。

（3）股票期权价值：如果适用，将根据股票的市场价格和授予的期权数量来计算。

（4）福利和津贴：根据公司政策和市场标准来确定。

在设计管理序列薪酬结构时，需要考虑四大影响因素，如图3.13所示。

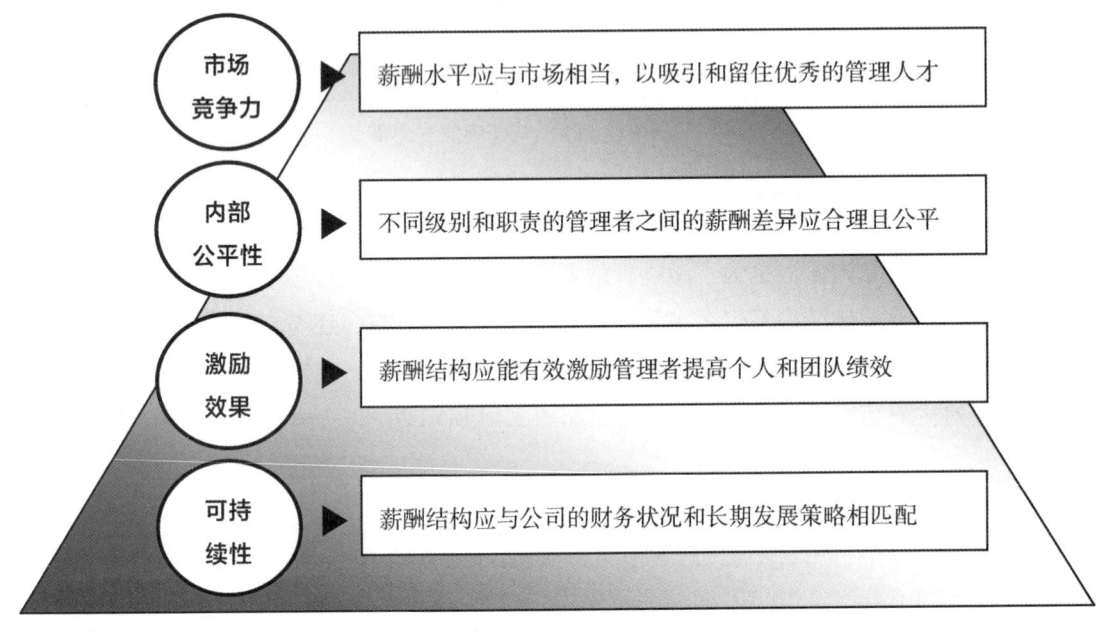

影响因素	说明
市场竞争力	薪酬水平应与市场相当，以吸引和留住优秀的管理人才
内部公平性	不同级别和职责的管理者之间的薪酬差异应合理且公平
激励效果	薪酬结构应能有效激励管理者提高个人和团队绩效
可持续性	薪酬结构应与公司的财务状况和长期发展策略相匹配

图3.13　管理序列薪酬结构设计的四大影响因素

3.2.5　职能序列薪酬结构及计算公式

职能序列薪酬结构是一个综合考虑市场竞争力、内部公平性、激励与约束，以及公司可持续发展等多个因素的复杂体系。通过合理的薪酬结构设计，可以有效激发职能员工的工作积极性和创造力，为公司的稳定发展提供有力支持。

职能序列薪酬结构通常由七个部分构成，如图3.14所示。

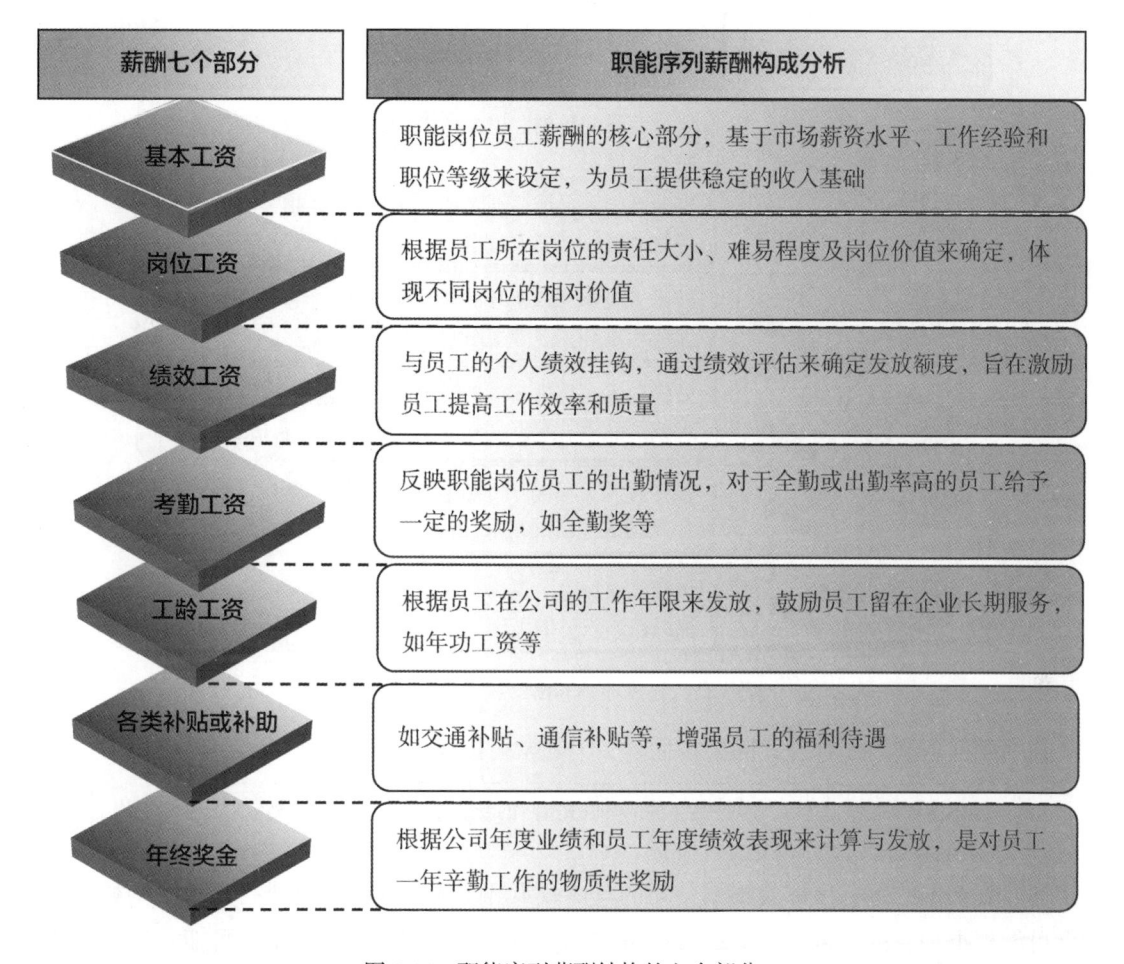

薪酬七个部分	职能序列薪酬构成分析
基本工资	职能岗位员工薪酬的核心部分,基于市场薪资水平、工作经验和职位等级来设定,为员工提供稳定的收入基础
岗位工资	根据员工所在岗位的责任大小、难易程度及岗位价值来确定,体现不同岗位的相对价值
绩效工资	与员工的个人绩效挂钩,通过绩效评估来确定发放额度,旨在激励员工提高工作效率和质量
考勤工资	反映职能岗位员工的出勤情况,对于全勤或出勤率高的员工给予一定的奖励,如全勤奖等
工龄工资	根据员工在公司的工作年限来发放,鼓励员工留在企业长期服务,如年功工资等
各类补贴或补助	如交通补贴、通信补贴等,增强员工的福利待遇
年终奖金	根据公司年度业绩和员工年度绩效表现来计算与发放,是对员工一年辛勤工作的物质性奖励

图 3.14 职能序列薪酬结构的七个部分

职能序列总薪酬计算公式可以表示为

> 职能序列总薪酬=基本工资+岗位工资+绩效工资+考勤工资+工龄工资+各类补贴/补助+年终奖金−代扣社保

其中,各部分的具体数额会根据公司的薪酬政策和员工的个人情况而定。例如,绩效工资可能会根据员工的绩效评估结果进行动态调整。

3.2.6 技术序列薪酬结构及计算公式

技术序列薪酬结构是专为技术人员设计的,旨在激励他们进行创新、提高技术能力和解决复杂技术问题。

技术序列薪酬结构是一个高度定制化的体系,旨在最大限度地激发技术人员的创新能力和工作热情。通过合理的薪酬结构设计,企业可以更有效地吸引、激励和保留关键技术人才,从而推动公司的技术创新和业务发展。

技术序列薪酬结构通常由六个部分构成,如图 3.15 所示。

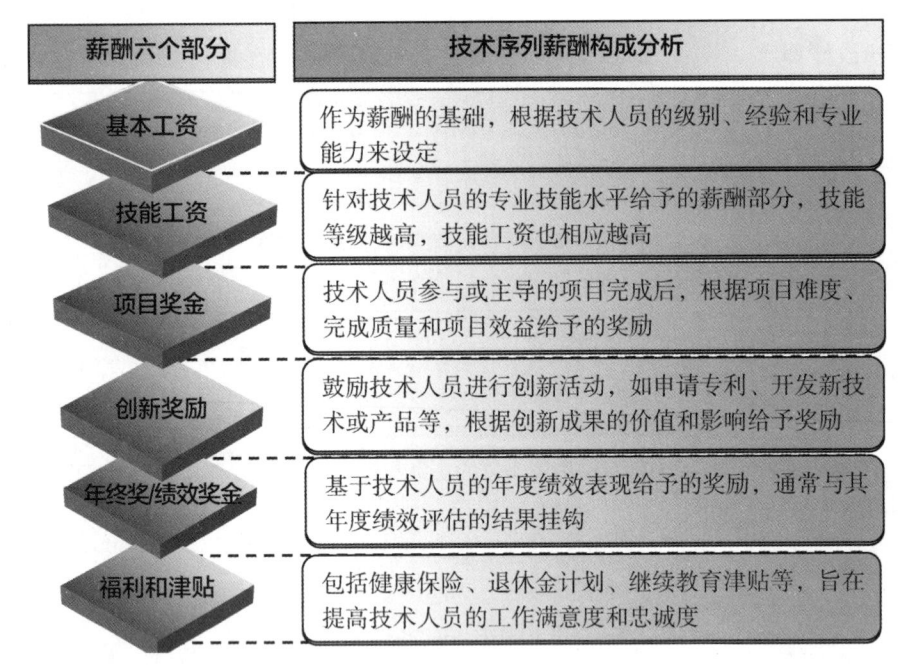

薪酬六个部分	技术序列薪酬构成分析
基本工资	作为薪酬的基础，根据技术人员的级别、经验和专业能力来设定
技能工资	针对技术人员的专业技能水平给予的薪酬部分，技能等级越高，技能工资也相应越高
项目奖金	技术人员参与或主导的项目完成后，根据项目难度、完成质量和项目效益给予的奖励
创新奖励	鼓励技术人员进行创新活动，如申请专利、开发新技术或产品等，根据创新成果的价值和影响给予奖励
年终奖/绩效奖金	基于技术人员的年度绩效表现给予的奖励，通常与其年度绩效评估的结果挂钩
福利和津贴	包括健康保险、退休金计划、继续教育津贴等，旨在提高技术人员的工作满意度和忠诚度

图 3.15 技术序列薪酬结构的六个部分

技术序列薪酬的计算公式因公司而异，但通常可以表示为

技术序列薪酬 = 基本工资 + 技能工资 + 项目奖金 + 创新奖励 + 年终奖/绩效奖金 + 福利和津贴

计算公式中的每一项都会根据公司的具体政策和个人的绩效表现进行调整。例如，项目奖金可能根据项目的难度系数、完成时间和质量评估来计算；创新奖励则可能基于创新成果的市场价值或对公司业务的推动作用来评定。

在设计技术序列薪酬结构时，需要综合考虑五大影响因素，如图 3.16 所示。

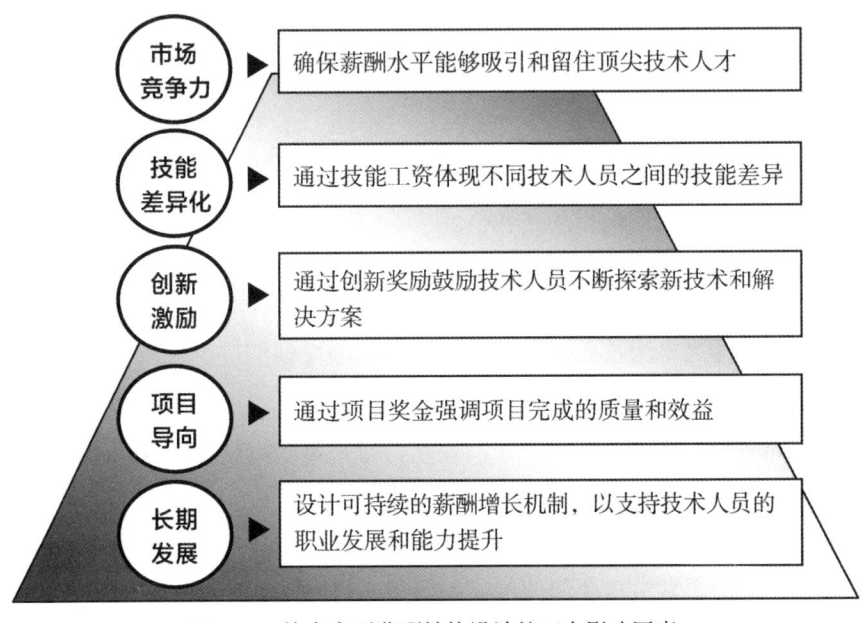

影响因素	说明
市场竞争力	确保薪酬水平能够吸引和留住顶尖技术人才
技能差异化	通过技能工资体现不同技术人员之间的技能差异
创新激励	通过创新奖励鼓励技术人员不断探索新技术和解决方案
项目导向	通过项目奖金强调项目完成的质量和效益
长期发展	设计可持续的薪酬增长机制，以支持技术人员的职业发展和能力提升

图 3.16 技术序列薪酬结构设计的五大影响因素

3.2.7 操作序列薪酬结构及计算公式

操作序列员工是企业中直接参与生产、制造、物流等实际操作环节的员工。针对这一群体的薪酬结构设计，旨在激励他们高效、准确地完成任务，同时保证生产质量和安全。

操作序列薪酬结构是一个综合考虑市场竞争力、内部公平性、激励效果和合规性等多个因素的体系。通过合理的薪酬结构设计，可以有效激发操作员工的工作积极性和创造力，为企业的稳定生产和高质量发展提供有力支持。

操作序列薪酬结构通常由五个部分构成，如图 3.17 所示。

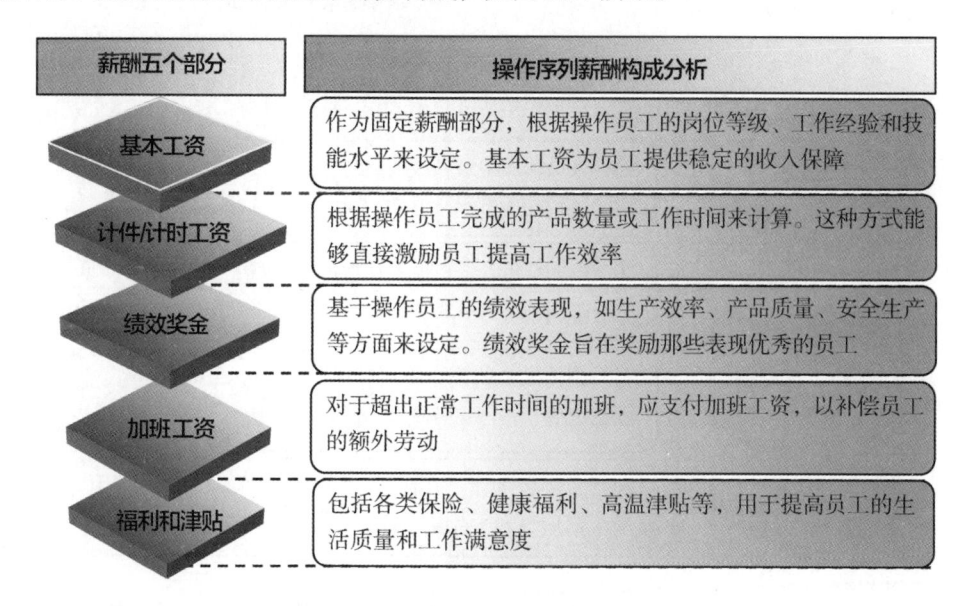

薪酬五个部分	操作序列薪酬构成分析
基本工资	作为固定薪酬部分，根据操作员工的岗位等级、工作经验和技能水平来设定。基本工资为员工提供稳定的收入保障
计件/计时工资	根据操作员工完成的产品数量或工作时间来计算。这种方式能够直接激励员工提高工作效率
绩效奖金	基于操作员工的绩效表现，如生产效率、产品质量、安全生产等方面来设定。绩效奖金旨在奖励那些表现优秀的员工
加班工资	对于超出正常工作时间的加班，应支付加班工资，以补偿员工的额外劳动
福利和津贴	包括各类保险、健康福利、高温津贴等，用于提高员工的生活质量和工作满意度

图 3.17 操作序列薪酬结构的五个部分

操作序列薪酬的计算公式因公司而异，但通常可以表示为

> **操作序列薪酬** = 基本工资 + 计件/计时工资 + 绩效奖金 + 加班工资 + 福利和津贴

其中：

（1）基本工资：根据岗位等级和技能水平设定，为固定值。

（2）计件/计时工资：根据完成的产品数量或工作时间来计算，如"计件工资 = 完成产品数量 × 单件工资"或"计时工资 = 工作时间 × 时薪"。

（3）绩效奖金：根据绩效评估结果来确定，可以是基本工资的一定比例，如"绩效奖金 = 基本工资 × 绩效系数"。

（4）加班工资：根据加班时间和加班工资率来计算，如"加班工资 = 加班时间 × 加班工资率"。

（5）福利和津贴：根据公司政策和市场标准来确定，为固定值或根据特定条件浮动。

3.2.8 销售序列薪酬结构及计算公式

销售序列薪酬结构是专为销售人员设计的,旨在激励他们达成销售目标、提高客户满意度并持续开发新客户。

销售序列薪酬结构是一个高度灵活且激励性强的体系,旨在最大限度地激发销售人员的积极性和创造力。通过合理的薪酬结构设计,企业可以有效推动销售业绩的提升,实现业务的持续增长。

销售序列薪酬结构通常由五个部分构成,如图 3.18 所示。

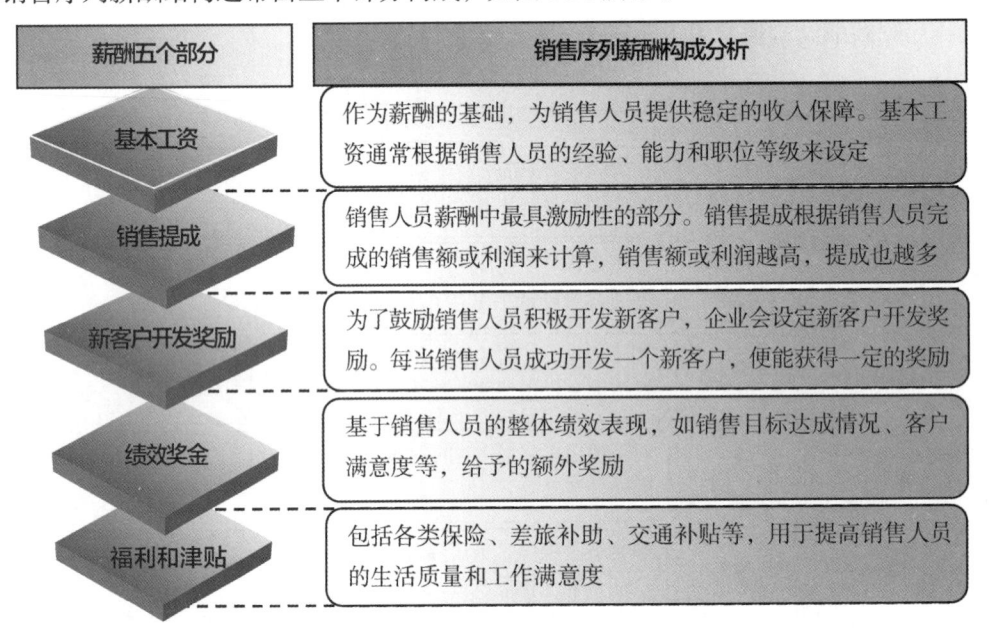

薪酬五个部分	销售序列薪酬构成分析
基本工资	作为薪酬的基础,为销售人员提供稳定的收入保障。基本工资通常根据销售人员的经验、能力和职位等级来设定
销售提成	销售人员薪酬中最具激励性的部分。销售提成根据销售人员完成的销售额或利润来计算,销售额或利润越高,提成也越多
新客户开发奖励	为了鼓励销售人员积极开发新客户,企业会设定新客户开发奖励。每当销售人员成功开发一个新客户,便能获得一定的奖励
绩效奖金	基于销售人员的整体绩效表现,如销售目标达成情况、客户满意度等,给予的额外奖励
福利和津贴	包括各类保险、差旅补助、交通补贴等,用于提高销售人员的生活质量和工作满意度

图 3.18 销售序列薪酬结构由五个部分构成

销售序列薪酬的计算公式因公司而异,但通常可以表示为

销售序列薪酬 = 基本工资 + 销售提成 + 新客户开发奖励 + 绩效奖金 + 福利和津贴

其中:

(1)基本工资:固定值,根据销售人员的级别和经验来设定。

(2)销售提成:通常根据销售额或利润的一定比例来计算,如"销售提成 = 销售额 × 提成比例"或"销售提成 = 利润 × 提成比例"。

(3)新客户开发奖励:每当开发一个新客户时给予的一次性奖励,可以是固定金额或根据新客户带来的预期收益来计算。

(4)绩效奖金:根据绩效评估结果来确定,可以是基本工资的一定比例,或者根据具体的绩效指标来设定。

(5)福利和津贴:根据公司政策和市场标准来确定。

3.3 纵向结构薪酬等级

薪酬等级，也称为纵向薪酬结构，是指在同一组织内，基于不同职位或技能等级的差异，为各个岗位设定的薪酬标准的层次排列。这一结构不仅涉及薪酬水平的分级数量，还关乎各级之间的薪酬差距，以及确立这些差距的准则。

薪酬等级体系的构建依托于对岗位的综合评价和细致分级。这一框架为企业内部各个职位确定了相应的薪酬基准，是薪酬管理不可或缺的一环。

在实施薪酬管理时，企业必须恪守薪酬等级划分的核心原则，包括但不限于公平性、合理性、员工的接受度、成本控制，以及整体薪酬结构的平衡性。唯有如此，才能确保薪酬等级体系的科学性和有效性，进而激发员工的工作热情，推动企业稳健发展。

3.3.1 分层式薪酬等级

分层式薪酬等级是一种薪酬体系设计方式，其中薪酬等级数量较多且按照明确的层级结构进行排列，通常呈现金字塔形状。分层式薪酬等级的优点、特点和缺点如图 3.19 所示。

三个优点
1. 科层可视化架构：金字塔型职级体系实现管理精细化，通过标准晋升通道降低薪酬决策复杂度和操作性；
2. 职级价值显性化：岗位评估系数与薪酬等级刚性映射，消除主观评价模糊地带，构建"一职一价"客观标尺；
3. 纵向发展势能强：阶梯晋升机制形成持续引力，利用位阶差激发各层员工活力

四个特点
1. 阶梯密度效应：设置职级带宽形成精密梯度，通过微幅薪资差额构建可感知的晋升收益预期；
2. 职级薪酬耦合：薪酬增长严格受控于岗位层级跃迁，形成"以位定薪"的机械式分配逻辑；
3. 稳态组织适配：适用于战略周期5年以上的成熟企业，与职能型架构形成制度共振；
4. 带宽收敛设计：单职级薪酬浮动空间压缩至15%以内，通过刚性区间控制弱化个体差异对职级体系的冲击

三个缺点
1. 专业价值折损：技术人才易陷入"管理独木桥"困境，非管理岗位产生薪酬天花板效应；
2. 能岗动态失衡：职位静态评估体系滞后，造成高潜人才贡献-回报比阶段性倒挂；
3. 横向协作阻滞：企业内部等级观念过重，不利于形成开放、合作的团队文化，且可能滋生论资排辈的现象

图 3.19 分层式薪酬等级的优点、特点和缺点

分层式薪酬等级适用于那些组织结构稳定、等级制度明晰、注重传统和层级管理的企业。

3.3.2 宽泛式薪酬等级

宽泛式薪酬等级是一种薪酬体系设计方式，其中薪酬等级数量较少，结构相对扁平，不强调严格的层级差异。宽泛式薪酬等级的优点、特点和缺点如图3.20所示。

三个优点
1. 薪酬体系灵活，能够适应快速变化的企业环境和员工职业发展需求；
2. 鼓励员工通过多渠道（如跨部门合作、承担多样化职责）提升自身价值，而非仅依赖职位晋升；
3. 有利于营造开放、协作的企业文化，减少等级感，提升团队效能

三个特点
1. 薪酬等级较少，结构呈现平行或扁平化特点；
2. 员工薪酬的提升不仅依赖于职位层级的提高，还可以通过横向的工作调整实现；
3. 多见于处于发展初期、业务模式灵活或组织结构扁平化的企业

两个缺点
1. 由于等级较少，可能导致薪酬管理的复杂性和主观性增加；
2. 需要更精细的绩效管理和评估体系来支持薪酬决策，以确保公平性和激励效果

图 3.20　宽泛式薪酬等级的优点、特点和缺点

宽泛式薪酬等级适用于那些追求创新、灵活性和快速响应市场变化的企业，特别是新兴企业或处于转型期的企业。这种薪酬体系能够更好地激发员工的创造力和跨部门协作能力。

3.3.3 以职位为主导的薪酬等级

以职位为主导的薪酬等级，是以职位的价值、重要性及其对组织的贡献为依据来设定薪酬等级。职位分析是确定薪酬等级的基础，通常通过职位评价来实现。

职位评价是一种系统地评估职位相对价值的方法，根据职位的工作内容、技能要求、责任大小、工作环境等因素进行评价。常见的职位评价方法包括岗位排列法、岗位分类法、职位参照法、因素比较法和要素计点法等。

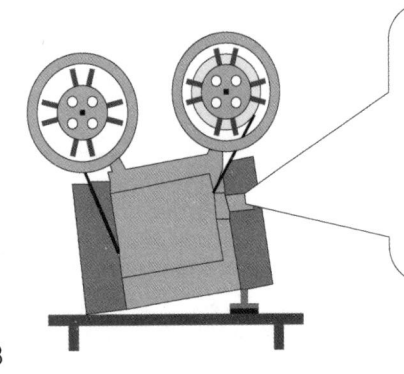

> **举个例子**
> 在一家制造业企业中，生产线上的各个职位明确划分了等级，每个等级对应特定的薪酬范围。员工努力工作以争取晋升到更高等级的职位，获得更高的薪酬。但当企业引入新的智能制造技术时，可能需要创建一些新的职位，而这些职位难以直接套用到原有的薪酬等级体系中。

> **举个例子**
>
> 在一家传统金融机构中，职位等级分明，员工可能会为了晋升而在自己的职位上等待多年，而忽略了通过提升能力或取得更好的业绩来获得薪酬增长，这在一定程度上可能抑制员工的积极性和创造力。

以职位为主导的薪酬等级设计项目见表3.6。

表3.6 以职位为主导的薪酬等级设计项目

序号	项目	以职位为主导的薪酬等级设计分析
1	薪酬等级设定	根据职位评价的结果，将职位划分为不同的薪酬等级
2		每个薪酬等级对应一个薪资范围，同一薪酬等级内的职位享有相似的薪资水平
3	优点	体现了内部公平性，相同或相似职位的员工获得相近的报酬
4		便于管理和操作，简化了薪酬管理的复杂性
5		有助于员工了解自己的薪酬与职位的关系，增强薪酬制度的透明度
6	缺点	过于依赖职位评价，可能导致对个别员工的特殊能力或贡献的忽视
7		在快速变化的环境中，职位评价可能难以及时反映市场变化和组织需求的变化
8	应用场景与适用性	适用于组织结构相对稳定、职位职责明确的企业
9		适合传统行业或大型企业，其中职位等级和职责划分较为清晰

综上所述，"以职位为主导的薪酬等级"是一种基于职位价值和重要性的薪酬制度，其强调内部公平性和管理的简便性，适用于组织结构稳定、职位划分明确的企业环境。然而，其也有局限性，特别是在需要快速适应市场变化或高度重视员工个人能力和业绩的情况下。

3.3.4 以能力为主导的薪酬等级

以能力为主导的薪酬等级制度，其核心在于根据员工的个人能力、技能、知识和经验来设定薪酬等级。这种制度强调对员工个人发展和能力提升的认可与激励。

在这种薪酬体系中，对员工的能力进行准确评估是关键。能力评估通常包括对员工的专业技能、知识水平、工作经验和解决问题的能力进行全面考量。企业可能会建立详细的能力模型和评估标准，甚至引入专业的职业能力评估工具来确保评估的准确性和公正性。

举个例子

在一家科技公司中,对于软件工程师这一职位,根据其掌握的编程语言、项目经验和解决问题的能力等划分不同的薪酬等级。其中,能力强的工程师可以获得更高的薪酬,这激励着他们不断提升自己的专业技能。但在评估能力时,可能不同的评估者会有不同的标准,导致结果的主观性较强。

举个例子

在一家创新型企业中,以能力为主导的薪酬体系鼓励员工大胆尝试新的方法和技术。但如果缺乏对实际业绩的有效衡量,可能会出现能力强但实际产出不高的情况。

以能力为主导的薪酬等级设计项目见表3.7。

表3.7 以能力为主导的薪酬等级设计项目

序号	设计项目	以能力为主导的薪酬等级设计分析
1	薪酬等级设定	根据能力评估的结果,员工将被归入不同的薪酬等级
2		薪酬等级的划分可能更加细致,以反映员工在能力上的细微差别
3	优点	能够激励员工不断提升自身能力,从而促进组织整体能力的提高
4		有助于吸引和留住高技能员工,因为他们的能力得到了相应的认可和回报
5		在某些行业,如高科技、研发等,员工的个人能力对项目的成功至关重要,因此这种薪酬制度更具吸引力
6	缺点	能力评估可能受到主观因素的影响,导致评估结果的不准确或不公平
7		过于强调个人能力可能导致团队合作的忽视,因为员工可能会专注于个人技能的提升而忽视团队目标
8		某些情况下,高能力员工可能因为薪酬满意度而缺乏进一步提升自身能力的动力
9	应用场景与适用性	适用于那些高度依赖员工个人技能和知识的行业,如IT、金融、咨询等
10		在创新型企业或需要不断适应市场变化的企业中,这种薪酬制度能够激发员工的创新精神和自我提升的动力

综上所述,"以能力为主导的薪酬等级"是一种强调员工个人能力和发展的薪酬制度,其通过细致的能力评估和相应的薪酬等级设定,来激励员工不断提升自我,从而促进组织的整体进步。然而,这种制度也需要企业在实施过程中注意平衡个人能力与团队合作的关系,并确保能力评估的公正性和准确性。

3.3.5 以业绩为主导的薪酬等级

以业绩为主导的薪酬等级制度的核心在于，根据员工的工作业绩和成果来设定薪酬等级。这种制度直接关联员工的薪酬与其工作表现和达成的具体业绩，从而强烈激励员工追求高绩效。

业绩评估在以业绩为主导的薪酬等级体系中占据中心地位。这种薪酬等级的设计通常基于客观、可量化的绩效指标，如销售额、客户满意度、项目完成率等。所以，以业绩为主导的薪酬等级的设计需要企业建立明确的业绩考核标准和周期，确保评估过程公平、透明且能够及时反映员工的实际工作成果。

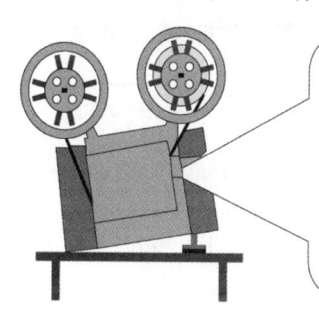

举个例子

在销售行业中，销售人员的薪酬主要根据他们的销售业绩来确定。业绩突出的销售人员可以获得高额提成和奖金，这极大地激发了他们拓展业务的积极性。但同时，他们可能会为了追求业绩而采取一些短期行为，如过度承诺客户等。

举个例子

在一些项目制的企业中，项目团队成员的薪酬根据项目的完成情况和绩效来发放，这使得团队成员全力投入项目。但如果评估标准不合理或存在不公平现象，可能会引发员工的不满和矛盾。

以业绩为主导的薪酬等级设计项目见表 3.8。

表 3.8 以业绩为主导的薪酬等级设计项目

序号	设计项目	以业绩为主导的薪酬等级设计分析
1	薪酬等级设定	根据业绩评估的结果，员工将被归入不同的薪酬等级。这些薪酬等级直接与他们的绩效表现挂钩
2		高绩效员工将获得更高的薪酬等级和相应的奖励，而低绩效员工则可能面临薪酬等级的降低
3	优点	能够直接显著地激励员工提高工作效率和业绩，明确地将薪酬与绩效相联系
4		有助于企业实现目标，因为员工的努力方向与组织的整体目标相一致
5		对于销售、市场营销等结果导向的岗位，这种制度特别有效
6	缺点	过于强调业绩可能导致员工之间的过度竞争，损害团队合作精神和组织文化
7		如果业绩指标设置不当或过于短视，可能导致员工追求短期利益而忽视长期目标
8		在某些情况下，如市场波动或外部环境变化时，纯粹的业绩导向可能不够灵活，无法适应新的挑战

续表

序号	设计项目	以业绩为主导的薪酬等级设计分析
9	应用场景与适用性	适用于销售、市场营销等直接面向客户、业绩易于量化的岗位
10		对于需要快速响应市场变化、强调短期成果的企业,这种薪酬制度可能更具吸引力

以业绩为主导与以职位为主导、以能力为主导的薪酬等级之间的比较,如图 3.21 所示。

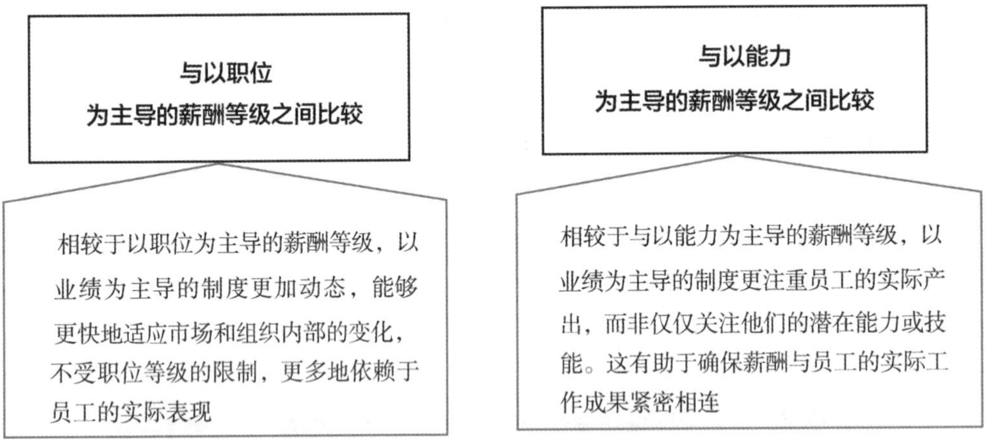

与以职位为主导的薪酬等级之间比较

相较于以职位为主导的薪酬等级,以业绩为主导的制度更加动态,能够更快地适应市场和组织内部的变化,不受职位等级的限制,更多地依赖于员工的实际表现

与以能力为主导的薪酬等级之间比较

相较于与以能力为主导的薪酬等级,以业绩为主导的制度更注重员工的实际产出,而非仅仅关注他们的潜在能力或技能。这有助于确保薪酬与员工的实际工作成果紧密相连

图 3.21 以业绩为主导与以职位为主导、以能力为主导的薪酬等级之间的比较

3.3.6 薪酬等级数目设计

薪酬等级数目的设计涉及如何将不同职位按照价值和贡献度进行分层,以及如何确定各个等级之间的薪酬差异。薪酬等级数目是指企业薪酬结构内部划分的等级数量,这些等级通常与职位的层级相对应,决定了基本工资的级别。

举个例子

一个薪酬结构内部划分为多少等级,一般根据岗位评价结果确定。如果以1000分为满分,则可以将岗位价值评估在200分以下的职位薪酬水平定位为第一级,200~400分为第二级,以此类推。

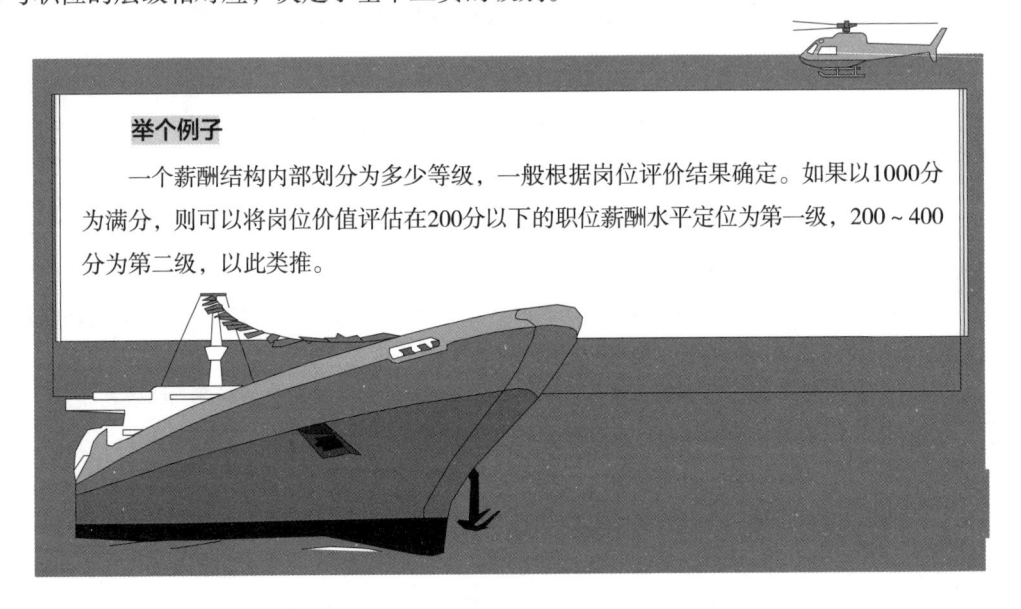

薪酬等级数目设计的七个影响因素如图 3.22 所示。

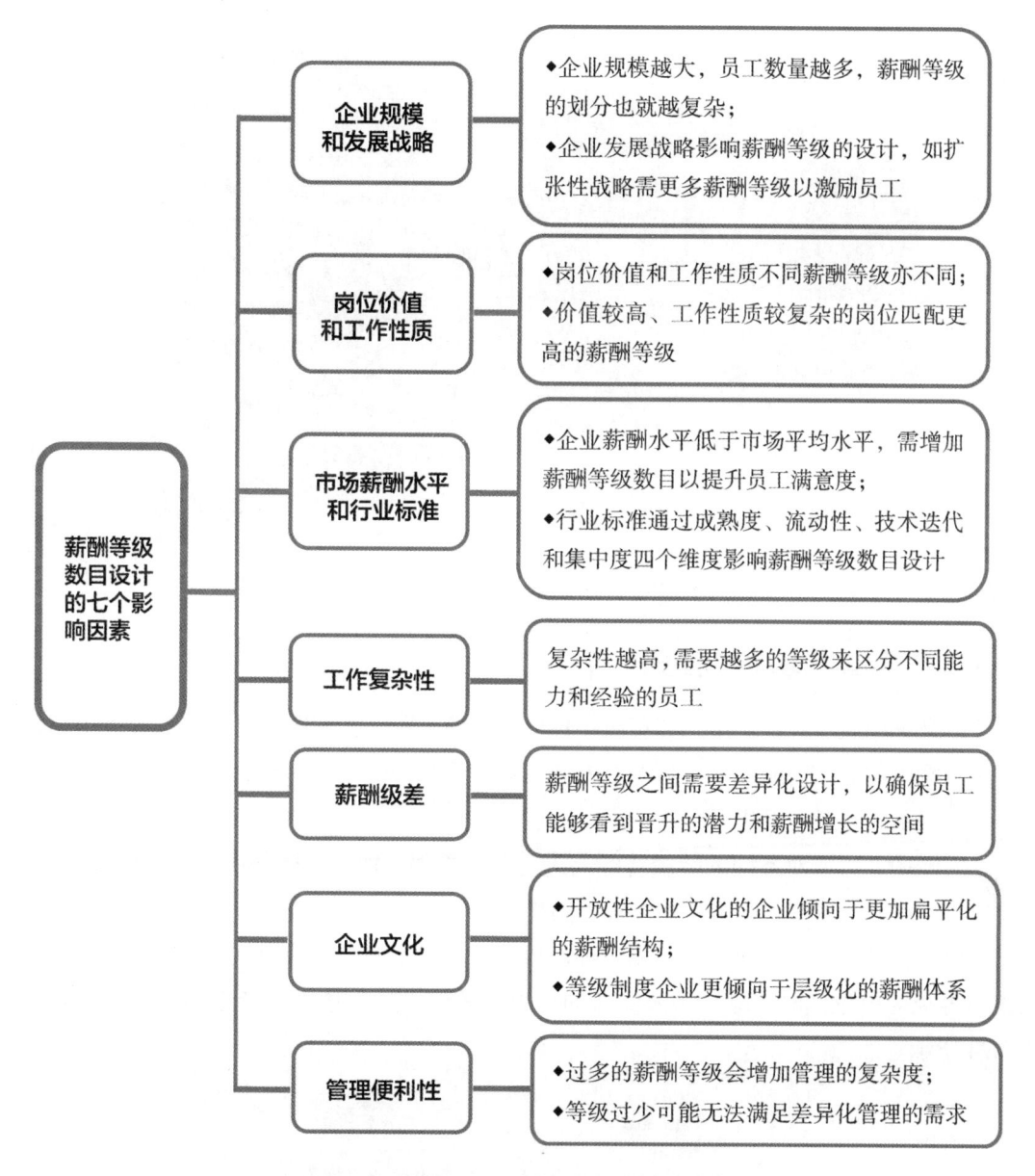

薪酬等级数目设计的七个影响因素	因素	说明
	企业规模和发展战略	◆企业规模越大，员工数量越多，薪酬等级的划分也就越复杂； ◆企业发展战略影响薪酬等级的设计，如扩张性战略需更多薪酬等级以激励员工
	岗位价值和工作性质	◆岗位价值和工作性质不同薪酬等级亦不同； ◆价值较高、工作性质较复杂的岗位匹配更高的薪酬等级
	市场薪酬水平和行业标准	◆企业薪酬水平低于市场平均水平，需增加薪酬等级数目以提升员工满意度； ◆行业标准通过成熟度、流动性、技术迭代和集中度四个维度影响薪酬等级数目设计
	工作复杂性	复杂性越高，需要越多的等级来区分不同能力和经验的员工
	薪酬级差	薪酬等级之间需要差异化设计，以确保员工能够看到晋升的潜力和薪酬增长的空间
	企业文化	◆开放性企业文化的企业倾向于更加扁平化的薪酬结构； ◆等级制度企业更倾向于层级化的薪酬体系
	管理便利性	◆过多的薪酬等级会增加管理的复杂度； ◆等级过少可能无法满足差异化管理的需求

图 3.22　薪酬等级数目设计的七个影响因素

薪酬等级数目设计的四大要点如图 3.23 所示。

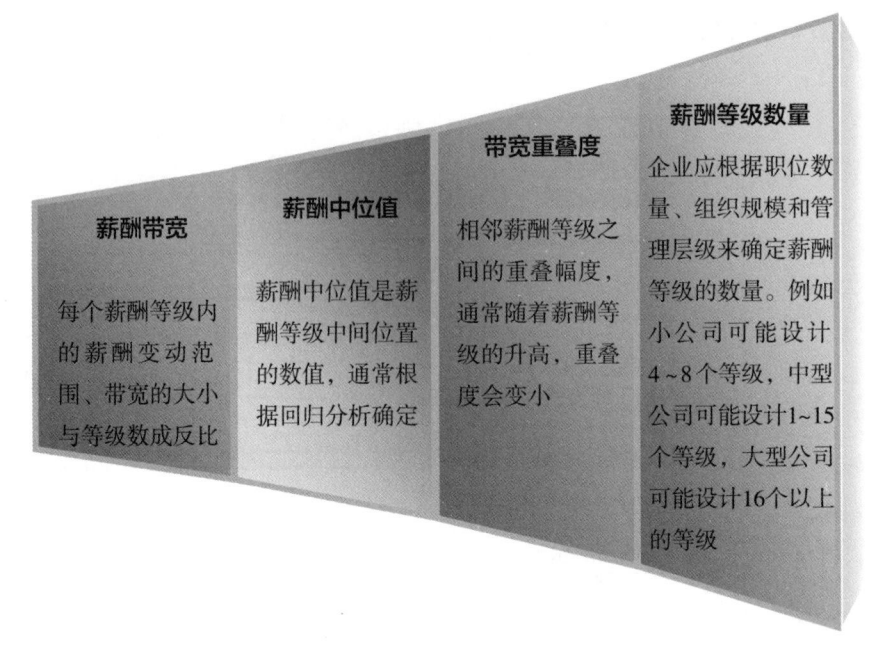

图 3.23　薪酬等级数目设计的四大要点

3.3.7　薪酬级差中位值设计

级差又称中点差异，是指相邻等级中位值之间的差距。薪酬级差，即薪酬等级中相邻两个等级薪酬中位值之间的比率。薪酬级差表明不同等级的劳动，由于劳动复杂程度和熟练程度不同，有不同的劳动报酬。

在实践中，可以对不同的等级将级差进行统一处理，即在不同的薪资等级中级差相同，也可以根据不同的薪酬等级将级差设置差别化。

在设计薪酬等级级差前，一般要先确定最高和最低薪酬等级的中位值。在设计最高与最低薪酬等级的中位值时，除了需要参考岗位评估的结果外，还需要考虑四个影响因素，如图 3.24 所示。

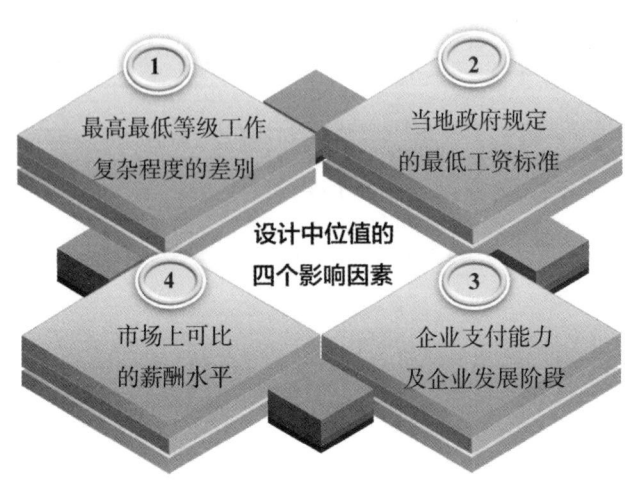

图 3.24　设计中位值的四个影响因素

薪酬级差可以用绝对额、极差百分比或薪酬等级系数表示。薪酬级差绝对额形式下的计算公式为

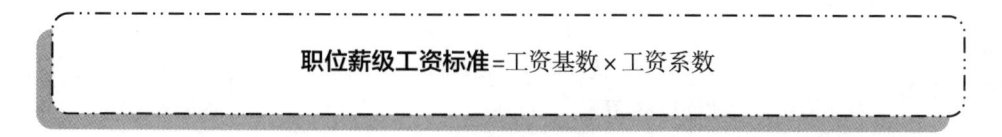

职位薪级工资标准=工资基数×工资系数

其中，工资基数水平的高低取决于员工的基本生活保障和企业经营状况；工资系数取决于职位评估、技术评定或能力测评的结果，也反映了薪酬体系中最高值和最低值薪酬水平之间的差距，如果工资系数是 1～5，则说明最高薪酬水平是最低薪酬水平的 5 倍。

薪酬级差以绝对额表示的示例如图 3.25 所示。

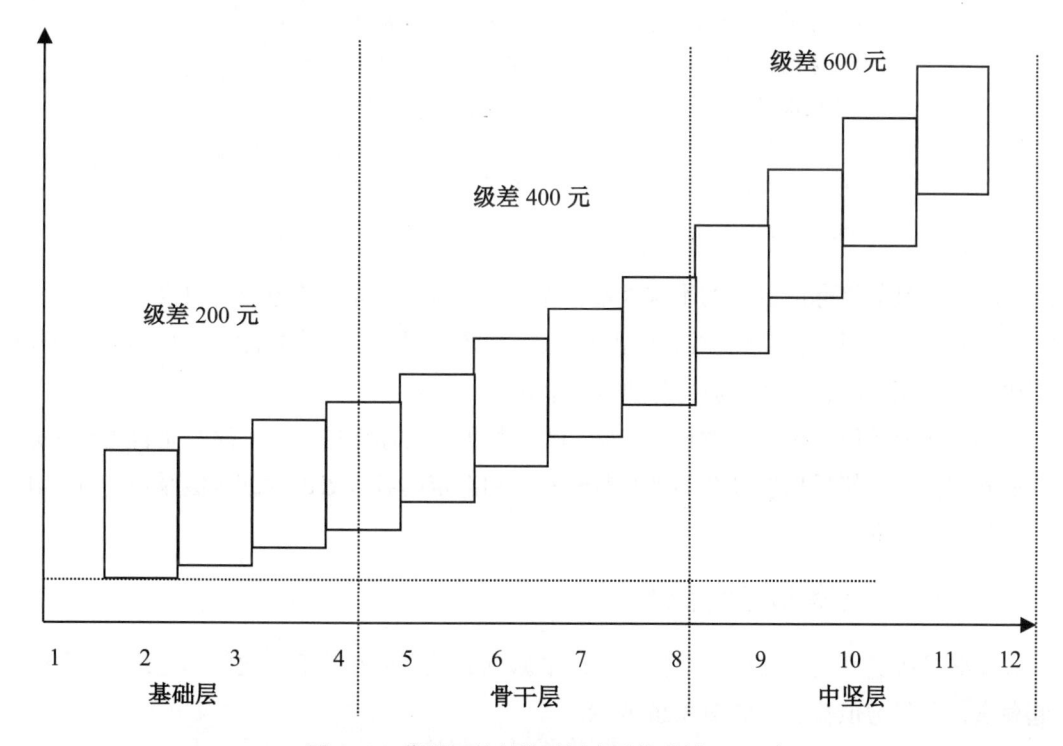

图 3.25　薪酬级差以绝对额表示的示例

图 3.25 中的岗位薪资分为 12 个级别，基础层每晋升一个薪级涨 200 元，骨干层每晋升一个薪级涨 400 元，中坚层每晋升一个薪级涨 600 元。

3.3.8　薪酬等级标准设计

薪酬等级标准是指单位时间（时/日/周/月）的薪酬金额，是计算和支付劳动者标准薪酬的基础。薪酬等级标准可分为固定薪酬标准（即一经规定便具有相对稳定性）和浮动薪酬标准（即随一定的劳动成果和支付能力上下浮动）两种。

（1）薪酬等级标准的结构：薪酬等级标准的结构主要有三种，见表 3.9。

表 3.9 薪酬等级标准的三种结构

结构	内涵	优点	缺点
单一型薪酬等级标准	每个职务（岗位）只有一个对应的薪酬标准，员工只有在改变职务（岗位）时才能调整薪酬	方便易行，操作简单	不能反映同职务（岗位）、不同劳动熟练程度员工的劳动差别
可变型薪酬等级标准	即在每个职务（岗位）等级内设若干档的薪酬标准，允许同一职务（岗位）的员工有不同的薪酬标准	1. 有利于反映同一等级内不同员工在劳动熟练程度上的差别； 2. 有利于员工职务等级不变时逐步提高薪酬标准	如果薪酬水平过低，则很难有效体现劳动差别；如果薪酬水平过高，则会使同等级员工及整个薪酬标准级差过大
涵盖型薪酬等级标准	在可变型薪酬等级标准基础上演变而来的，即在同一职务（岗位）等级内部仍设立不同档的薪酬标准，但低职务（岗位）的高等级薪酬标准与相邻高职务（岗位）的低等级薪酬标准间适当交叉	1. 有利于使难易程度相近的工作不因职务（岗位）差异而薪酬差距过大； 2. 有利于员工的临时工作调动，同时体现员工劳动熟练程度上的差别	涵盖面不宜过大，否则会淡化不同职务（岗位）间的劳动差别

（2）薪酬等级标准设计的影响因素：确定薪酬等级标准需要考虑的因素，除了要遵守国家有关薪酬政策，符合国家宏观调控要求外，一般还应考虑经济支付能力、已达到的薪酬水平、居民生活费用状况、劳动差别、劳动力供求状况等因素。

（3）薪酬等级标准设计的操作步骤：确定薪酬等级标准的步骤，通常是首先确定最低等级的薪酬标准，然后根据最低等级的薪酬标准和选定的各等级的薪酬等级系数，推算出其他等级的薪酬标准。

3.3.9 薪酬等级宽度设计

薪酬等级宽度是指在同一个薪酬等级中薪酬的最高值和最低值之间的差距，下限为等级起薪点，上限为顶薪点，如图 3.26 所示。

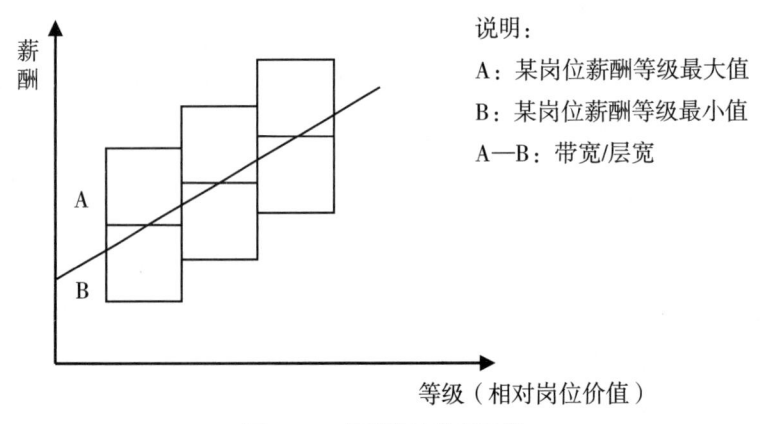

说明：
A：某岗位薪酬等级最大值
B：某岗位薪酬等级最小值
A—B：带宽/层宽

图 3.26 薪酬等级宽度示例

薪酬变动范围是指某一等级薪酬最高值与最低值之差。

（1）以最低值为基础时，薪酬变动比率的计算公式为

$$薪酬变动比率 = \frac{最高值 - 最低值}{最低值} \times 100\%$$

（2）以中值为基础时，薪酬变动比率的计算公式为

$$上半部分变动比率 = \frac{最高值 - 中值}{中值} \times 100\%$$

$$下半部分变动比率 = \frac{中值 - 最低值}{中值} \times 100\%$$

3.3.10 薪酬等级创新性优化方案

薪酬等级作为组织内部薪酬结构的核心组成部分，是激发员工动力、保障组织稳健发展的关键。在传统的薪酬等级制度基础上，薪酬等级可以进行一系列创新性的优化，以更好地适应现代企业的快速发展和员工多样化的需求。

1. 动态薪酬等级体系

传统的薪酬等级往往是静态的，基于岗位评价和分级来确定。然而，在现代企业中，岗位职责和技能要求可能随着市场变化、技术进步而快速演变。因此，提出建立动态薪酬等级体系，该体系能够定期或根据需要进行调整，以确保薪酬等级与岗位的实际价值相匹配。

2. 技能与绩效并重的薪酬等级

除了基于岗位价值确定薪酬等级外，企业还应充分考虑员工的技能和绩效。通过引入技能认证和绩效评估机制，薪酬等级不仅能反映岗位价值，还能体现员工的个人能力和贡献。这样，即使员工处于同一岗位，也会因技能和绩效的差异而享有不同的薪酬等级。

3. 宽带薪酬等级设计

宽带薪酬等级设计是一种创新的薪酬结构方法，它打破了传统薪酬等级中的严格层级划分，允许员工在较大的薪酬范围内浮动。这种设计方式能够更灵活地适应员工能力和贡献的变化，同时为员工提供更多的晋升机会和薪酬增长空间。

4. 个性化薪酬等级路径

随着员工职业发展的多样化，一刀切的薪酬等级路径已不再适用。企业应根据员工的个人职业规划和发展需求，设计个性化的薪酬等级路径。这样，员工可以根据自己的兴趣和能力选择不同的职业发展道路，并享受与之相匹配的薪酬待遇。

5. 透明与公平的薪酬等级制度

薪酬等级的透明度与公平性对于员工的激励至关重要。企业应建立公开、透明的薪酬等级制度，让员工清楚地了解自己的薪酬构成和晋升空间。同时，通过定期沟通和反馈机制，确保员工对薪酬等级的满意度和认可度。

综上所述，通过实施动态薪酬等级体系、技能与绩效并重的薪酬等级、宽带薪酬等级、个性化薪酬等级路径，以及透明与公平的薪酬等级制度等一系列创新性优化措施，企业可以更好地激发员工的工作热情，提升组织的整体绩效。

3.4 宽带薪酬设计

宽带薪酬又称薪酬宽带，是一种新型的工资结构设计方式。其中，"宽带"是指薪酬的浮动范围；"宽带"中的"带"是指工资级别。与之对应的则是窄带薪酬管理模式，即工资浮动范围较小、级别较多。

在宽带薪酬设计中，企业将原来多个薪酬等级压缩成少数几个薪酬带，同时拉大每个薪酬带的浮动范围。这种设计使得员工在职业生涯中即使职位没有晋升，也能通过提升绩效和拓展能力的方式来获得更高的薪酬。宽带薪酬设计更具灵活性和激励性，有助于激发员工的工作积极性和创造力。

宽带薪酬设计的基本原理是，在组织内用少数跨度较大的工资范围来代替原有数量较多的工资级别的跨度范围，将原来十几甚至二十几、三十几个薪酬等级压缩成几个级别，取消原来狭窄的工资级别带来的工作间明显的等级差别。但同时将每个薪酬级别所对应的薪酬浮动范围拉大，从而形成一种新的薪酬管理系统及操作流程。

3.4.1 纵向宽带与横向宽带

传统薪酬等级适合层级分明、职位稳定的组织，而宽带薪酬等级则更适合需要灵活性、强调个人能力和绩效的组织。

传统薪酬等级通常具有多个狭窄的工资范围，每个等级对应特定的职位或岗位，工资增长通常与职位晋升直接相关。这种薪酬体系下，工资等级多，层级分明，员工的薪酬增长依赖于垂直晋升。因为传统薪酬等级制度下的薪酬差异主要基于职位的层级，所以其强调职位的等级和职责，可能导致官僚主义，同时晋升机会有限，可能导致员工积极性受挫。而宽带薪酬依据不同企业的具体情况划分为纵向宽带和横向宽带两种，优势更显著。

1. 纵向宽带

纵向宽带通常是指薪酬体系中的等级数目或者层级数量。在传统的薪酬体系中，纵向的层级可能较多，每个层级的薪酬范围相对狭窄。然而，在现代的宽带薪酬体系中，纵向的层级被简化，形成了较少的薪酬等级，每个等级的薪酬范围则相对较宽。

在纵向宽带体系中，每个宽带所包含的职别都是自下而上的。例如，在一级宽带中设置一线员工、组长的薪酬；在二级宽带中设置初级主管、中级主管、高级主管的薪酬，其余以此类推。纵向宽带一般适用于层次较多、层级分明、晋升路径明确的企业。

纵向宽带在薪酬激励上具有三个优点，如图 3.27 所示。

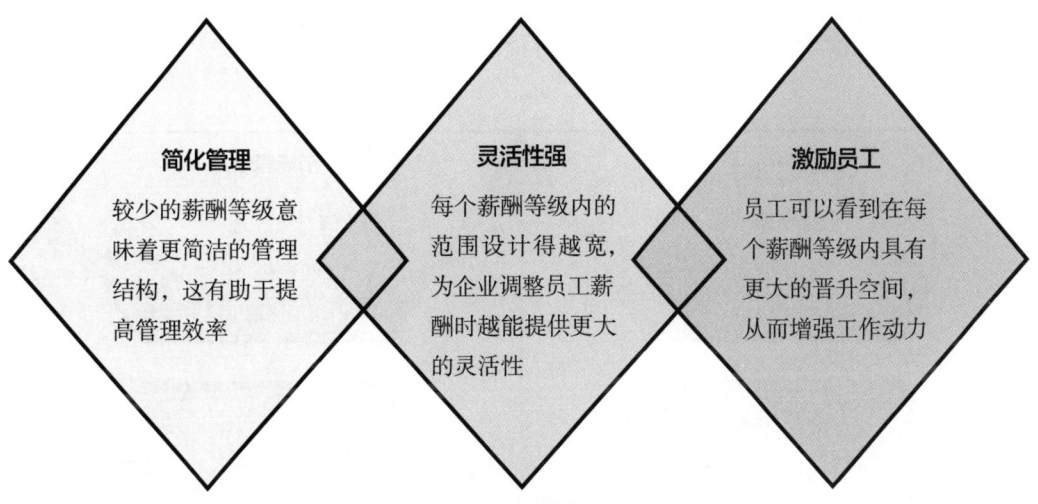

图 3.27 纵向宽带的三个优点

2. 横向宽带

横向宽带是根据工作内容或职业锚（职业发展方向）来设计的薪酬体系，同一宽带内的职位处于同一职业发展路径，但职位之间没有直接的上下级关系。例如，在一级宽带中设置技术员、助理工程师、工程师的薪酬；在二级宽带中设置主力开发专家、开发专家、高级开发专家的薪酬，其余以此类推。

横向宽带中每个宽带内的职位属于同一工作族或职业锚，如技术、管理、销售等。员工可以在自己的职业锚内横向发展，获得薪酬提升。横向宽带适用于提供多样化职业发展路径的企业。

横向宽带设计应把握好三项原则，如图 3.28 所示。

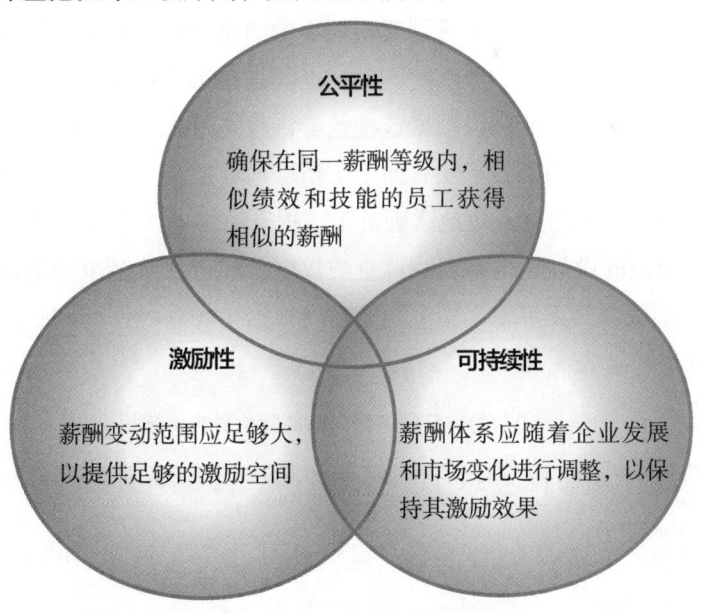

图 3.28 横向宽带设计的三项原则

横向宽带导致管理复杂性大大增加，需要更精细的职位评估和薪酬管理，可能导致员工在职业发展上的迷茫，缺乏明确的晋升目标。

纵向宽带和横向宽带各有优势和局限性，企业在选择薪酬体系时应考虑四大影响因素，如图 3.29 所示。

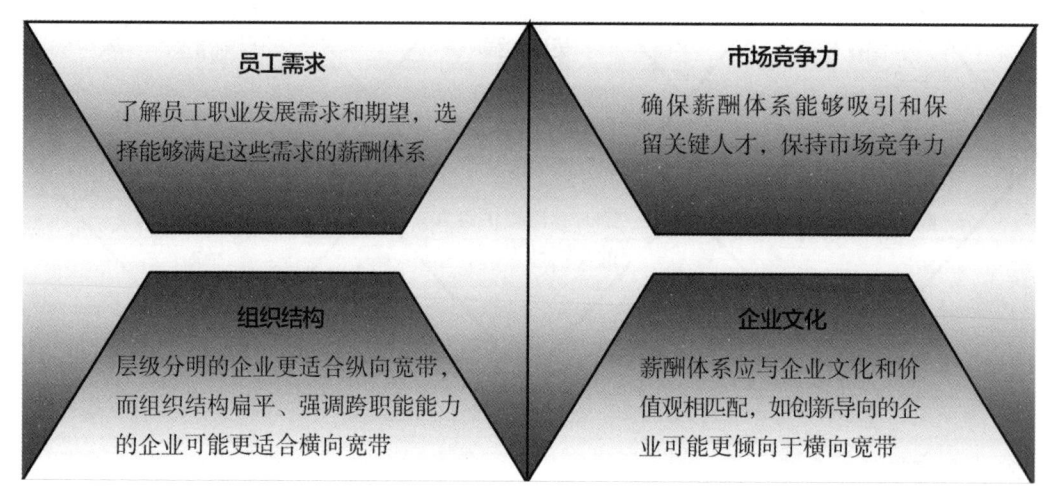

员工需求
了解员工职业发展需求和期望，选择能够满足这些需求的薪酬体系

市场竞争力
确保薪酬体系能够吸引和保留关键人才，保持市场竞争力

组织结构
层级分明的企业更适合纵向宽带，而组织结构扁平、强调跨职能能力的企业可能更适合横向宽带

企业文化
薪酬体系应与企业文化和价值观相匹配，如创新导向的企业可能更倾向于横向宽带

图 3.29　选择纵向宽带和横向宽带应考虑的四大影响因素

3.4.2　薪酬宽带的数目与幅度级差

薪酬宽带的数目并没有一个固定的标准，具体数量的设置依赖于企业的具体情况和需求。在设计薪酬宽带时，企业可以依据岗位评估的结果来确定自然级别，这些自然级别随后可以作为设计宽带级别的基础。宽带的形成，往往是通过合并多个自然级别来实现的，这种合并能够更全面地反映员工的综合能力与贡献。

在确定哪些级别应该合并、哪些级别应划入不同的宽带时，需要细致的考量。宽带之间的分界线通常设置在那些重要的"分水岭"上，也就是在工作性质、技能要求或能力需求存在显著差异的地方。例如，企业可以根据这些差异，将宽带划分为"助理级""资深级""专业级"等不同的级别。这样的划分不仅有助于更精确地评估员工的工作表现，还能为员工提供清晰的职业发展路径，从而更有效地激励员工，提升整体的工作效率和满意度。

关于宽带幅度级差的设计，根据薪酬调查的数据及职位评价结果确定每个宽带的浮动范围及级差。同时，在每个工资带中，每个职能部门根据市场薪酬情况和职位评价结果确定不同的薪酬等级和水平，见表 3.10。

表 3.10　同一薪酬宽带内部薪酬差异定价模板

工资水平 / 元	宽带 1	宽带 2	宽带 3	宽带 4
1000				
1200				
1500				
1800				
2000				
2200				

3.4.3 宽带薪酬落地的操作流程

要做好宽带薪酬设计工作，应该分步骤进行，并且注意宽带的确定和宽幅，以及任职资格和工资评级工作。宽带薪酬操作的五个步骤如图 3.30 所示。

步骤	实施内容	注意事项
1. 确定宽带的数量	规划使用多少个工资带明确工作带间的界限	首先企业要确定工资带，在这些工资带之间通常有一个分界点。在每个工资带对人员的技能、能力的要求都是不同的
2. 确定宽带内的薪酬浮动范围	设定不同的薪酬结构组合	根据不同工作性质的特点及不同层级员工需求的多样性建立不同的薪酬结构，以有效地激励不同层次员工的积极性和主动性
3. 宽带内横向职位轮换	确定"宽带"；设定浮动范围和极差	根据薪酬调查的数据及职位评价结果来确定每一个宽带的浮动范围及级差，同时确定不同的的薪酬等级和水平
4. 确保跨部门流动性	确保不同职能部门的员工跨部门的流动性	同一工资带中薪酬的增加与不同等级薪酬增加相似，在同一工资带中，鼓励不同职能部门的员工跨部门流动以增强组织的适应性，提高多角度思考问题的能力。因此，职业的变化更可能的是跨职能部门，而从低宽带向高宽带的流动则会很少
5. 做好任职资格及工资评级工作	建立任职资格及工资评价体系；明确工资评级标准及办法，对薪酬水平和结构进行及时调整	虽然宽带有很多优点，但由于经理在决定员工工资时有更大的自由，使用人力成本有可能大幅度上升。美国联邦政府的有限的经验表明，在宽带薪酬结构下，薪酬成本上升的速度比传统薪酬结构快

图 3.30 宽带薪酬操作的五个步骤

3.4.4 宽带薪酬成功实施的条件

宽带薪酬结构下不强调资历而是强调绩效、能力和技能，职业发展是与成长的扁平化组织结构相匹配的。一般来说，组织结构越趋于扁平化，越能将宽带薪酬的优势发挥出来，也就越适合推行宽带薪酬。所以，并不是所有类型的企业都适合引入宽带薪酬。适用宽带薪酬模式的七个条件见表 3.11。

表 3.11　适用宽带薪酬模式的七个条件

适用条件	深度剖析与具体说明
组织结构扁平化	这是开展宽带薪酬设计最重要的基础性条件
岗位评价科学性	未实施科学的岗位评价，会导致推行宽带薪酬的技术条件、数据基础缺乏，从而影响宽带薪酬制度的实施效果
宽带数量及档次设计合理	宽带数量应根据组织中不同员工的贡献差别来设计，各宽带间的级差标准应体现不同层级和职位对企业战略的贡献程度
绩效考核与薪酬挂钩	要顺利地推行和实施宽带薪酬，就要求企业有比较完善的绩效考核体系，并且绩效考核的结果要能在每个员工的薪酬中得以体现
积极参与型的管理风格	宽带薪酬的一个重要特点就是部门经理将有更大的空间参与下属员工的有关薪酬决策，如果没有成熟的管理队伍和积极的参与风格，则在实施宽带薪酬的过程中就会遇到阻力
企业内部良好的沟通氛围	要确保宽带薪酬顺利推行，企业必须先和员工进行及时的沟通。只有当员工了解到宽带薪酬模式的特点和实施用意后，才会清楚地了解到自身的发展方向，才会致力于提高个人技能和加强产品创新，使个人的工作行为和结果与企业发展方向保持一致
制订积极适用的员工发展计划	企业需要在实施宽带薪酬的同时为各个级别的员工提供配套的培训和完整的开发计划，这样可以使员工清楚地知道各级别对员工自身能力的要求，以及所需掌握的技巧。员工可以通过有目的的训练获得薪酬的提升，这对员工而言无疑是一种强大的内在激励

最佳实践：××公司劳动力市场薪酬水平调研报告

××公司劳动力市场薪酬水平调研报告

一、调查背景

目前市场竞争环境日趋激烈，公司原有的薪酬体系已经不能满足现代企业管理的要求。为了建立更加科学合理的薪酬激励管理体系，激发员工的工作积极性与上进心，吸引更多的优秀人才，人力资源部自＿＿年＿月＿日起着手展开外部劳动力市场薪酬水平调查工作，并于＿＿年＿月＿日全面完成薪酬调查任务。

二、调查对象

为了保证调查数据具备可参照性和调查结果具备可执行性，本次薪酬水平调查主要选择两种类型的公司。

（一）同行业500强列表中的前100家公司。

（二）同行业与本公司有竞争关系的10家公司。

三、调查方式与渠道

本次调查主要采用三种渠道相结合的方式实施。

（一）收集、查看政府部门发布的薪酬调查资料。

（二）委托××咨询公司开展调研。

（三）从本公司流动人员中进行了解。

（四）开展问卷调查。

四、调查结果说明与分析

（一）薪酬调查情况说明

1. 样本的层级薪酬结构说明。

2. 样本的各类别人员薪酬状况说明。

3. 样本的福利概况说明。

4. 样本的学历及工作经验分布。

5. 调查重点数据说明。

（二）重点调查对象的薪酬状况分析

调查人员根据薪酬调查统计分析的结果，将调查的同一类岗位薪酬数据由高至低排列，计算出列在中间位置的数据，即25%点处、50%点处（1家）、75%点处（6家）、90%点处（3家）。

（三）整体情况分析

1. 本公司所属的行业总体薪酬水平较上一年度增长____%，纵观最近几年的薪酬调查结果，整体薪酬水平呈稳步增长的趋势。

2. 本公司所属的行业上一年度平均薪酬水平为____元，本公司平均薪酬水平为____元，高出市场平均薪酬水平____个百分点。

3. 本公司在关键岗位或核心人才的薪酬管理上还存在着不足之处，主要表现为薪酬结构设计不太合理。

五、调查结果的应用

通过本次薪酬调查结果与公司目前薪酬状况进行比较，本公司应从如下三个方面改进薪酬管理工作。

（一）根据公司经营效益适时调整本公司的整体薪酬水平。

（二）结合外部薪酬水平状况及本公司实际情况，对关键或重要岗位、部门薪酬水平与结构进行重新设计。

（三）着手开展弹性福利制度设计工作。

最佳实践：××生产制造企业薪酬结构范例

职位序列	固定工资 岗位工资	固定工资 职务工资	浮动工资 绩效工资	浮动工资 计件工资	奖金 销售提成	奖金 项目奖金	奖金 年终奖	奖金 全勤奖	津贴补贴 职务津贴	津贴补贴 出差补贴	津贴补贴 餐补	年资（工龄）	福利 五险	福利 公积金	加班工资	绩效合同	目标责任书
高管序列	★	★	★				★		★	★	★	★	★	★		★	★
营销序列	★		★		★					★	★	★	★	★			★
研发序列	★		★			★				★	★	★	★	★	★		★
技术序列	★		★			★		★		★	★	★	★	★	★		★
行政序列	★		★				★	★			★	★	★	★	★		★
生产序列	★			★			★	★			★	★	★	★			★

注：★表示有该项内容。

最佳实践：领航科技公司薪酬等级结构设计

领航科技公司薪酬等级结构

领航科技公司为了更加合理地管理员工薪酬，提高员工的工作积极性和留任率，特别设计了以下薪酬等级结构表。该结构表根据公司内部不同职位的职责、技能要求，以及市场薪酬水平等因素进行综合考量，以确保薪酬体系的公平性和竞争力。

领航科技公司薪酬等级结构表见表3.12。

表3.12 领航科技公司薪酬等级结构表

薪酬等级	职位范围	基础年薪范围 / 元	绩效奖金比例 /%	其他福利与补贴
A级	高层管理、核心技术专家	1000000 及以上	30	股权激励、高端医疗保险、专车服务等
B级	中层管理、高级技术人员	500000 ~ 999999	20	补充医疗保险、子女教育津贴等
C级	初级管理、技术专员	300000 ~ 499999	15	专业培训、交通补贴、通信补贴等
D级	熟练技术人员、高级行政助理	150000 ~ 299999	10	节日福利、带薪年假、团队建设活动等
E级	新员工、实习生等	50000 ~ 149999	5	基础医疗保险、员工宿舍或住房补贴等

注：
1. 基础年薪范围根据市场情况、员工经验、技能水平等因素进行调整。
2. 绩效奖金比例为基础年薪的百分比，具体数额根据员工年度绩效考评结果确定。
3. 其他福利与补贴根据公司政策和员工需求进行个性化配置。

领航科技公司通过实施这一薪酬等级结构表，旨在建立一个公平、透明且具有竞争力的薪酬体系，以吸引和留住优秀人才。同时，激发员工的工作热情和创造力，为公司的长期发展提供有力的人才保障。

最佳实践：××公司宽带薪酬设计实施方案

××公司宽带薪酬设计实施方案

1. 设计背景

随着公司的快速发展，原有的薪酬体系已无法满足企业对于人才激励和保留的需求。为了更好地激发员工积极性，提高员工满意度和忠诚度，本方案旨在设计并实施一套基于职位、能力和绩效的宽带薪酬体系。

2. 四个目标

（1）建立与职位价值相匹配的薪酬体系，确保内部公平性。

（2）引入能力因素，激励员工提升个人技能。

（3）结合绩效表现，实现薪酬与贡献的直接挂钩。

（4）提供薪酬管理的灵活性，以适应市场变化和企业需求。

3. 四项原则

（1）公平性原则：薪酬应与职位的价值和员工的贡献相匹配。

（2）竞争性原则：薪酬水平应具有市场竞争力，以吸引和保留人才。

（3）激励性原则：薪酬应能激励员工提升能力和绩效。

（4）灵活性原则：薪酬体系应具备一定的灵活性，以适应企业发展和市场变化。

4. 宽带薪酬的四个部分

××公司宽带薪酬设计方案主要包括四个部分，如图3.31所示。

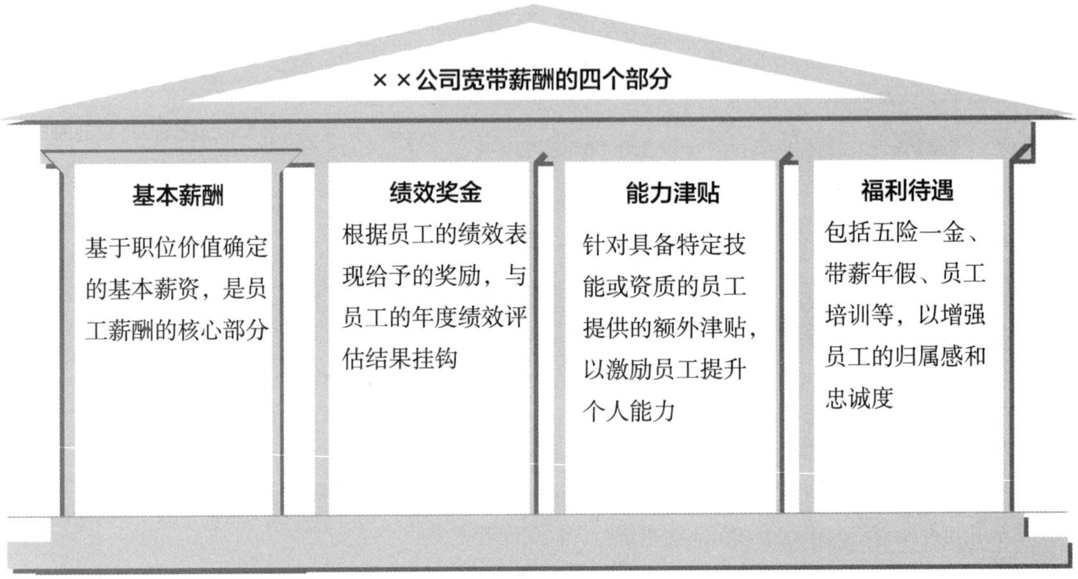

××公司宽带薪酬的四个部分

基本薪酬	绩效奖金	能力津贴	福利待遇
基于职位价值确定的基本薪资，是员工薪酬的核心部分	根据员工的绩效表现给予的奖励，与员工的年度绩效评估结果挂钩	针对具备特定技能或资质的员工提供的额外津贴，以激励员工提升个人能力	包括五险一金、带薪年假、员工培训等，以增强员工的归属感和忠诚度

图3.31 ××公司宽带薪酬的四个部分

5. 宽带薪酬设计的五个要点

××公司宽带薪酬设计的五个要点见表3.13。

表3.13 ××公司宽带薪酬设计的五个要点

序号	要点	具体说明
1	确定薪酬宽带数量与级别	根据公司的组织结构和职位特点，公司将原有的多个薪酬等级压缩为几个宽带级别。例如，将初级、中级和高级职位分别归入不同的宽带
		每个宽带级别内的薪酬范围将明显扩大，以适应同一级别内不同职位和员工之间的薪酬差异

续表

序号	要点	具体说明
2	设定薪酬带宽	对于每个宽带级别，公司将设定一个薪酬带宽，包括最低值、中点值和最高值。这个带宽反映了该级别职位的市场价值以及企业内部对不同职位的价值认知
		带宽的中点值通常代表该级别职位的市场平均薪酬水平，而最低值和最高值则分别反映了该级别内薪酬的浮动范围
3	基于能力和绩效的薪酬调整	在每个宽带级别内，公司将根据员工的能力和绩效表现对薪酬进行微调。能力强的员工和绩效优秀的员工可以获得带宽内更高的薪酬
		旨在激励员工不断提升自己的能力和绩效，以获得更高的薪酬回报
4	跨级别的薪酬调整	当员工的能力或职责发生重大变化时，如晋升或承担更高级别的职责，其薪酬可以调整到更高的宽带级别
		旨在确保薪酬体系能够灵活应对员工职业发展的需求
5	薪酬与市场对接	在设计宽带薪酬时，公司将充分考虑市场薪酬水平。通过薪酬调查，收集同行业和同地区相似职位的薪酬数据，确保公司的薪酬水平具有市场竞争力
		定期审查和调整薪酬体系，以保持与市场趋势的同步。这包括根据市场变化调整薪酬带宽、中点值和薪酬水平等

6. 宽带薪酬实施的五个步骤

××公司宽带薪酬实施的五个步骤，如图3.32所示。

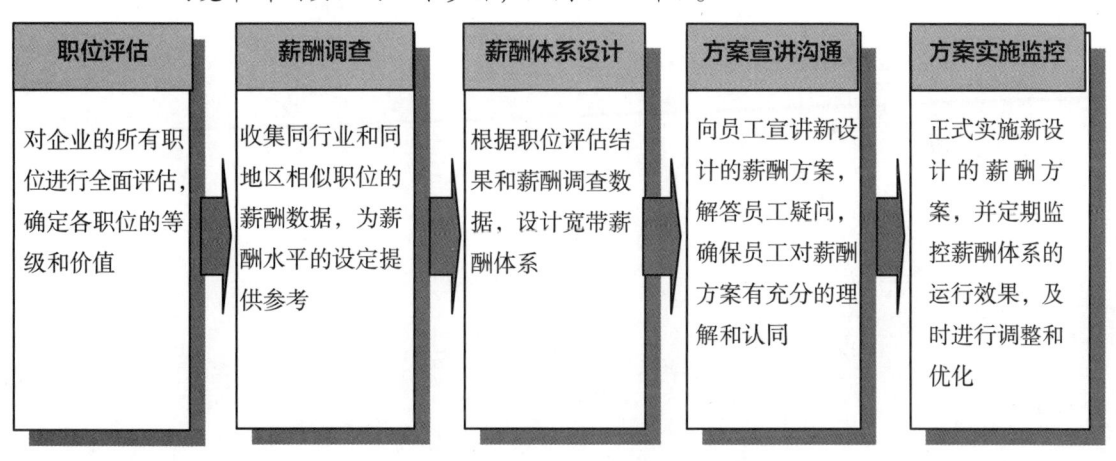

职位评估	薪酬调查	薪酬体系设计	方案宣讲沟通	方案实施监控
对企业的所有职位进行全面评估，确定各职位的等级和价值	收集同行业和同地区相似职位的薪酬数据，为薪酬水平的设定提供参考	根据职位评估结果和薪酬调查数据，设计宽带薪酬体系	向员工宣讲新设计的薪酬方案，解答员工疑问，确保员工对薪酬方案有充分的理解和认同	正式实施新设计的薪酬方案，并定期监控薪酬体系的运行效果，及时进行调整和优化

图3.32 ××公司宽带薪酬实施的五个步骤

7. 预期效果

通过实施宽带薪酬设计方案，××公司预期将实现以下效果：

（1）提高员工满意度和忠诚度，降低人才流失率。

（2）激发员工提升能力和绩效的积极性，提高企业的整体业绩。

（3）增强企业的市场竞争力，吸引更多优秀人才加入。

（4）优化薪酬管理流程，提高人力资源管理效率。

第 4 章
工资制度设计工具的应用

根据企业的实际情况和需求，选择适合的工资制度设计工具，包括但不限于岗位工资制、技能工资制、绩效工资制、结构工资制、计件工资制、薪点工资制、提成工资制、年功工资制、谈判工资制等其中一种，或多种工具的组合应用。同时，工资制度设计工具的应用还要注意三个事项，如图4.1所示。

紧密结合绩效管理制度
薪酬体系应与企业的绩效管理体系紧密结合。通过设定与绩效挂钩的薪酬元素，如绩效奖金、股票期权等，可以更好地激励员工提升绩效

平衡公平性与激励性
在设计薪酬体系时，既要确保内部公平性，让员工感受到自己的付出得到了公正的回报；又要注重激励性，通过差异化的薪酬策略激发员工的工作积极性

落地实施要合法合规
在设计薪酬体系时，必须确保符合相关法律法规的要求。例如，最低工资标准、加班费计算、税收扣除等都需要严格遵守相关规定

图 4.1　工资制度设计工具的应用要注意的三个事项

第4章 工资制度设计工具的应用

工资制度设计工具应用框架体系插画

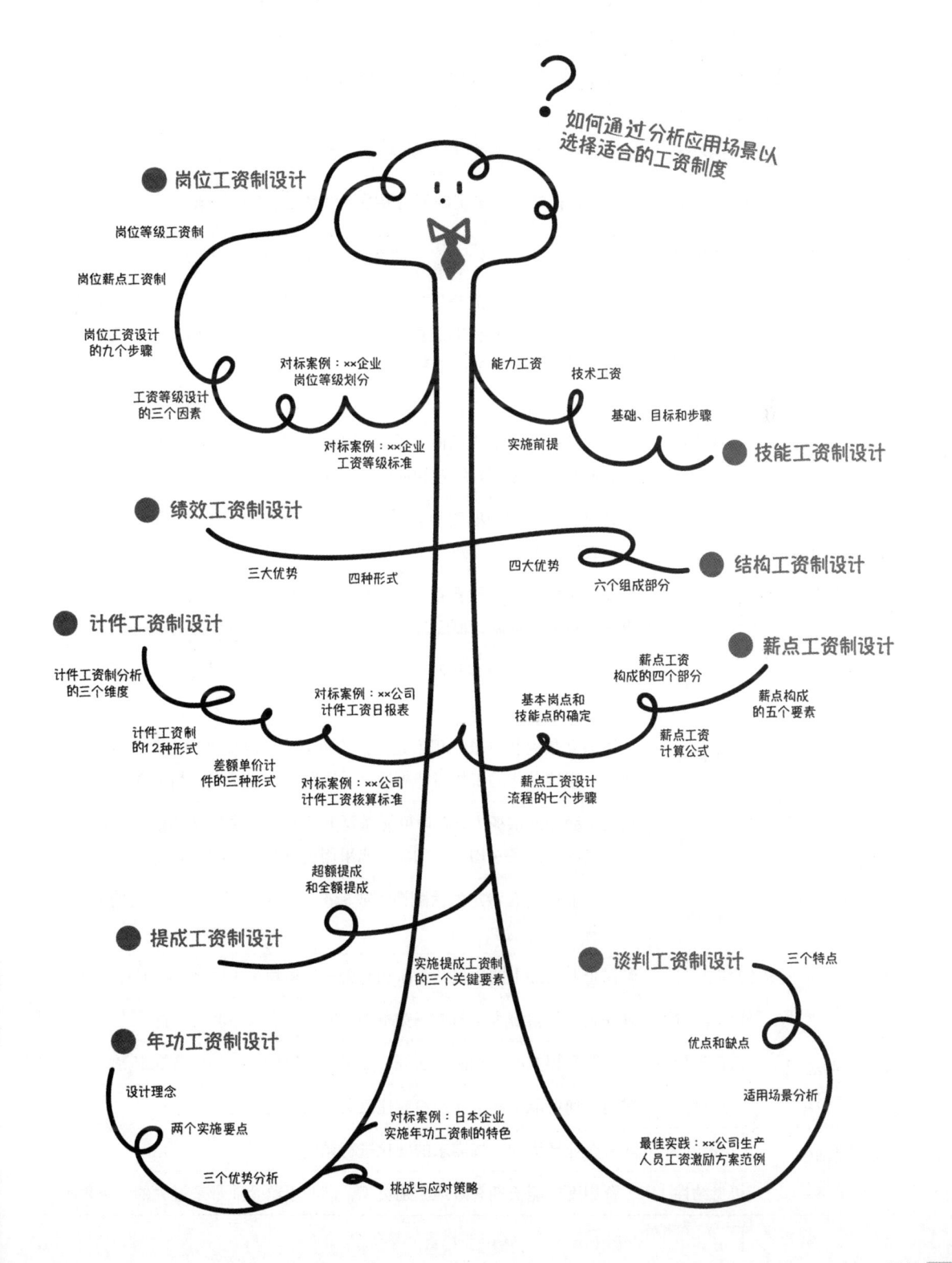

? 如何通过分析应用场景以选择适合的工资制度

- **岗位工资制设计**
  - 岗位等级工资制
  - 岗位薪点工资制
  - 岗位工资设计的九个步骤
  - 工资等级设计的三个因素
  - 对标案例：××企业岗位等级划分
  - 对标案例：××企业工资等级标准

- **技能工资制设计**
  - 能力工资
  - 技术工资
  - 基础、目标和步骤
  - 实施前提

- **绩效工资制设计**
  - 三大优势
  - 四种形式

- **结构工资制设计**
  - 四大优势
  - 六个组成部分

- **计件工资制设计**
  - 计件工资制分析的三个维度
  - 计件工资制的12种形式
  - 差额单价计件的三种形式
  - 对标案例：××公司计件工资日报表
  - 对标案例：××公司计件工资核算标准

- **薪点工资制设计**
  - 薪点工资构成的四个部分
  - 基本岗点和技能点的确定
  - 薪点构成的五个要素
  - 薪点工资计算公式
  - 薪点工资设计流程的七个步骤

- **提成工资制设计**
  - 超额提成和全额提成
  - 实施提成工资制的三个关键要素

- **年功工资制设计**
  - 设计理念
  - 两个实施要点
  - 三个优势分析
  - 对标案例：日本企业实施年功工资制的特色
  - 挑战与应对策略

- **谈判工资制设计**
  - 三个特点
  - 优点和缺点
  - 适用场景分析
  - 最佳实践：××公司生产人员工资激励方案范例

问题与痛点：如何通过分析应用场景以选择适合的工资制度

不同的工资制度对员工的激励效果和企业运营的影响有着显著差异。选择适合的工资制度需要综合考虑多个因素，包括企业战略、员工需求、岗位特性、市场环境，以及法律法规等。通过深入分析这些因素，企业可以设计出既符合自身实际情况又具有较好正向激励效果的工资制度。

分析应用场景选择适合的工资制度需要重点考量七个影响因素，见表4.1。

表4.1　分析应用场景选择适合的工资制度需要重点考量七个影响因素

影响因素	细化项目	适合的工资制度
了解企业战略目标与文化	战略目标	企业的长期和短期战略目标将直接影响工资制度的选择。例如，若企业追求快速创新，则技能工资制或绩效工资制可能更为合适，因为它们能更直接地奖励员工的技能和绩效
	企业文化	企业文化强调团队合作还是个人竞争，会影响工资制度的设计。强调团队合作的企业可能更倾向于采用较为平均的薪酬结构，而注重个人竞争的企业则可能更偏好绩效导向的工资制
分析员工需求与特点	员工需求	了解员工对薪酬的期望和需求至关重要。例如，对于追求职业成长的员工，技能工资制或绩效工资制可能更具吸引力
	员工特点	考虑员工的年龄、教育背景、工作经验等因素。年轻且技能多样的员工更适合技能工资制，而经验丰富的员工可能更看重绩效工资或年功工资
评估岗位特性与工作性质	岗位特性	不同岗位的工作内容和性质差异显著。例如，生产线上的工人可能更适合计件工资制，而销售人员则可能更适合提成工资制
	工作性质	工作的复杂性和可量化程度是选择工资制度的重要考虑因素。复杂性高且难以直接量化的工作可能更适合采用结构工资制或谈判工资制
考虑市场竞争与行业标准	市场竞争	在竞争激烈的市场中，企业可能需要更具吸引力的薪酬制度来留住人才，如提供高于市场平均水平的薪资或采用更具激励性的绩效工资制
	行业标准	某些行业可能有特定的薪酬惯例或标准，企业在设计工资制度时要考虑这些行业规范
平衡内部公平与外部竞争性	内部公平性	确保企业内部不同岗位的薪酬相对公平，避免员工因薪酬差异产生不满
	外部竞争性	确保企业的薪酬水平与市场竞争力相匹配，以吸引和留住优秀人才
考虑法律法规与合规性	法律法规	确保符合相关的劳动法律法规，如最低工资标准、加班费规定等
	合规性	避免任何可能引起法律纠纷或违反劳动法规的行为
考虑灵活性与可持续性	灵活性	随着企业环境和市场需求的变化进行调整
	可持续性	工资制度应能长期有效地激励员工，同时不给企业带来过大的财务负担

4.1 岗位工资制设计

岗位工资制是一种按照员工不同的工作岗位分别确定工资的工资制度。岗位工资标准主要根据不同岗位的工作难易程度、责任大小、劳动轻重、劳动条件等因素经过科学严密的岗位分析和评价来确定，主要特点是对岗不对人。

4.1.1 岗位等级工资制

岗位等级工资制是一种按照员工所担任的岗位等级制定工资等级和工资标准的工资制度，主要包括一岗一薪制和一岗数薪制两种形式，如图 4.2 所示。

一岗一薪制
- 每个岗位只有一个工资标准，凡在同一岗位上工作的员工都按照统一的工资标准获得工资；
- 只体现不同岗位之间的工资差别，不体现岗位内部的劳动差别和工资差别；
- 适用于专业化、制动化程度较高，流水作业、工作技术比较单一的工作岗位

一岗数薪制
- 一个岗位内设置几个工资等级，以反映同一岗位不同工资标准的差别；
- 岗位内部的级别根据该岗位的工作技术高低、责任大小、劳动强度、劳动条件等因素确定，不同岗位之间的级别有交叉，不仅体现出不同岗位之间的劳动差别，而且体现了同一岗位内部不同劳动者的劳动差异，并使之在劳动报酬上得到反映；
- 适用于岗位划分较粗、岗位之间存在工作差别、岗位内部员工之间存在技术熟练程度差异的情况

图 4.2 岗位等级工资制的两种形式

4.1.2 岗位薪点工资制

岗位薪点工资制是一种科学而细致的工资制度。这一制度首先深入分析劳动的四要素，包括劳动技能、劳动责任、劳动强度和劳动条件。这种分析确保了每位员工的劳动投入都能得到全面而公平的评估。通过综合考虑这四个要素，企业可以更精确地衡量员工在工作中的实际贡献。

在确定员工的劳动报酬时，该制度运用点数和点值作为量化标准。每个员工的劳动报酬不再是模糊和主观的，而是通过具体的点数来体现其工作的价值和重要性。点值则将这些点数转化为实际的薪资数额，从而确保员工的报酬与其工作投入和贡献相匹配。

岗位薪点工资的计算公式为

岗位薪点工资=岗位薪点数×薪点值

（1）岗位薪点数的确定。岗位薪点工资制中的岗位薪点数一般由三个部分构成，如图4.3所示。

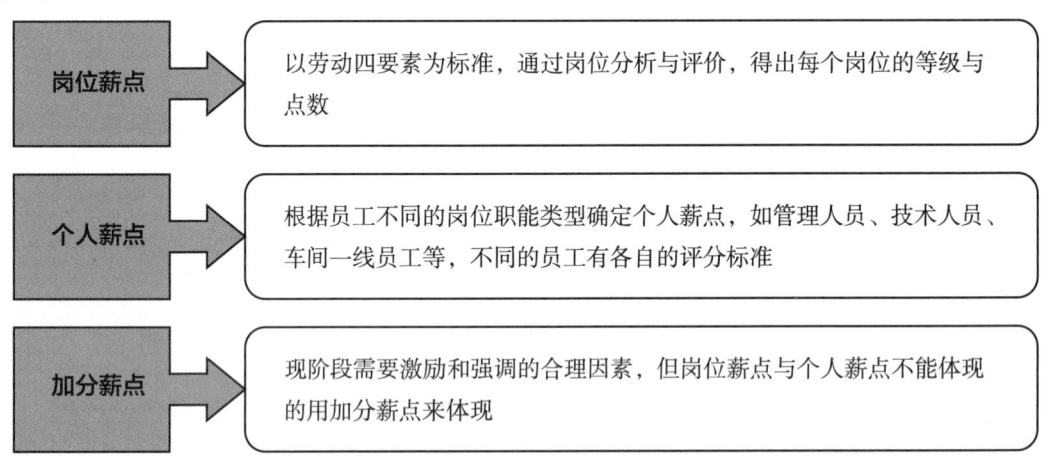

岗位薪点	以劳动四要素为标准，通过岗位分析与评价，得出每个岗位的等级与点数
个人薪点	根据员工不同的岗位职能类型确定个人薪点，如管理人员、技术人员、车间一线员工等，不同的员工有各自的评分标准
加分薪点	现阶段需要激励和强调的合理因素，但岗位薪点与个人薪点不能体现的用加分薪点来体现

图4.3　岗位薪点数的三个部分

（2）薪点值的确定。薪点值的高低取决于项目经济效益和员工绩效贡献水平，可以设定为基值和浮动值两部分。其中，基值由项目整体效益而定；浮动值与团队和员工的个人绩效挂钩。

4.1.3　岗位工资设计的九个步骤

设计岗位工资可以按照九个步骤进行操作，如图4.4所示。

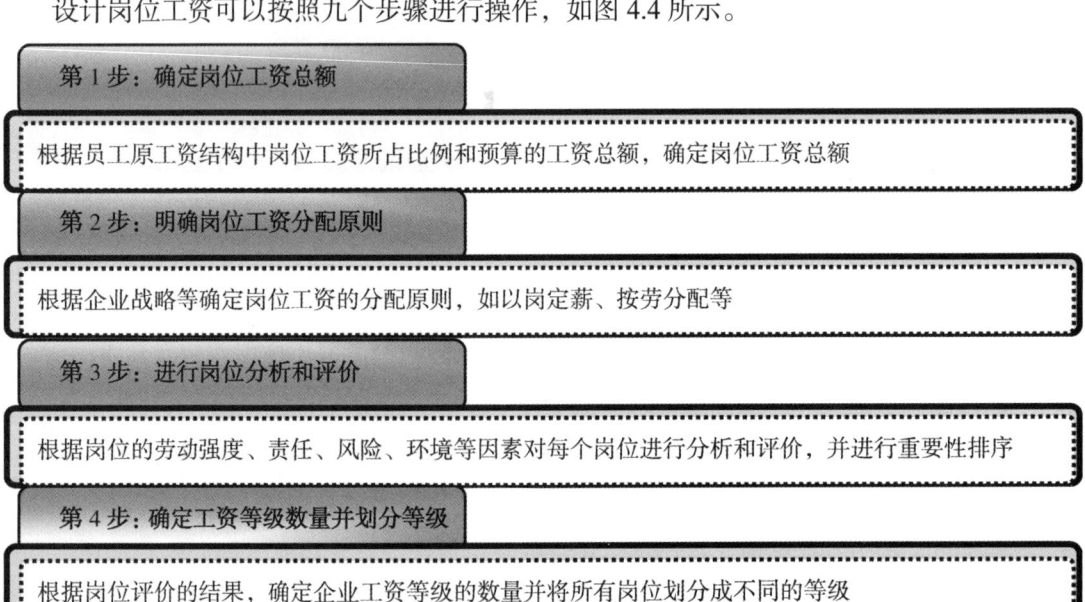

第1步：确定岗位工资总额
根据员工原工资结构中岗位工资所占比例和预算的工资总额，确定岗位工资总额

第2步：明确岗位工资分配原则
根据企业战略等确定岗位工资的分配原则，如以岗定薪、按劳分配等

第3步：进行岗位分析和评价
根据岗位的劳动强度、责任、风险、环境等因素对每个岗位进行分析和评价，并进行重要性排序

第4步：确定工资等级数量并划分等级
根据岗位评价的结果，确定企业工资等级的数量并将所有岗位划分成不同的等级

图4.4　设计岗位工资的九个步骤

第5步：确定工资等级的标准额度

根据企业工资策略确定各工资等级的标准额度，即确定每个工资等级同所有工资标准中点的比较额度

第6步：确定工资等级级差

确定不同工资等级之间的工资级差，主要是指工资额度的差距

第7步：确定工资幅度

确定每个工资等级内的工资幅度，即每个工资等级内的多个工资标准间最高标准与最低标准的差额

第8步：确定等级之间的重叠幅度

确定相邻等级之间的工资等级和额度的重叠部分额度的大小

第9步：确定计算方法

确定工资等级和额度的具体计算公式

图 4.4　设计岗位工资的九个步骤（续）

4.1.4　工资等级设计的三个因素

企业在进行工资等级设计时，需要考虑工资级差、工资浮动幅度和工资等级重叠等因素，它们之间的含义和特点见表 4.2。

表 4.2　工资等级设计因素分析

因素	含义	图示
工资级差	不同等级之间工资相差的幅度，既包括相邻两个等级之间的幅度差别，也包括最高与最低等级之间的工资幅度差别	
工资浮动幅度	同一工资等级中，最高档次工资水平与最低档次工资水平之间的工资差距，也可以指中点档次的工资水平与最低档次或最高档次之间的工资差距	
工资等级重叠	相邻工资等级的浮动幅度在数值上的交叉程度	

对标案例 ×× 企业岗位等级划分

×× 企业计划实施岗位等级工资制，即针对公司所有岗位进行等级划分，见表4.3。

表4.3 ×× 企业岗位等级划分表

等级	岗位类型			
	高层管理系列	中层管理系列	技术基层管理系列	一般职能系列
12	总裁	—	—	—
11	副总裁			
10	总监		高级技术人员	
9	总经理			
8	—	部门经理及相关主要负责人		—
7				
6			中级技术人员车间主任	
5				
4				
3		—	初级技术员车间班组长	秘书
2				助理
1				文员 生产一线员工

对标案例 ×× 企业工资等级标准

×× 企业计划实施岗位等级工资制，即在针对公司所有岗位进行等级划分之后，设计一张工资等级标准表，见表4.4。

表4.4 ×× 企业工资等级标准表

岗位等级	管理职务	技术职务	生产人员	工资标准/元
12	总裁	—	—	
11	副总裁	—	—	
10	总监	—	—	
9	公司总经理	—	—	
8	公司副总经理	高级工程师	—	
7	部门经理	副高级工程师	—	
6	项目负责人	工程师	—	
5	办公室主任	—	车间主任	
4	办公室副主任	助理工程师		
3	—	初级技术员	车间班长	
2	助理、秘书	—	一线操作人员	
1	文员	—		

4.2 技能工资制设计

技能工资是一种根据员工的技能等级确定员工工资标准的工资制度。员工的技能水平不同，则在相同的时间段内付出的劳动和取得的成果也不同，因而对企业的贡献也存在差别。具体来讲，技能工资包括技术工资和能力工资两种类型，具体内容见表 4.5。

表 4.5 技能工资两种类型

工资类型		说明
技术工资		技术工资是指以应用知识和操作技能水平为基础的工资。其支付依据是根据企业员工拥有的技能证书或职称来支付其相关工资，与该技能在日常工作中的实际应用与否没有直接关系
能力工资	基础能力工资	基础能力工资是指员工为胜任某一工作而应该具备的能力，通常采用岗位价值评估法来设计
	特殊能力工资	特殊能力工资是指根据某类职位人员的核心竞争力为基础确定工资，这种核心竞争力是指能让企业或员工拥有一定的竞争优势的能力

4.2.1 技能工资制设计的基础、目标和步骤

技能工资确定的依据是岗位、职务对劳动技能的要求和员工所掌握、具备的劳动技能的水平。技能工资制设计的对象是员工个人而不是具体岗位。

技能工资制设计的基础、目标和步骤如图 4.5 所示。

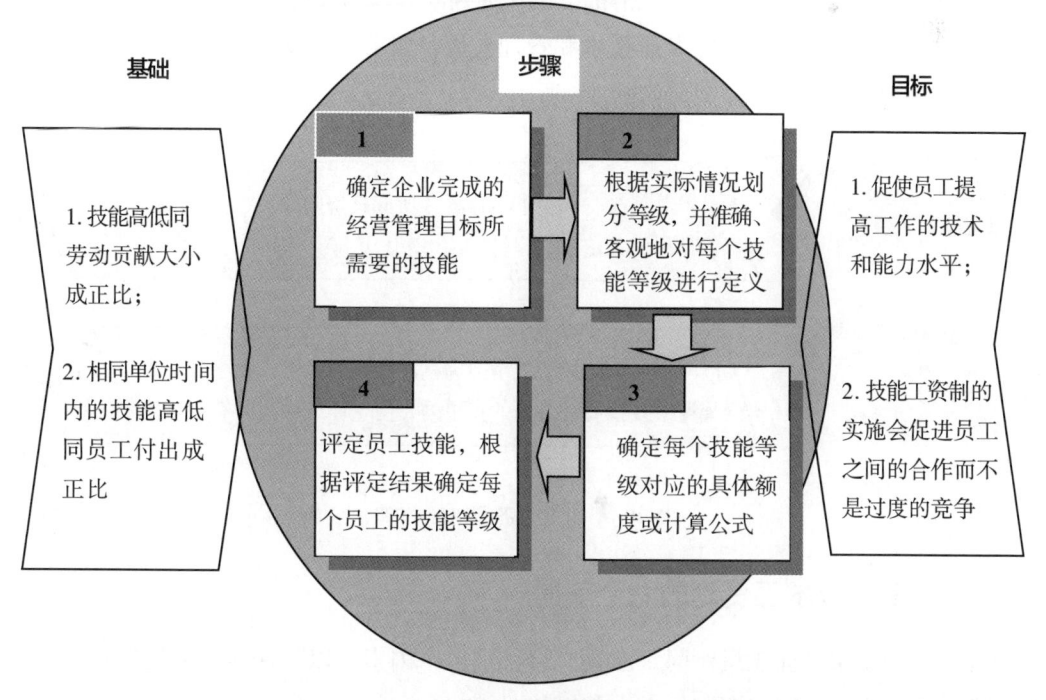

图 4.5 技能工资制设计的基础、目标和步骤

4.2.2 技术工资

技术工资,作为一种以员工的应用知识及技能操作水平为基础的工资体系,主要适用于"蓝领"员工群体。其设计核心理念在于,依据员工所持有的技能等级资格证书或培训结业证明来确定其工资水平,而并不以这些技能在实际岗位中的应用情况为转移。

技术等级标准,也称为技术标准,是一套针对各生产和工作类别技术工种工人的技术等级规范。技术标准不仅为评定工人的技术等级提供了明确的准则,同时也是确定工人工资等级的重要依据。这一标准细致入微地涵盖了"应知"——员工应掌握的理论知识与专业素养,"应会"——员工应具备的实际操作技能,以及"工作实例"——具体展现员工技能水平的实际工作案例。这三个关键组成部分共同构成了全面评估员工技术能力的框架,见表4.6。

表 4.6 技术等级标准的三个项目

项目	技术等级标准界定
应知	员工完成某等级工作所应具有理论知识,也可以规定工人应达到的文化水平
应会	员工完成某等级工作所必须具备的技术能力和实际经验
工作实例	根据基本知识和专门技能的要求,列举不同技术等级员工应该会做的典型工作项目或操作实例,对员工进行培训和考核

4.2.3 能力工资

能力工资的判定标准比较抽象,与具体岗位联系不大,员工的一般认知能力、特殊能力或创新能力等,乃至员工的人品、性格都可以作为判断其能力高低的标准。

能力工资主要适用于企业的专业技术和管理人员,属于"白领"工资,主要包括基础能力工资和特殊能力工资两种类型,如图4.6所示。

基础能力工资：员工胜任某一岗位的工作任务所应具备的能力,通常采用工作岗位分析的方法进行设计

特殊能力工资：以岗位人员的核心竞争力为基础确定的工资。核心竞争力是指在某种科技或管理方面的竞争力,使企业或项目具有某种竞争优势

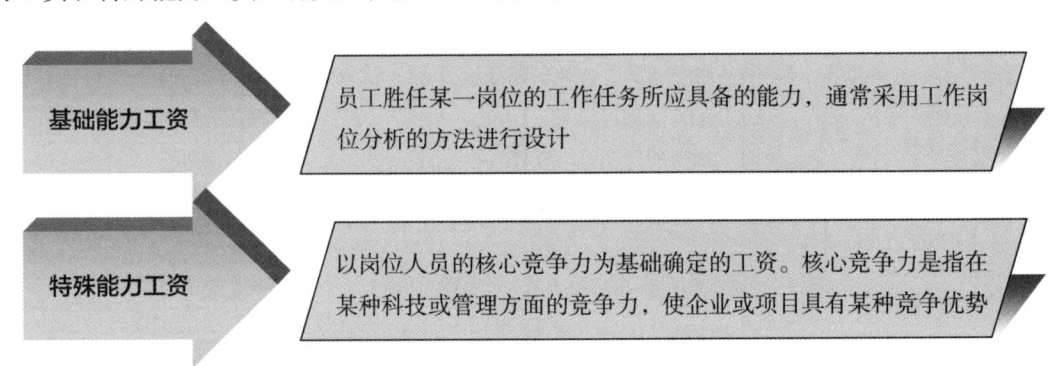

图 4.6 能力工资的两种类型

4.2.4 实施技术工资制的六个前提

企业在考虑实施技能工资制时,必须综合评估多个因素,以确保该制度能够顺利推行并达到预期效果。实施技能工资制的六个前提如图4.7所示。

第4章 工资制度设计工具的应用

配套的 企业文化	明确的技能 评估体系	有效的 培训体系	合理的薪酬 结构设计	透明的沟通 与反馈机制	长期的 激励机制
◆技能工资制需要一种开放、包容和鼓励员工积极参与的企业文化，从而实现个人与企业的共同发展； ◆企业应营造一种持续学习、知识共享和创新的氛围	◆客观、公正的技能评估体系能准确评价员工技能水平； ◆实施技能评估还需明确评估标准、周期及方式等	◆为了提升员工技能，企业应提供充足的培训资源和机会； ◆培训体系设计要包含内外部培训形式、开发在线课程系列等	◆技能工资在薪酬总额中的占比要与部门职能和业务岗位相匹配； ◆技能工资与岗位基本工资、绩效奖金等关联薪酬之间的占比要合理	◆透明的沟通与反馈机制能够确保员工及时了解技能评估结果和薪酬调整情况； ◆技能工资制需要根据员工的意见和建议定期修改或优化	◆技能工资制属于长期激励机制； ◆结合职业发展路径，能够为员工提供成长空间和晋升机会，实现企业员工双赢

图 4.7　实施技能工资制的六个前提

4.3　绩效工资制设计

绩效工资制是一种根据员工工作绩效发放工资的工资制度。它建立在员工的绩效考核基础上，把员工工资与可量化的业绩（如产量、销售量、质量、利润额，以及实际工作效果等）挂钩，以员工最终的实际劳动成果确定员工薪酬。

这种工资制度有利于吸引和留住成就导向型员工，将激励机制融于项目目标与个人业绩的联系之中，促进项目成员努力投入到实现项目目标活动中去。

4.3.1　三大优势

绩效工资制把员工工资与可量化的业绩挂钩，将激励机制融于企业目标和个人业绩的联系之中。同时，工资向业绩优秀者倾斜，以激励员工提高生产效率、节省生产成本。绩效工资占总体工资的比例较高，员工工资中的浮动部分比较大。

实施绩效工资制具有三大优势，如图 4.8 所示。

| 体现公平性 | 员工工资与其可量化的业绩挂钩，能够打破"大锅饭"体制，更具有公平性 |

| 吸引保留成就导向型员工 | 工资与员工努力程度成正比，有助于吸引和留住成就导向型员工 |

| 突出关注绩效的企业文化 | 绩效工资制可以突出一种关注绩效的企业文化，促使员工将个人精力投入到实现组织目标的活动中去 |

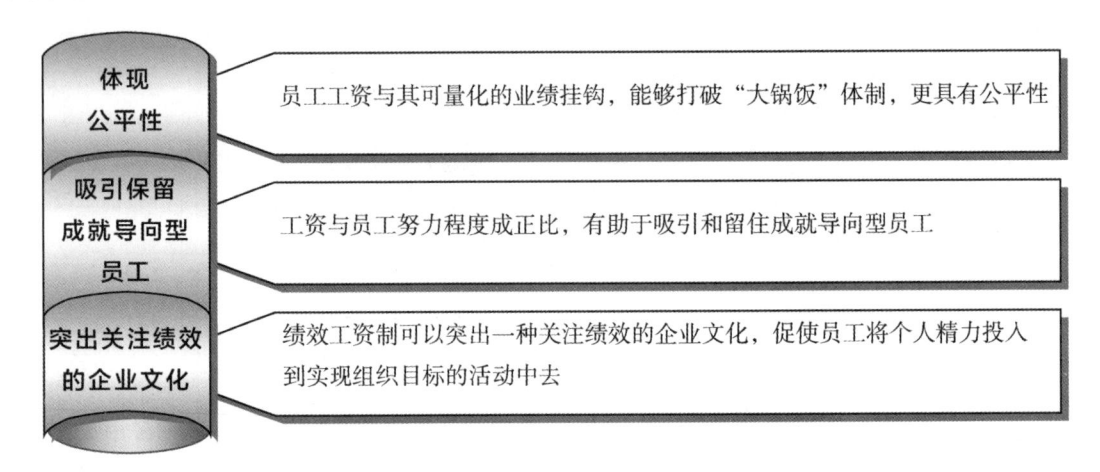

图 4.8 实施绩效工资制的三大优势

4.3.2 四种形式

按照组成要素和计算方式的不同，绩效工资制分为计时工资制、计件工资制、佣金制、利润分享制四种形式。绩效工资制的四种形式见表 4.7。

表 4.7 绩效工资制的四种形式

形式	界定与构成的具体说明
计时工资制	◆ 计时工资制是最基本的工资形式，是一种按照单位时间工资标准和实际工作时间支付员工薪酬的工资形式； ◆ 根据计算工作时间的单位，计时工资可以分为小时工资制、日工资制、周工资制、月工资制和年薪制等具体形式
计件工资制	◆ 计件工资制是一种按照工人生产的合格品数量或工作量和预先规定的计件单价，来计算员工薪酬的工资形式； ◆ 计件工资是依据一定时间内的劳动成果——产品数量或工作量来计算的，主要适用于一线员工薪酬设计； ◆ 计件工资制由工作物等级、劳动定额和计件单价三个要素组成
佣金制	◆ 佣金制是一种按照销售业绩确定销售人员报酬的典型工资形式； ◆ 佣金制可以分为三种形式，可根据企业及项目的具体情况进行合理选择： 低底薪＋高提成； 高底薪＋低提成； 底薪＋提成＋奖金
利润分享制	◆ 利润分享制是指员工除得到应有的工资以外，还可以按照事先设定的比例，分享项目所创造利润的一部分的工资形式； ◆ 在利润分享制下，每个员工的奖金与其个人绩效及所在部门、项目的整体绩效是紧密相关的

4.4 结构工资制设计

结构工资制又称组合工作制，是一种依据工资的各种职能将工资分解为几个组成部分，分别确定工资额，最后将其相加作为劳动者的工资报酬的工资制度。

结构工资制的各个组成部分各有其职能特点和作用，同时，各个组成部分又具有内在的联系，互相依存，互相制约，形成一个有机的统一体。

结构工资制设计吸收了岗位工资制和绩效工资制的优点，其各个工资单元分别对应体现劳动结果的不同形态和要素，较全面地反映了按岗位、按技术、按劳分配的原则，操作灵活；但由于工资单元多且各自独立运行，增加了项目薪酬管理的复杂性和难度。

4.4.1 四大优势

结构工资制的工资结构反映了劳动差别的诸要素，即与劳动结构相对应并互相联系。劳动结构有几个部分，工资结构就有几个与之相对应的部分，并随前者变动而变动。工资结构的各个组成部分从劳动的不同侧面和角度反映劳动者的贡献大小，发挥工资的各种职能作用。

具体而言，实施结构工资制具有四大优势，如图 4.9 所示。

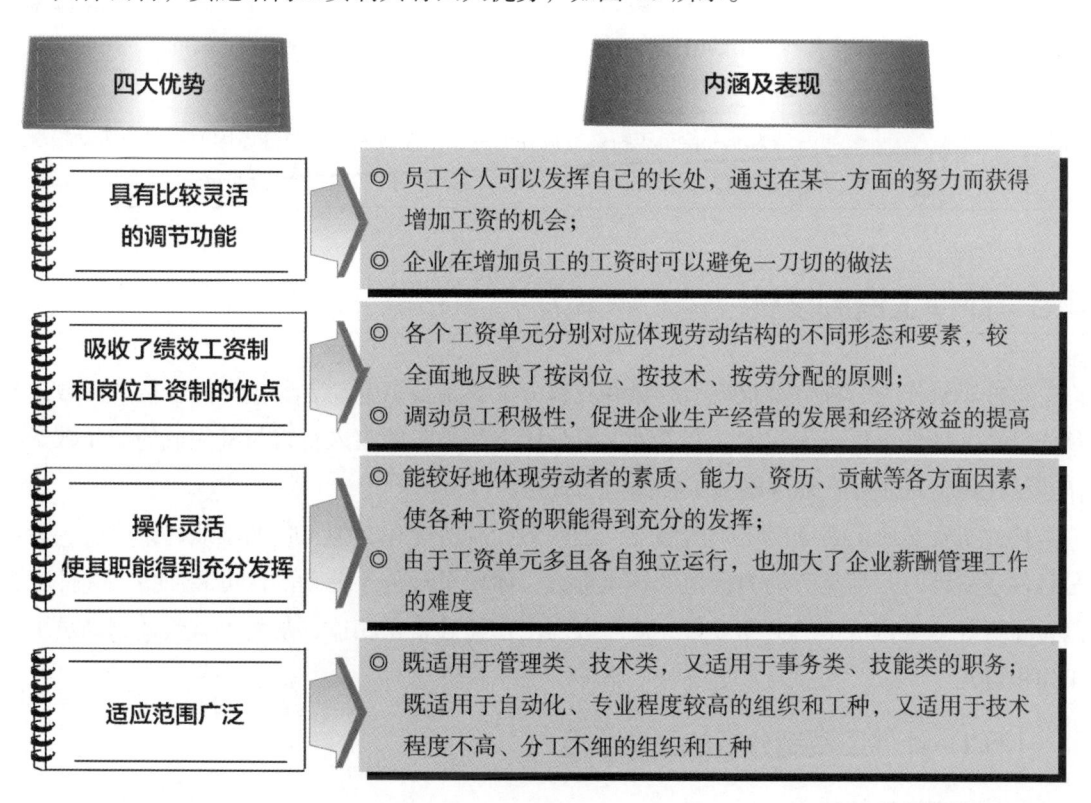

四大优势	内涵及表现
具有比较灵活的调节功能	◎ 员工个人可以发挥自己的长处，通过在某一方面的努力而获得增加工资的机会； ◎ 企业在增加员工的工资时可以避免一刀切的做法
吸收了绩效工资制和岗位工资制的优点	◎ 各个工资单元分别对应体现劳动结构的不同形态和要素，较全面地反映了按岗位、按技术、按劳分配的原则； ◎ 调动员工积极性，促进企业生产经营的发展和经济效益的提高
操作灵活使其职能得到充分发挥	◎ 能较好地体现劳动者的素质、能力、资历、贡献等各方面因素，使各种工资的职能得到充分的发挥； ◎ 由于工资单元多且各自独立运行，也加大了企业薪酬管理工作的难度
适应范围广泛	◎ 既适用于管理类、技术类，又适用于事务类、技能类的职务； ◎ 既适用于自动化、专业程度较高的组织和工种，又适用于技术程度不高、分工不细的组织和工种

图 4.9　实施结构工资制的四大优势

4.4.2 六个组成部分

一般而言，结构工资制主要由六个部分组成，见表4.8。

表4.8 结构工资制的六个组成部分

组成部分	界定与具体说明
基础工资	基础工资即保障员工基本生活所需的工资，主要采取绝对额和系数两种办法进行工资的确定和发放： ◆ 绝对额办法主要是考虑员工基本生活费用占总工资水平的比重，通常统一规定同一数额的基础工资； ◆ 系数办法主要是考虑员工现行工资关系及其占总工资水平的比重，参照工资标准所规定的员工本人标准工资，按一定百分比确定员工的基础工资
岗位工资	岗位工资是根据岗位职责、劳动强度、劳动环境等因素确定的报酬，是结构工资制的主要组成部分
技能工资	技能工资是根据员工本身的技术等级或职称高低确定的报酬
效益工资	◆ 效益工资是根据企业项目经济效益和员工实际完成的工作量和质量而支付的工资； ◆ 效益工资无固定标准，属于浮动工资部分
工龄工资	工龄工资是根据员工参加工作的年限，按照一定标准支付给员工的工资，用来体现员工逐年积累工龄的劳动贡献，鼓励优秀员工长期在本企业工作、做贡献，又可以适当调节新老员工的工资关系
津贴、补贴	◆ 津贴是为了补偿员工特殊或额外的劳动消耗或因其他特殊原因而支付的劳动报酬； ◆ 补贴主要是为了保证员工不因物价上涨而降低名义工资而设立的

4.5 计件工资制设计

计件工资作为一种劳动报酬的计量和支付方式，是根据劳动者所生产的合格产品数量与预先设定的计件单价来确定的。在这种工资形式下，员工的收入直接与其完成的产品数量或作业量挂钩，从而有效地激励员工提高生产效率。

计件工资实质上是计时工资的演变，虽然形式有所变化，但工资的本质并未改变。无论是计件还是计时，都是劳动力价值的转化形式，体现了对员工劳动的认可和回报。计件工资制旨在更好地量化员工的劳动成果，使薪酬与工作绩效紧密相连，从而更有效地调动员工的工作积极性。

4.5.1 计件工资制分析的三个维度

1. 计件工资制的特点

计件工资制具有三个特点，如图4.10所示。

调整的灵活性

◆ 根据不同的生产需求和成本考虑，计件工资制可以灵活调整计件单价；
◆ 企业能够根据实际情况快速调整劳动力成本，以更好地适应市场变化

明确的目标导向

◆ 在计件工资制下，员工可以明确地知道自己的工作目标，即生产更多的产品以获得更高的收入；
◆ 明确的目标导向有助于员工集中精力，专注于提升个人产出

直接的激励效果

◆ 计件工资制直接将员工的收入与其生产的产品数量或完成的作业量挂钩，提供了一种直接的、可量化的工作激励；
◆ 员工清楚地知道，多生产一件产品就意味着多一份收入，这种直接的物质激励极大地提高了员工工作积极性和生产效率

图 4.10　计件工资制的三个特点

2. 计件工资制的优点和缺点

实施计件工资制既有优点，又有缺点，如图 4.11 所示。

计件工资制的三个优点

提高生产效率
由于计件工资制直接与生产量挂钩，员工有更强的动力去提高生产效率，从而增加产量

易于管理和考核
通过统计员工生产的产品数量，企业可以很方便地对其工作效率进行考核和管理，使得绩效评价更加客观和公正

成本可控
企业可以根据市场情况和生产需求调整计件单价，从而在一定程度上控制劳动力成本

计件工资制的三个缺点

可能忽视产品质量
在追求数量的过程中，员工可能忽视产品质量，导致次品率上升，影响企业声誉和客户满意度

工作压力大
由于收入与产量直接相关，员工可能面临较大的工作压力，长期高强度工作可能影响员工的身心健康

不适用于所有岗位
计件工资制主要适用于生产线等可以直接量化产出的岗位，对于管理、研发等难以直接量化产出的岗位则不适用

图 4.11　计件工资制的优点和缺点

3. 计件工资制的适用场景

（1）制造业生产线：在制造业中，生产线上的工人通常可以通过计件工资制来激励，因为他们的产出可以很容易地量化和衡量。

（2）简单重复性工作：对于那些简单、重复性高且易于计数的工作，如数据录入、包裹分拣等，计件工资制也是一种有效的激励方式。

（3）季节性或高峰期需求：在季节性需求高涨或业务高峰期，企业可以通过提高计件单价来吸引更多员工投入生产，以满足市场需求。

4.5.2 计件工资制的12种形式

常见的计件工资制包括12种形式，见表4.9。

表4.9 计件工资制的12种形式

形式	分析与具体说明
无限计件	员工工资收入完全取决于其单位时间内生产合格产品数量的多少和事先规定的不变的计件单价，超额收入不限，亏额损失亦不予补偿
有限计件	对员工个人单位时间所得计件工资收入总额给予一定的限制。比较常用的方式有对个人计件工资收入规定最高限额、采用超额累退计件单价、采用可变计件单价
全额计件	又称全计件工资，是计件工资的一种形式，指实行计件工资制的工人，按其全额工资计算计件单价，并估算职工的全部工资收入
超额计件	又称计时计件混合工资，是指在劳动定额内，按计时发给标准工资，超额部分发给计件工资
差额单价计件工资	旨在更精细地激励员工的工作表现，通过调整单价来反映不同产量水平下的劳动价值和成本，可以分为不同的形式，包括两段单价计件、累进计件和累退计件等
间接计件	是对于企业中某些辅助工人实行的一种工资分配形式
责任承包计件工资	又称百分考核计件工资，即以企业或车间、班组为单位的集体计件方式，同企业全面承包经营责任制紧密结合，以计件工资制促进企业经济责任制的落实
联质计件	即计件工资收入以产品质量好坏为主要的计算依据的工资形式
包工工资	一种集体计件工资方式，即用工单位将较系统的生产任务或工程建设，发包给工人班组或工程队，事先通过签订合同规定任务完成期限、包工工资总额及其他要求
提成工资	即职工集体或个人的工资收入按照一定比例从其营业收入、销售收入或纯收入中提取。适用于劳动成果难以用事先制定劳动定额方法计量、不易确定计件单价的工作
产值单价计件工资	即按照社会平均活劳动消耗量并借助价值指标确定计件单价，然后按合格产品量计发计件工资
最终产品计件工资	一种基于团队产出的集体绩效薪酬模式，以合格成品数量为基准，按照预设的计件单价核算工资总额。同时，引入关键经济技术指标（KPI）作为调节因素，对工资总额进行动态校准

4.5.3 差额单价计件的三种形式

1. 两段单价计件

在这种形式下，工资单价在达到某一预定产量前后是不同的。通常，在达到预定产量之前，单价会相对较高，以激励员工提高产量；一旦达到或超过预定产量，单价可能会降低，反映了边际生产成本的递减和规模效应。

> **举个例子**
>
> 如果一个工人的生产量不足100件，则每件产品的计件单价可能是10元；但如果生产量超过100件，则超出部分的单价可能降为8元。

2. 累进计件

累进计件是指随着产量的增加，工资单价也逐步增加的一种计件方式。这种方式旨在鼓励员工不断提高产量，因为更高的产量将带来更高的收益。

> **举个例子**
>
> 一个工人生产的前100件产品，每件的单价可能是8元；接下来的100~200件，单价可能提高到10元；200件以上，单价可能进一步提高到12元。

3. 累退计件

与累进计件相反，累退计件是指随着产量的增加，工资单价逐步降低的一种计件方式。这种方式可能用于那些初期生产需要较高技能或准备工作，但随着生产量的增加，边际成本降低的情况。

> **举个例子**
>
> 一个工人生产的前50件产品，每件的单价可能是12元；50~100件，单价可能降低到10元；100件以上，单价可能进一步降低到8元。

对标案例　××公司计件工资核算标准

××公司计件工资分为固定工资和浮动工资两个部分。其中，固定工资占工资总额的_____%~_____%；浮动工资占工资总额的_____%~_____%，具体比例分配视员工完成计件产品的数量而定。

固定工资的评定，根据员工的工作技能（50%）、工作年限（20%）、工作环境（20%）、学历状况（10%）等进行综合评定，具体评定标准见表4.10。

表4.10　固定工资的评定标准

核定内容	所占比例/%	评定级别	工资标准/元
工作技能	50	初级技工	500
		中级技工	600
		高级技工	700
工作年限	20	2年以下	100
		2~5年	200
		5年以上	300
工作环境	20	优良	100
		一般	200
		恶劣	300
学历状况	10	中专以上	200
		中专以下	100

浮动工资的核算，需要确定定额产量、计件单价标准和计算方式分析。

1. 定额产量

公司利用统计分析法，以公司____—____年生产部门的平均产量为定额产量。

2. 计件单价标准

计件单价根据各订单所要求产品类型的差异，以及员工轮班时间的不同而分别确定，其标准见表4.11。

表4.11　计件单价标准

型号	班次		
	早班	中班	晚班
A	____元/件	____元/件	____元/件
B	____元/件	____元/件	____元/件
C	____元/件	____元/件	____元/件
D	____元/件	____元/件	____元/件

3. 计算公式分析

（1）当实际产量≤定额产量时，浮动工资＝计件单价 × 实际产量

（2）当实际产量＞定额产量时，浮动工资＝计件单价 × 定额产量＋计件单价 ×（实际产量－定额产量）× 生产效率

对标案例 ××公司计件工资日报表

××公司计件工资日报表的设计，见表4.12。

表4.12　××公司计件工资日报表

日期：_____　　　　　　　　班别：_____

批号	姓名	编号	工程代号	工时	数量	计件单价	应得工资	备注

班组长：_____　　主管：_____　　科长：_____

4.6　薪点工资制设计

薪点工资制是一种在分析劳动四要素（劳动技能、劳动责任、劳动强度、劳动条件）的基础上，用点数和点值来确定员工实际劳动报酬的工资制度。

薪点薪酬制度是一种市场经济环境下企业新兴的薪资体系。该体系以岗位为核心考量对象，利用点数作为衡量尺度，依据员工个人的实际工作贡献来设定系数，并参照公司的经济效益来设定薪点点值，从而形成一种灵活可调的工资分配机制来确定员工的薪资报酬。

4.6.1　薪点构成的五个要素

薪点一般由基本保障点、岗位报酬点、技能要素点、技能报酬点、服务贡献点等构成，见表4.13。

表4.13　薪点构成五个要素

要素	具体分析
基本保障点	用来确保员工基本生活保障的薪点
岗位报酬点	用来反映劳动差别的薪点，体现了按劳分配原则
技能要素点	由技能等级点、学历点组成，主要体现员工的实际操作技能和整体素质
技能报酬点	用来反映员工技能水平高低的薪点
服务贡献点	用来反映员工对企业的实际贡献的薪点，包括工龄点、有突出贡献的奖励晋级点、考评点

4.6.2 薪点工资计算公式

薪点数不仅是员工所担任职位价值的体现，还直接源于对职位全面而细致的评价。不同的薪点数明确反映了各个职位在企业中的相对重要性和价值差异。

薪点数的确定涵盖了三个核心要素：职种、任职资格等级和员工的绩效表现。这三个核心因素共同作用，精准地界定了员工在企业层级中的位置，并通过薪点数得以量化体现。

在薪点工资制中，薪点是工资分配的基本单位，其代表的金额随赋予每个薪点的货币价值变化而变化，这个货币价值称为薪点值。薪点值的高低直接受企业经济效益的影响，体现了薪酬与企业绩效的紧密联系。为更灵活地适应企业的经济状况，薪点值进一步细分为薪点基值和浮动薪点值两部分，这样的设计使薪酬体系更具弹性和可持续性。

员工的工资收入计算公式为

$$\text{工资收入} = \text{薪点数} \times \text{薪点值}$$

这个公式简洁明了地表达了薪点工资制的核心逻辑，即员工的收入与其职位价值和个人绩效紧密挂钩。

而薪点值的计算则依赖于以下公式

$$\text{薪点值} = \text{月度工资总额} \div \text{总薪点数}$$

这个公式确保了薪酬体系的公平性和透明度，使得每一薪点都承载着相应的经济价值，从而精准地反映了员工的劳动成果和企业的经济效益。

4.6.3 薪点工资构成的四个部分

薪点工资由四个部分构成：基本工资、工龄工资、岗点工资和效益工资，见表4.14。

表4.14 薪点工资构成的四个部分

序号	组成结构	具体内容
1	基本工资单元	保障员工最低生活需要，体现工资保障职能的工资单元。原则上按当地政府规定的最低生活保障标准确定，按员工的出勤天数计发。基本工资单元不超过工资收入的20%
2	工龄工资单元	体现员工劳动积累贡献和工资调节职能的单元，工龄工资标准可按分段累进办法确定，也可按每年一定的工资额确定，按出勤天数计发。工龄工资单元占工资收入的10%左右
3	岗点工资单元	这是薪点工资制中体现按劳分配的主体单元，也是最具活力和体现工资激励职能的工资单元，其标准用点数表示。岗点工资单元占工资收入的45%~50%
4	效益工资单元	这是实现工资与单位经济效益和员工实际贡献挂钩，体现工资激励职能的工资单元，是薪点工资制的重要组成部分。效益工资单元占工资收入的20%~25%

4.6.4 基本岗点和技能点的确定

岗点一般由基本岗点和技能点两个部分构成。条件成熟的企业也可以把专业技术职务和技术等级作为任职、上岗的条件，只设基本岗点不设技能点。

1. 基本岗点标准的制定

基本岗点标准的制定原则是对岗不对人，体现岗位的客观差别。基本岗点按照劳动岗位"四要素"，对各劳动岗位测评分级确定。

确定基本岗点的操作步骤，即岗位分类、岗位测评、列点排序、分级定点。

确定基本岗点的点数可供选择的方法有倍数法、系数法、变换法三种，见表4.15。

表4.15 确定基本岗点的点数的三种方法

方法	应用说明与具体分析
倍数法	先确定最低岗级点数，再确定最低岗级点数与最高岗级点数的倍数，然后用等差或等比法确定其他岗级的点数。该方法适用于岗位较多且岗位可比性差，测评分数不能充分反映各类岗位差别的单位
系数法	岗级的点数完全根据测评得分确定。先将最低岗级的分数视为1，再分别求出各岗级的相对系数，然后用系数乘以1000求出各岗级的点数。该方法适用于岗位较少且可比性强，测评工作规范，测评分数能准确地反映各类岗位差别的单位
变换法	考虑到现行岗位工资都是按劳动岗位"四要素"测评归级确定的，并经过实践证明是基本合理的，可以直接把各岗位同档次的岗位工资额变换成点数，也可按同样的倍数放大或缩小。该方法适用于现行岗位工资已能较准确反映各岗位差别的单位

2. 技能点标准的制定

为体现相同岗位不同技能人员待遇的差异，鼓励员工主动学习新技术，把工资与技能挂钩。技能点对人不对岗，以体现个人的主观差别。确定技能点的标准有两种方法，见表4.16。

表4.16 确定技能点标准的两种方法

方法	应用说明与具体分析
增加技能点	依据专业技术职务任职资格和工人的技术等级，按照逐级等比递增的方法增加技能点
浮动技能点	实行一岗多档工资制。凡技能水平达到岗位技能要求的享受基本点；凡低于或高于岗位技能要求的，在基本点的基础上，按一定比例向下或向上浮动点数

4.6.5 薪点工资设计流程的七个步骤

薪点工资设计的具体操作应遵循七个步骤进行，如图4.12所示。

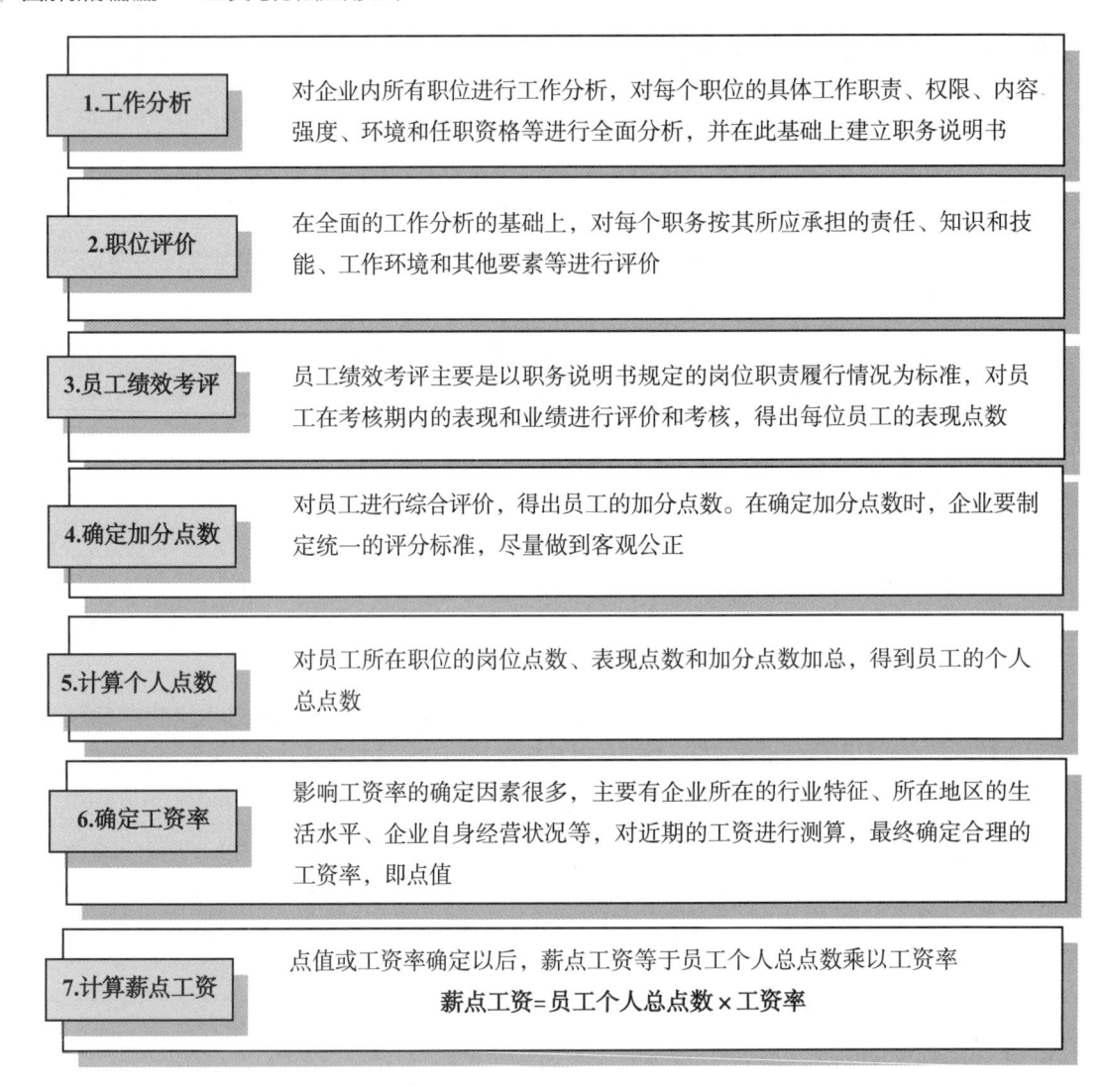

1.工作分析	对企业内所有职位进行工作分析，对每个职位的具体工作职责、权限、内容强度、环境和任职资格等进行全面分析，并在此基础上建立职务说明书
2.职位评价	在全面的工作分析的基础上，对每个职务按其所应承担的责任、知识和技能、工作环境和其他要素等进行评价
3.员工绩效考评	员工绩效考评主要是以职务说明书规定的岗位职责履行情况为标准，对员工在考核期内的表现和业绩进行评价和考核，得出每位员工的表现点数
4.确定加分点数	对员工进行综合评价，得出员工的加分点数。在确定加分点数时，企业要制定统一的评分标准，尽量做到客观公正
5.计算个人点数	对员工所在职位的岗位点数、表现点数和加分点数加总，得到员工的个人总点数
6.确定工资率	影响工资率的确定因素很多，主要有企业所在的行业特征、所在地区的生活水平、企业自身经营状况等，对近期的工资进行测算，最终确定合理的工资率，即点值
7.计算薪点工资	点值或工资率确定以后，薪点工资等于员工个人总点数乘以工资率 **薪点工资=员工个人总点数×工资率**

图 4.12 薪点工资设计流程的七个步骤

4.7 提成工资制设计

提成工资制，又称拆账工资制或分成工资制，是一种企业基于员工的业绩，按照一定比例计发劳动报酬的计算方式。这种制度不仅能有效地调动员工的工作热情，提升工作效率，同时也能为企业减轻经济压力，降低运营成本。

在实施提成工资制时，企业应详尽地在劳动合同中阐明提成的具体比例、计算基数、基数的确定方法，以及提成的支付方式等关键信息。这一制度特别适用于那些劳动成果难以预先通过定额来计量，或者不易确定每件工作单价的情况。通过明确和透明的提成机制，企业能够更好地激励员工，实现企业和员工的共赢。

4.7.1 超额提成和全额提成

提成工资的具体形式可以分为两种类型,即超额提成和全额提成。

1. 超额提成

超额提成是指在员工的薪酬构成中,除了保留一部分基本工资作为固定收入外,还设定了需达成的销售额或利润目标。当员工超额完成这些目标时,他们将从超额部分中按照一定比例获得额外的提成工资。这种制度旨在激发员工的工作动力,鼓励其创造更好的业绩。

超额提成的计算公式为

$$员工收入 = 基本工资 + 超额收入 \times 提成比例$$

2. 全额提成

而对于全额提成,其中员工的固定基本工资被取消,其收入完全根据实现的利润或销售收入额而动态调整。在这种模式下,员工的收入与其业绩紧密挂钩,从而更直接地激励员工提升销售业绩,为企业创造更大的价值。

全额提成的计算公式为

$$全额提成 = 利润或销售收入额 \times 提成比例$$

4.7.2 实施提成工资制的三个关键要素

实施提成工资制包括三个关键要素,如图 4.13 所示。

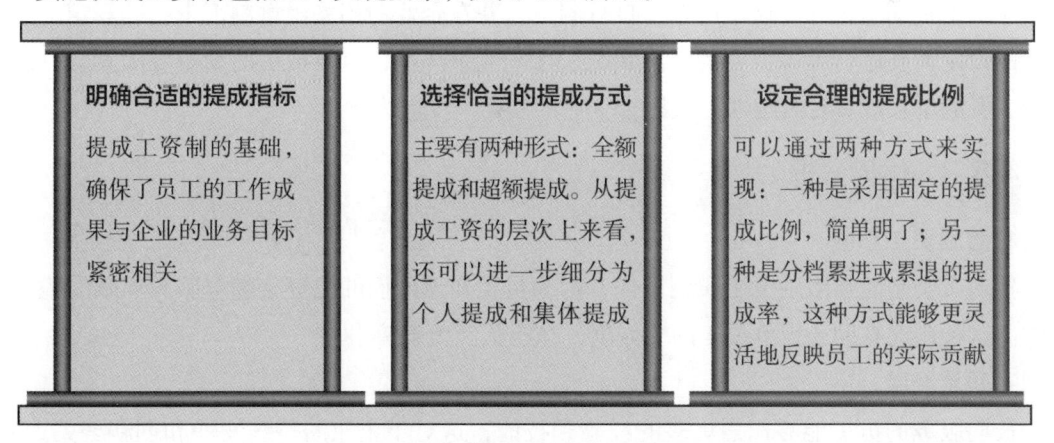

明确合适的提成指标	选择恰当的提成方式	设定合理的提成比例
提成工资制的基础,确保了员工的工作成果与企业的业务目标紧密相关	主要有两种形式:全额提成和超额提成。从提成工资的层次上来看,还可以进一步细分为个人提成和集体提成	可以通过两种方式来实现:一种是采用固定的提成比例,简单明了;另一种是分档累进或累退的提成率,这种方式能够更灵活地反映员工的实际贡献

图 4.13 实施提成工资制的三个关键要素

其中,全额提成意味着员工的全部工资将随着营业额的变化而浮动,不再设有基本工资;而超额提成则是在保留基本工资的基础上,规定员工需要完成的营业额目标,只有当目标超额完成时,员工才能按照一定的比例从超额部分中提取工资。

4.8 年功工资制设计

年功工资制,作为一种经典且深入人心的薪酬模式,其核心原则是员工的基本工资会依据其个人年龄,以及在企业服务年限的增长而逐年递增。这种增长并不是随意的,而是遵循企业精心设计的年功工资表,按照一定的序列和规则进行。

年功工资制,又称工龄工资制,是一种根据员工在企业服务的年限来支付相应工资的薪酬制度。这种制度的核心在于,员工的服务年限越长,其获得的工资就越高。此制度不仅体现了对员工长期服务的认可和激励,也为企业构建了一种稳定、有序的薪酬增长机制。

4.8.1 设计理念

年功工资制的设计理念基于对员工忠诚度和经验的重视,员工在企业服务的时间越长,其对企业文化的理解、对业务流程的熟悉程度,以及对客户需求的洞察力就越强。因此,通过年功工资制,企业可以鼓励员工长期留任,并充分利用其积累的经验和技能。

4.8.2 实施要点

1. 服务年限的确定

服务年限是计算年功工资的基础,通常以员工入职之日起开始计算,直到计算年功工资的日期为止。在实施过程中,需要确保服务年限的准确记录,以便公平、合理地支付年功工资。

2. 增长标准的制定

年功工资的增长标准通常由企业自行制定,并在企业的相关规章制度中明确规定。增长标准的设定需要综合考虑企业的经济状况、市场竞争环境,以及员工的期望等因素,以确保年功工资的增长既具有激励性,又符合企业的实际承受能力。

4.8.3 优势分析

1. 激励员工忠诚

年功工资制能够激励员工长期留任,因为员工知道他们的工资会随着服务年限的增加而增加。这种制度有助于培养员工的忠诚度,减少人员流动率。

2. 积累经验

长期服务的员工能够积累更多的经验和技能,这对于企业的持续发展和创新至关重要。年功工资制有助于企业保留这些经验丰富的员工。

3. 简化管理

年功工资制相对简单明了,便于企业管理和操作。企业只需根据员工的服务年限来确定工资水平,无须考虑其他复杂的绩效考核因素。

4.8.4 挑战与应对策略

1. 工资差距问题

随着服务年限的增加，员工之间的工资差距可能会逐渐拉大。这可能导致新员工感到不公平，甚至影响他们的工作积极性。为了应对这一问题，企业可以设定合理的工资增长上限，或者结合其他薪酬制度（如绩效奖金）来平衡工资差距。

2. 激励效果递减

对于已经获得较高年功工资的员工来说，进一步的工资增长可能对他们的激励效果有限。此时，企业可以考虑引入更多的非物质激励措施（如晋升机会、培训和发展计划等）来保持员工的工作热情和创造力。

对标案例 日本企业实施年功工资制的特色

年功工资制，又称年功序列工资制，是日本企业传统薪酬制度的重要特征之一。该制度依据员工的工龄、学历、能力和职位等因素来决定工资水平，旨在通过长期稳定的薪资增长来激励员工，培养员工的忠诚度和归属感。

日本企业年功工资制的特点如图 4.14 所示。

工龄决定基础薪资	论资排辈	稳定且可预测的增长
在年功工资制中，员工的基础薪资与其在企业的服务年限密切相关。工龄越长，基础薪资越高	年功工资制强调资历和经验，新员工通常从较低的薪资水平开始，随着工龄的增加，薪资和职位逐步上升	员工可以预期自己的薪资将随着工龄的增长而稳定增加，这种可预测性有助于员工规划自己的职业生涯
提高员工忠诚度	**减少人员流动**	**资历认可**
年功工资制鼓励员工长期留在企业，因为员工知道他们的薪资和福利会随着时间而增加	由于薪资与工龄直接挂钩，员工更倾向于稳定的工作，而不是频繁跳槽	年功工资制是对员工长期服务的一种认可和奖励，有助于提升员工的工作满意度和归属感

图 4.14 日本企业年功工资制的特点

日本企业实施年功工资制的五个操作步骤如图 4.15 所示。

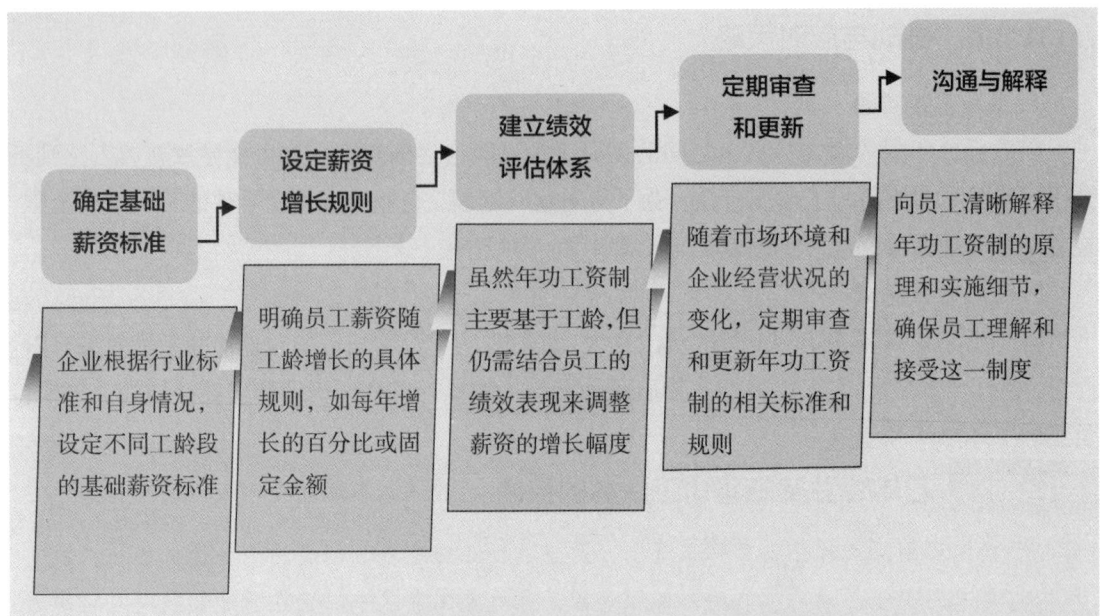

```
确定基础         设定薪资         建立绩效         定期审查         沟通与解释
薪资标准    →    增长规则    →    评估体系    →    和更新      →
```

企业根据行业标准和自身情况，设定不同工龄段的基础薪资标准	明确员工薪资随工龄增长的具体规则，如每年增长的百分比或固定金额	虽然年功工资制主要基于工龄，但仍需结合员工的绩效表现来调整薪资的增长幅度	随着市场环境和企业经营状况的变化，定期审查和更新年功工资制的相关标准和规则	向员工清晰解释年功工资制的原理和实施细节，确保员工理解和接受这一制度

图 4.15　日本企业实施年功工资制的五个操作步骤

年功工资制在实际应用中存在的问题主要包括五个方面，如图 4.16 所示。

缺乏激励性	年功工资制主要取决于员工的年龄和工龄，而不太注重员工的能力或职能要素，这可能导致高能力的员工因为工龄较短而获得较低的薪资，从而降低了他们的工作积极性和创新动力。这种制度对于激发人才的潜能和创造力存在明显的不足
工资体系理解难度大	年功工资制的决定基础相对模糊，员工可能难以理解工资体系的构成和增长机制，这种不透明性可能会影响员工对薪酬制度的信任感和满意度
无法确切把握能力要素	在提升工资时，年功工资制无法准确反映员工的能力提升和绩效贡献，这可能导致优秀的员工因为工龄不足而无法得到应有的薪资提升，从而影响了他们的工作积极性和职业发展
家庭与工作不分	年功工资制通常不仅考虑员工的工作贡献，还涉及对员工的住宅、家属等方面的收入要求，这种制度设计可能导致工资体系中包含过多的津贴和间接性给付，使得家庭与工作之间的界限变得模糊，忽略了工资的本质定义
不利于吸引和留住年轻人才	由于年功工资制强调工龄和经验，年轻员工可能因为薪资水平较低而感到不满，这可能导致企业难以吸引和留住优秀的年轻人才，从而影响企业的创新能力和市场竞争力

图 4.16　年功工资制存在的五个问题

日本企业实施的年功工资制通过稳定的薪资增长和资历认可，有效提高了员工的忠诚度，减少了人员流动。然而，随着全球化和市场竞争的加剧，这种制度也面临着挑战。因此，企业在实施年功工资制时，需要灵活调整并结合其他激励机制，以确保既能保持员工的稳定性，又能激发其创新和工作激情。

4.9 谈判工资制设计

谈判工资制是一种高度个性化和灵活性的薪酬确定机制，摒弃了传统的固定薪酬模式，允许企业和员工通过双向的、开放的谈判过程来确定员工的工资待遇。在这种制度下，每个员工的薪酬不再是一成不变的，而是基于其独特的技能、贡献、市场价值及个人发展需求，通过协商达成具体的薪酬协议。谈判工资制不仅有助于企业精准地匹配员工价值与市场标准，更能激发员工的工作动力，实现企业与员工的共赢发展。

谈判工资制具有个性化定制、灵活性和双向沟通等特点，适用于吸引和留住人才、激发员工积极性，以及适应市场变化的场景。然而，谈判工资制也存在管理成本高、可能引发内部不公平感和谈判技巧要求高等缺点。因此，企业在采用谈判工资制时，需要综合考虑员工需求、市场状况，以及企业自身情况等因素，以确保制度的有效实施。

4.9.1 三个特点

谈判工资制具有鲜明的三个特点，如图4.17所示。

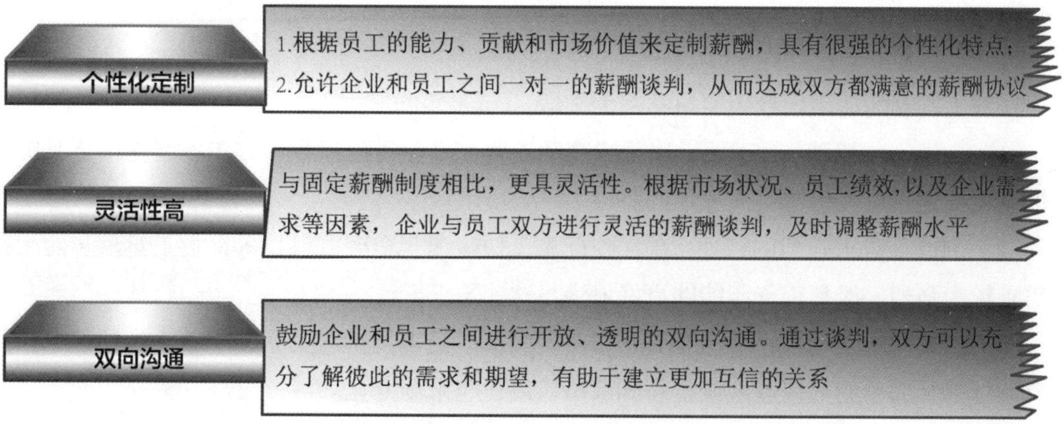

个性化定制	1.根据员工的能力、贡献和市场价值来定制薪酬，具有很强的个性化特点； 2.允许企业和员工之间一对一的薪酬谈判，从而达成双方都满意的薪酬协议
灵活性高	与固定薪酬制度相比，更具灵活性。根据市场状况、员工绩效，以及企业需求等因素，企业与员工双方进行灵活的薪酬谈判，及时调整薪酬水平
双向沟通	鼓励企业和员工之间进行开放、透明的双向沟通。通过谈判，双方可以充分了解彼此的需求和期望，有助于建立更加互信的关系

图4.17　谈判工资制的三个特点

4.9.2 优点和缺点

谈判工资制既有优点，又有缺点，如图4.18所示。

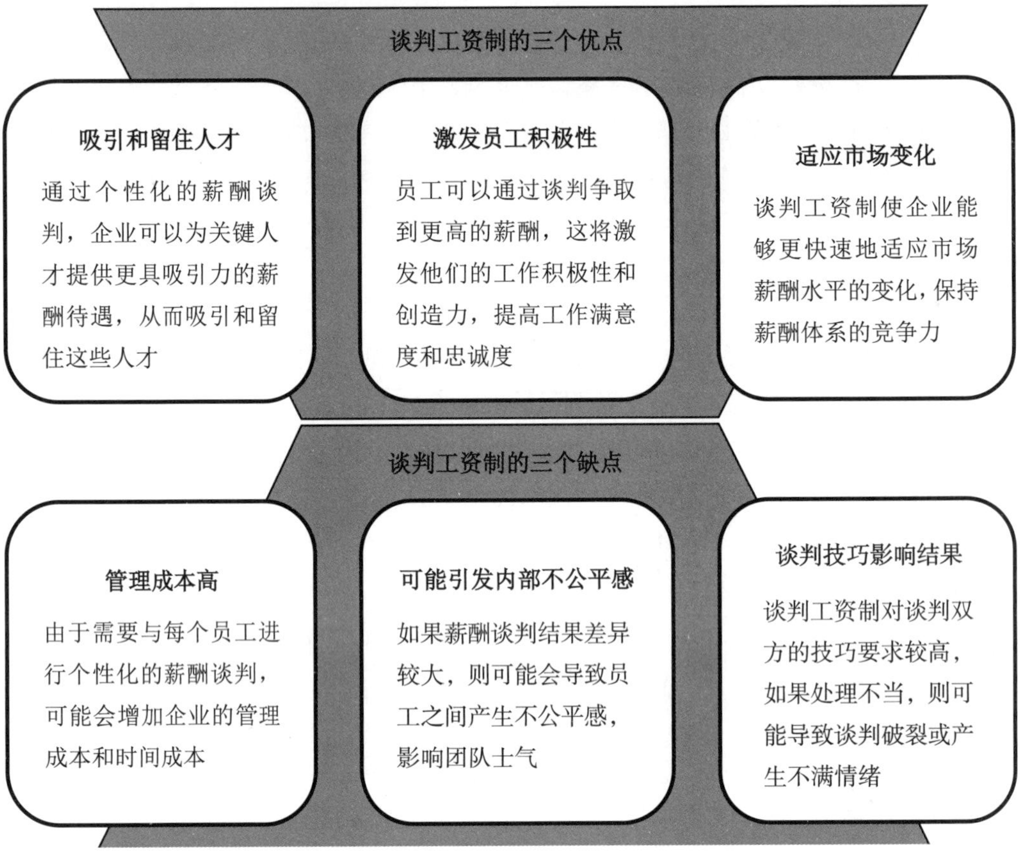

谈判工资制的三个优点

吸引和留住人才
通过个性化的薪酬谈判，企业可以为关键人才提供更具吸引力的薪酬待遇，从而吸引和留住这些人才

激发员工积极性
员工可以通过谈判争取到更高的薪酬，这将激发他们的工作积极性和创造力，提高工作满意度和忠诚度

适应市场变化
谈判工资制使企业能够更快速地适应市场薪酬水平的变化，保持薪酬体系的竞争力

谈判工资制的三个缺点

管理成本高
由于需要与每个员工进行个性化的薪酬谈判，可能会增加企业的管理成本和时间成本

可能引发内部不公平感
如果薪酬谈判结果差异较大，则可能会导致员工之间产生不公平感，影响团队士气

谈判技巧影响结果
谈判工资制对谈判双方的技巧要求较高，如果处理不当，则可能导致谈判破裂或产生不满情绪

图4.18　谈判工资制的优点和缺点

4.9.3　适用场景分析

谈判工资制的适用场景主要包括三大领域。

（1）高端人才招聘：对于关键岗位或高端人才，企业可以通过谈判工资制提供更具吸引力的薪酬待遇，以吸引这些人才加入。

（2）个性化需求强烈的行业：在某些行业，如咨询、金融、科技等，员工对薪酬的个性化需求较为强烈，谈判工资制能够更好地满足这些需求。

（3）市场薪酬水平波动较大的地区：在薪酬水平受市场供需关系影响较大的地区，谈判工资制可以帮助企业更快速地调整薪酬策略，以适应市场变化。

最佳实践：××公司生产人员工资激励方案范例

××公司生产人员工资激励方案

一、企业背景与诉求

产品是企业生存的命脉，公司生产人员的工作态度和主动性严重影响着产品生产的质量及数量。为调动生产人员的工作积极性，提高公司生产效率，规范公司工资管理与分配体系，体现按劳分配、多劳多得、少劳少得、不劳不得的原则，特制定本方案。

二、岗位薪酬与构成

公司生产岗位人员的薪酬结构由岗位工资、工龄工资、技能工资、计件工资、加班工资和奖金六个部分构成。

（一）岗位工资

岗位工资是生产人员薪酬组成中的一个基础部分。公司以岗位的劳动强度、劳动责任、工作技能、工作环境为标准，将一线生产人员岗位工资标准进行等级划分，如《××公司生产人员不同等级岗位的工资标准表》中不同等级的岗位设置不同的工资标准。

××公司生产人员不同等级岗位的工资标准表

岗位等级	工资标准/元	
	A类	B类
一级	850	950
二级	1000	1100
三级	1200	1300

（二）工龄工资

为促进公司生产岗位人员的稳定性，保证公司生产任务的顺利完成，公司在薪酬结构中添加工龄工资项目。工龄工资标准为员工在本公司连续工作每满一周年，每月将增加50元的工龄工资。

（三）技能工资

为鼓励生产人员不断提高生产操作技能，公司鼓励生产人员持证上岗，具体标准见《××公司生产人员技能工资等级标准表》。

××公司生产人员技能工资等级标准表

项目	工资等级标准		
技能等级	初级工	中级工	高级工
工资标准	50元	100元	200元

（四）计件工资

计件工资是根据生产人员完成的生产任务量或生产的合格产品的数量，按照事先规定的计件单位和计件单价向生产人员支付的劳动报酬。实施计件工资须事先明确产量定额、计件单价、计件单位和核算原理等项目。

1. 产量定额

产量定额是生产人员在单位时间内完成一定生产任务量或一定合格产品数量的限额。

2. 计件单位

计件单位包括个人计件和班组计件。

（1）个人计件。个人计件以生产人员个人为计算单位，员工个人根据自身完成的产品任务量或合格产品数量获得相应的劳动报酬。其计件工资取决于个人的劳动成果，适用于由个人单独操作的工作。

（2）班组计件。班组计件以生产班组为计算单位，根据班组全体生产人员共同完成的生产任务量或合格产品数量获得相应的劳动报酬。其计件工资取决于班组生产人员共同的劳动成果，适用于那些机器设备和工艺要求班组工人共同努力才能完成工作任务，而又不能单独计算个人产量和质量的工作。

3. 计件工资的计算公式

计件工资制是将一线员工生产的产品量与收入直接挂钩的工资形式，适用于生产任务明确、产品数量和质量易于测试和统计的工种，计算公式为

> 生产人员所获得的报酬总额=底薪+计件单价×产品数量

其中，计件单价是指生产人员每完成一件合格产品或一件单位任务量应获得的单位劳动报酬。

4. 计件工资的核算标准

（1）个人计件工资的核算标准。

> 计件单价=单位时间工资标准/单位时间产量定额
>
> 个人计件工资总额=个人生产的合格产品数量×计件单价

（2）班组计件工资的核算标准。

> 班组计件单价=班组全体成员单位时间工资标准总额/单位时间产量定额
>
> 班组计件工资总额=整个班组生产的合格产品数量×班组计件单价

5. 计件工资的发放

（1）不论是按照个人计件还是班组计件的工人，只要生产出的产品质量合格，且未违反技术操作规程，均按计件单价计算的结果于每月____日发放工资。

（2）班组计件所得总工资应按照该组成员不同的工作效率、考核结果、出勤状况进行合理分配。

（五）加班工资

1. 加班适用情况

（1）在正常工作时间内完不成而又必须在规定的时间内完成的工作。

（2）临时布置的紧急生产任务。

2. 加班工资的计算

（1）正常工作日加班。在正常工作日内法定标准工作时间以外延长工作时间的，以生产人员或班组在法定工作时间计件单价的150%为标准支付加班工资。

（2）休息日加班。休息日安排加班又不能安排补休的，以生产人员或班组在法定工作时间计件单价的200%为标准支付加班工资。

（3）法定节假日加班。在法定节假日安排工作的，以生产人员或班组在法定工作时间计件单价的300%为标准支付加班工资。

（六）奖金

1. 绩效奖金

（1）以季度为周期，根据各生产车间的任务完成情况定期计发绩效奖金。具体计算标准见《××公司生产人员绩效奖金核算标准一览表》。

××公司生产人员绩效奖金核算标准一览表

生产任务完成情况	车间绩效奖金核算标准
完成规定的生产任务	不奖不惩
＿＿％≤超额完成生产任务≤＿＿％	所创造的超额利润的＿＿％
＿＿％＜超额完成生产任务≤＿＿％	所创造的超额利润的＿＿％
＿＿％＜超额完成生产任务≤＿＿％	所创造的超额利润的＿＿％
超额完成生产任务＞＿＿％	所创造的超额利润的＿＿％

（2）个人绩效奖金根据考核系数来计算，具体见部门奖金分配办法。

2. 优秀员工奖金

员工绩效考核连续三次评分在85分及以上者，公司审核并颁发"优秀员工"奖状，奖金为200元/次。

三、激励管理与奖罚标准

（一）产品检验合格率低于正常标准的，按不合格率的双倍扣罚相应比例的计件工资。

（二）因产品质量不合格而需要返工的，返工时不再计算件数。造成材料报废且损失金额在＿＿元以上的，由相关责任人承担损失金额的＿＿％。

第 5 章
股票期权股权设计工具的应用

ESOP 被广泛应用于公司重组、融资、上市替代方案等多个方面。通过 ESOP，企业可以实现多重目标，包括但不限于资本积累。ESOP 作为公司筹资的一种手段，提供内部交易市场、防止敌意收购，以及激发员工的工作积极性，提高生产效率。

股票期权计划应用于多个方面，如对冲风险，投资者可以利用看跌期权对冲市场下跌的风险，从而限制潜在损失；利润最大化，通过使用看涨期权，投资者可以在股票价格上涨时实现更高的杠杆效应，放大利润；税收优势，投资者在出售股票期权时可能享受较低的资本利得税；投资策略多样化，股票期权可以提供多种投资策略，如对冲、杠杆投资、收入生成等。

期股计划主要应用于激励和约束企业员工，特别是中高层管理人员和关键技术人员。通过赋予员工未来购买公司股票的权利，激发其工作积极性和创新能力。期股计划有助于将员工的个人利益与公司的长期发展紧密绑定，从而推动公司的持续成长。

管理层收购主要应用于企业改制、重组或融资等场景。通过管理层收购，目标公司的管理者或经理层可以利用借贷所融资本购买本公司的股份，从而改变公司所有者结构、控制权结构和资产结构。管理层收购在实际应用中也存在融资渠道狭窄、定价非市场化、信息披露不健全等问题，需要谨慎操作并加强监管。

股票期权股权设计工具应用框架体系插画

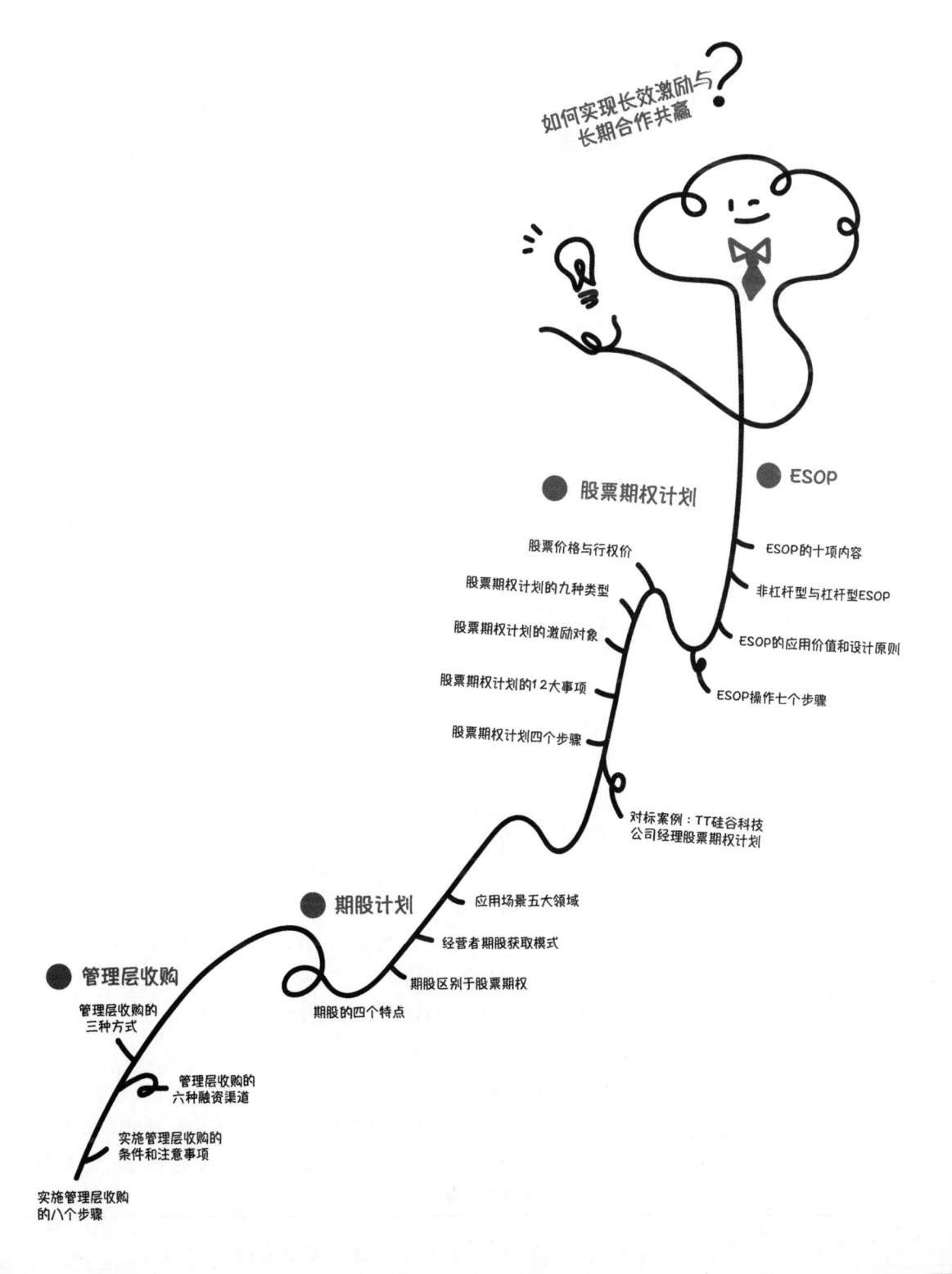

如何实现长效激励与长期合作共赢？

● 股票期权计划
- 股票价格与行权价
- 股票期权计划的九种类型
- 股票期权计划的激励对象
- 股票期权计划的12大事项
- 股票期权计划四个步骤
- 对标案例：TT硅谷科技公司经理股票期权计划

● ESOP
- ESOP的十项内容
- 非杠杆型与杠杆型ESOP
- ESOP的应用价值和设计原则
- ESOP操作七个步骤

● 期股计划
- 应用场景五大领域
- 经营者期股获取模式
- 期股区别于股票期权
- 期股的四个特点

● 管理层收购
- 管理层收购的三种方式
- 管理层收购的六种融资渠道
- 实施管理层收购的条件和注意事项
- 实施管理层收购的八个步骤

问题与痛点：如何实现长效激励与长期合作共赢

实现长效激励与长期合作共赢需要综合运用多种股票期权股权设计工具。ESOP、股票期权计划、期股计划及管理层收购等工具不仅有助于绑定员工与公司的利益，还能激发员工的积极性和创新精神，从而实现公司的长期稳定发展。每种工具都有其独特的优点和适用场景，企业应根据自身的激励目标和经营策略来选择合适的工具组合。

ESOP、股票期权计划、期股计划及管理层收购等长期激励工具的问题与痛点和解决方案，见表5.1。

表5.1 长期激励工具的问题与痛点和解决方案

长期激励工具	项目划分	具体说明
ESOP	问题与痛点	如何确保员工与公司利益的长期绑定
		如何通过员工持股提高员工的忠诚度与工作效率
	解决方案	ESOP通过让员工持有公司股份，将其个人利益与公司利益紧密结合，从而实现长效激励。这不仅可以增强员工的归属感，还能作为一种退休保障，替代养老金
		根据相关数据，实行ESOP的公司往往能够提高员工的工作效率和忠诚度，因为员工明白他们的工作表现直接影响到自己所持股份的价值
股票期权计划	问题与痛点	如何吸引并留住关键人才
		如何在不增加公司即时成本的情况下提供激励
	解决方案	股票期权计划允许员工在未来以特定价格购买公司股票，这为员工提供了一种潜在的巨大奖励，能够吸引并留住关键人才
		股票期权计划不会增加公司当前的薪酬支出，但提供了长期的激励效果，使员工有动力为公司创造更多价值
期股计划	问题与痛点	如何确保中高层管理人员的长期承诺
		如何实现公司增长与员工个人收益的同步
	解决方案	期股计划通过授予中高层管理人员在未来购买公司股票的权利，确保了他们的长期承诺和投入
		当公司业绩增长时，持有期股的员工可以从中受益，从而实现了公司增长与员工个人收益的同步增长
管理层收购	问题与痛点	如何通过改变公司所有权结构来激发管理层的积极性
		如何确保管理层与公司利益的完全一致
	解决方案	管理层收购允许管理层通过借贷融资购买公司股份，从而成为公司的所有者。这种所有权的转变能够极大地激发管理层的积极性和创新精神
		当管理层成为公司所有者时，他们的利益与公司利益完全一致，这有助于实现长期的合作共赢

5.1 ESOP

ESOP 是企业为了高效实现战略目标而采用的一种策略,即允许员工持有公司股票和期权,从而深度激发其工作热情与潜能。企业员工将自愿出资购买公司股权,这些股权随后交由员工持股会或特定机构管理。这些机构作为员工的代表,将在董事会中发声,并参与公司的决策与利润分享。

ESOP 不仅是员工所有权的一种实质性体现,更是一种创新的制度安排。员工通过股权购买,成为公司的部分所有者,享有相应的投票权,这极大地提升了他们的工作积极性和对公司的归属感。该计划巧妙地将员工的个人利益与公司的长远发展紧密相连,让员工能够分享企业的成长红利,共同创造更美好的未来。

5.1.1 ESOP 的十项内容

从整体来看,ESOP 主要包括十项内容,如图 5.1 所示。

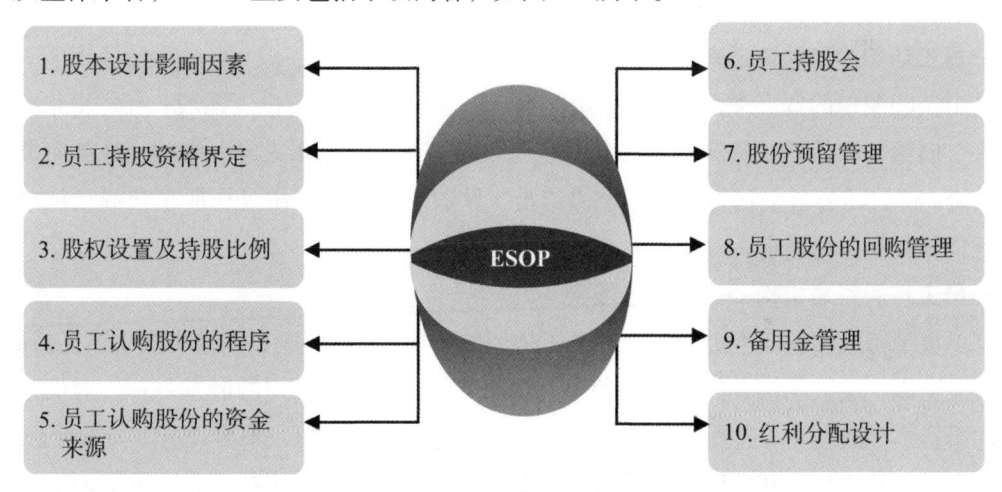

图 5.1 ESOP 的十项内容

1. 股本设计影响因素

股本设计应考虑的因素主要包括四个方面,即企业发展的基本需求、ESOP 实施后恰当的回报率、企业净资产价值、员工持股比例和员工认购能力。

2. 员工持股资格界定

根据国家有关政策规定,被允许参与 ESOP 的人员通常包括四种类型,即公司的董事、监事、经理,工作达到一年的正式员工,公司派往投资企业、代表处工作、劳动人事关系仍在本公司的海外派遣员工,公司在册管理的离退休人员。

3. 股权设置及持股比例

(1)经公司股东会或产权单位同意,内部员工的股份原则上可以通过两种方式设置:一是增资扩股;二是产权转让。

(2)企业可以根据本企业规模、经营情况和员工购买力,在符合证监会法律规定的条件下,确定员工股份总额占公司总股本的比例。

4. 员工认购股份的程序

员工认购股份的程序主要包括六个步骤，如图 5.2 所示。

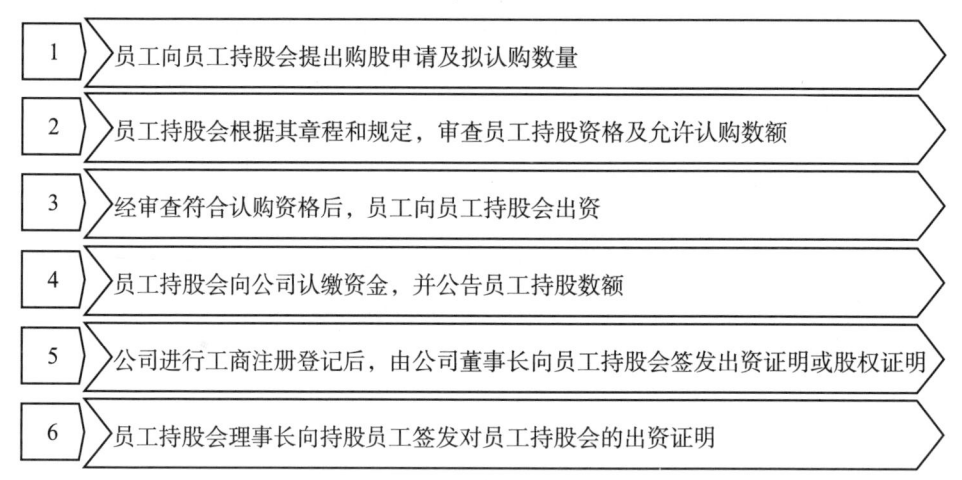

1	员工向员工持股会提出购股申请及拟认购数量
2	员工持股会根据其章程和规定，审查员工持股资格及允许认购数额
3	经审查符合认购资格后，员工向员工持股会出资
4	员工持股会向公司认缴资金，并公告员工持股数额
5	公司进行工商注册登记后，由公司董事长向员工持股会签发出资证明或股权证明
6	员工持股会理事长向持股员工签发对员工持股会的出资证明

图 5.2　员工认购股份的六个步骤

5. 员工认购股份的资金来源

员工认购股份的资金来源主要包括四种渠道，即个人以现金出资购股；由公司非员工股东担保，向银行、信托、资产管理公司等进行借贷；经审查符合认购资格后，员工向员工持股会出资；将公司公益金划为专项资金借给员工购股，借款利率由公司股东会或产权单位参照银行贷款利率自行确定。

6. 员工持股管理机构——员工持股会

（1）员工持股会的产生。实施内部员工持股的公司，应由持股员工选举产生员工持股会。员工持股会以工会社团法人的名义办理工商注册登记，并作为公司的股东之一。对员工人数少、注册资本少的公司，持股员工可以自然人股东身份注册登记，不再设员工持股会。

（2）员工持股会的基本职责。员工持股会是负责员工股的集中托管和日常管理工作的管理机构。其基本职责主要包括五个方面，如图 5.3 所示。

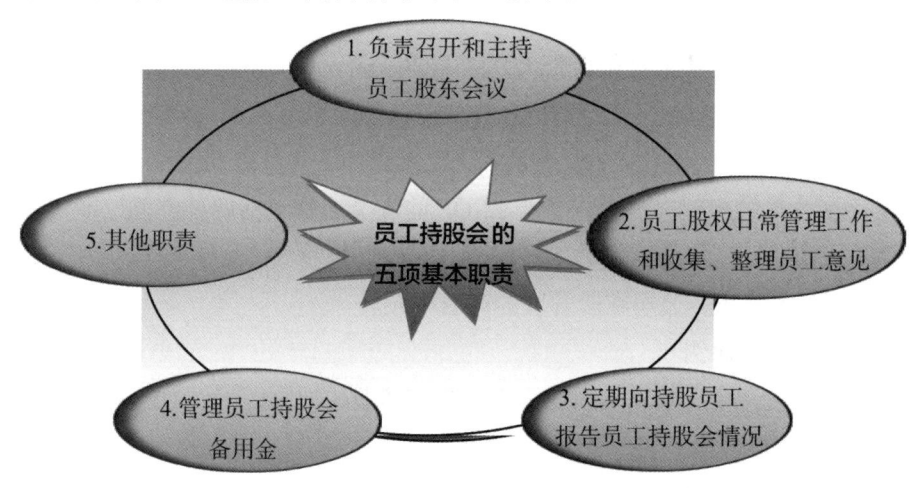

员工持股会的五项基本职责：
1. 负责召开和主持员工股东会议
2. 员工股权日常管理工作和收集、整理员工意见
3. 定期向持股员工报告员工持股会情况
4. 管理员工持股会备用金
5. 其他职责

图 5.3　员工持股会的五项基本职责

（3）员工持股会的构成。员工持股会应本着精干、高效和以兼职为主的原则设置，应由具有企业管理和股权管理经验的持股员工构成。

（4）员工持股会的代表权力。经持股员工选举产生的员工股东代表，依照《中华人民共和国公司法》（以下简称《公司法》）等有关法律、法规进入公司股东会、董事会和监事会，代表员工持股权益，行使公司的股东、董事、监事职权，并负有相应的责任和义务。

（5）员工股东代表的职责。代表持股员工的董事和监事，在参与公司决策中，应充分表达持股员工的意见，以维护其合法权益。

7. 股份预留管理

（1）公司根据发展需要，在内部员工持股总额中，可设置部分预留股份，让具备资格的新增员工认购。

（2）预留股份由员工持股会筹集资金认购并负责管理和运作。

（3）员工持股会偿还筹借资金本息的主要途径为预留股份每年获得的红利和新增员工认购股份缴纳的资金。

（4）新增员工认购股份时，股票价格按上一年末公司每股账面净资产值计算。

（5）当员工脱离公司，不再继续持有内部员工股时，其所持股份由员工持股会回购，转作预留股份。

其中，脱离公司一般指调离、退休、自动离职、停薪留职、被辞退或解聘、被开除或死亡等情形，特殊情况除外。

8. 员工股份的回购管理

根据持股对象的不同，股份回购的实施过程也是有所区别的，具体见表5.2。

表5.2 员工股份的回购操作细则

员工类别		股份回购
普通员工	脱离公司	当员工脱离公司时，其股份由员工持股会回购，转作预留股份。员工持股会应退还个人股款，股份价格按公司上一年末每股账面净资产值计算
	员工死亡	如遇员工死亡的，由员工持股会按公司上一年末每股账面净资产值回购员工股份，转作预留股份，并将股款交给其合法继承人
经营者		1. 经营者股份的回购须经产权单位或股东会同意； 2. 经营者离开本公司，经离任审计后，由员工持股会按审计后的每股账面净资产值回购股份，并转作预留股份，股款退还本人
技术人员享受科技成果折股		1. 技术人员持科技成果折股的股份不满三年而脱离公司的，由员工持股会回购股份，转作预留股份，可酌情将30%~50%的股金支付给本人； 2. 科技人员持科技成果折股的股份满三年以上而脱离公司的，其股份由员工持股会按上一年末每股账面净资产值回购，股金支付给本人

9. 备用金管理

备用金是指员工持股会用以购买内部员工预留股份和回购脱离公司的员工所持股份的专

项周转资金。备用金管理的三大事项如图 5.4 所示。

备用金来源
1. 以员工持股会名义借贷的资金；
2. 新增员工认购股份所缴纳的资金；
3. 内部员工预留股份每年所分的红利

备用金用途
1. 购买预留股份；
2. 回购脱离公司的员工所持股份；
3. 归还员工持股会用以购买预留股份的借贷款本息

备用金须专款专用
备用金由公司财务部门设立专门账户负责核算。资金的日常支出由员工持股会负责人审批，重大支出经持股员工讨论决定，并每年向持股员工公布收支情况

图 5.4 备用金管理的三大事项

10. 红利分配设计

实行内部员工持股的公司应依照《公司法》进行利润分配。不得损害国有财产或其他股东的利益，持股员工依法享有公司红利分配。

（1）持股员工应将所分的红利按借款合同的规定归还借款本息。

（2）红利分配不足以偿还当年借款本息的部分，逐步从员工工资或奖金中扣还。

（3）预留股份红利用于归还借贷本息，借贷款还清后，转作备用金。

（4）经营困难的企业实行员工持股，经政府有关部门批准，员工股的分红可享受税收的优惠政策。

5.1.2 非杠杆型与杠杆型 ESOP

ESOP 可分为非杠杆型和杠杆型，见表 5.3。

表 5.3 ESOP 的两种类型

类型	内涵与管理	实施要点
非杠杆型 ESOP	非杠杆型 ESOP 是指企业员工不通过金融机构贷款的形式来购置股票的形式 1. 一般是由员工自有资金购买，或一部分自有资金和企业提供一部分低息借款，而非通过银行等机构进行贷款的方式进行股票购置； 2. 股票购置金额一般为员工 12 个月的薪酬，并且不超过总薪酬的 30%，另外，员工购买股票金额不得超过家庭资产的 1/3	1. 由公司每年向该计划提供股票或用于购买股票的现金，员工不需做任何支出； 2. 由员工持股信托基金会持有员工的股票，并定期向员工通报股票数额及价值； 3. 当员工退休或因故离开公司时，将根据一定年限的要求相应取得股票或现金

续表

类型	内涵与管理	实施要点
杠杆型 ESOP	杠杆型 ESOP 主要是利用信贷杠杆来实现的 1. 成立一个 ESOP 信托基金； 2. 由公司担保，该基金出面，以实行 ESOP 为名向银行贷款购买公司股东手中的部分股票，购入的股票由信托基金掌握，并利用因此分得的公司利润及由公司其他福利计划中转来的资金归还银行贷款的利息和本金； 3. 随着贷款的归还，按事先确定的比例将股票逐步转入员工账户，贷款全部还清后，股票即全部归员工所有	1. 银行贷款给公司，再由公司借款给员工持股信托基金会，或者由公司做担保，由银行直接贷款给员工持股信托基金会； 2. 信托基金会用借款从公司或现有的股票持有者手中购买股票； 3. 公司每年向信托基金会提供一定的免税贡献份额； 4. 信托基金会每年从公司取得利润和其他资金，以归还公司或银行的贷款； 5. 当员工退休或离开公司时，按照一定条件取得股票或现金

5.1.3 ESOP 的应用价值和设计原则

ESOP 的应用价值主要体现在四个方面，如图 5.5 所示。

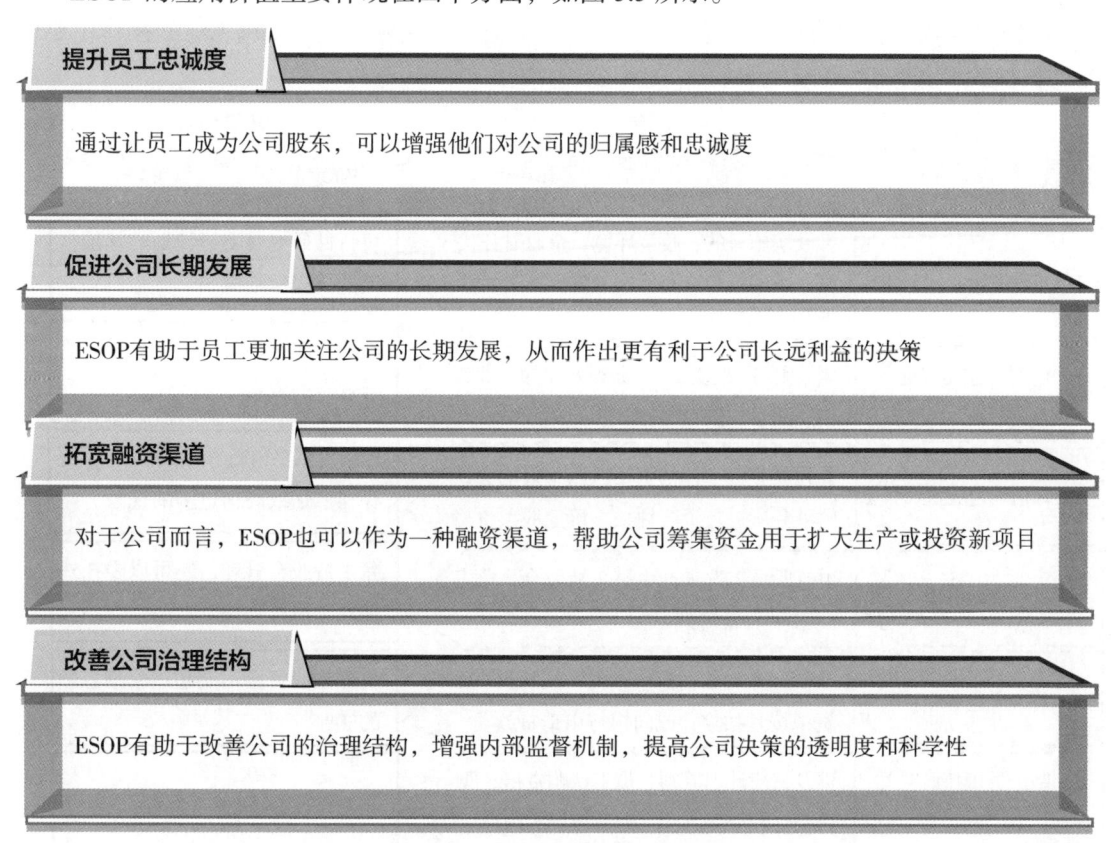

提升员工忠诚度
通过让员工成为公司股东，可以增强他们对公司的归属感和忠诚度

促进公司长期发展
ESOP 有助于员工更加关注公司的长期发展，从而作出更有利于公司长远利益的决策

拓宽融资渠道
对于公司而言，ESOP 也可以作为一种融资渠道，帮助公司筹集资金用于扩大生产或投资新项目

改善公司治理结构
ESOP 有助于改善公司的治理结构，增强内部监督机制，提高公司决策的透明度和科学性

图 5.5 ESOP 应用价值的四个方面

ESOP 的设计原则主要包括四项，如图 5.6 所示。

ESOP 设计

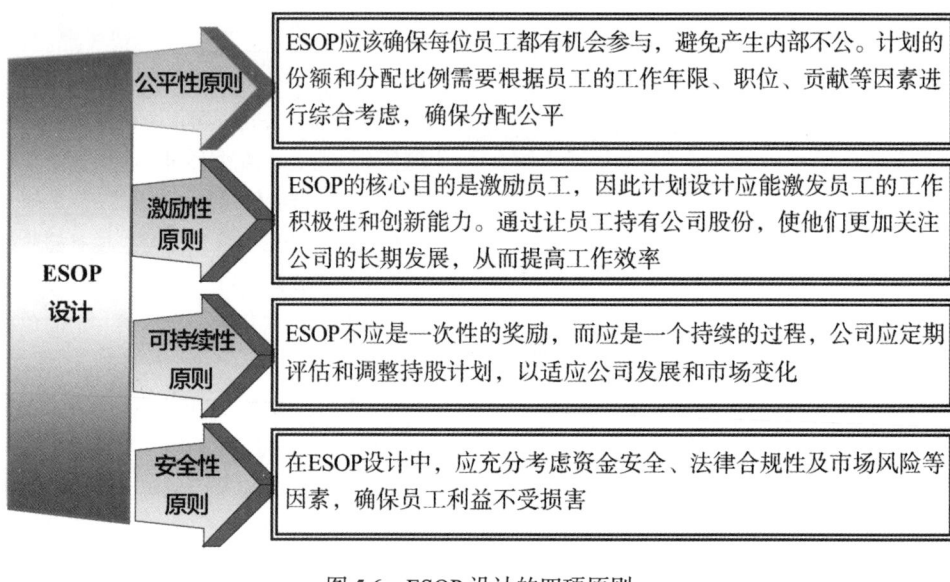

公平性原则：ESOP应该确保每位员工都有机会参与，避免产生内部不公。计划的份额和分配比例需要根据员工的工作年限、职位、贡献等因素进行综合考虑，确保分配公平

激励性原则：ESOP的核心目的是激励员工，因此计划设计应能激发员工的工作积极性和创新能力。通过让员工持有公司股份，使他们更加关注公司的长期发展，从而提高工作效率

可持续性原则：ESOP不应是一次性的奖励，而应是一个持续的过程，公司应定期评估和调整持股计划，以适应公司发展和市场变化

安全性原则：在ESOP设计中，应充分考虑资金安全、法律合规性及市场风险等因素，确保员工利益不受损害

图 5.6 ESOP 设计的四项原则

5.1.4 实施 ESOP 操作的七个步骤

根据国家政策和相关法律法规的规定，并结合公司的实际情况，实施 ESOP 操作主要包括七个步骤，如图 5.7 所示。

步骤	实施内容	注意事项
1. 可行性研究	涉及实施目的、政策环境、企业财务状况、预期激励效果评价、股东意愿等方面是否可行	可行性研究是实行计划的基础，因此要谨慎细微
2. 聘请专业的咨询机构	聘请财务、金融、投资等方面的专业咨询顾问参与ESOP的制定	聘请专业机构时一定要具有证监会规定的资格
3. 评估确定股价	委托具有资产评估资格、信誉好的会计师事务所进行资产评估，确定股票价格	股票价格要和资产估值相称，不能存在低估或高估过多的现象
4. 建立管理机构	由持股员工选举产生员工持股会，负责ESOP的日常管理	除了持股会管理，还可以委托外部独立机构管理
5. 解决资金来源	从公益金、福利费中拨付，或从员工工资中按月扣除，或向银行申请贷款	员工购股资金不能超过薪酬总额的30%
6. 制定员工持股会章程	涉及持股计划原则、员工认购资格、股份及红利分配办法、财务审计等内容	员工持股总数不能超过股本的10%
7. 审批并注册登记	ESOP经过公司董事会、证监会等部门的审批后需在工商管理部门注册登记	员工持股时间不低于36个月

图 5.7 实施 ESOP 操作的七个步骤

5.2 股票期权计划

股票期权计划是公司为了充分激励其核心人才而精心设计的激励机制。在此计划下,被选中的员工将获得一项特权,即在未来特定期限内,能够以预先确定的价格购买公司一定数量的股票。这种激励方式独具匠心,因为它赋予员工的并非直接的现金奖励或股票份额,而是一种优惠购买公司股票的权利。

购买这些股票时所依据的价格被称为行权价。通常情况下,能够享受这一特权的行权人包括公司的董事、监事、技术骨干,以及对公司有杰出贡献的员工。这样的设计旨在肯定他们的努力与贡献,并赋予他们选择行权或不行权的灵活性。

5.2.1 股票价格与行权价

员工依据股票价格与行权价的不同高低情况,可以选择行权,也可以选择不行权,如图5.8所示。

当行权时的公司股票价格低于行权价时,行权人可以放弃股票期权

当行权时的公司股票价格高于行权价时,行权人可以选择行权

图 5.8 根据股票价格与行权价的高低选择行权与否

股票期权计划是通过行权人在比较低的行权价取得公司股票后,以较高的价格出售股票获利或继续持有股票以达到激励优秀企业人才的目的。可见,股票期权计划是把公司优秀人才对公司的贡献与公司的未来发展联系起来,鼓励员工长久地为公司服务。

从激励的角度讲,股票期权计划是一种通过经营者获得公司股权形式给予企业经营者一定的经济权利,使他们能够以股东的身份参与企业决策、分享利润、承担风险,从而勤勉尽责地为公司的长期发展服务的一种激励方法。

5.2.2 股票期权计划的九种类型

一般而言,股票期权主要包括九种类型,见表5.4。

表 5.4 股权激励的九种类型

类型	内涵与规定	注意事项
业绩股票	指年初为激励对象确定一个较为合理的业绩目标,如果激励对象到年末时达到预定的目标,则公司授予其一定数量的股票或提取一定的奖励基金购买公司股票	业绩股票的流通变现通常有时间和数量限制

续表

类型	内涵与规定	注意事项
股票期权	指公司授予激励对象的一种权利，激励对象可以在规定的时期内以事先确定的价格购买一定数量的本公司流通股票，也可以放弃这种权利	股票期权的行权也有时间和数量限制，需激励对象自行为行权支出现金
虚拟股票	指公司授予激励对象一种虚拟的股票，激励对象可以据此享受一定数量的分红权和股价升值收益	持有虚拟股票没有所有权，没有表决权，不能转让和出售，在离开企业时自动失效
股票增值权	指公司授予激励对象的一种权利，如果公司股价上升，其可通过行权获得相应数量的股价升值收益	激励对象不用为行权付出现金，行权后获得现金或等值的公司股票
限制性股票	指事先授予激励对象一定数量的公司股票，但对股票的来源、抛售等有一些特殊限制	一般当激励对象完成特定目标后，才可抛售限制性股票并从中获益
延期支付	指公司为激励对象设计一揽子薪酬收入计划，其中有一部分属于股权激励收入。股权激励收入不在当年发放，而是按公司股票公平市价折算成股票数量，在一定期限后发放	公司以股票形式或根据到期股票市值以现金方式支付给激励对象
经营者/员工持股	指让激励对象持有一定数量的本公司的股票，这些股票是公司无偿赠与激励对象的，或者是公司补贴激励对象购买的，或者是激励对象自行出资购买的	激励对象在股票升值时可以受益，在股票贬值时会受到损失
管理层/员工收购	指管理层或全体员工利用杠杆融资购买本公司的股份，成为公司股东，与其他股东风险共担、利益共享	管理层收购会改变公司的股权结构、控制权结构和资产结构
账面价值增值权	指直接用每股净资产的增加值来激励公司核心人才，而非波动性比较大的股票价格。账面价值增值权不是真正意义上的股票，没有所有权、表决权、配股权	可以避免市场因素对股票价格的干扰，账面价值增值权不能流通、转让或继承，员工离开企业将失去其权益

5.2.3 股票期权计划的激励对象

上市公司实行股票期权计划，激励的对象主要包括如下几类。

（1）上市公司的董事和高级管理人员：这些人员是公司战略制定和执行的关键，他们的决策和管理能力直接影响到公司的运营效率和盈利能力。因此，将他们纳入股票期权计划的激励对象，有助于激发其工作积极性和创新能力，推动公司持续发展。

（2）核心技术人员或核心业务人员：这些人员是公司核心竞争力的体现，他们在技术研发、产品创新或市场开拓等方面具有不可替代的作用。通过股票期权计划激励他们，可以促使他们更加投入地工作，为公司创造更多的价值。

（3）对公司经营业绩和未来发展有直接影响的其他员工：这部分员工可能包括关键岗位上的中层管理人员、业务骨干等。他们在公司中发挥着重要的支撑作用，对于公司的稳定运营和业务拓展具有重要意义。将他们纳入激励对象，有助于提升整体团队的凝聚力和战斗力。

需要注意的是，在确定激励对象时，上市公司应遵循公平、公正、公开的原则，确保激励计划的合理性和有效性。同时，根据相关法律法规和公司章程的规定，应对激励对象进行资格审查，以确保其符合参与股票期权计划的条件。

根据《上市公司股权激励管理办法》等规定，以及实际操作中的常见做法，上市公司在确定激励对象时，下列人员一般不得成为激励对象：

（1）独立董事和监事通常不纳入激励对象范围。

（2）持有公司5%以上股份的股东或实际控制人及其配偶、父母、子女，一般不得成为激励对象。

（3）最近12个月内被证券交易所认定为不适当人选，或被中国证监会及其派出机构认定为不适当人选，或因重大违法违规行为被中国证监会及其派出机构行政处罚或者采取市场禁入措施的人员，不得成为激励对象。

（4）具有《公司法》规定的不得担任公司董事、高级管理人员情形的人员，也不得成为激励对象。

5.2.4　股票期权计划的12大事项

上市公司应在股票期权计划中针对12大事项作出明确的规定或说明，见表5.5。

表5.5　上市公司股票期权计划的12大事项明细表

序号	明细
1	股票期权计划的目的
2	激励对象的确定依据和范围
3	股票期权计划拟授予的权益数量、所涉及的标的股票种类、来源、数量及占上市公司股本总额的百分比。若分次实施的，每次拟授予的权益数量、所涉及的标的股票种类、来源、数量及占上市公司股本总额的百分比
4	激励对象为董事、监事、高级管理人员的，其各自可获授的权益数量、占股票期权计划拟授予权益总量的百分比。其他激励对象（各自或按适当分类）可获授的权益数量及占股票期权计划拟授予权益总量的百分比
5	股票期权计划的有效期、授权日、可行权日、标的股票的禁售期
6	限制性股票的授予价格或授予价格的确定方法，股票期权的行权价格或行权价格的确定方法
7	激励对象获授权益、行权的条件，如绩效考核体系和考核办法，以绩效考核指标为实施股票期权计划的条件
8	股票期权计划所涉及的权益数量、标的股票数量、授予价格或行权价格的调整方法和程序
9	公司授予权益及激励对象行权的程序
10	公司与激励对象各自的权利义务
11	公司发生控制权变更、合并、分立、激励对象发生职务变更、离职、死亡等事项时，如何实施股票期权计划
12	股票期权计划的变更、终止
备注	其他需要规定或说明的重要事项

5.2.5 股票期权计划的操作步骤

实施股票期权计划，应遵循股票期权计划草案设计、股票期权计划审核、股票期权计划备案和股票期权计划执行四个步骤，如图 5.9 所示。

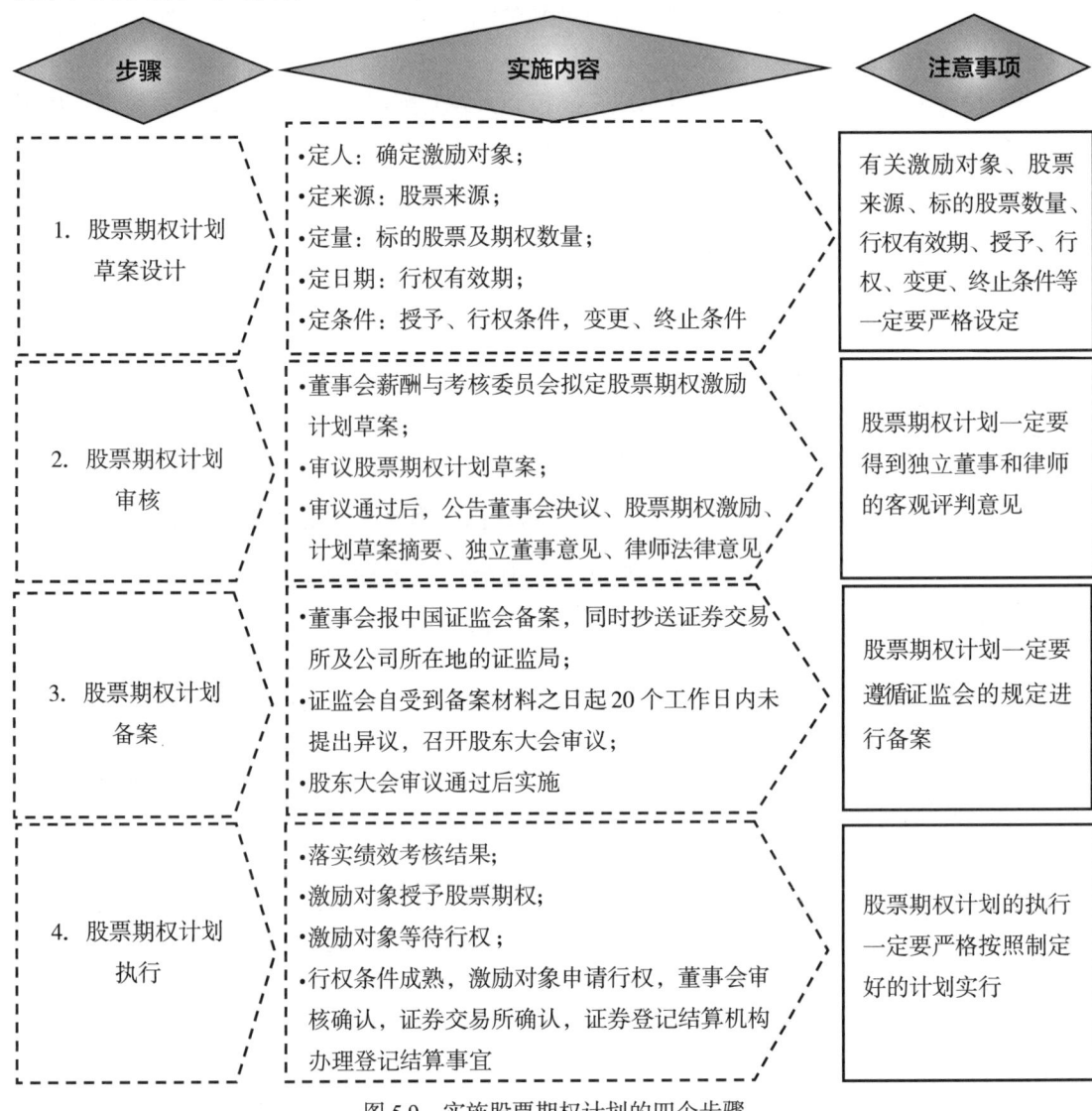

步骤	实施内容	注意事项
1. 股票期权计划草案设计	• 定人：确定激励对象； • 定来源：股票来源； • 定量：标的股票及期权数量； • 定日期：行权有效期； • 定条件：授予、行权条件，变更、终止条件	有关激励对象、股票来源、标的股票数量、行权有效期、授予、行权、变更、终止条件等一定要严格设定
2. 股票期权计划审核	• 董事会薪酬与考核委员会拟定股票期权激励计划草案； • 审议股票期权计划草案； • 审议通过后，公告董事会决议、股票期权激励、计划草案摘要、独立董事意见、律师法律意见	股票期权计划一定要得到独立董事和律师的客观评判意见
3. 股票期权计划备案	• 董事会报中国证监会备案，同时抄送证券交易所及公司所在地的证监局； • 证监会自受到备案材料之日起 20 个工作日内未提出异议，召开股东大会审议； • 股东大会审议通过后实施	股票期权计划一定要遵循证监会的规定进行备案
4. 股票期权计划执行	• 落实绩效考核结果； • 激励对象授予股票期权； • 激励对象等待行权； • 行权条件成熟，激励对象申请行权，董事会审核确认，证券交易所确认，证券登记结算机构办理登记结算事宜	股票期权计划的执行一定要严格按照制定好的计划实行

图 5.9 实施股票期权计划的四个步骤

对标案例　TT 硅谷科技公司经理股票期权计划

在美国，许多大型科技公司和创新型企业为了吸引和留住高级管理人才，经常采用股票期权作为薪酬计划的一部分。这种策略不仅有助于激发经理人的工作积极性和创新精神，还能促使他们更加关注公司的长期发展。以下是一个典型的美国公司经理股票期权类型与薪酬计划的案例。

TT 硅合科技公司是一家科技创新型企业，专注于开发前沿技术产品。为了保持其市场领先地位并持续推动创新，公司需要一套有效的薪酬计划来激励其核心管理团队。

TT 硅谷科技公司的股票期权有两种类型，如图 5.10 所示。

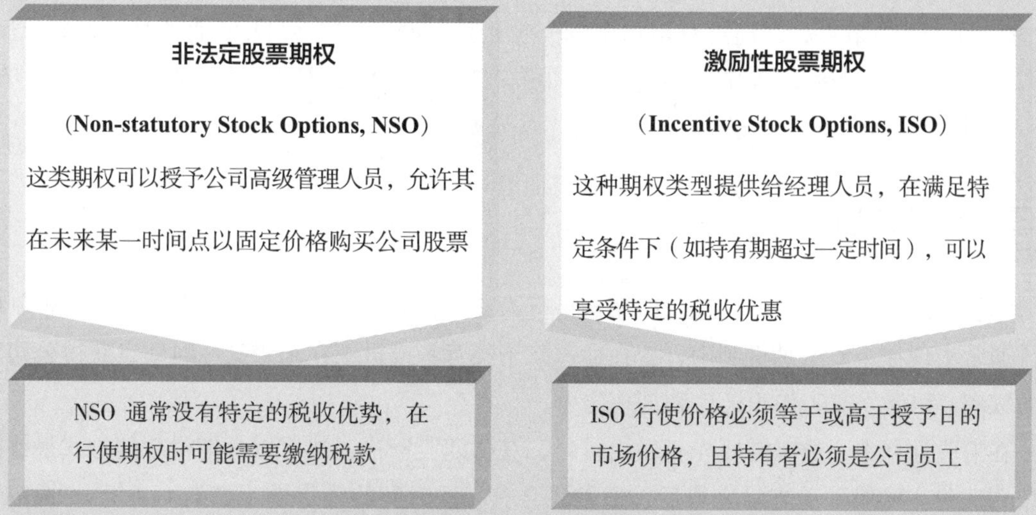

非法定股票期权

（Non-statutory Stock Options, NSO）

这类期权可以授予公司高级管理人员，允许其在未来某一时间点以固定价格购买公司股票

激励性股票期权

（Incentive Stock Options, ISO）

这种期权类型提供给经理人员，在满足特定条件下（如持有期超过一定时间），可以享受特定的税收优惠

NSO 通常没有特定的税收优势，在行使期权时可能需要缴纳税款

ISO 行使价格必须等于或高于授予日的市场价格，且持有者必须是公司员工

图 5.10 TT 硅谷科技公司股票期权的两种类型

TT 硅谷科技公司为经理人员设计的薪酬计划包含五个部分，如图 5.11 所示。

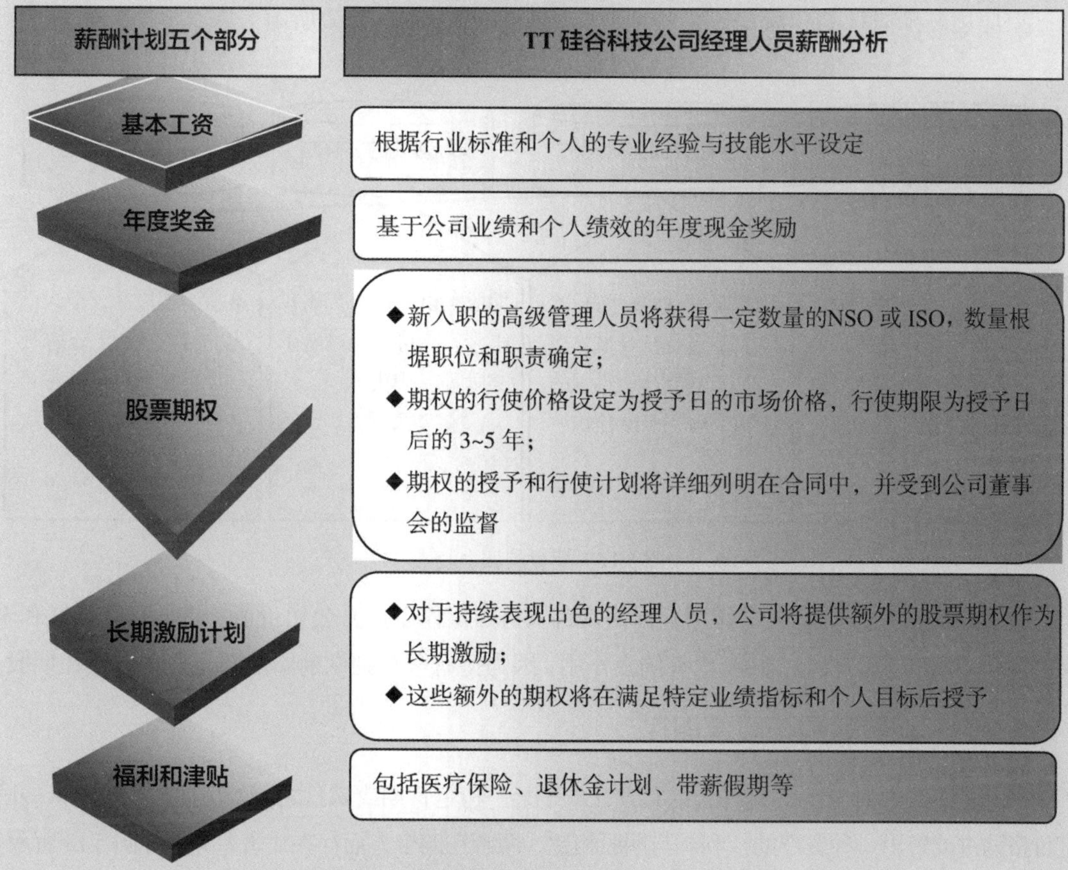

薪酬计划五个部分	TT 硅谷科技公司经理人员薪酬分析
基本工资	根据行业标准和个人的专业经验与技能水平设定
年度奖金	基于公司业绩和个人绩效的年度现金奖励
股票期权	◆新入职的高级管理人员将获得一定数量的NSO 或 ISO，数量根据职位和职责确定； ◆期权的行使价格设定为授予日的市场价格，行使期限为授予日后的 3~5 年； ◆期权的授予和行使计划将详细列明在合同中，并受到公司董事会的监督
长期激励计划	◆对于持续表现出色的经理人员，公司将提供额外的股票期权作为长期激励； ◆这些额外的期权将在满足特定业绩指标和个人目标后授予
福利和津贴	包括医疗保险、退休金计划、带薪假期等

图 5.11 TT 硅谷科技公司经理人员的薪酬计划

综上所述，TT硅谷科技公司通过设计包含基本工资、年度奖金、股票期权，以及长期激励计划的全面薪酬体系，成功吸引了众多优秀的管理人才。这种薪酬计划不仅保证了经理人员的短期收益，还通过股票期权和长期激励计划激发了他们对公司长期发展的关注和投入。通过这种方式，TT硅谷科技公司确保了其核心管理团队的稳定性和高效能，为公司的持续创新和市场竞争力的提升奠定了坚实基础。

5.3　期股计划

期股，简单来说，是一种通过即期购买行为获得，但在未来兑现的股票权益。这种制度安排通常出现在企业激励机制中，旨在通过赋予经营者或员工在未来某一时间点获得公司股票的权利，以激发其工作积极性和创新能力。

在期股计划中，员工需要先行做出首付，获得期股资格，然后以分期付款的方式最终购买公司股份。购股款项支付完毕后，通常还会有一段时间的锁定期（如1~2年）。锁定期结束后，员工成为公司真正的股东，享有完整的股东权利。

5.3.1　期股的四个特点

要应用好期股计划，需要先了解期股的四个特点，如图5.12所示。

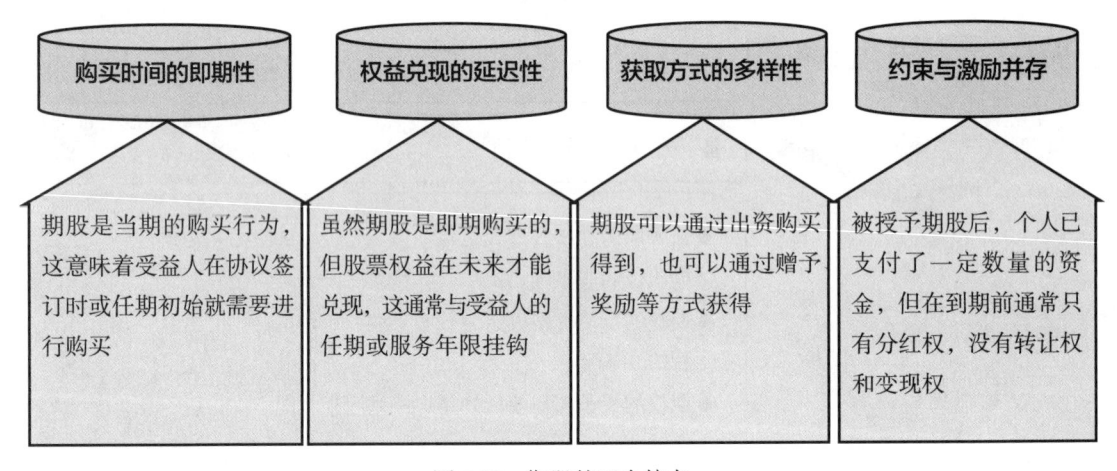

购买时间的即期性	权益兑现的延迟性	获取方式的多样性	约束与激励并存
期股是当期的购买行为，这意味着受益人在协议签订时或任期初始就需要进行购买	虽然期股是即期购买的，但股票权益在未来才能兑现，这通常与受益人的任期或服务年限挂钩	期股可以通过出资购买得到，也可以通过赠予奖励等方式获得	被授予期股后，个人已支付了一定数量的资金，但在到期前通常只有分红权，没有转让权和变现权

图5.12　期股的四个特点

因此，期股制度既有激励作用，促使持有人努力工作以提升公司价值，进而享受分红和未来的股价上涨带来的收益；同时也有约束作用，因为持有人在到期前不能随意变现或转让期股。

5.3.2　期股区别于股票期权

股票期权是一种合约，允许合约买方在未来某一特定日期或该日之前的任何时间，以某一固定价格购进或售出一种资产的权利。与期股相比，两者在四个方面存在显著差异，如图5.13所示。

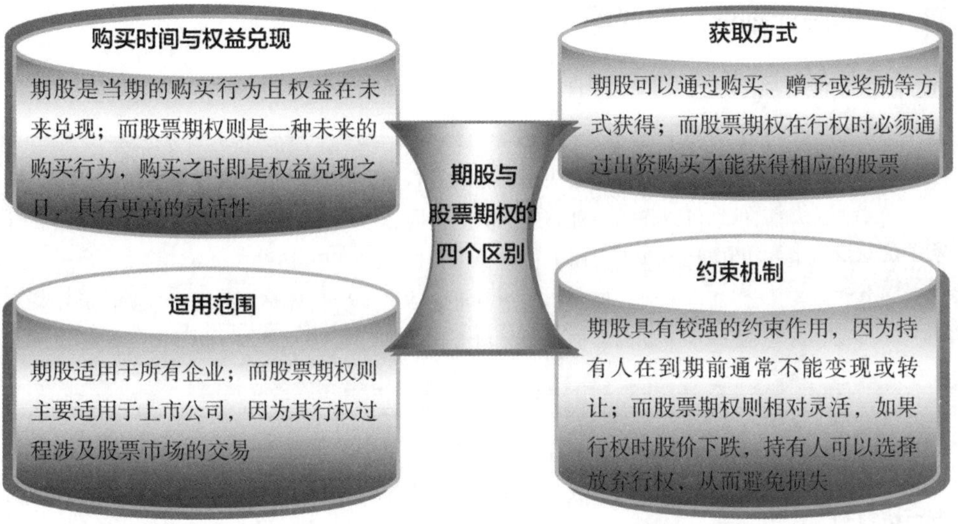

图 5.13 期股与股票期权的四个区别

期股与股票期权的四个区别：

- **购买时间与权益兑现**：期股是当期的购买行为且权益在未来兑现；而股票期权则是一种未来的购买行为，购买之时即是权益兑现之日，具有更高的灵活性

- **获取方式**：期股可以通过购买、赠予或奖励等方式获得；而股票期权在行权时必须通过出资购买才能获得相应的股票

- **适用范围**：期股适用于所有企业；而股票期权则主要适用于上市公司，因为其行权过程涉及股票市场的交易

- **约束机制**：期股具有较强的约束作用，因为持有人在到期前通常不能变现或转让；而股票期权则相对灵活，如果行权时股价下跌，持有人可以选择放弃行权，从而避免损失

图 5.13　期股与股票期权的四个区别

5.3.3　经营者期股获取模式

经营者期股的获取模式主要包括五种，如图 5.14 所示。

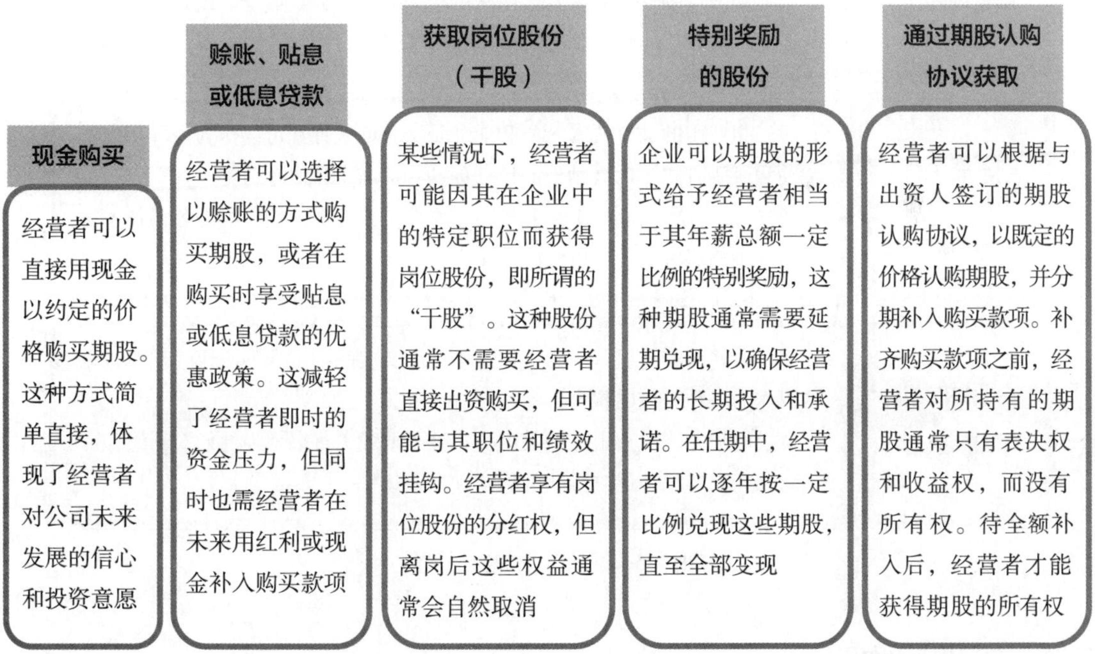

五种获取模式：

- **现金购买**：经营者可以直接用现金以约定的价格购买期股。这种方式简单直接，体现了经营者对公司未来发展的信心和投资意愿

- **赊账、贴息或低息贷款**：经营者可以选择以赊账的方式购买期股，或者在购买时享受贴息或低息贷款的优惠政策。这减轻了经营者即时的资金压力，但同时也需经营者在未来用红利或现金补入购买款项

- **获取岗位股份（干股）**：某些情况下，经营者可能因其在企业中的特定职位而获得岗位股份，即所谓的"干股"。这种股份通常不需要经营者直接出资购买，但可能与其职位和绩效挂钩。经营者享有岗位股份的分红权，但离岗后这些权益通常会自然取消

- **特别奖励的股份**：企业可以以期股的形式给予经营者相当于其年薪总额一定比例的特别奖励，这种期股通常需要延期兑现，以确保经营者的长期投入和承诺。在任期中，经营者可以逐年按一定比例兑现这些期股，直至全部变现

- **通过期股认购协议获取**：经营者可以根据与出资人签订的期股认购协议，以既定的价格认购期股，并分期补入购买款项。补齐购买款项之前，经营者对所持有的期股通常只有表决权和收益权，而没有所有权。待全额补入后，经营者才能获得期股的所有权

图 5.14　经营者期股的五种获取模式

这些获取模式可以根据企业的具体情况和经营者的个人需求进行灵活组合和调整。每种模式都有其独特的优点和适用场景，企业应根据自身的激励目标和经营策略来选择合适的期股获取模式。

5.3.4 期股计划的应用场景

期股计划的应用场景主要可以归纳为五大领域，如图 5.15 所示。

初创企业或高科技公司	1. 对于初创企业或快速发展的高科技公司，现金流可能相对紧张，而期股计划可以作为一种有效的激励手段，吸引和留住关键人才，同时减轻公司的即时现金支付压力； 2. 通过期股计划，这些企业可以将员工的利益与公司的长期发展紧密绑定，激励员工共同努力推动公司成长
国有企业或混合所有制企业改革	1. 在国有企业或混合所有制企业改革中，期股计划可以作为一种引入市场化激励机制的手段，提高员工的工作积极性和企业的整体绩效； 2. 通过授予员工期股，企业可以建立一种与员工共享企业发展成果的机制，增强员工的归属感和忠诚度
上市或非上市公司中高层管理团队激励	1. 对于上市公司或非上市公司，期股计划可以特别针对中高层管理团队进行激励，以确保这些关键人员能够长期、稳定地为公司贡献力量； 2. 通过期股计划，中高层管理团队的个人利益与公司股价表现直接挂钩，从而更加关注公司的长期业绩和市值增长
关键技术人员和业务骨干的激励	1. 对于企业中的关键技术人员和业务骨干，期股计划可以作为一种特殊的奖励和激励方式，以鼓励他们持续创新和提高工作效率； 2. 通过给予这些核心员工期股权益，企业可以确保他们在推动公司技术进步和业务拓展方面发挥更大的作用
企业并购或重组后整合	1. 在企业并购或重组后，为了促进不同团队之间的融合和协作，期股计划可以作为一种有效的整合工具； 2. 通过向被并购或重组方的关键员工授予期股，可以增强他们对新组织的认同感和归属感，促进团队的稳定和高效运作

图 5.15 期股计划的应用场景

5.4 管理层收购

管理层收购是指公司管理层利用诸如抵押融资、设立新公司、信托融资等多种手段，收购所在公司的股权，进而转变为公司的控股股东，实现对公司的掌控。

管理层收购不仅能在一定程度上降低代理成本，还能有效优化经营环境，为公司的长远发展奠定坚实基础。管理层收购对于激发管理层积极性、提升公司整体运营效率具有显著效果。

5.4.1 管理层收购的三种方式

管理层收购的三种方式及其优缺点，见表 5.6。

表 5.6 管理层收购的三种方式及其优缺点

方式	内涵与规定	优点	缺点
资产收购	公司的管理层通过融资手段筹集资金，用以购买目标公司的一项或多项特定资产，从而实现对这些资产的控制和使用。这种方式允许管理层直接获取目标公司的核心资产或业务线	能够有效规避将银行贷款直接用于股本权益性投资的法律限制，为投资者提供了更大的灵活性和操作空间	包括税务成本相对较高、可能因改变管理者而影响经营、特许经营项目存在不确定性、收购过程复杂且耗时、可能存在整合风险等
股票收购	管理层通过购买目标公司股票的方式完成公司控股	除了谈判外，还可以通过二级市场实现股票购买	需要信息披露，如果消息走漏，股票价格容易被操纵
证券收购	管理层通过自身具有的证券资产对公司股份进行收购的行为	管理层可以不用全部现金购买，节省融资成本	目前国内管理层具有的证券形式比较少

其中，作为管理层收购方式的资产收购有五个关键点需要说明。

（1）收购主体：资产收购的发起人是目标公司的管理层，他们利用个人信誉、公司资源或外部融资来筹集所需资金。

（2）收购对象：收购的标的物是目标公司的一项或多项特定资产，这些资产可能是生产设备、技术专利、品牌商标、房地产等具有实际价值或潜在价值的物品。

（3）收购目的：管理层通过资产收购旨在增强公司的核心竞争力，提高市场份额，或者实现业务转型和升级。同时，这也是一种将公司所有权和经营权合一的方式，有助于减少代理成本，提升管理效率。

（4）融资方式：管理层通常会通过银行贷款、股权质押、引入战略投资者等多种方式进行融资，以满足资产收购的资金需求。

（5）法律与财务考量：在资产收购过程中，管理层需要严格遵守相关法律法规，确保交易的合法性和合规性。同时，他们还需对收购的资产进行合理估值，以确保交易的公平性和经济性。

5.4.2 管理层收购的六种融资渠道

在管理层收购的操作流程中，管理层所持有的自有资金往往只是所需资金总额的一部分，而大部分资金则需通过外部渠道筹措。在国际环境中，管理层常可通过将目标公司的资产作为抵押，从银行获取贷款或通过债券发行来筹集资金。然而，在我国，由于金融体制的特定限制，可用的融资手段相对有限。因此，许多企业在实施管理层收购时，主要依赖自筹资金或私募投资来满足其融资需求。

管理层收购的六种融资渠道及其特点，见表 5.7。

表 5.7　管理层收购的六种融资渠道及其特点

融资渠道		特点
贷款	银行等金融机构贷款	多以库存或应收账款等流动性资产作为抵押，风险较小，银行介入较多，贷款期限较短，利息也偏低
债券融资	优先债务	一般以实物资产作抵押，如以固定资产作为抵押而发行长期债券（通常为5～10年期），利息较高
	次级债务	又称垃圾债务，指企业以抵押的固定资产向金融机构（一般为基金公司、保险公司、证券公司等）进行二次抵押而发行长期债券，利率主要由企业未来现金收益流量的计算而定
股本金融资	发行普通股	是股份公司资本构成中最主要、最基本、风险最大的一种股份，其投资收益不在购买时确定，而是事后根据股票发行公司的经营业绩来确定
	发行优先股	是股份公司专门为获得优先权的投资者设计的一种股票，其股息、收益率一般是事先预定好的
	发行认股权证	认股权证是一种由公司发行的长期选择权，其允许持有人按一种特定价格买进既定数量的股票

5.4.3　实施管理层收购的条件和注意事项

实施管理层收购的公司需要具备五个条件，如图 5.16 所示。

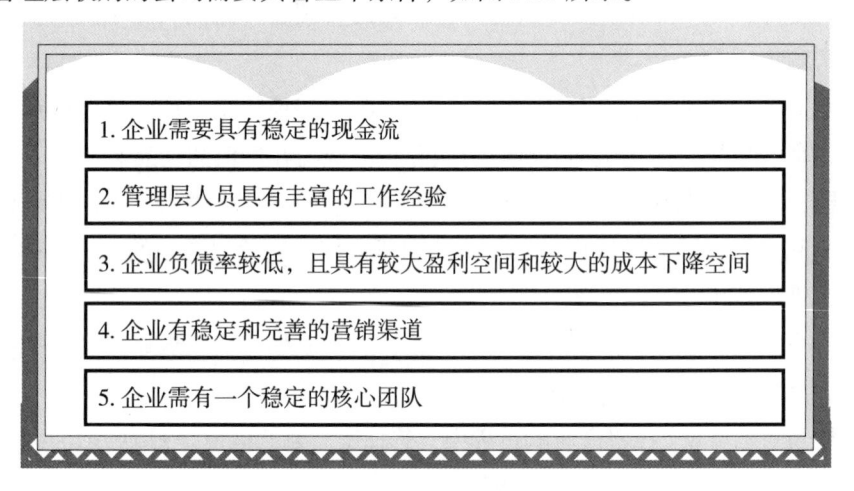

1. 企业需要具有稳定的现金流
2. 管理层人员具有丰富的工作经验
3. 企业负债率较低，且具有较大盈利空间和较大的成本下降空间
4. 企业有稳定和完善的营销渠道
5. 企业需有一个稳定的核心团队

图 5.16　实施管理层收购的五个条件

实施管理层收购的具体操作需要注意五大影响因素。

（1）定价因素。由于信息不对称，管理层可能先做亏公司做少净资产，然后以相当低廉的价格实现收购的目的。管理层收购涉及管理层、大股东和中小股东，涉及股权结构变动，内部人有可能利用内幕的信息等侵犯中小股东的利益。

（2）融资与分红因素。管理层收购需要通过融得大量的资金来进行，因此，一旦实现收购后就面临着偿还资金的压力。在目前没有股权转让渠道的情况下，必然要通过分红来承担这个压力，这样管理层有可能采取过度的大比例分红，这对上市公司的持续经营是不利的。

（3）运作因素。实施管理层收购后，管理者成为企业的大股东，企业的运营完全掌控在一个或几个人的手里，如果监管不力，管理者通过各种方式滥用职权，会侵吞中小股东的利益，牟利更为直接。

（4）财务因素。由于管理层收购时设立的公司一般进行了大量的融资，负债率非常高，上市公司新的母公司的财务压力是很大的，不排除高管人员利用关联交易等办法转移上市公司的利益至职工持股的母公司，以缓解其财务压力。

（5）法律因素。收购主体的合法性在现有法律框架下还存在障碍。

5.4.4 实施管理层收购的八个步骤

管理层收购工作主要包括可行性分析、双向沟通、引入中介机构、设立收购主体、股价评估、融资操作、审核签约和合同履行八个步骤，如图5.17所示。

步骤	实施内容	注意事项
1. 可行性分析	分析收购目标是否有良好的经营团队、产品具有稳定需求、现金流比较稳定、有较大的管理效率提升空间、拥有高价值资产	稳定的现金流和健全的销售渠道，核心团队的稳定性是重点关注方面
2. 双向沟通	出让方与受让方双方达成初步意向，并获得政府的初步同意。当上述内容均得到肯定答复时，管理层可正式启动管理层收购的运作	涉及国有资产的一定要沟通好，以免触犯法律
3. 引入中介机构	引入中介机构包括财务顾问、律师、会计师、资产评估专业机构进行收购事项参与，并不断与之商讨实施计划	引入中介机构要与之签署协议
4. 设立收购主体	可以通过自然人、组建投资公司、信托机构的方式进行收购，或引入战略投资者	收购主体设置要结合融资的考虑设置
5. 股价评估	从理论来讲，股价的确定有现金流量折现法、经济附加值指标、收益现值法。但实际操作中，由于对不同贡献的股东作为补偿，所定股价可能不同	股价的确定不能与每股净资产差别过大，以免有低价出售国有资产的嫌疑
6. 融资操作	可以房产抵押、信托发行的产品所筹资金进行融资，或通过银行贷款购买资产，然后用资产权益投资新设公司，再通过新设公司投资	《贷款通则》规定贷款人不能从银行直接贷款进行股本权益投资，因此不能直接从银行进行融资和投资
7. 审核签约	如果涉及国有资产，还要经过省财政厅和国家财政部门审核，审核通过后根据事先沟通好的价格和数量签署《股权转让协议》	如果是上市公司，还需要进行股权转让信息披露
8. 合同履行	履行合同，完成股权过户，收购后管理层对业务进行整合	增强业务突出的部门，削减效益不良业务

图 5.17 实施管理层收购的八个步骤

第 6 章
个性化薪酬设计工具的应用

经营者年薪制主要针对组织的高层管理人员，如董事长、总经理等。通过年薪制，将经营者的薪酬与组织的经营业绩挂钩，以激励经营者为组织的长远发展而努力。年薪制能够有效地将经营者的利益与组织的利益捆绑在一起，增强经营者的责任感和使命感。同时，通过绩效评估来确定绩效年薪，可以进一步激励经营者提升业绩。

专业技术人员工作压力大且工作成果不易衡量。其基本薪酬主要基于专业技术人员的知识水平、技能广度和深度，以及运用知识与技能的熟练程度；奖金则主要取决于研发成果或技术创新；针对专业技术人员的福利应给予个性化安排，如提供更多的培训和发展机会，以满足他们不断提升自我和实现职业发展的需求。

销售人员的工作时间和方式灵活，工作业绩具有较大的风险性和波动性，但工作结果可以明确衡量。科学合理的销售人员薪酬设计能够有效地激发销售人员的积极性和创造力，提升销售业绩。常见的薪酬方案包括纯佣金制、基本薪酬加佣金制、基本薪酬加奖金制，以及基本薪酬加佣金加奖金制。选择哪种方案取决于行业特点、产品生命周期，以及销售人员的实际需求。

个性化薪酬设计工具应用框架体系插画

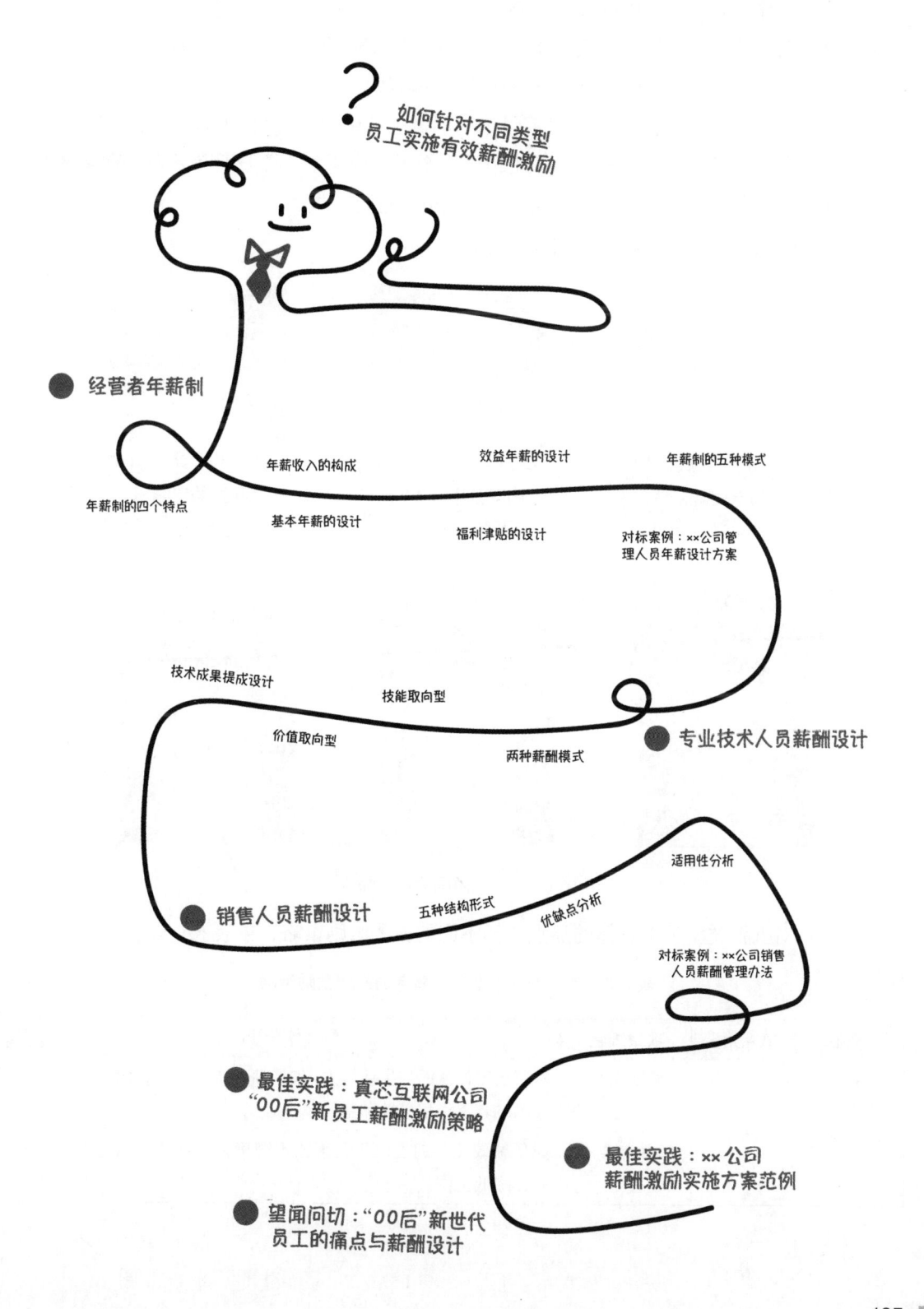

? 如何针对不同类型员工实施有效薪酬激励

● 经营者年薪制
- 年薪制的四个特点
- 年薪收入的构成
- 基本年薪的设计
- 效益年薪的设计
- 福利津贴的设计
- 年薪制的五种模式
- 对标案例：××公司管理人员年薪设计方案

● 专业技术人员薪酬设计
- 技术成果提成设计
- 技能取向型
- 价值取向型
- 两种薪酬模式

● 销售人员薪酬设计
- 五种结构形式
- 优缺点分析
- 适用性分析
- 对标案例：××公司销售人员薪酬管理办法

● 最佳实践：真芯互联网公司"00后"新员工薪酬激励策略

● 最佳实践：××公司薪酬激励实施方案范例

● 望闻问切："00后"新世代员工的痛点与薪酬设计

问题与痛点：如何针对不同类型员工实施有效薪酬激励

薪酬激励作为企业管理中的关键环节，对于提升员工积极性、提高工作效率、增强企业凝聚力具有重要作用。然而，在实际操作中，如何根据不同类型员工的特点和需求，设计出既公平又有效的薪酬激励制度，是许多企业面临的挑战。

企业中的员工类型多样，包括但不限于基层员工、中层管理者、高层领导、销售人员、技术人员等。每类员工的工作性质、职责范围、个人发展需求，以及对于薪酬的期望都存在显著差异。因此，设计薪酬激励方案时，必须充分考虑这些差异。

（1）薪酬激励普遍存在六大痛点，如图6.1所示。

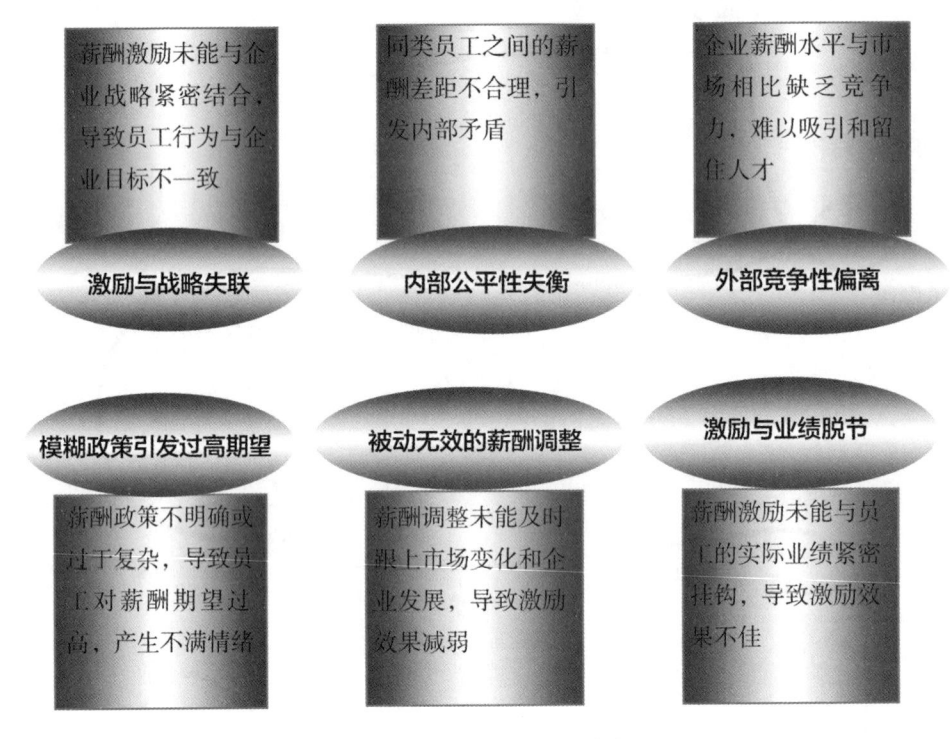

激励与战略失联	内部公平性失衡	外部竞争性偏离
薪酬激励未能与企业战略紧密结合，导致员工行为与企业目标不一致	同类员工之间的薪酬差距不合理，引发内部矛盾	企业薪酬水平与市场相比缺乏竞争力，难以吸引和留住人才

模糊政策引发过高期望	被动无效的薪酬调整	激励与业绩脱节
薪酬政策不明确或过于复杂，导致员工对薪酬期望过高，产生不满情绪	薪酬调整未能及时跟上市场变化和企业发展，导致激励效果减弱	薪酬激励未能与员工的实际业绩紧密挂钩，导致激励效果不佳

图6.1 薪酬激励的六大痛点

（2）针对五种类型员工具体的痛点选择不同的薪酬激励策略，见表6.1。

表6.1 针对五种类型员工痛点的薪酬激励策略

类型	痛点策略	项目细化	具体分析
基层员工	痛点	薪酬水平不足	基层员工往往面临生活压力，如果薪酬水平不高，难以维持生计，会影响其工作积极性和留任率
		绩效奖金不公平	如果绩效奖金的发放不公平或不明确，会导致员工之间产生矛盾，降低工作效率

续表

类型	痛点策略	项目细化	具体分析
基层员工	策略		基层员工通常关注薪酬的稳定性和增长性。因此,为这类员工设计薪酬激励时,应注重基本工资的保障和绩效奖金的设立。例如,可以设立月度或季度绩效奖金,根据员工的工作表现和完成任务的情况进行发放
中层管理者	痛点	职业发展受限	中层管理者在达到一定职位后,可能面临职业发展瓶颈,缺乏进一步晋升的机会,导致激励不足
		缺乏长期激励	如果中层管理者的薪酬主要依赖于短期业绩,而缺乏长期激励计划,如股权激励,他们可能缺乏为企业长期贡献价值的动力
	策略		中层管理者在关注个人薪酬的同时,更看重职业发展和晋升机会。针对这类员工的激励可以包括股权激励、利润分享计划等,以激发其长期为企业贡献的动力
高层领导	痛点	风险与收益不匹配	高层领导的决策对企业影响深远,但如果薪酬激励不与其承担的风险相匹配,可能会导致决策过于保守或冒险
		激励与约束失衡	对高层领导的薪酬激励需要同时考虑激励和约束两个方面,以避免过度冒险或懈怠
	策略		薪酬激励更加注重长期激励和风险控制。可以设计包含股票期权、限制性股票等形式的长期激励计划,同时结合企业的整体业绩和个人的绩效目标进行考核
销售人员	痛点	销售提成制度不合理	如果销售提成制度设计不合理,如提成比例过低或过高,都会影响销售人员的积极性
		业绩波动大	销售人员的业绩往往波动较大,这可能导致其收入不稳定,从而影响工作积极性和留任率
	策略		薪酬激励注重销售业绩的提成和奖金。可以设计灵活的销售提成制度,如根据销售额或销售利润的不同区间设定不同的提成比例,以激发销售人员的积极性
技术人员	痛点	技术创新奖励不足	如果技术人员在技术创新方面得不到足够的奖励,可能会降低其创新积极性
		薪酬与技能水平不匹配	技术人员的薪酬如果未能与其技能水平和贡献相匹配,可能会导致人才流失
	策略		技术人员通常更看重专业技能的提升和创新机会。因此,针对技术人员的薪酬激励可以包括技术成果奖励、创新项目资助等,以鼓励他们在技术创新和研发方面做出更多贡献

6.1 经营者年薪制

年薪制是以年度为考核周期,把经营者的工资收入与企业经营业绩挂钩的一种工资分配方式,通常包括基本收入(基薪)和效益收入(风险收入)两部分,主要适用于公司总经理、企业高级职员等人员的年度收入与发放。

6.1.1 年薪制的四个特点

年薪制具有四个特点，如图 6.2 所示。

对象针对性	年薪制适用于特定对象，包括企业经营管理者（包括中层和高层）和一些创造性人才，如科研人员、营销人才、软件工程师、项目管理人等
实施周期较长	一般以年为周期，与岗位绩效考核相关。对于绝大部分的年薪制适用人员，都是以企业经营年度为周期；对于一些科研人员、项目开发人员，这个周期也可能是半年、两年、一年半或其他，虽然不一定正好是一整年，但是都具有周期较长这一特点
存在一定的风险	薪酬中的很大一部分是和本人的努力及企业经营好坏情况相挂钩的，因此具有较大的风险和不确定性
面向未来	年薪的制定不是简单地依据过去的业绩，同时更取决于接受者所具备的经营企业（或其他工作）的能力和贡献潜力

图 6.2　年薪制的四个特点

6.1.2 年薪收入的构成

年薪收入的构成依据企业实际情况的不同而有所不同，其基本构成模式即计算公式如下：

年薪收入=基本年薪+效益年薪

在具体实践中也有一些变通的情况，比较常见的还有两种模式：

（1）**年薪收入**=基本年薪+效益年薪+奖励年薪

（2）**年薪收入**=基本年薪+效益年薪+长期激励+福利津贴

6.1.3 基本年薪的设计

基本年薪，是指企业按月支付给经营者的固定现金收入。基本年薪是对经营者的经营知识、管理能力和经验的积累和承担的岗位职责情况的基本肯定。

在确定基本年薪的水平中，应以所聘经营管理者的劳动力市场价位为基础，同时考虑其经营企业的总资产、销售收入规模和企业状况等因素。确定基本年薪的方法主要包括两种，如图 6.3 所示。

1

根据市场价格，采用协商工资制的办法来确定，即通过资产所有者与经营管理者双方进行协商的办法来确定其基本年薪水平

2

按照本企业员工的基本薪酬比例来设计经营者的基本年薪，计算公式为

基本年薪 = 本企业员工基本工资 × 调整系数

其中，**调整系数**=责任系数+企业规模系数+企业类型系数

图 6.3　基本年薪的设计

由于基本薪酬一般不与经营者的经营成果挂钩，因此这部分薪酬不宜定的过高，否则就有可能出现即使出现经营失误，经营者也可以拿到较高的薪酬的现象，这样既不利于年薪制激励作用的发挥，也会导致企业内部员工产生不满情绪。

6.1.4　效益年薪的设计

效益年薪也称风险年薪，根据企业的年度经营业绩，按事先设定的计算方法支付给经营者的收入，属于不固定薪酬。

在确定经营管理者的效益年薪时，往往以基本年薪或经济效益增加值为基数，根据企业的超额利润进行计算。其计算公式主要有两种：

（1）**效益年薪**=基本薪酬×倍数×考核指标完成系数

（2）**效益年薪**=超额利润×比例系数×考核指标完成系数

其中，第二种方法侧重于依据绩效指标的完成情况来确定经营者的效益年薪，这使得效益年薪更具备绩效薪酬的性质。

6.1.5　福利津贴的设计

企业管理人员所享受的福利及津贴种类有多种，其中，一部分是企业所有员工都可以享受的；另一部分是针对管理人员设置的，这也是企业为吸引和稳定人才而采取的竞争性措施。

由于各企业的实际情况不同，在福利津贴具体项目的设置上也各有别。常见的项目包括住房津贴、弹性工作时间、俱乐部会员、个人理财、法律咨询、定期健康检查等福利项目。

6.1.6　年薪制的五种模式

（1）准公务员型年薪模式，如图 6.4 所示。

报酬结构	基本薪酬+津贴+养老金计划
报酬数量	取决于所管理企业的性质、规模,以及高层管理人员的行政级别
考核指标	政策目标是否实现,当年工作任务是否完成
适用对象	所有达到一定级别的高层管理人员,包括董事长、总经理等
激励作用	这种报酬方案的主要激励力量来源于职位升迁机会、较高的社会地位和稳定体面的生活保证,而且退休后可以获得较高的养老金,起到了约束其短期行为的作用

图 6.4　准公务员型年薪模式

（2）一揽子型年薪模式,如图 6.5 所示。

报酬结构	单一固定数量年薪
报酬数量	报酬数量与年度经营目标挂钩。实现经营目标后可得到事先约定好的固定数量的年薪,其数额一般相对较高
考核指标	一般根据企业的现有经营状况,确定主要考核指标。考核指标十分明确具体,如减亏额、实现利润率、资产利润率、上交利税和销售收入等
适用对象	适用于面临亟待解决的特殊问题的企业,如亏损国有企业,为了扭亏为盈采取这种招标式的办法激励经营者
激励作用	其激励作用的有效性发挥在很大程度上取决于考核指标的科学选择、真实准确

图 6.5　一揽子型年薪模式

（3）非持股多元化型年薪模式,如图 6.6 所示。

报酬结构	基本薪酬+津贴+风险收入（效益收入和奖金）+养老金计划
报酬数量	基本薪酬取决于企业经营难度和责任;风险收入根据企业经营业绩来确定,一般没有封顶
考核指标	确定基本薪酬时要依据企业的资产规模、销售收入、员工人数等指标;确定风险收入时,要考虑净资产增长率、实现利润增长率、销售收入增长率、上交利税增长率、员工工资增长率等指标,还要参考行业平均效益水平来考核和评价经营者的业绩
适用对象	追求企业效益最大化的非股份制企业
激励作用	缺乏对经营者长期行为的激励

图 6.6　非持股多元化型年薪模式

（4）持股多元化型年薪模式，如图 6.7 所示。

报酬结构	基本薪酬+津贴+风险收入（效益收入和奖金）+养老金计划
报酬数量	基本薪酬取决于企业经营难度和责任；风险收入根据企业经营业绩来确定，一般没有封顶
考核指标	确定基本薪酬时要依据企业的资产规模、销售收入、员工人数等指标；确定风险收入时，要考虑净资产增长率、实现利润增长率、销售收入增长率、上交利税增长率、员工工资增长率等指标，还要参考行业平均效益水平来考核和评价经营者的业绩
适用对象	追求企业效益最大化的非股份制企业
激励作用	缺乏对经营者长期行为的激励

图 6.7　持股多元化型年薪模式

（5）分配权型年薪模式，如图 6.8 所示。

报酬结构	基本薪酬+津贴+以"分配权""分配权期权"形式出现的风险收入+养老金计划
报酬数量	基本薪酬取决于企业经营难度和责任，一般基本薪酬应该为员工平均工资的 2～4 倍；以"分配权""分配权期权"形式体现的风险收入取决于企业利润率之类的经营业绩，风险收入无法以员工平均工资为参照物，没有必要进行封顶
考核指标	确定基本薪酬时，要依据企业的资产规模、销售收入、员工人数等指标；确定风险收入时，要考虑净资产增长率等企业业绩指标
适用对象	不局限于上市公司和股份制企业，可在各类企业中实行
激励作用	激励作用还有待于实践检验

图 6.8　分配权型年薪模式

对标案例　××公司管理人员年薪设计方案

为确保公司经营目标的如期实现，促进公司长远发展，公司需调动管理人员的工作积极性，为其及时进行年薪调整，以保证管理人员个人利益与公司长期利益协调一致，特制定本方案。

一、年薪的核定

公司管理人员的年薪主要由四部分构成，即基本年薪、绩效年薪、奖励年薪、福利与保险。

（一）基本年薪

管理人员基本年薪的核定遵循责任、利益、风险相一致的原则，依据上一年度的公司总体经营业绩和对外部薪酬调查数据分析进行决策，参照职务等级及年薪比例来确定。

管理人员年薪的具体核发标准如下所示。

（1）一般情况下，总经理的年薪为上一年度实际年薪总额的60%～70%。

（2）其他实行年薪制的人员，综合考虑岗位责任的大小及工作的复杂性、工作的难度、社会对其认可的价值、人员稀缺性状况、个人工作能力等因素确定。其水平为总经理基本年薪的50%～85%。

（3）基本年薪的调整将依据公司盈利情况结合员工考核结果，进行相应调整。特殊情况由总经理批准后可以随时进行调整。

（二）绩效年薪

1. 计算公式

绩效年薪根据公司利润、资本收益及人均收入增长情况确定，计算公式：

$$绩效年薪 = 绩效年薪基数 \times 绩效年薪系数$$

2. 绩效年薪基数

绩效年薪基数为基本年薪的两倍。

3. 绩效年薪系数

（1）绩效年薪系数的高低由综合指标增长率确定，计算公式：

$$综合指标增长率 = 资本收益率 \times 0.3 + 利润增长率 \times 0.4 + 人均收入增长率 \times 0.3$$

（2）综合指标增长率对应的绩效年薪系数，见表6.2。

表6.2 绩效年薪系数对照表

综合指标增长率	绩效年薪系数
等于_____%	1
大于_____%，每增加1%	绩效年薪系数增加0.2
小于_____%，每减少1%	绩效年薪系数减少0.1

（三）奖励年薪

1. 计算方法

奖励年薪根据公司经营收入情况进行核算，计算公式：

> **奖励年薪**=奖励年薪总额×奖励年薪系数×岗位系数

2. 奖励年薪总额

奖励年薪总额根据公司效益核算，可以从公司超额利润中按10%的比例提取，并作为特殊报酬基金。

3. 奖励年薪系数

奖励年薪系数标准，见表6.3。

表6.3 奖励年薪系数标准

公司经营收入	利润增长率	奖励年薪系数
经营收入≤____万元	增长幅度≤____%	1.0
____万元＜经营收入≤____万元	____%＜增长幅度≤____%	1.5
____万元＜经营收入≤____万元	____%＜增长幅度≤____%	2.0
经营收入＞____万元	增长幅度＞____%	3.0

4. 岗位系数

岗位系数根据岗位级别、重要程度、难度系数等进行综合评估后确定。

（四）福利与保险

1. 法定福利

（1）保险和公积金：管理人员的法定福利主要是指社会保险和住房公积金，由人力资源部统一负责办理，具体缴费标准按照国家相关规定执行。

（2）带薪假：管理人员除享受以上福利项目外，根据国家规定还享受相应的带薪婚丧假、生产假、年休假等。

2. 特别福利

（1）管理人员业绩优秀的，每年可享受一次公司安排的出境旅游，往返交通费用及住宿费用均由公司负担。

（2）管理人员任满三年，业绩优秀的，由公司每年向保险公司购买终生险。

二、年薪的发放

（一）基本年薪发放

基本年薪公司于每月____日发放。

（二）绩效年薪发放

（1）绩效年薪由公司财务部根据考核期实际发生的相关数据，先行核算出公司的综合指标增长率，确定绩效年薪系数，最终确定绩效年薪工资的发放额度。

（2）绩效年薪于次年1月____日一次性支付绩效年薪应发额度的80%，剩余部分在____年后发放。

（三）特殊情况说明

（1）管理人员任期内调任其他工作的，按月发放基本年薪，公司对其任期内业绩进行审计考核以决定奖励额度，不再享受绩效年薪。

（2）因任期内严重违反公司规定而调离岗位的，不再享受绩效年薪。

（3）管理人员离任时，在通过离任审计后，公司应将剩余部分一次性付清。

6.2 专业技术人员薪酬设计

专业技术人员一般是指项目团队内具有专门知识或专门技术职称，并在相关领域从事产品研发、市场研究、财务分析、法律咨询等工作的人员，包括工程师、技师、会计师、律师等。

专业技术人员的薪酬模式同专业技术人员的职业发展方式密切相关，主要包括两种，即以职位等级提升为主线的职业发展路径和以专业技术职务提升为主线的职业发展路径。前者主要是指专业技术人员管理职位的提升，后者主要是指任职者专业技术职务的提升。

6.2.1 专业技术人员的薪酬模式

专业技术人员的薪酬模式包括两种，即技能取向型薪酬模式和价值取向型薪酬模式，见表6.4。

表6.4 专业技术人员的两种薪酬模式

薪酬模式	定义	优势	局限性
技能取向型	指根据专业技术人员的专业技术职务设计薪酬，而专业技术人员的专业技术职务提升与其专业技能的成长紧密相关	1. 将员工薪酬与技能相结合，调动员工学习和提升技能的积极性； 2. 将员工薪酬与职业发展结合起来，有利于员工的职业发展，以及职业管理水平提升	1. 片面强调技能本身，而忽视技能提升的经济价值； 2. 没有建立起员工薪酬提升机制与项目经济效益提升机制的有机联系
价值取向型	指根据专业技术人员拥有的技能和业绩因素的多少或者等级确定其组合薪酬的待遇	1. 强化了技能因素和业绩因素在薪资结构构建中的作用，增加了薪酬透明度； 2. 将员工的专业技术能力、业绩和薪酬紧密结合，保证了人力投入的产出效率	需要建立科学合理的技能与业绩的指标体系，工作较为复杂

6.2.2 技能取向型薪酬模式设计

技能取向型薪酬模式的设计思路与专业技术人员双通道的职业晋升途径相配套，其薪酬设计采取管理职位和专业技术职务两条跑道并行的方式。

在具体设计时，可将专业技术职务比管理职位低半个等级或采用其他标准，可根据项目实际情况灵活制定，具体分为三个步骤，如图6.9所示。

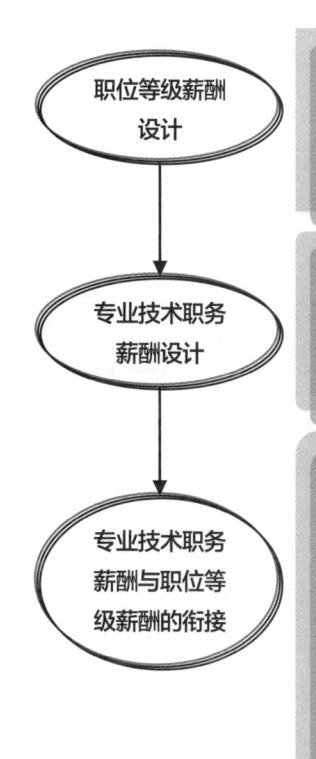

第 6 章 个性化薪酬设计工具的应用

职位等级薪酬设计：在设计职位等级薪酬时，企业既要综合考虑各级项目管理职位工作的责任、难度、重要程度等因素，同时也要考虑专业技术人员的任职资格，并在此基础上建立职位等级薪酬制度，专业技术人员根据其所在管理职位等级享受相应等级的薪酬

专业技术职务薪酬设计：
- 针对专业技术人员专业技能发展变化的特点确立，是以项目设立的专业技术职务为对象建立起来的薪酬体系；
- 随着专业技术人员技能水平的提高，其职务薪酬等级也应相对提高

专业技术职务薪酬与职位等级薪酬的衔接：
- 每个专业技术职务都有相应的职位等级与之相对应；
- 如果专业技术职务等级不变，其薪酬等级也保持不变，并与同等级其他人员一样享受正常的薪酬晋升；
- 如果专业技术人员从一个技术等级晋升至另一个技术等级，其所在的薪酬等级相应进行调整，并沿着新的薪酬等级享受晋升；
- 如果专业技术人员调任到与之平行的管理职位上，技术职务薪资变更为职位等级薪资，职等不变；
- 如果专业技术人员交叉晋升至较高等级的管理职位，技术职务薪资变更为职位等级薪资，并相应调高职位等级

图 6.9　技能取向型薪酬模式设计的三个步骤

6.2.3　价值取向型薪酬模式设计

价值取向型薪酬模式将专业技术能力、员工业绩与其薪酬紧密地联系了起来，实施这种薪酬需要建立一套科学合理的技能和业绩指标体系。

在为项目专业技术人员设计价值取向型薪酬模式时，应注意三个问题，如图 6.10 所示。

选取技能和业绩指标	确定各指标权重比例	考虑整体薪酬水平
应明确选取技能和业绩指标作为专业技术人员的付酬因素，既要体现企业战略和项目目标，也要反映企业的薪酬策略，即要鼓励什么、肯定什么、提倡什么、奖励什么	应明确这些指标之间的权重比例，综合平衡各因素对岗位贡献的大小，并以此来确定这些指标的相对价值	确定指标的经济价值时，要考虑行业、项目所在地区同类型人才的薪资水平和企业可以承受的成本，确保制定的薪资标准既有吸引力又不会给企业带来过大压力

图 6.10　价值取向型薪酬模式设计的三大注意事项

6.2.4 技术成果提成设计

技术成果提成是为了激励专业技术人员通过技术开发、产品研发、专利发明、技术改造等创造和增加项目效益，而采取一定的方法设计提成给予技术人员有效激励。企业应为项目专业技术人员设计科学、合理、完善的提成方案，作为其薪酬结构的有力补充。

企业设计项目技术成果提成，主要包括四个要点，如图 6.11 所示。

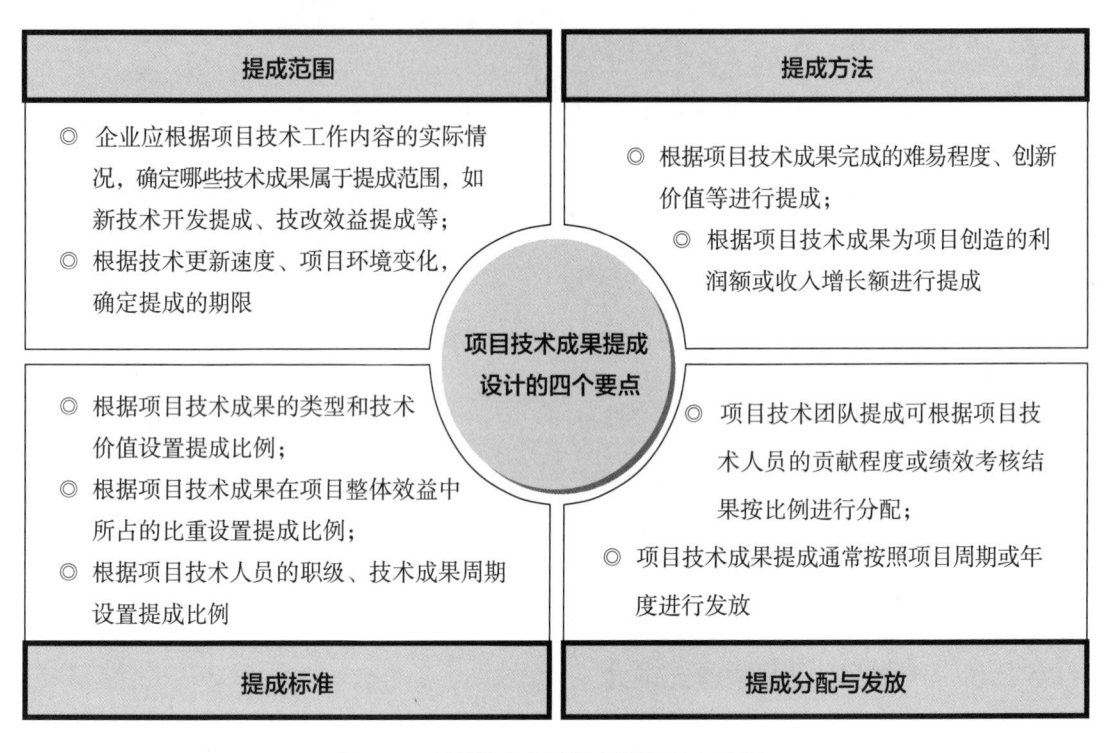

提成范围
- 企业应根据项目技术工作内容的实际情况，确定哪些技术成果属于提成范围，如新技术开发提成、技改效益提成等；
- 根据技术更新速度、项目环境变化，确定提成的期限

提成方法
- 根据项目技术成果完成的难易程度、创新价值等进行提成；
- 根据项目技术成果为项目创造的利润额或收入增长额进行提成

项目技术成果提成设计的四个要点

提成标准
- 根据项目技术成果的类型和技术价值设置提成比例；
- 根据项目技术成果在项目整体效益中所占的比重设置提成比例；
- 根据项目技术人员的职级、技术成果周期设置提成比例

提成分配与发放
- 项目技术团队提成可根据项目技术人员的贡献程度或绩效考核结果按比例进行分配；
- 项目技术成果提成通常按照项目周期或年度进行发放

图 6.11　项目技术成果提成设计的四个要点

6.3　销售人员薪酬设计

销售人员薪酬设计的首要特点是其强烈的激励性。由于销售业绩直接影响公司的营收和利润，薪酬方案必须能够充分激发销售人员的积极性和动力。这通常通过高额的提成、奖金或其他形式的绩效激励来实现，使销售人员能够直观地看到他们的努力如何转化为经济回报。

销售人员薪酬设计的另一个显著特点是与业绩的紧密挂钩。这不仅体现在绩效薪酬上，还包括晋升机会、培训资源等其他方面的激励。通过明确、公正的考核机制，确保销售人员的付出与回报成正比，从而增强他们的工作满意度和归属感。

销售人员的工作性质决定了其薪酬方案必须具有高度的灵活性。市场环境、客户需求、产品特点等因素都会影响销售业绩，因此，薪酬方案需要能够快速适应这些变化。例如，可以设定不同层级的销售目标，并根据实际完成情况动态调整提成比例或奖金额度。

6.3.1 五种结构形式

销售人员薪酬构成的五种结构形式，如图 6.12 所示。

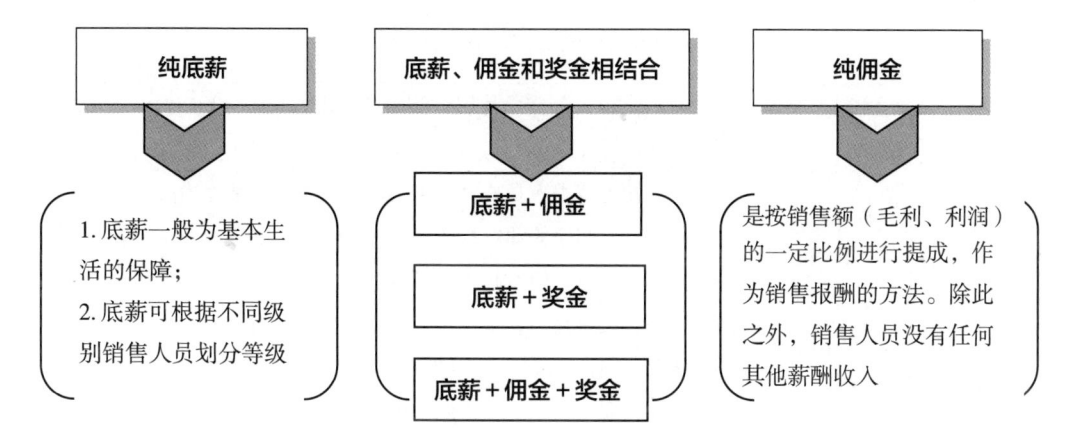

```
      纯底薪                  底薪、佣金和奖金相结合              纯佣金
        ↓                            ↓                           ↓
┌─────────────────┐           ┌─────────────┐           ┌─────────────────┐
│ 1.底薪一般为基本生 │           │  底薪＋佣金  │           │是按销售额（毛利、利润）│
│ 活的保障；        │           ├─────────────┤           │的一定比例进行提成，作│
│ 2.底薪可根据不同级 │           │  底薪＋奖金  │           │为销售报酬的方法。除此│
│ 别销售人员划分等级 │           ├─────────────┤           │之外，销售人员没有任何│
│                  │           │底薪＋佣金＋奖金│           │其他薪酬收入         │
└─────────────────┘           └─────────────┘           └─────────────────┘
```

图 6.12　销售人员薪酬构成的五种结构形式

6.3.2 优缺点分析

不同销售人员薪酬形式的优缺点比较，见表 6.5。

表 6.5　不同销售人员薪酬形式的优缺点比较

薪酬形式	优点	缺点
纯底薪制	1. 易于了解，计算简单； 2. 销售人员收入有一定的保障，增强了员工的安全感和稳定感	缺乏激励作用，难以鼓励销售人员为增加业绩而积极工作
纯佣金制	1. 有较强的激励作用； 2. 易于控制销售成本	1. 不适于销售波动的情况，如季节性波动； 2. 销售人员收入没有保障
底薪＋佣金	既有稳定的收入，又可获得随销售额增加的佣金	若佣金较少，激励作用不大
底薪＋奖金	可鼓励业务人员为降低销售成本、加强销售管理作出贡献	一定程度上削弱了销售薪酬的激励作用
底薪＋佣金＋奖金	1. 激励性强：销售人员的收入与其销售业绩紧密挂钩； 2. 灵活性高：佣金和奖金的灵活性使得销售人员有机会通过自己的努力获得更高的收入； 3. 体现公平性："多劳多得"有助于增强销售团队的凝聚力和向心力	1. 收入不稳定：佣金和奖金与销售业绩直接相关，销售人员的收入可能会因市场波动、客户需求变化等因素而大幅波动； 2. 过分强调销售业绩：忽视客户服务和产品质量等其他重要方面； 3. 管理难度较大：企业需要建立完善的销售业绩考核和薪酬计算体系，对销售人员的监督和激励也需要更加精细化

6.3.3 适用性分析

销售人员薪酬结构的适用性和特点分析，见表 6.6。

表 6.6　销售人员薪酬结构的适用性和特点分析

薪酬结构	适用性和特点	销售人员薪酬结构适用性具体分析
纯底薪制	适用性	适用于初创企业或业务稳定、销售风险较低的情况
		适用于行政支持类人员或销售内勤人员的基本生活保障
	特点	薪酬固定，不与销售业绩挂钩
		易于操作和管理，但激励作用较弱
纯佣金制	适用性	适用于销售结果易于衡量、销售周期短的产品或服务
		适用于兼职销售人员或销售结果对个人努力高度敏感的情况
	特点	强激励性，完全根据销售业绩来确定薪酬
		薪酬不稳定，销售人员可能面临较高的经济风险
底薪＋佣金制	适用性	适用于需要一定销售技巧和经验，但销售结果仍可预测的产品或服务
		适用于希望平衡销售人员经济保障和激励的企业
	特点	底薪提供基本生活保障，佣金提供销售激励
		相对于纯佣金制，风险较低，激励性适中
底薪＋奖金制	适用性	适用于团队销售或需要强调团队合作的销售环境
		适用于销售目标相对复杂，不仅依赖于个人销售努力的情况
	特点	底薪保障基本生活，奖金则与团队或公司整体业绩挂钩
		有利于引导销售人员关注团队和公司整体利益
底薪＋佣金＋奖金制	适用性	适用于销售过程复杂、销售结果难以完全预测且需要高度激励的情况
		适用于大型销售团队或需要多层次激励的销售人员
	特点	结合了底薪的稳定性、佣金的直接激励性和奖金的团队激励性
		提供了全方位的激励，但管理复杂度和成本相对较高

对标案例　××公司销售人员薪酬管理办法

第1条　目的

（1）销售人员薪酬与其工作业绩挂钩，调动销售人员的工作积极性，促进公司健康发展。

（2）确保完成销售任务，符合公司整体经营战略需要。

（3）保证公司的薪酬水平对内具有公平性，对外具有竞争性。

第2条　适用范围：本制度适用于公司的销售岗位。

第3条　薪酬福利结构

销售岗位员工的薪酬福利因岗位性质不同而不同，具体的薪酬福利项目及实施时间，见表6.7。

表6.7 销售岗位员工的薪酬福利项目及实施时间

项目		销售经理	销售人员	职能后勤人员	实施时间
工资	基本工资	√	√	√	每月____日
	绩效工资	√		√	每月____日
奖金	销售提成		√		每月____日
	销售目标奖	√		√	每年____月____日
	销售费用奖	√		√	每年____月____日
	回款目标奖	√	√		每年____月____日
福利	社保、公积金	√	√	√	每月____日
	午餐补助	√	√	√	每天
	交通补助	√	√	√	每月____日
	话费补助	√	√		每月____日
	员工体检	√	√	√	每年____月____日

1. 基本工资

公司根据岗位评价确定每个岗位的相对价值，同时在薪酬调查的基础上予以综合确定，制定出的薪酬水平满足对内具有公平性，对外具有竞争性和合法性的原则。

2. 绩效工资

（1）绩效考核周期：本公司对员工主要采用月度考核的方式。月度考核，对当月的工作表现进行考核，考核实施时间为每月____日至次月____日，遇节假日顺延。

（2）考核指标：对销售经理，主要从工作业绩和工作态度两部分进行考核评估，见表6.8。

表6.8 销售经理的考核量表

考核项目	考核指标	权重%
工作业绩	销售目标达成率	20
	货款回收率	20
	销售管理制度执行率	10
	销售增长率	10
	销售费用节省率	10
工作态度	部门重大失误次数	10
	客户投诉部门次数	10
	部门员工出勤率	5
	部门违反公司规章制度次数	5

对后勤人员的考核主要结合本岗位工作完成情况，以及工作态度、知识能力三个维度提取考核指标。

（3）销售岗位员工绩效工资的计算，见表6.9。

表6.9 销售岗位员工绩效工资的计算

考核成绩	绩效评定等级	绩效考评系数
考核得分≥90分	优秀	1.2
80分≤考核得分＜90分	良好	1.0
70分≤考核得分＜80分	合格	0.8
考核得分＜70分	差	0

（4）考核结果的应用：绩效考核结果主要用于月度绩效工资的发放。另外，也可以作为公司其他人事决策的参考依据。

第4条　销售提成计算

销售人员每月按个人销售任务的完成情况提取一定比例的奖金，没有超出任务目标的则没有提成，见表6.10。

表6.10 销售岗位员工销售提成的计算

销售业绩	提成比例
超出目标销售额____万元及以上	____％
超出目标销售额____万~____万元	____％
超出目标销售额的____万元以下	____％

第5条　奖金计算

1. 销售经理的奖金

销售经理的奖金主要参考三个指标，即销售目标达成、销售费用控制和销售货款回收，具体奖金标准如下，见表6.11。

表6.11 销售经理的奖金考核与发放标准

序号	销售经理的奖金考核指标与标准	发放标准
1	销售额达到500万元，货款回收率达到95%，销售费用控制率为10%及以上时	10万元奖金
2	销售额达到400万元，货款回收率达到90%，销售费用控制率为6%~10%时	8万元奖金
3	销售额达到300万元，货款回收率达到85%，销售费用控制率为6%以下时	6万元奖金
4	销售额低于300万元或货款回收率低于85%或销售费用控制率低于6%时	没有奖金

注：其余情况，统一按三项指标中完成结果最差的指标对应的档次发放奖金。

2. 销售人员的奖金

销售人员奖金的主要参考指标为货款回收，货款回收任务目标为____万元，超额完成部分按____％计提奖金。

3. 后勤人员的奖金

后勤人员的奖金发放额度按照销售经理各档次奖金标准的50％提取总额并根据岗位级别分三档发放。

第6条　福利标准

（1）社保、公积金等统一按国家规定的标准，为各岗位员工缴纳。

（2）交通话补按照销售人员合计____元，销售经理合计____元的标准每月凭票报销。

（3）午餐统一按____元/餐的标准，每月汇入个人工资账户。

（4）入职满一年以上的员工每年____月份享受人均价值____元的免费体检项目。

最佳实践：××公司薪酬激励实施方案范例

××公司薪酬激励实施方案

一、方案实施目标

（一）保证公司薪酬体系在劳动力市场上具有竞争性，吸引、保留优秀人才。

（二）对员工的贡献度给予客观的衡量和相应的回报，最大限度地激励员工。

（三）将公司和员工的短、中、长期经济利益相结合，促进企业与员工合作共赢、携手发展。

二、管理类人员薪酬

管理类人员薪酬由管理岗位工资、业绩工资、奖金、福利等构成。

（一）管理岗位工资

管理岗位工资依据岗位责任大小、职务高低等因素确定。××公司管理人员岗位工资标准表见表6.12。

表6.12　××公司管理人员岗位工资标准表

管理人员级别	职位名称	岗位工资/元
高层管理人员	总经理	_____
	技术副总、营销副总、财务副总、行政副总	_____
中层管理人员	技术部经理	_____
	财务部经理、办公室主任、人力资源部经理	_____
主管级人员	主管级人员	_____

（二）业绩工资

业绩工资以工作计划、业务目标完成情况，辅以工作态度进行考核。公司管理人员业绩工资的发放标准和发放比例见表 6.13。

表 6.13 ××公司管理人员业绩工资发放表

管理人员级别	职位名称	发放标准	发放比例
高层管理人员	总经理	_____ 万元/年	得分≥95分，发放_____%
	各副总经理	_____ 万元/年	95分＞得分≥80分，发放_____%
中层管理人员	技术部经理	_____ 元/季度	80分＞得分≥70分，发放_____%
	其他职能部门经理	_____ 元/季度	70分＞得分≥60分，发放_____%
主管级人员	—	_____ 元/季度	得分＜60，发放_____%

（三）奖金

奖金的分配与公司的年度经营计划和利润率相关，具体的奖金数额与分配办法见表 6.14。

表 6.14 ××公司管理人员奖金确定与分配表

与年度经营计划相对应的利润指标达标率	奖金提取数额/万元	奖金分配
≥130%	_____	依据各部门工作计划的完成情况、对企业经营目标实现的贡献大小等因素确定部门奖金比例。各部门再根据部门工作人员的岗位责任、年度考核结果等因素确定个人的奖金分配额
120%～130%（含120%）	_____	
110%～120%（含110%）	_____	
100%～110%（含100%）	_____	
95%～100%（含95%）	_____	

（四）福利

公司管理人员可以享受的福利项目见表 6.15。

表 6.15 ××公司管理人员福利项目

福利项目	适用对象
各项社会保险，住房公积金	公司全体员工
企业补充养老保险（企业年金）、补充医疗保险	公司全体员工
自助福利：研学旅游、带薪休假、商业保险等	业绩达到一定水平的优秀员工
补充退休福利计划、俱乐部会员等	高层管理人员

三、技术类人员薪酬

技术类人员薪酬由技术岗位工资、项目提成、项目奖金、福利等构成。

（一）技术岗位工资

技术类人员岗位工资标准见表 6.16。

表 6.16 ××公司技术类人员岗位工资标准表

技术人员级别	定员人数	岗位工资标准/元
资深专家	_____ 人	_____

续表

技术人员级别	定员人数	岗位工资标准 / 元
高级工程师	_____ 人	_____
工程师	_____ 人	_____
助理工程师	_____ 人	_____
技术员	_____ 人	_____

（二）项目提成

项目提成的发放标准根据研发项目难度的不同及进程的不同，提成比例标准也不同，见表 6.17。

表 6.17　××公司研发项目提成比例标准表

研发项目类别	难度系数	项目进度	提成比例标准
甲类项目	0.8 < 难度系数 ≤ 1	提前 12 天以上完成	110% × A
		提前 8 ~ 11 天完成	80% × A
		提前 3 ~ 7 天完成	60% × A
乙类项目	0.6 < 难度系数 ≤ 0.8	提前 12 天以上完成	110% × B
		提前 8 ~ 11 天完成	80% × B
		提前 3 ~ 7 天完成	60% × B
丙类项目	0.4 < 难度系数 ≤ 0.6	提前 12 天以上完成	110% × C
		提前 8 ~ 11 天完成	80% × C
		提前 3 ~ 7 天完成	60% × C
丁类项目	难度系数 ≤ 0.4	提前 12 天以上完成	110% × D
		提前 8 ~ 11 天完成	80% × D
		提前 3 ~ 7 天完成	60% × D

注：A、B、C、D 为研发项目奖金总额。

项目工资根据各工作人员在项目开发中贡献大小进行分配。在项目通过验收后的当月发放。

（三）项目奖金

1. 科研成果奖
2. 特别贡献奖
3. 技术类人员年度奖

奖金发放的具体标准详见《××公司项目奖金发放管理办法》（略）。

（四）福利

技术类人员享受的福利详见《××公司员工福利项目体系》。

四、事务类员工薪酬

××公司事务类员工薪酬主要由岗位工资、绩效工资、奖金、福利四个部分组成。

（一）岗位工资

××公司事务类员工岗位工资标准表见表6.18。

表6.18 ××公司事务类员工岗位工资标准表

事务类员工	岗位工资标准/元
财务人员、法务人员	_____
	_____
行政管理人员、人力资源管理人员	_____
	_____
前台、资料管理员等	_____
	_____

（二）绩效工资

将事务类员工月工资总额的一定比例作为浮动基础，以个人及所在部门某一阶段的业绩评价结果为浮动依据，而确定的激励性薪酬。详见《××公司绩效考核管理制度》。

（三）奖金

主要是年终奖金，根据企业年度效益及事务类员工年终考核的结果而定，详见《××公司绩效考核管理制度》。

（四）福利

事务类员工享受的福利详见《××公司员工福利项目体系》。

五、销售类人员薪酬

销售类人员薪酬由岗位工资（底薪）、销售佣金、岗位津贴、福利四个部分组成。

（一）岗位工资（底薪）

××公司销售类人员岗位工资（底薪）标准表见表6.19。

表6.19 ××公司销售类人员岗位工资（底薪）标准表

销售人员级别	定员人数	岗位工资（底薪）标准/元
资深业务员	_____人	_____
高级业务员	_____人	_____
中级业务员	_____人	_____
初级业务员	_____人	_____

（二）销售佣金

销售类人员的销售佣金依据回款额和参与履行合同金额两部分确定。具体佣金提取比例见表6.20。

表6.20 ××公司销售类人员销售佣金提取比例

任务完成额	销售佣金提取
____万元以下	（签订销售合同额×____+销售回款额×____）×5%
____万元以上	（签订销售合同额×____+销售回款额×____）×5%+（超出____万元部分）×□.5%

（三）岗位津贴

销售人员享受的岗位津贴项目包括：

1. 话费补贴。_____元/月。

2. 出差补贴。_____元/天（出差期间享受）。

（四）福利

销售类人员享受的福利详见《××公司员工福利项目体系》。

最佳实践：真芯互联网公司"00后"新员工薪酬激励策略

真芯互联网公司作为国内领先的科技企业，近年来吸引了大量"00后"新员工的加入。为了有效激励这批新生代员工，公司设计了一套针对性的薪酬激励策略，旨在提升员工的工作积极性、创新能力和团队归属感。

真芯互联网公司针对"00后"新员工的薪酬激励策略设计，见表6.21。

表6.21 真芯互联网公司针对"00后"新员工的薪酬激励策略设计

序号	策略	具体分析
1	基础薪资与岗位津贴	提供具有市场竞争力的基础薪资，确保"00后"新员工能够获得与其能力相匹配的报酬
		设立岗位津贴，针对特定技术岗位或关键职位提供额外补贴，吸引和留住优秀人才
2	绩效奖金与项目奖励	设立季度和年度绩效奖金，根据员工的绩效表现进行奖励，激励员工持续高效地完成工作任务
		针对重要项目或创新项目，提供额外的项目奖励，鼓励员工积极参与并贡献力量
3	股权激励计划	为表现优异的"00后"新员工提供股权激励计划，使他们成为公司的"合伙人"，与公司共享成长的红利
		通过股权激励，增强员工的归属感和忠诚度，激发他们为公司的长远发展贡献力量
4	培训与发展机会	提供丰富的在线和线下培训课程，帮助"00后"新员工提升专业技能和职业素养
		设计内部晋升通道、绘制路径图，并提供专业的职业生涯规划指导和心理咨询，让员工看到自己在公司内部的成长空间和发展前景
5	灵活福利政策	提供多样化的福利待遇选择，如健康保险、员工旅游、健身卡等，满足"00后"员工对于工作和生活品质的追求
		设立弹性工作时间和远程办公政策，以适应新生代员工的工作与生活方式

续表

序号	策略	具体分析
6	即时奖励与认可	设立即时奖励机制,如优秀员工奖、创新奖等,对在工作中表现出色的员工进行及时表彰和奖励
		通过内部社交平台,定期展示优秀员工的成果和贡献,提升他们的工作满意度和团队归属感

真芯互联网公司针对"00后"新员工"吃货"的薪酬激励四项策略如图6.13所示。

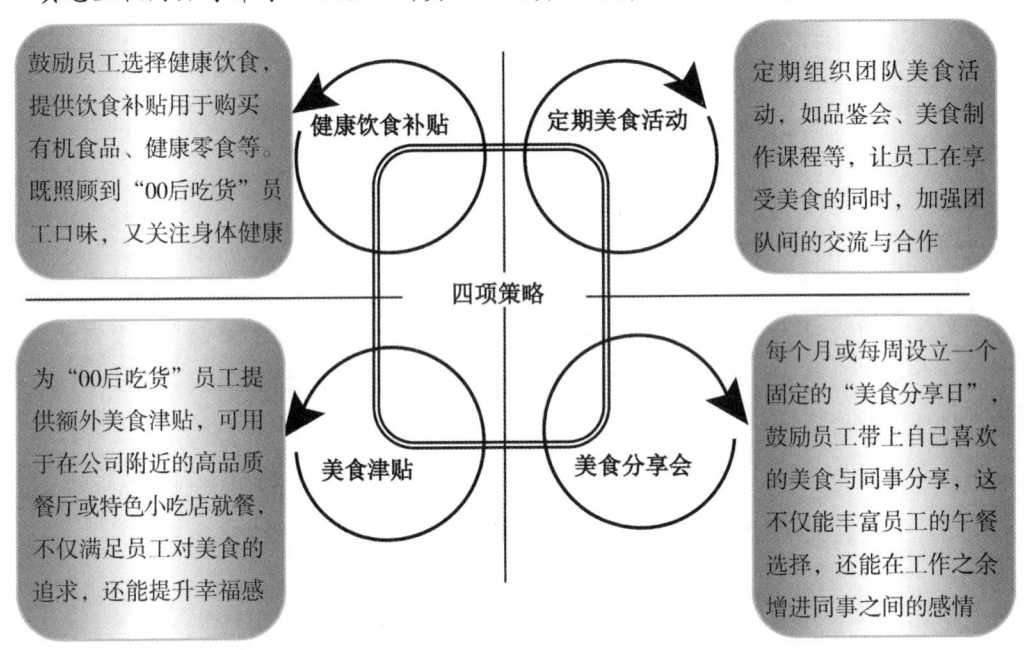

健康饮食补贴:鼓励员工选择健康饮食,提供饮食补贴用于购买有机食品、健康零食等。既照顾到"00后吃货"员工口味,又关注身体健康

定期美食活动:定期组织团队美食活动,如品鉴会、美食制作课程等,让员工在享受美食的同时,加强团队间的交流与合作

美食津贴:为"00后吃货"员工提供额外美食津贴,可用于在公司附近的高品质餐厅或特色小吃店就餐,不仅满足员工对美食的追求,还能提升幸福感

美食分享会:每个月或每周设立一个固定的"美食分享日",鼓励员工带上自己喜欢的美食与同事分享,这不仅能丰富员工的午餐选择,还能在工作之余增进同事之间的感情

图6.13 真芯互联网公司针对"00后"新员工"吃货"的薪酬激励四项策略

真芯互联网公司实施的这些薪酬激励策略,特别是针对"00后吃货"员工的特色激励,极大地提升了员工的工作满意度和幸福感。通过满足员工对美食的热爱,公司成功打造了一个更加人性化、有温度的工作环境,进一步增强了团队的凝聚力和向心力。同时,这些策略也有效激发了员工的工作热情和创造力,为公司的持续创新和发展注入了新的活力。

望闻问切:"00后"新世代员工的痛点与薪酬设计

在当今社会,"00后"新世代员工已成为职场的一股新生力量。薪酬激励工具与方法对于激发"00后"新世代员工的积极性和留任人才异常关键。

在中医诊断中,"望闻问切"是基本的诊病方法,通过观察和交流,医生能够准确地判断病人的病情。同样地,在设计个性化薪酬时,也可以借鉴这种方法论,通过"望""闻""问""切"四诊法,深度剖析"00后"新世代员工的痛点,并探讨相应的薪酬设计策略。

1. "望":认真观察"00后"员工的特点与愿望

"00后"员工成长于信息化、网络化的时代,他们更加注重工作的意义、自我价值的实现,以及工作与生活的平衡。因此,在薪酬设计中,除了基本的薪资福利,还应该考虑到他们的职业发展、学习成长的机会,以及灵活的工作时间和地点等因素。

2. "闻":积极倾听"00后"员工的声音与诉求

通过有效的沟通渠道,倾听"00后"员工对于薪酬和福利的期望。他们可能更看重工作的挑战性和创造性,以及公司文化的契合度。在薪酬设计中,可以引入绩效奖金、项目奖励等激励机制,以及提供多元化的福利待遇,如健康保险、员工培训、灵活休假等,以满足他们的个性化需求。

3. "问":深入了解"00后"员工的期盼与痛点

通过与"00后"员工的深入交流,了解他们对于薪酬体系的真实想法和期望。例如,他们可能对于即时的工作反馈和认可有更高的需求。在薪酬设计中,可以引入即时奖励机制,如季度奖金、年度优秀员工评选等,以增强他们的工作满意度和归属感。

4. "切":量身定制个性化薪酬激励方案

根据"00后"员工的特点和需求,量身定制薪酬设计方案,包括但不限于五个方面,如图6.14所示。

基础薪资与绩效奖金	福利待遇	职业发展机会	灵活的工作安排	即时奖励机制
设定具有市场竞争力的基础薪资,同时结合绩效奖金,以激励员工更好地完成任务	提供多元化的福利待遇,如健康保险、员工旅游、专业培训等,以满足"00后"员工对工作生活品质的追求	明确晋升通道和职业规划,让员工看到自己在公司内部的成长空间	考虑到"00后"员工对于工作与生活的平衡需求,可以提供灵活的工作时间和地点安排	设立即时奖励机制,对于表现优秀的员工给予即时的认可和奖励

图6.14 "00后"员工个性化薪酬激励方案设计的五个重点

综上所述,针对"00后"新世代员工的薪酬设计需要更加个性化和多元化,以满足他们对于工作价值、成长机会和生活品质的追求。通过"望闻问切"的方法,企业可以更深入地了解他们的需求和痛点,从而设计出更加符合他们期望的薪酬体系。

第 7 章
团队薪酬设计工具的应用

团队薪酬设计工具的应用需要综合考虑团队类型、业务目标、市场环境，以及员工的实际需求和期望。而跨类型团队的通用考虑因素，包括内部公平性、市场竞争性、激励与约束并存、灵活调整等。通过合理的薪酬设计，可以有效激发团队成员的积极性和创造力，推动团队的整体发展和成功。

三种类型团队的特点及薪酬设计与应用要点如图 7.1 所示。

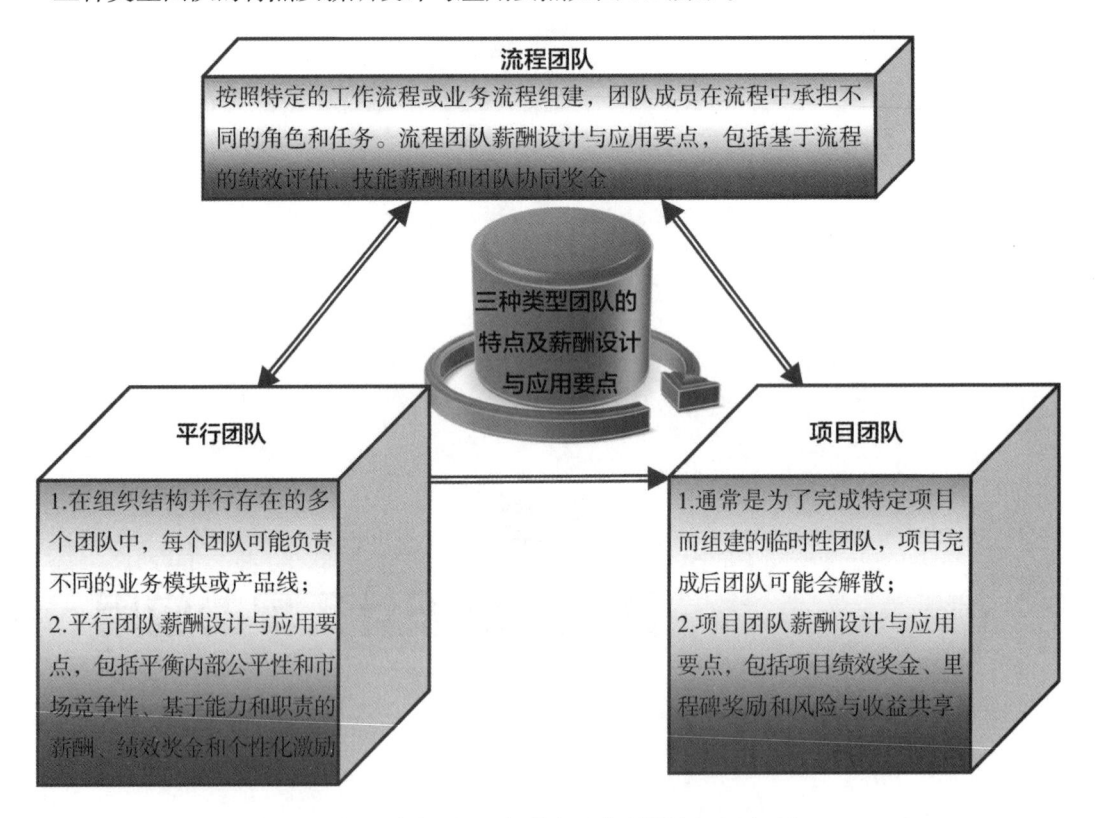

流程团队

按照特定的工作流程或业务流程组建，团队成员在流程中承担不同的角色和任务。流程团队薪酬设计与应用要点，包括基于流程的绩效评估、技能薪酬和团队协同奖金。

三种类型团队的特点及薪酬设计与应用要点

平行团队

1. 在组织结构并行存在的多个团队中，每个团队可能负责不同的业务模块或产品线；
2. 平行团队薪酬设计与应用要点，包括平衡内部公平性和市场竞争性、基于能力和职责的薪酬、绩效奖金和个性化激励。

项目团队

1. 通常是为了完成特定项目而组建的临时性团队，项目完成后团队可能会解散；
2. 项目团队薪酬设计与应用要点，包括项目绩效奖金、里程碑奖励和风险与收益共享。

图 7.1　三种类型团队的特点及薪酬设计与应用要点

团队薪酬设计工具应用框架体系插画

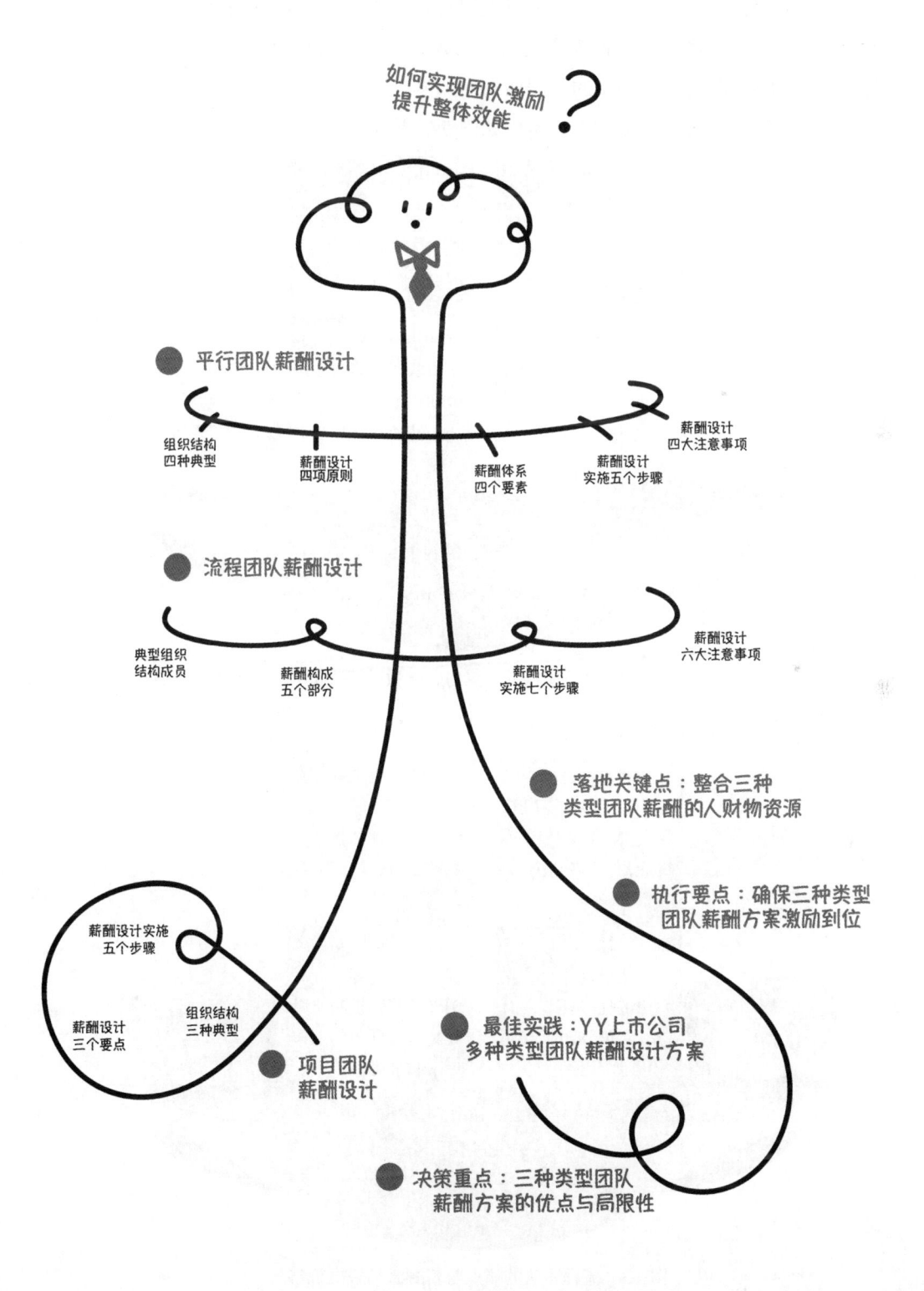

如何实现团队激励提升整体效能？

● 平行团队薪酬设计
- 组织结构四种典型
- 薪酬设计四项原则
- 薪酬体系四个要素
- 薪酬设计实施五个步骤
- 薪酬设计四大注意事项

● 流程团队薪酬设计
- 典型组织结构成员
- 薪酬构成五个部分
- 薪酬设计实施七个步骤
- 薪酬设计六大注意事项

● 项目团队薪酬设计
- 组织结构三种典型
- 薪酬设计三个要点
- 薪酬设计实施五个步骤

● 落地关键点：整合三种类型团队薪酬的人财物资源

● 执行要点：确保三种类型团队薪酬方案激励到位

● 最佳实践：YY上市公司多种类型团队薪酬设计方案

● 决策重点：三种类型团队薪酬方案的优点与局限性

问题与痛点：如何实现团队激励提升整体效能

在团队薪酬设计的过程中，如何有效地激励团队成员，从而提升整体团队效能，一直是企业和组织面临的关键挑战。这种挑战在平行团队、流程团队和项目团队中均存在，但具体的痛点和解决策略可能因团队类型的不同而有所差异。

平行团队的痛点与薪酬激励解决策略，如图 7.2 所示。

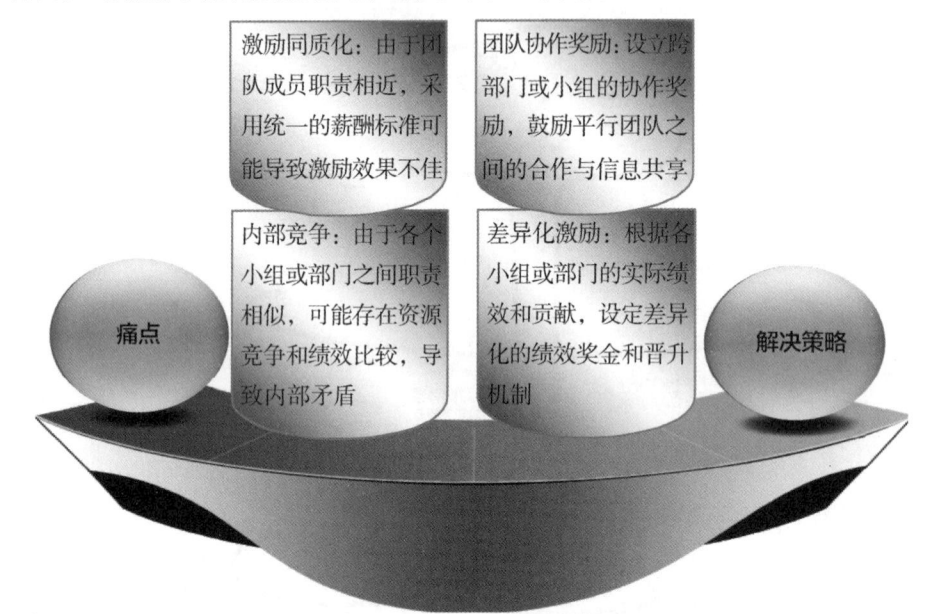

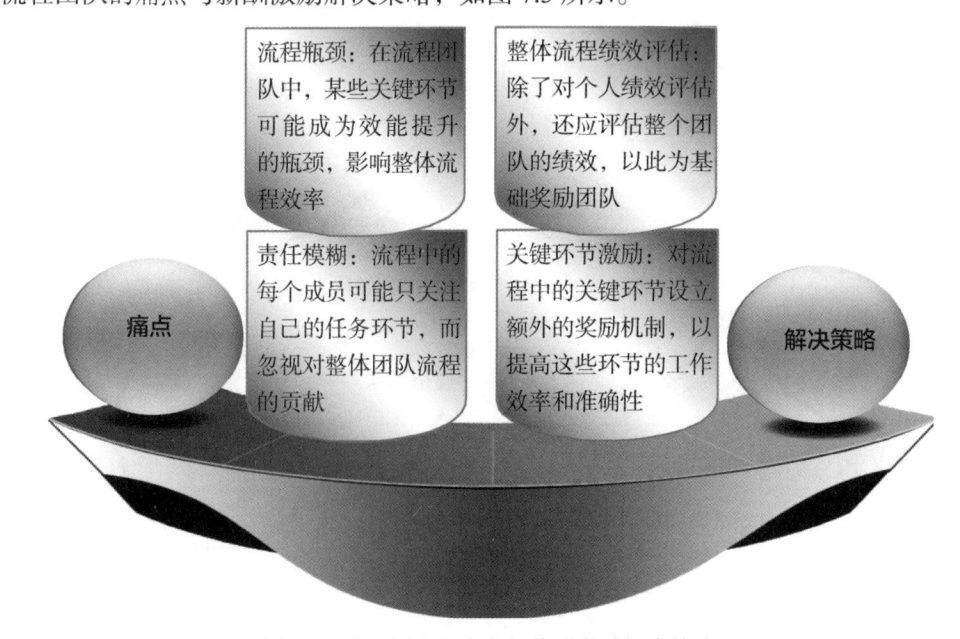

痛点：
- 激励同质化：由于团队成员职责相近，采用统一的薪酬标准可能导致激励效果不佳
- 内部竞争：由于各个小组或部门之间职责相似，可能存在资源竞争和绩效比较，导致内部矛盾

解决策略：
- 团队协作奖励：设立跨部门或小组的协作奖励，鼓励平行团队之间的合作与信息共享
- 差异化激励：根据各小组或部门的实际绩效和贡献，设定差异化的绩效奖金和晋升机制

图 7.2　平行团队的痛点与薪酬激励解决策略

流程团队的痛点与薪酬激励解决策略，如图 7.3 所示。

痛点：
- 流程瓶颈：在流程团队中，某些关键环节可能成为效能提升的瓶颈，影响整体流程效率
- 责任模糊：流程中的每个成员可能只关注自己的任务环节，而忽视对整体团队流程的贡献

解决策略：
- 整体流程绩效评估：除了对个人绩效评估外，还应评估整个团队的绩效，以此为基础奖励团队
- 关键环节激励：对流程中的关键环节设立额外的奖励机制，以提高这些环节的工作效率和准确性

图 7.3　流程团队的痛点与薪酬激励解决策略

项目团队的痛点与薪酬激励解决策略，如图 7.4 所示。

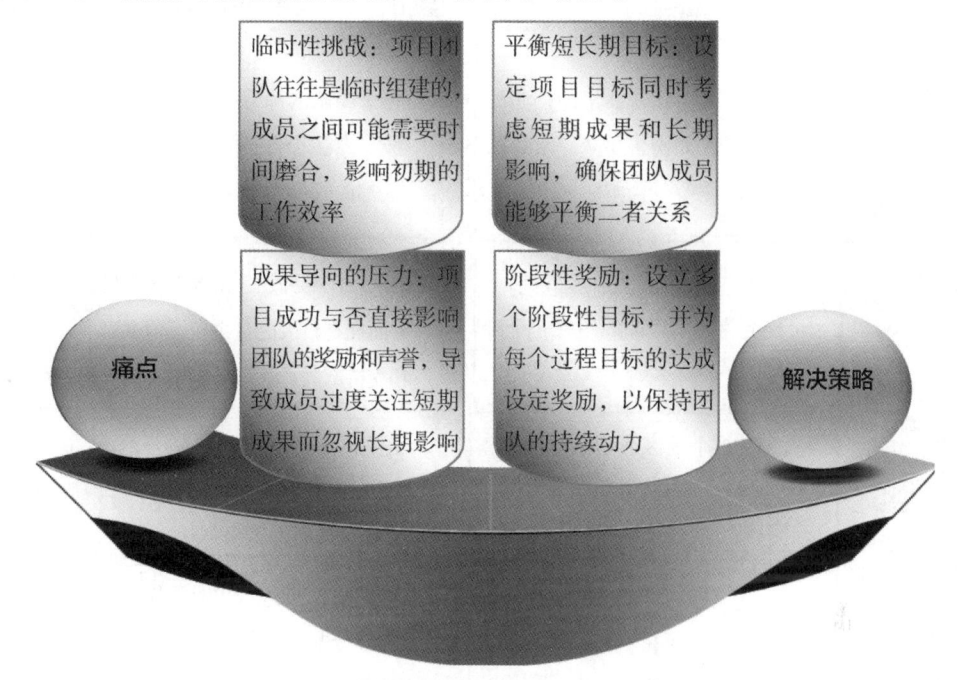

图 7.4　项目团队的痛点与薪酬激励解决策略

综上所述，实现团队激励提升整体效能需要综合考虑团队类型、成员需求，以及组织目标等多方面因素。通过设计合理的薪酬和奖励机制，结合明确的沟通、反馈和评估体系，企业可以有效激发团队成员的积极性和创造力，从而提升团队的整体效能。

7.1　平行团队薪酬设计

平行团队是指在同一组织内部，多个相对独立但又并行工作的团队。这些团队通常各自负责不同的业务领域、项目或产品线，彼此之间在工作职责上保持相对独立，但在组织结构上可能归属于同一上级管理部门或业务单元。平行团队之间的成员往往不直接相互依赖，但他们的工作都对组织的整体目标和战略有所贡献。

平行团队薪酬设计，是针对那些在同一组织内，多个团队并行工作且各自职责相对独立的情况而设计的薪酬体系。这种设计旨在激励团队成员更好地完成各自团队的目标，同时保持团队之间的相对公平性。

7.1.1　四种典型的组织结构

在平行团队的组织结构中，重要的是确保各个团队之间的协调和沟通，以避免资源浪费、工作重复或目标冲突。尽管各个团队在工作内容上保持独立，但它们都是组织整体战略的一部分，需要共同为实现公司的长期目标而努力。

梳理平行团队的组织结构是设计其薪酬的基础和前提，平行团队的四种典型组织结构如图 7.5 所示。

类型	组织结构	职责内容划分
职能型平行团队	职能型平行团队按照不同的职能进行划分,如销售团队、市场团队、技术团队、客服团队等	每个团队内部有明确的职责划分,团队成员专注于自己的职能领域,但所有团队都向同一个上级或管理层汇报
产品型平行团队	当一个公司拥有多条产品线时,可能会为每个产品线组建一个独立的团队	团队在产品开发、市场营销、销售策略等方面拥有较大的自主权,但共享公司资源和支持部门,如法务、财务和人力资源等
地区型平行团队	对于在多个地区或国家开展业务的公司,可能会根据地理区域划分团队	每个地区团队负责该地区的所有业务活动,包括销售、市场营销、客户服务等,同时与总部的策略保持一致
项目型平行团队	在某些情况下,公司可能同时推进多个项目,并为每个项目组建一个独立的团队	这些项目团队之间的工作内容、进度和资源分配都是相互独立的,但可能共享某些支持部门或专家资源

图 7.5 平行团队的四种典型组织结构

7.1.2 薪酬设计的四项原则

平行团队薪酬设计的原则包括公平性、激励性、灵活性和可持续性。这些原则相互关联、相互影响,共同构成了一个有效的薪酬体系。在实际操作中,管理者应根据企业的实际情况和团队成员的需求,灵活运用这些原则,设计出既符合团队特点又能有效激励团队成员的薪酬体系。

平行团队薪酬设计需要遵循四项原则,如图 7.6 所示。

公平性原则
公平是薪酬设计的基础

激励性原则
薪酬不仅是对员工工作的回报,更是一种激励手段

可持续性原则
薪酬体系作为组织管理的重要组成部分,其设计应考虑到企业的长期发展

灵活性原则
市场环境和企业战略的变化必然要求薪酬体系随之调整

图 7.6 平行团队薪酬设计的四项原则

1. 公平性原则

亚当斯的公平理论认为,员工不仅关心自己的绝对报酬,还关心自己的相对报酬。他们会将自己的投入与产出比与其他人进行比较,如果感觉不公平,就会产生消极情绪,影响工作效率。因此,在平行团队薪酬设计中,必须确保各个团队之间的薪酬水平与其贡献相匹配,

避免出现内部不公平现象。

2. 激励性原则

弗鲁姆的期望理论认为，人们之所以采取某种行动，是因为他们觉得这种行为可以在一定概率上达到某种结果，并且这种结果可以带来他们认为重要的报酬。因此，在薪酬设计中，应设置与团队目标和个人绩效紧密挂钩的激励机制，以激发团队成员的积极性和创造力。例如，可以设立绩效奖金、晋升机会等，鼓励团队成员为达成目标而努力工作。

3. 灵活性原则

权变理论认为，不存在一种适用于所有情境的最佳管理方式，管理者应根据具体情境选择合适的管理策略。在薪酬设计中，这意味着薪酬体系应具备一定的灵活性，能够根据实际情况进行及时调整。例如，当某个团队的业务量突然增加时，可以通过调整绩效奖金的发放标准来激励团队成员更加努力地工作。

4. 可持续性原则

战略人力资源管理理论认为，人力资源管理应与企业的战略目标相一致，以支持企业的长期发展。在薪酬设计中，这意味着薪酬体系应能长期有效，不因短期波动而频繁调整。为了实现这一原则，可以在薪酬设计中融入企业的核心价值观和战略目标，确保薪酬体系与企业的长期发展保持一致。

7.1.3 薪酬体系设计要素

平行团队薪酬设计的要素包括基本工资、绩效奖金、福利待遇和长期激励计划。这些要素共同构成了一个全面、系统的薪酬体系，旨在激励团队成员更好地完成任务、达成目标，为企业的长期发展贡献力量。在实际操作中，企业应根据自身情况和团队成员的需求，合理设定和调整这些要素，以实现薪酬体系的最大效用。

平行团队薪酬设计的四个要素如图 7.7 所示。

平行团队薪酬设计的四个要素

基本工资	绩效奖金	福利待遇	长期激励计划
基本工资是薪酬体系中的固定部分，通常根据员工的职位、经验、技能水平及市场薪资标准来设定	设计绩效奖金的目的是激励团队成员更好地完成任务、达成目标，是为平行团队设定的可变薪酬部分	福利待遇是薪酬体系中的另一重要组成部分，包括医疗保险、退休金、带薪休假等	如ESOP、股票期权等，该计划旨在激发团队成员的长期工作动力

图 7.7 平行团队薪酬设计的四个要素

1. 基本工资

在平行团队中，基本工资的确定需要考虑团队成员的角色和职责，确保各团队成员的基本生活需求得到满足。基本工资的水平应与市场相衔接，以确保企业的薪酬水平具有外部竞争性。例如，根据市场薪资调查报告，企业可以设定与行业内相似岗位相匹配的基本工资标准。

2. 绩效奖金

绩效奖金根据团队和个人的绩效表现来确定。在平行团队中，绩效奖金的设立尤为重要，因为绩效奖金可以激发团队成员的积极性和创造力，促进团队目标的实现。绩效奖金的发放应与绩效考核制度紧密结合，确保公平、透明。例如，可以设定明确的绩效考核指标，如销售额、客户满意度等，根据这些指标的完成情况来确定绩效奖金的发放。

3. 福利待遇

福利待遇旨在增强团队成员的归属感和忠诚度，提高员工满意度。在平行团队中，提供具有竞争力的福利待遇可以吸引和留住优秀人才，为团队的稳定性和长期发展奠定基础。例如，企业可以提供全面的医疗保险计划，以减轻团队成员的后顾之忧，使其更加专注于工作。

4. 长期激励计划

通过让员工分享企业的成长和成功，可以增强员工的责任感和使命感，促进团队与企业的共同发展。在平行团队中，实施长期激励计划有助于培养团队成员的主人翁意识，提高团队的凝聚力和执行力。例如，企业可以设立 ESOP，让员工成为公司的股东，从而与公司形成更紧密的利益共同体。

7.1.4 薪酬设计实施步骤

平行团队薪酬设计的实施是一个系统性、逻辑性的过程，需要遵循一定的步骤来确保薪酬体系的科学性、合理性和有效性。平行团队薪酬设计实施的五个步骤及其作用如图 7.8 所示。

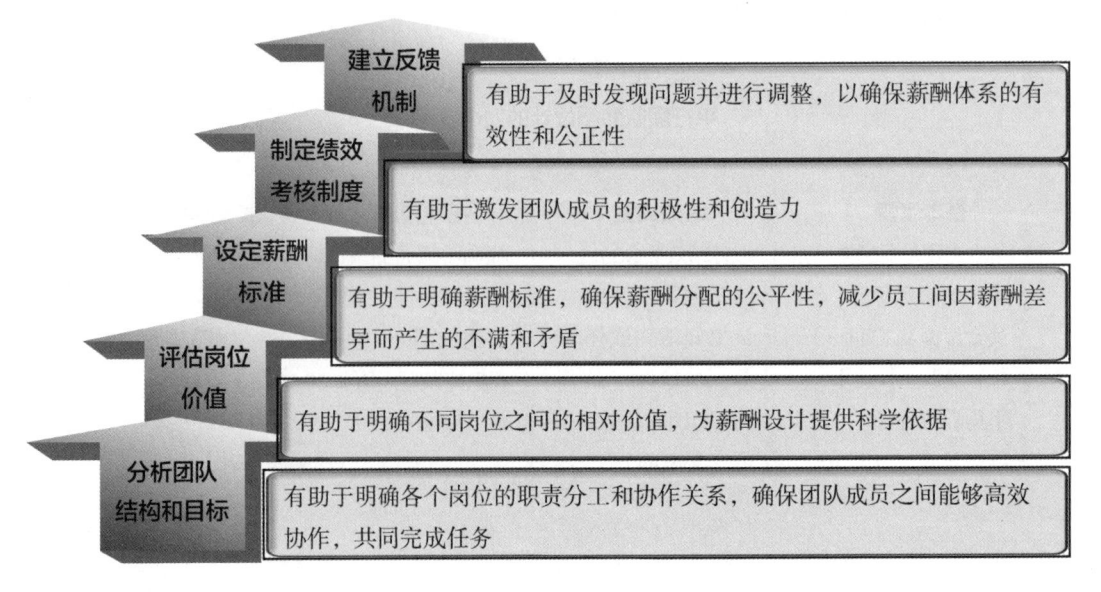

步骤	作用
建立反馈机制	有助于及时发现问题并进行调整，以确保薪酬体系的有效性和公正性
制定绩效考核制度	有助于激发团队成员的积极性和创造力
设定薪酬标准	有助于明确薪酬标准，确保薪酬分配的公平性，减少员工间因薪酬差异而产生的不满和矛盾
评估岗位价值	有助于明确不同岗位之间的相对价值，为薪酬设计提供科学依据
分析团队结构和目标	有助于明确各个岗位的职责分工和协作关系，确保团队成员之间能够高效协作，共同完成任务

图 7.8　平行团队薪酬设计实施的五个步骤及其作用

1. 分析团队结构和目标

企业需要明确各平行团队的职责、目标和工作内容，以便后续的薪酬策略能够与之相匹配。例如，销售团队的目标可能是提高销售额，而技术研发团队的目标可能是推动产品创新。

2. 评估岗位价值

这一步骤需要根据预定的衡量标准，对各岗位的职责、技能要求、工作复杂性等进行评估。海氏三要素评估法是常用的岗位评估方法，它从知识技能、解决问题的能力和承担的职务责任三个方面对岗位进行评估，从而确定岗位的相对价值。

3. 设定薪酬标准

在了解了团队结构和岗位价值后，企业需要结合市场薪酬水平和内部公平性，为每个岗位设定合理的薪酬标准。同时，企业也要考虑自身的财务状况和支付能力，避免设定过高的薪酬标准而给企业带来经济压力。

4. 制定绩效考核制度

企业需要明确考核周期、考核标准和奖惩机制，以确保薪酬与绩效紧密挂钩。例如，可以设定季度或年度的考核周期，根据绩效指标的完成情况来确定绩效奖金的发放。

5. 建立反馈机制

薪酬体系的实施是一个动态的过程，需要定期收集团队成员对薪酬体系的意见和建议。这可以通过员工满意度调查、匿名反馈渠道等方式实现。

综上所述，平行团队薪酬设计的实施步骤包括分析团队结构和目标、评估岗位价值、设定薪酬标准、制定绩效考核制度和建立反馈机制。这些步骤相互关联、相互影响，共同构成了一个完整的薪酬设计流程。在实际操作中，企业应结合自身情况和团队成员的需求，灵活运用这些步骤，以构建出既符合团队特点又能有效激励团队成员的薪酬体系。同时，不断反馈和调整也是确保薪酬体系持续有效的关键。

7.1.5 薪酬设计的注意事项

平行团队薪酬设计的注意事项包括保持与市场薪酬水平的同步、关注团队成员的职业发展、强调团队协同，以及确保薪酬体系的透明和公平。这些注意事项相互关联、相互影响，共同构成了一个科学、合理且有效的平行团队薪酬设计体系。通过认真考虑和落实这些注意事项，企业可以建立起一个既符合市场趋势又能有效激励团队成员的薪酬体系。

平行团队薪酬设计的四大注意事项如图 7.9 所示。

四大注意事项

1. 保持与市场薪酬水平的同步
这样做可以确保企业的薪酬体系具有外部竞争性，能吸引和留住优秀人才

2. 关注团队成员的职业发展
将薪酬与员工的个人发展相结合，从而激发员工的积极性和创造力

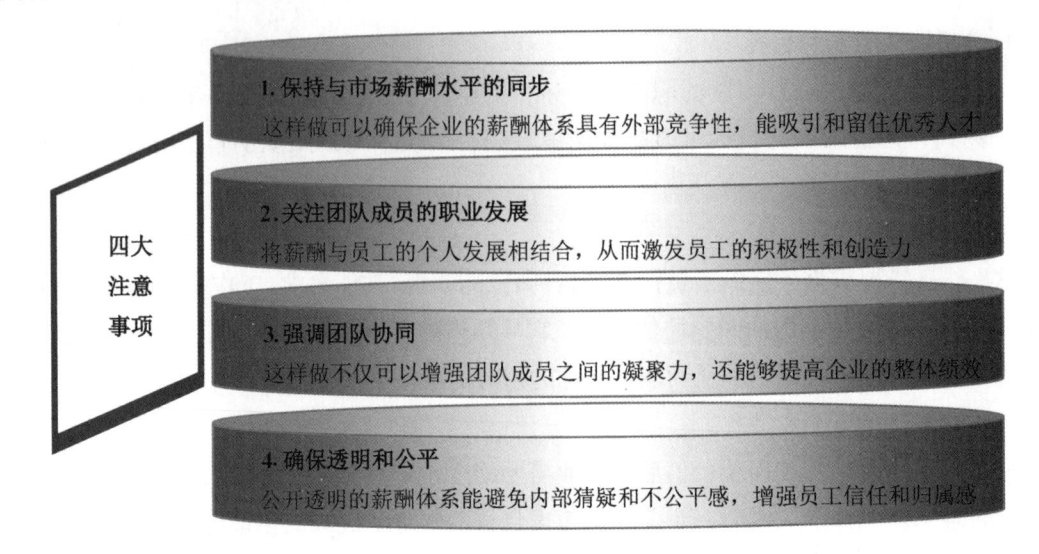

3. 强调团队协同
这样做不仅可以增强团队成员之间的凝聚力，还能够提高企业的整体绩效

4. 确保透明和公平
公开透明的薪酬体系能避免内部猜疑和不公平感，增强员工信任和归属感

图 7.9　平行团队薪酬设计的四大注意事项

1. 保持与市场薪酬水平的同步

在薪酬设计中，与市场薪酬水平保持同步是至关重要的。企业需要定期进行市场调查，了解同行业、同地区相似职位的薪酬水平。薪酬水平是决定员工满意度和留任率的关键因素之一，与市场水平保持同步是企业薪酬策略的基础。通过定期的市场薪酬调查，企业可以及时调整自身的薪酬标准，以符合市场趋势，避免因薪酬水平过低而导致人才流失。

2. 关注团队成员的职业发展

除了基本的薪酬待遇外，团队成员还关注自身的职业发展前景。因此，在薪酬设计中，提供培训和晋升机会是增强员工职业满意度和忠诚度的重要手段。根据马斯洛的需求层次理论，人们有自我实现的需求，即追求个人成长和发展的愿望。方式包括设立培训基金、制定明确的晋升通道等。

3. 强调团队协同

在平行团队中，虽然各个团队之间职责不同，但共同为企业的整体目标而努力。因此，在薪酬设计中考虑团队整体绩效，鼓励团队成员之间的合作与协同是至关重要的。团队协同作战能够带来更大的整体效益，为了促进团队协同，企业可以设立团队绩效奖金，将团队的整体业绩与个人的薪酬待遇相挂钩。

4. 确保透明和公平

薪酬体系的透明和公平是维护企业内部和谐稳定的关键因素。亚当斯的公平理论指出，员工不仅关注自己的绝对报酬，还关注报酬的相对性，即与他人的比较。因此，企业需要确保薪酬体系的公平性和透明度，让员工清楚地了解自己的薪酬待遇是如何确定的，以及与其他团队成员相比是否公平。可以通过定期公布薪酬标准、绩效考核结果等方式来实现。

7.2　流程团队薪酬设计

流程团队是一种特殊类型的团队，通常由一群全职成员组成，他们共同负责某个具体的

业务流程、生产线或项目阶段的持续运作。在流程团队中,成员们的工作能力相当或技能互补,他们通过密切协作,确保整个流程的顺畅进行。这种团队强调的是高效、标准化的工作流程,以及成员间的无缝衔接,从而达成预定的工作目标。

在流程团队薪酬设计中,需要考虑团队成员的稳定性、合作性和长期激励效果。

7.2.1 典型组织结构成员

在组织结构上,流程团队可能呈现出一种扁平化的管理结构,以减少层级,加快决策过程,并促进团队成员之间的直接沟通和协作。这种结构有助于快速响应和解决流程中出现的问题,提高整体工作效率。同时,流程团队的组织结构也需要根据具体的业务流程或项目需求进行调整和优化,以确保团队能够灵活应对各种挑战和变化。

流程团队的典型组织结构设计如图 7.10 所示。

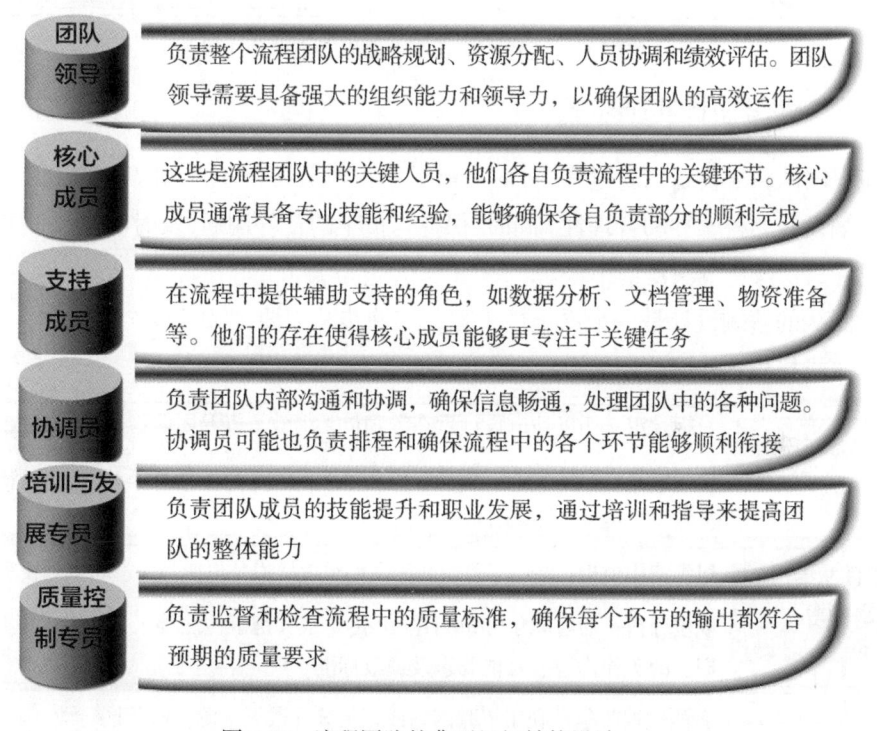

团队领导	负责整个流程团队的战略规划、资源分配、人员协调和绩效评估。团队领导需要具备强大的组织能力和领导力,以确保团队的高效运作
核心成员	这些是流程团队中的关键人员,他们各自负责流程中的关键环节。核心成员通常具备专业技能和经验,能够确保各自负责部分的顺利完成
支持成员	在流程中提供辅助支持的角色,如数据分析、文档管理、物资准备等。他们的存在使得核心成员能够更专注于关键任务
协调员	负责团队内部沟通和协调,确保信息畅通,处理团队中的各种问题。协调员可能也负责排程和确保流程中的各个环节能够顺利衔接
培训与发展专员	负责团队成员的技能提升和职业发展,通过培训和指导来提高团队的整体能力
质量控制专员	负责监督和检查流程中的质量标准,确保每个环节的输出都符合预期的质量要求

图 7.10 流程团队的典型组织结构设计

7.2.2 薪酬结构

流程团队薪酬设计需要综合考虑基本工资、技能工资制、绩效奖励、长期激励计划,以及非货币性激励等多个方面。通过合理设计这些薪酬要素,可以有效地激励流程团队成员的工作积极性和合作精神,推动团队的持续发展和成功。

流程团队薪酬结构由五个部分构成,如图 7.11 所示。

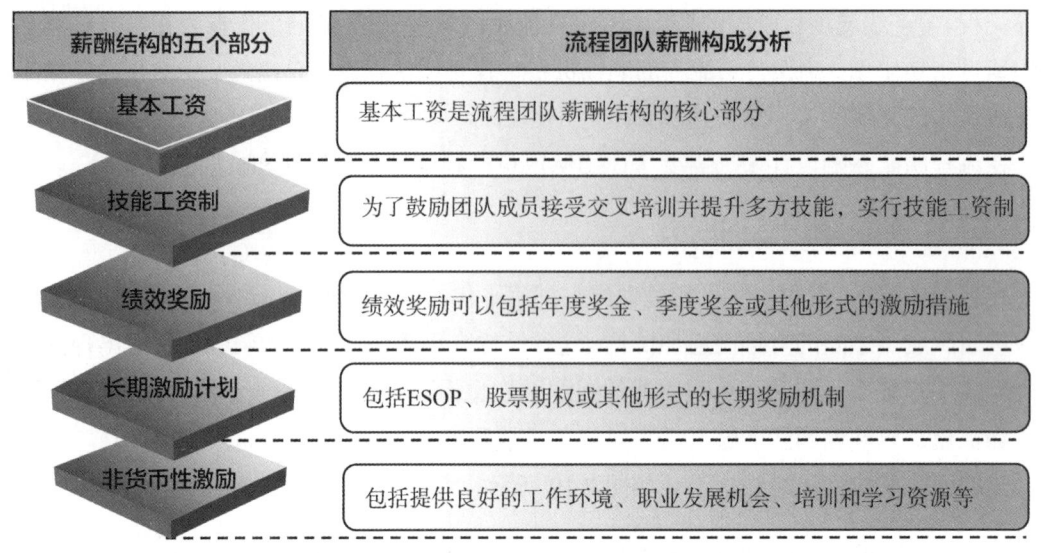

薪酬结构的五个部分	流程团队薪酬构成分析
基本工资	基本工资是流程团队薪酬结构的核心部分
技能工资制	为了鼓励团队成员接受交叉培训并提升多方技能，实行技能工资制
绩效奖励	绩效奖励可以包括年度奖金、季度奖金或其他形式的激励措施
长期激励计划	包括ESOP、股票期权或其他形式的长期奖励机制
非货币性激励	包括提供良好的工作环境、职业发展机会、培训和学习资源等

图 7.11　流程团队薪酬结构由五个部分构成

7.2.3　薪酬设计实施步骤

在流程团队薪酬设计实施过程中，应灵活运用各种工具和方法，如数据分析、员工调查等，以确保薪酬设计的科学性和合理性。同时，保持与员工的良好沟通，及时收集反馈并作出调整，是薪酬设计成功实施的关键。

流程团队的薪酬设计是一个系统性工程，实施步骤需要细致且周全的规划，包括适用的工具、方法或技巧，如图 7.12 所示。

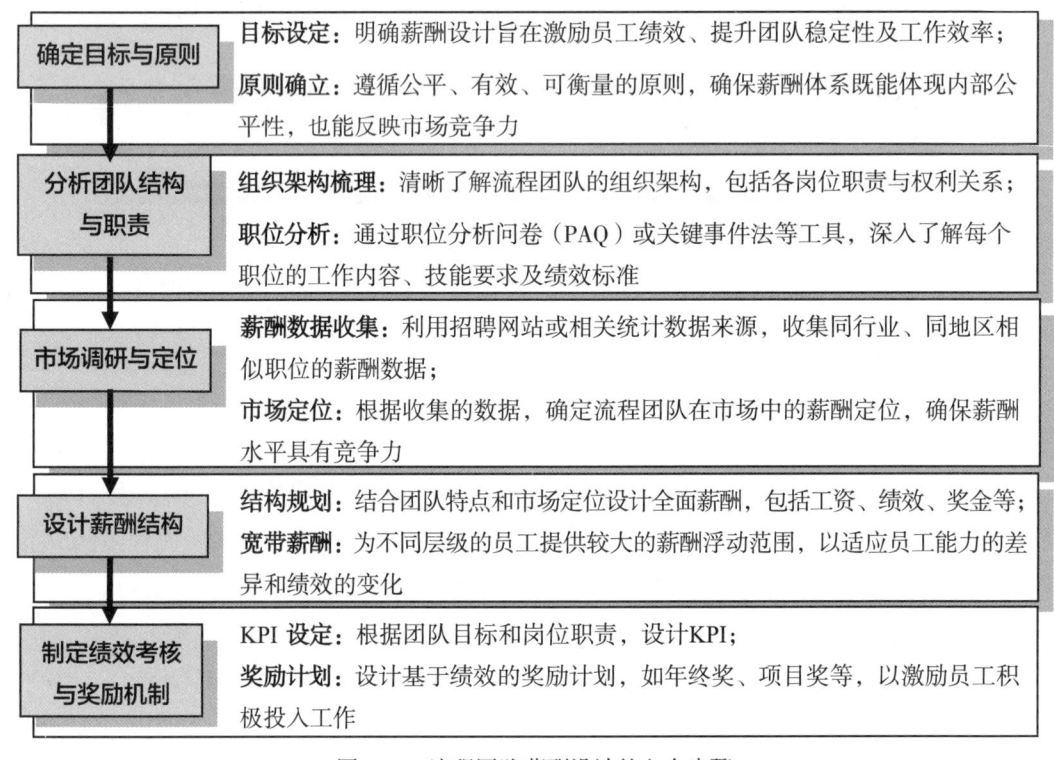

确定目标与原则	**目标设定**：明确薪酬设计旨在激励员工绩效、提升团队稳定性及工作效率； **原则确立**：遵循公平、有效、可衡量的原则，确保薪酬体系既能体现内部公平性，也能反映市场竞争力
分析团队结构与职责	**组织架构梳理**：清晰了解流程团队的组织架构，包括各岗位职责与权利关系； **职位分析**：通过职位分析问卷（PAQ）或关键事件法等工具，深入了解每个职位的工作内容、技能要求及绩效标准
市场调研与定位	**薪酬数据收集**：利用招聘网站或相关统计数据来源，收集同行业、同地区相似职位的薪酬数据； **市场定位**：根据收集的数据，确定流程团队在市场中的薪酬定位，确保薪酬水平具有竞争力
设计薪酬结构	**结构规划**：结合团队特点和市场定位设计全面薪酬，包括工资、绩效、奖金等； **宽带薪酬**：为不同层级的员工提供较大的薪酬浮动范围，以适应员工能力的差异和绩效的变化
制定绩效考核与奖励机制	**KPI 设定**：根据团队目标和岗位职责，设计KPI； **奖励计划**：设计基于绩效的奖励计划，如年终奖、项目奖等，以激励员工积极投入工作

图 7.12　流程团队薪酬设计的七个步骤

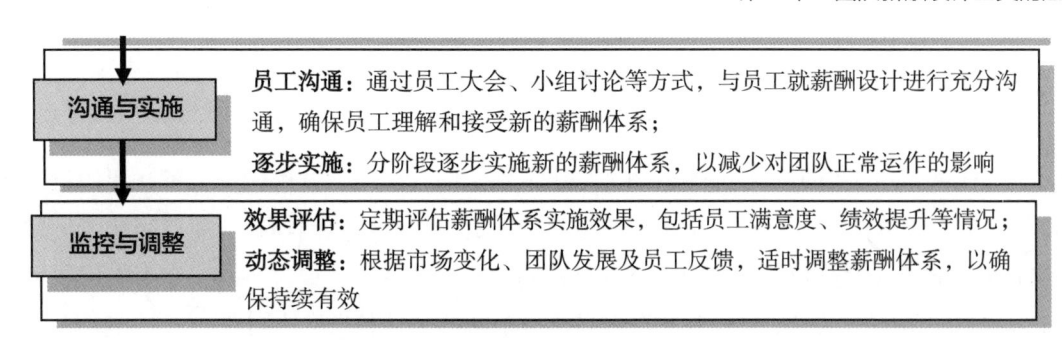

沟通与实施
员工沟通：通过员工大会、小组讨论等方式，与员工就薪酬设计进行充分沟通，确保员工理解和接受新的薪酬体系；
逐步实施：分阶段逐步实施新的薪酬体系，以减少对团队正常运作的影响

监控与调整
效果评估：定期评估薪酬体系实施效果，包括员工满意度、绩效提升等情况；
动态调整：根据市场变化、团队发展及员工反馈，适时调整薪酬体系，以确保持续有效

图 7.12　流程团队薪酬设计的七个步骤（续）

7.2.4　薪酬设计的注意事项

在设计流程团队的薪酬体系时，企业需要特别考虑流程团队的特征和流程本身的特色。流程团队薪酬设计的六大注意事项见表 7.1。

表 7.1　流程团队薪酬设计的六大注意事项

注意事项	细化项目	具体分析
强调流程连贯性与团队协作	促进流程连贯性	由于流程团队的工作是连续且高度协作的，薪酬设计应鼓励团队成员保持流程的顺畅进行。可以设置团队绩效奖金，当整个流程达到预定效率或质量目标时，全体成员共享奖励
	团队协作激励	考虑到流程团队中成员间的紧密合作，可以设立协作奖金或团队目标达成奖，以激励团队成员之间的有效配合
体现流程特色与技能要求	技能差异化薪酬	针对流程中不同环节所需的专业技能和知识，设置技能工资，以体现对特殊技能和专业知识的重视
	关键流程环节的额外激励	对于流程中关键、复杂或高风险环节的工作人员，可以提供额外的绩效奖金或津贴，以认可他们的工作重要性和难度
保障流程稳定与持续改进	流程稳定性奖励	为保持流程的稳定性和高效率，可以对长期保持流程顺畅、无重大事故的团队或个人提供稳定性奖励
	创新与改进激励	鼓励团队成员提出流程优化建议或创新方案，对成功实施的改进方案提供特别奖励，促进流程的持续改进
平衡个体与团队绩效	个体绩效与团队绩效并重	在薪酬设计中既要考虑个体的贡献，也要考虑团队整体的表现。可以设置个体绩效奖金和团队绩效奖金，以平衡两方面的激励
确保薪酬体系的灵活性与透明度	灵活性调整	由于流程可能因市场变化或技术进步而调整，薪酬体系也应具备相应的灵活性，能够根据实际情况进行快速调整
	透明化薪酬构成	向团队成员清晰展示薪酬的构成和计算方式，特别是与流程效率和团队协作相关的奖金部分，以增强信任感和满意度
遵守法规与关注员工福祉	合规性检查	在设计薪酬体系时，必须确保所有做法都符合当地的劳动法规和税收政策
	员工福祉考量	除了基本薪酬和奖金外，还可以考虑提供与流程团队工作特点相关的福利待遇，如健康保险、定期休假等，以提升员工的工作满意度和忠诚度

7.3 项目团队薪酬设计

项目团队是一个由不同专业领域的人员组成的临时性组织，这些人员为了共同的目标而聚集在一起，即在规定的时间、成本和质量要求下完成一个特定的项目。项目团队成员通常来自不同的部门或专业领域，他们各自拥有不同的技能和经验，通过协同工作来实现项目的成功。项目团队的特点包括目标导向、临时性、多学科交叉和高度协同性。

项目团队薪酬设计的核心在于将团队成员的薪酬与项目的进度、质量和成果紧密挂钩，以此激励团队成员更加投入地参与到项目中，确保项目的顺利完成。

7.3.1 组织结构的三种典型

梳理项目团队的组织结构是设计其薪酬体系的基础和前提，项目团队三种典型的组织结构如图 7.13 所示。

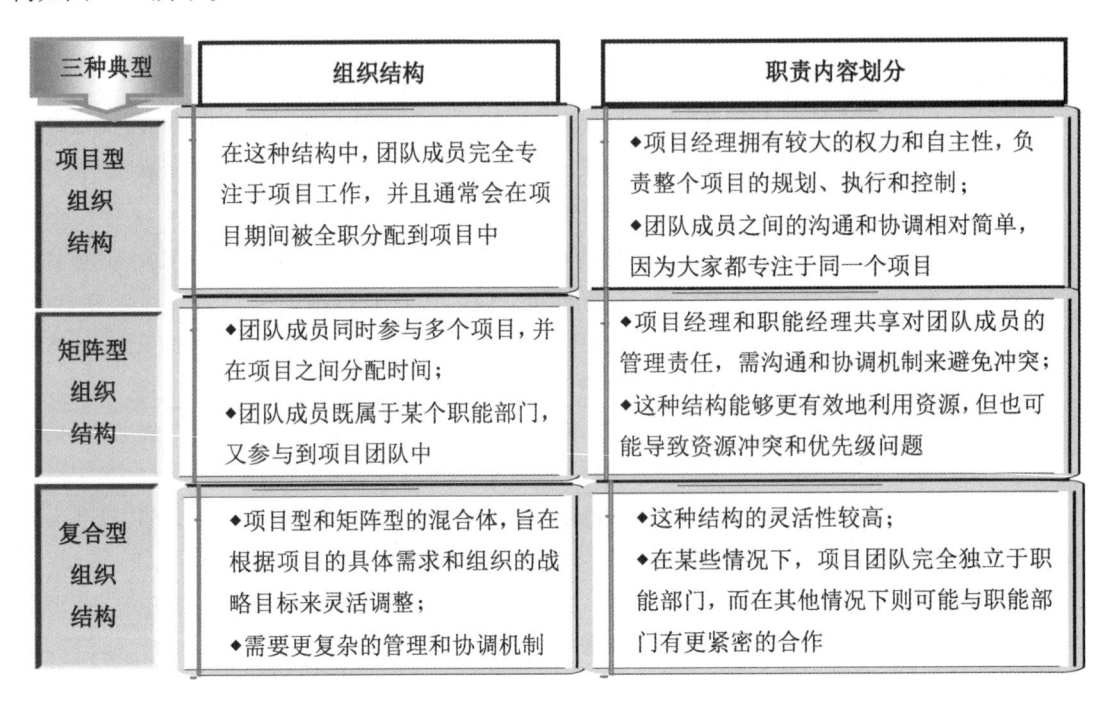

三种典型	组织结构	职责内容划分
项目型组织结构	在这种结构中，团队成员完全专注于项目工作，并且通常会在项目期间被全职分配到项目中	◆项目经理拥有较大的权力和自主性，负责整个项目的规划、执行和控制； ◆团队成员之间的沟通和协调相对简单，因为大家都专注于同一个项目
矩阵型组织结构	◆团队成员同时参与多个项目，并在项目之间分配时间； ◆团队成员既属于某个职能部门，又参与到项目团队中	◆项目经理和职能经理共享对团队成员的管理责任，需沟通和协调机制来避免冲突； ◆这种结构能够更有效地利用资源，但也可能导致资源冲突和优先级问题
复合型组织结构	◆项目型和矩阵型的混合体，旨在根据项目的具体需求和组织的战略目标来灵活调整； ◆需要更复杂的管理和协调机制	◆这种结构的灵活性较高； ◆在某些情况下，项目团队完全独立于职能部门，而在其他情况下则可能与职能部门有更紧密的合作

图 7.13 项目团队组织结构的三种典型

在项目团队的组织结构中，项目经理通常扮演着关键角色，负责项目的整体规划、资源分配、团队协调和风险管理等工作。同时，项目团队的成功也依赖于每个团队成员的专业技能、团队协作及有效的沟通。不同的组织结构适用于不同类型的项目和组织环境，选择适合的组织结构对于项目的成功至关重要。

7.3.2 薪酬设计的三个要点

项目团队薪酬设计的三个要点如图 7.14 所示。

薪酬结构
项目团队的薪酬结构宜采用"三元模型",即基本工资、绩效薪酬与项目奖金相结合

薪酬水平
薪酬水平应根据市场薪酬调研数据、项目的复杂性和难度,以及团队成员所具备的专业技能和丰富经验来综合设定

薪酬调整
动态调整能够及时反映团队成员的贡献变化,还能够适应外部市场环境的变化,确保薪酬体系的时效性和激励性

图 7.14 项目团队薪酬设计的三个要点

1. 薪酬结构

"三元模型"融合了马斯洛需求层次理论中对于安全和归属感的基本需求,以及赫茨伯格双因素理论中的激励因素。基本工资作为保障性因素,满足团队成员的基本生活需求,提供稳定的收入来源,对应马斯洛理论中的安全需求。绩效薪酬与个人的工作表现紧密挂钩,体现了对团队成员努力与贡献的认可,是激励性薪酬的重要组成部分。而项目奖金作为项目成功后的额外奖励,不仅能够激发团队成员的积极性和创造力,还增强了团队的凝聚力和归属感。

2. 薪酬水平

在确定项目团队的薪酬水平时,应参考亚当斯的公平理论,确保团队成员感受到自己的投入与回报是公平的。这样做不仅保证了薪酬的外部竞争性,使得团队能够吸引和留住优秀人才,同时也确保了薪酬的内部公平性,让团队成员感受到自己的价值得到了合理认可。

3. 薪酬调整

项目团队的薪酬调整机制应借鉴权变理论,随着项目阶段的变化、团队成员绩效表现及市场动态而灵活调整。通过定期的薪酬审查和调整,可以保持薪酬体系的活力和有效性,从而更好地激励团队成员为实现项目目标而努力。

7.3.3 项目奖金设计的三个要素

在项目团队薪酬结构的设计中,项目奖金的设计要素包括奖金总额的确定、分配比例及考核标准。在设计过程中,应综合考虑项目的实际情况、团队成员的特点及公司的财务状况等因素,以确保奖金方案的公平性、激励性和可持续性。

项目奖金设计的三个要素见表 7.2。

表 7.2 项目奖金设计的三个要素

要素	细化项目	具体分析
奖金总额的确定	价值作用	奖金总额确定是项目奖金设计的首要步骤，直接影响团队成员的激励效果和项目的整体成本
	项目难度与重要性	项目难度越大，重要性越高，通常应设定更高的奖金总额以激励团队成员
	预期利润	如果项目预期能够带来较高的利润，那么可以适当增加奖金总额以分享项目的成功
	公司财务状况	公司的财务状况直接决定了可用于奖金分配的资源多少。在制定奖金总额时，必须确保方案的可持续性，避免给公司带来过大的财务压力
分配比例	价值作用	分配比例是项目奖金设计的核心，它决定了每个团队成员能够获得的奖金数额
	职责与工作量	团队成员在项目中的职责和工作量是决定其奖金比例的重要因素。承担更大职责和工作量的成员应获得更高的奖金比例
	技能要求	项目中不同职位对技能的要求不同。对于需要高技能的职位，应给予更高的奖金比例以体现其价值
	贡献程度	团队成员在项目中的实际贡献也是决定奖金比例的关键因素。贡献越大的成员，应获得更高的奖金比例
考核标准	价值作用	明确的考核标准是确保项目奖金公平分配的基础
	客观性与可衡量性	考核标准应尽可能客观且可衡量，以避免主观判断带来的不公平性。例如，可以使用项目完成时间、质量达标率等具体指标作为考核依据
	全面性	考核标准应涵盖项目的各个方面，包括进度、质量、成本等，以确保对团队成员的全面评价
	挑战性	设定具有一定挑战性的考核标准，可以激发团队成员的积极性和创造力，推动项目更好完成

7.3.4 项目团队薪酬水平综合设定

项目团队薪酬水平的设定，是一个复杂而关键的过程，需要考虑多个因素以确保薪酬体系的公平、竞争力和激励性。项目团队薪酬水平综合设定的深入分析，如图 7.15 所示。

四大考量	细项划分	项目团队薪酬水平综合设定具体分析
内部公平性考量	岗位价值评估	◎ 分析项目团队不同岗位的工作内容、责任大小、技能要求等,以确保不同岗位的薪酬水平与其价值相匹配; ◎ 团队成员的绩效表现应作为薪酬设定的重要参考。高绩效的员工应获得更高的薪酬,以体现其贡献和努力; ◎ 团队成员工作经验和技能水平也是决定薪酬的重要因素。经验丰富、技能高超的员工通常应获得更高的薪酬
	绩效表现	
	工作经验与技能	
外部竞争性考量	市场薪酬调研	◎ 了解同行业和同地区相似岗位的薪酬水平,确保项目团队薪酬具有竞争力,吸引和留住优秀人才; ◎ 考虑所在行业的发展趋势和劳动力市场供求关系,以调整薪酬水平。例如,在热门行业或技能短缺的情况下,可能需要提供更具吸引力的薪酬
	行业特点与趋势	
激励性考量	绩效奖金	◎ 设定与项目目标和个人绩效挂钩的奖金制度,奖金多少应根据项目的难度、重要性和团队成员的实际贡献来确定; ◎ 除了基本薪酬外,明确的晋升通道和相应的薪酬提升可以激发团队成员的积极性和职业发展动力
	晋升机会	
灵活性可持续性考量	薪酬调整机制	◎ 根据项目的进展情况、市场变化,以及团队成员的表现对薪酬进行适时调整,保持薪酬体系的时效性和激励性; ◎ 充分考虑项目的预算和公司的财务状况,确保薪酬方案的可持续性。避免过高的薪酬支出给公司带来经济压力
	预算控制	

图 7.15 项目团队薪酬水平综合设定的深入分析

7.3.5 项目团队薪酬动态调整分析

项目团队薪酬的动态调整是薪酬管理中的重要环节,旨在根据项目的进展、团队成员的表现及市场环境的变化,对薪酬进行适时调整,以保持薪酬体系的时效性和激励性。

(1)适应项目进展:随着项目的推进,不同阶段的工作重点和难度可能会发生变化。动态调整薪酬可以确保薪酬与项目的实际需求和团队成员的贡献相匹配。

(2)激励团队成员:根据团队成员的表现调整薪酬,可以更有效地激励他们持续努力,提高工作质量和效率。

(3)应对市场变化:市场环境的变化,如行业竞争态势、人才供需关系等,都可能影响薪酬水平。动态调整有助于使项目团队的薪酬保持竞争力。

项目团队薪酬动态调整的三个依据,如图 7.16 所示。

1. 项目阶段和需求

项目阶段划分：明确项目的各个阶段，如启动、规划、执行、监控、收尾等，每个阶段的工作重点、难度和资源需求都有所不同

工作量变化：随着项目阶段的推进，工作量可能会增加或减少，这直接影响到团队成员的工作强度和时长

风险与压力评估：不同阶段的项目风险和团队成员所面临的压力也会有所变化，这应作为薪酬调整的一个考量因素

2. 团队成员表现

绩效评估：定期、客观地对团队成员的工作绩效进行评估，这包括任务完成情况、工作质量、效率等

能力提升：团队成员在项目过程中可能通过学习和实践提升了自身能力，这种个人成长应得到薪酬上的认可

团队合作与贡献：除了个人绩效外，团队成员在团队协作中的贡献和角色也应作为薪酬调整的依据

3. 市场薪酬调研数据

数据来源与准确性：确保所使用的市场薪酬数据来自可靠渠道，且数据具有时效性和准确性

行业与地区差异：不同行业和地区的薪酬水平存在差异，调研时应重点关注与项目团队所在行业和地区相匹配的数据

职位与技能对应：在对比市场数据时，要确保所对比的职位和技能与项目团队成员的实际情况相符合

图 7.16　项目团队薪酬动态调整的三个依据

7.3.6　项目团队薪酬设计的五个步骤

项目团队薪酬设计的五个步骤，如图 7.17 所示。

项目团队薪酬设计的五个步骤

1.项目分析	2.团队成员评估	3.薪酬方案设计	4.沟通与实施	5.监控与调整
对项目的性质、目标、难度和预期成果进行深入分析，以此为基础来构建薪酬体系	评估团队成员的技能、经验和贡献，以便为他们设定合理的薪酬水平	结合项目分析和团队成员评估的结果，设计具体的薪酬方案，包括基本工资、绩效薪酬和项目奖金的比例和发放方式等	与团队成员充分沟通薪酬方案的设计理念和具体实施细节，确保理解和接受	在项目进行过程中，密切关注薪酬方案的实施效果，根据实际情况进行必要的调整

图 7.17　项目团队薪酬设计的五个步骤

7.3.7 项目团队薪酬设计 15 个关键点

项目团队薪酬设计 15 个关键点见表 7.3。

表 7.3 项目团队薪酬设计 15 个关键点

维度	细化项目	具体分析
项目分析	项目性质与目标明确	深入了解项目的行业属性、技术难度、创新程度等,明确项目的长期和短期目标
	难度与风险评估	对项目的复杂性和潜在风险进行全面评估,这将影响薪酬方案的激励性和保障性设计
	预期成果与市场价值	预测项目完成后可能带来的市场价值和经济效益,为薪酬方案的制定提供经济基础
团队成员评估	技能与经验评估	详细评估团队成员的专业技能、工作经验和解决问题的能力,确保薪酬与个人能力相匹配
	历史贡献分析	回顾团队成员在过往项目中的表现和贡献,作为当前项目薪酬设定的参考
	发展潜力预测	对团队成员的职业发展潜力和学习能力进行评估,以决定薪酬方案中的长期激励部分
薪酬方案设计	基本工资设定	根据团队成员的基础能力和市场薪资水平,设定合理的基本工资标准
	绩效薪酬机制	建立与项目目标和个人绩效紧密挂钩的薪酬机制,明确绩效指标和对应的薪酬增减规则
	项目奖金规划	设计项目完成后的奖金分配方案,确保奖金与项目的整体成果和团队成员的个人贡献相匹配
沟通与实施	全面透明的沟通	通过会议、邮件等方式,向团队成员详细解释薪酬方案的制定逻辑和具体条款
	反馈收集与调整	在沟通过程中收集团队成员的反馈,对方案进行必要的微调,以确保其接受度和实施效果
	平稳过渡与实施	确保薪酬方案的实施不影响项目的正常进行,平稳过渡到新的薪酬体系
监控与调整	实施效果监控	通过定期的绩效评估和市场薪酬调研,监控薪酬方案的实施效果
	动态调整机制	根据项目实施过程中的变化,如团队成员的流动、市场薪资水平的变化等,对薪酬方案进行动态调整
	风险预警与应对	建立风险预警机制,对可能影响薪酬方案稳定性的因素进行提前识别、判断,以便及时应对

最佳实践:YY 上市公司多种类型团队薪酬设计方案

YY 上市公司自成立以来,已发展成为行业内的佼佼者,以其深厚的历史底蕴、独特的企业文化和明确的愿景使命,引领行业的发展潮流。公司秉承"创新、协作、责任、共赢"的核心价值观,致力于为客户提供高质量的产品和服务。

在历史长河中,YY 上市公司不断积累经验和技术,逐渐形成了自身独特的竞争优势。公司愿景是成为全球领先的行业解决方案提供商,使命则是通过技术创新和服务优化,帮助客户提升效率，创造价值。

1. 产品和业务领域

YY上市公司的产品线丰富多样，涵盖了多个领域，包括但不限于智能制造、环保科技、医疗健康等。每个产品都经过精心设计和严格测试，以确保其性能稳定、可靠，满足客户的多样化需求。YY上市公司产品和业务涉及的三大领域，如图7.18所示。

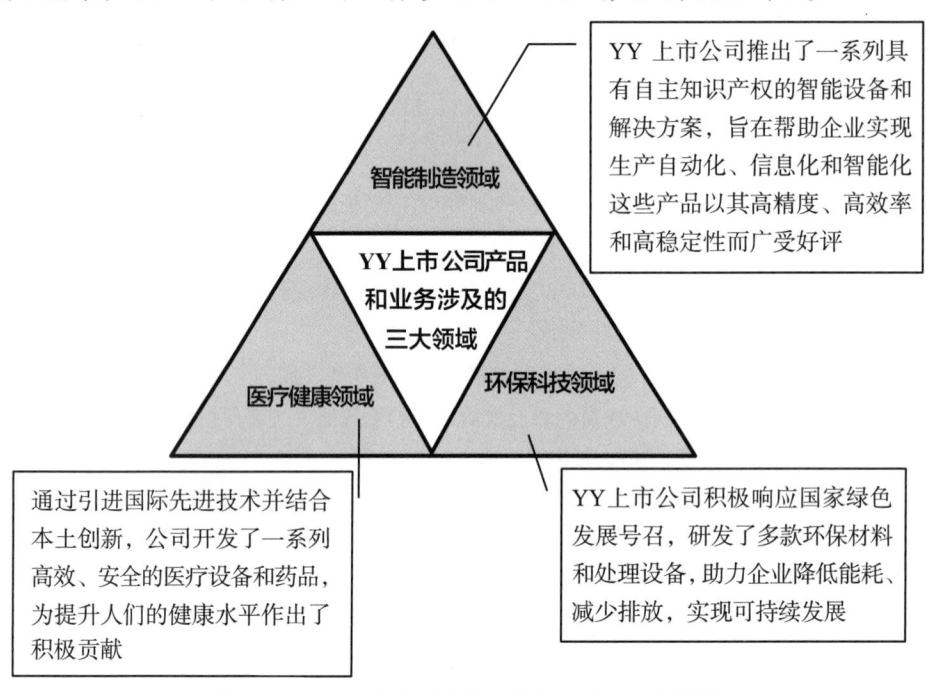

```
         智能制造领域 ──── YY上市公司推出了一系列具
                          有自主知识产权的智能设备和
                          解决方案，旨在帮助企业实现
                          生产自动化、信息化和智能化
                          这些产品以其高精度、高效率
                          和高稳定性而广受好评

         YY上市公司产品
         和业务涉及的
         三大领域

  医疗健康领域    环保科技领域

通过引进国际先进技术并结合        YY上市公司积极响应国家绿色
本土创新，公司开发了一系列        发展号召，研发了多款环保材料
高效、安全的医疗设备和药品，      和处理设备，助力企业降低能耗、
为提升人们的健康水平作出了        减少排放，实现可持续发展
积极贡献
```

图7.18　YY上市公司产品和业务涉及的三大领域

2. 创新能力和技术实力

YY上市公司高度重视研发投入和技术创新，拥有一支高素质的研发团队和完善的研发体系，与多所知名高校和科研机构建立了紧密的合作关系，共同开展前沿技术研究，推动科技成果转化。

凭借强大的技术实力和创新能力，YY上市公司在多个领域取得了重要突破，拥有众多专利和核心技术。这些技术不仅提升了产品的性能和质量，也为公司赢得了市场竞争中的先机。

3. 社会责任和可持续发展理念

YY上市公司深知企业的社会责任，积极参与社会公益事业，努力回馈社会，关注环境保护、教育支持、扶贫济困等领域，通过实际行动践行可持续发展理念。

同时，公司也注重自身的可持续发展，不断优化管理流程，提高资源利用效率，降低运营成本。通过引进先进的生产技术和环保设备，公司努力实现绿色生产，为社会的可持续发展贡献力量。

YY上市公司在设计多种类型团队的薪酬方案时，聚焦于平行团队、流程团队和项目团队的薪酬设计。同时，综合考虑团队的特点、企业战略目标和市场环境，确保薪酬方案既能够激励团队成员，又能够支持企业的长期发展。通过精心设计的薪酬体系，可以有效地提升团队成员的积极性和工作效率,从而推动企业的整体发展。

4. 平行团队薪酬设计

平行团队通常是在常规组织结构之外设立的,成员在完成自己的本职工作之余,参与团队活动。在设计这类团队的薪酬时,关键在于平衡团队成员在常规工作和团队工作中的投入。

YY 上市公司平行团队薪酬设计,如图 7.19 所示。

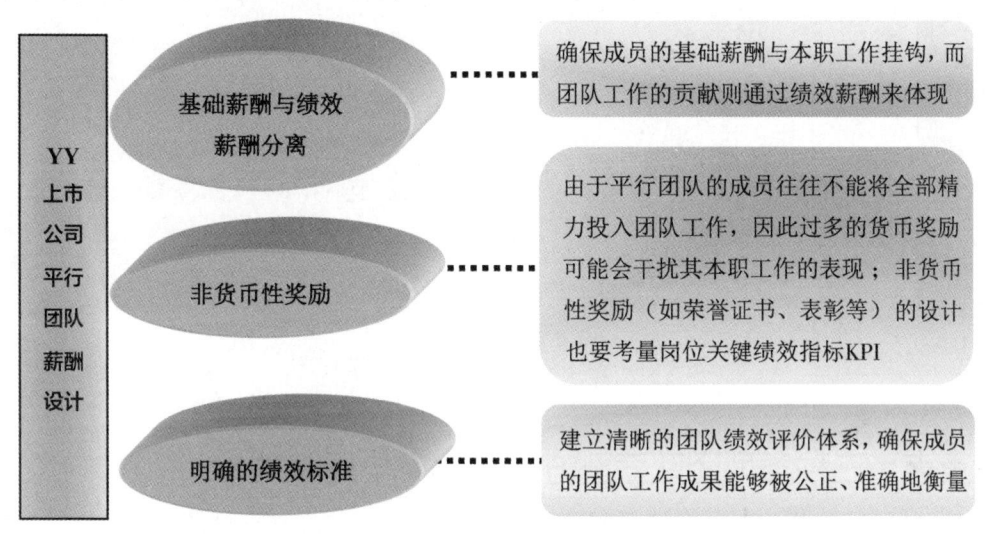

YY 上市公司平行团队薪酬设计:
- 基础薪酬与绩效薪酬分离:确保成员的基础薪酬与本职工作挂钩,而团队工作的贡献则通过绩效薪酬来体现
- 非货币性奖励:由于平行团队的成员往往不能将全部精力投入团队工作,因此过多的货币奖励可能会干扰其本职工作的表现;非货币性奖励(如荣誉证书、表彰等)的设计也要考量岗位关键绩效指标KPI
- 明确的绩效标准:建立清晰的团队绩效评价体系,确保成员的团队工作成果能够被公正、准确地衡量

图 7.19　YY 上市公司平行团队薪酬设计

5. 流程团队薪酬设计

流程团队专注于一系列相互关联的任务,强调团队成员之间的协作和流程的顺畅。YY 上市公司流程团队薪酬设计,如图 7.20 所示。

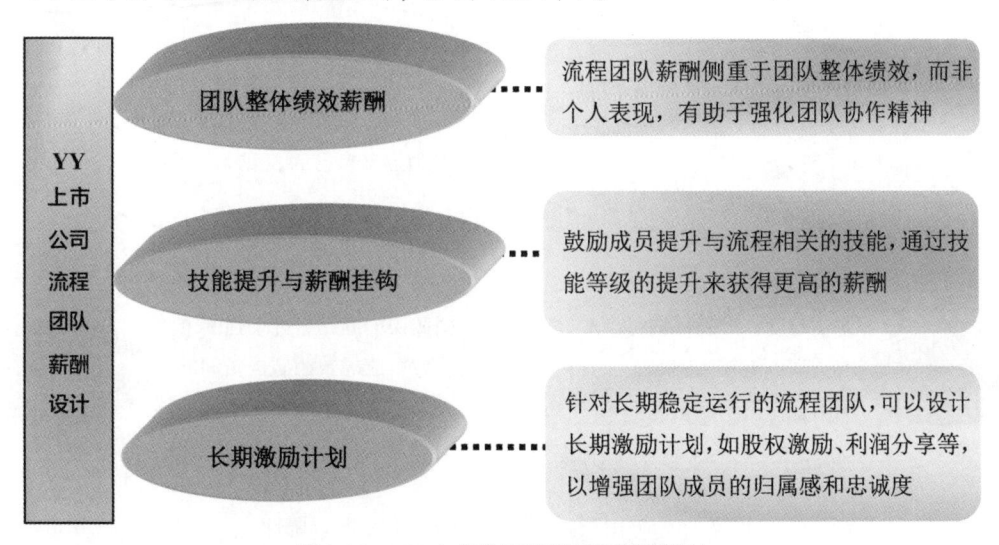

YY 上市公司流程团队薪酬设计:
- 团队整体绩效薪酬:流程团队薪酬侧重于团队整体绩效,而非个人表现,有助于强化团队协作精神
- 技能提升与薪酬挂钩:鼓励成员提升与流程相关的技能,通过技能等级的提升来获得更高的薪酬
- 长期激励计划:针对长期稳定运行的流程团队,可以设计长期激励计划,如股权激励、利润分享等,以增强团队成员的归属感和忠诚度

图 7.20　YY 上市公司流程团队薪酬设计

6. 项目团队薪酬设计

项目团队通常是为了完成特定项目而组建的,具有明确的目标和时间限制。

YY 上市公司项目团队薪酬设计,如图 7.21 所示。

YY上市公司项目团队薪酬设计：

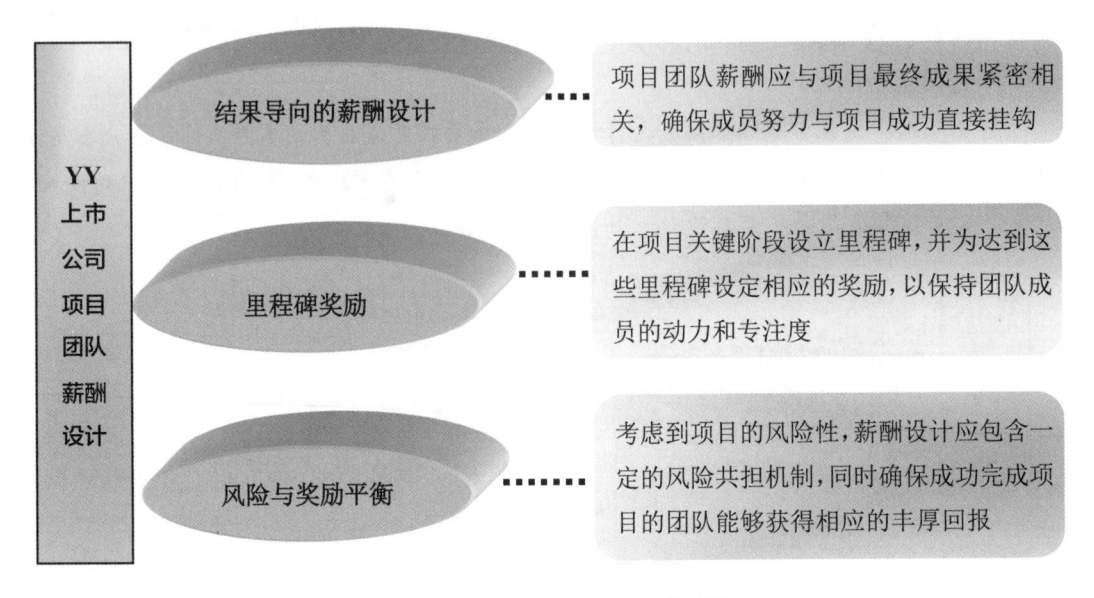

- **结果导向的薪酬设计**：项目团队薪酬应与项目最终成果紧密相关，确保成员努力与项目成功直接挂钩
- **里程碑奖励**：在项目关键阶段设立里程碑，并为达到这些里程碑设定相应的奖励，以保持团队成员的动力和专注度
- **风险与奖励平衡**：考虑到项目的风险性，薪酬设计应包含一定的风险共担机制，同时确保成功完成项目的团队能够获得相应的丰厚回报

图 7.21　YY 上市公司项目团队薪酬设计

决策重点：三种类型团队薪酬方案的优点与局限性

在设计和应用团队薪酬方案时，了解不同类型团队薪酬方案的优点与局限性至关重要。应用平行团队薪酬方案的优点与局限性，如图 7.22 所示。

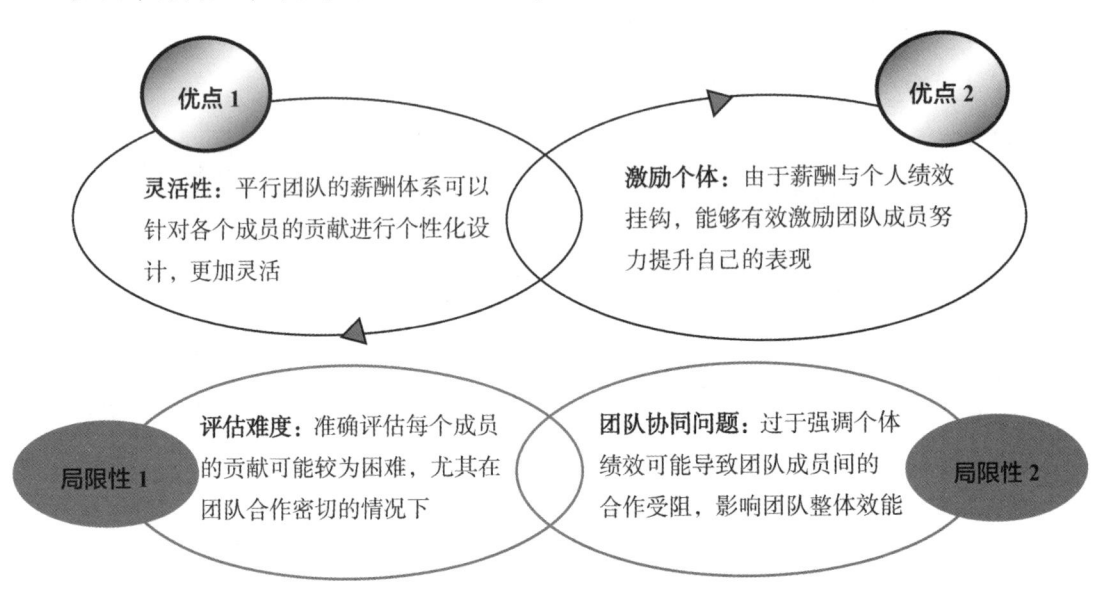

优点 1　灵活性：平行团队的薪酬体系可以针对各个成员的贡献进行个性化设计，更加灵活

优点 2　激励个体：由于薪酬与个人绩效挂钩，能够有效激励团队成员努力提升自己的表现

局限性 1　评估难度：准确评估每个成员的贡献可能较为困难，尤其在团队合作密切的情况下

局限性 2　团队协同问题：过于强调个体绩效可能导致团队成员间的合作受阻，影响团队整体效能

图 7.22　应用平行团队薪酬方案的优点与局限性

应用流程团队薪酬方案的优点与局限性，如图 7.23 所示。

第 7 章 团队薪酬设计工具的应用

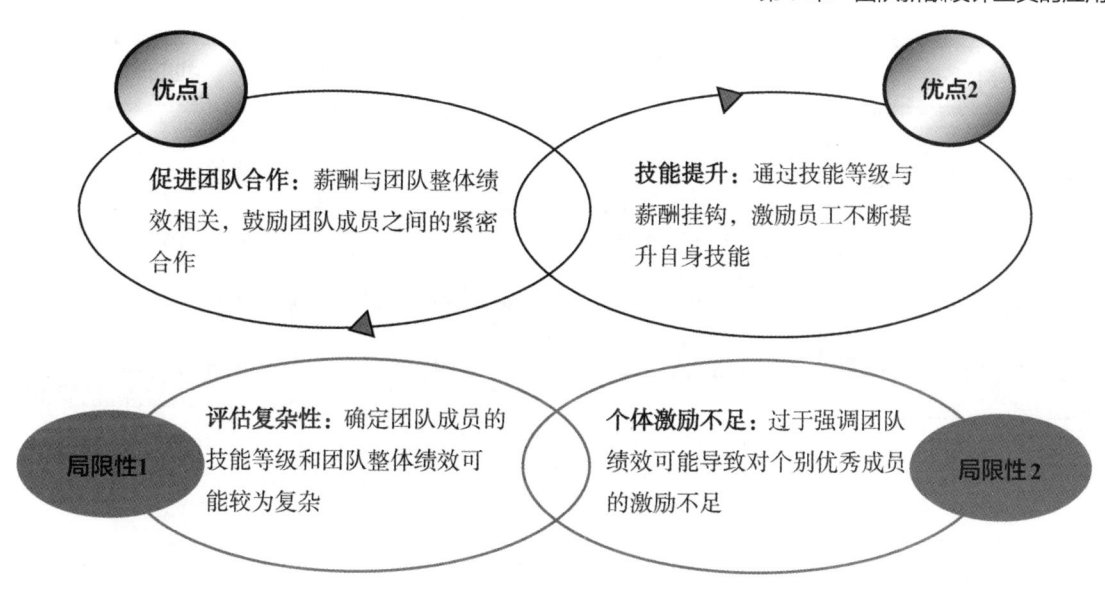

图 7.23 应用流程团队薪酬方案的优点与局限性

应用项目团队薪酬方案的优点与局限性,如图 7.24 所示。

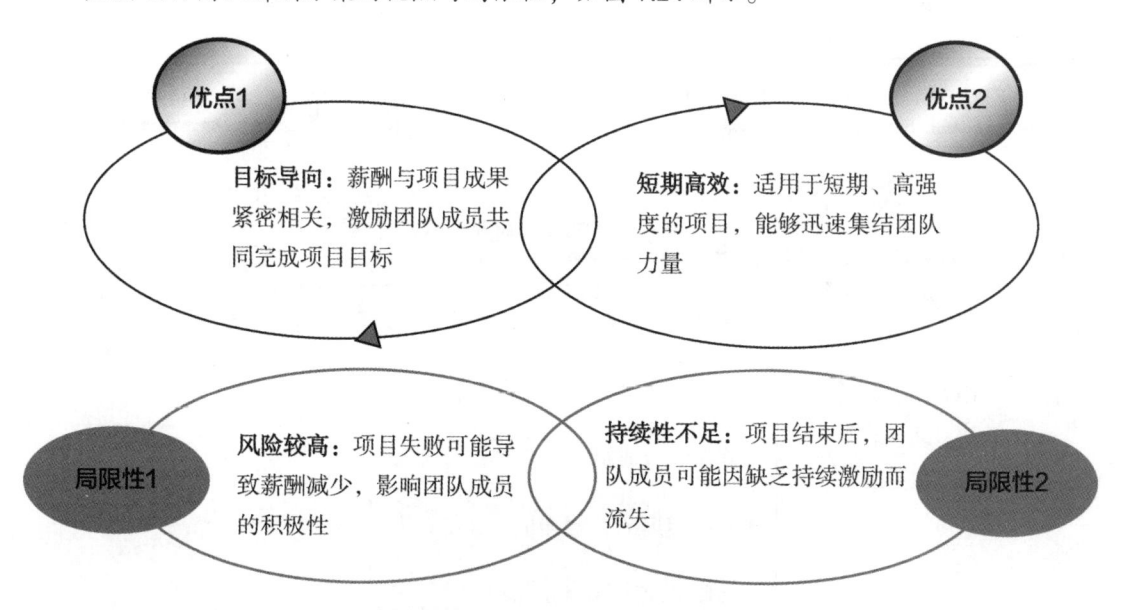

图 7.24 应用项目团队薪酬方案的优点与局限性

执行要点:确保三种类型团队薪酬方案激励到位

在执行团队薪酬方案时,确保激励到位是至关重要的。这不仅关系团队成员的工作积极性和效率,还会直接影响团队的整体绩效和组织的长期发展。

平行团队薪酬方案的两点激励与执行策略,如图 7.25 所示。

平行团队薪酬方案激励到位分析

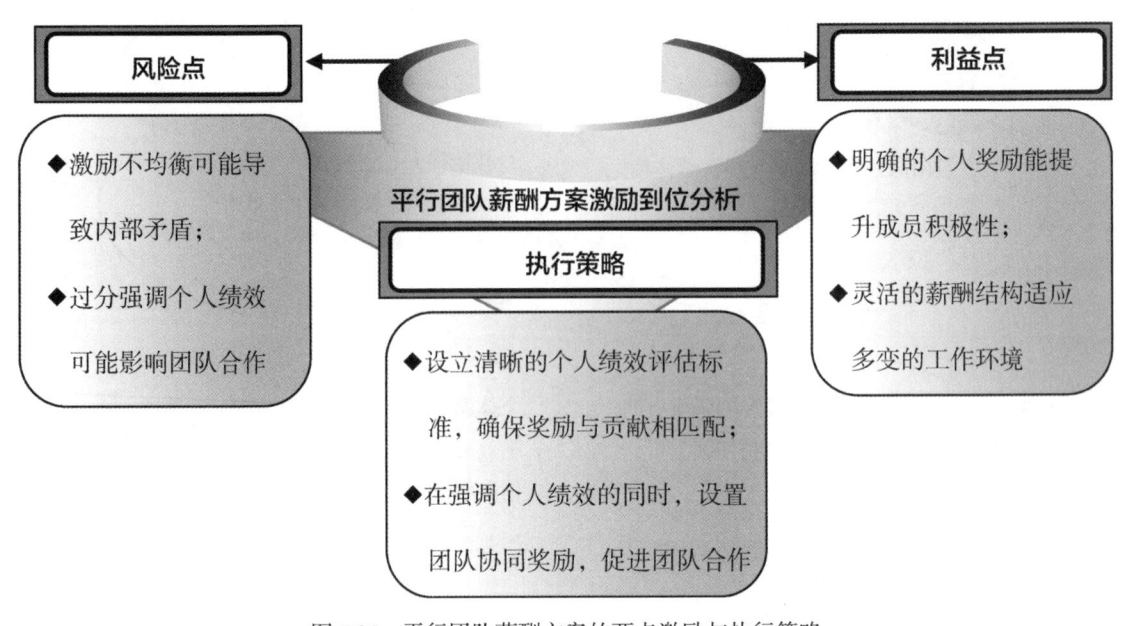

风险点
- 激励不均衡可能导致内部矛盾；
- 过分强调个人绩效可能影响团队合作

利益点
- 明确的个人奖励能提升成员积极性；
- 灵活的薪酬结构适应多变的工作环境

执行策略
- 设立清晰的个人绩效评估标准，确保奖励与贡献相匹配；
- 在强调个人绩效的同时，设置团队协同奖励，促进团队合作

图 7.25　平行团队薪酬方案的两点激励与执行策略

流程团队薪酬方案的两点激励与执行策略，如图 7.26 所示。

流程团队薪酬方案激励到位分析

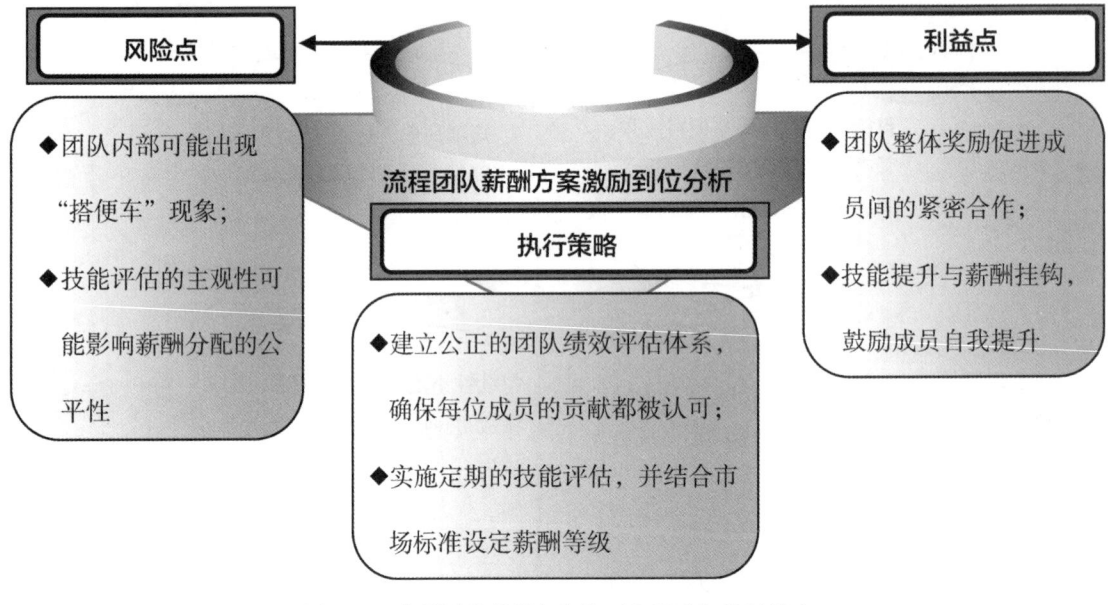

风险点
- 团队内部可能出现"搭便车"现象；
- 技能评估的主观性可能影响薪酬分配的公平性

利益点
- 团队整体奖励促进成员间的紧密合作；
- 技能提升与薪酬挂钩，鼓励成员自我提升

执行策略
- 建立公正的团队绩效评估体系，确保每位成员的贡献都被认可；
- 实施定期的技能评估，并结合市场标准设定薪酬等级

图 7.26　流程团队薪酬方案的两点激励与执行策略

项目团队薪酬方案的两点激励与执行策略，如图 7.27 所示。

第7章 团队薪酬设计工具的应用

风险点
- 项目风险可能导致薪酬波动大；
- 过分关注短期成果可能忽视长期目标

项目团队薪酬方案激励到位分析

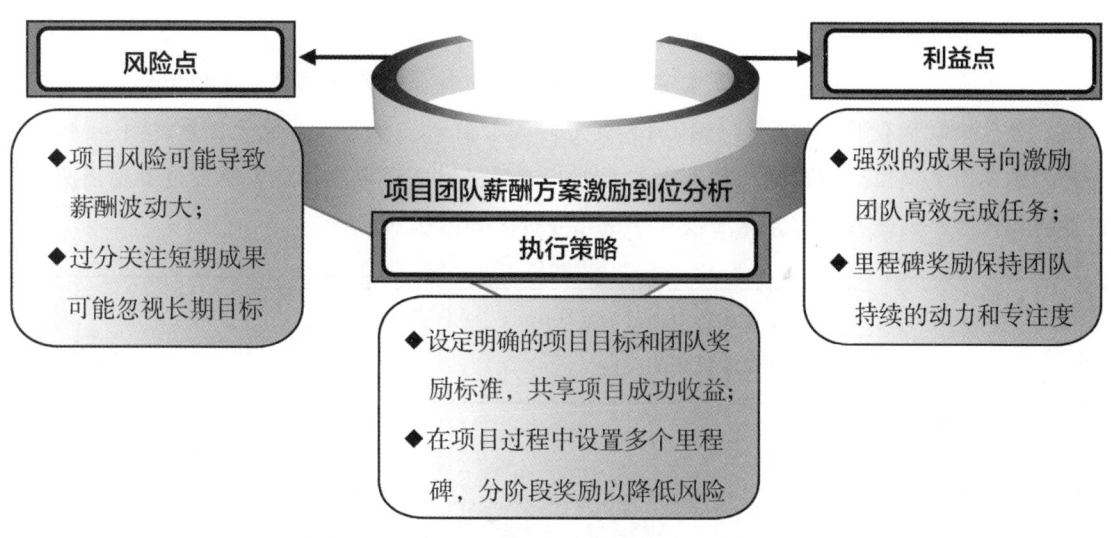

执行策略
- 设定明确的项目目标和团队奖励标准，共享项目成功收益；
- 在项目过程中设置多个里程碑，分阶段奖励以降低风险

利益点
- 强烈的成果导向激励团队高效完成任务；
- 里程碑奖励保持团队持续的动力和专注度

图 7.27 项目团队薪酬方案两点激励与执行策略

落地关键点：整合三种类型团队薪酬的人财物资源

在团队薪酬方案的落地执行过程中，有效地整合人力、财务、物资、信息和数据等资源至关重要。这种整合不仅要求资源的合理配置，更需要通过考量投入产出比等量化指标来确保资源的高效利用。

1. 人力资源的整合与投入产出比分析

人力资源是团队薪酬方案实施的核心。在整合人力资源时，首先要确保有足够数量和质量的人力资源来支持薪酬方案的执行。这包括薪酬管理人员、绩效评估人员，以及团队成员本身。对于不同类型的团队（平行团队、流程团队、项目团队），可能需要不同专业背景和技能的成员。因此，人力资源的整合要考虑团队成员的选拔、培训和发展，以提高团队的整体效能。人力资源投入产出比分析，如图 7.28 所示。

人力资源投入产出比分析

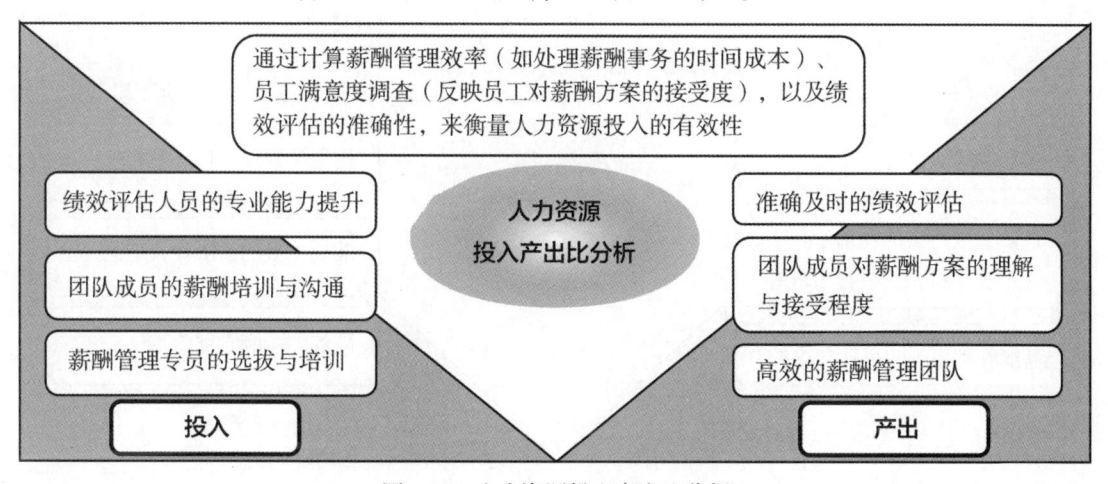

通过计算薪酬管理效率（如处理薪酬事务的时间成本）、员工满意度调查（反映员工对薪酬方案的接受度），以及绩效评估的准确性，来衡量人力资源投入的有效性

投入：
- 绩效评估人员的专业能力提升
- 团队成员的薪酬培训与沟通
- 薪酬管理专员的选拔与培训

产出：
- 准确及时的绩效评估
- 团队成员对薪酬方案的理解与接受程度
- 高效的薪酬管理团队

图 7.28 人力资源投入产出比分析

2. 财务资源的整合与投入产出比分析

财务资源是支持团队薪酬方案实施的重要基础。整合财务资源时，要确保资金的充足性、合理分配和使用效率。这包括预算制定、成本控制、资金流动性管理等方面。同时，要考虑不同类型团队的薪酬结构和激励机制，以确保财务资源能够最大限度地激发团队成员的积极性和创造力。财务资源投入产出比分析，如图7.29所示。

投入：
- 与薪酬相关的税务处理费用
- 薪酬发放的资金准备
- 薪酬方案的预算编制

财务资源投入产出比分析

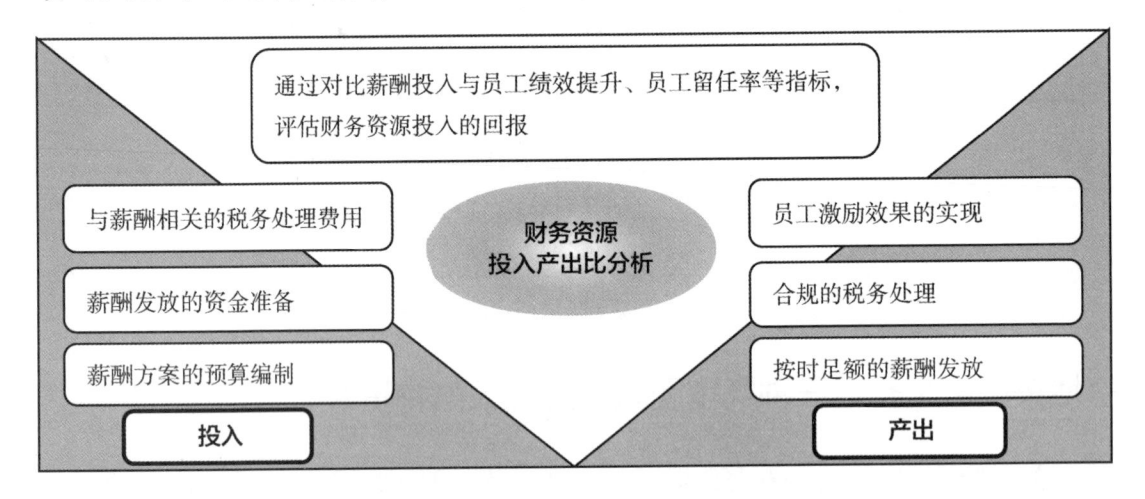

通过对比薪酬投入与员工绩效提升、员工留任率等指标，评估财务资源投入的回报

产出：
- 员工激励效果的实现
- 合规的税务处理
- 按时足额的薪酬发放

图 7.29　财务资源投入产出比分析

3. 物资资源的整合与投入产出比分析

物资资源是团队薪酬方案实施的辅助支持。这包括办公设施、信息技术设备、软件系统等。整合物资资源时，要确保资源的合理配置、高效利用和维护更新。对于不同类型的团队，可能需要不同的物资支持，以满足其特定的工作需求和提升工作效率。物资资源投入产出比分析，如图7.30所示。

投入：
- 办公空间的租赁与装修
- 薪酬发放所需的物理设备（如打印机、支票打印机等）
- 薪酬管理系统的采购与维护

物资资源投入产出比分析

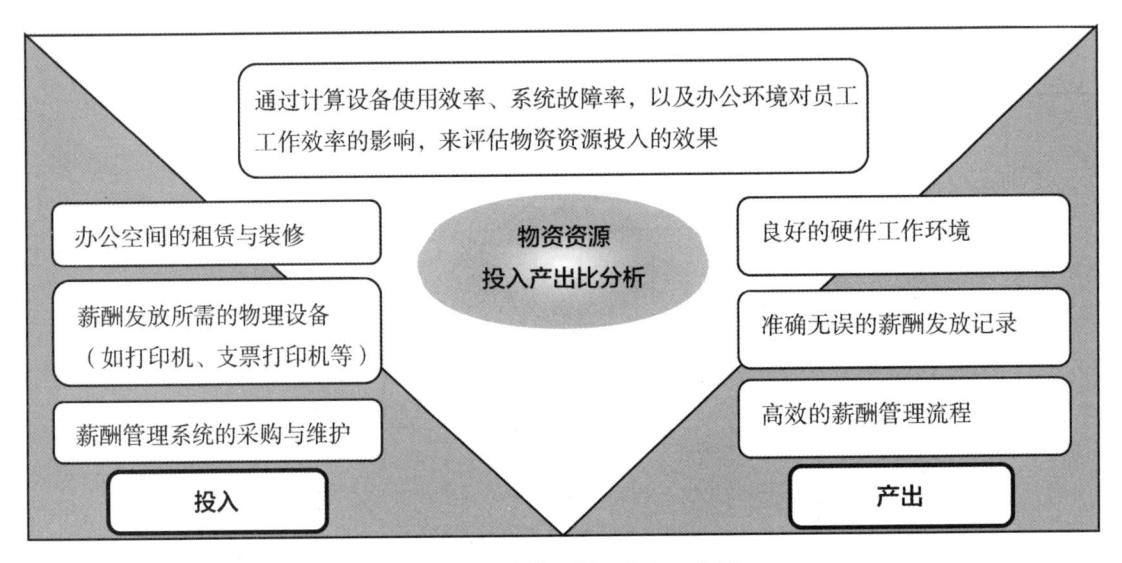

通过计算设备使用效率、系统故障率，以及办公环境对员工工作效率的影响，来评估物资资源投入的效果

产出：
- 良好的硬件工作环境
- 准确无误的薪酬发放记录
- 高效的薪酬管理流程

图 7.30　物资资源投入产出比分析

4. 信息资源投入产出比分析

信息资源投入产出比分析，如图 7.31 所示。

信息资源投入产出比考量
通过员工对薪酬方案的知晓率、薪酬满意度调查，以及薪酬策略调整后的员反馈，来衡量信息资源投入的价值

投入：
- 市场薪酬信息的收集与分析
- 薪酬政策的内部沟通与学习
- 薪酬方案的宣传与推广

产出：
- 薪酬策略的持续优化
- 薪酬方案的市场竞争力提升
- 员工对薪酬方案的了解与认同

图 7.31 信息资源投入产出比分析

5. 数据资源投入产出比分析

数据资源投入产出比分析，如图 7.32 所示。

数据资源投入产出比考量
通过数据分析的准确性、策略优化带来的成本节约或效益提升，以及数据安全事件的零发生率，来评估数据资源投入的效果

投入：
- 薪酬数据的安全与存储设施、设备
- 薪酬数据分析的工具、方法与专业人员
- 薪酬数据的收集与整理

产出：
- 合规的数据管理与保护
- 数据驱动的薪酬策略优化建议
- 准确的薪酬数据分析报告

图 7.32 数据资源投入产出比分析

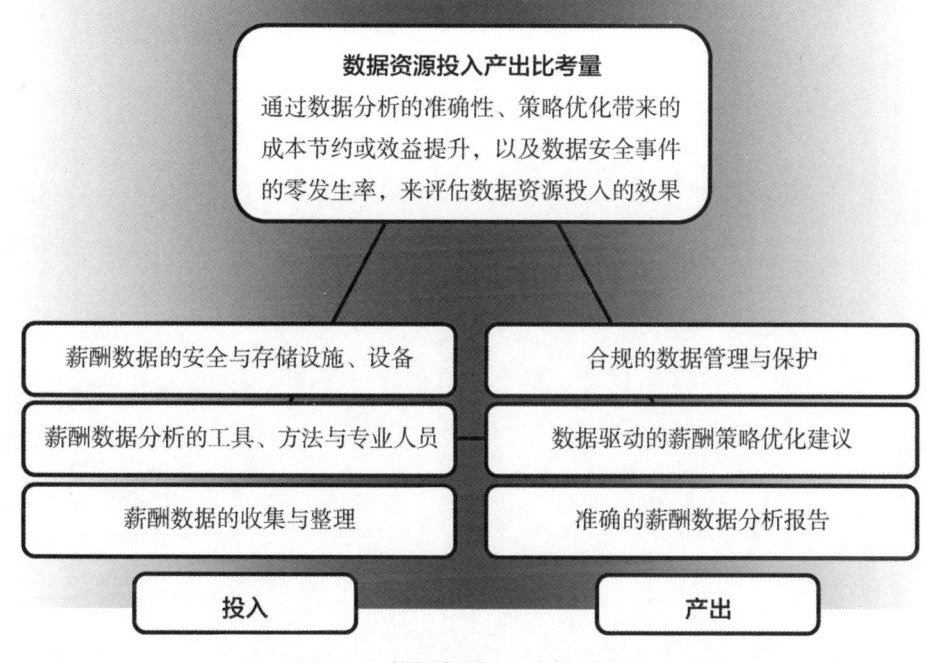

第8章
其他岗位人员薪酬设计工具的应用

随着科学技术的进步，近些年确实涌现出许多新兴岗位，包括但不限于 AI 岗位、大数据岗位等，如图 8.1 所示。

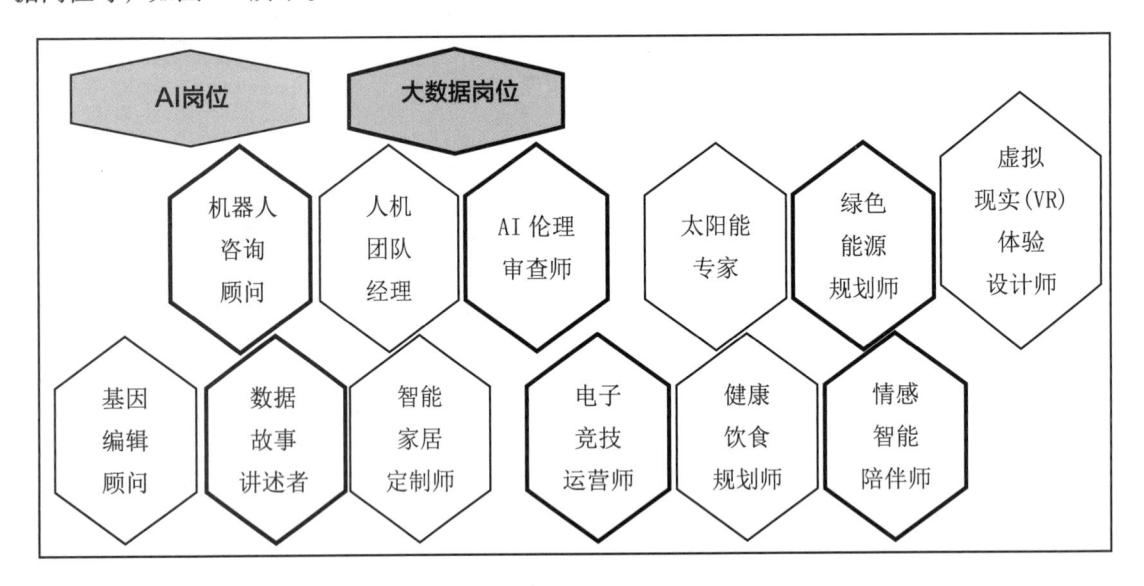

图 8.1 伴随科学技术进步出现的新兴岗位

这些新兴岗位的出现，不仅展现了科技和社会的最新趋势，也为职场人提供了更多的职业选择和发展空间。对于企业和人力资源管理者来说，如何针对这些新兴岗位设计合理的薪酬激励方案，将是一个新的挑战和机遇。

其他岗位人员薪酬设计工具应用框架体系插画

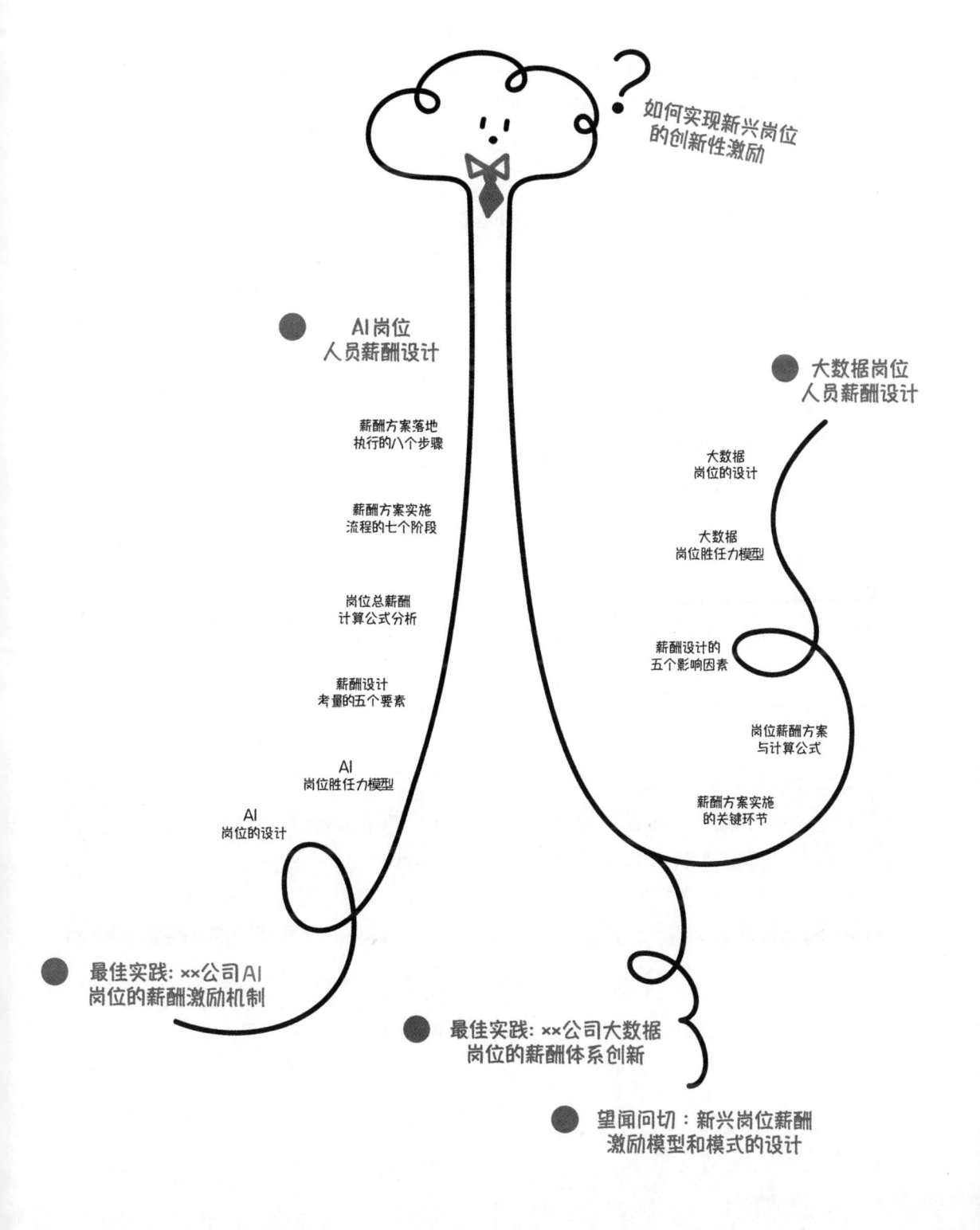

- AI岗位人员薪酬设计
  - 薪酬方案落地执行的八个步骤
  - 薪酬方案实施流程的七个阶段
  - 岗位总薪酬计算公式分析
  - 薪酬设计考量的五个要素
  - AI岗位胜任力模型
  - AI岗位的设计
- 大数据岗位人员薪酬设计
  - 大数据岗位的设计
  - 大数据岗位胜任力模型
  - 薪酬设计的五个影响因素
  - 岗位薪酬方案与计算公式
  - 薪酬方案实施的关键环节
- 如何实现新兴岗位的创新性激励
- 最佳实践：××公司AI岗位的薪酬激励机制
- 最佳实践：××公司大数据岗位的薪酬体系创新
- 望闻问切：新兴岗位薪酬激励模型和模式的设计

问题与痛点：如何实现新兴岗位的创新性激励

AI岗位和大数据岗位的薪酬设计均面临着数据安全、算法公平性、个性化处理、技术局限性、风险控制、数据质量，以及组织文化和员工心理等多方面的问题与痛点。企业在设计薪酬方案时需要综合考虑这些因素，以确保方案的公正性、有效性和可接受性。

AI岗位薪酬设计的六大问题与痛点，如图8.2所示。

AI岗位薪酬设计的六大问题与痛点

数据安全和隐私保护难题	算法偏见与不公平性
AI在处理薪酬数据时涉及大量敏感员工信息，处理不当会导致数据泄露，给企业和员工带来风险	AI算法可能受到编程者思想和价值观的影响，从而在薪酬决策中产生偏见，如性别或种族歧视
缺乏个性化处理	**技术局限性**
薪酬管理涉及员工的个人利益和情感需求，而AI无法像人类一样理解和处理这些情感和个性化需求	AI在薪酬决策中可能无法全面考虑所有复杂因素，如员工表现、市场竞争环境等，导致薪酬激励决策不够全面
风险控制不足	**数据质量不可靠**
使用AI进行薪酬管理，需要建立完善的风险控制机制，以确保系统的安全性和可靠性，防止欺诈行为	如果数据来源有误、数据缺失或处理不当，则AI的分析结果会受到严重影响

图8.2 AI岗位薪酬设计的六大问题与痛点

AI岗位人员薪酬设计的创新性激励的三种机制，如图8.3所示。

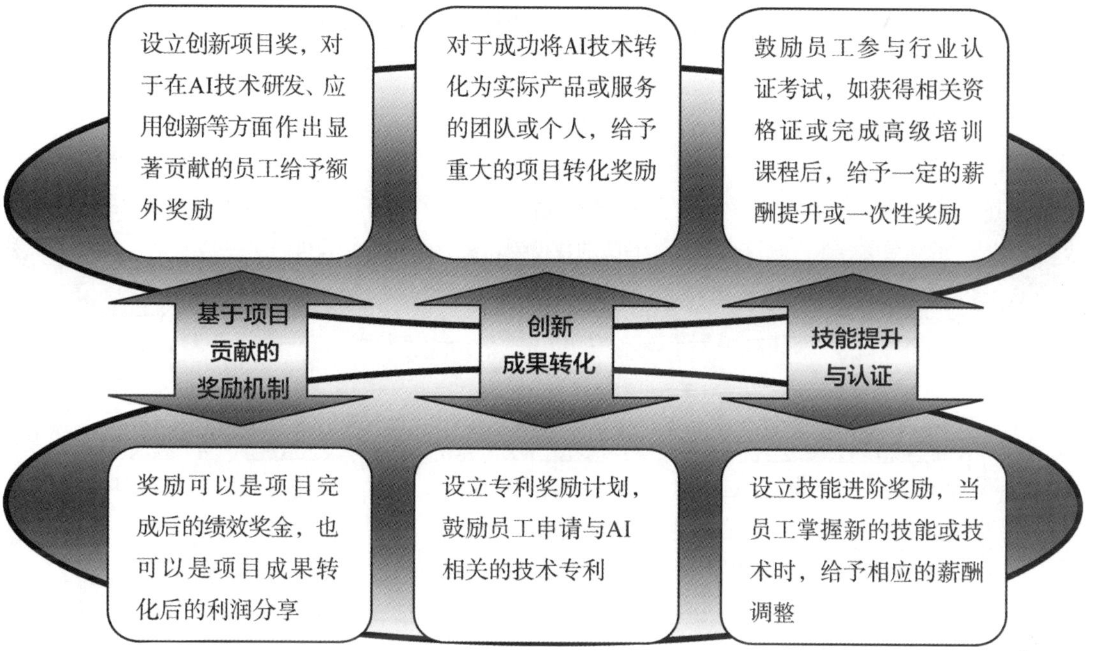

第8章 其他岗位人员薪酬设计工具的应用

基于项目贡献的奖励机制	创新成果转化	技能提升与认证
设立创新项目奖，对于在AI技术研发、应用创新等方面作出显著贡献的员工给予额外奖励	对于成功将AI技术转化为实际产品或服务的团队或个人，给予重大的项目转化奖励	鼓励员工参与行业认证考试，如获得相关资格证或完成高级培训课程后，给予一定的薪酬提升或一次性奖励
奖励可以是项目完成后的绩效奖金，也可以是项目成果转化后的利润分享	设立专利奖励计划，鼓励员工申请与AI相关的技术专利	设立技能进阶奖励，当员工掌握新的技能或技术时，给予相应的薪酬调整

图 8.3 AI岗位人员薪酬设计的创新性激励的三种机制

大数据岗位薪酬设计的六大问题与痛点，如图 8.4 所示。

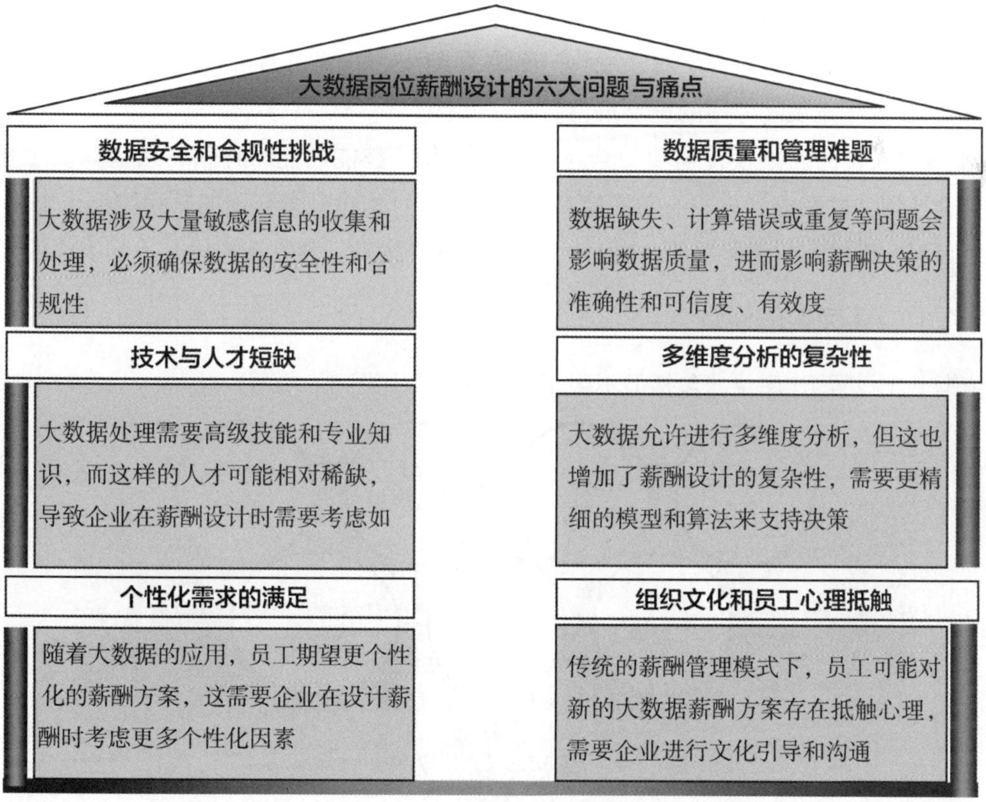

大数据岗位薪酬设计的六大问题与痛点

数据安全和合规性挑战	数据质量和管理难题
大数据涉及大量敏感信息的收集和处理，必须确保数据的安全性和合规性	数据缺失、计算错误或重复等问题会影响数据质量，进而影响薪酬决策的准确性和可信度、有效度
技术与人才短缺	**多维度分析的复杂性**
大数据处理需要高级技能和专业知识，而这样的人才可能相对稀缺，导致企业在薪酬设计时需要考虑如	大数据允许进行多维度分析，但这也增加了薪酬设计的复杂性，需要更精细的模型和算法来支持决策
个性化需求的满足	**组织文化和员工心理抵触**
随着大数据的应用，员工期望更个性化的薪酬方案，这需要企业在设计薪酬时考虑更多个性化因素	传统的薪酬管理模式下，员工可能对新的大数据薪酬方案存在抵触心理，需要企业进行文化引导和沟通

图 8.4 大数据岗位薪酬设计的六大问题与痛点

221

大数据岗位人员薪酬设计的创新性激励的三种机制，如图 8.5 所示。

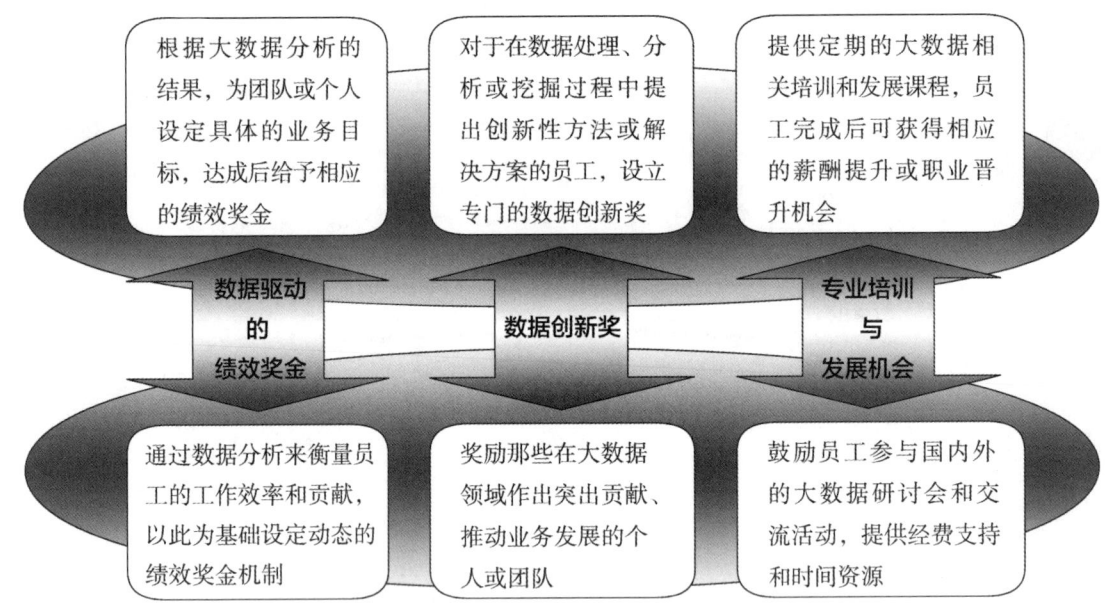

根据大数据分析的结果，为团队或个人设定具体的业务目标，达成后给予相应的绩效奖金	对于在数据处理、分析或挖掘过程中提出创新性方法或解决方案的员工，设立专门的数据创新奖	提供定期的大数据相关培训和发展课程，员工完成后可获得相应的薪酬提升或职业晋升机会
数据驱动的绩效奖金	数据创新奖	专业培训与发展机会
通过数据分析来衡量员工的工作效率和贡献，以此为基础设定动态的绩效奖金机制	奖励那些在大数据领域作出突出贡献、推动业务发展的个人或团队	鼓励员工参与国内外的大数据研讨会和交流活动，提供经费支持和时间资源

图 8.5　大数据岗位人员薪酬设计的创新性激励的三种机制

8.1　AI 岗位人员薪酬设计

AI 岗位的设置涵盖了多个细分领域，反映了 AI 技术的多样性和复杂性，每个岗位都扮演着推动 AI 技术发展和应用的重要角色。

AI 岗位人员的薪酬设计需要综合考虑市场定位、技能与能力评估、绩效与奖金机制、长期激励计划，以及福利与职业发展等多个方面。通过构建科学合理的薪酬体系，企业可以更好地吸引、激励和留住优秀的 AI 人才，为企业的持续发展和创新提供有力的人才保障。

8.1.1　AI 岗位的设计

依据分工设置 AI 岗位，包括但不限于七个岗位，如图 8.6 所示。

机器人工程师　数据科学家　AI 项目经理　机器学习专家
算法工程师　数据工程师　自然语言处理工程师

AI 的七个岗位

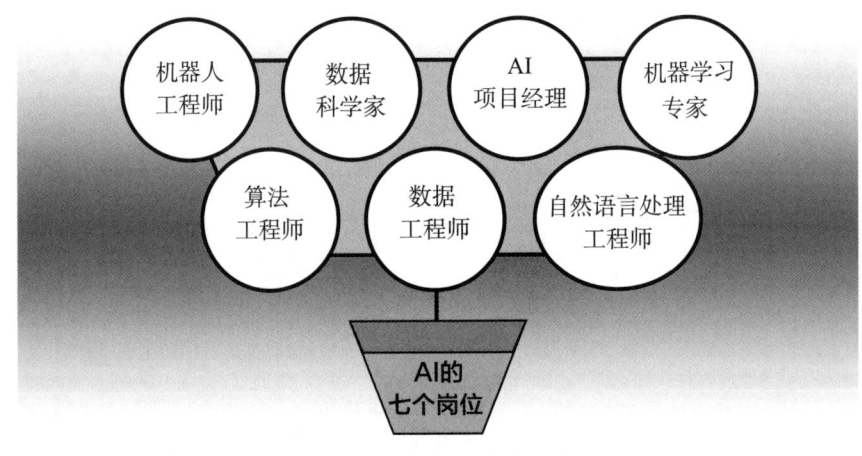

图 8.6　AI 的七个岗位设计

虽然各 AI 岗位的职责有所不同，但相互关联、相互支持，都围绕着 AI 技术的研发、应用和管理展开。AI 岗位的核心职责包括但不限于四个方面，如图 8.7 所示。

①技术研发：如算法工程师负责研究算法，数据科学家处理和分析数据，以优化 AI 模型

②应用开发：如机器人工程师设计和开发机器人系统，满足实际应用需求

④技术支持与服务：包括数据工程师维护大数据基础设施，确保数据高效处理

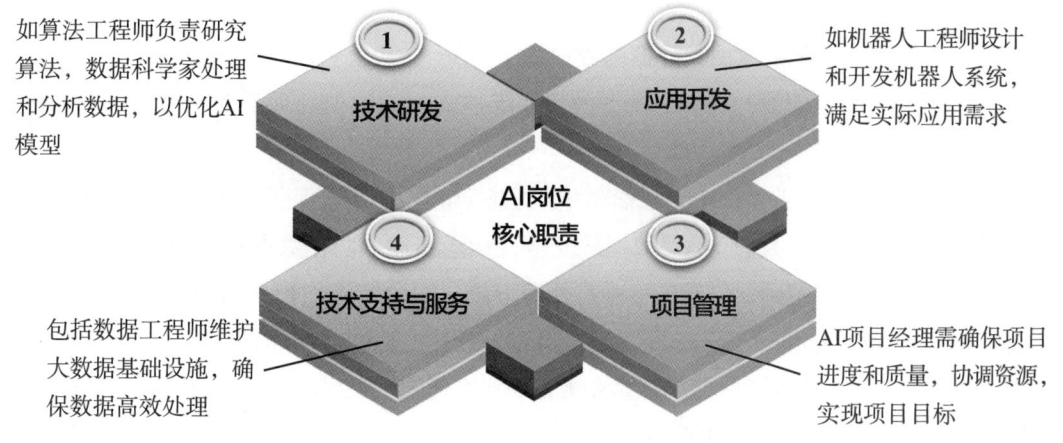

③项目管理：AI 项目经理需确保项目进度和质量，协调资源，实现项目目标

图 8.7　AI 岗位核心职责的四个方面

1. 机器人工程师：负责机器人和自动化系统的设计与开发

（1）系统设计与开发：根据实际需求设计并开发机器人系统，包括硬件选型、软件编程和系统集成等工作。

（2）功能测试与优化：对机器人系统进行功能测试，发现并解决潜在问题，确保系统在实际应用中的稳定性和高效性。

（3）用户培训与支持：为用户提供机器人系统的操作培训和技术支持，确保用户能够充分利用机器人系统的功能。

2. 数据科学家：专注于大数据的收集、处理、分析和预测建模

（1）数据收集与预处理：负责从各种来源收集相关数据并进行清洗、整理等预处理工作，以确保数据的质量和可用性。

（2）数据分析与建模：运用统计学和数据挖掘技术对数据进行深入分析，建立预测模型，为业务决策提供支持。

（3）结果可视化与报告：将分析结果以直观的方式呈现出来，为决策者提供清晰的数据洞察和报告。

3. AI 项目经理：规划和管理 AI 项目，确保项目成功实施

（1）项目规划与执行：制订详细的项目计划，确保项目按时、按质完成，同时监控项目进度并进行风险管理。

（2）资源协调与管理：合理分配项目资源，包括人力、物力和财力，确保项目的顺利进行。

（3）沟通与协调：与项目相关方进行有效沟通，协调各方利益，推动项目的成功实施。

4. 算法工程师：研究前沿算法，如机器学习和智能决策技术

（1）算法研究与开发：深入研究各种算法原理，包括机器学习、深度学习等，不断优化和改进现有算法以提高性能和准确性。

（2）模型设计与实现：根据业务需求，设计并实现高效的算法模型，确保模型在实际应

用中的有效性和稳定性。

（3）技术支持与协作：为团队提供算法方面的技术支持，与其他团队成员紧密合作，共同推进项目的进展。

5. 数据工程师：开发和维护大数据基础设施

（1）数据基础设施建设与维护：负责构建和维护高效的数据处理系统，确保数据的稳定传输和存储。

（2）数据整合与清洗：对来自不同来源的数据进行整合和清洗，保证数据的准确性和一致性。

（3）数据安全与隐私保护：确保数据的安全性和隐私性，防止数据泄露和滥用。

6. 自然语言处理工程师：实现自然语言处理技术，如语音识别和文本处理

自然语言处理（Natural Language Processing，NLP）工程师的岗位职责涉及算法研发、数据处理、系统搭建、模型评估优化等多个方面，旨在通过 NLP 技术解决实际应用中的问题，并不断提升 NLP 系统的性能和准确性。

细化 NLP 工程师的岗位职责，主要包括六个方面，如图 8.8 所示。

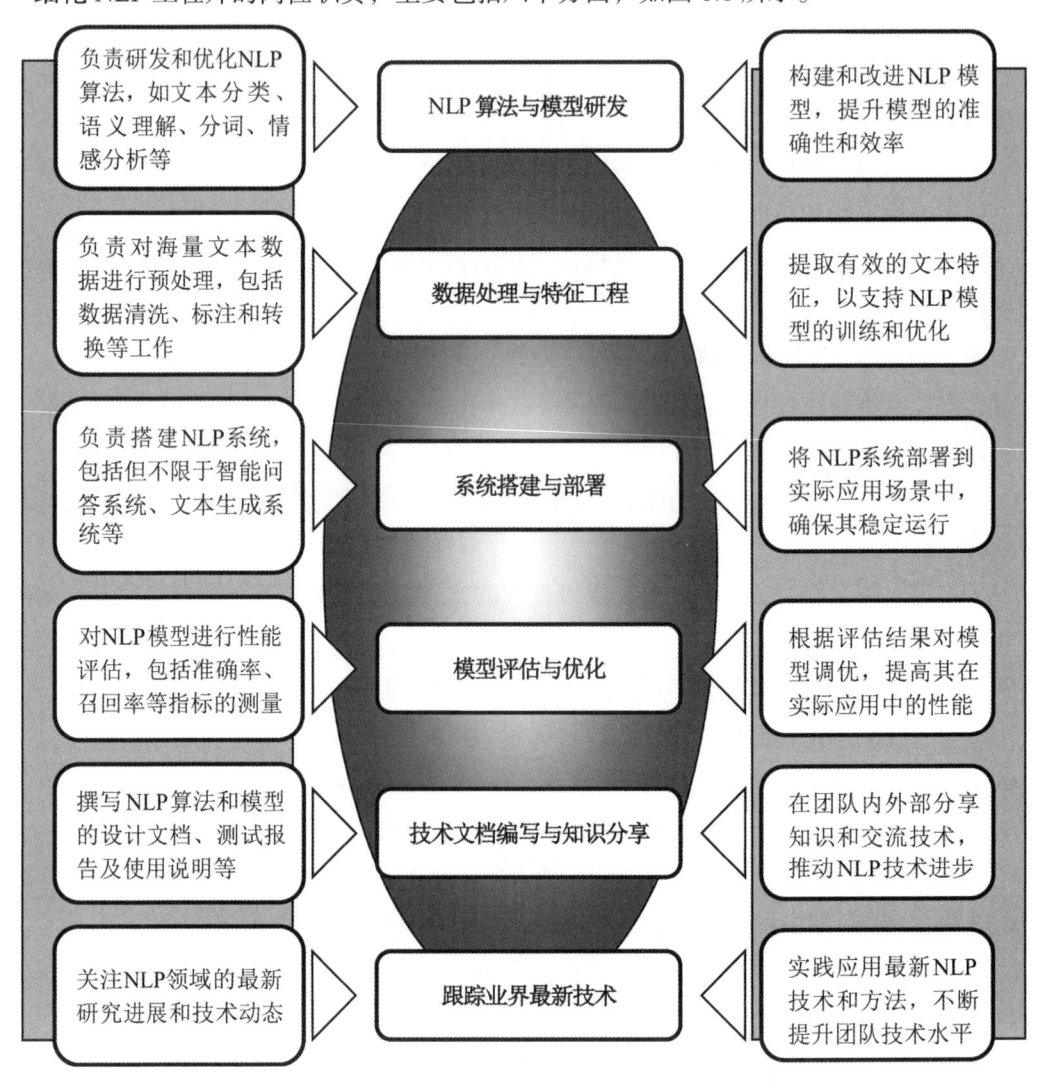

左侧说明	职责	右侧说明
负责研发和优化NLP算法，如文本分类、语义理解、分词、情感分析等	NLP算法与模型研发	构建和改进NLP模型，提升模型的准确性和效率
负责对海量文本数据进行预处理，包括数据清洗、标注和转换等工作	数据处理与特征工程	提取有效的文本特征，以支持NLP模型的训练和优化
负责搭建NLP系统，包括但不限于智能问答系统、文本生成系统等	系统搭建与部署	将NLP系统部署到实际应用场景中，确保其稳定运行
对NLP模型进行性能评估，包括准确率、召回率等指标的测量	模型评估与优化	根据评估结果对模型调优，提高其在实际应用中的性能
撰写NLP算法和模型的设计文档、测试报告及使用说明等	技术文档编写与知识分享	在团队内外部分享知识和交流技术，推动NLP技术进步
关注NLP领域的最新研究进展和技术动态	跟踪业界最新技术	实践应用最新NLP技术和方法，不断提升团队技术水平

图 8.8 NLP 工程师岗位的六大职责

7. 机器学习专家：研究和改进机器学习算法

（1）算法研究与应用：深入研究机器学习算法，将其应用于解决实际问题中，提高模型的准确性和泛化能力。

（2）模型训练与优化：负责模型的训练和优化工作，通过不断调整参数和策略来提升模型性能。

（3）技术创新与研发：关注机器学习领域的最新动态和技术创新，不断探索新的应用场景和解决方案。

8.1.2　AI 岗位胜任力模型

AI 岗位的胜任力模型，可以从专业知识、技术能力、职业素养三个方面来构建，见表 8.1。

表 8.1　AI 岗位胜任力模型

三个方面	胜任力模型	具体分析
专业知识	AI 理论基础	深入理解 AI 的基本概念、原理和方法
		熟悉机器学习、深度学习等关键技术的理论框架
	数学与统计学知识	掌握线性代数、微积分、概率论与数理统计等基础知识
		能够运用数学知识对算法进行推导和优化
	专业领域知识	对于特定应用领域（如医疗、金融、自动驾驶等），了解相关行业知识和专业术语
		能够将 AI 技术与行业需求相结合，提出解决方案
技术能力	编程能力	熟练掌握至少一种编程语言（如 Python、C++ 等），能够高效实现算法和模型
		具备良好的编码习惯和代码优化能力
	数据处理与分析能力	熟练处理和分析大数据集，包括数据清洗、特征工程等
		能够使用数据分析工具和库（如 Pandas、NumPy 等）高效处理数据
	模型开发与调优能力	能够独立设计和开发 AI 模型，包括神经网络、决策树等
		具备模型调优和参数调整的能力，以提高模型性能
	工具与框架应用能力	熟练掌握常用的 AI 工具和框架（如 TensorFlow、PyTorch 等）
		能够高效利用这些工具进行模型训练和部署
职业素养	问题解决能力	具备良好的逻辑思维和分析能力，能够迅速定位并解决问题
		对复杂问题能够提出创新性解决方案
	团队协作能力	能够与团队成员有效沟通，共同完成任务
		在团队中发挥积极作用，促进团队协作
	学习能力与创新精神	持续关注行业动态和技术发展，保持学习热情
		敢于尝试新方法和技术，具备创新精神
	责任心与专业态度	对自己的工作负责，能够保证工作质量和时效性
		在面对挑战和压力时保持专业态度，积极应对

综上所述，AI 岗位的胜任力模型涵盖了专业知识、技术能力和职业素养三个方面。这些要素共同构成了 AI 岗位从业者所需具备的核心能力框架，为选拔、培养、评估人才和设计岗位薪酬提供了重要参考。

8.1.3　薪酬设计考量的五个要素

随着 AI 技术的快速发展和广泛应用，AI 岗位的需求日益增长，对于这类需要特殊技能的岗位，薪酬设计显得尤为重要。合理的薪酬体系不仅能吸引和留住人才，还能激发员工的工作积极性和创新能力。

AI 岗位的薪酬设计需要慎重考量五个要素，如图 8.9 所示。

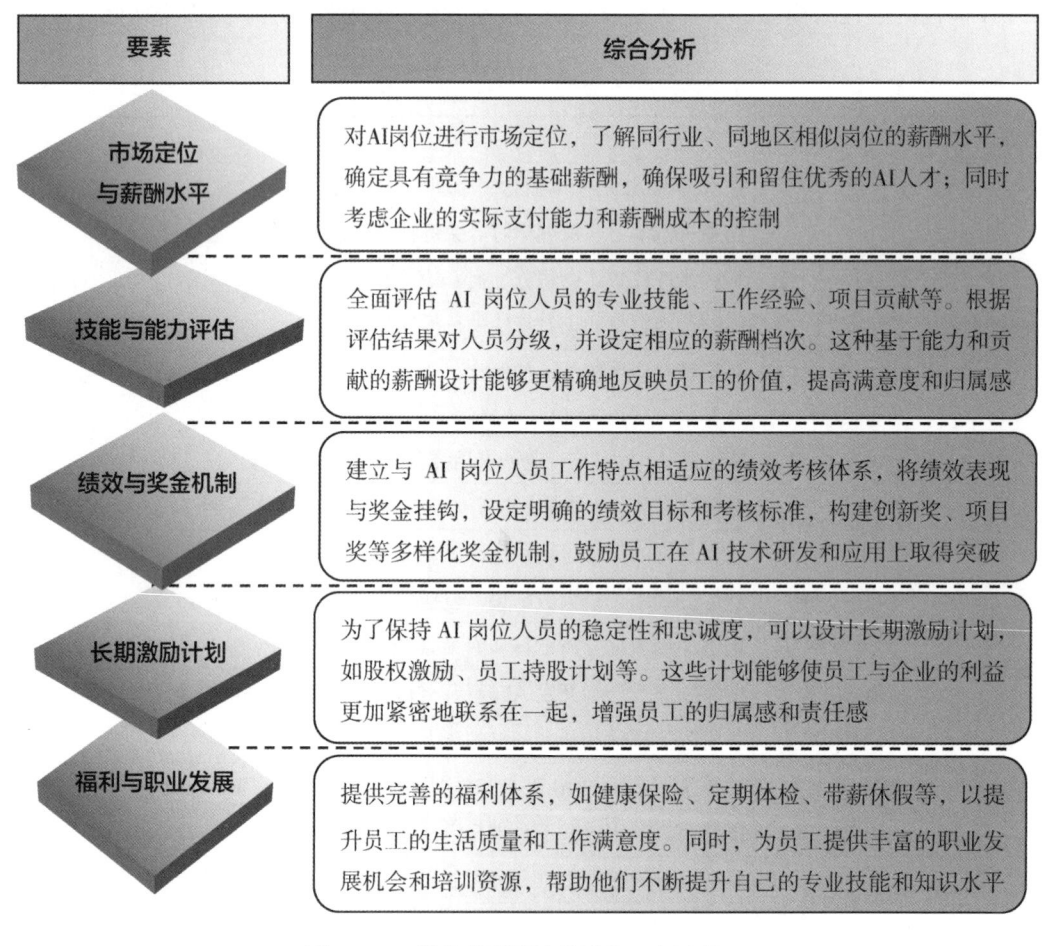

要素	综合分析
市场定位与薪酬水平	对 AI 岗位进行市场定位，了解同行业、同地区相似岗位的薪酬水平，确定具有竞争力的基础薪酬，确保吸引和留住优秀的 AI 人才；同时考虑企业的实际支付能力和薪酬成本的控制
技能与能力评估	全面评估 AI 岗位人员的专业技能、工作经验、项目贡献等。根据评估结果对人员分级，并设定相应的薪酬档次。这种基于能力和贡献的薪酬设计能够更精确地反映员工的价值，提高满意度和归属感
绩效与奖金机制	建立与 AI 岗位人员工作特点相适应的绩效考核体系，将绩效表现与奖金挂钩，设定明确的绩效目标和考核标准，构建创新奖、项目奖等多样化奖金机制，鼓励员工在 AI 技术研发和应用上取得突破
长期激励计划	为了保持 AI 岗位人员的稳定性和忠诚度，可以设计长期激励计划，如股权激励、员工持股计划等。这些计划能够使员工与企业的利益更加紧密地联系在一起，增强员工的归属感和责任感
福利与职业发展	提供完善的福利体系，如健康保险、定期体检、带薪休假等，以提升员工的生活质量和工作满意度。同时，为员工提供丰富的职业发展机会和培训资源，帮助他们不断提升自己的专业技能和知识水平

图 8.9　AI 岗位薪酬设计考量的五个要素

8.1.4　岗位总薪酬计算公式分析

AI 岗位人员薪酬设计的五个部分如图 8.10 所示。

基本薪酬	员工薪酬体系的核心部分，通常基于市场薪酬水平、岗位价值、员工经验和教育背景等因素来确定。对于AI岗位，基本薪酬应该反映出该岗位的市场价值，以及员工的个人能力和贡献
绩效奖金	为激励员工更好地完成任务、达成目标而设定。对于AI岗位，绩效奖金的设定应该与具体的项目完成情况、技术创新、团队协作等绩效指标挂钩
津贴与补贴	对员工工作环境、工作条件的一种补偿。对于AI岗位，可能涉及的津贴和补贴包括交通补贴、通信补贴、餐补等
股票期权	高科技企业尤其是初创企业，股票期权是吸引和留住人才的重要手段。通过给予员工股票期权，与员工分享公司成长的红利，从而增强员工的归属感和忠诚度
福利计划	完善的福利计划是提升员工满意度和留任率的关键。对于AI岗位，福利计划可能包括医疗保险、养老保险、带薪休假、员工培训等

图 8.10　AI 岗位人员薪酬设计的五个部分

基于以上薪酬设计及深度剖析，给出以下 AI 岗位总薪酬的计算公式：

> **总薪酬** = 基本薪酬 + 绩效奖金 + 津贴与补贴 + 股票期权价值 + 福利计划价值

需要注意的是，这个公式是一个框架性的公式，具体数值和比例需要根据企业的实际情况、市场薪酬水平、AI 岗位员工的个人能力和贡献等因素来综合确定。同时，AI 岗位薪酬体系需要定期进行调整和优化，以确保其与市场趋势和企业战略保持一致。

8.1.5　薪酬方案实施流程的七个阶段

AI 岗位薪酬方案实施流程的七个阶段如图 8.11 所示。

第 1 步：岗位分析与市场调研

1. 对 AI 岗位进行详尽的职位描述，明确岗位职责、技能要求和工作内容；
2. 进行市场调研，了解同行业和同地区相似岗位的薪酬水平及薪酬结构

第 2 步：薪酬策略制定

1. 根据企业战略目标、财务状况和人才市场竞争情况，制定薪酬策略；
2. 确定薪酬体系总体框架，包括基本薪酬、绩效奖金、津贴补贴、长期激励（如股票期权）等组成部分

第 3 步：薪酬方案设计

1. 设计具体的薪酬方案，包括各薪酬组成部分的比例、计算方法及支付周期；
2. 设定绩效奖金的考核标准和发放机制，确保激励与约束并存

图 8.11　AI 岗位薪酬方案实施流程的七个阶段

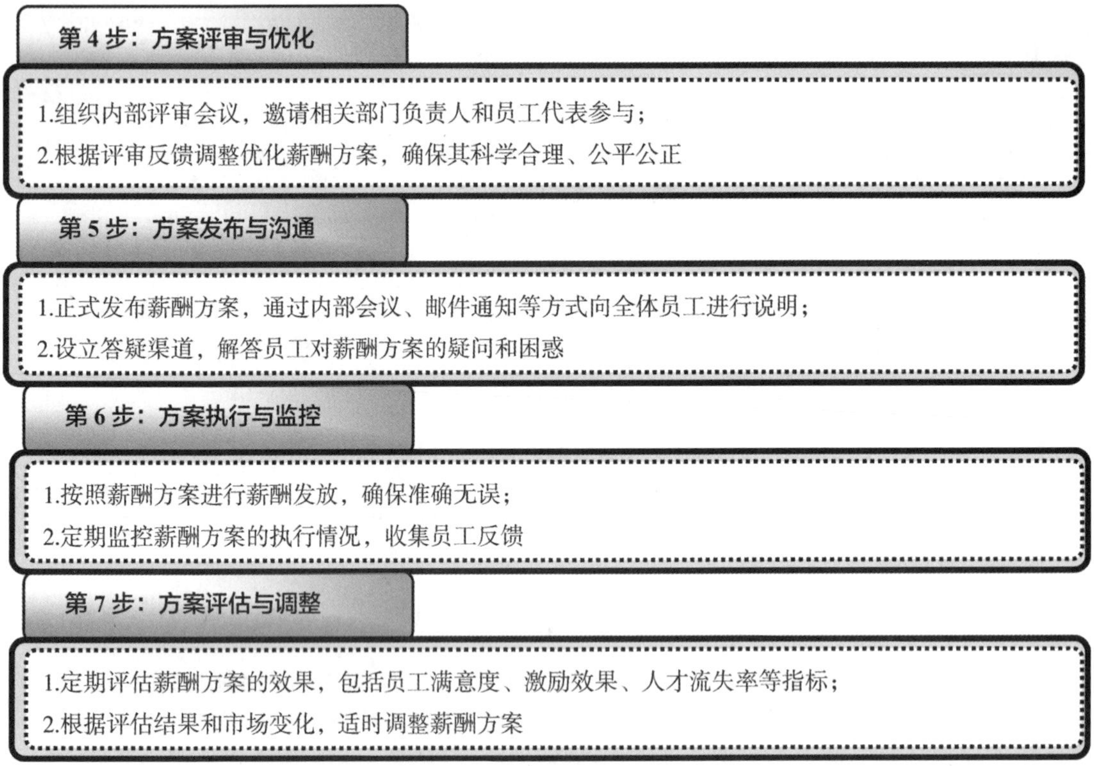

第 4 步：方案评审与优化

1. 组织内部评审会议，邀请相关部门负责人和员工代表参与；
2. 根据评审反馈调整优化薪酬方案，确保其科学合理、公平公正

第 5 步：方案发布与沟通

1. 正式发布薪酬方案，通过内部会议、邮件通知等方式向全体员工进行说明；
2. 设立答疑渠道，解答员工对薪酬方案的疑问和困惑

第 6 步：方案执行与监控

1. 按照薪酬方案进行薪酬发放，确保准确无误；
2. 定期监控薪酬方案的执行情况，收集员工反馈

第 7 步：方案评估与调整

1. 定期评估薪酬方案的效果，包括员工满意度、激励效果、人才流失率等指标；
2. 根据评估结果和市场变化，适时调整薪酬方案

图 8.11　AI 岗位薪酬方案实施流程的七个阶段（续）

8.1.6　薪酬方案落地执行的八个步骤

AI 岗位薪酬方案落地执行的八个步骤如图 8.12 所示。

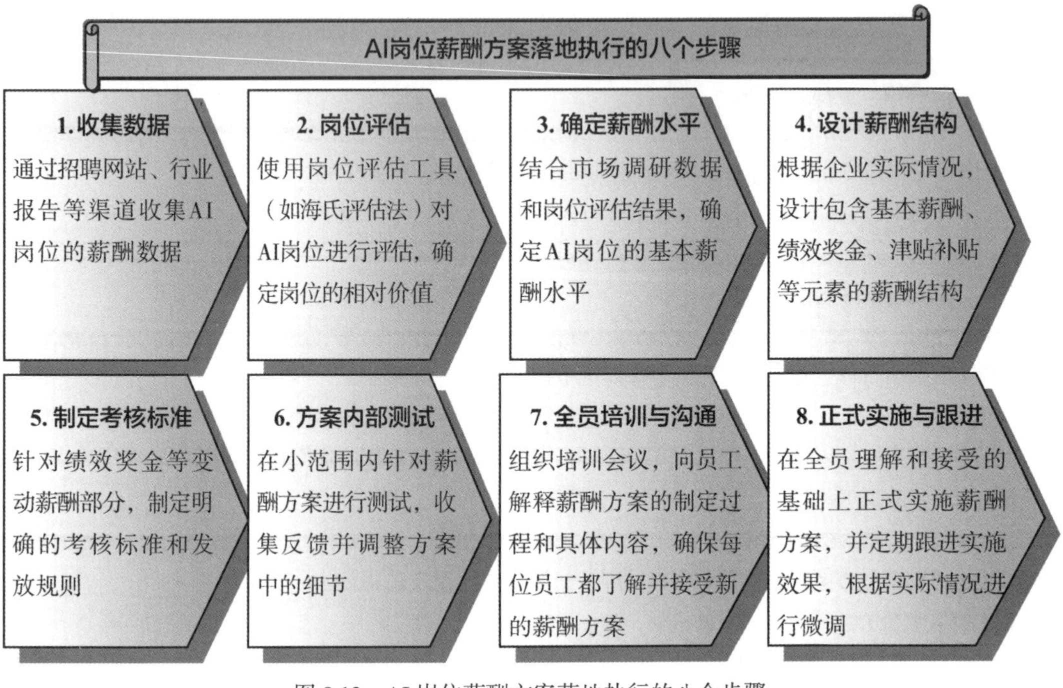

AI 岗位薪酬方案落地执行的八个步骤

1. 收集数据：通过招聘网站、行业报告等渠道收集 AI 岗位的薪酬数据

2. 岗位评估：使用岗位评估工具（如海氏评估法）对 AI 岗位进行评估，确定岗位的相对价值

3. 确定薪酬水平：结合市场调研数据和岗位评估结果，确定 AI 岗位的基本薪酬水平

4. 设计薪酬结构：根据企业实际情况，设计包含基本薪酬、绩效奖金、津贴补贴等元素的薪酬结构

5. 制定考核标准：针对绩效奖金等变动薪酬部分，制定明确的考核标准和发放规则

6. 方案内部测试：在小范围内针对薪酬方案进行测试，收集反馈并调整方案中的细节

7. 全员培训与沟通：组织培训会议，向员工解释薪酬方案的制定过程和具体内容，确保每位员工都了解并接受新的薪酬方案

8. 正式实施与跟进：在全员理解和接受的基础上正式实施薪酬方案，并定期跟进实施效果，根据实际情况进行微调

图 8.12　AI 岗位薪酬方案落地执行的八个步骤

最佳实践：××公司 AI 岗位的薪酬激励机制

××公司作为一家在 AI 领域颇具影响力的企业，其产品具备四大特色，如图 8.13 所示。

独特的设计创新
- ◆ 该公司的产品以出色的设计感而广受好评；
- ◆ 设计团队关注产品功能和性能，注重外观设计，通过细腻的雕琢和精湛的工艺，使每一款产品都展现出别具一格的风格

卓越的品质
- ◆ 公司自创立之初就坚持以质量为生命的核心理念，建立了严格的品质管理体系；
- ◆ 从材料选择到生产流程，再到最终的产品检验，每一个环节都遵循国际标准，确保产品的稳定性和耐用性

多功能应用场景
- ◆ 公司的产品具有广泛的应用范围，不仅适用于家庭生活，还能满足办公和商业运营的需求；
- ◆ 这种跨领域的应用能力为用户带来了极大的便利和价值

智能化与人性化设计
- ◆ 公司在产品研发中大量运用智能科技，如人工智能、大数据等，使产品具备高度智能化；
- ◆ 产品设计充分考虑了用户体验，力求提供更加智能、便捷的操作方式

图 8.13 ××公司产品的四大特色

××公司业务领域相对广泛，依托其技术核心，主要涵盖了三个方面，如图 8.14 所示。

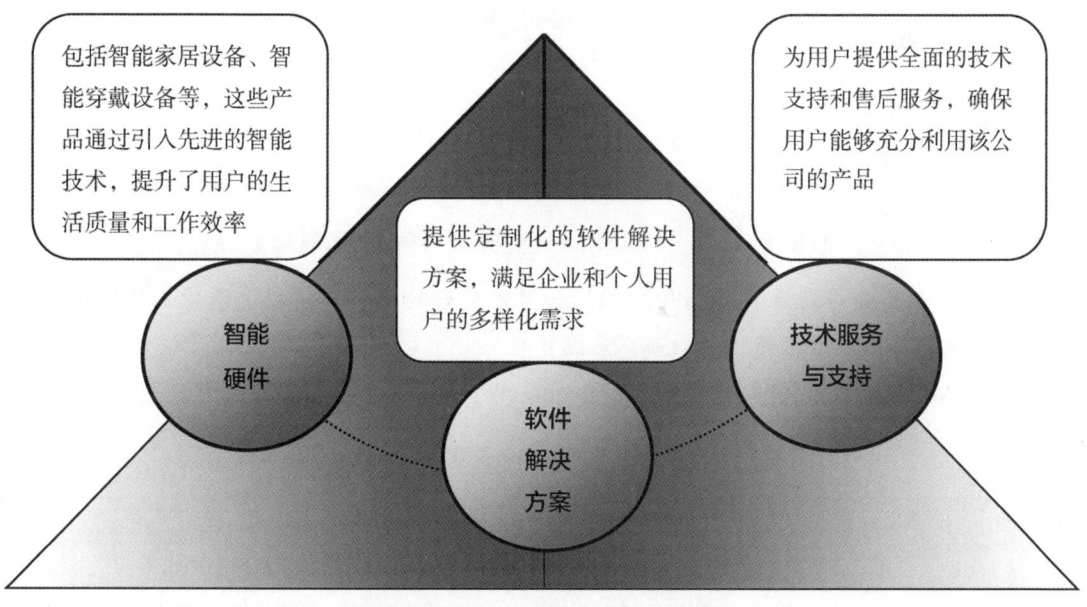

智能硬件：包括智能家居设备、智能穿戴设备等，这些产品通过引入先进的智能技术，提升了用户的生活质量和工作效率

软件解决方案：提供定制化的软件解决方案，满足企业和个人用户的多样化需求

技术服务与支持：为用户提供全面的技术支持和售后服务，确保用户能够充分利用该公司的产品

图 8.14 ××公司业务的三个领域

为了吸引和留住顶尖的 AI 人才，经过深思熟虑，该公司针对 AI 岗位采用了一套精心设计的薪酬激励机制。这种机制结合了市场领先薪酬策略、市场追随薪酬策略、滞后薪酬

策略和混合薪酬策略,如图 8.15 所示,以确保公司的薪酬体系既具有竞争力,又能满足企业的长期发展需求。

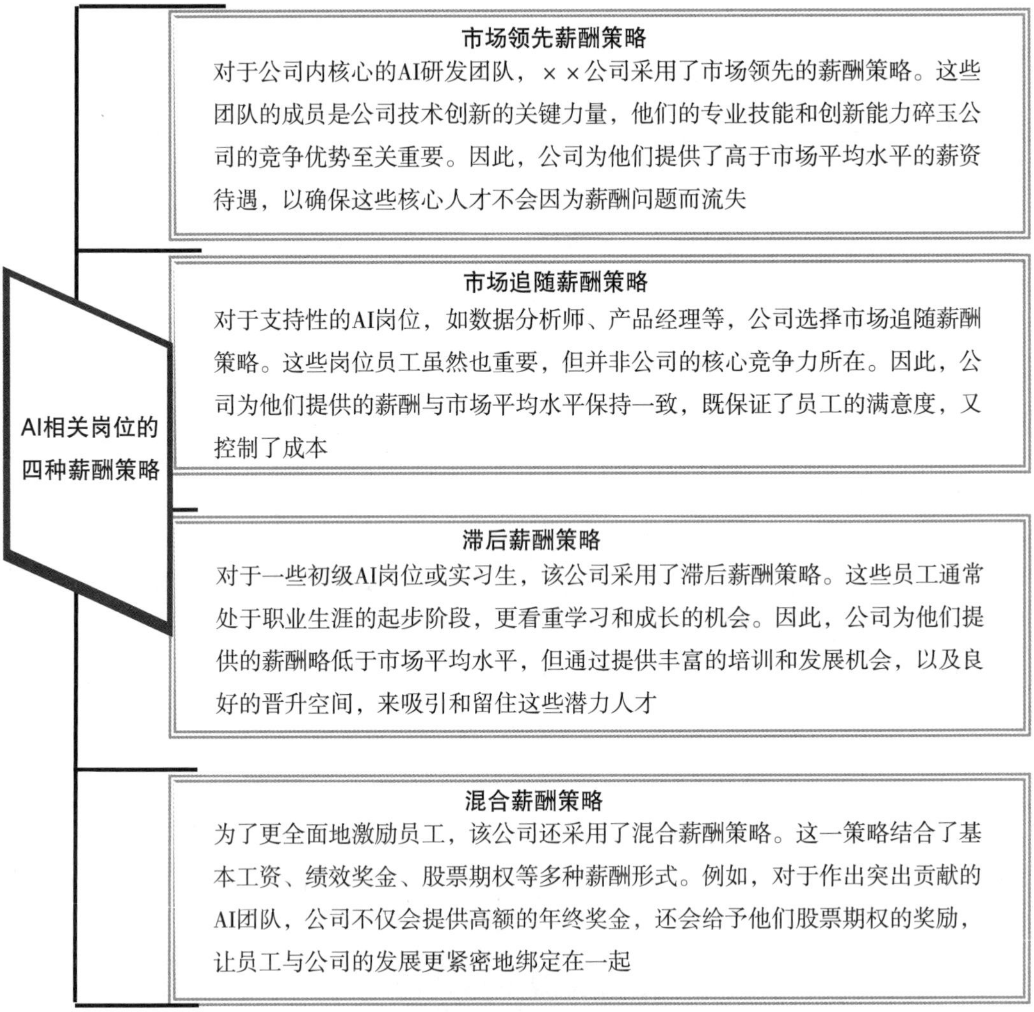

AI相关岗位的四种薪酬策略

市场领先薪酬策略
对于公司内核心的AI研发团队,××公司采用了市场领先的薪酬策略。这些团队的成员是公司技术创新的关键力量,他们的专业技能和创新能力碎玉公司的竞争优势至关重要。因此,公司为他们提供了高于市场平均水平的薪资待遇,以确保这些核心人才不会因为薪酬问题而流失

市场追随薪酬策略
对于支持性的AI岗位,如数据分析师、产品经理等,公司选择市场追随薪酬策略。这些岗位员工虽然也重要,但并非公司的核心竞争力所在。因此,公司为他们提供的薪酬与市场平均水平保持一致,既保证了员工的满意度,又控制了成本

滞后薪酬策略
对于一些初级AI岗位或实习生,该公司采用了滞后薪酬策略。这些员工通常处于职业生涯的起步阶段,更看重学习和成长的机会。因此,公司为他们提供的薪酬略低于市场平均水平,但通过提供丰富的培训和发展机会,以及良好的晋升空间,来吸引和留住这些潜力人才

混合薪酬策略
为了更全面地激励员工,该公司还采用了混合薪酬策略。这一策略结合了基本工资、绩效奖金、股票期权等多种薪酬形式。例如,对于作出突出贡献的AI团队,公司不仅会提供高额的年终奖金,还会给予他们股票期权的奖励,让员工与公司的发展更紧密地绑定在一起

图 8.15 ×× 公司针对 AI 相关岗位设计的四种薪酬策略

此外,××公司还注重非物质激励,如提供良好的工作环境、灵活的工作时间、丰富的团队活动等,以增强员工的归属感和满意度。

对于公司内核心的 AI 研发团队,该公司采用了市场领先的薪酬策略,见表 8.2。

表 8.2 ×× 公司针对 AI 研发团队采取市场领先的薪酬策略

策略	细项划分	具体分析
薪酬水平定位	1	公司为核心的 AI 研发团队提供的薪酬水平明显高于市场平均水平
	2	通过市场调研和数据分析,公司确定了这些岗位的市场薪酬标准,并在此基础上提供了更具竞争力的薪资待遇
	3	这种市场领先的薪酬策略旨在吸引和留住行业内的顶尖人才,确保研发团队具备强大的技术实力和创新能力

续表

策略	细项划分	具体分析
薪酬构成与调整	基本薪酬	根据研发团队成员的技能水平、工作经验和岗位重要性，设定了高于市场平均的基本薪酬，确保了团队成员能够获得与其价值相匹配的稳定收入
	绩效奖金	除了基本薪酬外，公司还设立了丰厚的绩效奖金制度。研发团队成员根据项目完成情况、创新成果，以及团队整体绩效等因素，有机会获得额外的奖金。这种制度进一步激发了团队成员的积极性和创造力
	薪酬调整	为了保持薪酬的市场竞争力，公司会定期调整研发团队的薪酬。调整依据包括市场薪酬变化趋势、团队成员个人绩效，以及公司整体经营状况等。这种灵活的薪酬调整机制有助于确保团队成员的薪酬始终保持行业领先水平
非物质激励与福利	1	除了提供具有竞争力的薪酬外，公司还注重为研发团队提供非物质激励和福利，包括良好的工作环境、先进的研发设备、丰富的培训机会及广阔的晋升空间等
	2	这些措施共同营造了一个有利于团队成员成长和发展的氛围，进一步增强了团队的凝聚力和向心力

××公司定期对薪酬策略的实施效果进行评估，通过收集员工的反馈意见和建议，不断完善和优化薪酬体系。这种持续改进的做法有助于确保薪酬策略始终与公司的战略目标保持一致，并能够有效地激励研发团队成员为公司的发展贡献力量。

综上所述，××公司通过采用市场领先的薪酬策略，成功吸引和留住了核心的AI研发团队。这一策略不仅提供了具有竞争力的薪资待遇，还注重非物质激励和福利的提供，为团队成员创造了一个良好的工作环境和发展平台。

8.2 大数据岗位人员薪酬设计

大数据岗位人员通常负责数据的收集、整理、分析和解读，他们的工作对于企业的决策和战略规划至关重要。根据市场调研数据分析，大数据相关岗位，特别是工程师类核心岗位，月薪普遍在万元以上，占比超六成，其中月薪2万元以上的不在少数。

在设计大数据岗位人员薪酬时，应综合考虑岗位特性、市场薪酬水平、员工经验与能力，以及企业的战略目标。通过制定合理的薪酬策略和具体的薪酬方案，确保薪酬体系既能吸引和留住优秀人才，又能激励员工不断提升工作效率和专业技能，从而为企业创造更大的价值。

8.2.1 大数据岗位的设计

在大数据领域，岗位设置丰富多样，以满足数据处理、分析、管理和应用等多方面的需求，主要岗位包括数据分析师、数据工程师、数据架构师、数据科学家和数据管理员等，不同岗位之间既有明确的职责划分，也存在相互协作的空间。

大数据岗位的分工设计包括但不限于五类岗位，如图8.16所示。

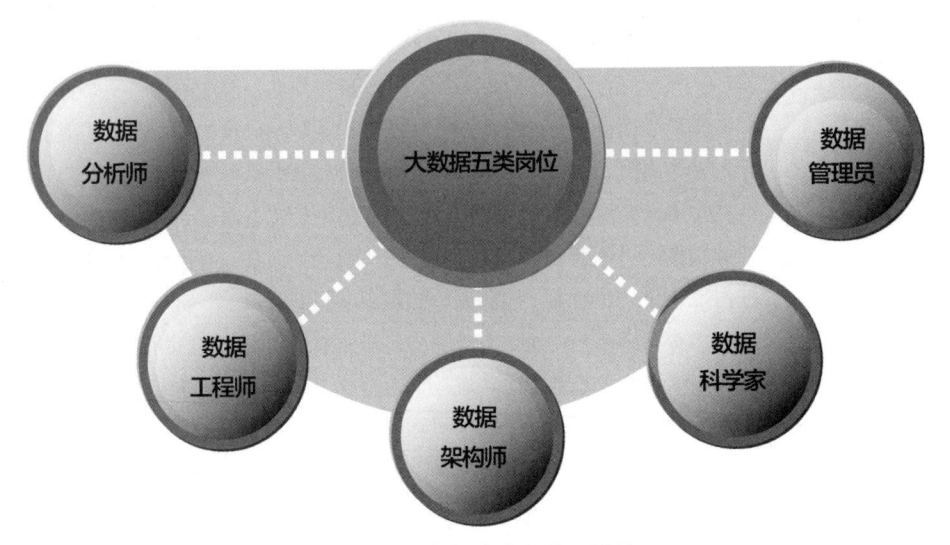

图 8.16　大数据岗位的分工设计

大数据五类岗位的职责划分与技能要求见表 8.3。

表 8.3　大数据五类岗位的职责划分与技能要求

岗位	职责与要求	具体分析
数据分析师	职责	负责数据的采集、清洗、分析工作，为业务决策提供支持
数据分析师	技能要求	熟练掌握数据库知识（如 SQL）、统计分析知识，以及 Excel 等数据分析工具。需要具备良好的数据可视化能力和 PPT 展示能力
数据工程师	职责	负责数据的集成、处理、存储与管理，保证数据一致性、准确性和可靠性
数据工程师	技能要求	熟悉数据仓库建设，掌握数据处理技术，如 ETL 过程，并了解数据挖掘和分析工具。此外，还需具备数据库设计与建模能力
数据架构师	职责	设计和规划大数据整体架构，确保系统的可扩展性、稳定性和安全性
数据架构师	技能要求	具备深厚的计算机、数学或统计学背景，熟练掌握主流大数据产品解决方案，并有丰富的分布式系统开发经验。还需了解云计算平台和相关技术
数据科学家	职责	使用统计学和机器学习算法进行数据建模与分析，发现数据中的潜在规律和业务机会
数据科学家	技能要求	精通数据分析与建模技术，熟悉数据可视化工具，具备算法开发与优化的能力。同时，需要有良好的业务理解与沟通能力
数据管理员	职责	负责数据库的日常维护和管理，确保数据的安全性和完整性
数据管理员	技能要求	精通数据库管理系统（如 Oracle、MySQL 等），熟悉数据库的性能优化和备份恢复策略。此外，还需掌握一定的系统安全和隐私保护知识

8.2.2　大数据岗位胜任力模型

大数据岗位的胜任力模型可以从专业知识、技术能力和职业素养三个方面来构建，见表 8.4。

表 8.4 大数据岗位胜任力模型

三个方面	胜任力模型	具体分析
专业知识	数据科学基础	理解数据科学的基本概念、原理和方法
		熟悉数据采集、清洗、转换和加载的流程
		掌握数据质量管理和数据治理的基本知识
	统计学与预测建模	熟练掌握描述性统计和推断性统计方法
		了解常用的预测模型和机器学习算法
		能够运用统计软件进行数据分析
	大数据技术与平台	了解大数据处理框架(如 Hadoop、Spark 等)
		熟悉数据仓库和数据库管理系统
		掌握大数据查询语言(如 SQL、Hive 等)
技术能力	数据处理能力	能够高效地进行数据清洗和预处理
		熟练掌握数据抽取、转换和加载(ETL)技术
		能够处理结构化和非结构化数据
	数据分析与可视化	能够运用数据分析工具进行深入分析
		熟练掌握数据可视化技术,如 Tableau、Power BI 等
		能够通过可视化手段有效地传达数据分析结果
	编程与软件开发	熟练掌握至少一种编程语言(如 Python、R、Java 等)
		了解软件开发生命周期和版本控制
		能够编写和维护数据处理和分析的脚本或程序
职业素养	沟通与协作能力	能够清晰、准确地表达技术观点和解决方案
		具备良好的团队协作精神,能够与其他团队成员有效合作
		能够与业务部门沟通,理解业务需求并将其转化为技术需求
	问题解决与创新思维	具备批判性思维和问题解决能力,能够应对复杂的数据挑战
		善于提出创新性的解决方案,不断改进和优化数据处理流程
	职业道德与责任感	遵守数据安全和隐私保护的原则
		对工作结果负责,确保数据分析和处理的准确性
		持续学习新技术和方法,保持专业素养的更新和提升

综上所述,大数据岗位的胜任力模型涵盖了专业知识、技术能力和职业素养三个方面。这些要素共同构成了大数据从业人员在工作中所需具备的核心能力和素质,是评价其是否能够胜任大数据岗位的重要依据。

8.2.3 薪酬设计的五个影响因素

在设计大数据岗位人员的薪酬体系时,需要综合考虑多个要素,以确保薪酬体系既能吸引和留住人才,又能激励员工发挥最大潜能,见表 8.5。

表8.5 大数据岗位薪酬设计的五个影响因素

因素	细化项目	具体分析
岗位价值评估	岗位重要性	大数据岗位在企业中的价值日益凸显,因此,薪酬设计应体现该岗位对企业决策、运营效率的关键作用
	技能要求	考虑到大数据岗位对专业技能和知识的高要求,薪酬应与之相匹配
	市场稀缺性	由于大数据技能的稀缺性,薪酬设计需考虑市场供需关系,以确保能吸引和保留这些专业人才
绩效与激励	个人绩效	薪酬应与个人绩效挂钩,以激励员工提高工作效率和质量。例如,可以设立绩效奖金或项目奖励
	团队绩效	考虑到大数据工作需要团队协作,因此薪酬设计也应体现团队绩效的激励
	创新激励	鼓励大数据岗位人员进行技术创新和研发,通过设立创新奖励或技术成果分享机制来激发创新活力
市场薪酬水平	行业薪酬标准	参照行业内相似岗位的薪酬标准,确保企业薪酬与市场水平保持一致或具有竞争力
	地域薪酬差异	考虑到不同地区的生活成本和经济发展状况,对薪酬进行相应调整
	企业规模实力	大型或知名企业往往能提供更具竞争力的薪酬,以吸引更多优秀人才
员工福利与发展	基础薪酬福利	包括基本工资、社会保险和公积金等,确保员工的基本生活需求
	补充福利	如年终奖、节日福利、员工培训等,提升员工的归属感和满意度
	职业发展机会	为员工提供晋升通道和培训机会,以支持其职业发展,这也是薪酬体系中的重要组成部分
薪酬结构调整与优化	固定薪酬与浮动薪酬	根据岗位特性和企业需求,合理调整固定薪酬与浮动薪酬的比例
	薪酬带宽设计	设立合理的薪酬带宽,以容纳不同层级和绩效的员工
	定期评估与调整	定期对薪酬体系进行评估和调整,以确保其与市场变化和企业发展需求保持一致

综上所述,大数据岗位人员的薪酬设计需要综合考虑岗位价值评估、绩效与激励、市场薪酬水平、员工福利与发展,以及薪酬结构调整与优化等多个要素。通过精心设计和不断调整,企业可以构建一个既能吸引人才又能激励员工的薪酬体系。

8.2.4 岗位薪酬方案与计算公式

设计大数据岗位人员的薪酬方案,需要重点关注薪酬设计方案和计算公式应根据公司实际情况进行调整和优化,以确保其合理性和有效性;在设计薪酬方案时,应充分考虑市场薪酬水平、企业经营状况,以及员工的期望和需求;薪酬方案的实施应公开、透明,以确保员工的信任和满意度。

大数据岗位人员的薪酬方案设计如图8.17所示。

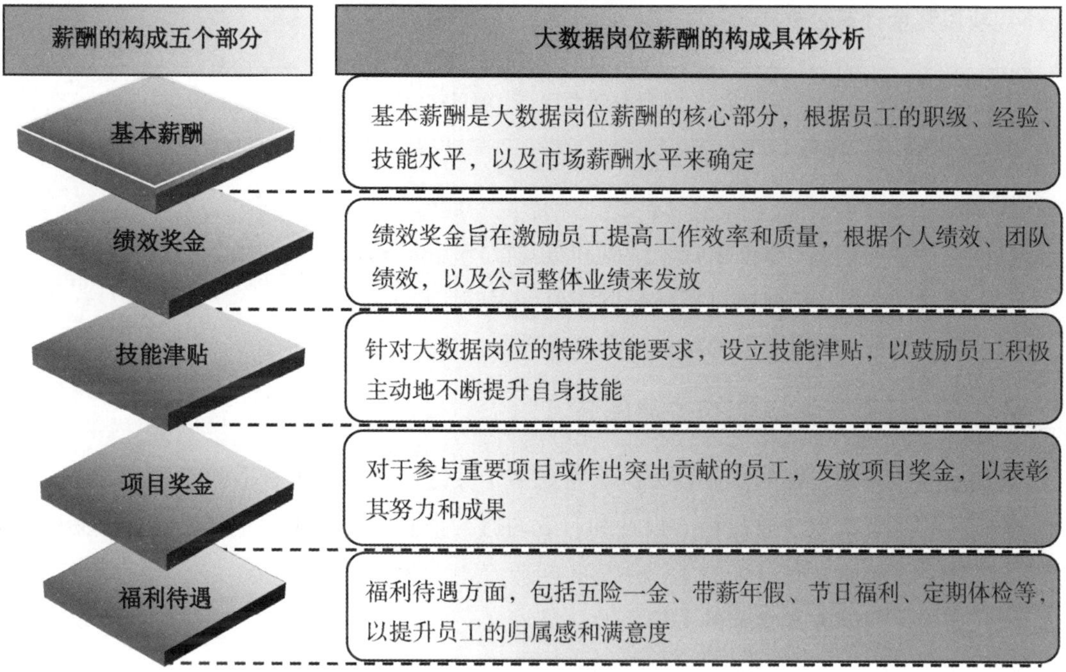

第8章 其他岗位人员薪酬设计工具的应用

薪酬的构成五个部分	大数据岗位薪酬的构成具体分析
基本薪酬	基本薪酬是大数据岗位薪酬的核心部分，根据员工的职级、经验、技能水平，以及市场薪酬水平来确定
绩效奖金	绩效奖金旨在激励员工提高工作效率和质量，根据个人绩效、团队绩效，以及公司整体业绩来发放
技能津贴	针对大数据岗位的特殊技能要求，设立技能津贴，以鼓励员工积极主动地不断提升自身技能
项目奖金	对于参与重要项目或作出突出贡献的员工，发放项目奖金，以表彰其努力和成果
福利待遇	福利待遇方面，包括五险一金、带薪年假、节日福利、定期体检等，以提升员工的归属感和满意度

图8.17 大数据岗位人员的薪酬方案设计

1. 基本薪酬计算公式

$$基本薪酬 = 职级基础薪资 + 经验加成 + 技能加成$$

其中：

（1）职级基础薪资：根据员工职级确定的基础薪资水平。

（2）经验加成：根据员工的工作年限和经验水平给予的额外薪资。

（3）技能加成：针对员工掌握的特殊技能或资质给予的薪资加成。

2. 绩效奖金计算公式

$$绩效奖金 = 基本薪酬 \times 绩效系数$$

其中，绩效系数为根据个人绩效、团队绩效及公司整体业绩综合评定的系数，范围通常为 0～2。

3. 技能津贴计算公式

$$技能津贴 = 技能等级 \times 津贴系数$$

其中：

（1）技能等级：根据员工技能水平评定的等级。

（2）津贴系数：每个技能等级对应的津贴数额。

4. 项目奖金计算公式

> **项目奖金** = 项目难度系数 × 项目完成度 × 奖金基数

其中：

（1）项目难度系数：根据项目复杂度和重要性评定的系数。

（2）项目完成度：根据项目实际完成情况评定的比例。

（3）奖金基数：公司设定的项目奖金基础数额。

8.2.5 薪酬方案实施的关键环节

大数据岗位薪酬方案的实施需要综合考虑多个关键环节，运用合适的工具和方法，掌握一定的技巧和注意事项。通过精心设计和有效沟通，企业可以构建一个既公平合理又具激励性的薪酬体系，从而激发员工的工作热情和创造力。

大数据岗位薪酬方案实施的关键环节，见表 8.6。

表 8.6 大数据岗位薪酬方案实施的关键环节

环节	细项划分	具体操作与说明
岗位评估与定价	工具	岗位评估矩阵、市场薪酬调查报告
	方法	使用岗位评估矩阵，综合考虑岗位的技能要求、工作复杂性、责任大小等因素，为岗位进行打分
		参考市场薪酬调查报告，了解同行业相似岗位的薪酬水平
	技巧	确保评估过程客观公正，避免主观偏见
		定期更新市场薪酬数据，确保薪酬方案的时效性
	注意事项	岗位评估不是一次性的工作，需要定期重新审视和调整
		在参考市场数据时，要考虑企业自身的实际情况和支付能力
绩效奖金与激励设计	工具	KPI 指标体系、360 度反馈评价工具
	方法	根据大数据岗位的关键职责，制定明确的 KPI 指标
		使用 360 度反馈评价工具，确保绩效评价的全面性和客观性
	技巧	绩效奖金的设置要具有激励性，但也要考虑企业的成本控制
		KPI 指标要具有可衡量性，避免模糊和主观的评价标准
	注意事项	绩效奖金的发放要及时、透明，以增强激励效果
		要避免"一刀切"的奖励方式，考虑到不同员工的个性化需求
技能津贴与职业发展激励	工具	技能等级评估表、职业发展路径图
	方法	通过技能等级评估表，客观评定员工的技能水平
		制定清晰的职业发展路径图，为员工提供晋升机会和职业规划指导
	技巧	技能津贴的设置要与员工的实际技能水平相匹配
		职业发展路径要具有吸引力和可实现性，以激发员工的职业发展动力
	注意事项	技能评估过程要公开、公正，避免主观臆断和偏见
		要关注员工的长期发展，而不仅仅是短期激励

续表

环节	细项划分	具体操作与说明
建立沟通与反馈机制	工具	员工满意度调查问卷、定期沟通会议记录表
	方法	通过员工满意度调查问卷，了解员工对薪酬方案的满意度和改进建议
		定期召开沟通会议，与员工面对面交流，解答疑问，收集反馈
	技巧	调查问卷的设计要简洁明了，问题要具有针对性
		沟通会议要保持开放和包容的氛围，鼓励员工提出真实想法
	注意事项	对于员工的反馈要及时响应和处理，避免形式主义和拖延
		要保护员工的隐私和信息安全，避免敏感信息的泄露

最佳实践：××公司大数据岗位的薪酬体系创新

××公司是一家专注于大数据技术与服务的创新型企业，致力于为全球客户提供先进的大数据解决方案。其产品服务特色主要体现在定制化的大数据分析平台、实时数据处理服务，以及智能数据决策支持系统。公司业务领域范围广泛，覆盖了金融、医疗、零售、物流等多个行业，助力客户实现数据驱动的决策优化和业务增长。

基于"卷毛老师薪酬激励五力模型"，××公司对大数据岗位的薪酬体系进行了全面创新，旨在吸引和留住人才，同时确保公司内部的和谐稳定与长远发展。

1. 对外具有"竞争力"

公司首先对市场上同类大数据岗位的薪酬水平进行了深入调研，确保自身提供的薪酬在市场上具有足够的竞争力。公司不仅提供了与行业领先企业相当的基本薪资，还针对关键技能和稀缺人才提供了额外的市场津贴，从而成功吸引了众多行业内的顶尖人才。

××公司大数据岗位薪酬对外具有"竞争力"的创新设计，可以通过利益点、风险点分析和综合考量三个方面来体现，如图8.18所示。

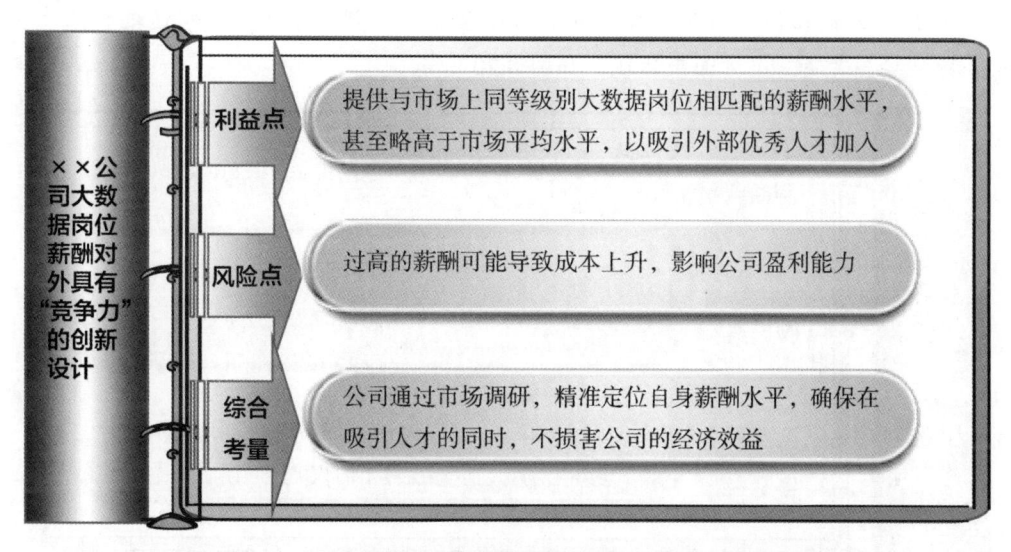

图 8.18　××公司大数据岗位薪酬对外具有"竞争力"的创新设计

2. 对内具有"公平力"

在内部公平性方面，公司建立了一套科学的岗位评估体系，根据大数据岗位的工作内容、技能要求、工作复杂性，以及对公司的贡献度进行合理评估，并据此设定薪酬等级。这样做不仅确保了相似岗位之间的薪酬公平性，还为员工提供了清晰的职业发展路径和晋升机会。

××公司大数据岗位薪酬对内具有"公平力"的创新设计，可以通过利益点、风险点分析和综合考量三个方面来体现，如图8.19所示。

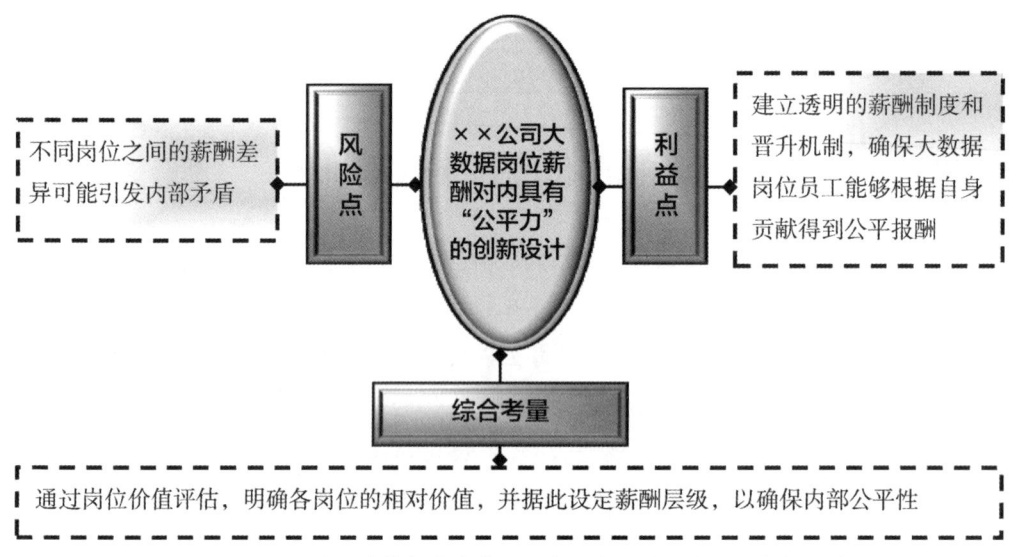

```
不同岗位之间的薪酬差异可能引发内部矛盾 ← 风险点 ← ××公司大数据岗位薪酬对内具有"公平力"的创新设计 → 利益点 → 建立透明的薪酬制度和晋升机制，确保大数据岗位员工能够根据自身贡献得到公平报酬
                                                              ↓
                                                           综合考量
                                                              ↓
通过岗位价值评估，明确各岗位的相对价值，并据此设定薪酬层级，以确保内部公平性
```

图8.19　××公司大数据岗位薪酬对内具有"公平力"的创新设计

3. 对员工具有"驱动力"

为了激发员工的动力，公司设计了一套绩效考核与奖金分配机制。员工的年终奖和项目奖金与其个人绩效及团队整体绩效紧密挂钩。此外，公司还实施了员工持股计划，让员工成为公司的"合伙人"，共享公司成长的成果，从而大大增强了员工的工作积极性和忠诚度。

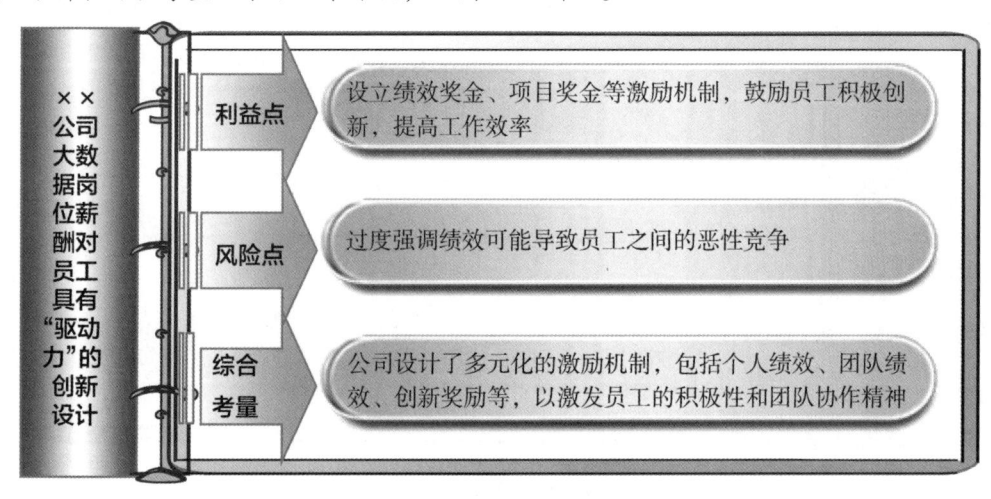

××公司大数据岗位薪酬对员工具有"驱动力"的创新设计，可以通过利益点、风险点分析和综合考量三个方面来体现，如图8.20所示。

××公司大数据岗位薪酬对员工具有"驱动力"的创新设计		
	利益点	设立绩效奖金、项目奖金等激励机制，鼓励员工积极创新，提高工作效率
	风险点	过度强调绩效可能导致员工之间的恶性竞争
	综合考量	公司设计了多元化的激励机制，包括个人绩效、团队绩效、创新奖励等，以激发员工的积极性和团队协作精神

图8.20　××公司大数据岗位薪酬对员工具有"驱动力"的创新设计

4. 对成本具有"控制力"

在成本控制方面，公司采取了灵活的薪酬结构，包括基本工资、绩效奖金、股票期权等多元化组成部分。公司根据业务发展状况和市场环境变化，动态调整薪酬结构中各部分的比重，以确保薪酬支出与公司的经营状况和盈利能力相匹配。

××公司大数据岗位薪酬对成本具有"控制力"的创新设计，可以通过利益点、风险点分析和综合考量三个方面来体现，如图8.21所示。

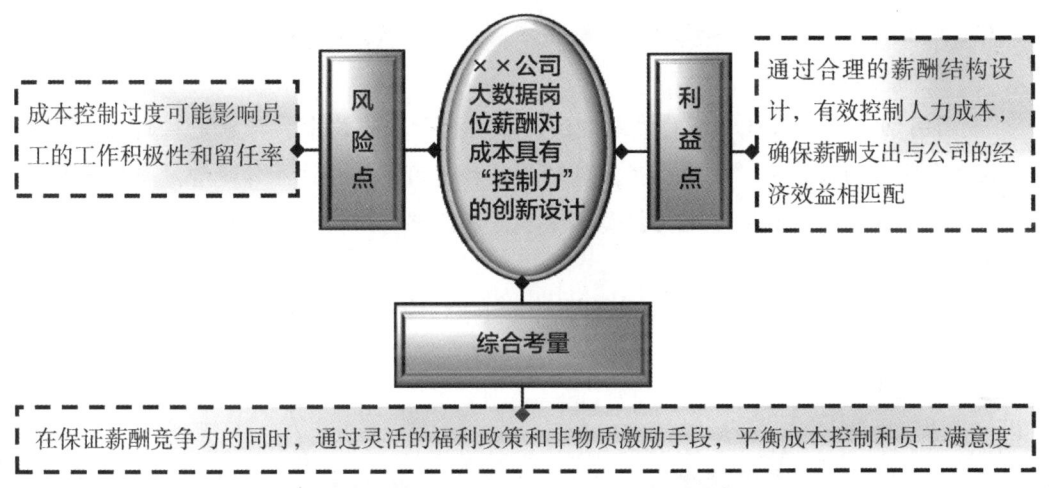

图8.21　××公司大数据岗位薪酬对成本具有"控制力"的创新设计

5. 对管理具有"法治力"

公司的薪酬体系建立在严格遵守国家法律法规的基础之上，所有薪酬政策和实践均符合《劳动法》规定。公司内部还设立了专门的薪酬管理委员会，负责制定和监督薪酬体系的执行，确保薪酬决策的透明性和公正性。同时，公司定期向员工公布薪酬体系的调整情况和薪酬发放的详细数据，接受员工的监督和反馈。

××公司大数据岗位薪酬对管理具有"法治力"的创新设计，可以通过利益点、风险点分析和综合考量三个方面来体现，如图8.22所示。

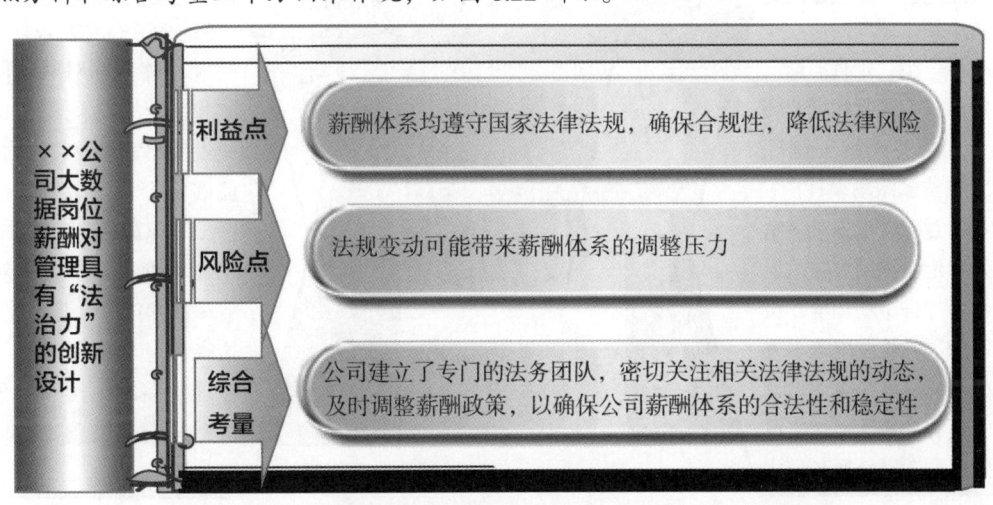

图8.22　××公司大数据岗位薪酬对管理具有"法治力"的创新设计

××公司通过综合考虑薪酬激励五力模型的各个方面，成功构建了创新且稳健的大数据岗位薪酬体系。这一体系不仅吸引了大量优秀人才，还激发了员工的工作热情，为公司的持续发展和行业领先地位奠定了坚实基础。

望闻问切：新兴岗位薪酬激励模型和模式的设计

在新经济时代，随着技术的快速发展和市场的不断变化，越来越多的新兴岗位应运而生。对于这些岗位的薪酬激励设计，传统的方法往往难以奏效，因此需要采用更为精准和灵活的“望闻问切”方法。

“望闻问切”这一源自中医的诊断方法，在现代管理咨询中，特别是在新兴岗位薪酬激励模型和模式的设计中，展现出了独特的价值和适用性。将这一传统智慧与现代管理理念相结合，不仅能够更加精准地把握员工需求，还能够有效提升激励效果，进而促进企业整体绩效的提升。

“望闻问切”作为一种工具，在新兴岗位薪酬激励模型和模式的设计中具有显著的价值，如图 8.23 所示。

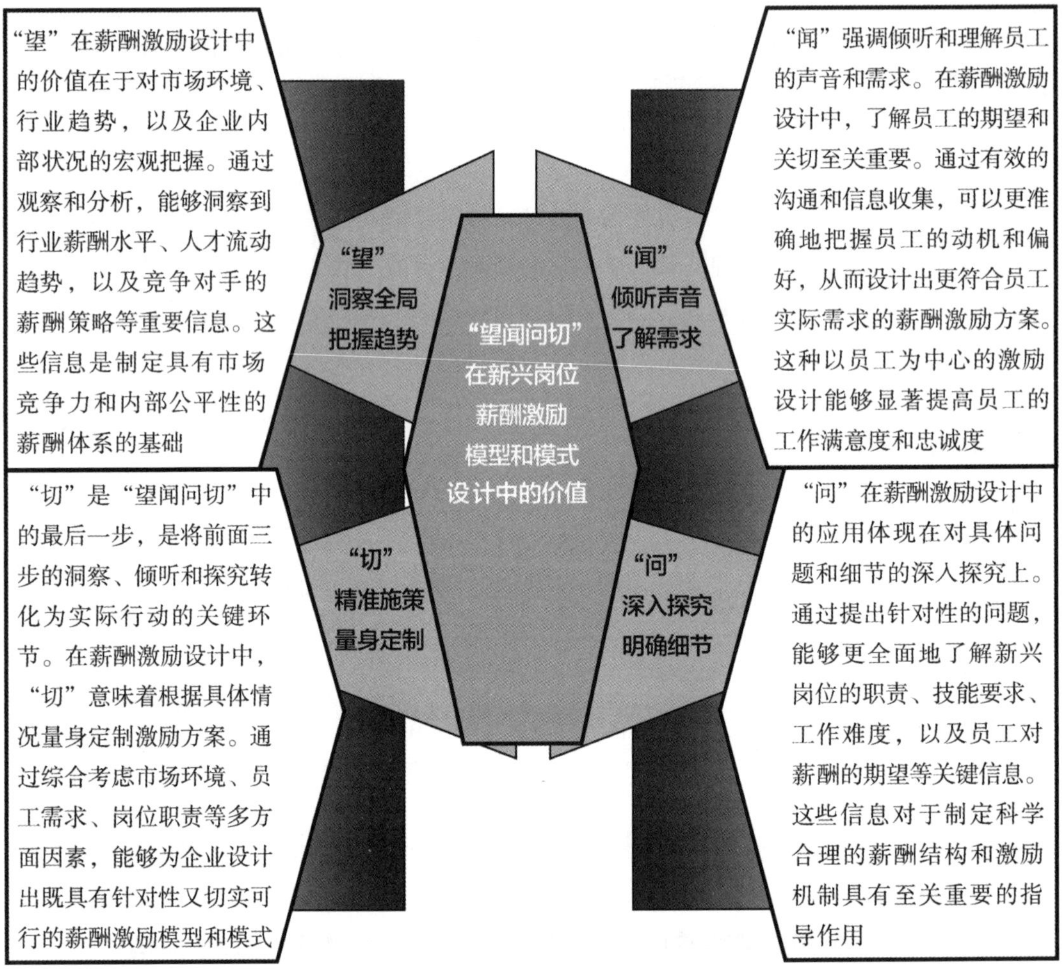

“望”在薪酬激励设计中的价值在于对市场环境、行业趋势，以及企业内部状况的宏观把握。通过观察和分析，能够洞察到行业薪酬水平、人才流动趋势，以及竞争对手的薪酬策略等重要信息。这些信息是制定具有市场竞争力和内部公平性的薪酬体系的基础
“闻”强调倾听和理解员工的声音和需求。在薪酬激励设计中，了解员工的期望和关切至关重要。通过有效的沟通和信息收集，可以更准确地把握员工的动机和偏好，从而设计出更符合员工实际需求的薪酬激励方案。这种以员工为中心的激励设计能够显著提高员工的工作满意度和忠诚度
“望”
洞察全局
把握趋势
“闻”
倾听声音
了解需求
“望闻问切”
在新兴岗位
薪酬激励
模型和模式
设计中的价值
“切”
精准施策
量身定制
“问”
深入探究
明确细节
“切”是“望闻问切”中的最后一步，是将前面三步的洞察、倾听和探究转化为实际行动的关键环节。在薪酬激励设计中，“切”意味着根据具体情况量身定制激励方案。通过综合考虑市场环境、员工需求、岗位职责等多方面因素，能够为企业设计出既具有针对性又切实可行的薪酬激励模型和模式
“问”在薪酬激励设计中的应用体现在对具体问题和细节的深入探究上。通过提出针对性的问题，能够更全面地了解新兴岗位的职责、技能要求、工作难度，以及员工对薪酬的期望等关键信息。这些信息对于制定科学合理的薪酬结构和激励机制具有至关重要的指导作用

图 8.23 “望闻问切”在新兴岗位薪酬激励模型和模式设计中的价值

"望"：洞察行业与市场趋势

首先，要"望"行业和市场的发展趋势。这包括对新兴岗位的市场需求、行业薪酬水平、竞争对手的薪酬策略等进行深入分析。例如，在大数据、AI等热门领域，相关岗位的薪酬水平往往较高且竞争激烈。因此，在设计薪酬激励模型时，需要确保公司的薪酬水平具有市场竞争力，以吸引和留住人才。

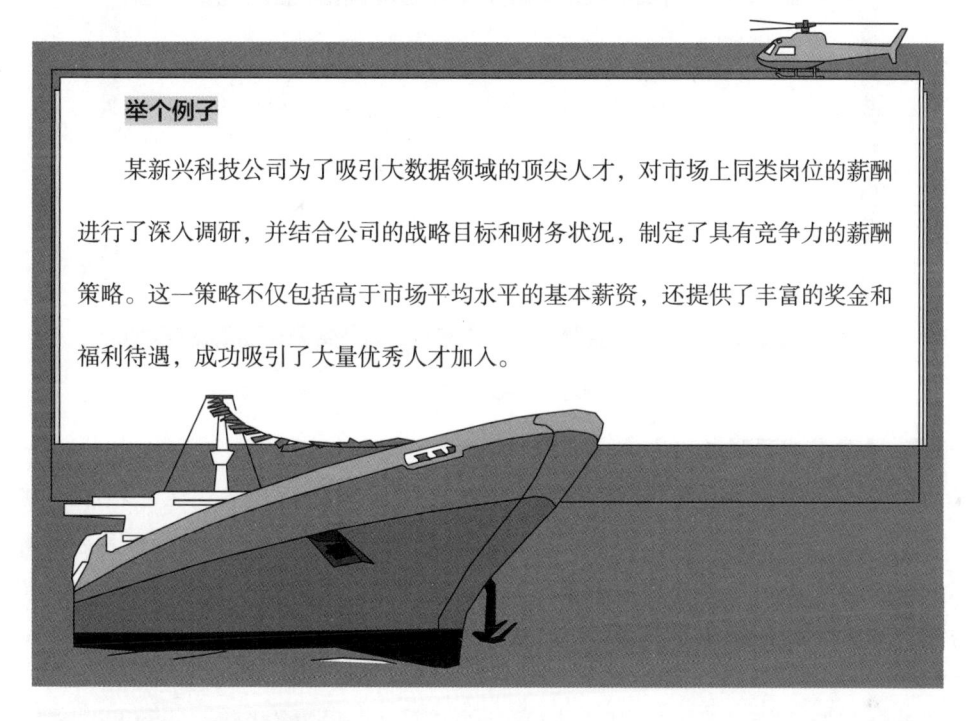

> **举个例子**
>
> 某新兴科技公司为了吸引大数据领域的顶尖人才，对市场上同类岗位的薪酬进行了深入调研，并结合公司的战略目标和财务状况，制定了具有竞争力的薪酬策略。这一策略不仅包括高于市场平均水平的基本薪资，还提供了丰富的奖金和福利待遇，成功吸引了大量优秀人才加入。

"闻"：倾听员工需求与期望

其次，要"闻"员工的声音，了解他们的需求和期望。这包括对员工的工作满意度、职业发展期望、薪酬福利期望等进行调查和分析。通过倾听员工的声音，可以更加精准地设计符合员工期望的薪酬激励模型，从而提高员工的工作积极性和留任率。

> **举个例子**
>
> 一家互联网公司在设计新兴岗位的薪酬激励模型时，通过员工调查和访谈，发现员工对于职业发展和晋升机会有着较高的期望。因此，公司在薪酬激励模型中增加了与职业发展相关的奖励机制，如提供培训、晋升机会等，从而满足了员工的需求，提高了其工作满意度和忠诚度。

"问"：明确岗位职责与绩效指标

再次，要"问"清楚新兴岗位的岗位职责和绩效指标。这包括对岗位的工作内容、职责范围、KPI等进行明确和量化。只有明确了岗位职责和绩效指标，才能制定出科学合理的薪酬激励模型。

> **举个例子**
>
> 一家电商平台在设计其新兴岗位的薪酬激励模型时，首先，明确了各岗位的职责范围和KPI。然后，根据这些指标制定了相应的绩效奖金和晋升机会等激励机制。这样做不仅使薪酬激励更加公平和透明，还激发了员工的工作积极性。

"切"：量身定制薪酬激励方案

最后，要"切"入实际，为新兴岗位量身定制薪酬激励方案。这包括根据前面的"望""闻""问"所得出的结论，结合公司的战略目标和财务状况，制定出具体的薪酬激励方案。这一方案应该既具有市场竞争力，又能满足员工的需求和期望，同时还要符合公司的实际情况和可持续发展要求。

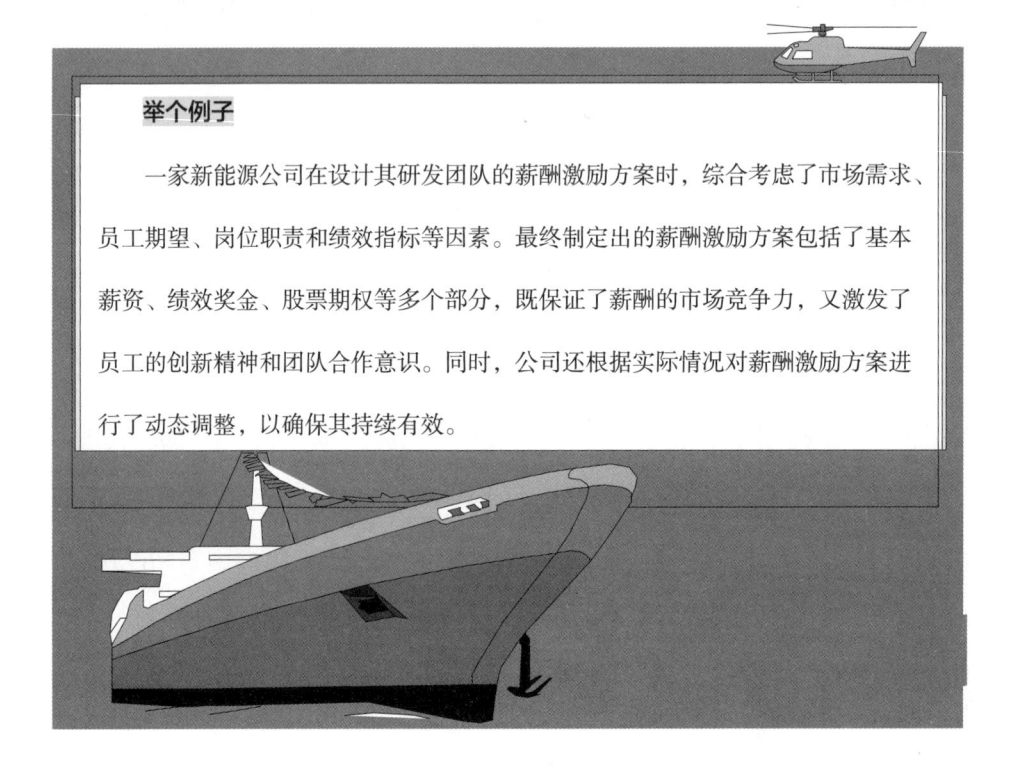

> **举个例子**
>
> 一家新能源公司在设计其研发团队的薪酬激励方案时，综合考虑了市场需求、员工期望、岗位职责和绩效指标等因素。最终制定出的薪酬激励方案包括了基本薪资、绩效奖金、股票期权等多个部分，既保证了薪酬的市场竞争力，又激发了员工的创新精神和团队合作意识。同时，公司还根据实际情况对薪酬激励方案进行了动态调整，以确保其持续有效。

第 9 章
薪酬体系设计方法的应用

在构建企业薪酬体系时，选择合适的设计方法至关重要，这不仅关乎到薪酬体系的科学性和公平性，更直接影响到企业的人才激励、员工满意度，以及整体的运营效率。

薪酬体系设计方法选择的重要性不言而喻，如确保薪酬体系的科学性、提升员工满意度和激励效果、促进企业战略目标的实现、维护企业内部公平与市场竞争力。薪酬体系方法高效应用的必要性不可替代，这些方法的设计既要适应企业特点和发展阶段，又要能增强薪酬体系的透明度和可预测性等。

薪酬体系设计方法主要包括领导决定法、集体洽谈法、专家咨询法三种。近年来，针对特定岗位或关键员工，还有一种配合这三种方法一同应用的个别洽谈法。不同的薪酬体系设计方法各有优缺点，适用于不同的场景和需求。在实际应用中，企业应根据自身情况灵活选择和设计，以达到最佳的激励效果。同时，任何薪酬体系的设计都应注重公平性、透明性和可持续性，以确保员工的积极性和企业的长期发展。

薪酬体系设计方法应用框架体系插画

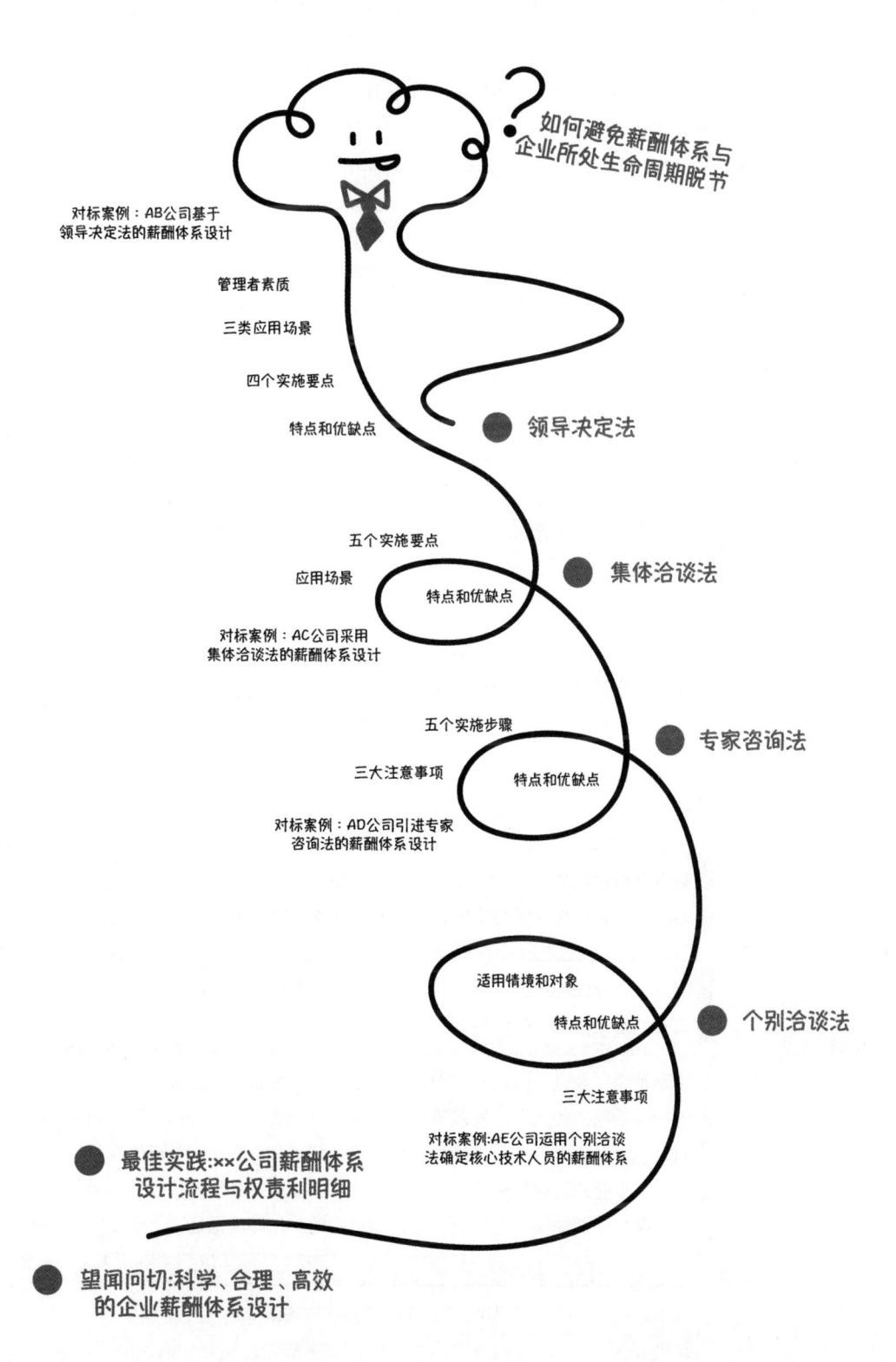

如何避免薪酬体系与企业所处生命周期脱节

对标案例：AB公司基于领导决定法的薪酬体系设计

管理者素质

三类应用场景

四个实施要点

特点和优缺点

● 领导决定法

五个实施要点

应用场景

特点和优缺点

对标案例：AC公司采用集体洽谈法的薪酬体系设计

● 集体洽谈法

五个实施步骤

三大注意事项

特点和优缺点

对标案例：AD公司引进专家咨询法的薪酬体系设计

● 专家咨询法

适用情境和对象

特点和优缺点

● 个别洽谈法

三大注意事项

对标案例：AE公司运用个别洽谈法确定核心技术人员的薪酬体系

● 最佳实践：××公司薪酬体系设计流程与权责利明细

● 望闻问切：科学、合理、高效的企业薪酬体系设计

问题与痛点：如何避免薪酬体系与企业所处生命周期脱节

在薪酬体系设计过程中，确保薪酬体系与企业所处的生命周期和实际情况紧密相连是至关重要的。若薪酬体系设计与企业当前的发展阶段和实际需求脱节，可能会导致一系列问题，如员工满意度下降、人才流失、激励效果不佳等。

1. 理解企业生命周期

企业生命周期五个阶段的特点和薪酬策略，如图9.1所示。

初创期
- 特点：资金紧张，急需吸引和留住关键人才，以推动企业的初步发展
- 薪酬策略：侧重于股权激励、绩效奖金等长期与短期相结合的激励方式，以减轻财务负担并吸引优秀人才

成长期
- 特点：企业快速发展，业务规模扩大，需要更多的人才来支持增长
- 薪酬策略：薪酬体系应更具竞争力，注重内部公平性和外部竞争性，以吸引和保留关键人才，同时激励员工为企业的持续增长贡献力量

成熟期
- 特点：企业稳定运营，利润可观，但可能面临创新动力不足的问题
- 薪酬策略：薪酬体系应更加完善，包含丰富的福利和职业发展机会，旨在维持员工忠诚度和工作动力，同时鼓励员工进行创新和个人发展

衰退期
- 特点：企业面临市场萎缩或竞争加剧的挑战，需要调整战略以适应变化
- 薪酬策略：薪酬体系需要更灵活，以适应可能的组织变革和业务重组。可能包括临时性的激励措施，以鼓励员工参与企业的转型和适应过程

蜕变期
- 特点：企业经历重大变革或转型的时期，涉及组织结构的调整、业务模式的创新或市场策略的转变
- 薪酬策略：在这一阶段，薪酬体系应着重于激励员工接受和适应变革。包括提供额外的培训和发展机会，以帮助员工提升技能并适应新的角色。同时，可以引入与变革目标相一致的绩效评估和奖励机制，以确保员工行为与企业的转型目标保持一致。此外，为了保持员工的积极性和留任率，在蜕变期提供一定的心理支持和稳定的工作环境也是至关重要的

图9.1 企业生命周期五个阶段的特点和薪酬策略

2. 结合企业发展实际情况设计薪酬体系

结合企业发展实际情况设计薪酬体系需要重点考虑三个方面，如图9.2所示。

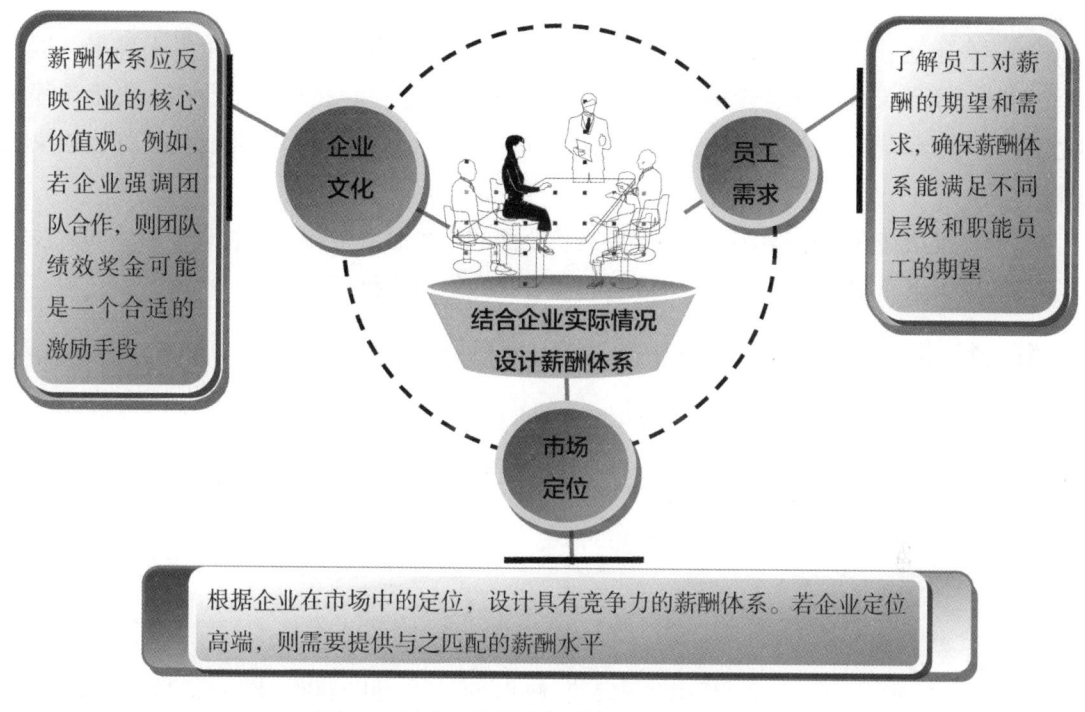

企业文化：薪酬体系应反映企业的核心价值观。例如，若企业强调团队合作，则团队绩效奖金可能是一个合适的激励手段

员工需求：了解员工对薪酬的期望和需求，确保薪酬体系能满足不同层级和职能员工的期望

市场定位：根据企业在市场中的定位，设计具有竞争力的薪酬体系。若企业定位高端，则需要提供与之匹配的薪酬水平

图 9.2　结合企业发展实际情况设计薪酬体系

3. 选择合适的薪酬体系设计方法

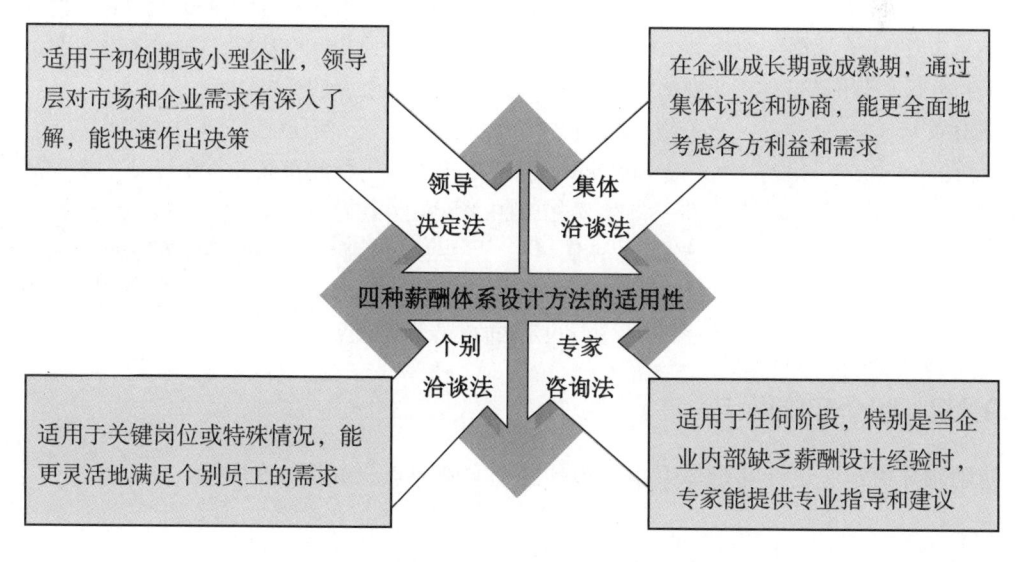

四种薪酬体系设计方法的适用性分析，如图9.3所示。

领导决定法：适用于初创期或小型企业，领导层对市场和企业需求有深入了解，能快速作出决策

集体洽谈法：在企业成长期或成熟期，通过集体讨论和协商，能更全面地考虑各方利益和需求

个别洽谈法：适用于关键岗位或特殊情况，能更灵活地满足个别员工的需求

专家咨询法：适用于任何阶段，特别是当企业内部缺乏薪酬设计经验时，专家能提供专业指导和建议

图 9.3　四种薪酬体系设计方法的适用性分析

9.1 领导决定法

领导决定法，顾名思义，是指薪酬体系主要由企业的高层领导或决策者来确定。这种方法通常适用于人数不多、规模不大的小型企业或初创企业。在这些企业中，决策流程相对集中，高层领导对企业的整体运营和财务状况有更全面的了解，因此能够更直接地决定薪酬体系。

领导决定法在实施过程中需要领导层具备全面的市场洞察力和企业管理经验，同时注重员工的实际需求和反馈，以确保薪酬体系的科学性、公平性和有效性。

9.1.1 特点和优缺点

领导决定法的特点和优缺点如图 9.4 所示。

特点	优点	缺点
1. 企业领导者凭借自己的行政权威和管理经验，硬性地界定该企业与每位员工有关的薪酬体系； 2. 老板有必要的领导权威（老板是企业资产所有权或使用权的拥有者）	1. 决策效率高：薪酬体系由领导层直接决定，因此可以迅速做出决策，无须经过多轮磋商或咨询； 2. 灵活性强：领导层可以根据企业实际情况和市场环境，灵活调整薪酬策略，以适应企业的快速发展或市场变化； 3. 统一性强：领导决定法有助于确保薪酬政策的统一性和一致性，避免出现内部矛盾或不公平现象	1. 主观性强：薪酬体系的设计很大程度上依赖于领导的个人经验和判断，可能缺乏客观性和科学性； 2. 员工参与度低：由于员工没有参与到薪酬体系的设计过程中，可能会导致员工对薪酬体系的不满或缺乏认同感； 3. 可能缺乏公平性：如果领导层对市场和行业情况了解不足，或者存在个人偏见，可能会导致薪酬体系的不公平

图 9.4 领导决定法的特点和优缺点

9.1.2 四个实施要点

使用领导决定法设计薪酬体系主要包括四个实施要点，如图 9.5 所示。

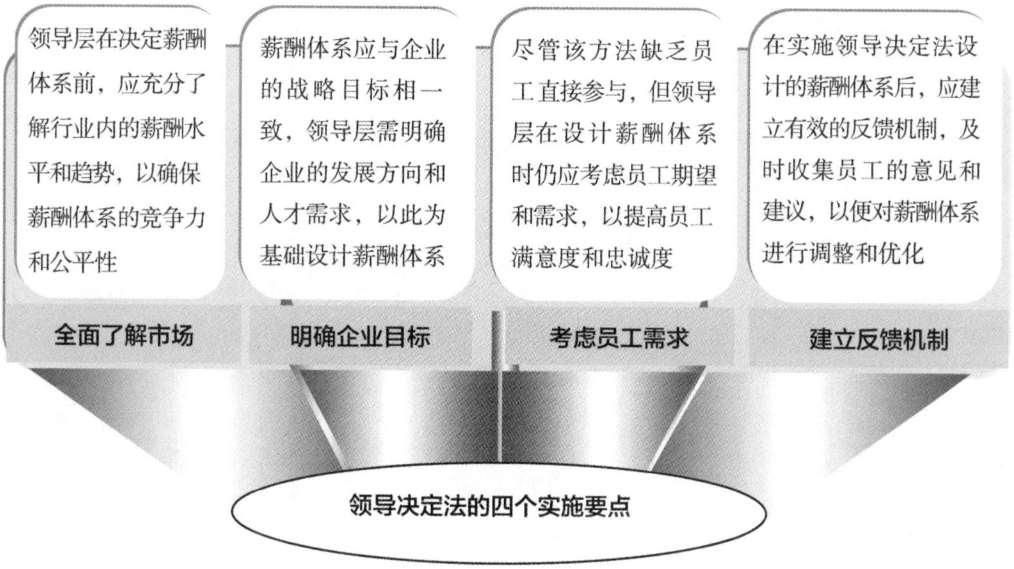

全面了解市场	明确企业目标	考虑员工需求	建立反馈机制
领导层在决定薪酬体系前，应充分了解行业内的薪酬水平和趋势，以确保薪酬体系的竞争力和公平性	薪酬体系应与企业的战略目标相一致，领导层需明确企业的发展方向和人才需求，以此为基础设计薪酬体系	尽管该方法缺乏员工直接参与，但领导层在设计薪酬体系时仍应考虑员工期望和需求，以提高员工满意度和忠诚度	在实施领导决定法设计的薪酬体系后，应建立有效的反馈机制，及时收集员工的意见和建议，以便对薪酬体系进行调整和优化

领导决定法的四个实施要点

图 9.5　领导决定法的四个实施要点

9.1.3　三类应用场景

领导决定法通常在下述实践场景中应用较广，如图 9.6 所示。

初创企业或小型企业	紧急或特殊情况下	高度集权化的组织
这些企业组织规模相对较小，决策流程更加集中，高层领导通常对企业的整体运营有更深入的了解，因此能够迅速且有效地作出薪酬体系决策	当企业需要迅速调整薪酬策略以应对市场变化、竞争压力或突发事件时，领导决定法可以确保快速响应和决策	在一些高度集权化的组织中，领导层拥有较大的决策权，包括薪酬体系的设定

图 9.6　领导决定法的应用场景

9.1.4　管理者素质

使用领导决定法的管理者需要具备较高的素质，如图 9.7 所示。

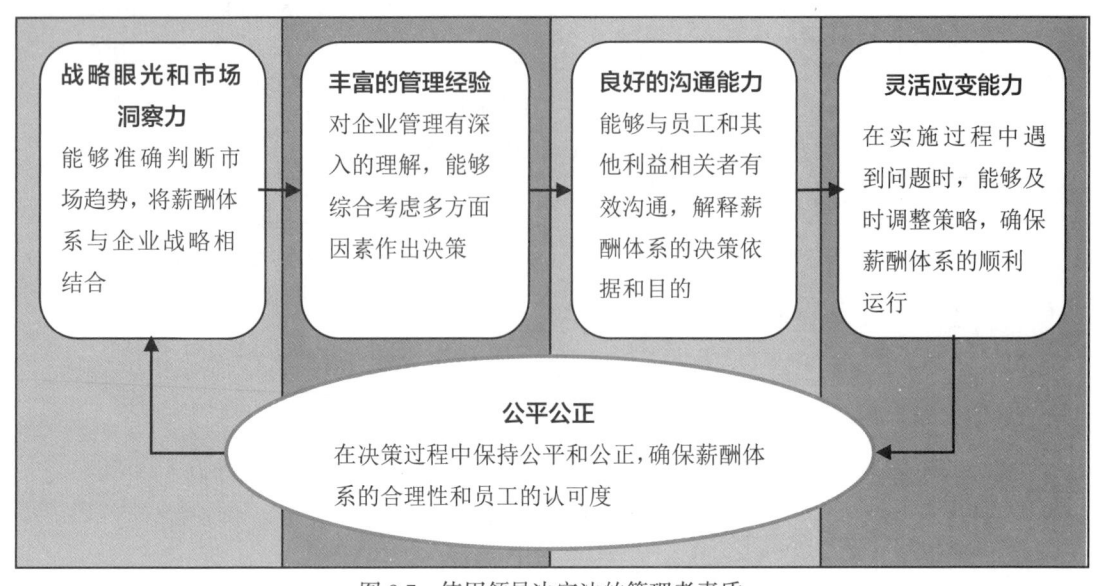

战略眼光和市场洞察力	丰富的管理经验	良好的沟通能力	灵活应变能力
能够准确判断市场趋势，将薪酬体系与企业战略相结合	对企业管理有深入的理解，能够综合考虑多方面因素作出决策	能够与员工和其他利益相关者有效沟通，解释薪酬体系的决策依据和目的	在实施过程中遇到问题时，能够及时调整策略，确保薪酬体系的顺利运行

公平公正
在决策过程中保持公平和公正，确保薪酬体系的合理性和员工的认可度

图 9.7　使用领导决定法的管理者素质

对标案例　AB 公司基于领导决定法的薪酬体系设计

AB 公司是一家初创的科技企业，专注于智能制造领域的研发和生产。由于该公司成立时间不长，组织结构相对扁平化且员工数量不多，但都是精英人才。随着业务的快速发展，公司领导层意识到，为了保持团队的稳定性和激励员工的积极性，必须建立一套科学合理的薪酬体系。AB 公司薪酬体系设计的过程包括三个步骤，如图 9.8 所示。

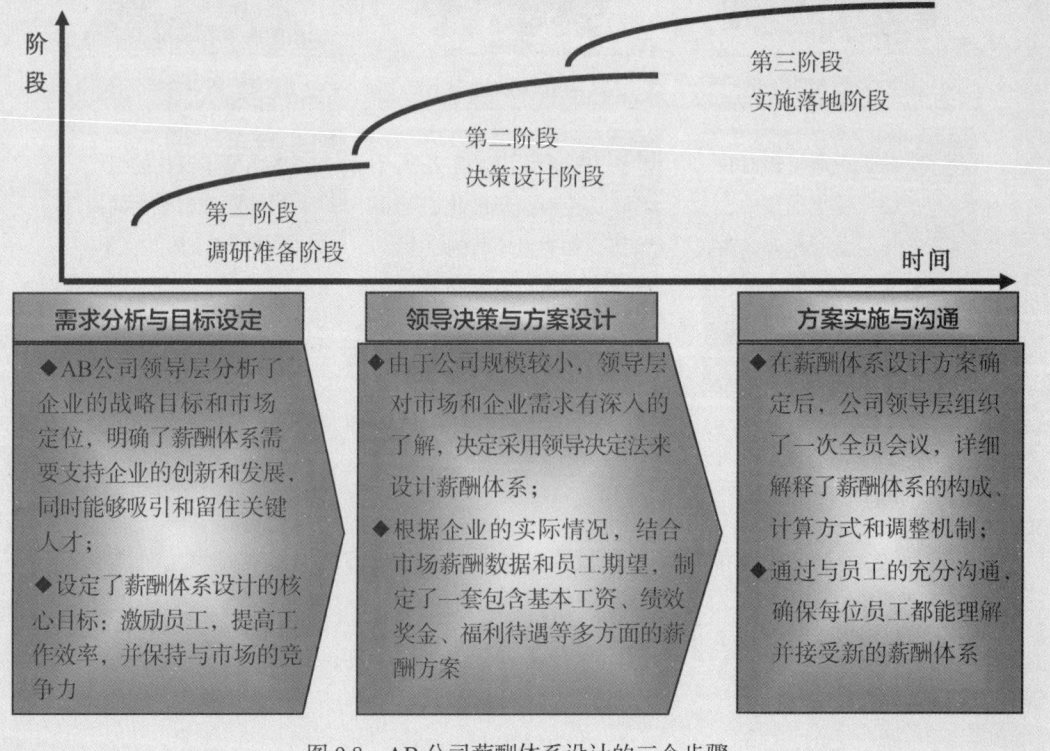

阶段

第一阶段　调研准备阶段
第二阶段　决策设计阶段
第三阶段　实施落地阶段

时间

需求分析与目标设定
◆AB公司领导层分析了企业的战略目标和市场定位，明确了薪酬体系需要支持企业的创新和发展，同时能够吸引和留住关键人才；
◆设定了薪酬体系设计的核心目标：激励员工，提高工作效率，并保持与市场的竞争力

领导决策与方案设计
◆由于公司规模较小，领导层对市场和企业需求有深入的了解，决定采用领导决定法来设计薪酬体系；
◆根据企业的实际情况，结合市场薪酬数据和员工期望，制定了一套包含基本工资、绩效奖金、福利待遇等多方面的薪酬方案

方案实施与沟通
◆在薪酬体系设计方案确定后，公司领导层组织了一次全员会议，详细解释了薪酬体系的构成、计算方式和调整机制；
◆通过与员工的充分沟通，确保每位员工都能理解并接受新的薪酬体系

图 9.8　AB 公司薪酬体系设计的三个步骤

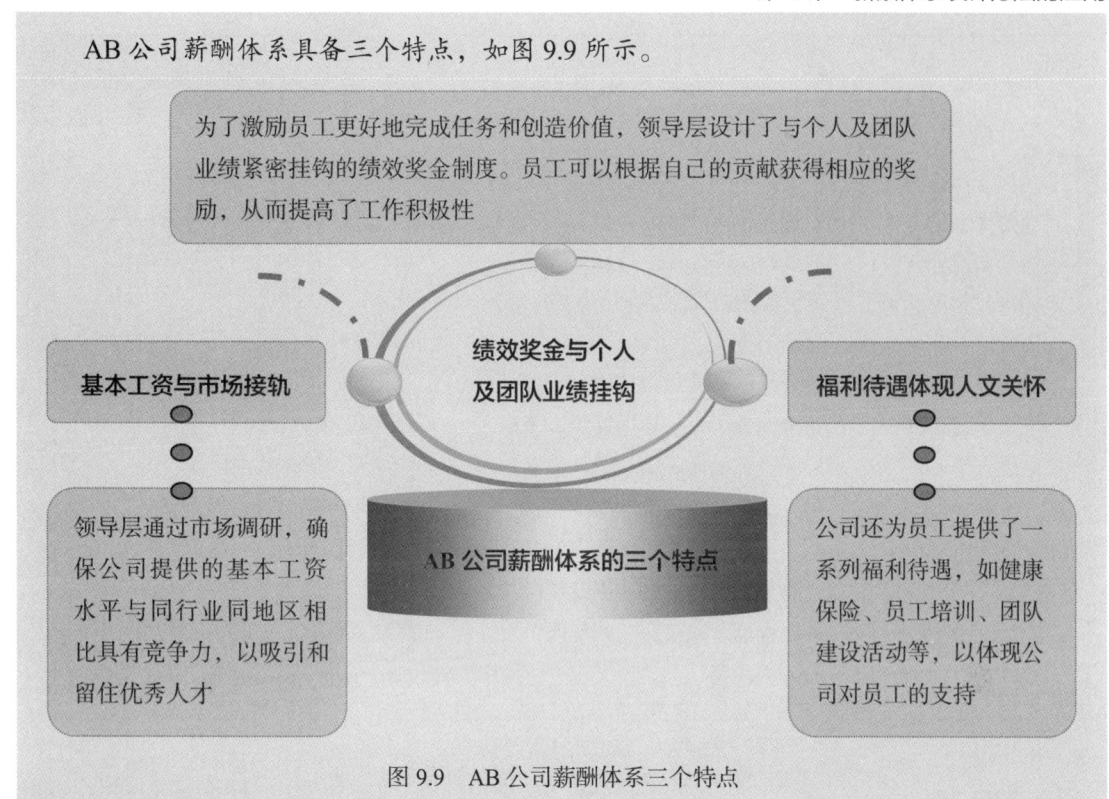

AB 公司薪酬体系具备三个特点，如图 9.9 所示。

为了激励员工更好地完成任务和创造价值，领导层设计了与个人及团队业绩紧密挂钩的绩效奖金制度。员工可以根据自己的贡献获得相应的奖励，从而提高了工作积极性

基本工资与市场接轨

领导层通过市场调研，确保公司提供的基本工资水平与同行业同地区相比具有竞争力，以吸引和留住优秀人才

绩效奖金与个人及团队业绩挂钩

AB 公司薪酬体系的三个特点

福利待遇体现人文关怀

公司还为员工提供了一系列福利待遇，如健康保险、员工培训、团队建设活动等，以体现公司对员工的支持

图 9.9　AB 公司薪酬体系三个特点

自新的薪酬体系实施以来，AB 公司的员工满意度和工作效率都得到了显著提升。员工们更加明确了自己的工作目标和努力方向，团队之间的协作也更加紧密。同时，领导层也密切关注市场动态和员工反馈，定期对薪酬体系进行调整和优化，以确保其始终保持与市场的竞争力和满足员工的需求。

9.2　集体洽谈法

集体洽谈法是指通过企业与员工的协商确定员工一定时期内的薪酬，从而确定企业的薪酬体系。

在实践中，集体洽谈法通常在企业代表（一般由法定代表人和人力资源管理部门人员等组成）和员工代表（一般为工会成员）之间依法就企业内部工资分配形式、收入水平等事项进行平等协商，并在协商一致的基础上签订工资协议。也可以是行业工会代表同雇主代表就以上内容展开谈判，从而找到劳资双方都满意的结合点，最终达到双赢的薪酬体系设计效果。

9.2.1　特点和优缺点

集体洽谈法的特点和优缺点如图 9.10 所示。

特点	优点	缺点
集体洽谈确定薪酬体系的方法强调双方共同参与和民主决策，旨在找到一种双方都能接受的薪酬解决方案	1. 民主性：集体洽谈法充分体现了民主决策的原则，员工有机会直接参与薪酬体系的制定，这有助于增强员工对薪酬体系的认同感和满意度； 2. 公平性：通过集体谈判，可以更全面地考虑到不同岗位、不同层级员工的实际需求，从而制定出更加公平合理的薪酬体系； 3. 减少冲突：由于薪酬体系是通过双方协商确定的，因此可以在一定程度上减少因薪酬问题引发的劳资冲突	1. 耗时较长：集体谈判通常需要花费较长时间进行多轮协商，这可能会影响企业的运营效率； 2. 可能引发内部矛盾：在谈判过程中，不同员工或员工群体之间的利益诉求存在差异，可能导致内部矛盾的产生； 3. 结果不确定性：谈判结果受多种因素影响，包括双方的力量对比、谈判技巧等，因此最终结果具有一定的不确定性

图 9.10　集体洽谈法的特点和优缺点

9.2.2　五个实施要点

应用集体洽谈法设计薪酬体系主要包括五个实施要点，如图 9.11 所示。

遵守法律法规
在谈判过程，双方赢遵守相关法律法规，确保谈判的合法性和有效性

关注员工反馈
在实施新的薪酬体系后，企业应关注员工的反馈意见，及时调整和优化薪酬体系

选择合适的代表
劳方应选择能够代表大多数员工利益且具备一定谈判能力的代表参与谈判

提前预判充分准备
谈判前双方应充分收集相关资料，了解市场行情、企业运营状况，以及员工需求等信息，以便在谈判中作出明智的决策

建立良好的沟通机制
双方应建立有效的沟通机制，确保信息畅通，及时解决问题和误解

图 9.11　集体洽谈法实施的五个要点

9.2.3　应用场景

集体洽谈法通常在下述实践场景中应用较广，如图 9.12 所示。

第9章 薪酬体系设计方法的应用

大型企业或组织	员工对薪酬体系有异议时
在员工人数众多、岗位层级复杂的大型企业或组织中，通过集体洽谈法可以更有效地平衡各方利益，制定出更加公平合理的薪酬体系	当员工对现有薪酬体系存在异议，或者企业希望通过改革薪酬体系来提升员工满意度和激励效果时，可以采用集体洽谈法来重新设计或调整薪酬体系

行业或区域性集体协商
在某些行业或地区，存在行业或区域性的集体协商机制。这时，集体洽谈法可以应用于行业或地区级别的薪酬体系制定，以确保行业内或地区内企业的薪酬福利水平相对一致

图 9.12　集体洽谈法的应用场景

对标案例　AC 公司采用集体洽谈法的薪酬体系设计

AC 公司是一家拥有千余名员工的大型制造企业。近年来，随着市场竞争的加剧和人才流动的加速，该公司认识到现有的薪酬体系已难以适应企业发展和员工需求。为了构建更加合理、公平的薪酬体系，AC 公司决定采用集体洽谈法，并邀请工会代表全程参与，共同设计新的薪酬体系。AC 公司薪酬体系设计的过程包括三个步骤，如图 9.13 所示。

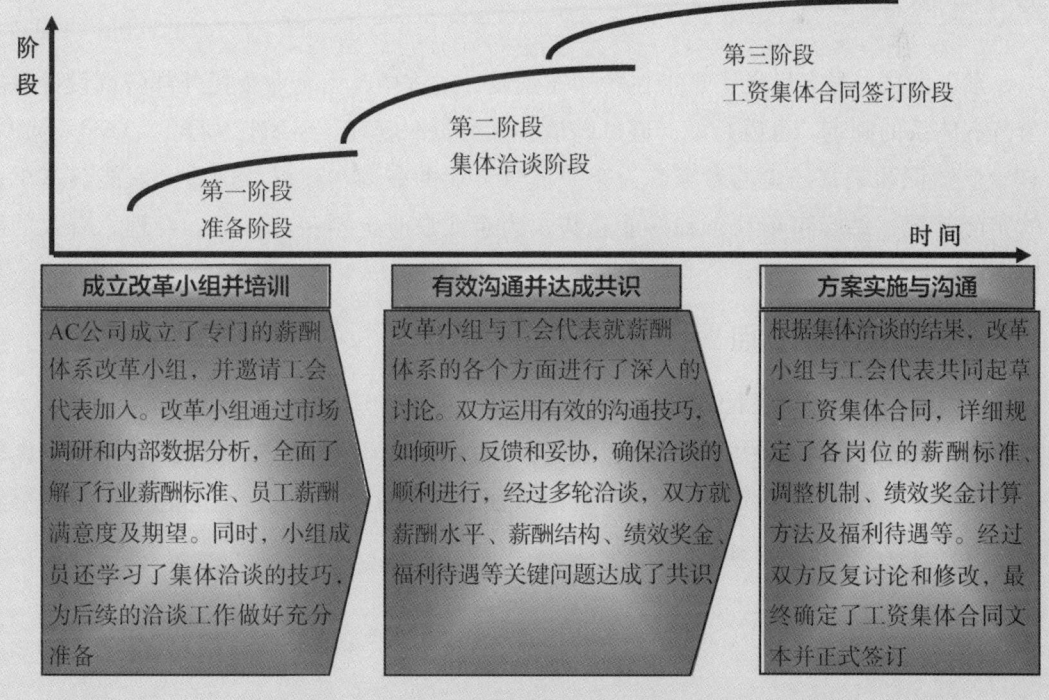

第一阶段　准备阶段
第二阶段　集体洽谈阶段
第三阶段　工资集体合同签订阶段

成立改革小组并培训
AC公司成立了专门的薪酬体系改革小组，并邀请工会代表加入。改革小组通过市场调研和内部数据分析，全面了解了行业薪酬标准、员工薪酬满意度及期望。同时，小组成员还学习了集体洽谈的技巧，为后续的洽谈工作做好充分准备

有效沟通并达成共识
改革小组与工会代表就薪酬体系的各个方面进行了深入的讨论。双方运用有效的沟通技巧，如倾听、反馈和妥协，确保洽谈的顺利进行，经过多轮洽谈，双方就薪酬水平、薪酬结构、绩效奖金、福利待遇等关键问题达成了共识

方案实施与沟通
根据集体洽谈的结果，改革小组与工会代表共同起草了工资集体合同，详细规定了各岗位的薪酬标准、调整机制、绩效奖金计算方法及福利待遇等。经过双方反复讨论和修改，最终确定了工资集体合同文本并正式签订

图 9.13　AC 公司薪酬体系设计的三个步骤

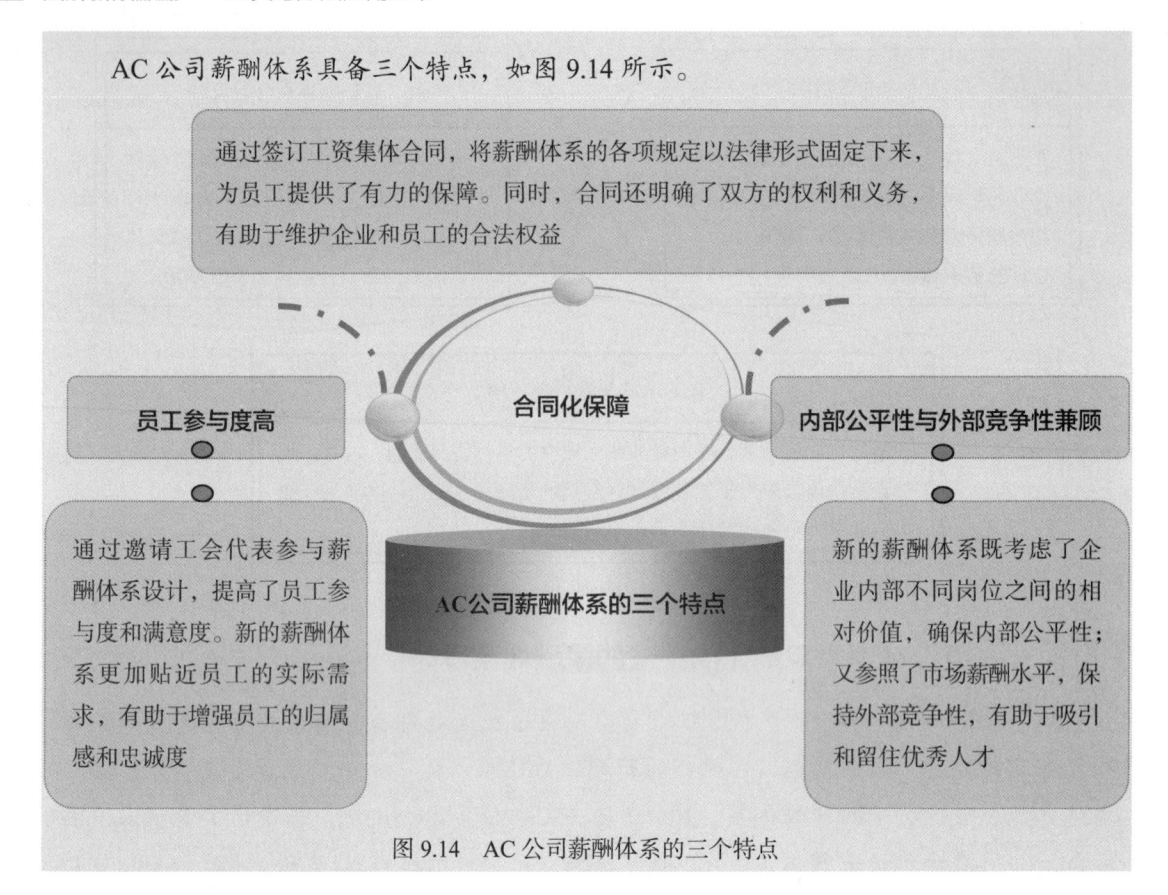

AC 公司薪酬体系具备三个特点，如图 9.14 所示。

图 9.14 AC 公司薪酬体系的三个特点

9.3 专家咨询法

专家咨询法，顾名思义，是指在薪酬体系设计过程中，由企业委托外部咨询设计专家参与薪酬体系的制定。也就是说，通过聘请在人力资源管理、组织行为学、心理学等领域具有专业知识和丰富经验的专家，为企业提供专业的咨询和建议。这些专家能够基于企业的实际情况，结合市场动态和行业趋势，为企业量身定制一套科学、合理、有效的薪酬体系。

9.3.1 特点和优缺点

这种方法充分利用了设计专家的"外部人"角色和其所具备的专业知识，采用这种方法制定的企业薪酬体系具有科学性、规范性、公平性和可操作性等特点。咨询专家的参与能较好地体现市场动态，避免劳资关系紧张，同时其独立客观的立场有利于稳定企业员工的情绪。专家咨询法的特点和优缺点如图 9.15 所示。

第 9 章 薪酬体系设计方法的应用

特点	优点	缺点
企业委托薪酬体系设计专家，依据理性原则确定员工的薪酬，从而确定企业的薪酬体系	1. 专业性：薪酬体系设计是一项复杂的工程，需要综合考虑企业战略、市场环境、员工需求等多个维度。专家团队凭借深厚的理论知识和丰富的实战经验，能够为企业提供更具前瞻性和科学性的解决方案； 2. 定制化：每个企业的实际情况不同，薪酬体系不能一概而论。专家咨询法强调根据企业具体情况进行定制化设计，确保薪酬体系既符合企业的战略需求，又能满足员工的期望 3. 中立性与客观性：由于专家团队通常与企业内部没有直接的利益关系，因此他们能够更客观、更中立地评估和设计薪酬体系，避免因内部利益纷争而影响体系的公正性和有效性	企业采用这种方法设计薪酬体系的成本较高。如果企业的员工较多，则企业所花费的人均成本便较低，此时采用此种方法比较可取

图 9.15　专家咨询法的特点和优缺点

9.3.2　五个实施步骤

实施专家咨询法的五个步骤如图 9.16 所示。

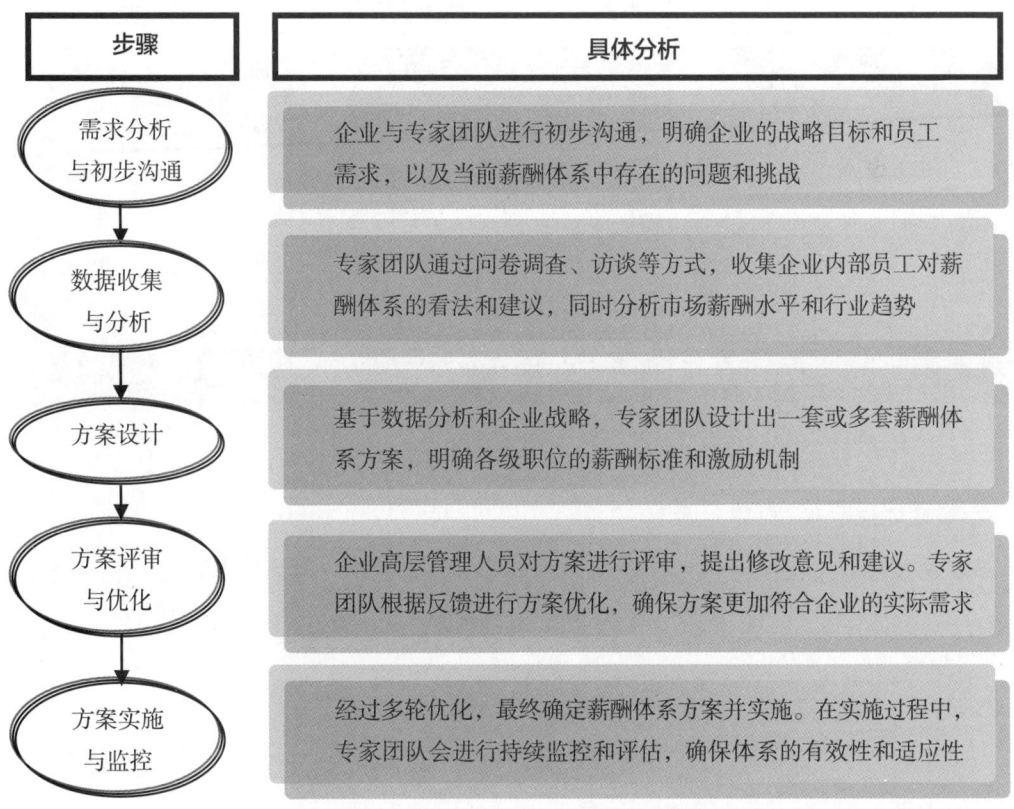

步骤	具体分析
需求分析与初步沟通	企业与专家团队进行初步沟通，明确企业的战略目标和员工需求，以及当前薪酬体系中存在的问题和挑战
数据收集与分析	专家团队通过问卷调查、访谈等方式，收集企业内部员工对薪酬体系的看法和建议，同时分析市场薪酬水平和行业趋势
方案设计	基于数据分析和企业战略，专家团队设计出一套或多套薪酬体系方案，明确各级职位的薪酬标准和激励机制
方案评审与优化	企业高层管理人员对方案进行评审，提出修改意见和建议。专家团队根据反馈进行方案优化，确保方案更加符合企业的实际需求
方案实施与监控	经过多轮优化，最终确定薪酬体系方案并实施。在实施过程中，专家团队会进行持续监控和评估，确保体系的有效性和适应性

图 9.16　实施专家咨询法的五个步骤

9.3.3 三大注意事项

虽然专家咨询法具有诸多优势,但在实际应用中也需特别注意三大事项。

(1)选择合适的专家团队:不是所有专家都适合所有企业。在选择专家团队时,应考虑其专业背景、实战经验和行业认可度等因素。

(2)保持沟通与反馈:企业与专家团队之间应建立良好的沟通机制,及时反馈问题并调整方案,确保薪酬体系设计的顺利进行。

(3)关注员工感受:薪酬体系设计关乎员工的切身利益,因此在设计过程中应充分关注员工的感受和期望,确保新体系能够得到员工的认可和支持。

> **对标案例** AD 公司引进专家咨询法的薪酬体系设计

AD 公司是一家快速发展的科技企业,随着企业规模的扩大和业务范围的增加,原有的薪酬体系已无法满足企业快速发展的需要。为了建立一套科学、合理且具有激励性的薪酬体系,公司决定引进专家咨询法,聘请专业的管理咨询机构进行薪酬体系的设计与优化。

1. 引进专家咨询法的过程

AD 公司引进专家咨询法的过程包括三个步骤,如图 9.17 所示。

选择专业的管理咨询机构	聘请资深薪酬激励咨询顾问	管理咨询协议的签订
经过市场调研和多方比较,AD公司选择了一家在薪酬体系设计领域具有丰富经验和良好口碑的管理咨询机构。该机构拥有专业的薪酬体系设计团队,能够为企业提供量身定制的解决方案	为了确保项目的成功实施,咨询机构为公司配备了一位资深的薪酬激励咨询顾问作为项目总顾问,同时,双方代表共同组建了项目小组。该顾问具有丰富的实战经验,能够为企业提供专业的指导和建议	在确定合作意向后,公司与咨询机构签订了详细的咨询协议,协议中明确了双方的权利和义务、项目范围、实施计划、费用及支付方式等关键条款,为项目的顺利实施提供了法律保障

图 9.17 AD 公司引进专家咨询法的三个步骤

2. 项目实施过程

AD 公司薪酬体系设计项目实施的过程包括四个阶段,如图 9.18 所示。

第9章 薪酬体系设计方法的应用

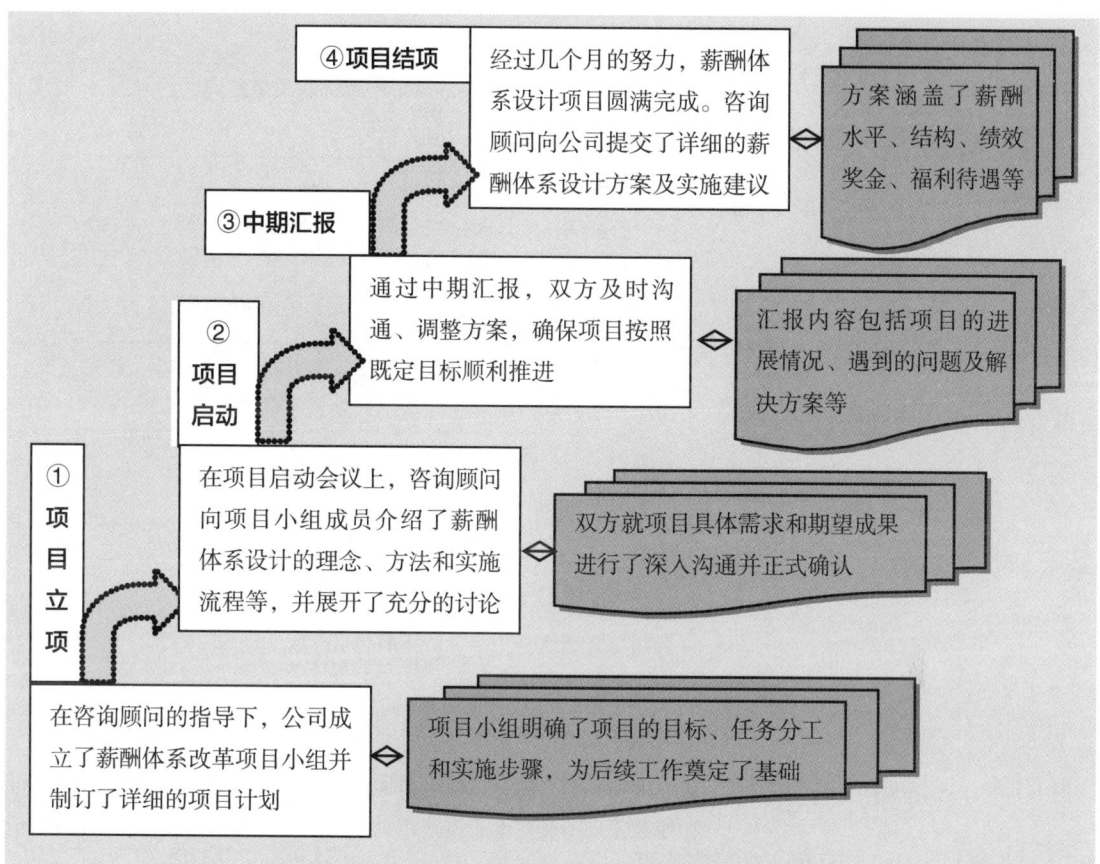

④ 项目结项：经过几个月的努力，薪酬体系设计项目圆满完成。咨询顾问向公司提交了详细的薪酬体系设计方案及实施建议 ◇ 方案涵盖了薪酬水平、结构、绩效奖金、福利待遇等

③ 中期汇报：通过中期汇报，双方及时沟通、调整方案，确保项目按照既定目标顺利推进 ◇ 汇报内容包括项目的进展情况、遇到的问题及解决方案等

② 项目启动：在项目启动会议上，咨询顾问向项目小组成员介绍了薪酬体系设计的理念、方法和实施流程等，并展开了充分的讨论 ◇ 双方就项目具体需求和期望成果进行了深入沟通并正式确认

① 项目立项：在咨询顾问的指导下，公司成立了薪酬体系改革项目小组并制订了详细的项目计划 ◇ 项目小组明确了项目的目标、任务分工和实施步骤，为后续工作奠定了基础

图 9.18　AD 公司薪酬体系设计项目实施的四个阶段

3. 实施效果

新的薪酬体系实施后，AD 公司的员工满意度和工作积极性得到了显著提升。员工们普遍认为新的薪酬体系更加公平、合理且具有激励性。同时，公司的整体绩效也得到了提高，员工的工作效率和工作质量都有了明显的改善。

通过引进专家咨询法，AD 公司依据薪酬激励管理咨询项目报告的详细框架体系进行薪酬体系设计，不仅获得了一套全新的、科学的薪酬体系方案，还得到了实施该方案的具体步骤和风险评估。这一全面的咨询成果为公司的薪酬改革提供了有力的指导和保障，预计将极大地促进公司的稳定发展，并提升员工的工作积极性和满意度。

4. 薪酬激励管理咨询项目报告的框架体系

在薪酬激励管理咨询项目结束后，咨询顾问向 AD 公司提交了一份详尽的项目报告。该报告的框架体系见表 9.1。

表 9.1　AD 公司薪酬激励管理咨询项目报告的框架体系

七个部分	框架体系	AD 公司薪酬激励的具体主题
第一部分	引言	项目背景介绍
		项目目标和范围
		咨询方法和流程概述

257

续表

七个部分	框架体系	AD 公司薪酬激励的具体主题
第二部分	企业现状诊断与分析	企业组织架构和人员构成分析
		现有薪酬体系评估与诊断
		员工薪酬满意度调查结果分析
		市场薪酬水平与趋势分析
第三部分	薪酬体系设计方案	薪酬体系设计的原则和策略
		薪酬结构设计与优化建议（包括基本工资、绩效奖金、津贴补贴、物质和精神双激励、长期激励计划和不同岗位薪酬等）
		薪酬水平与市场对接方案
		薪酬调整机制与晋升通道设计
第四部分	薪酬激励方案	绩效奖金设置与考核方法
		个性与团队激励方案设计
		长期与短期激励相结合的策略
		非物质激励措施建议
第五部分	实施计划与风险评估	薪酬体系改革实施步骤和时间表
		可能遇到的风险点及应对措施
		变革管理与员工沟通策略
第六部分	结论与建议	项目成果总结
		对企业未来发展的薪酬管理建议
		后续跟进与持续优化计划
第七部分	附录	薪酬调研数据与分析报告
		相关法律法规与政策依据
		项目过程中收集的员工意见与反馈

9.4 个别洽谈法

个别洽谈法是指在企业总体薪酬激励原则初定的情况下，企业和特定员工就薪酬问题进行洽谈，以此确定该员工的薪酬。这里的特定员工一般是指猎头推荐的行业精英或市场上较为稀缺的人才，或某些领域掌握核心技术的高级人才，即具备薪酬谈判资质的技术能力和综合素质均较高的人才。

9.4.1 特点和优缺点

个别洽谈法的设计成本较高，一般针对企业特定的岗位或对企业生存和发展都极为重要的员工。采用这种方法有助于吸引人才、增强企业核心竞争力。个别洽谈法的特点和优缺点如图 9.19 所示。

第 9 章　薪酬体系设计方法的应用

特点	优点	缺点
由企业代表和特定员工就员工的薪酬确定展开谈判，以确定员工的基本薪酬（特定员工在某一较短时间内的薪酬）	1.灵活性：个别洽谈法的最大优势在于其灵活性。通过与员工进行一对一的沟通，企业可以根据员工的个人能力、贡献、市场需求等因素，灵活调整薪酬方案，满足员工的个性化需求； 2.针对性：针对个别员工进行洽谈，因此可以更加精准地了解员工的期望和需求，从而制定出更具针对性的薪酬方案，有助于提升员工的满意度和忠诚度； 3.保密性：相比其他公开的薪酬体系设计方法，个别洽谈法更具保密性。对于一些需要保护员工薪酬隐私的企业来说尤为重要	1.较大可能会引发内部不公平感； 2.耗时且成本较高； 3.缺乏统一的标准和透明度； 4.易受主观因素影响； 5.难以应对大规模调整

图 9.19　个别洽谈法的特点和优缺点

9.4.2　适用情境和对象

个别洽谈法强调个性化和差异化，根据每位员工的实际情况和需求来制定薪酬方案。作为一种灵活的薪酬确定方式，个别洽谈法主要适用于四种情境和对象，如图 9.20 所示。

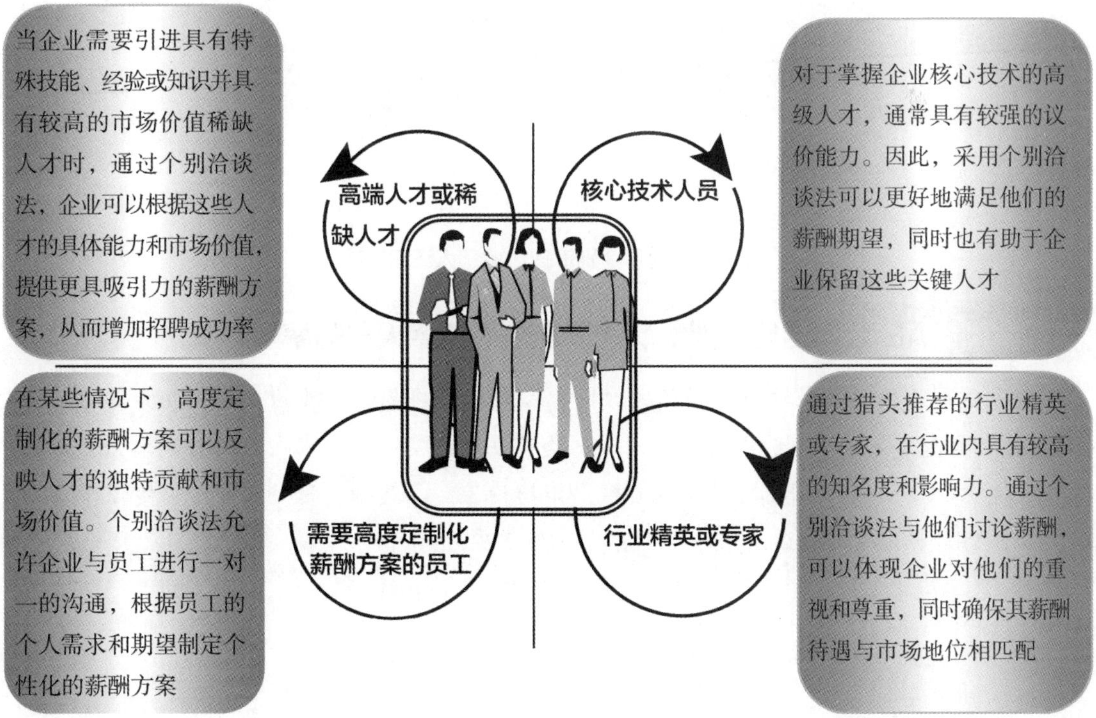

高端人才或稀缺人才：当企业需要引进具有特殊技能、经验或知识并具有较高的市场价值稀缺人才时，通过个别洽谈法，企业可以根据这些人才的具体能力和市场价值，提供更具吸引力的薪酬方案，从而增加招聘成功率

核心技术人员：对于掌握企业核心技术的高级人才，通常具有较强的议价能力。因此，采用个别洽谈法可以更好地满足他们的薪酬期望，同时也有助于企业保留这些关键人才

需要高度定制化薪酬方案的员工：在某些情况下，高度定制化的薪酬方案可以反映人才的独特贡献和市场价值。个别洽谈法允许企业与员工进行一对一的沟通，根据员工的个人需求和期望制定个性化的薪酬方案

行业精英或专家：通过猎头推荐的行业精英或专家，在行业内具有较高的知名度和影响力。通过个别洽谈法与他们讨论薪酬，可以体现企业对他们的重视和尊重，同时确保其薪酬待遇与市场地位相匹配

图 9.20　个别洽谈法适用的情境和对象

9.4.3 三大注意事项

个别洽谈法以其灵活性、针对性和保密性强的特点，在薪酬体系设计中具有一定的应用价值。通过合理运用这一方法，企业可以制定出更加符合员工期望和需求的薪酬方案，从而提升员工的满意度和忠诚度。但同时，企业也需注意公平性、沟通技巧和法律法规遵守等方面的问题，以确保该方法的顺利实施。

虽然个别洽谈法具有诸多优势，但在实际应用中也需注意三大事项，如图9.21所示。

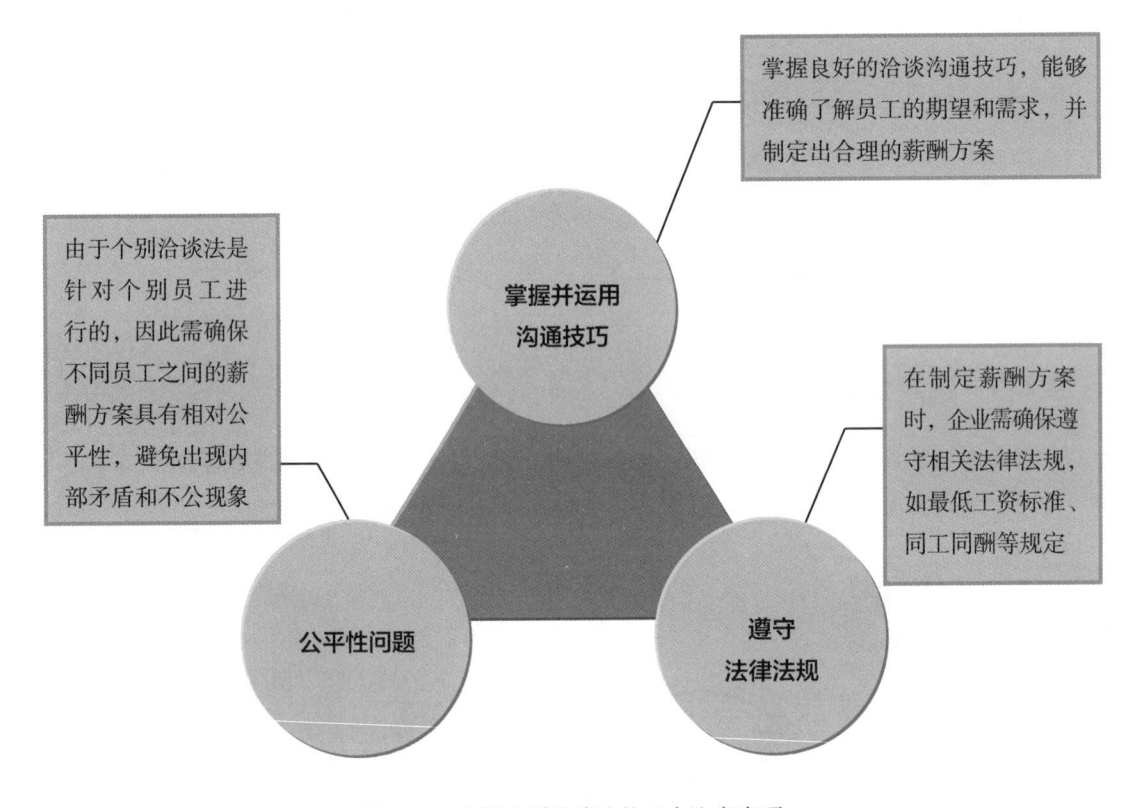

- 掌握并运用沟通技巧 —— 掌握良好的洽谈沟通技巧，能够准确了解员工的期望和需求，并制定出合理的薪酬方案
- 公平性问题 —— 由于个别洽谈法是针对个别员工进行的，因此需确保不同员工之间的薪酬方案具有相对公平性，避免出现内部矛盾和不公现象
- 遵守法律法规 —— 在制定薪酬方案时，企业需确保遵守相关法律法规，如最低工资标准、同工同酬等规定

图9.21 应用个别洽谈法的三大注意事项

对标案例　AE公司运用个别洽谈法确定核心技术人员的薪酬体系

AE公司是一家高科技企业，其核心技术人员是公司创新发展的重要驱动力。为了稳定和激励这支关键队伍，公司决定采用个别洽谈法来确定核心技术人员的薪酬体系，以确保每位核心技术人员的薪酬与其个人贡献、市场价值，以及公司的战略目标相契合。

AE公司实施个别洽谈法的四个步骤，如图9.22所示。

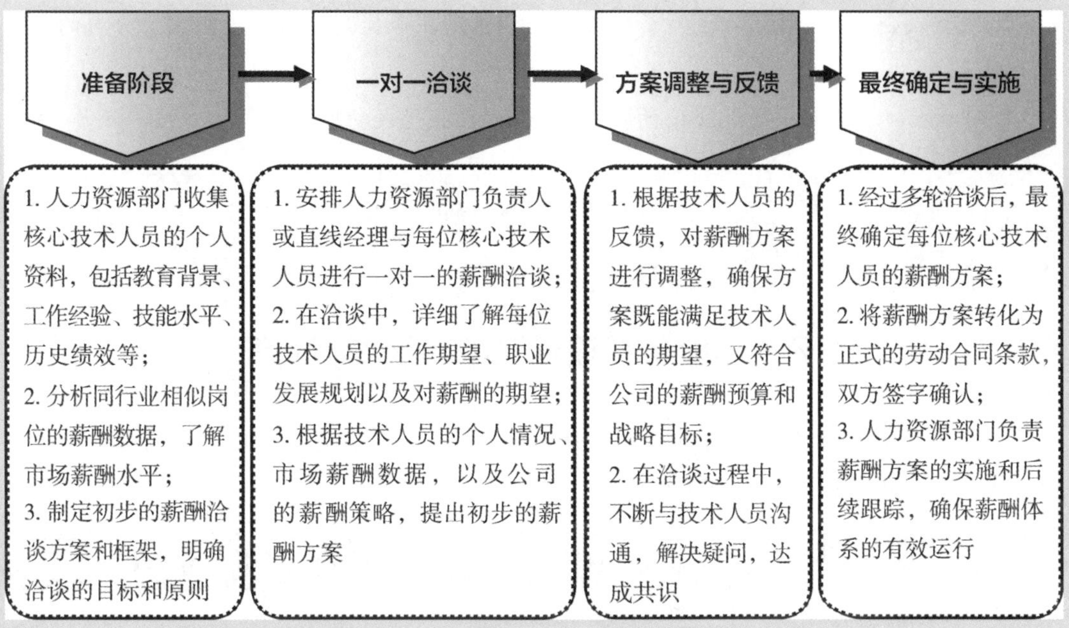

准备阶段

1. 人力资源部门收集核心技术人员的个人资料，包括教育背景、工作经验、技能水平、历史绩效等；
2. 分析同行业相似岗位的薪酬数据，了解市场薪酬水平；
3. 制定初步的薪酬洽谈方案和框架，明确洽谈的目标和原则

一对一洽谈

1. 安排人力资源部门负责人或直线经理与每位核心技术人员进行一对一的薪酬洽谈；
2. 在洽谈中，详细了解每位技术人员的工作期望、职业发展规划以及对薪酬的期望；
3. 根据技术人员的个人情况、市场薪酬数据，以及公司的薪酬策略，提出初步的薪酬方案

方案调整与反馈

1. 根据技术人员的反馈，对薪酬方案进行调整，确保方案既能满足技术人员的期望，又符合公司的薪酬预算和战略目标；
2. 在洽谈过程中，不断与技术人员沟通，解决疑问，达成共识

最终确定与实施

1. 经过多轮洽谈后，最终确定每位核心技术人员的薪酬方案；
2. 将薪酬方案转化为正式的劳动合同条款，双方签字确认；
3. 人力资源部门负责薪酬方案的实施和后续跟踪，确保薪酬体系的有效运行

图 9.22　AE 公司实施个别洽谈法的四个步骤

AE 公司核心技术人员构成薪酬体系的八个部分，如图 9.23 所示。

AE 公司核心技术人员构成薪酬体系的八个部分

基本工资
根据岗位价值、技术人员经验、技能水平，以及市场薪酬数据确定的基本薪资

绩效奖金
包括年度绩效奖金、季度绩效奖金等。绩效奖金的发放与核心技术人员的项目完成情况、创新能力、团队协作等绩效指标挂钩

技术津贴
针对核心技术人员在专业领域内的特殊技能和知识所给予的额外津贴

股票期权
作为长期激励手段，向核心技术人员提供公司股票期权，以分享公司未来的增长和价值

工作环境与灵活性
提供舒适的工作环境和先进的研发设备，并给予其工作时间和地点上的灵活性，以支持其创新和工作效率

福利待遇
包括医疗保险、养老保险、失业保险等法定福利和补充福利，如住房补贴、交通补贴、通信补贴等

培训和发展机会
提供专业培训、参加行业会议、研讨会等，以提升核心技术人员的专业知识、技能和晋升机会

专利奖励
对于在技术研发中取得重要突破并获得专利的核心技术人员，给予一次性奖励或持续的专利使用费分成

图 9.23　AE 公司核心技术人员构成薪酬体系的八个部分

通过个别洽谈法确定核心技术人员的薪酬体系，AE 公司成功实现了预期效果。

（1）个性化激励：每位核心技术人员的薪酬都与其个人能力和贡献相匹配，实现了个性化的激励效果。

（2）提高满意度：技术人员对薪酬方案的满意度显著提高，增强了他们对公司的归属感和忠诚度。

（3）稳定人才队伍：通过合理的薪酬体系，AE公司成功地稳定了核心技术人员队伍，降低了人才流失率。

（4）促进公司战略目标实现：薪酬体系与公司的战略目标紧密相连，激励技术人员为公司的发展作出更大贡献。

最佳实践：××公司薪酬体系设计流程与权责利明细

××公司薪酬体系设计的流程可以分为三个阶段，人力资源部门负责岗位与其他部门之间的权责利划分，如图9.24所示。

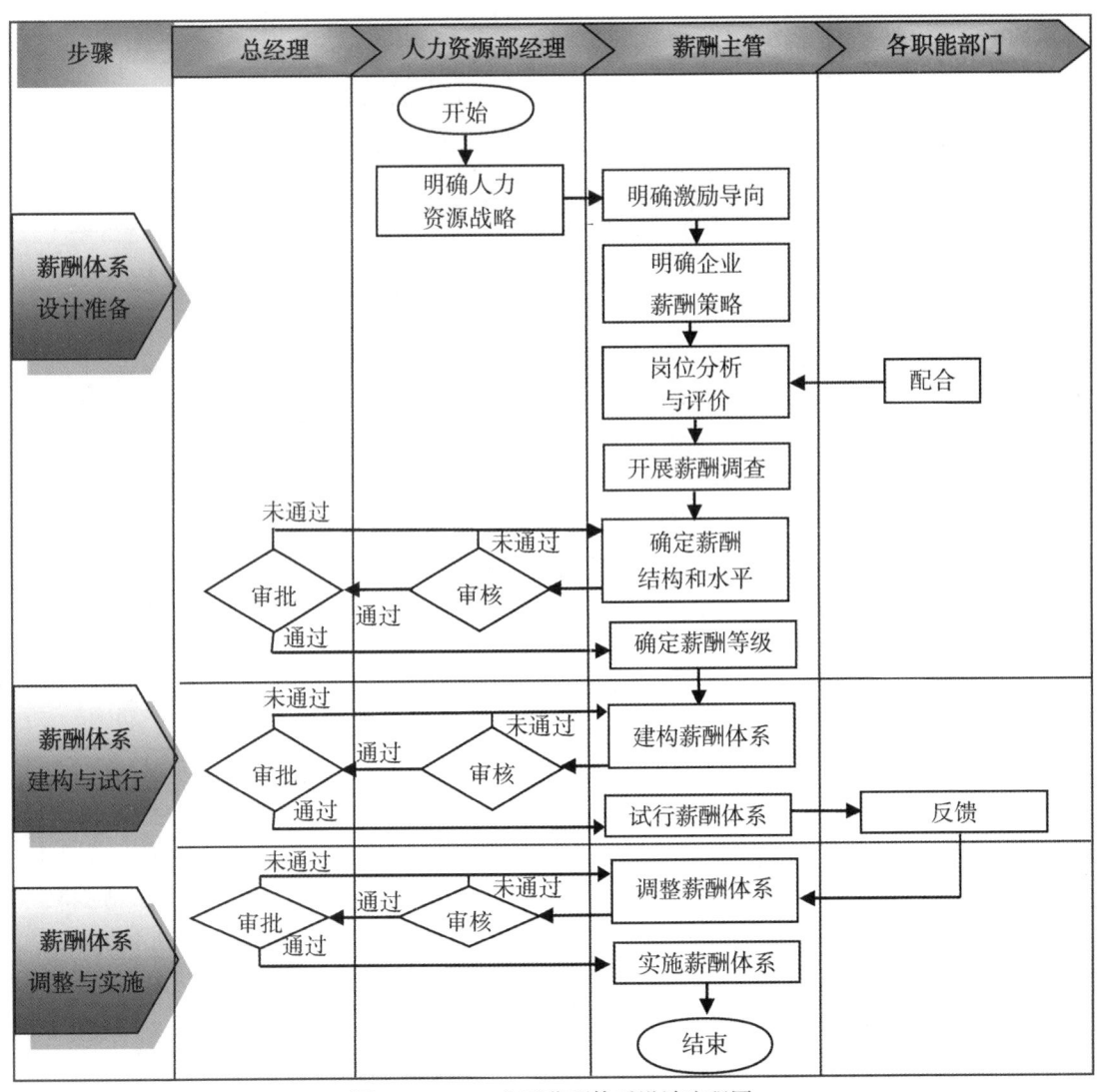

图9.24 ××公司薪酬体系设计流程图

××公司薪酬体系设计权责利划分明细表见表9.2。

表9.2 ××公司薪酬体系设计权责利划分明细表

职位	职责明细	权利明细
总经理	◇ 负责对薪酬结构和薪酬水平的审批; ◇ 听取人力资源部经理对薪酬体系建构的意见、建议; ◇ 负责对薪酬体系建立提出要求和建议; ◇ 负责薪酬体系的实施审批	◇ 对薪酬结构和水平的审批权; ◇ 要求人力资源部经理提供薪酬体系建构意见或建议的权利; ◇ 对薪酬体系建构提出合理要求和建议的权利; ◇ 对薪酬体系调整方案的审批权
人力资源部经理	◇ 负责对薪酬结构和薪酬水平的审核; ◇ 听取薪酬主管对薪酬体系建构的意见、建议; ◇ 负责对薪酬体系建立提出要求和建议; ◇ 负责薪酬体系的实施进行审批	◇ 对薪酬结构和水平的审核权; ◇ 要求薪酬主管提供薪酬体系建构的意见或建议的权利; ◇ 对薪酬体系建构提出要求的权利; ◇ 对薪酬体系调整方案的审核权
薪酬主管	◇ 负责对各岗位开展岗位分析和岗位评价; ◇ 负责组织、开展薪酬调研工作; ◇ 负责制定薪酬水平和薪酬结构并报领导审批; ◇ 负责制定薪酬等级; ◇ 负责薪酬体系建立并报领导审批; ◇ 负责薪酬体系的实施与调整并报领导审批	◇ 对各岗位开展分析和评价的权利; ◇ 组织、开展薪酬调研的权利; ◇ 制定薪酬结构和薪酬水平的权利; ◇ 制定薪酬等级的权利; ◇ 薪酬体系建立及报批的权利; ◇ 薪酬体系调整与执行及报批权利
各职能部门	◇ 负责配合薪酬主管进行岗位分析和岗位评价; ◇ 负责对薪酬体系的试运行中出现的问题进行意见反馈	◇ 有配合薪酬主管进行岗位分析和岗位评价的权利; ◇ 对薪酬体系试运行中的问题、意见有反馈的权利

望闻问切：科学、合理、高效的企业薪酬体系设计

在薪酬体系设计的过程中，常常会遇到八类问题，见表9.3。

表9.3 薪酬体系设计的八类问题

序号	种类划分	具体分析
1	数据收集困难	设计薪酬体系需要大量数据支持，包括行业薪酬水平、地区差异、岗位价值等
		这些数据往往难以获取或需要付出高昂的成本
2	内部公平性问题	在设计薪酬体系时，确保内部公平性是一个重要挑战
		不同岗位之间的薪酬差异需要合理解释，以避免员工之间产生不公平感

续表

序号	种类划分	具体分析
3	市场竞争与成本控制	企业需要提供具有市场竞争力的薪酬吸引和留住人才，同时也要考虑成本控制
		如何在两者之间找到平衡是一个难题
4	员工期望与管理层期望的差异	员工往往希望获得更高的薪酬，而管理层则可能更注重薪酬与绩效的挂钩，以及公司的整体利润
		这种期望差异可能导致薪酬体系设计过程中的冲突
5	薪酬与绩效的关联度	如何设计薪酬体系并与员工绩效紧密相关，从而激励员工是一个关键问题
		如果薪酬与绩效脱节，可能会导致员工缺乏工作动力
6	劳动相关法律法规的遵守	薪酬体系设计必须符合国家和地区的法律法规要求
		最低工资标准、加班费规定、税收政策等都需要在设计中予以考虑
7	体系更新的及时性	随着市场环境和企业战略的变化，薪酬体系可能需要及时调整
		由于各种原因（如管理层决策流程、员工沟通等），薪酬体系的更新可能滞后于实际需求
8	员工沟通与接受度	即使薪酬体系设计得再合理，如果员工不理解或不接受，也难以发挥其激励作用
		如何有效与员工沟通薪酬体系的设计理念、实施细节及带来的影响是重要问题

设计薪酬体系可以借鉴"望闻问切"中医四诊法，通过"望"——企业现状、"闻"——员工心声、"问"——关键需求、"切"——实际问题，来构建一个科学高效的薪酬体系。

"望"：洞察企业现状与市场环境

在设计薪酬体系之前，首先要深入了解企业的现状，包括企业的发展阶段、业务模式、组织结构、员工构成等。同时，还要关注市场环境，了解同行业和同地区的薪酬水平和趋势。这些信息是设计薪酬体系的基础，只有充分了解企业和市场，才能制定出既符合企业实际情况，又具有市场竞争力的薪酬体系。

"闻"：倾听员工心声与期望

员工是企业最宝贵的资源，他们的满意度和忠诚度直接影响着企业的运营效率和长远发展。因此，在设计薪酬体系时，必须充分倾听员工的心声，了解他们对薪酬的期望和需求。这可以通过员工调查、座谈会等方式来实现。

"问"：明确企业战略与关键需求

薪酬体系不仅仅是对员工的回报，更是企业战略实施的重要工具。因此，在设计薪酬体系时，必须明确企业的战略目标，以及实现这些目标所需的关键能力和人才。通过与企业高层和关键部门负责人的深入交流，明确企业对薪酬体系的期望和需求，确保薪酬体系能够支持企业战略的实现。

"切"：解决实际问题与持续改进

在明确了企业战略和员工需求后，就需要"切"入实际问题，制定具体的薪酬政策和措施。这包括确定薪酬水平、薪酬结构、薪酬与绩效的关联等。同时，薪酬体系的设计不是一次性的工作，而是一个持续改进的过程，需要不断收集反馈、评估效果、调整和优化。

薪酬体系设计四种方法的选择与应用，如图 9.25 所示。

```
                    薪酬体系设计
                  四种方法的选择与应用

      领导         集体         专家         个别
     决定法       洽谈法       咨询法       洽谈法
```

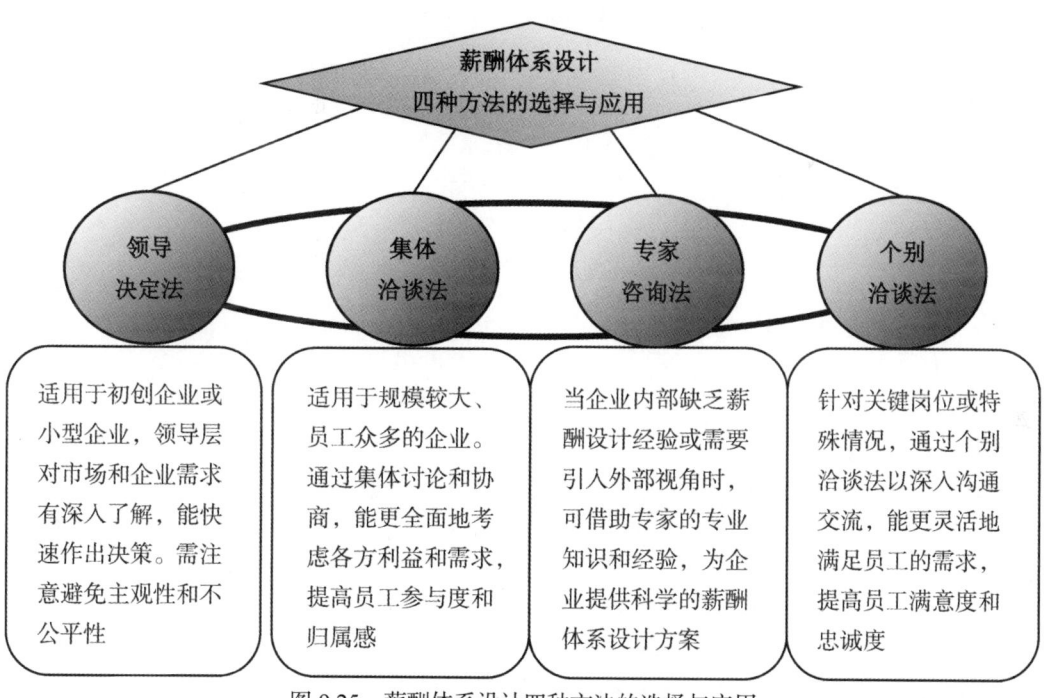

| 适用于初创企业或小型企业，领导层对市场和企业需求有深入了解，能快速作出决策。需注意避免主观性和不公平性 | 适用于规模较大、员工众多的企业。通过集体讨论和协商，能更全面地考虑各方利益和需求，提高员工参与度和归属感 | 当企业内部缺乏薪酬设计经验或需要引入外部视角时，可借助专家的专业知识和经验，为企业提供科学的薪酬体系设计方案 | 针对关键岗位或特殊情况，通过个别洽谈法以深入沟通交流，能更灵活地满足员工的需求，提高员工满意度和忠诚度 |

图 9.25　薪酬体系设计四种方法的选择与应用

10

第 10 章
岗位评价方法的应用

岗位评价又称为职位评价或工作评价，是在岗位分析的基础上，采用一定的方法对企业中各种工作的岗位性质、责任大小、劳动强度、所需资格条件等特性进行分析和比较，以确定岗位相对价值的过程。

岗位评价方法又分为定性评价法与定量评价法。定性评价法包括岗位排列法、岗位分类法等；定量评价法包括职位参照法、因素比较法、要素计点法、海氏三要素法等。

依据不同的维度，岗位评价方法可以划分为不同的类型。本章重点剖析十种，除了上述六种，还包括IPE职位评价系统、CRG职位评价系统、GGS全球职位评价系统、美世国际职位评估法等四种方法。

第10章 岗位评价方法的应用

岗位评价方法应用框架体系插画

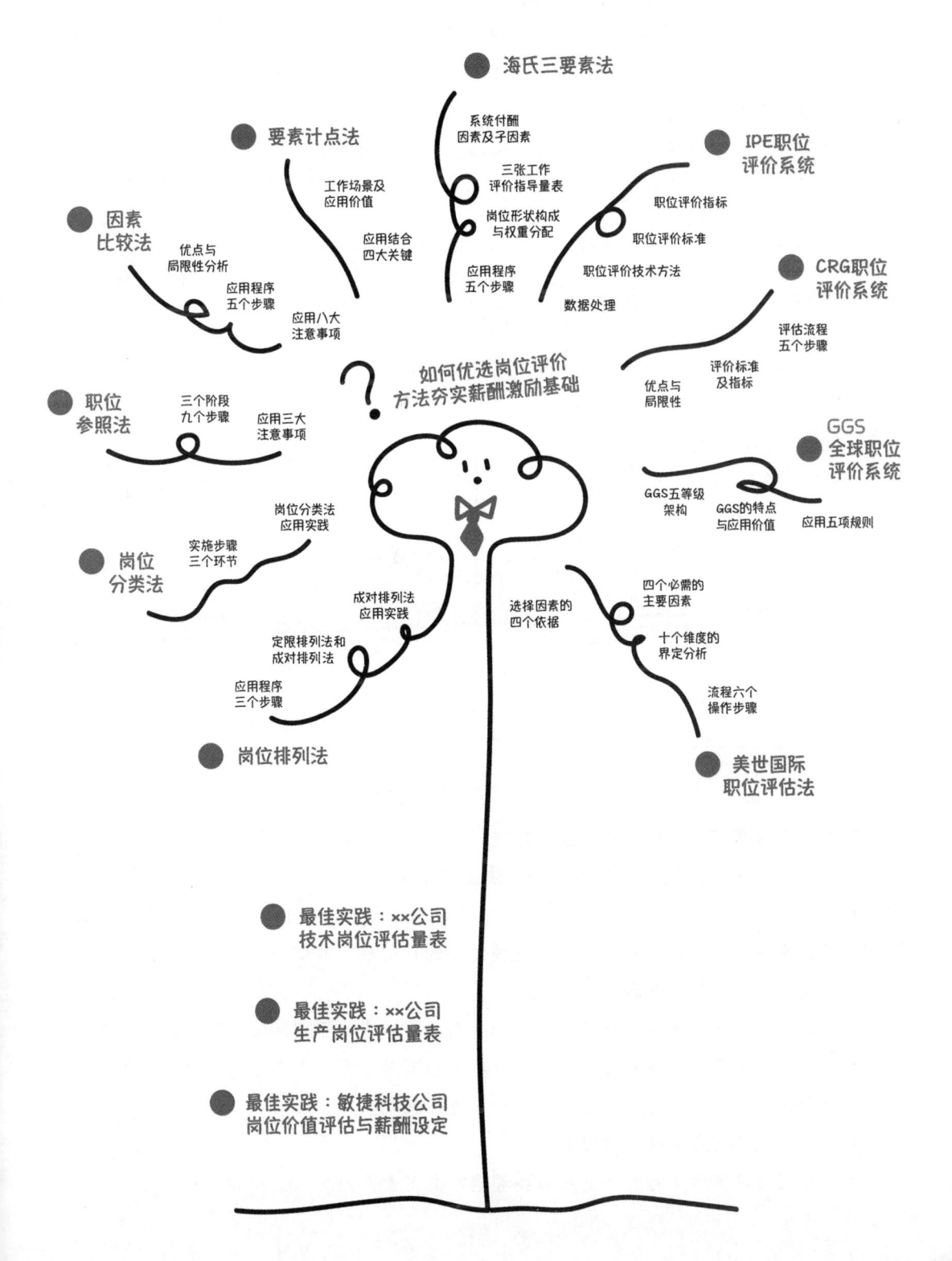

如何优选岗位评价方法夯实薪酬激励基础

- 海氏三要素法
  - 系统付酬因素及子因素
  - 三张工作评价指导量表
  - 岗位形状构成与权重分配
  - 应用程序五个步骤

- 要素计点法
  - 工作场景及应用价值
  - 应用结合四大关键
  - 应用八大注意事项

- IPE职位评价系统
  - 职位评价指标
  - 职位评价标准
  - 职位评价技术方法
  - 数据处理

- 因素比较法
  - 优点与局限性分析
  - 应用程序五个步骤

- CRG职位评价系统
  - 评估流程五个步骤
  - 评价标准及指标
  - 优点与局限性

- 职位参照法
  - 三个阶段九个步骤
  - 应用三大注意事项

- GGS全球职位评价系统
  - GGS五等级架构
  - GGS的特点与应用价值
  - 应用五项规则

- 岗位分类法
  - 岗位分类法应用实践
  - 实施步骤三个环节

- 成对排列法应用实践
- 定限排列法和成对排列法
- 应用程序三个步骤
- 选择因素的四个依据

- 美世国际职位评估法
  - 四个必需的主要因素
  - 十个维度的界定分析
  - 流程六个操作步骤

- 岗位排列法

- 最佳实践：××公司技术岗位评估量表
- 最佳实践：××公司生产岗位评估量表
- 最佳实践：敏捷科技公司岗位价值评估与薪酬设定

269

问题与痛点：如何优选岗位评价方法夯实薪酬激励基础

岗位评价作为薪酬体系设计的基础，其重要性不言而喻。然而，在实际操作中，企业往往面临着如何选择合适的岗位评价方法这一关键问题。不同的岗位评价方法有着各自的优缺点，选择不当可能导致薪酬体系的不合理，进而影响员工的激励效果和企业的整体绩效。

1. 定性评价与定量评价的抉择

定性评价与定量评价的适用性、优点和缺点如图10.1所示。

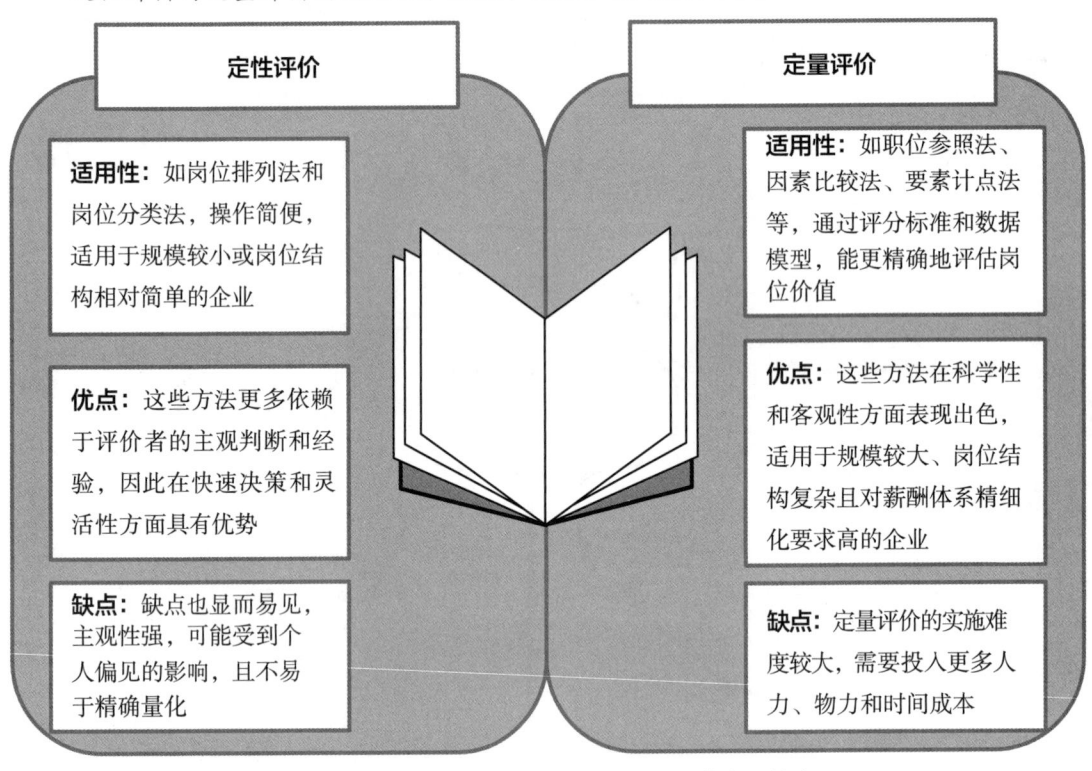

定性评价

适用性： 如岗位排列法和岗位分类法，操作简便，适用于规模较小或岗位结构相对简单的企业

优点： 这些方法更多依赖于评价者的主观判断和经验，因此在快速决策和灵活性方面具有优势

缺点： 缺点也显而易见，主观性强，可能受到个人偏见的影响，且不易于精确量化

定量评价

适用性： 如职位参照法、因素比较法、要素计点法等，通过评分标准和数据模型，能更精确地评估岗位价值

优点： 这些方法在科学性和客观性方面表现出色，适用于规模较大、岗位结构复杂且对薪酬体系精细化要求高的企业

缺点： 定量评价的实施难度较大，需要投入更多人力、物力和时间成本

图 10.1　定性评价与定量评价的适用性、优点和缺点

2. 多维度视角下的岗位评价方法选择

除了定性与定量的划分，岗位评价方法还可以从其他多个维度进行分类。例如，IPE职位评价系统、CRG职位评价系统等，这些系统通常结合了定性与定量的元素，旨在提供更全面、系统的岗位评价解决方案。这些方法的优势在于其综合性和适用性，但同样需要企业具备一定的管理基础和资源投入。

全球职位评价系统和美世国际职位评估法则更多地考虑了国际化和跨文化的因素，适用于那些在全球范围内开展业务的企业。这些方法有助于企业在全球范围内统一薪酬标准和岗位评价体系，但也可能面临文化差异和本地化挑战。

3. 优选岗位评价方法的关键因素

在选择岗位评价方法时，企业应综合考虑四类因素，如图10.2所示。

选择岗位评价方法应考虑的四类因素

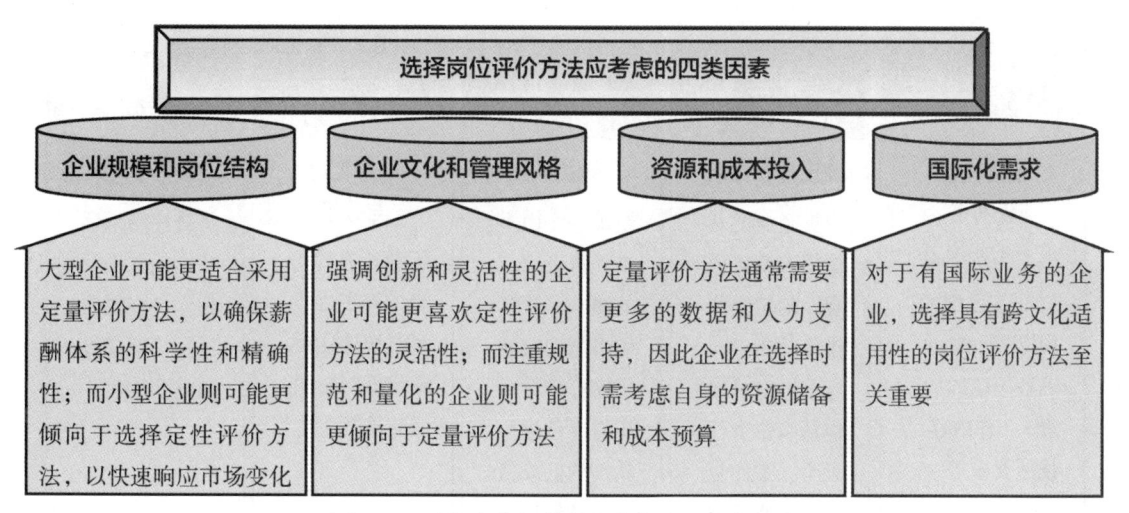

企业规模和岗位结构：大型企业可能更适合采用定量评价方法，以确保薪酬体系的科学性和精确性；而小型企业则可能更倾向于选择定性评价方法，以快速响应市场变化

企业文化和管理风格：强调创新和灵活性的企业可能更喜欢定性评价方法的灵活性；而注重规范和量化的企业则可能更倾向于定量评价方法

资源和成本投入：定量评价方法通常需要更多的数据和人力支持，因此企业在选择时需考虑自身的资源储备和成本预算

国际化需求：对于有国际业务的企业，选择具有跨文化适用性的岗位评价方法至关重要

图 10.2　选择岗位评价方法应考虑的四类因素

10.1　岗位排列法

岗位排列法是指根据一些特定的标准，如工作的复杂程度、对组织的贡献大小等，对各个岗位的相对价值进行整体的比较，进而将岗位按照相对价值的高低排列出一个次序的岗位评价方法。

10.1.1　实施步骤

岗位排列法的实施分为三个步骤，具体如图 10.3 所示。

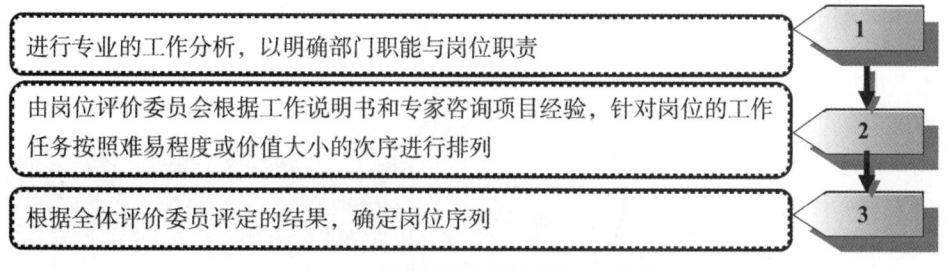

1. 进行专业的工作分析，以明确部门职能与岗位职责
2. 由岗位评价委员会根据工作说明书和专家咨询项目经验，针对岗位的工作任务按照难易程度或价值大小的次序进行排列
3. 根据全体评价委员评定的结果，确定岗位序列

图 10.3　实施岗位排列法的三个步骤

10.1.2　定限排列法和成对排列法

1. 定限排列法

应用场景：

（1）当企业需要全面了解各岗位之间的相对价值时，可以采用此方法。

（2）在进行薪酬体系设计时，通过此方法确定岗位的薪酬等级。

实施定限排列法的五个步骤如图 10.4 所示。

第1步	第2步	第3步	第4步	第5步
准备岗位说明书	确定排序标准	岗位排序	结果汇总与分析	反馈与调整
需要为每个岗位准备详细的岗位说明书，明确各岗位的职责、工作内容、技能要求等	根据企业的具体需求和价值观，确定岗位排序的标准。这些标准可以包括岗位责任大小、工作复杂性、所需技能水平、市场需求等	组织一个由多个评价者组成的团队，让它们根据确定的排序标准，对所有岗位进行从高到低或从低到高的排序	汇总所有评价者的排序结果，通过统计分析，确定每个岗位的最终排序位置	将排序结果反馈给相关部门和人员，根据实际情况进行调整和优化

图 10.4 实施定限排列法的五个步骤

2. 成对排列法

应用场景：

（1）当岗位数量不是特别多且需要一种直观、简单的排序方法时，可以采用成对排列法。

（2）成对排列法适用于对岗位进行快速的价值评估，以便进行薪酬或其他资源的分配。

实施成对排列法的四个步骤如图 10.5 所示。

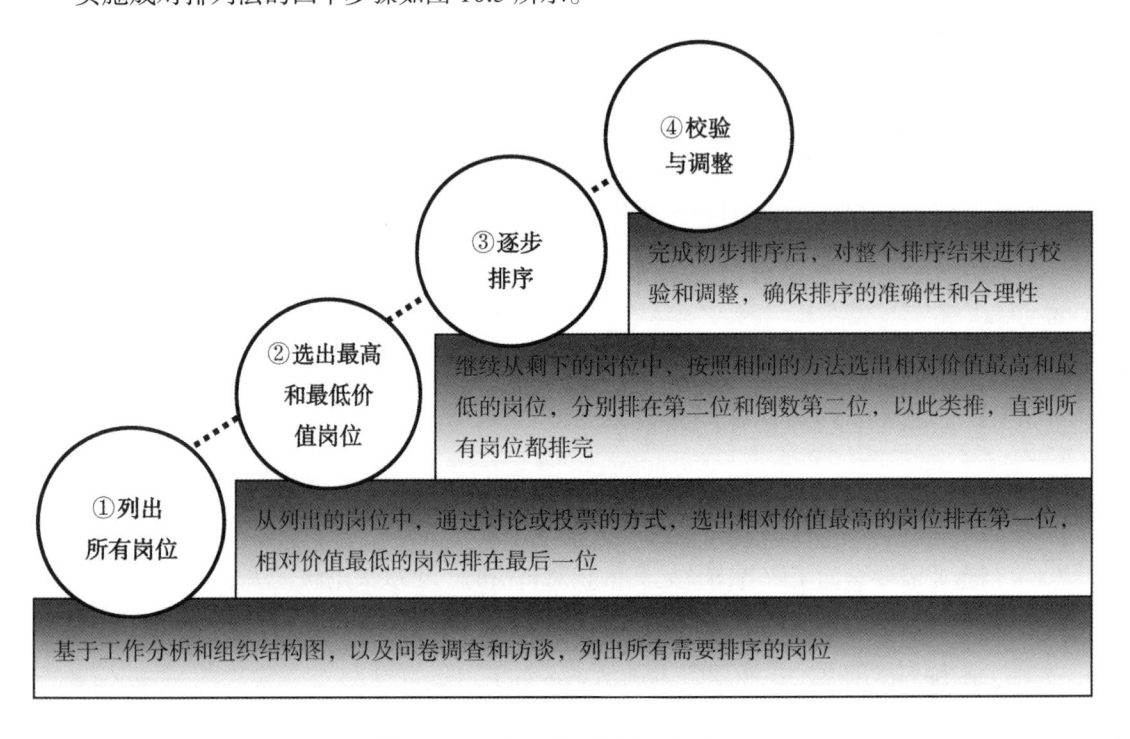

① 列出所有岗位

基于工作分析和组织结构图，以及问卷调查和访谈，列出所有需要排序的岗位

② 选出最高和最低价值岗位

从列出的岗位中，通过讨论或投票的方式，选出相对价值最高的岗位排在第一位，相对价值最低的岗位排在最后一位

③ 逐步排序

继续从剩下的岗位中，按照相同的方法选出相对价值最高和最低的岗位，分别排在第二位和倒数第二位，以此类推，直到所有岗位都排完

④ 校验与调整

完成初步排序后，对整个排序结果进行校验和调整，确保排序的准确性和合理性

图 10.5 实施成对排列法的四个步骤

10.1.3 成对排列法应用实践

现需对××公司的四个岗位进行岗位评估，运用成对排列法得出评估结果见表10.1。

表10.1 成对排列法应用实践（以四个岗位为例）

工作岗位	岗位a	岗位b	岗位c	岗位d	分数
岗位a	—	1	1	1	3
岗位b	0	—	1	0	1
岗位c	0	0	—	0	0
岗位d	0	1	1	—	2

操作步骤说明：

（1）岗位a与岗位b比较，岗位a优于岗位b，在第一行对应的表格中记上1。

（2）岗位b与岗位a相比，岗位b劣于岗位a，在第二行对应的表格中记上0。

（3）同理可得其余岗位之间的比较与计分。

10.2 岗位分类法

岗位分类法即通过制定一套岗位级别标准，然后将每个岗位与标准进行比较，将其归入合适的等级中。岗位分类法的关键是建立一个岗位级别体系。

奖励岗位级别体系包括确定等级的数量和对每个等级进行准确的定义与描述。等级的数量没有什么固定的规定，主要根据各企业的实际需要设定，只要便于操作并能有效区分岗位即可。

10.2.1 实施步骤

实施岗位分类法可以分为收集岗位资料、进行岗位分类、划分岗位等级三个步骤，如图10.6所示。

收集岗位资料	进行岗位分类	划分岗位等级
企业组建岗位评价小组，收集岗位评价的相关资料、数据，并写出调查报告	1.按照企业生产经营过程中各类岗位的作用和特征，将全部岗位分成若干大类； 2.根据各大类中各岗位的性质和特性，将每一大类岗位划分为若干种类； 3.根据每一类岗位性质的显著特征，将岗位划分为若干小类	1.根据企业的行业特征、规模大小、功能和人力资源政策等特征，确定岗位等级的数量； 2.根据岗位评价的基本因素对各岗位进行评价； 3.根据企业需要、各岗位价值的不同，确定岗位等级的标准； 4.参照岗位等级标准和岗位说明书对岗位进行评价，形成岗位价值等级结构

图10.6 实施岗位分类法的三个步骤

10.2.2 岗位分类法应用实践

在企业实践中，一般可以先将企业的所有岗位分为管理工作类、事务工作类、技术工作类及营销工作类等，然后为每一类岗位确定一个价值的范围，并且针对同一类岗位进行排列，从而确定每个岗位的相对价值。

××企业以事务工作类的办事员岗位为例进行评估，见表10.2。

表10.2　××企业职位级别体系定义表（以办事员岗位为例）

岗位级别	岗位价值评估标准	分值
一级办事员	工作内容简单，无监督责任，不需要经常与他人沟通交流	
二级办事员	工作内容简单，无监督责任，需要经常与他人沟通交流	
三级办事员	工作内容复杂，无监督责任，需要经常与他人沟通交流	
四级办事员	工作内容复杂，有监督责任，需要经常与他人沟通交流	

10.3 职位参照法

职位参照法结合了标准化的职位价值序列和相对比照的技术。在这种方法中，企业首先构建一套全面且合理的标准职位价值体系，该体系客观反映了企业内部不同职位之间的相对价值。其次，当需要评估新职位或非常规职位的价值时，通过参照这套已有的标准职位体系，进行细致的比对和分析，从而准确、高效地确定新职位在整体价值序列中的定位。

这种方法不仅简化了传统职位评估的复杂性，还提高了评估的准确性和效率，有助于企业更科学地管理和激励人才。

10.3.1 三个阶段九个步骤

职位参照法需要遵循三个阶段九个步骤，见表10.3。

表10.3　职位参照法的三个阶段九个步骤

阶段	步骤	具体分析
建立标准职位价值序列	确定基准职位	选择具有代表性的职位作为基准，这些职位应该是企业内常见且职责明确的岗位
	评估基准职位价值	通过市场调研、工作分析等方法，对每个基准职位的职责、技能要求、工作复杂性、工作环境等因素进行全面评估，从而确定其价值
	排序与分级	根据评估结果，将基准职位按照价值从高到低进行排序，并划分为不同的价值等级，形成一套标准职位价值序列

续表

阶段	步骤	具体分析
评估其他职位价值	确定参照职位	对于需要评估的其他职位，首先在企业已建立的标准职位价值序列中找到与其最相近的基准职位作为参照
	比较与调整	将待评估职位与参照职位在工作职责、技能要求、工作复杂性等方面进行详细比较，根据差异对价值进行相应调整
	确定职位价值	综合考虑待评估职位与参照职位的相似度和差异度，最终确定待评估职位的价值等级
应用与更新	薪酬体系设计	根据职位价值等级，结合企业的薪酬策略，为每个等级设定合理的薪酬范围，从而建立起一套基于职位价值的薪酬体系
	薪酬调整与激励	当员工晋升或降级时，根据其所在职位的价值等级调整薪酬，以实现薪酬与职位价值的匹配，激励员工努力提升自己的职位等级
	定期更新	随着企业发展和市场环境的变化，定期对标准职位价值序列进行更新，以确保其与企业实际需求保持一致

10.3.2 应用职位参照法的注意事项

应用职位参照法的注意事项见表10.4。

表10.4 应用职位参照法的注意事项

注意事项	细节	具体分析
确保评估过程的公正性和透明度	建立公正的评估团队	评估团队应由多方利益相关者组成，包括人力资源专家、部门经理和员工代表，以确保不同视角的平衡
	明确评估标准	在评估开始之前，应明确并公布评估的标准、流程和时间表，确保所有参与者都清楚了解评估的准则
	记录决策过程	详细记录评估过程中的讨论和决策，以便在必要时复查和验证
	提供反馈机制	为员工提供一个可以质疑或反馈的渠道，以增强评估过程的透明度和公信力
充分考虑不同职位之间的相对价值	全面分析职位职责	在评估过程中，应深入了解每个职位的具体职责、工作量、工作压力等因素，以便更准确地判断其相对价值
	考虑职位的市场价值	除了企业内部的标准，还应参考外部市场对相似职位的定价，以确保评估结果的合理性和竞争力
	避免"一刀切"	不同部门和业务线的职位可能具有不同的价值标准，因此在评估时应根据具体情况进行灵活调整

续表

注意事项	细节	具体分析
特殊职位或新兴职位的评估	采用多元评估方法	对于特殊或新兴职位，可能难以直接找到完全匹配的标准职位进行参照。在这种情况下，可以结合使用多种评估方法（如市场比较法、点数法等）来综合判断
	咨询专家意见	邀请行业专家或咨询顾问参与评估，以提供更专业的视角和判断
	持续跟踪与调整	由于特殊或新兴职位的价值可能随着时间和市场环境的变化而发生变化，因此需要定期对其进行重新评估和调整

10.4 因素比较法

因素比较法是一种更为细致和全面的岗位评价方法，不仅从整体角度考虑岗位的价值，还深入到岗位的各个报酬因素进行具体的分析和比较。

因素比较法在选择报酬因素后，会对每个因素进行详细的定义和分级。然后，它会选取一组具有代表性的标杆岗位，针对每个报酬因素进行分别评分和排序。通过这些标杆岗位的评分，可以建立起一个具体的评分标准，进而对其他岗位进行评分和比较。

10.4.1 优点与局限性分析

因素比较法具有四个优点，如图10.7所示。

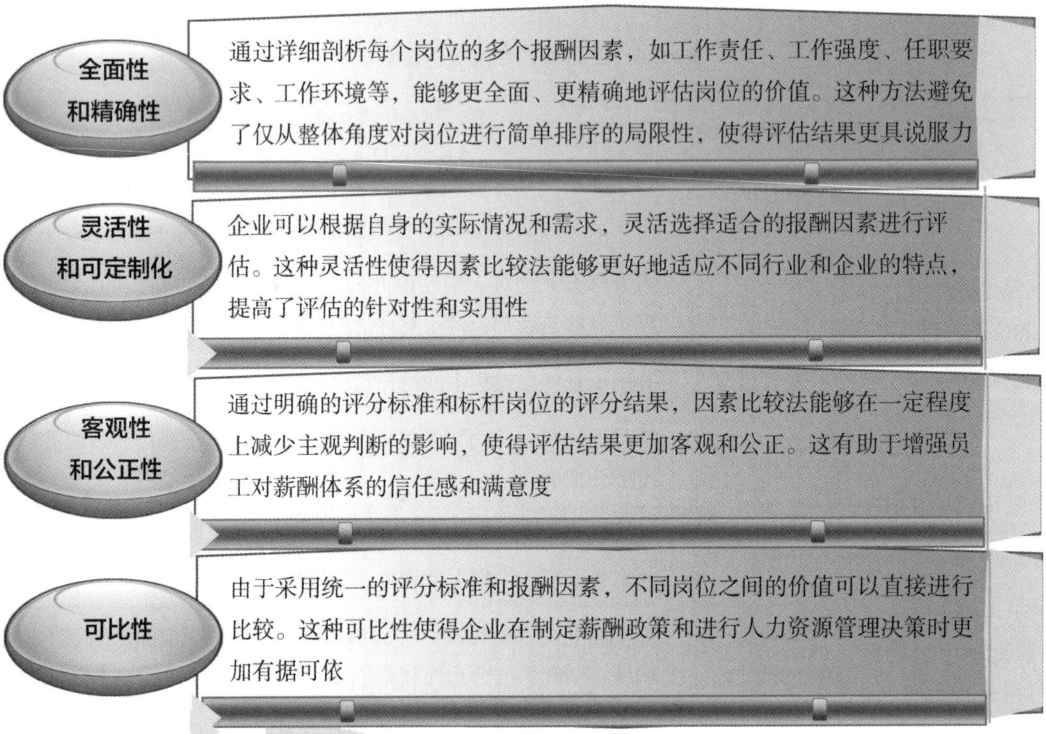

全面性和精确性：通过详细剖析每个岗位的多个报酬因素，如工作责任、工作强度、任职要求、工作环境等，能够更全面、更精确地评估岗位的价值。这种方法避免了仅从整体角度对岗位进行简单排序的局限性，使得评估结果更具说服力

灵活性和可定制化：企业可以根据自身的实际情况和需求，灵活选择适合的报酬因素进行评估。这种灵活性使得因素比较法能够更好地适应不同行业和企业的特点，提高了评估的针对性和实用性

客观性和公正性：通过明确的评分标准和标杆岗位的评分结果，因素比较法能够在一定程度上减少主观判断的影响，使得评估结果更加客观和公正。这有助于增强员工对薪酬体系的信任感和满意度

可比性：由于采用统一的评分标准和报酬因素，不同岗位之间的价值可以直接进行比较。这种可比性使得企业在制定薪酬政策和进行人力资源管理决策时更加有据可依

图10.7 因素比较法的四个优点

第10章　岗位评价方法的应用

因素比较法具有五个方面的局限性，如图 10.8 所示。

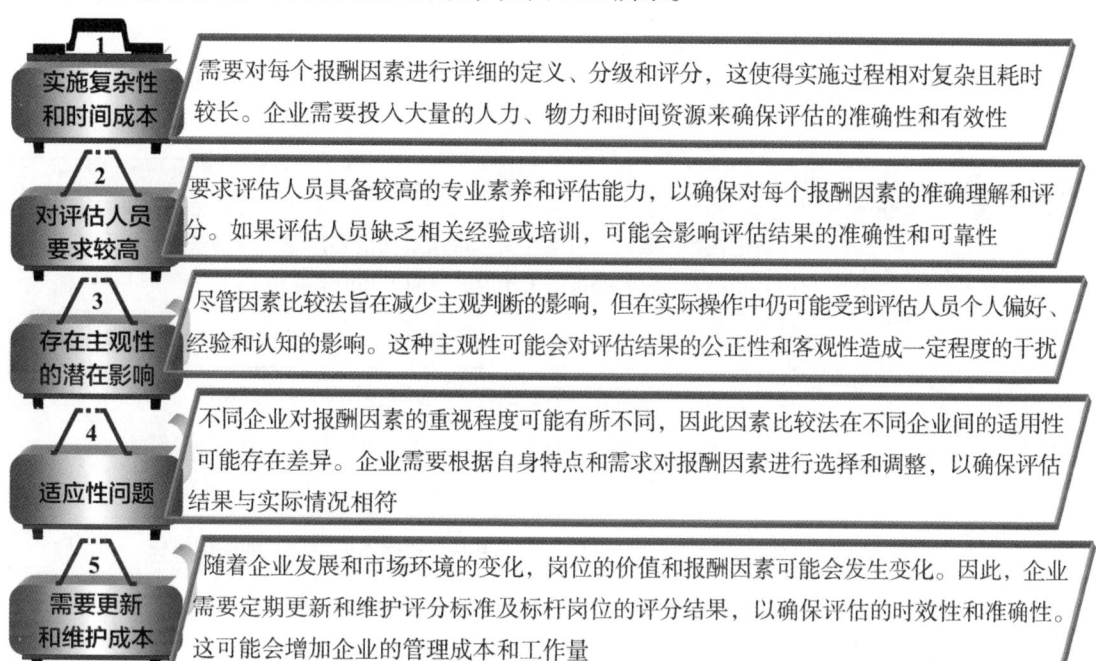

1 实施复杂性和时间成本：需要对每个报酬因素进行详细的定义、分级和评分，这使得实施过程相对复杂且耗时较长。企业需要投入大量的人力、物力和时间资源来确保评估的准确性和有效性

2 对评估人员要求较高：要求评估人员具备较高的专业素养和评估能力，以确保对每个报酬因素的准确理解和评分。如果评估人员缺乏相关经验或培训，可能会影响评估结果的准确性和可靠性

3 存在主观性的潜在影响：尽管因素比较法旨在减少主观判断的影响，但在实际操作中仍可能受到评估人员个人偏好、经验和认知的影响。这种主观性可能会对评估结果的公正性和客观性造成一定程度的干扰

4 适应性问题：不同企业对报酬因素的重视程度可能有所不同，因此因素比较法在不同企业间的适用性可能存在差异。企业需要根据自身特点和需求对报酬因素进行选择和调整，以确保评估结果与实际情况相符

5 需要更新和维护成本：随着企业发展和市场环境的变化，岗位的价值和报酬因素可能会发生变化。因此，企业需要定期更新和维护评分标准及标杆岗位的评分结果，以确保评估的时效性和准确性。这可能会增加企业的管理成本和工作量

图 10.8　因素比较法的五个局限性

10.4.2　应用因素比较法的步骤

应用因素比较法分为确定关键性岗位、确定适当的付酬因素、对标杆岗位进行排序、配置分要素的工资率、评估其他岗位的工资率等五个步骤，如图 10.9 所示。

1. 确定关键性岗位：选择15~20个关键性的、代表性的岗位作为标杆。具体选取应根据企业自身的规模而定，关键性岗位的选取应该挑选那些在很多组织中普遍存在的且工作内容相对稳定的岗位

2. 确定适当的付酬因素：根据所选的岗位找出其体现岗位之间有本质区别的、共有的付酬因素，如岗位职责、智力因素、岗位技能及岗位环境等

3. 对标杆岗位进行排序：按照付酬因素针对标杆岗位进行排序

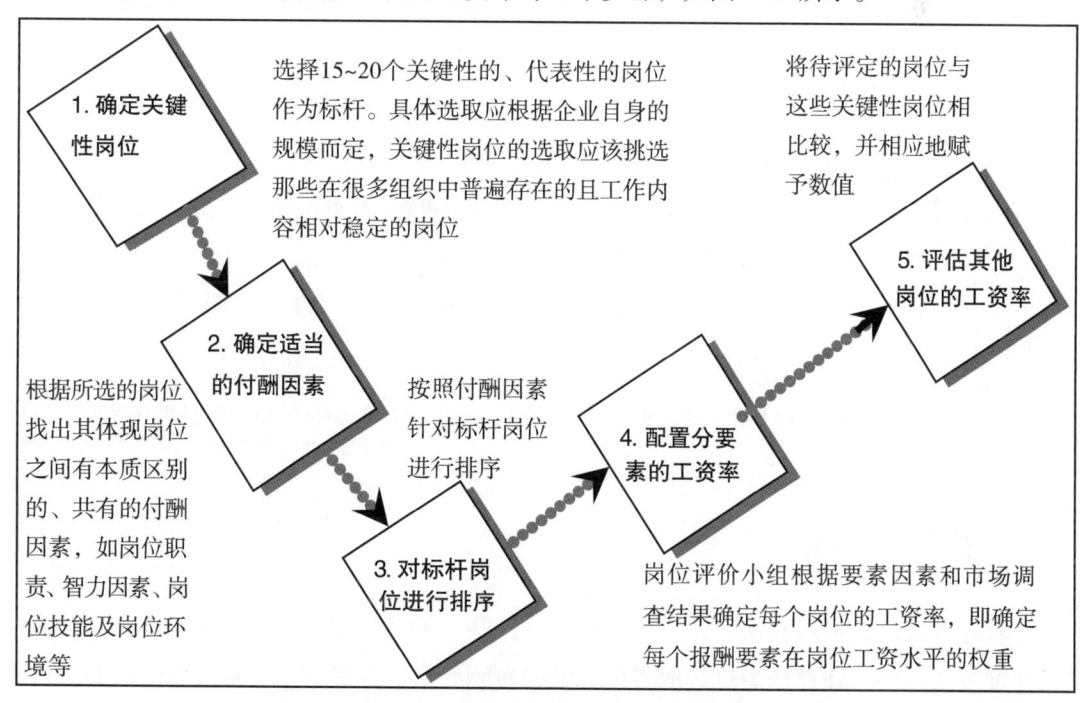

4. 配置分要素的工资率：岗位评价小组根据要素因素和市场调查结果确定每个岗位的工资率，即确定每个报酬要素在岗位工资水平的权重

5. 评估其他岗位的工资率：将待评定的岗位与这些关键性岗位相比较，并相应地赋予数值

图 10.9　应用因素比较法的五个步骤

10.4.3 应用因素比较法的注意事项

应用因素比较法的注意事项见表10.5。

表10.5 应用因素比较法的注意事项

序号	注意事项	具体分析
1	选择报酬因素的准确性	在确定报酬因素时，应确保所选因素确实能够反映岗位的核心价值和特点。这需要深入了解各岗位的工作内容、职责和所需技能
		报酬因素的选择应避免过于笼统或具体，以确保评估的准确性和可操作性
2	报酬因素的定义与分级清晰性	每个报酬因素都需要有明确的定义，以避免评估时的模糊性
		报酬因素的分级应合理且易于理解，每一级的差异应能够清晰区分，以便于评估人员进行准确的评分
3	标杆岗位的代表性与选择	标杆岗位应具有代表性，能够覆盖企业内不同层级和职能的岗位
		在选择标杆岗位时，应考虑其工作内容的稳定性，避免选择那些职责经常变动的岗位
4	评分过程的客观性与一致性	评分人员应接受专业培训，以确保对评分标准有准确的理解
		评分过程中应尽量减少个人主观意见的插入，严格按照评分标准进行评分
		可采用多人评分后取平均值的方法，以增加评分的客观性和准确性
5	评分标准的可操作性与可调整性	评分标准应设计得既具体又具有一定的灵活性，以适应企业不同岗位的特点
		随着企业发展和市场环境的变化，评分标准应能够进行相应的调整
6	数据收集与验证的重要性	在进行评估前，应充分收集各岗位的相关信息，如工作描述、职责范围、绩效数据等
		评估完成后，应对评估结果进行验证，确保其与企业实际情况相符
7	沟通与反馈机制	在评估过程中，应建立有效的沟通机制，确保评估人员与被评估岗位的员工之间有充分的交流
		评估完成后，应及时向员工反馈评估结果，并解释评估的依据和理由
8	保密性与公正性	评估过程中涉及的数据和信息应严格保密，避免泄露给无关人员
		评估结果应公正、公开、透明，确保所有员工对评估过程和结果有清晰的了解

10.5 要素计点法

要素计点法，也称点数法、评分法或计分法，是一种系统化、用于确定职位相对价值的量化评价方法。要素计点法通过选取多个关键的薪酬要素，并对这些要素的不同水平进行明确界定。每个水平都会被赋予一个具体的分值或"点数"。评价者根据这些要素对职位进行评价，从而得到每个职位的总点数，这个总点数决定了职位的相对价值和薪酬水平。

10.5.1 要素计点法的工作场景及应用价值

1. 用于岗位价值评估与薪酬设定

在企业人力资源管理中，要素计点法是确定岗位相对价值和薪酬水平的重要工具。通过综合考虑岗位的工作责任、技能要求、工作强度、工作环境等关键要素，并赋予各要素不同的点数。可以科学、客观地评估不同岗位的价值，从而为企业制定合理的薪酬体系提供依据。

这种方法有助于确保企业内部薪酬的公平性和外部竞争力。

2. 用于项目管理

在项目管理领域，要素计点法可帮助项目经理全面评估项目的各个环节。例如，在确定项目的关键要素后（如项目目标、人员分工、资源调配、进度控制和风险评估），项目经理可以对每个要素进行点数分配和评估，以确保项目按计划顺利推进。

这种方法有助于及时发现并解决潜在问题，提高项目的成功率。

3. 用于软件开发工作量估算

在软件开发领域，要素计点法常用于估算项目的工作量和时间成本。通过确定软件功能点（如用户注册、商品浏览等），对功能点进行分类和权重分配，再结合以往经验和模板文件对每个功能点的工作量进行评估，最终可以估算出整个软件项目的总工作量和时间成本。

4. 用于专业知识学习方法优化

对于员工学习专业知识和课程培训来说，要素计点法可以帮助他们优化学习方法。例如，员工或培训师可以将分配学习时间、选择学习方式、营造学习环境、筛选学习内容和制订学习计划等要素进行点数评估，从而找到最适合自己的学习方法组合，提高学习或培训效率。

10.5.2 应用要素计点法的关键

1. 薪酬因素的选取与权重分配

（1）在选取关键性薪酬因素时，应充分考虑企业的实际情况和岗位特点，确保所选因素能够全面、客观地反映岗位的价值。

（2）除了常见的工作责任、工作技能、工作强度、工作环境等因素外，还可以考虑加入团队协作能力、创新能力、解决问题的能力等新时代企业所看重的软技能。

（3）为每个薪酬因素分配合理的权重，以体现不同因素在岗位评价中的重要性。权重的分配可以通过德尔菲法、层次分析法等进行科学确定。

2. 薪酬因素水平的界定与分值赋予

（1）对每个薪酬因素的不同水平进行明确界定，确保评价者能够准确理解并应用这些水平标准。

（2）分值的赋予应遵循科学、合理的原则，可以借鉴市场调研数据、行业标准或企业内部历史数据来确定。

（3）分值应具有足够的区分度，以便能够准确反映不同岗位在同一薪酬因素上的差异。

3. 岗位评价与总点数计算

（1）在进行岗位评价时，应组建专业的评价团队，并对评价人员进行充分培训，确保他们熟悉评价标准和流程。

（2）采用多人评价、取平均值或中位数的方式，以减少个人主观因素对评价结果的影响。

（3）总点数的计算应准确无误，可以考虑使用专业的岗位评价软件来辅助计算。

4. 薪酬水平与岗位匹配

（1）根据岗位的总点数，结合企业的薪酬体系和市场薪资水平，为每个岗位制定合理的薪酬标准。

（2）薪酬水平应与岗位的价值相匹配，体现内部公平性和外部竞争性。

（3）随着企业发展和市场环境的变化，应适时调整薪酬因素和分值，以确保薪酬体系的时效性和激励性。

10.6　海氏三要素法

海氏三要素法，又称海氏系统法，是由美国薪酬设计专家爱德华·海（Edward N.Hay）及其同事在1951年开发的。海氏三要素法实质上是一种评分法，认为所有职位所包含的付酬因素可以抽象为三种具有普遍适用性的因素，即技能水平、解决问题能力和风险责任。该方法通过这三个方面对岗位的价值进行评估，利用较为正确的分值计算确定岗位的等级。

海氏三要素法提供了系统化的评估框架和详细的指导量表，易于操作且能得出较科学的评估结果。同时，该方法具有很强的逻辑性和适用性，能够根据不同岗位的特点进行灵活调整。当然，由于海氏三要素法起源于制造业，其适用范围不可避免地带有制造业的烙印，在应用于非制造业或新兴行业时可能需要进行适当的调整。此外，该方法在评估过程中可能过于依赖量化指标，而忽略了一些难以量化的重要因素，也需要注意。

10.6.1　系统付酬因素及子因素

在运用海氏三要素法时，需要建立海氏工作评估系统。海氏工作评估系统将所有职务所包含的最主要的付酬因素分为三种，即技能水平、解决问题能力和风险责任，并按照以上三个要素及相应的标准进行评估打分，得出每个岗位的评估分，计算公式为

> 岗位评估得分=技能水平得分+解决问题能力得分+风险责任得分

其中，技能水平得分和风险责任得分及最后得分都是绝对分，而解决问题能力的评估分是相对分（百分比）。

海氏工作评估系统中的每个付酬因素又可细分为不同的子因素，见表10.6。

表10.6 海氏工作评估系统的付酬因素

付酬因素	主因素解释	子因素设计
技能水平	该岗位要求的专业知识、实际运作技能以及相关的理论知识。技能水平被分为若干个等级,从基本的到高度专业化的技能	专业知识水平
		管理技能
		人际沟通技巧
解决问题能力	在工作中遇到问题时,岗位所需的分析、判断和解决问题的能力。这一要素也分为不同的层次,从简单的问题解决到复杂问题的创新性解决	思维环境
		问题解决难度
风险责任	岗位所承担的责任和决策带来的潜在风险。这包括对工作结果的影响范围、决策的复杂性和对组织目标的影响等	职务责任
		管理对结果的影响
		行动的自由度

10.6.2 工作评价指导量表

在海氏评估系统中,对每个付酬因素的子因素进行组合后,用一个交叉图来表示,可以形成三张工作评价指导量表。以专业知识水平、管理技能和人际沟通技巧为影响要素的《技能水平评估得分一览表》(见表10.7);以思维环境和问题解决难度为影响要素的《解决问题能力评估得分一览表》(见表10.8);以职务责任、管理对结果的影响和行动的自由度为影响要素的《风险责任评估得分一览表》(见表10.9)。

表10.7 技能水平评估得分一览表

项目设置		管理技能													
		基本的			相关的			多样的			广泛的			全面的		
人际沟通技巧		基本的	重要的	关键的	基本的	重要的	关键的	基本的	重要的	关键的	基本的	重要的	关键的	基本的	重要的	关键的
专业知识水平	基本业务的															
	初等业务的															

续表

项目设置		管理技能												
		基本的			相关的			多样的			广泛的			全面的		
人际沟通技巧		基本的	重要的	关键的	基本的	重要的	关键的	基本的	重要的	关键的	基本的	重要的	关键的	基本的	重要的	关键的
专业知识水平	中等业务的															
	高等业务的															
	基本专业技术															
	熟练专业技术															
	精通专业技术															
	权威专业技术															

表10.8 解决问题能力评估得分一览表

项目设置		问题解决难度				
		重复性的	模式化的	中间性的	适应性的	无先例的
思维环境	高度常规性的					
	常规性的					
	半常规性的					
	标准化的					
	明确规定的					
	广泛规定的					
	一般规定的					
	抽象规定的					

表10.9 风险责任评估得分一览表

职务责任		微小				少量				中量				大量			
管理对结果的影响		间接		直接		间接		直接		间接		直接		间接		直接	
		后勤	辅助	分摊	主要	后勤	辅助	分摊	主要	后勤	辅助	分摊	主要	后勤	辅助	分摊	主要
行动的自由度	有规定、受控制的																
	标准化的																
	一般性规范的																
	有指导的																
	方向性指导的																
	广泛性指导的																
	战略性指导的																
	一般无指导																

10.6.3 岗位形状构成与权重分配

海氏三要素法根据知能（即知识和技能）、解决问题能力与岗位责任三者的相对重要性，将岗位形状分为三种类型，如图10.10所示。

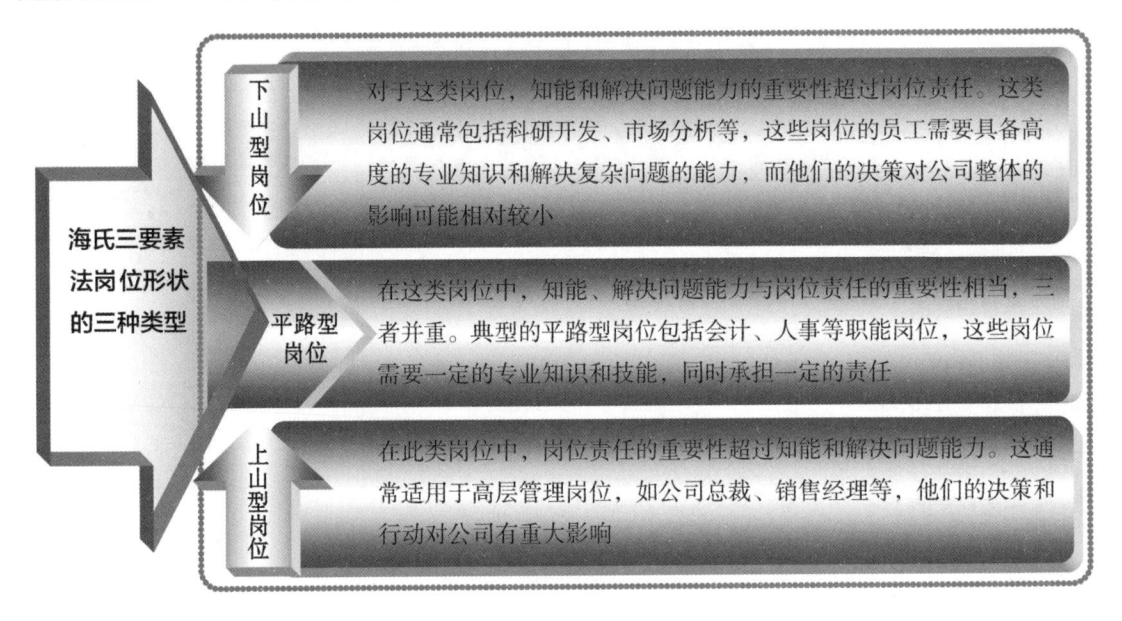

海氏三要素法岗位形状的三种类型	下山型岗位	对于这类岗位，知能和解决问题能力的重要性超过岗位责任。这类岗位通常包括科研开发、市场分析等，这些岗位的员工需要具备高度的专业知识和解决复杂问题的能力，而他们的决策对公司整体的影响可能相对较小
	平路型岗位	在这类岗位中，知能、解决问题能力与岗位责任的重要性相当，三者并重。典型的平路型岗位包括会计、人事等职能岗位，这些岗位需要一定的专业知识和技能，同时承担一定的责任
	上山型岗位	在此类岗位中，岗位责任的重要性超过知能和解决问题能力。这通常适用于高层管理岗位，如公司总裁、销售经理等，他们的决策和行动对公司有重大影响

图 10.10　海氏三要素法岗位形状的三种类型

在评估不同类型的岗位时，需要对知能、解决问题能力和岗位责任这三个要素进行不同的权重分配，如图 10.11 所示。

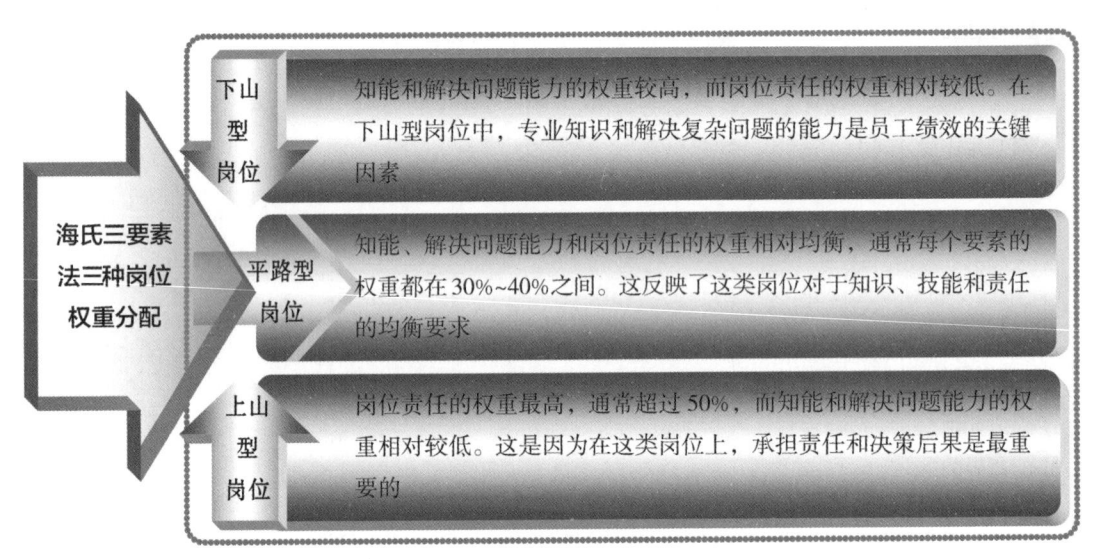

海氏三要素法三种岗位权重分配	下山型岗位	知能和解决问题能力的权重较高，而岗位责任的权重相对较低。在下山型岗位中，专业知识和解决复杂问题的能力是员工绩效的关键因素
	平路型岗位	知能、解决问题能力和岗位责任的权重相对均衡，通常每个要素的权重都在 30%~40% 之间。这反映了这类岗位对于知识、技能和责任的均衡要求
	上山型岗位	岗位责任的权重最高，通常超过 50%，而知能和解决问题能力的权重相对较低。这是因为在这类岗位上，承担责任和决策后果是最重要的

图 10.11　海氏三要素法三种岗位权重分配

通过根据岗位形状合理分配三个要素的权重，海氏三要素法能够更准确地反映不同岗位的实际价值和要求，从而帮助企业更科学地设定薪酬和进行人力资源管理。

10.6.4　应用海氏三要素法的步骤

海氏三要素法是一种非常有效、实用的岗位测评方法，在企业的实际应用中，必须遵循一定的操作程序，否则测评结果的准确性将大打折扣。

海氏职位评价的实施分为选取标杆岗位、成立专家小组、对专家小组进行培训、进行海氏评分、计算海氏得分等五个步骤，如图 10.12 所示。

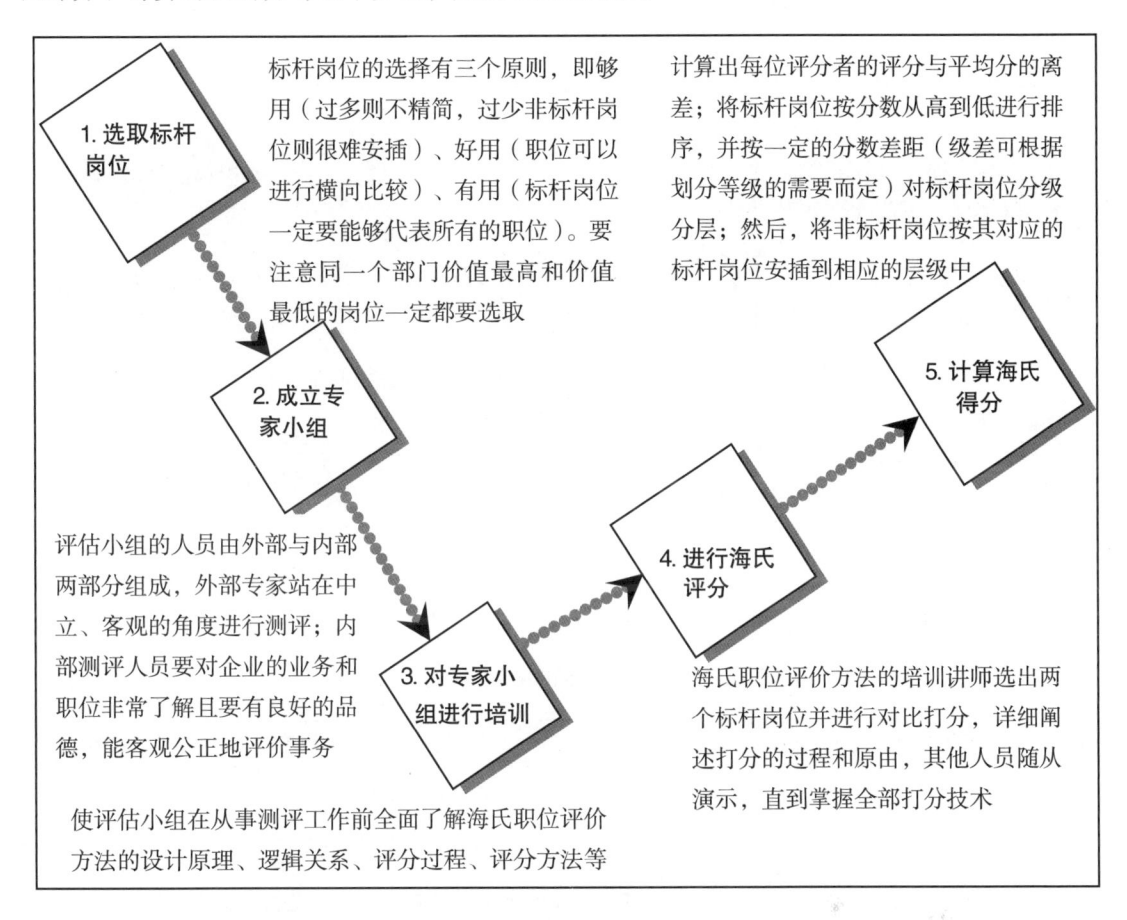

图 10.12　海氏职位评价的五个步骤

10.7　IPE 职位评价系统

IPE 职位评价（International Position Evaluation）系统又称国际职位评价系统，适用于不同行业、不同规模的企业中各职位之间的比较。

IPE 系统包括四个必需的因素和一个可选的因素，即影响、沟通、创新、知识和危险性（可选）。此系统包括职位评价指标、职位评价标准、职位评价技术方法和数据处理等若干个系统，这些子系统相互联系、衔接、制约，从而构成具有特定功能的有机整体。

10.7.1　职位评价指标

在企业人力资源管理实践中，IPE 把影响生产岗位价值的劳动责任、劳动技能、劳动心理、劳动强度和劳动环境，统称为"生产五要素"。IPE 从这五个方面进行职位评价，能较全面科学地反映职位的劳动消耗和不同职位之间的劳动差别。

为了便于对生产五要素进行定量评定或测定，根据企业生产岗位的实际情况和管理状况的不同，IPE 又将各个要素进行汇总归类，并分解为 24 个指标。按照指标的性质和评价方法的不同，这 24 个指标又可分为评定指标和测定指标两类，如图 10.13 所示。

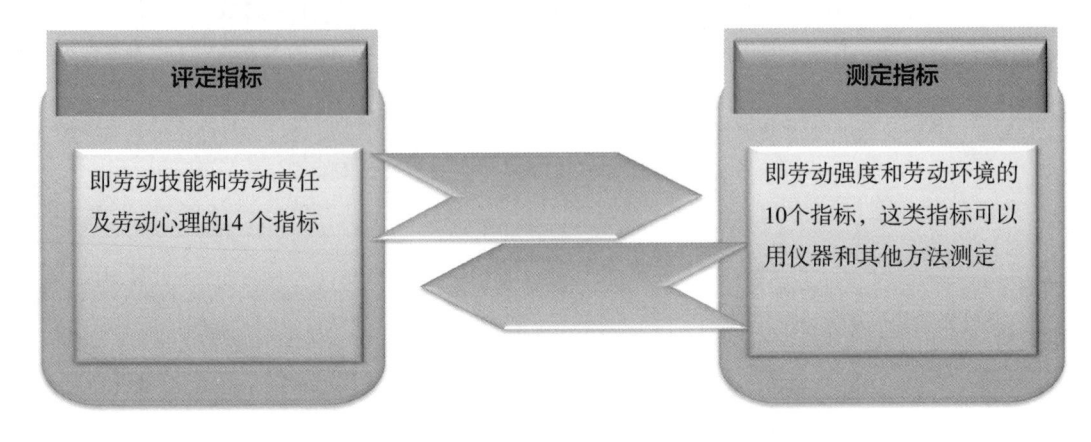

评定指标：即劳动技能和劳动责任及劳动心理的14个指标

测定指标：即劳动强度和劳动环境的10个指标，这类指标可以用仪器和其他方法测定

图 10.13　IPE 评定指标和测定指标

IPE 评定指标和测定指标的二级指标共 24 个，见表 10.10。

表 10.10　IPE 评定指标和测定指标的二级指标

指标	生产五要素	序号	二级指标	界定
评定指标	劳动技能指标（Skill）	1	教育背景	评估职位所需的教育程度和专业知识
		2	工作经验	评估职位对工作经验的要求
		3	问题分析与解决	评估职位所需问题识别、分析与解决的能力
		4	沟通协调能力	评估职位对内、外部沟通协调能力的需求
		5	创新能力	评估职位对于创新思维和方案的需求
		6	团队合作能力	评估职位对团队协作和领导力的要求
	劳动责任指标（Responsibility）	7	决策责任	评估职位在日常工作中需要作出的决策的重要性和复杂性
		8	管理监督责任	评估职位对下属的管理和监督职责
		9	财务责任	评估职位在财务管理、预算控制方面的责任
		10	客户责任	评估职位在维护客户关系和服务质量方面的责任
		11	安全与健康责任	评估职位在工作场所安全和员工健康方面的责任
	劳动心理指标（Psychological Factors）	12	工作压力	评估职位所承受的工作压力和心理负担
		13	自主性	评估职位在工作中的自主权和决策范围
		14	工作多样性	评估职位的工作内容和任务的多样性

续表

指标	生产五要素	序号	二级指标	界定
测定指标	劳动强度指标（Physical Demand）	15	体力消耗	通过具体测定来评估职位的体力消耗程度
		16	脑力负荷	通过科学方法来评估职位的脑力工作负荷
		17	工作时间与节奏	评估职位的工作时间长度和工作节奏的紧张程度
	劳动环境指标（Environmental Factors）	18	噪声与震动	评估工作环境中噪声和震动的程度
		19	温度与湿度	评估工作环境的温度和湿度条件
		20	照明与通风	评估工作环境的照明和通风条件
		21	危险性与有害物质	评估工作环境中可能存在的危险性和有害物质的程度
		22	工作空间与设备	评估工作环境中的空间布局和设备条件
	其他测定指标	23	工作重复性	通过具体测定来评估职位工作的重复性程度
		24	工作精准度要求	评估职位对工作精准度和细节的要求

IPE 评价生产岗位的五个要素和 24 个指标较全面地体现了各行业生产岗位劳动者的劳动状况。但具体对于每个行业或企业而言，由于生产经营情况各不相同，劳动环境和条件各有差异。在进行职位评价时，应具体结合各自的实际情况从中选择合适的评价指标。

10.7.2 职位评价标准

职位评价标准是指对职位评价的方法、指标及指标体系等方面所做的统一规定，包括评价指标标准和评价技术方法标准。

IPE 职位评价必须采用统一的标准进行评价，评价结果才具科学性、可比性。用国家颁布的有关标准和行业标准作为评价标准，应用国家标准规定的方法和技术进行评价。对于暂时还没有国家标准的部分，则根据制定国家标准的基本思想和要求制定统一的评价标准。

10.7.3 职位评价技术方法

职位评价的因素较多，涉及面广，需要运用多种技术和方法才能对多个评价因素进行准确的测定或评定，最终做出科学的评价。

IPE 职位评价方法是传统职位评价方法的再开发、再应用，归纳起来主要是指排列法、分类法、职位参照法、比较法和计点法等其中一种方法或两种、多种方法的组合。

10.7.4 数据处理

数据的加工整理过程是揭示各种因素之间的相互关系，并通过整理使这种关系用数量关系表现出来，使各职位间的差异性表现出来。IPE 通过反映不同的工作性质、工作责任、工作环境和工作场所的职位劳动之间的区别与联系，以达到数据资料配套、规范的目的，更好地完成数据资料的有机配合、完整配套、规范统一的任务。

对这些经过加工整理以后的资料进行分析研究是整个 IPE 职位评价工作的重要环节。评价结果的分析研究工作是对整个 IPE 评价工作的综合和分析，分析质量的好坏直接影响着 IPE 评价结果的合理运用。

总之，IPE 的各个子系统都具有特定的功能和目的，同时它们又是相互联系、相互作用和相互依赖的。IPE 采用各种专业技术方法，以不同的角度，全面、准确地反映了劳动量的大小，为实现企业现代化管理提供了客观科学依据。

10.8　CRG 职位评价系统

CRG 职位评价（Compensation Resourve Group）方法又称职位责任梯度评估方法，起源于瑞士的国际资源管理集团，后被引进到不同国家和地区，用于企业内部的职位评估。该方法旨在为企业提供一套科学、客观的职位评估体系，帮助企业确定岗位的职责和权责等级，进而为薪酬体系和晋升机制的建立提供支持。

10.8.1　评估流程五个步骤

应用 CRG 系统评估职位的流程主要包括五个步骤，如图 10.14 所示。

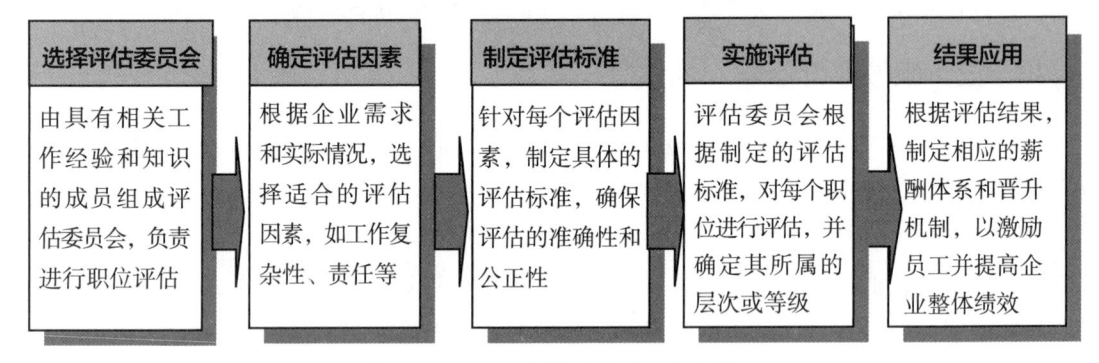

选择评估委员会	确定评估因素	制定评估标准	实施评估	结果应用
由具有相关工作经验和知识的成员组成评估委员会，负责进行职位评估	根据企业需求和实际情况，选择适合的评估因素，如工作复杂性、责任等	针对每个评估因素，制定具体的评估标准，确保评估的准确性和公正性	评估委员会根据制定的评估标准，对每个职位进行评估，并确定其所属的层次或等级	根据评估结果，制定相应的薪酬体系和晋升机制，以激励员工并提高企业整体绩效

图 10.14　CRG 评估流程的五个步骤

10.8.2　评价标准及指标

CRG 系统性评价标准和具体指标如图 10.15 所示。

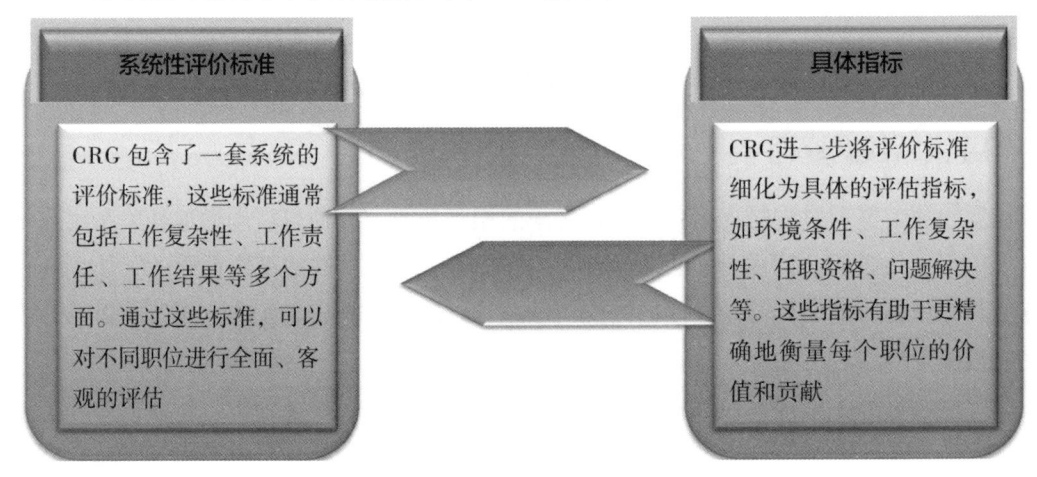

系统性评价标准：CRG 包含了一套系统的评价标准，这些标准通常包括工作复杂性、工作责任、工作结果等多个方面。通过这些标准，可以对不同职位进行全面、客观的评估。

具体指标：CRG 进一步将评价标准细化为具体的评估指标，如环境条件、工作复杂性、任职资格、问题解决等。这些指标有助于更精确地衡量每个职位的价值和贡献。

图 10.15　CRG 系统性评价标准和具体指标

CRG 的六个系统性评价标准如图 10.16 所示。

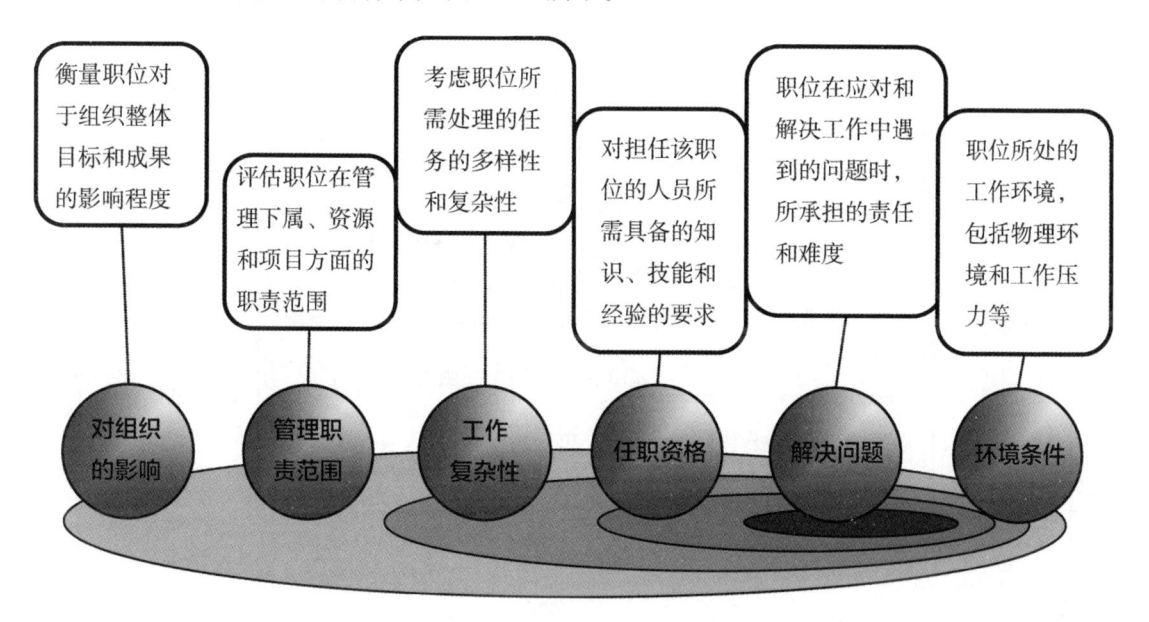

图 10.16 CRG 的六个系统性评价标准

CRG 的六个维度及 13 个具体指标见表 10.11。

表 10.11 CRG 的六个维度及 13 个具体指标

维度	具体指标	具体分析
对组织的影响	组织规模	根据公司销售额、总资产等衡量组织的大小
	下属人数与种类	直接和间接管理的下属数量及其专业多样性
管理职责范围	下属	管理的下属种类和数量
	资源和项目	管理的资源和项目规模
工作复杂性	任务的多样性	职位需要处理的不同类型任务的数量
	决策的复杂性	作出决策时需要考虑的因素数量和复杂性
任职资格	教育背景	所需的最低学历要求
	工作经验	相关领域的工作经验要求
	专业技能	特定技能或知识的要求
解决问题	问题的难度	遇到问题的复杂性和解决难度
	解决方案的创新性	解决问题所需创新思维和方法的程度
环境条件	工作环境	如噪声、温度、湿度等物理条件
	工作压力	职位所带来的心理压力和工作强度

10.8.3 优点与局限性

CRG 的优点与局限性如图 10.17 所示。

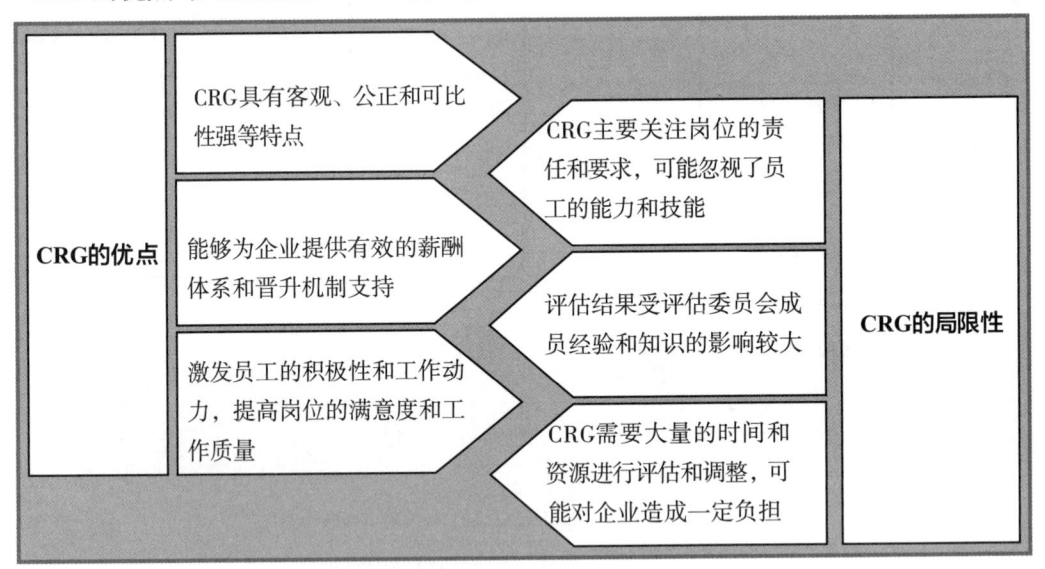

```
CRG的优点:
- CRG具有客观、公正和可比性强等特点
- 能够为企业提供有效的薪酬体系和晋升机制支持
- 激发员工的积极性和工作动力,提高岗位的满意度和工作质量

CRG的局限性:
- CRG主要关注岗位的责任和要求,可能忽视了员工的能力和技能
- 评估结果受评估委员会成员经验和知识的影响较大
- CRG需要大量的时间和资源进行评估和调整,可能对企业造成一定负担
```

图 10.17　CRG 的优点与局限性

10.9　全球职位评价系统

全球职位评价系统,又称全球职等系统(Global Grading System,GGS),是 Watson Wyatt(华信惠悦)公司专有的职位评估软件系统。该系统包含五等级架构及 25 个级别,通过确定企业整体最高职位等级进行职等归类;再详细分析各职位的专业知识、业务专长、团队领导、影响性质、影响领域、人际关系技巧等多方面因素;进而作全方位的平衡比较,并以电脑软件的形式实现评估。

10.9.1　GGS 五等级架构

GGS 的五等级架构是一个细致且全面的职位评估系统,将企业内的职位划分为不同的级别,以便更准确地评估每个职位的相对价值。

需要注意的是,GGS 的五等级架构是一个相对固定的框架,但企业在实际应用中可以根据自身的业务性质、规模和组织结构进行适当调整。此外,每个等级内部还可以进一步细分,以更精确地反映不同职位之间的细微差别。

GGS 五等级架构及 25 个级别见表 10.12。

表 10.12　GGS 五等级架构及 25 个级别

等级	级别	具体分析
基础等级	(1~5级)	如实习生、助理、前台接待员、基础文员、初级销售支持人员等 这些等级通常涵盖企业中的初级职位,职位主要涉及基础性、辅助性的行政、支持或销售工作

续表

等级	级别	具体分析
基础等级	（1~5级）	对专业知识和业务技能要求相对较低，但仍是组织架构中不可或缺的一部分
中级等级	（6~10级）	如初级专员、技术员、客户服务代表、初级销售代表、初级会计/财务助理
		这些职位需要员工具备一定的专业知识和实践经验
		能够独立处理一些常规任务，并开始承担更为复杂的项目
中高级等级	（11~15级）	如中级管理层、项目经理、技术专家、资深销售代表、财务分析师
		通常拥有深厚的专业知识和丰富的经验，能独立负责某个项目或领域的工作
		在团队中开始承担领导职责或对项目产生重要影响
高级等级	（16~20级）	如高级管理层、部门经理/主管、资深技术专家、区域销售经理、高级财务分析师
		这些职位在企业或部门中扮演关键角色，涉及企业战略规划和执行
		对公司的运营、发展和重要决策具有显著影响
顶级等级	（21~25级）	如公司高管层[如首席执行官（CEO）、首席财务官（CFO）、首席技术官（CTO）等]、副总裁VP、集团部门总经理、其他具有战略决策权的领导者
		这些职位是企业中的最高决策者，在组织内部具有最高级别的决策权
		这些职位负责制定企业长期战略，对公司整体业绩和长远发展负有最终责任

总的来说，GGS的五等级架构为企业提供了一个全面、系统的职位评估方法，有助于企业更准确地评估每个职位的价值，从而建立更加公平、合理的薪酬体系和激励机制。

10.9.2　GGS的特点与应用价值

GGS具备三大特点，如图10.18所示。

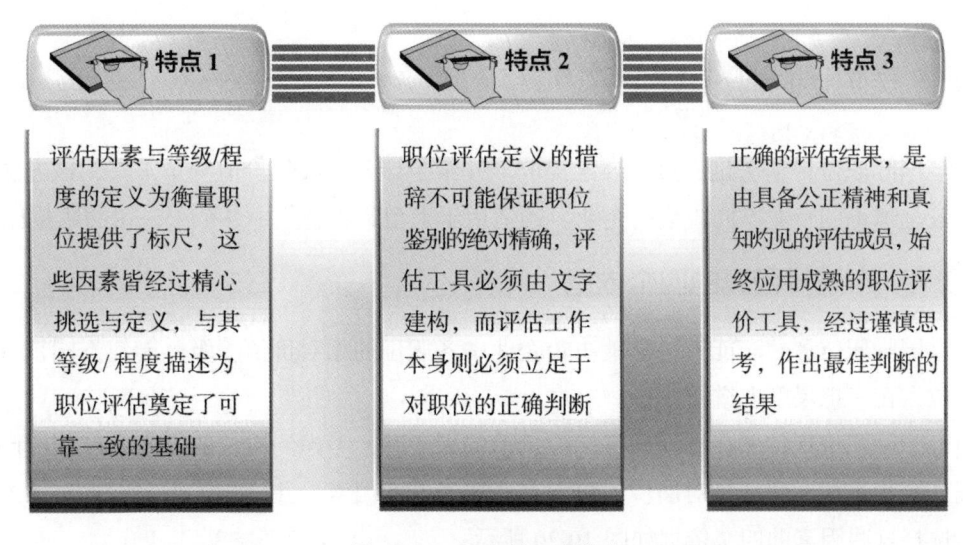

特点1：评估因素与等级/程度的定义为衡量职位提供了标尺，这些因素皆经过精心挑选与定义，与其等级/程度描述为职位评估奠定了可靠一致的基础

特点2：职位评估定义的措辞不可能保证职位鉴别的绝对精确，评估工具必须由文字建构，而评估工作本身则必须立足于对职位的正确判断

特点3：正确的评估结果，是由具备公正精神和真知灼见的评估成员，始终应用成熟的职位评价工具，经过谨慎思考，作出最佳判断的结果

图10.18　GGS的三大特点

GGS 的应用价值主要体现在三个方面：

（1）助力企业建立科学的薪酬体系。通过 GGS 的精准评估，企业可以根据职位的相对价值制定合理的薪酬标准，从而建立起科学、公平的薪酬体系。

（2）优化人才管理。GGS 的评估结果可以为企业的人才管理提供有力支持。例如，在招聘、晋升和培训等方面，企业可以根据 GGS 的评估数据作出更加明智的决策。

（3）提升组织架构的透明度。通过 GGS 的评估，企业的组织架构和职位体系将变得更加透明。这有助于增强员工对组织结构的理解，促进内部的沟通和协作。

10.9.3 应用 GGS 的五项规则

应用 GGS 评价职位时，为确保评价的一致性，须遵循五项规则，如图 10.19 所示。

GGS 的五项规则

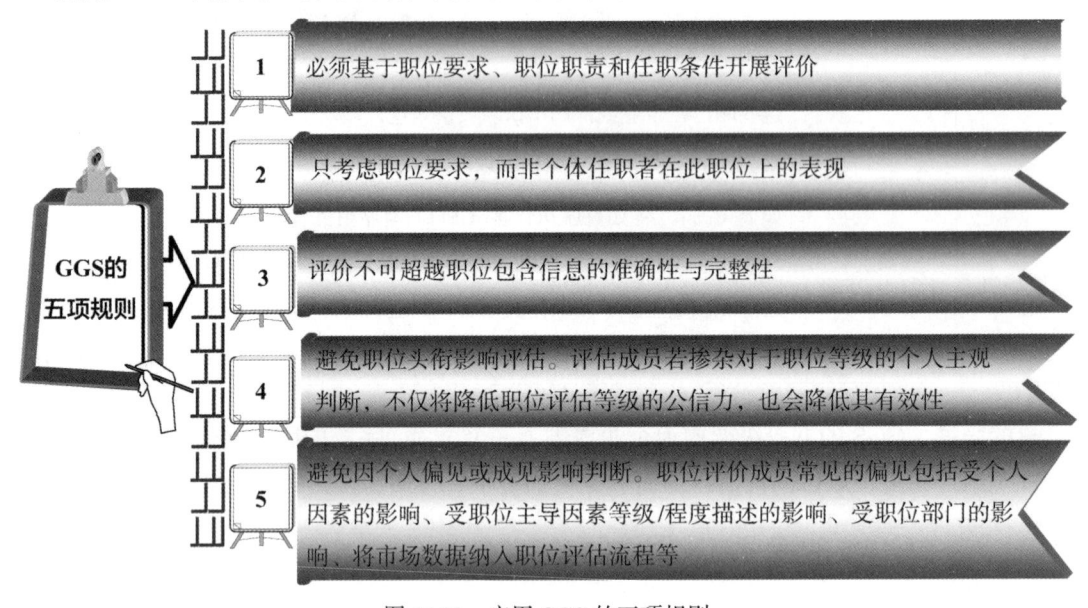

1. 必须基于职位要求、职位职责和任职条件开展评价
2. 只考虑职位要求，而非个体任职者在此职位上的表现
3. 评价不可超越职位包含信息的准确性与完整性
4. 避免职位头衔影响评估。评估成员若掺杂对于职位等级的个人主观判断，不仅将降低职位评估等级的公信力，也会降低其有效性
5. 避免因个人偏见或成见影响判断。职位评价成员常见的偏见包括受个人因素的影响、受职位主导因素等级/程度描述的影响、受职位部门的影响、将市场数据纳入职位评估流程等

图 10.19　应用 GGS 的五项规则

10.10　美世国际职位评估法

美世国际职位评估法是通过"因素提取"并给予评分的岗位价值测量工具，该方法不仅可以比较全球不同行业不同规模的企业，还适用于大型集团企业中各个子公司的职位比较。

10.10.1　选择因素的四个依据

美世国际职位评估法能够科学地决定企业中各职位的相对价值等级，能使不同领域、职能的岗位，在一把尺度上进行比较。

美世国际职位评估法在选择确定岗位价值的因素时，考虑到岗位的投入、过程和产出的全过程，会筛选相互独立且对岗位的价值有本质影响的因素，并确定了每个因素在体系中的权重。选择这些因素的四个依据如图 10.20 所示。

第10章 岗位评价方法的应用

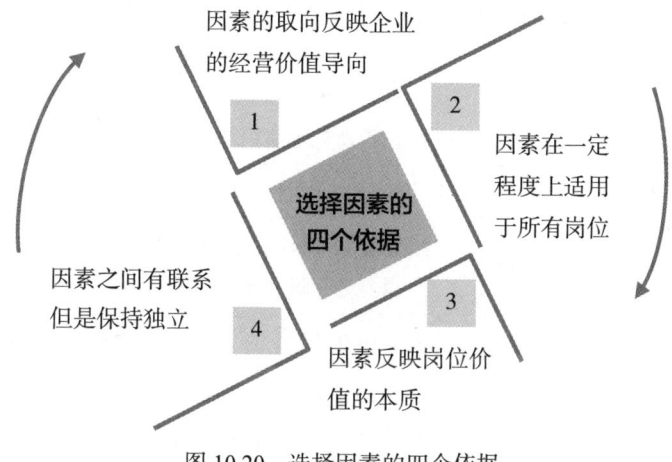

图 10.20 选择因素的四个依据

10.10.2 四个必需的主要因素

美世国际职位评估法有四个必需的主要因素,即影响、沟通、创新和知识,如图 10.21 所示。

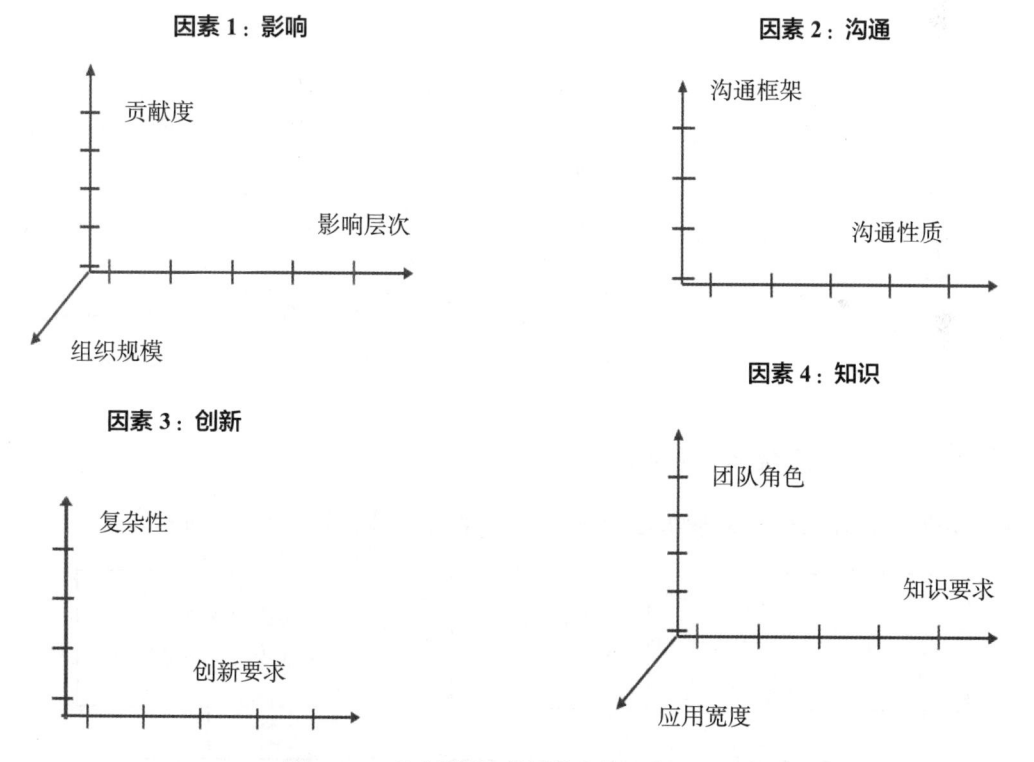

图 10.21 美世国际职位评估法的四个必需因素

10.10.3 十个维度的界定分析

美世国际职位评估法中的四个必需因素划分为十个维度,每个维度的界定与具体分析见表 10.13。

293

表10.13 美世国际职位评估法中四个必需因素的十个维度的界定与具体分析

必需因素	维度	界定与具体分析
因素1：影响 该因素关注岗位在其职责范围内、操作过程中的状况，并以贡献作为修正	组织规模	指岗位所处的组织结构规模的大小、员工数量多少等
	影响层次	主要分为交付性、操作性、战术性、战略性、远见性等层级
	贡献度	确定贡献度时往往需要结合排序比较的方法，岗位贡献度主要可以分为有限、部分、直接、显著、首要等等级的影响程度
因素2：沟通 该因素着眼于岗位所需的沟通技巧	沟通性质	主要包括传达、探讨和交流、影响、谈判、战略性等层级
	沟通框架	考虑岗位的沟通范围是组织内部还是外部，沟通双方的立足点、意愿是一致的还是分歧的
因素3：创新 该因素着眼于岗位所需的创新水平	创新要求	岗位履行职责所需的对流程、工具、方法和技术的调整、修改、创造的能力，主要包括跟从、核查、改进、提升、创造/概念化、科学的/技术的突破等层级
	复杂性	指岗位任职者进行创新时，需要自己解决的问题的复杂程度，主要包括明确的、困难的、复合的、多维的等层级
因素4：知识 该因素是指工作中为实现目标和创造价值所需的知识水平	知识要求	指履行岗位职责所需的必备知识，主要包括有限的工作知识、基本的工作知识、宽泛的工作知识、专业知识、宽广的智能领域知识/资深专业知识等层级
	团队角色	指岗位要求以何种方式应用知识，主要包括团队成员、团队领导、多团队经理等层级
	应用宽度	指岗位要求运用知识的宽度或环境，反映了岗位知识运用所覆盖的地理范围，主要包括本地、洲际、全球等层级

10.10.4 实施流程操作步骤

美世国际职位评估法的实施流程主要包括六个操作步骤，如图10.22所示。

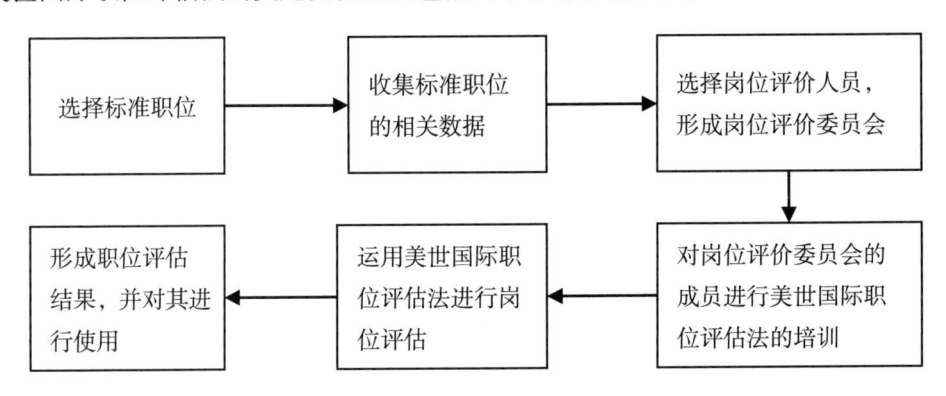

图10.22 美世国际职位评估法的流程

最佳实践：××公司技术岗位评估量表

××公司为了评估技术岗位的相对价值，特设计了打分量表，见表10.14。

表10.14　××公司技术岗位评估量表（部分：80%要素指标）

要素	细化指标及权重	等级	分级标准	分值
知识技术（10%）	学历学位（20%）	1	高中及以下	
		2	大专	
		3	本科	
		4	硕士及以上	
	专业知识（20%）	1	了解本岗位的相关规范和操作程序	
		2	系统地掌握本岗位的相关规范和操作程序，并具备基本的实践操作经验	
		3	系统地掌握本岗位的相关规范和操作程序，有基本的实践操作经验，并了解目前该行业（技术）的国内外发展状况	
		4	专业知识功底深厚且有自己独到的见解和创意	
	业务技术知识（15%）	1	仅掌握本专业领域的基本知识	
		2	掌握本专业领域的主要知识	
		3	较好地掌握本专业领域的系统知识	
		4	在本专业领域具有深厚的技术知识积累	
	相关职业资格证书（10%）	1	取得相关专业的初级职业资格证书	
		2	取得相关专业的中级职业资格证书	
		3	取得相关专业的高级职业资格证书	
	专业技术掌握程度（35%）	1	一般，能解决日常技术工作	
		2	有一定深度，可以开展新项目、新技术的研发工作	
		3	可以负责整个项目的技术管理工作	
		4	可以负责整个企业的技术管理工作	
劳动能力（35%）	工作经验（15%）	1	从事本职工作1年及以下	
		2	从事本职工作2~3年	
		3	从事本职工作3~5年	
		4	从事本职工作5年及以上	

续表

要素	细化指标及权重	等级	分级标准	分值
劳动能力（35%）	基本操作能力（35%）	1	掌握职位说明书中规定的本岗位最基本应知会的操作事项	
		2	精通本岗位某一方面的专业能力，可以组织解决一些小课题	
		3	精通本专业，有较强的技术分析能力，负责组织、指导某一项目或课题的研发工作	
		4	全面领导本企业重大项目的技术工作	
	组织策划能力（15%）	1	组织策划的方案存在严重缺陷，几乎很难保证项目的顺利完成	
		2	组织策划的方案有一定的可行性，在实践中若做出相应的调整，基本能够保证项目按要求完成	
		3	组织策划的方案有较强的可行性，能够保证项目按要求完成	
		4	组织策划的方案有很强的可行性，并制定了相应的保障措施，能够保证项目按要求完成	
	创新能力（35%）	1	所从事的基本都是程序化的工作，若出现新情况，须向上级领导请示	
		2	部分工作需要自己独立分析判断，并能对具体技术工作提出创新性建议	
		3	部分工作需要通过钻研和努力来完成，在工作的关键环节上进行技术和方法创新且被证明是提高了效率、解决了问题，具备较高的创新能力	
		4	能利用现有的资源不断取得技术上的突破	
劳动责任（35%）	质量责任（25%）	1	较小，只是从事一些辅助性的工作	
		2	较大，直接负责产品检测的部分指标工作	
		3	很大，对产品质量的关键指标负主要责任	
	技术责任（40%）	1	微小，对企业技术管理工作影响不大	
		2	较小，对企业技术管理工作影响较小	
		3	较大，对企业技术管理工作影响较大	
		4	重大，对企业技术管理工作影响特别大	

续表

要素	细化指标及权重	等级	分级标准	分值
劳动责任（35%）	安全管理责任（15%）	1	做好本职工作即可，对企业的安全生产影响甚微	
		2	负责所在部门的生产管理工作，对企业的安全生产影响较大	
		3	对整个企业的安全生产管理工作负主要责任，需要具备丰富的专业知识和较强的预见能力	
	管理幅度（20%）	1	受直接上司的领导	
		2	直接领导下属3~5人	
		3	负责领导整个项目小组的工作	
		4	负责领导整个技术部门的工作	

最佳实践：××公司生产岗位评估量表

××公司为了评估生产岗位的相对价值，特设计了打分量表，见表10.15。

表10.15 ××公司生产岗位评估量表

要素	序号	子因素及权重	因素等级	评价标准	分值	备注
岗位工作技能要求（30%）	1	文化素质（30%）	—	—	—	
	2	技能素质（40%）	一级（初级）	掌握基本生产技能，能完成简单任务，但需监督指导	20	
			二级（熟练）	熟练掌握核心技能，能独立处理常规任务，有一定的问题解决能力	45	
			三级（高级）	拥有高水平技能，能独立应对复杂任务和技术难题，可指导初级员工	70	
			四级（专家级）	达到专家级技能水平，能创新优化流程，是团队技术领袖	100	
	3	工作经验（30%）	—	—	—	

续表

要素	序号	子因素及权重	因素等级	评价标准	分值	备注
岗位工作责任（45%）	4	产量责任（30%）	一级	一般的服务性岗位	10	
			二级	辅助生产的一般岗位	25	
			三级	辅助生产的重要岗位	40	
			四级	产品生产工序中的一般岗位	60	
			五级	产品生产工序中较重要的岗位	80	
			六级	产品生产工序中的主要岗位	100	
	5	质量责任（40%）	一级	辅助生产，无质量责任	20	
			二级	辅助生产，质量责任不大	45	
			三级	产品生产的主要工序，有质量指标	70	
			四级	产品生产的主要工序，有重要的质量指标	100	
	6	安全责任（30%）	一级	对本企业的安全生产影响微小	20	
			二级	对本企业的安全生产影响较小	45	
			三级	对本企业的安全生产影响较大	70	
			四级	对本企业的安全生产影响重大	100	
劳动强度（20%）	7	工作压力（60%）	一级	从事程序性工作，心理压力较小	20	
			二级	程序性工作较多，有时会出现不可控因素，有一定的心理压力	45	
			三级	脑力支出较多，工作中常出现不可控因素，心理压力较大	70	
			四级	需要付出的脑力强度大，不可控因素多，心理压力大	100	
	8	工作时间特征（40%）	一级	按正常时间上下班	20	
			二级	上下班时间具有一定的规律性，可以自行安排或预先知道	45	
			三级	有时因工作要求不得不早到、迟退或者周末加班	70	
			四级	工作时间根据工作的具体情况而定，自己无法控制	100	
劳动条件（5%）	9	工作环境（50%）	一级	工作环境舒适，温度、湿度、噪声等控制在合理范围内，照明充足，空气质量良好	20	
			二级	工作环境基本舒适，部分因素可能略有超标，但对工作影响不大	45	
			三级	工作环境一般，存在不利于工作的因素，如噪声较大、照明不足等	70	
			四级	工作环境恶劣，多项因素超标，严重影响工作效率和员工健康	100	
	10	工作危险性（50%）	—	—	—	

最佳实践：敏捷科技公司岗位价值评估与薪酬设定

敏捷科技公司近年来发展迅速，员工数量不断增加，岗位种类也日益多样化。然而，随着公司规模的扩大，原有的薪酬体系已经无法满足内部公平性和外部竞争性的要求。为了解决这一问题，公司决定采用要素计点法对岗位进行价值评估，并重新设定薪酬体系。

敏捷科技公司岗位价值评估与薪酬设定的五个步骤如图10.23所示。

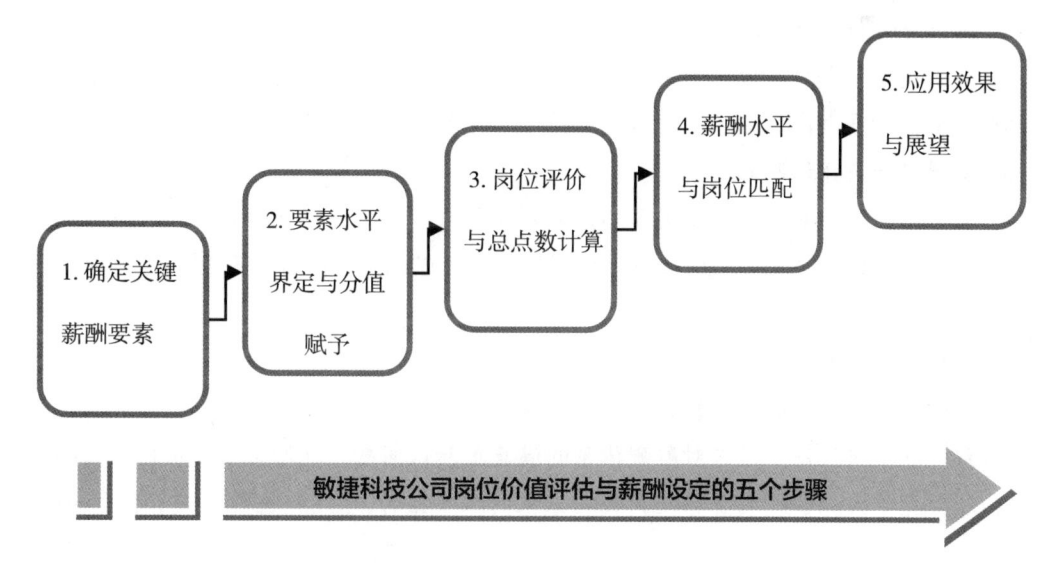

图 10.23　敏捷科技公司岗位价值评估与薪酬设定的五个步骤

1. 确定关键薪酬要素

经过与各部门负责人的讨论和市场调研，公司确定了以下关键薪酬要素：工作责任、工作技能、工作强度、工作环境、团队合作与沟通能力。

2. 要素水平界定与分值赋予

敏捷科技公司五大要素水平界定与分值赋予见表10.16。

表10.16　敏捷科技公司五大要素水平界定与分值赋予

序号	要素	水平高低	等级标准	分值
1	工作责任	根据岗位承担的工作职责和对公司业务的影响程度	分为低、中、高三种水平	分别赋予5点、10点、15点
2	工作技能	根据岗位所需的专业技能、知识和经验	分为基础、熟练、专家三种水平	分别赋予15点、25点、35点
3	工作强度	考虑工作压力、工作时间和工作量等因素	分为轻松、适中、紧张三种水平	分别赋予10点、15点、20点

续表

序号	要素	水平高低	等级标准	分值
4	工作环境	评估岗位的物理环境和工作条件	分为舒适、一般、艰苦三种水平	分别赋予5点、10点、15点
5	团队合作与沟通能力	根据岗位在团队中的协作要求和沟通能力	分为低、中、高三种水平	分别赋予5点、10点、15点

3. 岗位评价与总点数计算

公司组建了一个由人力资源部门和各部门负责人组成的评价团队。评价团队根据以上要素和分值,对每个岗位进行逐一评价,并计算每个岗位的总点数。

4. 薪酬水平与岗位匹配

根据岗位的总点数,公司设定了不同的薪酬等级。例如,总点数为60~70点的岗位被设定为薪酬等级A,71~80点的为薪酬等级B,以此类推。每个薪酬等级对应不同的薪资范围和福利待遇。

5. 应用效果与展望

通过要素计点法,敏捷科技公司成功地建立了一套科学、客观的岗位价值评估与薪酬设定体系。这不仅提高了员工对薪酬体系的满意度和认同感,也增强了公司内部薪酬的公平性和外部竞争力。同时,该体系还为公司未来的人才招聘、晋升和激励提供了有力的支持。

11

第 11 章

奖金、津贴、补贴管理方法的应用

奖金是对员工超出预期工作表现的直接奖励，其目的在于通过正向激励，促使员工更加投入工作，提升整体业绩。

津贴是对员工在特定工作条件下的一种补偿，如高温津贴、夜班津贴等。其目的在于平衡不同工作条件下的员工收益，保持员工的工作积极性和满意度。

补贴是对员工日常生活或工作支出的一种补偿，如交通补贴、餐补等。补贴的目的是降低员工的生活成本，提高员工的实际收入和生活质量。

奖金、津贴和补贴作为薪酬激励体系的一部分，需要与其他薪酬元素（如基本工资、股票期权等）协同作用，形成一个完整、均衡的激励体系。奖金、津贴、补贴管理方法的应用是一个复杂而细致的过程，需要综合考虑多种因素。通过合理的设计和管理，这些激励工具可以有效地提高员工的工作积极性和整体业绩，进而推动企业的持续发展。

奖金、津贴、补贴管理方法应用框架体系插画

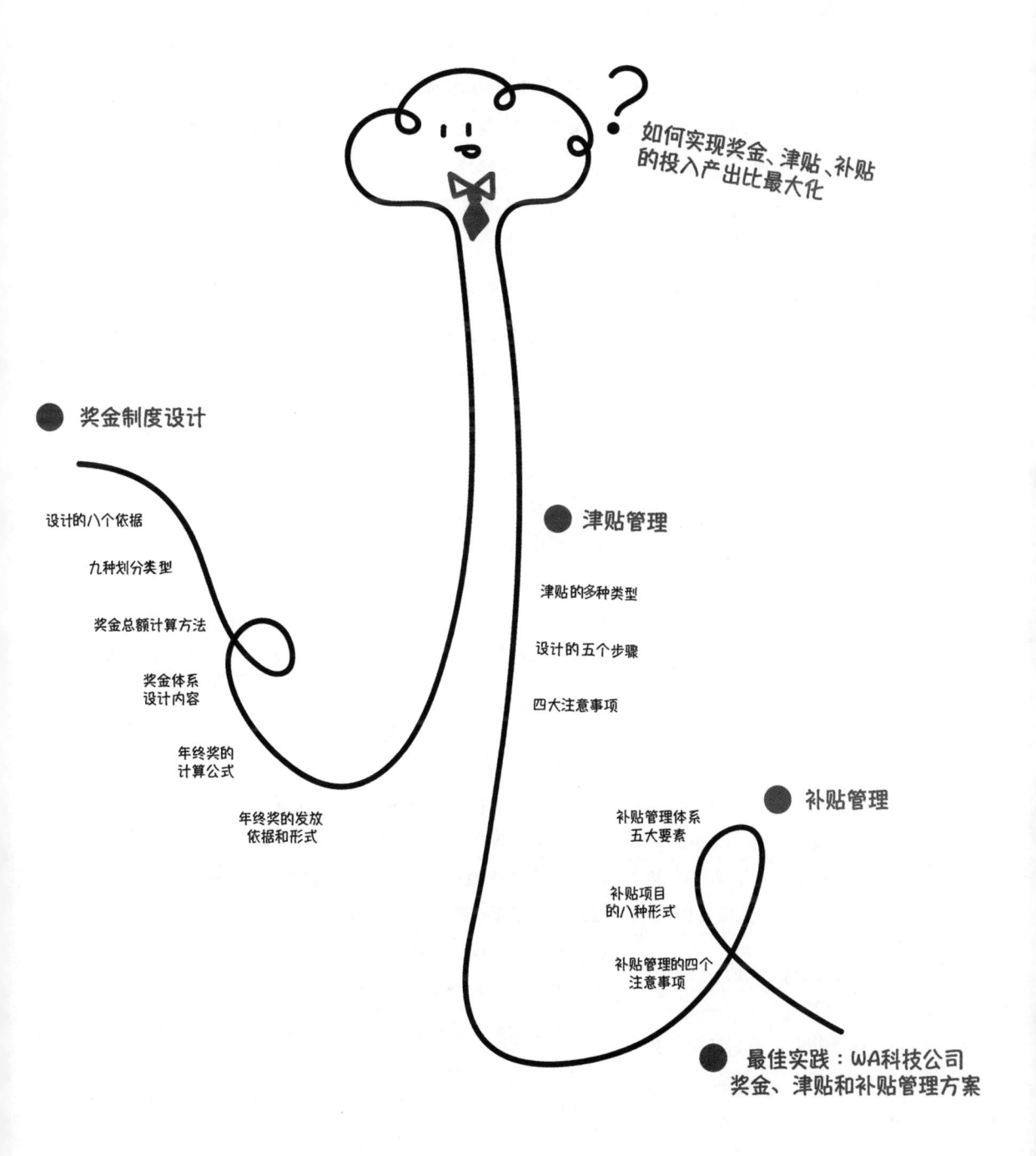

如何实现奖金、津贴、补贴的投入产出比最大化

● 奖金制度设计
- 设计的八个依据
- 九种划分类型
- 奖金总额计算方法
- 奖金体系设计内容
- 年终奖的计算公式
- 年终奖的发放依据和形式

● 津贴管理
- 津贴的多种类型
- 设计的五个步骤
- 四大注意事项

● 补贴管理
- 补贴管理体系五大要素
- 补贴项目的八种形式
- 补贴管理的四个注意事项

● 最佳实践：WA科技公司奖金、津贴和补贴管理方案

问题与痛点：如何实现奖金、津贴、补贴的投入产出比最大化

作为企业薪酬激励体系的重要组成部分，奖金、津贴和补贴旨在激发员工的工作积极性、提升工作效率和员工满意度。然而，如何实现这些激励工具的投入产出比（Return On Investement, ROI）最大化，往往是企业管理者面临的挑战。

要想实现奖金、津贴、补贴的投入产出比最大化，企业需要在设计、实施和调整薪酬激励方案时综合考虑多个方面。通过明确衡量标准、精准定位激励对象与需求、优化激励方案设计、确保公平性与透明度，以及持续监测与调整等步骤，企业可以更有效地利用薪酬激励工具提升员工的工作积极性和整体业绩。

实现奖金、津贴、补贴投入产出比最大化的五个要点，见表11.1。

表11.1 实现奖金、津贴、补贴投入产出比最大化的五个要点

序号	要点	细项划分	具体分析
1	明确投入产出比的衡量标准	定义与计算	投入产出比是衡量投资回报率的指标。在薪酬激励领域，投入产出比反映了企业在奖金、津贴、补贴等方面的投入与员工因此产生的绩效提升之间的比例
		衡量标准	要实现投入产出比最大化，首先需要明确衡量员工绩效提升的标准，如销售额增长、客户满意度提高、工作效率提升等
2	精准定位激励对象与需求	识别关键岗位与人才	针对企业内不同岗位和人才类型，制定差异化的激励策略。对关键岗位和核心人才给予更大力度的奖励，以确保激励效果最大化
		员工需求分析	深入了解员工的需求和期望，确保奖金、津贴、补贴等激励措施与员工的实际需求相匹配
3	优化激励方案设计	奖金与绩效挂钩	设计绩效奖金制度，确保奖金与员工的实际绩效紧密挂钩。通过设定明确的绩效目标和考核标准，激发员工的工作动力
		津贴与补贴的合理性	根据工作环境和实际需求，合理设置津贴和补贴项目。确保这些激励措施能够真正解决员工的实际问题，提高工作满意度
4	确保激励的公平性与透明度	公平性原则	建立公平的薪酬激励体系，确保同等投入能够获得同等回报。避免出现内部不公的情况，以维护员工的积极性和忠诚度
		透明度提升	公开薪酬激励政策和标准，让员工清楚了解自己的努力和回报之间的关系。这有助于增强员工的信任感和归属感
5	持续监测与调整	效果评估	定期评估薪酬激励方案的效果，包括员工绩效的提升、工作满意度的变化等方面。通过数据分析，了解激励方案的实际效果
		灵活调整	根据市场变化、企业发展阶段和员工需求的变化，灵活调整奖金、津贴、补贴等激励措施。确保激励方案始终与企业的战略目标和员工的实际需求保持一致

针对"投入产出比的衡量标准",通过建立一个多维度、全方位的衡量标准的 KPI 体系,企业能够更全面地评估奖金、津贴、补贴等激励措施对员工绩效的实际提升效果,从而实现投入产出比的最大化。这不仅有助于企业精准投放激励资源,还能促进企业整体绩效的持续改善。

投入产出比衡量标准的 KPI 体系设计见表 11.2。

表11.2 投入产出比衡量标准的 KPI 体系设计

KPI 指标	一级 KPI	二级 KPI	投入产出比二级 KPI 体系的界定与分析
销售业绩类指标	销售额增长	同期销售额对比	比较实施激励前后的销售额变化
		销售目标达成率	实际销售额与目标销售额的对比
	销售利润率	利润增长率	反映激励措施对销售利润的影响
		利润率水平	评估销售活动的盈利能力
客户满意度与忠诚度指标	客户满意度调查	客户满意度评分	通过问卷调查等方式收集客户对服务的评价
		重复购买率	反映客户对产品和服务的持续认可
	客户投诉率与处理时效	投诉数量变化	激励实施前后客户投诉数量的对比
		投诉处理速度与满意度	衡量公司对客户投诉的响应速度和处理效果
工作效率与生产力指标	任务完成速度与准确性	任务完成时间	对比激励前后的任务完成周期
		工作准确率	评估工作成果的质量
	单位时间内产出量	产出效率	衡量员工在单位时间内的工作成果
		产出质量	确保高效率的同时,工作成果依然保持高标准
团队协作与创新能力指标	团队协作效率	项目完成速度	团队协同工作的效率体现
		团队协作满意度	团队成员对合作过程的满意程度
	创新能力与成果	新点子/建议数量	员工提出创新思路的频率
		创新实施成功率	创新想法被采纳并成功实施的比例
员工发展与留任指标	员工培训与发展	培训参与度	员工参与培训活动的积极性
		技能提升速度	培训后员工技能水平的提升情况
	员工留任率	离职率变化	激励措施对员工稳定性的影响
		员工满意度调查	员工对工作环境的整体满意程度
成本控制与资源利用指标	成本节约额	成本降低比例	实施激励后成本节约的百分比
		资源利用效率	评估资源使用是否合理高效
	预算执行情况	预算偏离度	实际支出与预算的对比情况
		费用控制效果	激励措施对成本控制的积极作用

11.1 奖金制度设计

奖金是指支付给员工的超额劳动报酬和增收节支的劳动报酬。奖金的设计是企业进行薪酬激励管理的一项重要工作任务。

11.1.1 设计奖金制度的依据

设计奖金制度的依据各有不同且差别较大,主要依据包括八个方面,如图11.1所示。

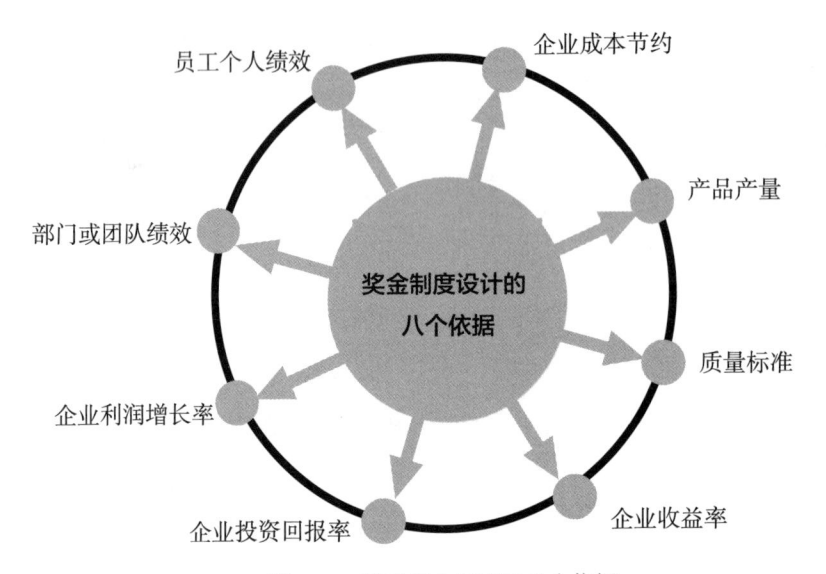

图 11.1 设计奖金制度的八个依据

八个依据包括:员工个人绩效、企业成本节约、产品产量、质量标准、企业收益率、企业投资回报率、企业利润增长率、部门或团队绩效。

11.1.2 九种划分类型

从奖励依据和发放时间等不同的维度来看,奖金可以划分为不同的类型,常见的企业奖金可以划分为九种类型,如图11.2所示。

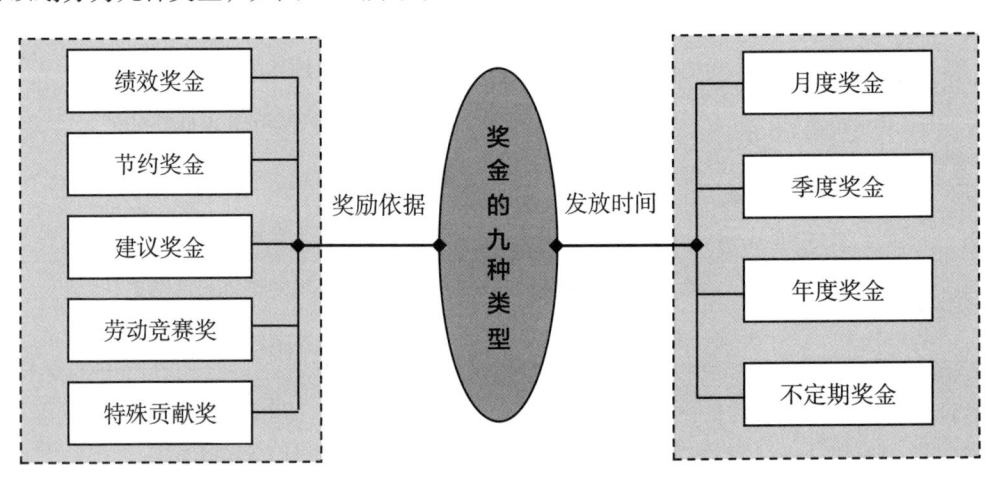

奖励依据:绩效奖金、节约奖金、建议奖金、劳动竞赛奖、特殊贡献奖

发放时间:月度奖金、季度奖金、年度奖金、不定期奖金

图 11.2 奖金的九种类型

11.1.3 奖金总额计算方法

企业奖金总额的计算方法主要有五种，涉及计算公式和指标说明，如图 11.3 所示。

按企业超额利润的百分比计算奖金总额	计算公式：本期新增奖金额 =（本期实际利润 − 上期实际利润）× 超额利润奖金系数
按企业实际经营效果和实际支付的人工成本计算奖金总额	在这种方式中，将节约的人工成本以奖金的方式支付给员工。计算公式：奖金总额 = 生产（销售）总量 × 标准人工成本费用 − 实际支付工资总额
按企业年度产量（销售量）的超额程度提取奖金	奖金根据目标产量（销售量）的超额程度等比例提取，或按累计比例提取。计算公式：奖金总额 =（年度实现销售额 − 年度目标销售额）× 计奖比例
按成本节约量的一定比例提取奖金总额	其主要目的是奖励员工在企业生产和经营成本节约中作出的贡献。计算公式：奖金总额 = 成本节约额 × 计奖比例
以附加值（净产值）为基准计算奖金总额	这是美国会计师 A. W. 拉卡所提倡的计奖方法，也称拉卡计划。拉卡对 1899—1957 年美国制造业的统计数字进行分析，发现在这 59 年中，工资含量几乎始终保持为附加值的 39.395%，相关系数为 0.997。如果已发工资总额低于按这一比例提取的工资总额，则少发的部分应以奖金形式发给员工。计算公式：奖金总额 = 附加价值 × 标准劳动生产率 − 实际支付工资总额

图 11.3　奖金总额的五种计算方法

11.1.4 奖金体系设计内容

设计奖金体系需要遵循五个步骤，如图 11.4 所示。

1. 确定奖金经费来源
2. 选择奖励的主要项目
3. 制定奖金发放的标准
4. 制定奖金分配办法
5. 确定奖金发放的周期

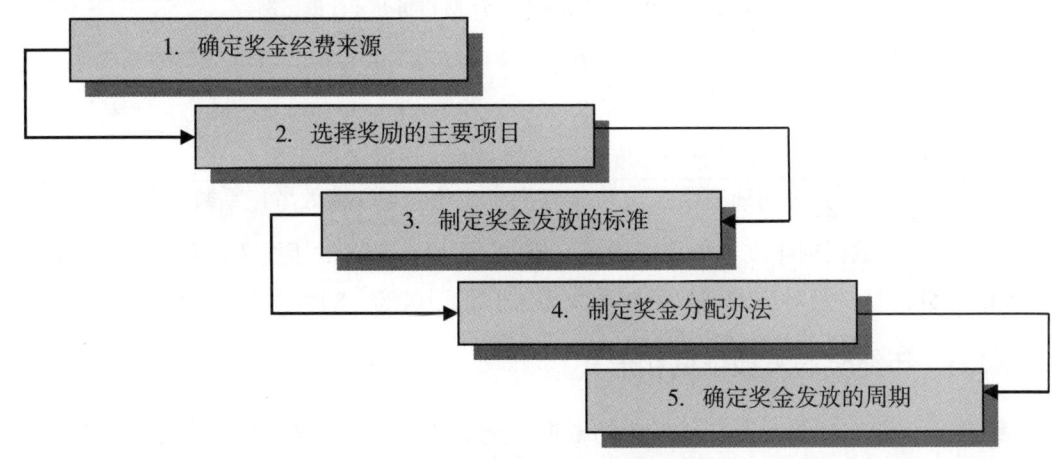

图 11.4　设计奖金体系的五个步骤

实施奖金体系，需要按照五个步骤把握好多个关键点，见表11.3。

表11.3 实施奖金体系的多个关键点

步骤	实施奖金体系的多个关键点
确定奖金经费来源	从奖励基金中提取，企业按照一定的比例和标准从指定的经费项目中提取
	从节约的资金中提取
	从企业基金中提取，根据国家规定的比例，从企业实现的利润中提取
	由国家或上级主管机关直接下发，即由授权机关拨给的经费
选择奖励的主要项目	根据本企业经营、工作的需要确定奖励的项目和相应的奖励指标
	刺激员工超额贡献的奖励项目
	约束员工节约成本，减少消耗的奖励项目
	体现部门性质的奖励条件和奖励指标
制定奖金发放的标准	企业根据各个奖励项目和奖励指标制定奖金发放的对象、标准和条件
制定奖金分配办法	积分法，对有定额的员工按照超额完成情况评分，对于无定额的员工按照完成任务的程度进行综合评分
	系数法，是在工作评价的基础上，根据岗位贡献大小确定岗位奖金系数，最后根据个人完成任务情况按系数进行分配
确定奖金发放的周期	奖金发放周期的确定应根据奖励项目的性质和工作需要进行选择
	与企业整体经济效益和社会效益有关的奖励，可采取年度奖金的形式发放
	针对持续的、有规律的工作设置奖励项目，采用月度奖、季度奖等形式

11.1.5 年终奖的计算公式

年终奖的计算公式如下。

（1）年终奖总额计算公式：

$$年终奖总额 = （实际利润 - 计划利润）\times 计提比例$$

（2）员工年度奖金计算公式：

$$员工年度奖金 = \frac{员工上一年度岗位工资总额 \times 绩效考核系数}{\sum 公司所有员工上一年度岗位工资总额 \times 绩效考核系数} \times 年终奖金总额$$

其中，绩效考核系数根据年度考核等级确定。例如，可以将员工的年度考核等级划分为S、A、B、C、D五级，每一级对应的绩效考核系数为120%、100%、80%、60%、0。

11.1.6 年终奖的发放依据和形式

年终奖是企业在年终或第二年的年初根据一定的考核方式和考核结果发给员工的奖励。年终奖的发放依据和形式见表11.4。

表11.4 年终奖的发放依据和形式

发放依据	发放形式
根据员工过去一年的绩效发放年终奖	将员工的年度绩效考核结果分成三类：优秀、一般和不合格。优秀员工的年终奖可以为月工资的 5～10 倍，一般的员工为 1～3 倍，不合格的员工不发年终奖或者还要扣除一部分平时工资
根据企业利润收入和员工的绩效考核结果发放	1. 企业根据经营情况计算企业年度利润总额，用年度利润总额乘以奖金分配系数，算出企业可发的年终奖总额； 2. 对员工年度绩效进行考核，并对每个考核结果配以相应的奖金系数，根据奖金系数分配奖金
根据员工工作目标的达成情况发放	企业在年初同员工签订《目标责任书》，明确员工在一年内应该达到的绩效目标，在年终时对《目标责任书》所规定的绩效目标的达成情况进行考核，根据考核结果发放奖金
根据员工月度工资收入、服务年限、职务级别等发放	将员工每月工资收入乘以不同的系数，在此基础上参照该员工的全年表现评分、职务、服务时间、学历等确定年终奖的额度。职务等级越高、服务年限越长、学历越高则所得的年终奖越高

11.2 津贴管理

津贴是指为了补偿员工特殊或额外的劳动消耗和因其他特殊原因支付给员工的费用，包括补偿员工特殊或额外劳动消耗的津贴、保健性津贴、技术性津贴、年功性津贴及其他津贴等。

合理的津贴管理制度能够激励员工、提高工作效率和员工满意度。在制定和实施津贴制度时，应遵循公平、激励、灵活和可持续性原则，并根据实际情况进行调整和优化。

企业津贴管理想要达到的目的包括三个，如图 11.5 所示。

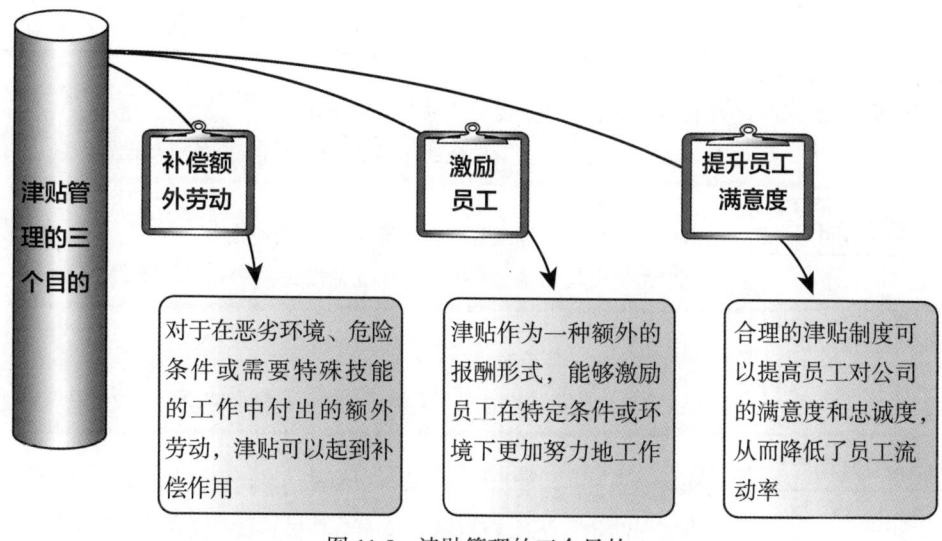

图 11.5 津贴管理的三个目的

11.2.1 津贴的多种类型

津贴的名目繁多，按照不同的标准可以划分为不同的类型，见表11.5。

表11.5 津贴的多种类型

划分标准	津贴类型	具体说明
管理层次	国家或地区统一制定的津贴	如夜班津贴、特种作业津贴、高温津贴等
	企业自行规定的津贴	如住房补助津贴、交通补助津贴
性质和目的	补偿员工在特殊劳动环境下或额外劳动消耗的津贴	即为了补偿员工在某些特殊的地理自然条件或额外劳动消耗而设置的津贴，如高空作业津贴、野外工作津贴、林区津贴、矿山井下津贴、高温津贴、特殊岗位津贴、夜班津贴等
	保健性津贴	为保障员工身体健康，对从事有毒、有害作业的员工建立的津贴，如卫生防疫津贴和医疗卫生津贴、科技保健津贴，以及其他行业员工的特殊保健津贴等
	技术性津贴	如特级教师补贴、科研津贴、工人技师津贴等
	年功性津贴	如工龄津贴、教龄津贴和护士工龄津贴等
	其他类型津贴	如伙食津贴、书报津贴等

11.2.2 津贴设计的步骤

科学合理地设计津贴关系到企业薪酬结构的合理性。津贴设计需遵循五个步骤，如图11.6所示。

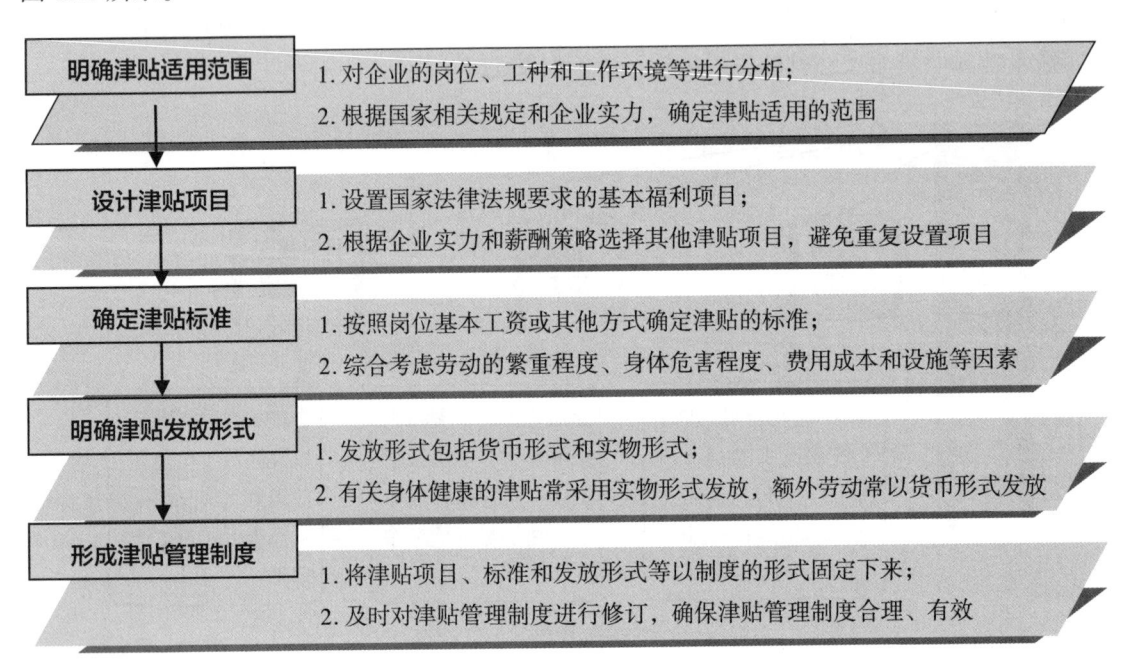

明确津贴适用范围
1. 对企业的岗位、工种和工作环境等进行分析；
2. 根据国家相关规定和企业实力，确定津贴适用的范围

设计津贴项目
1. 设置国家法律法规要求的基本福利项目；
2. 根据企业实力和薪酬策略选择其他津贴项目，避免重复设置项目

确定津贴标准
1. 按照岗位基本工资或其他方式确定津贴的标准；
2. 综合考虑劳动的繁重程度、身体危害程度、费用成本和设施等因素

明确津贴发放形式
1. 发放形式包括货币形式和实物形式；
2. 有关身体健康的津贴常采用实物形式发放，额外劳动常以货币形式发放

形成津贴管理制度
1. 将津贴项目、标准和发放形式等以制度的形式固定下来；
2. 及时对津贴管理制度进行修订，确保津贴管理制度合理、有效

图11.6 津贴设计的五个步骤

11.2.3 四大注意事项

企业为了控制津贴支出总额、消除员工的不满意感、增强员工的归属感，管理津贴要确保效果，具体实施过程中需要注意四大事项，如图 11.7 所示。

额度不可过大

津贴设计本身与员工的业绩或岗位能力关系不大，因此并非起直接激励作用，尤其以包干形式发放津贴时，包干额度应合理

津贴项目不可过多

一定的福利项目数量能够增强员工对企业的归属感，但是过多的津贴项目会导致津贴失去相应的作用、增加企业支出，而进行福利项目削减会影响员工的积极性

津贴管理的四大注意事项

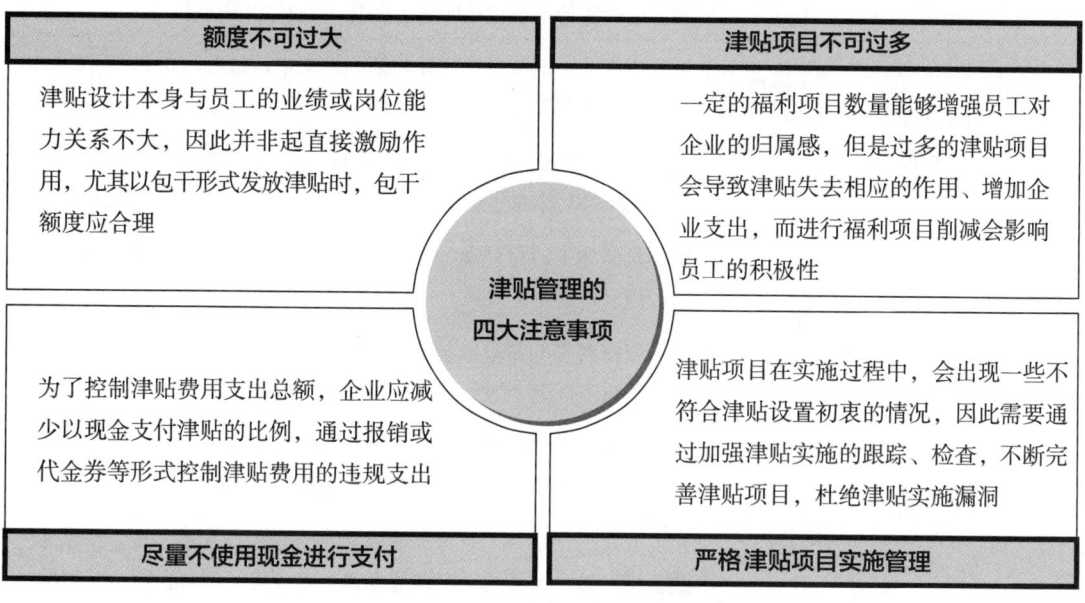

尽量不使用现金进行支付

为了控制津贴费用支出总额，企业应减少以现金支付津贴的比例，通过报销或代金券等形式控制津贴费用的违规支出

严格津贴项目实施管理

津贴项目在实施过程中，会出现一些不符合津贴设置初衷的情况，因此需要通过加强津贴实施的跟踪、检查，不断完善津贴项目，杜绝津贴实施漏洞

图 11.7　津贴管理的四大注意事项

11.3　补贴管理

补贴是指企业为弥补员工因物价上涨而造成的生活水平下降，或者因工作原因导致员工家庭生活开支增加，而在正常工资之外额外向员工支付的补助费。补贴通常以现金形式发放，旨在帮助员工应对额外的经济压力，提高员工的生活质量和工作满意度。

补贴管理涉及补贴政策的制定、执行与监督。有效的补贴管理对于确保补贴发放的公平性、合理性和激励效果至关重要。补贴管理是一个动态的过程，需要企业根据实际情况进行灵活调整和优化。

11.3.1　补贴管理体系五大要素

一套完善的补贴管理体系应包含五个方面的关键要素，见表 11.6。

表 11.6　补贴管理体系五大要素

序号	要素	细项划分	具体分析
1	补贴政策制定	明确补贴目的和标准	企业应根据自身实际情况和员工需求，明确补贴的目的，如缓解物价上涨对员工生活的影响，或补偿因工作导致的额外家庭开支。同时，应设定合理的补贴标准，确保补贴金额既能起到实质性的帮助作用，又不会给企业带来过大的经济负担

续表

序号	要素	细项划分	具体分析
1	补贴政策制定	制定补贴细则	企业应详细规定补贴的发放条件、发放周期、申请流程和所需材料。细则应确保公平性和透明度，避免出现歧义或争议
2	补贴申请与审批	员工申请	符合条件的员工可以按照补贴细则提交申请材料，如家庭开支证明、物价上涨证明等
		部门审批	人力资源部门或相关部门负责审核员工的申请材料，确保申请人符合补贴条件。审批过程应公正、透明，避免出现主观判断或偏见
3	补贴发放	核定补贴金额	根据员工的申请材料和补贴标准，核定每位员工的补贴金额。金额应合理且符合企业政策
		发放补贴	企业应按时将补贴发放给员工，确保员工能够及时收到补助。发放方式可以是现金、银行转账或其他合适的方式
4	补贴监督与评估	监督补贴使用情况	企业应定期对补贴的使用情况进行监督和检查，确保补贴资金得到合理使用，避免出现滥用或挪用的情况
		评估补贴效果	企业应定期评估补贴政策的实施效果，包括员工满意度、生活水平改善情况等。评估结果可以为未来补贴政策的调整提供参考依据
5	补贴政策调整优化		根据评估结果和市场变化，企业应及时调整补贴政策，确保其适应员工需求和市场环境。调整内容可以包括补贴标准、发放周期、申请条件等

11.3.2　补贴项目的八种形式

企业可通过多种形式对员工进行补贴，见表11.7。

表11.7　补贴项目一览表

补贴项目	具体说明
餐饮补贴	企业为员工提供的早、中、晚餐补助或饮料补贴
住房补贴	企业对无自有住房员工或自有住房面积未满足住用需求的员工发放的购房或住房补贴
交通补贴	企业用于补偿员工上下班乘坐市内公共交通工具而发生的费用，或补偿员工使用个人交通工具而发生的燃油费、保养费
通信补贴	企业为补偿员工因工作需要而发生的移动、固定电话通信费用而向员工提供的补贴项目
出差补贴	企业为补偿员工因出差造成生活成本增加的费用而向员工提供的补贴项目
CPI补贴	企业根据当前经济形势向员工提供的临时性物价补贴，用来缓解员工因CPI上涨带来的生活拮据。如果CPI下降，则可以随时取消该补贴项目
医疗补贴	企业补偿员工因病或非因工负伤发生的医疗费用而支付的补贴
困难补助	企业对因病、因残或其他原因导致生活困难的部分员工发放定期或一次性困难补助费

11.3.3 补贴管理的四个注意事项

补贴管理的四个注意事项，如图 11.8 所示。

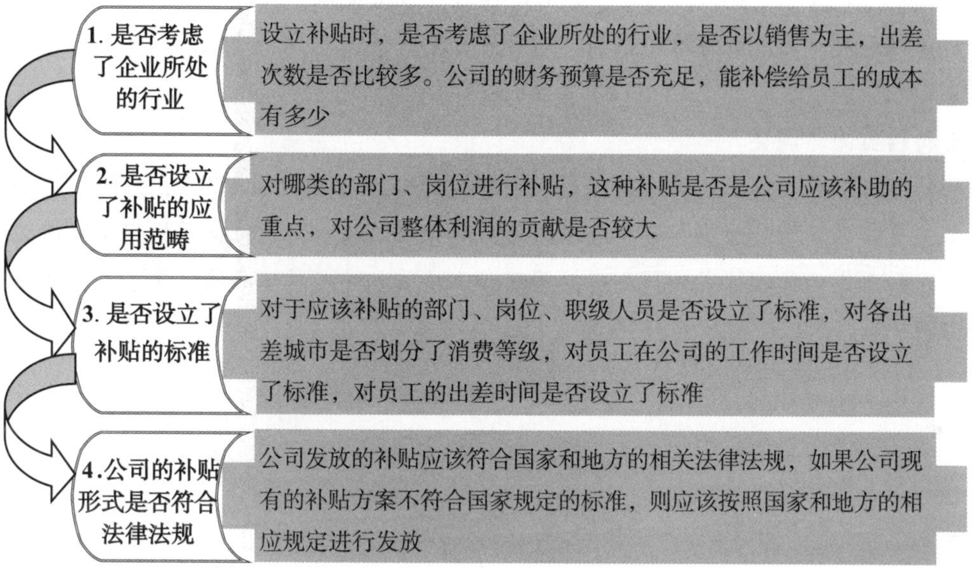

1. 是否考虑了企业所处的行业：设立补贴时，是否考虑了企业所处的行业，是否以销售为主，出差次数是否比较多。公司的财务预算是否充足，能补偿给员工的成本有多少

2. 是否设立了补贴的应用范畴：对哪类的部门、岗位进行补贴，这种补贴是否是公司应该补助的重点，对公司整体利润的贡献是否较大

3. 是否设立了补贴的标准：对于应该补贴的部门、岗位、职级人员是否设立了标准，对各出差城市是否划分了消费等级，对员工在公司的工作时间是否设立了标准，对员工的出差时间是否设立了标准

4. 公司的补贴形式是否符合法律法规：公司发放的补贴应该符合国家和地方的相关法律法规，如果公司现有的补贴方案不符合国家规定的标准，则应该按照国家和地方的相应规定进行发放

图 11.8　补贴管理的四个注意事项

最佳实践：WA 科技公司奖金、津贴和补贴管理方案

WA 科技公司是一家专注于软件开发与技术服务的企业。近年来，随着业务的发展，公司逐渐形成了远程工作和分布式团队的工作模式。为了在这种新工作模式下保持员工的工作积极性和效率，该公司精心设计并实施了一套有效的奖金、津贴和补贴管理体系。

1. 明确远程工作与分布式团队的特点

WA 科技公司首先分析了远程工作与分布式团队的特点，认识到这类工作模式下的员工更需要灵活性和自主性，同时也面临着沟通与协作的挑战。因此，公司在设计薪酬激励方案时，特别注重激发员工的自主性和团队协作能力。

2. 设计差异化的奖金制度

针对远程工作与分布式团队的特点，公司设计了差异化的奖金制度。该制度根据员工的项目完成情况、工作质量和团队协作表现来设定奖金额度。公司通过明确的绩效指标和考核体系，确保奖金的发放与员工的实际贡献紧密相连。

3. 提供灵活的津贴与补贴政策

考虑到远程工作与分布式团队的员工可能面临不同的工作环境和生活成本，WA 科技公司提供了灵活的津贴与补贴政策。例如，对于需要在家办公的员工，公司提供一定的居家办公津贴；对于需要频繁出差的员工，则提供差旅补贴。这些政策旨在确保员工在不同的工作环境下都能得到合理的补偿和支持。

4. 强化沟通与透明度

为了确保远程工作与分布式团队的员工能够充分了解并认同公司的薪酬激励政策，WA 科技公司加强了与员工的沟通。公司定期通过线上会议、邮件通知等方式向员工解释奖金、津贴和补贴的发放标准与依据，同时鼓励员工提出意见和建议，以便不断完善激励政策。

5. 持续监测与调整

WA 科技公司还建立了持续监测与调整机制，以确保薪酬激励政策的有效性。同时，定期收集员工的反馈和数据，分析奖金、津贴和补贴的投入产出比，并根据实际情况进行调整。这种动态的管理方式使得公司的薪酬激励政策始终与员工的实际需求和企业的发展目标保持一致。

第 12 章
员工福利管理方法的应用

员工福利在企业的薪酬与福利制度中占有举足轻重的地位，同时也是人力资源管理中不可或缺的工具。一套设计精良的员工福利方案，能够有效激发员工的工作热情与创新能力，进而加强企业内部的凝聚力，并提升企业在人才市场上的吸引力。此外，优质的员工福利还有助于塑造积极向上的企业文化，为企业在社会公众中塑造出良好的形象。

在现代企业人力资源管理中，福利管理已经超越了简单的物质提供，要求企业根据员工需求、市场趋势和企业战略，进行精细化、个性化的福利设计。有效的福利管理能够显著提高员工的工作积极性和效率，进而提升企业的整体绩效。

福利体系包括四个维度，如图12.1所示。

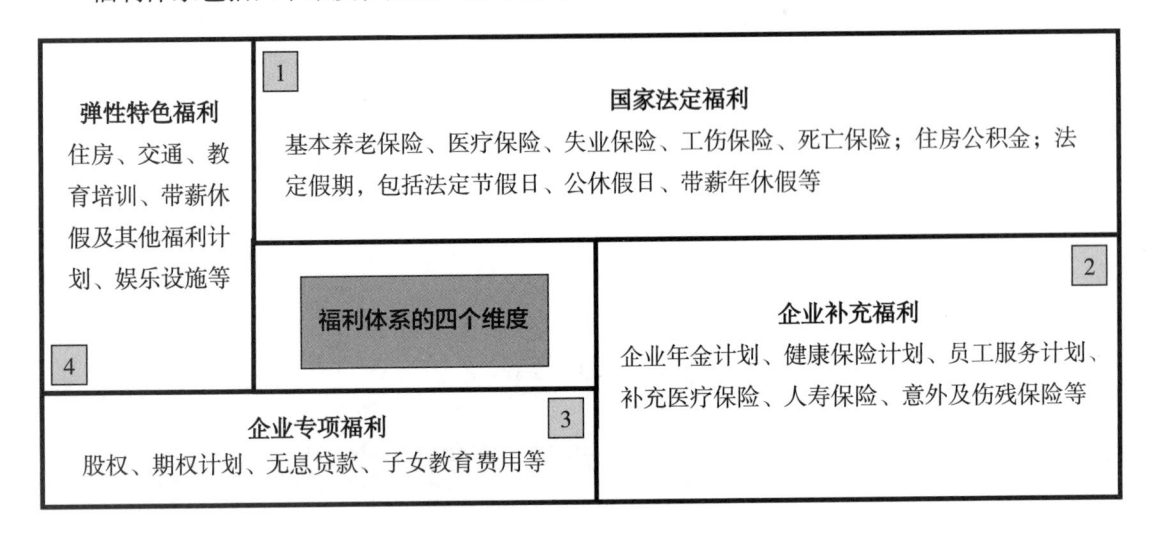

1 国家法定福利 基本养老保险、医疗保险、失业保险、工伤保险、死亡保险；住房公积金；法定假期，包括法定节假日、公休假日、带薪年休假等	
4 弹性特色福利 住房、交通、教育培训、带薪休假及其他福利计划、娱乐设施等	**福利体系的四个维度**
	2 企业补充福利 企业年金计划、健康保险计划、员工服务计划、补充医疗保险、人寿保险、意外及伤残保险等
3 企业专项福利 股权、期权计划、无息贷款、子女教育费用等	

图 12.1　福利体系的四个维度

第 12 章　员工福利管理方法的应用

员工福利管理方法应用框架体系插画

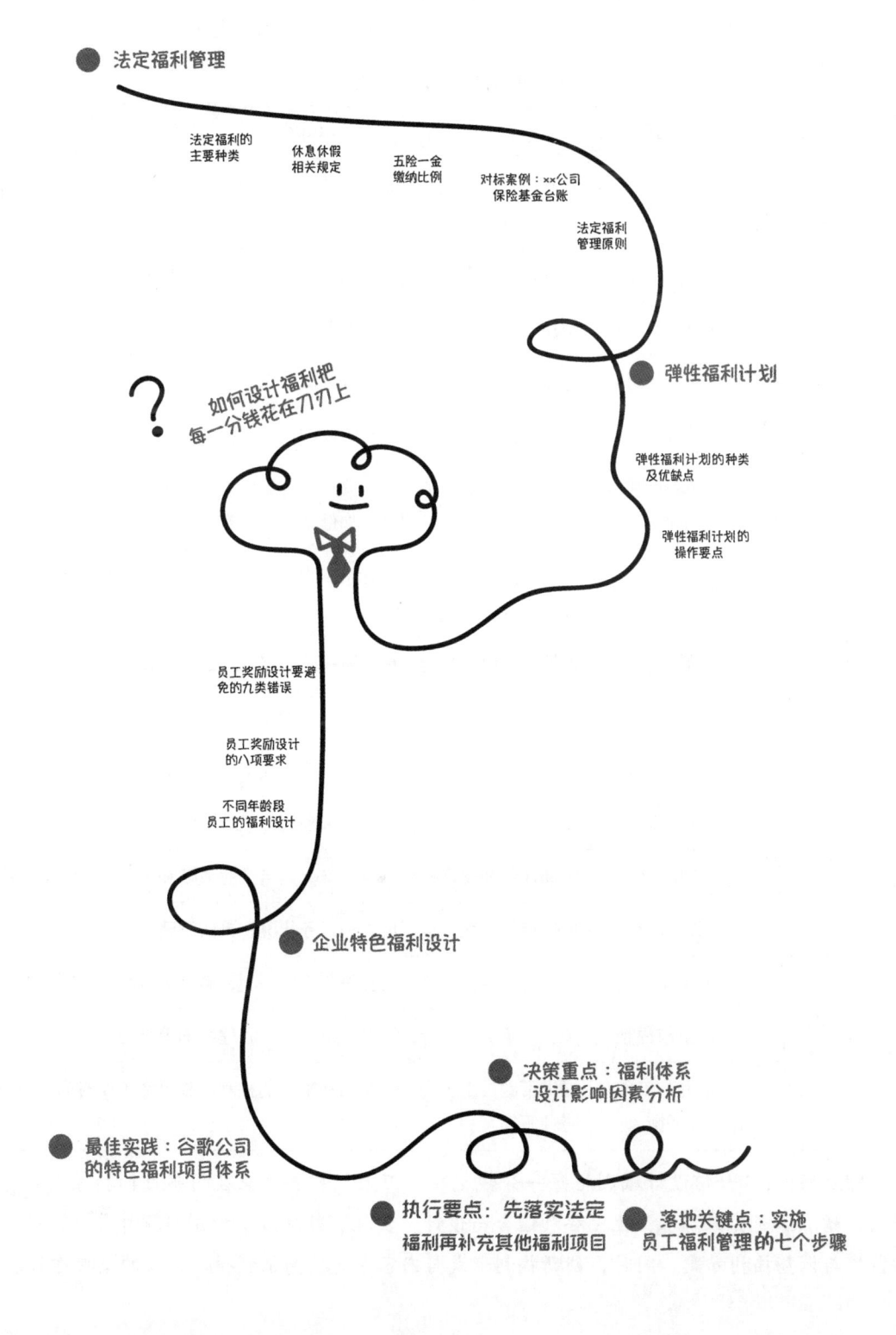

- 法定福利管理
  - 法定福利的主要种类
  - 休息休假相关规定
  - 五险一金缴纳比例
  - 对标案例：××公司保险基金台账
  - 法定福利管理原则

- 弹性福利计划
  - 弹性福利计划的种类及优缺点
  - 弹性福利计划的操作要点

？ 如何设计福利把每一分钱花在刀刃上

- 员工奖励设计要避免的九类错误
- 员工奖励设计的八项要求
- 不同年龄段员工的福利设计

- 企业特色福利设计

- 决策重点：福利体系设计影响因素分析

- 最佳实践：谷歌公司的特色福利项目体系

- 执行要点：先落实法定福利再补充其他福利项目

- 落地关键点：实施员工福利管理的七个步骤

问题与痛点：如何设计福利把每一分钱花在刀刃上

企业在设计员工福利时面临众多方面的挑战，尤其是如何在有限的预算内设计福利管理方法把每一分钱花在刀刃上，即福利设计与管理的六大重点，见表12.1。

表12.1 福利设计与管理的六大重点

序号	重点	细项划分	具体分析
1	明确福利设计的目标和原则	系统性原则	福利设计应与企业的整体战略和直接报酬激励相一致，以最大限度地实现利益最大化
		成本控制原则	在满足员工多样化福利需求的同时，必须合理控制福利成本
		动态调整原则	根据企业效益和员工需求的变化，及时对福利方案进行调整
2	精准识别员工需求	需求调研	通过问卷调查、员工访谈等方式，深入了解员工对福利的具体期望
		差异化需求	针对不同岗位、层级和年龄段的员工，提供差异化的福利方案
3	优化福利组合与设计	核心福利与辅助福利	确保核心福利（如医疗保险、退休金计划等）的竞争力，同时根据员工需求添加辅助福利（如健康计划、家庭照顾假等）
		弹性福利计划	提供可选的福利项目，让员工根据自己的需求选择，既满足员工个性化需求，又能控制成本
4	有效成本控制与预算管理	预算制定	根据企业财务状况和员工需求，制定合理的福利预算
		成本效益分析	对每项福利进行成本效益分析，确保投入与产出的合理性
		供应链管理	优化福利采购和供应链管理，降低成本，提高效率
5	持续监控与调整	反馈机制	建立员工反馈机制，及时了解福利方案的实际效果
		定期评估	定期评估和修订福利方案，确保其与企业战略和员工需求保持一致
		灵活调整	根据市场变化、员工反馈和财务状况，灵活调整福利方案
6	创新福利形式与内容	非物质福利	考虑提供培训、晋升机会等非物质福利，满足员工职业发展的需求
		健康与福祉	关注员工身心健康，提供健康检查、心理咨询等福利
		家庭与工作平衡	提供帮助员工实现工作与家庭平衡的福利，如灵活工作时间、家庭照顾假等

综上所述，"如何设计福利把每一分钱花在刀刃上"需要企业在明确目标和原则的基础上，精准识别员工需求，优化福利组合与设计，实施有效的成本控制与预算管理，并持续监控与调整福利方案。同时，创新福利形式与内容也是提高福利投入产出的重要途径。

12.1 法定福利管理

法定福利是指政府为了降低受严重工伤或失业工人陷入贫困的可能性，保障他们的被赡养人的生活，以及维持退休人员的收入水平，而要求由企业和员工双方分别按工资收入的一定比例缴纳的社会保障税。

12.1.1 法定福利的主要种类

具体来讲，目前我国实施的法定福利主要由五险一金构成，除此之外，还包括休息休假等规定。

1. 社会保险

社会保险是我国法定福利的核心部分，包括五大险种。

（1）养老保险。养老保险是社会保障制度的重要组成部分，是社会保险五大险种中最重要的险种之一。养老保险是指国家和社会根据一定的法律和法规，为保障劳动者在达到国家规定的解除劳动义务的劳动年龄界限，或因年老丧失劳动能力退出劳动岗位后的基本生活而建立的一种社会保险制度。

（2）社会医疗保险。社会医疗保险是指当个人生病或受到伤害后，由国家和社会给予的一种物资帮助，即提供医疗服务或经济补偿的一种社会保障制度。

（3）工伤保险。工伤保险是对劳动者在生产经营活动中遭受意外伤害或职业病，并由此造成死亡、暂时或永久丧失劳动能力时，给予劳动者及其家属法定的医疗救治、生活保障，以及必要的经济补偿的一种社会保障制度。工伤保险费由企业根据员工工资总额的一定比例（不同的行业，国家规定的缴纳比例是不同的）缴纳，员工个人不缴纳。

（4）失业保险。失业保险是指国家通过立法强制实行的，由社会集中建立基金，对因失业而暂时中断生活来源的劳动者提供物质帮助和促进其再就业的制度。

（5）生育保险。生育保险是通过国家立法，在劳动者因生育子女而暂时中断劳动时，由国家和社会及时给予生活保障和物资帮助的一项社会保险制度。其宗旨在于通过向职业妇女提供生育津贴、医疗服务和产假，帮助她们恢复劳动能力，重返工作岗位。生育保险根据"以支定收，收支基本平衡"的原则筹集资金，由企业按照其工资总额的一定比例向社会保险经办机构缴纳生育保险费，建立生育保险基金。员工个人不缴纳生育保险费。

2. 住房公积金

住房公积金是帮助员工积累住房资金的一项制度，旨在让员工在未来有能力购买住房。员工个人缴存的住房公积金和员工所在单位为员工缴存的住房公积金，属员工个人所有。住房公积金是一种义务性的、强制性的个人长期住房储蓄基金。

12.1.2 休息休假相关规定

休息休假时间是劳动者根据法律法规规定，在国家机关、社会团体、企业、事业单位，以及其他组织任职期间，不必从事生产和工作而自行支配的时间。

（1）休息日标准。休息日又称公休假日，是劳动者满一个工作周后的休息时间。《劳动法》第三十八条规定，用人单位应当保证劳动者每周至少休息一日。1995年《国务院关于修改〈国务院关于职工工作时间的规定〉的决定》（国务院令第174号）规定，我国员工的休息时间标准为工作5天、休息2天。该决定同时规定，国家机关、事业单位实行统一的工作时间，星期六和星期日为周休息日；企业和不能实行国家规定的统一工作时间的事业单位，可以根据实际情况灵活安排周休息日。

（2）法定年节假日标准。法定年节假日是由国家法律、法规统一规定的用以开展纪念、庆祝活动的休息时间，也是劳动者休息时间的一种。新中国成立后，我国法定年节假日为7天。1999年，法定年节假日增至10天。2007年《国务院关于修改〈新中国成立全国年节及纪念日放假办法〉的决定》（国务院令第513号）将清明、端午、中秋和除夕设为法定节假日，将我国传统节日设定为法定节假日，有利于弘扬和传承中华优秀传统文化，提升中国文化在国际上的影响，提高全世界华人的文化凝聚力。2013年《国务院关于修改〈全国年节及纪念日放假办法〉的决定》（国务院令第644号）规定法定年节假日标准为11天。

《国务院办公厅关于2025年部分节假日安排的通知（国办发明电〔2024〕12号）》明确，经党中央、国务院批准，根据2024年11月修订的《全国年节及纪念日放假办法》，自2025年1月1日起，全体公民放假的假日增加2天，其中春节、劳动节各增加1天。据此对放假调休原则作进一步优化完善，除个别特殊情形外，春节自农历除夕起放假调休8天，国庆节自10月1日起放假调休7天，劳动节放假调休5天，元旦、清明节、端午节、中秋节分别放假调休或连休3天（如逢周三则只在当日放假），国庆节放假如逢中秋节则合并放假8天。

（3）带薪年休假标准。带薪年休假是劳动者连续工作满1年后每年依法享有的保留职务和工资的一定期限连续休息的假期。《劳动法》第四十五条规定，国家实行带薪年休假制度。2007年国务院颁布《职工带薪年休假条例》（国务院令第514号）明确规定，机关、团体、企业、事业单位、民办非企业单位、有雇工的个体工商户等单位的员工连续工作1年以上的，享受带薪年休假。

◆员工累计工作已满1年不满10年的，年休假5天。

◆已满10年不满20年的，年休假10天。

◆已满20年的，年休假15天。

◆国家法定休假日、休息日不计入年休假的假期。

2008年，《机关事业单位工作人员带薪年休假实施办法》《企业职工带薪年休假实施办法》公布实施。至此，全面建立起适用于各类用人单位的带薪年休假制度。带薪年休假制度的实行，使员工得到更好的休息，这有利于劳动者的身体健康，也有利于劳动者在经过充分的休息后以更充沛的精力投入生产和工作。

（4）探亲假标准。据1981年《国务院关于职工探亲待遇的规定》，规定了国家机关、人民团体和全民所有制企业、事业单位的员工探亲假标准。根据规定，员工工作满1年，与配偶不住在一起，又不能在公休假日团聚的，可以享受探望配偶的假期待遇（每年1次，假期30天）；与父亲、母亲都不能住在一起，又不能在公休假日团聚的，可以享受探望父母的假期待遇（未婚员工每年1次，假期20天；已婚员工每4年1次，假期20天）。同时，单位应根据需要给予路程假。探亲假期包括公休假日和法定节日在内。

（5）婚丧假标准。按照1980年颁布的《国家劳动总局、财政部关于国营企业职工请婚丧假和路程假问题的通知》规定，员工本人结婚或员工的直系亲属（父母、配偶和子女）死亡时，可以根据具体情况，由本单位行政领导批准，酌情给予1~3天的婚丧假。另外，可根据路程远近给予路程假。

12.1.3 五险一金缴纳比例

五险一金的缴纳比例各地各有不同，但一般规定缴纳比例见表12.2。

表12.2 五险一金一般规定缴纳比例

五险一金	个人缴纳比例	单位缴纳比例
养老保险	8%	通常在19%~22%之间，具体比例可能因地区和单位性质有所不同。例如，有的地方单位缴纳比例为20%。其中，17%划入统筹基金；3%划入个人账户
医疗保险	2%，另外可能需要额外缴纳小额费用，如3元或5元，作为大额医疗费用补助	通常在8%~10%之间，也有可能出现如9%、9.5%等比例
失业保险	1%	通常在0.5%~2%之间
工伤保险	0%（个人无须缴纳）	通常在0.5%~2%之间，具体比例根据单位被划分的行业范围来确定
生育保险	0%（个人无须缴纳）	通常在0.8%左右
公积金	个人和单位缴纳比例相同，通常在5%~12%之间，具体比例根据企业实际情况选择。但有的地区也规定了公积金缴费的最高限额，如不得超过当地员工平均工资的300%的10%

对标案例　××公司保险基金台账

根据国家规定，企业和员工个人必须缴纳各项社会保险基金，即保险基金是一项确定的企业支出项目，是企业人工成本的重要组成部分。企业建立保险基金台账时，应将所有的保险基金信息包括在内，如保险项目、合计支出费用、单项支出费用，以及发生月份等。

××公司××年度保险基金台账见表12.3。

表12.3　××公司××年度保险基金台账

单位：元

月份	员工姓名	身份证号	养老保险 企业	养老保险 个人	医疗保险 企业	医疗保险 个人	失业保险 企业	失业保险 个人	工伤保险 企业	工伤保险 个人	生育保险 企业	生育保险 个人	总计
1													
2													
3													
4													
5													
6													
7													
8													
9													
10													
11													
12													
合计	___人		___元		___元		___元		___元		___元		___元

12.1.4　法定福利管理原则

法定福利是薪酬体系中不可或缺的一部分，对于保障员工权益、提高员工满意度和忠诚度具有重要作用。企业应重视法定福利的管理，确保合规性、公平性、透明性和有效性，并根据实际情况进行持续优化和调整。

法定福利管理五项原则如图12.2所示。

合规性管理：企业需确保法定福利的缴纳和管理符合国家法律法规的要求。这包括及时缴纳社会保险和住房公积金，按照规定的比例和基数进行计算，以及确保员工能够享受到应有的福利待遇

公平与透明：企业应确保法定福利的分配公平、透明，避免出现内部歧视或不公现象。员工福利的发放应基于明确的制度和规则，确保每位员工都能清楚地了解自己的福利待遇

有效沟通：企业应定期与员工沟通关于法定福利的相关信息，包括缴纳情况、福利待遇、申请流程等。这有助于增强员工对福利制度的了解和信任，提高员工的满意度和忠诚度

持续优化：随着社会经济环境和员工需求的变化，企业应定期对法定福利制度进行审查和优化。例如，可以根据员工的反馈和市场的变化调整福利政策，以更好地满足员工的需求

风险控制：在管理法定福利时，企业还需要注意风险控制。例如，应确保社会保险和住房公积金的缴纳及时、足额，避免出现漏缴、少缴等违规行为，以免引发法律风险和员工不满

图12.2　法定福利管理五项原则

12.2 弹性福利计划

弹性福利计划,也称为弹性福利自助超市、自助餐式福利、菜单式福利或自选福利,是指企业为了更好地满足员工多元化的福利需求而设置的,在可行的企业财务预算范围内,提供可选的多种福利项目,由员工根据其自身或其家庭成员的需要自主选择福利项目。

在弹性福利设计实践中,企业通常的做法是设计一个包含所有福利项目的菜单,然后交由员工进行选择,员工根据自己或家庭的喜好和需求,在公司规定的预算额度内进行选择。

员工可以选择自己需要的福利项目,可最大程度满足其需要,提高其工作满意度。同时,企业也可以结合企业战略目标和财务预算,进行福利设置,在预算范围内实行计划,提高其在市场中的竞争力。

12.2.1 弹性福利计划的种类及优缺点

一般而言,弹性福利计划的种类及优缺点见表12.4。

表12.4 弹性福利计划的种类及优缺点

类型	优点	缺点
1. 核心+随意项 每个员工都可以享受的固定福利再加上可以随意选择的福利项目 2. 福利套餐 企业推出多种固定的福利套餐,员工只能选择其中一种 3. 薪水福利置换 员工可以选择降低其薪水来换得福利的方式 4. 奖金转换福利 员工可以通过放弃或降低其税前奖金的方式来获得福利	1. 个性化 弹性福利计划区别于传统计划最大的特点就是具有针对性,员工可以根据自己和家庭的不同需求进行福利选择 2. 竞争性 一般企业采取传统福利项目较多,其实,采用弹性福利计划才可以把自己和竞争对手区别开来,突出特点以提高企业的竞争优势 3. 激励性 激励作用是弹性福利计划实施的主要目的之一,通过弹性福利计划可以使员工更加有归属感,更加认同企业文化,从而提高员工工作积极性	1. 目标难以统一 由于员工需要的福利目标不同,制定一个大家都满意的福利方案不是一件容易的事情 2. 偏离目的更重价值 当计划设置好后,员工可能因为感觉其他计划更加值钱,而偏离了自己的初衷 3. 增加管理成本 由于福利项目多样化、操作特色化,增加了统计核算等管理成本

12.2.2 弹性福利计划的操作要点

弹性福利计划的操作要点包括明确预算与可选范围、进行员工需求调研、个性化设计福利项目、建立透明的选择机制、持续沟通与反馈,以及确保合规性与税务考虑。通过科学合理地实施这些要点,企业可以更有效地满足员工的多元化需求,提升员工的工作满意度和忠诚度,从而推动企业的持续发展。

设计弹性福利计划的六大要点如图 12.3 所示。

明确福利预算与可选范围

企业在设计弹性福利计划时，首先需要设定明确的福利预算。这一预算应基于企业的财务状况、行业标准和市场竞争情况来制定。在预算范围内，企业应提供多样化的福利项目供员工选择，这些项目可以包括但不限于健康保险、旅游补贴、教育培训、家庭护理、额外休假等

员工需求调研

通过问卷调查、座谈会或一对一访谈等方式，深入了解员工对福利的期望和偏好。这不仅有助于设计出更符合员工实际需求的福利项目，还能确保福利计划的有效性和针对性

福利项目的个性化设计

基于员工需求调研的结果，企业应设计出一系列个性化的福利项目。这些项目应能覆盖不同年龄、性别、职位和家庭状况的员工需求。例如，为年轻员工提供教育培训和职业发展支持，为有家庭负担的员工提供家庭护理和子女教育补贴等

建立透明的选择机制

弹性福利计划的核心在于员工能够自主选择福利项目。因此，建立一个透明、公正的选择机制至关重要。企业应通过内部平台或系统，向员工清晰展示所有可选的福利项目及其详细说明。同时，要设定明确的选择规则和流程，确保每位员工都能公平地选择自己所需的福利

持续沟通与反馈

弹性福利计划的实施并非一蹴而就，而需要持续的沟通与反馈。企业应定期收集员工对福利计划的意见和建议，及时调整和优化福利项目，以确保计划的有效性和员工满意度。此外，通过定期的沟通和宣传，还能增强员工对福利计划的了解和认同，提高计划的参与度和效果

合规性与税务考虑

在设计弹性福利计划时，企业必须确保所有福利项目都符合相关法律法规的要求。同时，还需要考虑税务方面的影响，确保福利计划的实施不会给企业带来税务风险

图 12.3　设计弹性福利计划的六大要点

12.3　企业特色福利设计

企业特色福利设计的意义和价值在于，通过精心设计的福利体系，不仅能够更精准地满足员工的个性化需求，提升员工的满意度和忠诚度，还能够有效激励员工，提高工作效率。避免常见奖励错误、遵循科学的奖励设计要求，以及针对不同年龄段员工定制福利，都是为了确保福利政策的公平性和有效性。这样的设计不仅有助于企业吸引和留住人才，还能够塑造积极向上的企业文化，从而推动企业的长远发展和持续创新。

12.3.1　员工奖励设计要避免的九类错误

企业创新性地设计员工奖励时，需要综合考量自身现状，并且避免图12.4所示的奖励标准与实际奖励不符的九类错误。

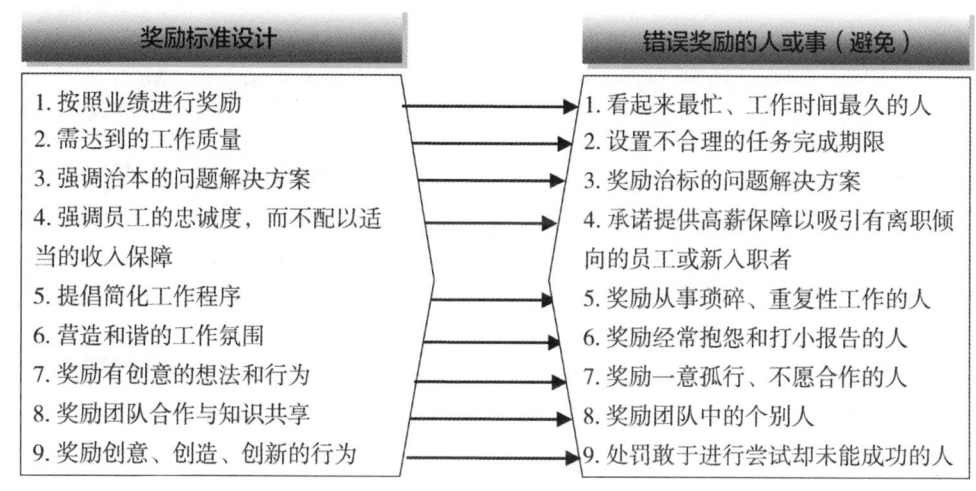

奖励标准设计	错误奖励的人或事（避免）
1. 按照业绩进行奖励	1. 看起来最忙、工作时间最久的人
2. 需达到的工作质量	2. 设置不合理的任务完成期限
3. 强调治本的问题解决方案	3. 奖励治标的问题解决方案
4. 强调员工的忠诚度，而不配以适当的收入保障	4. 承诺提供高薪保障以吸引有离职倾向的员工或新入职者
5. 提倡简化工作程序	5. 奖励从事琐碎、重复性工作的人
6. 营造和谐的工作氛围	6. 奖励经常抱怨和打小报告的人
7. 奖励有创意的想法和行为	7. 奖励一意孤行、不愿合作的人
8. 奖励团队合作与知识共享	8. 奖励团队中的个别人
9. 奖励创意、创造、创新的行为	9. 处罚敢于进行尝试却未能成功的人

图12.4　员工奖励设计常见的九类错误

12.3.2　员工奖励设计的八项要求

企业在设计员工奖励体系时，需要遵守八项要求，如图12.5所示。

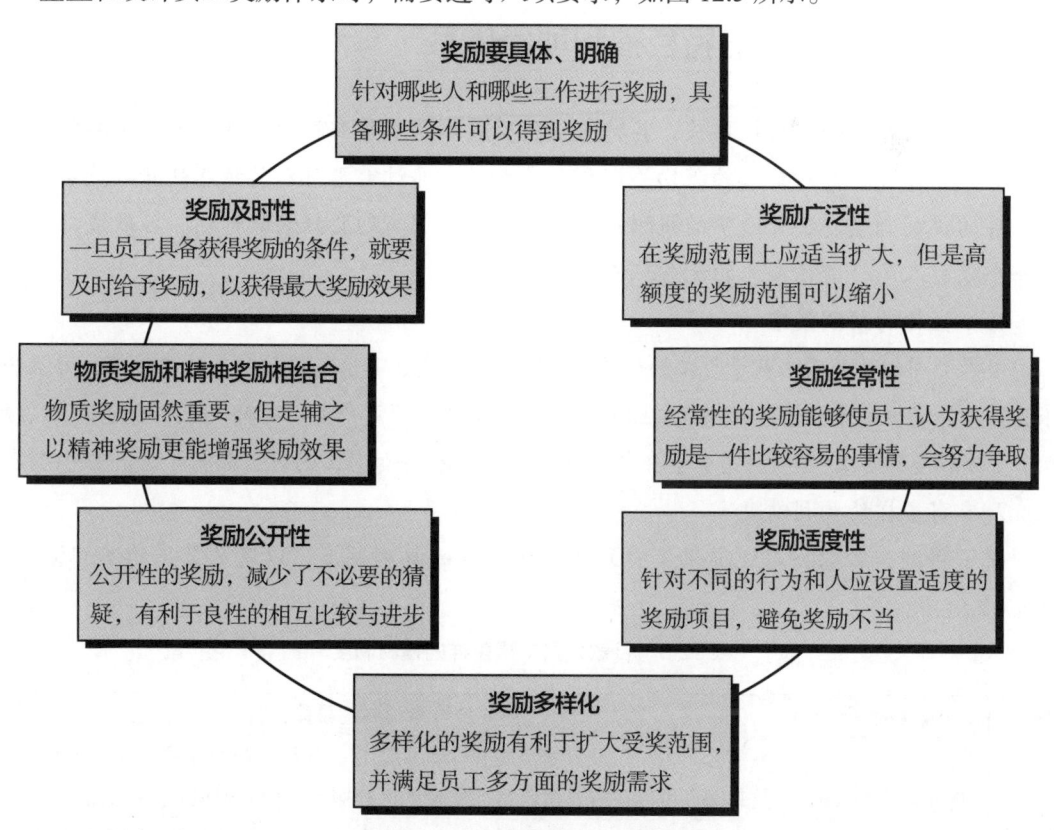

奖励要具体、明确
针对哪些人和哪些工作进行奖励，具备哪些条件可以得到奖励

奖励及时性
一旦员工具备获得奖励的条件，就要及时给予奖励，以获得最大奖励效果

奖励广泛性
在奖励范围上应适当扩大，但是高额度的奖励范围可以缩小

物质奖励和精神奖励相结合
物质奖励固然重要，但是辅之以精神奖励更能增强奖励效果

奖励经常性
经常性的奖励能够使员工认为获得奖励是一件比较容易的事情，会努力争取

奖励公开性
公开性的奖励，减少了不必要的猜疑，有利于良性的相互比较与进步

奖励适度性
针对不同的行为和人应设置适度的奖励项目，避免奖励不当

奖励多样化
多样化的奖励有利于扩大受奖范围，并满足员工多方面的奖励需求

图12.5　员工奖励设计的八项要求

12.3.3 不同年龄段员工的福利设计

企业员工在不同的年龄段希望获得的福利项目存在较大的差别，企业需要创新性地设计福利项目，以满足不同年龄段员工的多样化诉求，如图12.6所示。

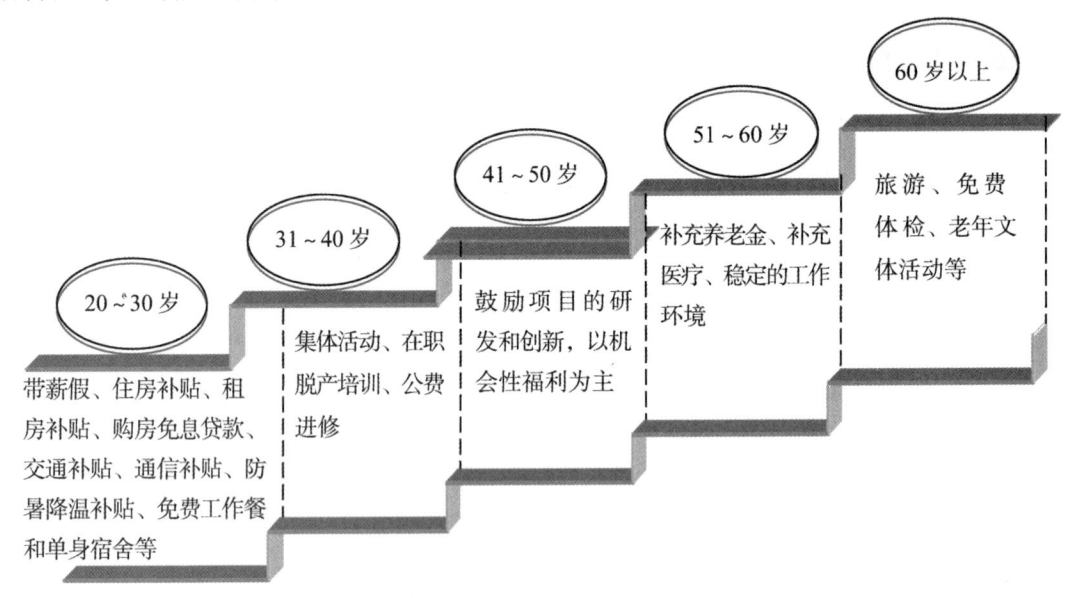

年龄段	福利项目
20~30岁	带薪假、住房补贴、租房补贴、购房免息贷款、交通补贴、通信补贴、防暑降温补贴、免费工作餐和单身宿舍等
31~40岁	集体活动、在职脱产培训、公费进修
41~50岁	鼓励项目的研发和创新，以机会性福利为主
51~60岁	补充养老金、补充医疗、稳定的工作环境
60岁以上	旅游、免费体检、老年文体活动等

图12.6 不同年龄段员工福利项目的创新性设计

最佳实践：谷歌公司的特色福利项目体系

谷歌公司作为全球科技巨头，其特色福利项目体系堪称业界典范。谷歌公司的特色福利项目体系体现了其对员工的深切关怀和高度重视。通过前沿且独具特色的薪酬策略、丰富多样的福利制度、公开透明的薪酬福利管理，以及创新的股权激励计划，谷歌成功打造了一个吸引人才、留住人才的优质环境。

1. 个性化的薪酬策略

谷歌公司的薪酬策略基于员工的价值和贡献进行制定，具有前沿性和个性化特点，并且会根据员工的表现和市场情况动态调整薪酬水平，以保持行业竞争力。同时，针对不同职位、绩效和贡献程度的员工，谷歌公司会量身定制薪酬方案，确保每位员工的付出都能得到合理的回报。

2. 丰富多样的福利制度

除了薪酬，谷歌公司还提供了一系列丰富多样的福利制度，以满足员工的不同需求，见表12.5。

表12.5 谷歌公司丰富多样的福利制度

序号	福利项目	谷歌公司福利制度具体分析
1	健康与医疗保险	谷歌公司为员工及其家属提供全面的医疗、牙科和视力保险。这意味着员工及其家人可以在需要时获得高质量的医疗服务，而无须担心高昂的医疗费用 开设健康中心，提供定期的健康检查和咨询服务，帮助员工维护身体健康

续表

序号	福利项目	谷歌公司福利制度具体分析
2	心理健康支持	设有员工援助计划（EAP），专注于员工的心理健康。该计划提供心理咨询和支持，帮助员工应对工作压力和个人挑战
		提供一个心理健康应用程序，使员工可以随时随地进行自我评估和寻求帮助
3	灵活的休假政策	员工享有带薪休假，包括年假、丧假、病假等。这确保了员工在需要休息或处理个人事务时有足够的时间
		鼓励员工利用"在任意地点办公"的四周时间进行休假或远程工作，提供了极大的灵活性
4	家庭和育儿支持	对于有家庭和育儿需求的员工，提供生育和养育孩子方面的支持，包括育婴假、护理假等
		提供备用育儿假和遗属抚恤金，以进一步支持员工的家庭需求
5	学习与发展机会	鼓励员工持续学习，提供教育费用报销，支持员工参加外部培训和进修
		谷歌公司内部还有同伴学习和辅导平台，员工可以相互学习和分享知识
6	工作与生活平衡	提供灵活的工作时间，员工可以根据个人需要调整工作时间表
		提供远程办公机会和混合工作模式，使得员工能够更灵活地平衡工作和生活
7	其他特色福利	设有各种内部社团和兴趣小组，员工可以根据兴趣加入，增强团队凝聚力和员工之间的交流
		提供免费的干洗服务、健身教练、美发服务等，为员工提供便捷的生活方式
8	办公环境与设施	把办公空间设计成为可以激发灵感的环境，员工在高效工作的同时可以休息和放松
		提供一流的技术设施，包括上网费用报销等，确保员工在工作时拥有最高效、最实用的工具、方法和资源

3. 公开透明的薪酬福利管理原则

谷歌公司在薪酬福利管理上秉持公开透明的原则，让员工清楚地了解公司的薪酬标准和福利待遇。这种做法有助于建立公平和可信赖的工作环境，增强员工对公司的信任感和归属感。

4. 创新的股权激励计划

为了激励员工的长期发展和稳定留任，谷歌公司设立了丰厚的股权激励计划。员工可以通过股票期权等方式参与公司的发展和收益，与公司共同成长。这种股权激励计划不仅让员工分享公司的成功果实，还进一步激发了他们的工作动力和创造力。

5. 谷歌的奖学金计划

投资学术研究对于谷歌公司保持技术领先地位具有重要意义。通过资助博士生和年轻学者，谷歌公司希望培养出一批在计算机科学和技术领域具有影响力的未来技术领袖。

谷歌公司的奖学金计划主要分为两类：谷歌研究学者计划（Research Scholar Program）和谷歌博士奖学金（Google PhD Fellowship），如图 12.7 所示。

两种类型	谷歌奖学金计划设计与分析
谷歌研究学者计划	◆谷歌研究学者计划旨在支持在计算机科学及相关领域表现杰出的学者进行研究工作； ◆获奖者最高可获得6万美元的奖金，用于支持其研究工作； ◆涉及多个领域，包括算法与优化、应用科学、人机交互、健康研究、机器学习和数据挖掘、机器感知系统、自然语言处理、量子计算，以及软件工程和编程语言等； ◆获奖者遍布全球，包括来自加州大学河滨分校、UC伯克利等知名学府的学者
谷歌博士奖学金	◆谷歌博士奖学金旨在奖励在计算机科学等前瞻科研领域表现优异的年轻学者； ◆该奖学金用于直接支持攻读博士学位，并提供与谷歌研究导师合作的机会； ◆自项目创立以来，已经资助了来自世界各地，包括澳大利亚、印度、北美、欧洲、中东、非洲等地的数百名学生； ◆根据公布的名单，每年有数十名博士生获奖，这些获奖者的研究方向广泛，涵盖算法及优化、健康、机器学习、移动计算、隐私和安全、量子计算、人机交互等多个领域； ◆以2022年为例，共有61人获奖，这些获奖者分别来自14个不同的研究方向

图 12.7 谷歌公司的奖学金计划

决策重点：福利体系设计影响因素分析

员工福利，旨在满足员工及其家庭的生活需求，涵盖了除工资与奖金外的货币补贴、实物发放，以及其他服务性支持。员工福利不仅构成了员工薪酬体系的关键一环，更是对工资与奖金等直接现金收入的有力补充，从而为员工提供更为全面的劳动报酬。

针对影响员工福利体系设计的六个要素，需要进行专业性分析与解读，见表12.6，以便在设计本企业员工福利体系时充分考量，提升实施的适用性和有效性。

表12.6 影响员工福利体系设计的因素说明

影响要素	分析与说明
国家政策和法律法规	国家法律法规对于企业员工福利管理作出了明文规定，这是企业设计福利体系的底线，企业设计福利体系必须符合国家相关法律法规和政策的要求

续表

影响要素	分析与说明
企业经营者的经营理念	企业经营者对福利体系所持的观点直接影响员工福利体系设计的目标和要求。如果经营者认为高福利对于企业吸引人才、发挥员工积极性、增强员工归属感有着重要影响，就会推动福利体系的建设；反之，则可能降低或忽视福利体系建设
竞争对手和行业福利水平	企业所在行业的福利水平，尤其是主要竞争对手的福利水平会影响员工的积极性和对企业的归属感，因此设计福利体系需考虑竞争对手和行业福利水平的高低
工会组织的要求	工会代表了企业员工的利益，工会可以充分利用自身在企业中的影响力为增加员工福利向企业经营者提出要求
企业文化和员工生活成本	企业文化直接影响了员工对福利体系的看法和期望，强调归属感、人性化管理的企业比较注重福利体系的建设，而强调竞争、多劳多得的企业则较少注重福利体系的建设；而员工购房、购车、看病等大笔生活成本的提高，也使得一部分企业通过增加如补充养老保险、医疗保险等方式减轻员工的生活负担
对企业薪酬发放的控制	企业在发放薪酬时，出于减轻税收负担的要求，也会考虑将一部分薪酬以福利的方式发放，既能完全遵守国家相关税务的法律法规，也减少了企业的一些支出

执行要点：先落实法定福利再补充其他福利项目

1. 法定福利的优先性

法定福利是国家法律法规规定的，企业必须为员工提供的福利项目，如社会保险、法定节假日等。这些福利具有法律强制性，是企业必须履行的义务。因此，在执行员工福利政策时，企业必须首先确保法定福利的落实。

法定福利的优先性体现在两个方面，如图12.8所示。

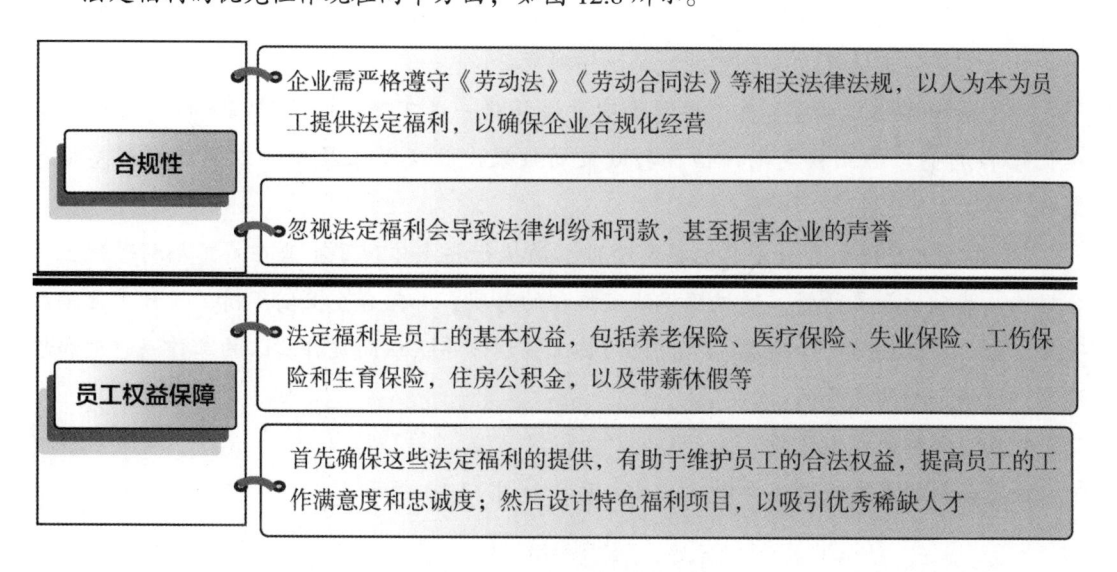

合规性
- 企业需严格遵守《劳动法》《劳动合同法》等相关法律法规，以人为本为员工提供法定福利，以确保企业合规化经营
- 忽视法定福利会导致法律纠纷和罚款，甚至损害企业的声誉

员工权益保障
- 法定福利是员工的基本权益，包括养老保险、医疗保险、失业保险、工伤保险和生育保险，住房公积金，以及带薪休假等
- 首先确保这些法定福利的提供，有助于维护员工的合法权益，提高员工的工作满意度和忠诚度；然后设计特色福利项目，以吸引优秀稀缺人才

图 12.8 法定福利的优先性

2. 其他福利项目的补充性

在确保落实法定福利的基础上，企业可以根据自身实际情况和员工需求，提供其他福利项目，以进一步完善员工福利体系。

其他福利项目的补充性体现在三个方面，如图12.9所示。

1 个性化与差异化：其他福利项目可以根据企业的文化、员工的特性和需求进行个性化设计。例如，提供健身津贴、子女教育支持、员工旅游等，以满足员工多样化的需求

2 增强员工满意度：通过提供额外的福利项目，企业可以进一步提升员工的工作满意度和归属感。这些福利可以作为企业对员工的关怀和激励，有助于增强团队的凝聚力和向心力

3 竞争力提升：丰富的员工福利体系还可以提升企业在人才市场的竞争力，吸引和留住优秀人才

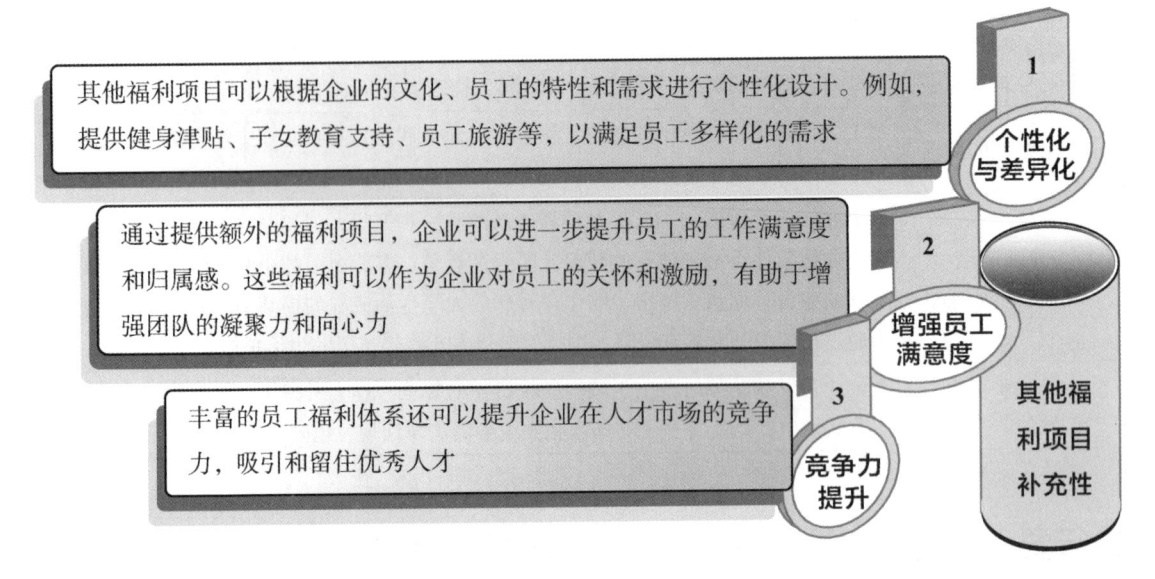

图12.9　其他福利项目的补充性

3. 平衡法定福利与其他福利项目的关系

企业在设计员工福利管理方法时，需要平衡法定福利和其他福利项目的关系。

（1）确保法定福利的基础性地位：企业必须首先保障法定福利的提供，确保员工的合法权益得到保障。

（2）根据实际情况设计其他福利：在法定福利的基础上，企业可以根据自身的财务状况、员工需求和市场环境，合理设计其他福利项目。

（3）持续优化与调整：员工福利管理方法并非一成不变，而应根据实际情况进行持续优化和调整。企业应定期评估福利政策的效果，收集员工反馈，以便及时调整福利策略。

"先落实法定福利再补充其他福利项目"的执行要点体现了企业在员工福利管理上的合规性、基础性和灵活性。通过确保法定福利的落实，并结合企业实际情况设计其他福利项目，企业可以构建一个完善、人性化的员工福利体系，从而提升员工的工作满意度和忠诚度，增强企业的竞争力。

4. 法定福利的成本考量

法定福利的成本考量主要涉及三个方面，如图12.10所示。

固定成本	潜在风险成本	合规性成本
法定福利是企业必须提供的，因此其成本是相对固定的。这包括社会保险费用（如养老保险、医疗保险、失业保险等）、住房公积金等。企业需要根据员工的工资基数和国家规定的缴纳比例来计算这部分成本	如果企业未能按规定提供法定福利，可能会面临法律纠纷、罚款等风险，这些潜在风险也需要计入成本考量中	确保法定福利的合规性，企业需要投入一定的资源进行管理和监督，包括人力资源部门的工作时间和可能涉及的外部咨询费用，以确保企业按照法律法规要求为员工缴纳相关费用

图 12.10　法定福利的成本考量

5. 其他福利项目的成本考量

其他福利项目的成本考量主要涉及三个方面，如图 12.11 所示。

弹性成本：与法定福利相比，其他福利项目更具弹性。企业可以根据自身的财务状况和员工需求来选择提供哪些额外的福利。这些福利的成本会根据企业的选择和员工的使用情况而变化

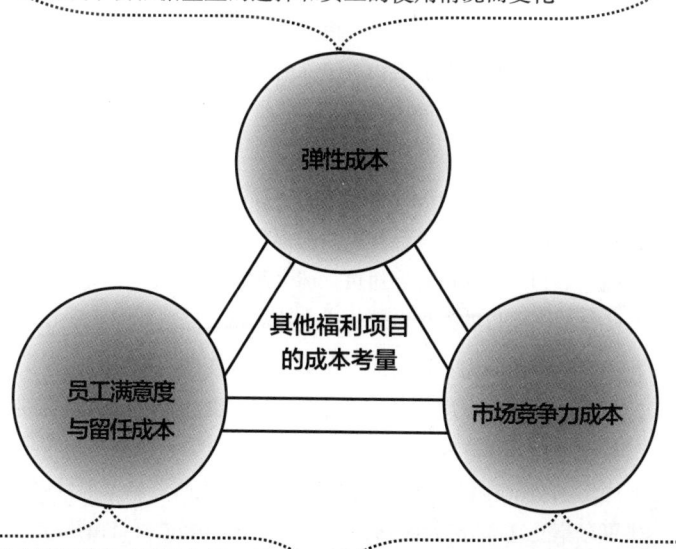

员工满意度与留任成本：提供其他福利项目可以提高员工的工作满意度和忠诚度，从而降低员工流失率。员工留任率的提高可以为企业节省招聘、培训等成本

市场竞争力成本：丰富的员工福利体系可以增强企业在人才市场的竞争力，吸引更多优秀人才。这种竞争力提升可能带来的收益也需要与提供其他福利项目的成本进行权衡

图 12.11　其他福利项目的成本考量

落地关键点：实施员工福利管理的七个步骤

企业高效实施员工福利管理主要包括七个步骤，如图 12.12 所示。

分析员工福利需求 ➡ 确定员工福利的目标 ➡ 选择员工福利方案 ➡ 制订员工福利计划 ➡ 计算员工福利的成本 ➡ 实施员工福利的方案 ➡ 评估福利方案实施的效果

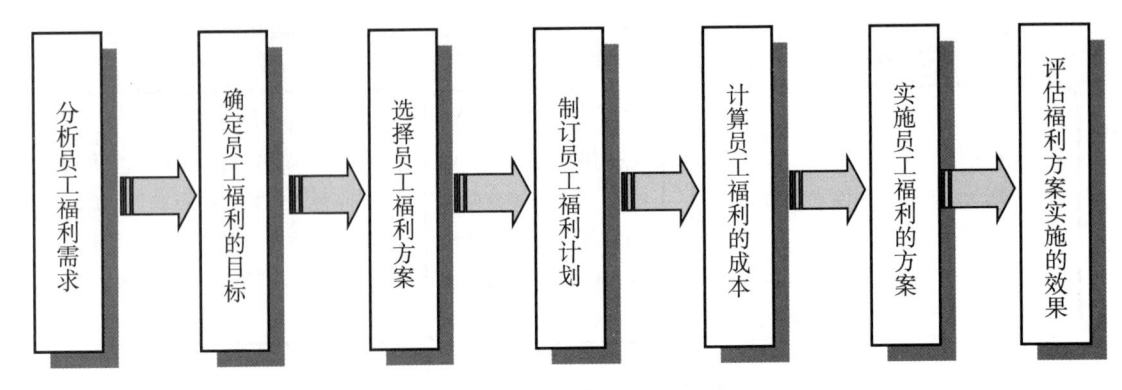

图 12.12　员工福利管理的实施步骤

实施员工福利管理的每个步骤需要把控的关键点均有所不同，见表 12.7。

表12.7　实施员工福利管理的七个步骤的关键点

步骤	福利管理实施的关键点
分析员工福利需求	1. 了解企业福利计划设计的必要性，以及福利制度管理的规范性； 2. 了解福利计划涉及人员的规模大小、人数多少； 3. 实施问卷调查或者员工访谈法； 4. 确定大部分员工的福利愿望； 5. 确定员工福利的主要项目
确定员工福利的目标	1. 确保福利目标与组织的薪酬策略一致； 2. 有针对性地为员工设计多类型的福利项目； 3. 确保福利项目的设置能对员工产生激励作用； 4. 确保福利项目的设计可以促进企业战略发展目标的实现
选择员工福利方案	1. 方案选择的前提：进行成本预算，基于业绩和能力、确保员工需求； 2. 固定项目福利方案：设计一系列固定不变的福利项目组合的方案； 3. 自助项目福利方案：员工根据自己的喜好，自由挑选福利项目的福利计划； 4. 固定加自助项目福利方案：一部分是企业所有员工都可以享受的；另一部分是供可以享受这部分福利的员工根据自己的喜好进行自由挑选； 5. 企业和员工双赢的福利项目：企业有意识地培养部分员工，提供在职学习的机会，增加员工人力资本的投资，达到满足员工高层次需求和企业人力资源开发的双重效果
制订员工福利计划	1. 了解员工福利需求和薪酬策略； 2. 制订企业切实可行的员工福利计划； 3. 通过福利调查，计算其他企业所提供的福利在本企业可能产生的成本； 4. 结合福利成本的计算和本阶段员工的福利需求，制订员工福利计划
计算员工福利的成本	1. 设计福利项目时应节省不必要的成本，确保员工的总薪酬水平不受影响的情况，员工福利的成本应该计入企业人工成本，选择员工福利发放的合理形式，以节约税务产生的费用； 2. 确定员工福利成本承担者，主要有三种选择：一是完全由企业承担；二是由企业和员工分担；三是完全由员工承担

续表

步骤	福利管理实施的关键点
实施员工福利的方案	1. 传导企业福利理念，及时、准确地让员工了解企业的福利政策和福利成本开支情况； 2. 运用通俗的语言编写福利手册，解释企业提供给员工的各项福利计划，让所有员工理解； 3. 建设信息化管理平台，组建内部局域网，发布福利信息和开辟专门的福利板块。及时与员工沟通，了解员工对福利方案实施的感受，减少因沟通不畅导致的纠纷
评估福利方案实施的效果	1. 劳资关系的协调情况； 2. 员工工作满意度的评估； 3. 实现福利设计目标的程度； 4. 福利享受者工作效率的评估

13 CHAPTER

第 13 章

精神激励与职业生涯挂钩方法的应用

精神激励，顾名思义，是指通过满足员工的精神需求来激发其工作热情的方法。这种方法强调的是对员工内在动机的激发，让员工感受到工作的价值和意义，从而产生持久的驱动力。与物质激励相比，精神激励更注重员工的心理满足和自我实现，是员工持续积极工作的源泉。

精神激励与员工的职业生涯发展紧密相连，精神激励关注的是员工的精神需求和自我价值实现，而职业生涯发展则关乎员工的长期职业规划和成长，二者共同构成了员工长期工作动力和满意度的重要支撑。

当员工看到自己在企业中有明确的职业发展路径，并得到相应的精神激励时，他们会更加投入工作，积极追求个人和企业的共同成长。将精神激励与职业生涯挂钩，可以为企业带来更稳定、更高效的员工队伍。

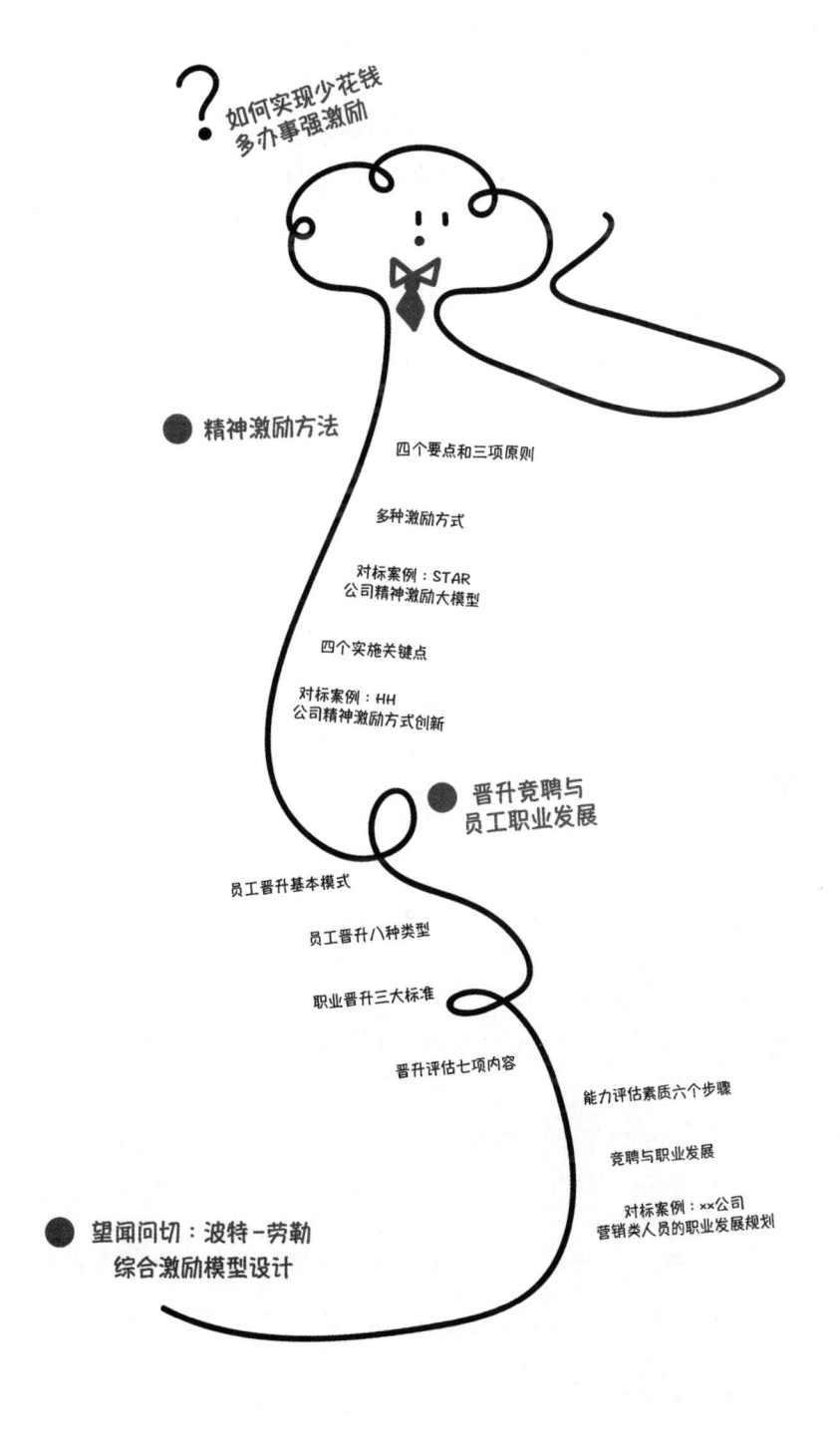

精神激励与职业生涯挂钩方法应用框架体系插画

? 如何实现少花钱多办事强激励

● 精神激励方法

四个要点和三项原则

多种激励方式

对标案例：STAR公司精神激励大模型

四个实施关键点

对标案例：HH公司精神激励方式创新

● 晋升竞聘与员工职业发展

员工晋升基本模式

员工晋升八种类型

职业晋升三大标准

晋升评估七项内容

能力评估素质六个步骤

竞聘与职业发展

对标案例：××公司营销类人员的职业发展规划

● 望闻问切：波特-劳勒综合激励模型设计

问题与痛点：如何实现少花钱多办事强激励

精神激励作为一种非物质的激励方式，在激发员工工作积极性方面发挥着至关重要的作用。与物质激励相比，精神激励更侧重于员工的心理层面，旨在满足员工的成就感、归属感、自我实现等精神需求。通过给予员工肯定、认可、荣誉等，精神激励能够增强员工的自信心和工作满意度，从而激发其更大的工作热情。

将精神激励与员工的职业生涯发展相结合，可以形成强大的协同效应。员工在追求个人职业成长的过程中，不仅需要技能的提升和经验的积累，更需要得到组织的认可和支持。通过为员工提供明确的职业发展路径，并结合精神激励，企业可以帮助员工实现自我价值，增强其对组织的忠诚度和归属感。然而，将精神激励与职业生涯挂钩时，尽管两者结合可以带来显著的正面效应，但也存在一些问题和痛点。精神激励与职业生涯挂钩存在五大问题与痛点，如图13.1所示。

精神激励与职业生涯挂钩五大问题与痛点

1. 精神激励缺乏针对性与差异化
- 问题：在实行精神激励时，很多企业往往采取"一刀切"的方式，缺乏对员工个体差异化的考虑。
- 痛点：员工感受不到激励的针对性和个性化，可能导致激励措施无法触动员工的内心，从而无法达到预期效果。

2. 职业生涯规划不清晰或缺失
- 问题：一些企业没有为员工提供明确、具体的职业生涯规划，导致员工对自己的职业发展路径感到迷茫。
- 痛点：在缺乏明确职业规划的情况下，即使给予员工精神激励，他们也可能因为看不到长远的职业发展前景而感到沮丧和失落。

3. 精神激励与职业生涯发展不同步
- 问题：企业的精神激励措施与员工当前的职业生涯阶段或需求不匹配，造成激励与职业发展之间的脱节。
- 痛点：员工可能在不同职业阶段有不同的需求和动机，如果精神激励不能与之同步，就无法有效激发员工的工作热情。

4. 精神激励方式陈旧与缺乏创新
- 问题：部分企业在进行精神激励时，仍然停留在传统的表扬、授予荣誉称号等方式上，缺乏创新。
- 痛点：陈旧的精神激励方式可能无法适应现代员工的需求，导致激励效果不佳，甚至被员工视为形式主义。

5. 缺乏对精神激励效果的评估机制
- 问题：很多企业在实施精神激励后，并没有建立有效的评估机制来衡量其效果。
- 痛点：无法准确评估精神激励对员工职业生涯发展的实际影响，从而难以持续优化和调整激励策略。

图13.1 精神激励与职业生涯挂钩的五大问题与痛点

实现少花钱多办事强激励的四大策略如图 13.2 所示。

明确职业发展路径	多元化精神激励	及时反馈与认可	强化企业文化建设
企业应为员工提供清晰、具体的职业发展路径,让员工明确自己的职业目标和努力的方向。这不仅有助于员工制订个人发展计划,还能增强其对未来的信心和期望	除了传统的荣誉证书、表扬信等方式,企业还可以尝试更多元化的精神激励方法,如提供培训机会、参与决策、赋予更多责任等,以满足员工不同层次的精神需求	在日常工作中,管理者应及时给予员工正面的反馈和认可,让员工感受到自己的工作被看见和重视。这种即时的精神激励能够显著提高员工的工作积极性和投入度	通过塑造积极向上的企业文化,营造一种尊重、支持、合作的工作氛围,让员工感受到归属感和价值感。这种无形的精神激励能够激发员工的内在动力,促使其更加努力地工作

图 13.2 实现少花钱多办事强激励的四大策略

13.1 精神激励方法

在企业人力资源管理中,薪酬激励是提升员工积极性、创造性和忠诚度的重要手段。除了工资、奖金、股票、期权和福利等物质激励外,精神激励同样占据举足轻重的地位。

精神激励旨在满足员工的精神需求,通过给予员工认可、尊重、荣誉和成就感,来激发他们的内在动力。这种方法关注并导向的是员工的心理满足和成长,而非仅仅是物质回报。

精神激励是提升员工工作积极性和创造力的重要手段。通过目标激励、尊重激励、参与激励和荣誉激励等多种形式,可以满足员工的精神需求,增强他们的归属感和成就感。然而,为了实施有效的精神激励,管理者需要了解员工的个性差异,确保公平公正,及时反馈和持续沟通。同时,精神激励应与物质激励相结合,以形成全面的激励机制,推动组织的持续发展。

13.1.1 四个要点和三项原则

企业在开展精神激励时,必须建立基于物质激励的精神激励体系。该体系包括四个要点和三项原则,如图 13.3 所示。

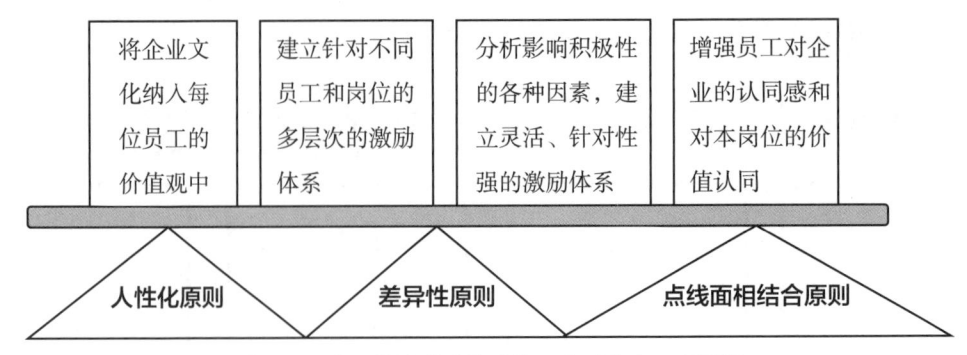

图 13.3　建立精神激励体系的四个要点和三项原则

13.1.2　多种激励方式

精神激励作为一种深层次的激励方法，能够触及员工内心的需求和动机。通过创新性的精神激励策略，企业可以更有效地激发员工的工作热情和创造力，从而推动组织的持续发展。在未来的企业管理中，精神激励将与薪酬激励共同构成完整的激励机制，为企业的长远发展提供源源不断的动力。精神激励的多种方式如图 13.4 所示。

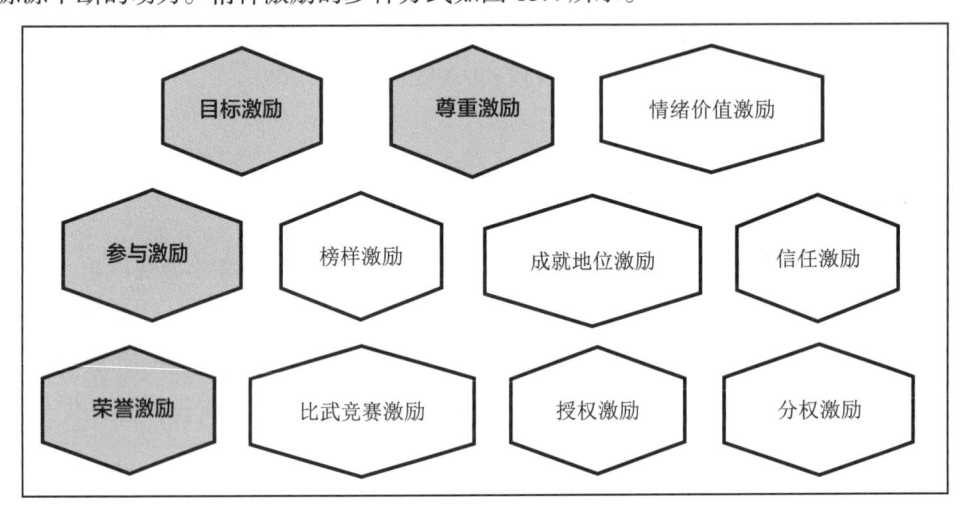

图 13.4　精神激励的多种方式

精神激励的方式需要创新性地落地执行，下面介绍其中四种方式的创新。

（1）目标激励：为员工设定明确、具有挑战性的目标，当员工达成这些目标时，会获得巨大的成就感。这种激励方式能够引导员工关注重点，努力追求更好的业绩。

（2）尊重激励：尊重是人性中最基本的需求之一。管理者应该尊重每位员工的个性和贡献，给予他们应有的尊严和地位。在日常工作中，可以通过倾听员工的意见、鼓励员工参与决策等方式来体现尊重。

（3）参与激励：让员工参与到公司的决策和规划中来，能够增强他们的归属感和责任感。例如，可以设立员工建议箱或定期召开员工大会，鼓励员工提出自己的想法和建议。

（4）荣誉激励：对工作表现突出的员工给予荣誉称号和奖励，如"优秀员工""最佳团队"等。这种激励方式能够增强员工的自豪感和组织认同感。

对标案例 STAR 公司精神激励大模型

STAR 公司认为,精神激励是内在激励,是在精神方面的无形激励,与物质激励相比较,精神激励不仅能为企业减轻经济压力,而且能从根本上提升激励的内涵,更能体现出企业管理者的领导能力和企业的管理水平。

STAR 公司精神激励的主要模式包括 12 种,如图 13.5 所示。

模式	具体说明
知识激励	使员工在实践中积累知识,加强学习,树立"终身学习"的观念,采取脱产学习、参观考察、出国深造等激励措施
情感激励	员工生日或遇到困难时,领导者或者团队代表给予其关心和帮助;当员工的配偶和父母生日时,以员工的名义提前送达生日礼物;以及陪父母旅游的假期等
参与激励	员工对参加与自己利益有关的讨论时会有较大兴趣,可借此培养员工对企业的使命感、归属感和认同感
内部竞争激励	组织员工交流并组织竞赛。例如,组织交流销售技巧和销售方法竞赛,优胜者将获得一份额外的奖励(旅游、探亲等)
竞技比赛激励	对确有才能的员工,要巧妙地分派任务,引入技能比武等竞争机制,形成"优秀员工有成就感、平庸员工有压力感、不称职员工有危机感"的良性循环
授权激励	授权体现了管理者对员工的信任,重复性、执行性工作的授权可以减轻上级的事务性工作压力,充分的授权可以促进员工快速成长
目标激励	确定适当的目标,正确处理个体目标与组织目标的关系,在目标考核和评价上进行全面综合的考查,做到奖惩分明,诱发员工的工作动机和行为
荣誉激励	对于工作表现比较突出、具有代表性的先进人物,基于必要的精神奖励,在荣誉激励中还要注重对集体的鼓励,以培养员工的集体荣誉感和团队精神
信任激励	体现在平等待人尊重下属的劳动、职权和意见上,用人不疑疑人不用,对员工在信任的基础上放手使用,才能最大限度地发挥人才的主动性和创造性
领导行为激励	员工在报酬引诱及社会压力下努力工作,其能力可以发挥全部的一多半,其余的一小部分有赖于领导者去激发
培训机会激励	在知识型社会里,给予表现良好的员工技能培训的机会,会让员工受益终身
宽容激励	胸怀宽广可使人甘心效力,领导的宽容不仅能使员工感到亲切,获得安全感,更能激发员工的积极性,启发员工自省、自律、自强,对企业心怀感激

图 13.5 STAR 公司精神激励的主要模式

STAR 公司针对生产车间、研发、销售、职能等不同部门及岗位，设计了不同的竞技类比赛项目，并作为精神激励大模型落地的一项重要举措。根据比赛结果，不仅给每个项目前三名的员工颁发荣誉证书，还作为当季绩效考核的一个高权重 KPI。

STAR 公司内部竞技类比赛 15 个项目设计大全，如图 13.6 所示。

A1 组装速度比拼	A2 机械操作精度挑战	A3 故障排除能手	A4 创新工艺设计大赛	A5 团队协作装配赛
B1 创意设计大赛	B2 技术难题挑战赛	C1 销售技巧大比拼	C2 市场策略竞赛	D1 行政效率大比拼
D2 财务知识（人力资源管理知识）竞赛	E1 跨部门创新方案竞赛	E2 产品全生命周期模拟挑战	E3 供应链协同挑战赛	E4 市场策略与执行竞赛

图 13.6　STAR 公司内部竞技类比赛的 15 个项目

1. 生产车间竞技项目设计

STAR 公司为企业内部生产车间的技能大赛设计竞技项目，结合生产车间的实际工作流程和技能要求，设计了一系列既具有挑战性又能够展示员工技能的比赛项目，而且每个项目都进行了项目描述，制定了评判标准，见表 13.1。

表 13.1　STAR 公司生产车间五个竞技项目设计

竞技项目	描述与标准	具体分析
A1 组装速度比拼	项目描述	参赛员工需要在规定的时间内完成指定机械部件或产品的组装工作。组装过程需严格按照操作规程进行，确保组装质量和安全
	评判标准	组装完成时间、组装质量、操作规范性等
A2 机械操作精度挑战	项目描述	参赛员工需操作机床或其他机械设备，按照给定的图纸或要求，进行精确的加工或操作
	评判标准	加工精度、操作速度、设备维护情况等
A3 故障排除能手	项目描述	模拟生产过程中设备出现故障的情景，参赛员工需快速诊断并排除故障，恢复设备正常运行
	评判标准	故障排除时间、故障诊断准确性、操作安全性等
A4 创新工艺设计大赛	项目描述	鼓励员工结合生产实际，提出创新的工艺设计或改进方案。员工需提交设计方案，并现场演示其效果
	评判标准	创新性、实用性、经济效益等

续表

竞技项目	描述与标准	具体分析
A5 团队协作装配赛	项目描述	以团队为单位，共同完成一项复杂产品的装配工作。团队成员需分工合作，确保装配质量和效率
	评判标准	装配完成时间、装配质量、团队协作情况等

2. 研发创新竞技项目设计

（1）B1 创意设计大赛：员工提交机械产品的创新设计方案，评委根据创意性、实用性和市场前景评选出优胜者。

（2）B2 技术难题挑战赛：公布一系列企业当前面临的技术难题，员工或团队自愿组队挑战，解决难题并提供可行方案。

3. 销售技能竞技项目设计

（1）C1 销售技巧大比拼：模拟客户场景，员工需展示产品介绍、谈判技巧、客户维护等能力，评委根据表现打分。

（2）C2 市场策略竞赛：员工或团队制定并展示某一产品的市场推广策略，包括目标市场定位、营销手段、预期效果等。

4. 职能部门竞技项目设计

（1）D1 行政效率大比拼：通过模拟办公场景，考验行政人员的文件处理、会议组织、流程优化等能力。

（2）D2 财务知识（人力资源管理知识）竞赛：组织财务知识（人力资源管理知识）问答或案例分析，提升财务人员（人力资源管理人员）的专业素养和应对复杂情况的能力。

5. 跨部门竞技项目设计

跨部门竞技项目可以通过模拟实际工作场景，促进不同部门员工之间的沟通与协作，提升员工的综合素质和跨部门协作能力。在组织过程中，可以邀请企业领导或外部专家担任评委，提供专业的指导和建议，确保比赛取得实效。

STAR 公司跨部门的四个竞技项目设计，见表 13.2。

表13.2 STAR 公司跨部门的四个竞技项目设计

竞技项目	描述与标准	具体分析
E1 跨部门创新方案竞赛	项目描述	要求来自不同部门的员工组成跨部门团队，针对企业当前面临的一个实际问题或市场机会，提出创新性的解决方案。方案需要综合考虑研发、生产、销售等多个环节，展现团队的综合能力和跨部门协作精神
	评判标准	方案的创新性、实用性、可行性，以及团队在方案制定过程中的协作情况
E2 产品全生命周期模拟挑战	项目描述	模拟一个产品从研发到生产、再到销售的全生命周期过程。不同部门的员工需要在模拟环境中扮演各自的角色，完成产品的研发设计、生产制造、市场推广等任务
	评判标准	产品在模拟周期内的市场表现、生产效率、质量水平，以及团队在模拟过程中的协作和沟通能力

续表

竞技项目	描述与标准	具体分析
E3 供应链协同挑战赛	项目描述	模拟企业在供应链管理中遇到的各种情况,如原材料供应中断、运输延误等。参赛团队需快速响应,协调内外部资源,确保生产的连续性和稳定性
	评判标准	团队在应对突发情况时的反应速度、协调能力、资源利用效率等
E4 市场策略与执行竞赛	项目描述	给定一个产品或服务,要求参赛团队制定市场推广策略,并模拟执行过程。团队需综合考虑目标市场、竞争对手、预算等因素,制定有效的推广计划
	评判标准	市场推广策略的创新性、针对性、可执行性,以及团队在模拟执行过程中的表现

13.1.3 四个实施关键点

实施精神激励的四个关键点如图13.7所示。

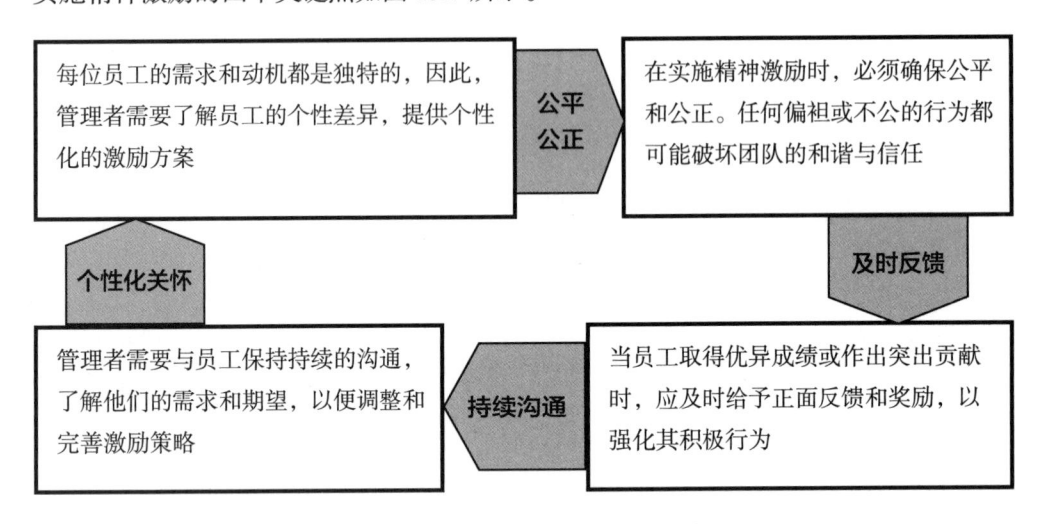

图13.7 实施精神激励的四个关键点

精神激励与物质激励相结合。虽然精神激励对于提升员工的工作积极性和满意度至关重要,但它并不能完全替代物质激励。在实际管理中,应将两者有机结合,以最大限度地激发员工的潜能。例如,企业可以为员工提供具有市场竞争力的薪资待遇,同时结合精神激励手段,如晋升机会、培训和发展计划等,来全面满足员工的需求。

对标案例 HH公司精神激励方式创新

HH公司作为行业内的领军企业,一直致力于技术创新和产品研发。然而,随着市场竞争的加剧和人才流动的增大,HH公司面临着如何留住核心人才、激发员工创新活力的问题。为了解决这一问题,HH公司决定在精神激励方面进行创新,以增强员工的归属感和工作动力,提升员工的工作积极性、创新能力和团队协作精神,从而增强公司的整体竞争力和市场地位。

1. 精神激励的四项原则

HH公司精神激励的四项原则,如图13.8所示。

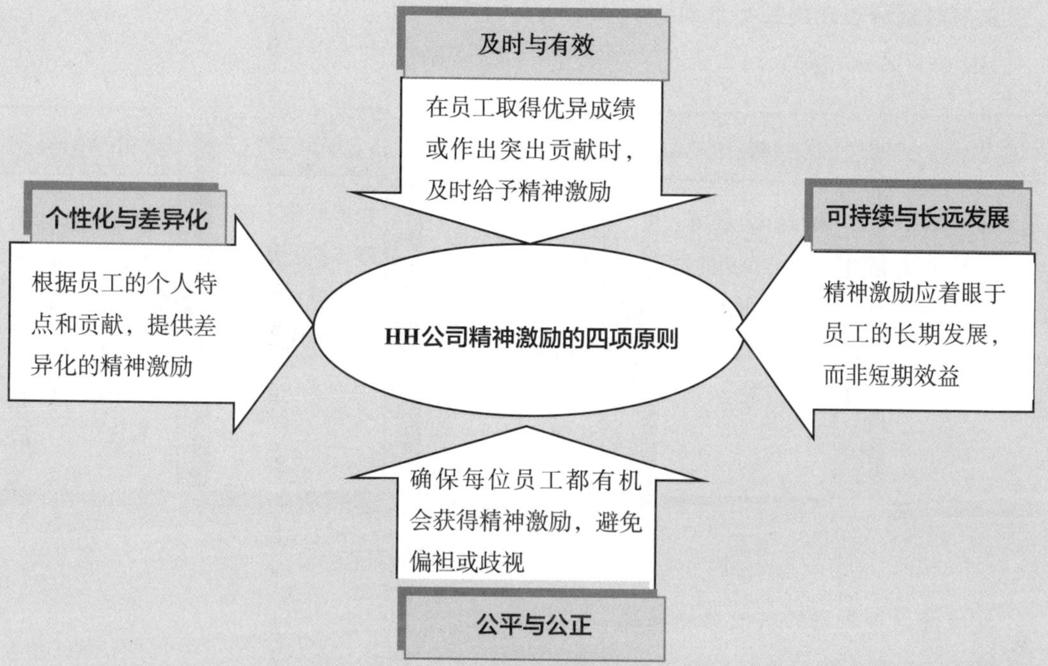

图 13.8　HH 公司精神激励的四项原则

HH 公司精神激励的四项原则：

- **个性化与差异化**：根据员工的个人特点和贡献，提供差异化的精神激励
- **及时与有效**：在员工取得优异成绩或作出突出贡献时，及时给予精神激励
- **可持续与长远发展**：精神激励应着眼于员工的长期发展，而非短期效益
- **公平与公正**：确保每位员工都有机会获得精神激励，避免偏袒或歧视

图 13.8　HH 公司精神激励的四项原则

2. 精神激励的五项重大举措

HH 公司精神激励的五项重大举措如图 13.9 所示。

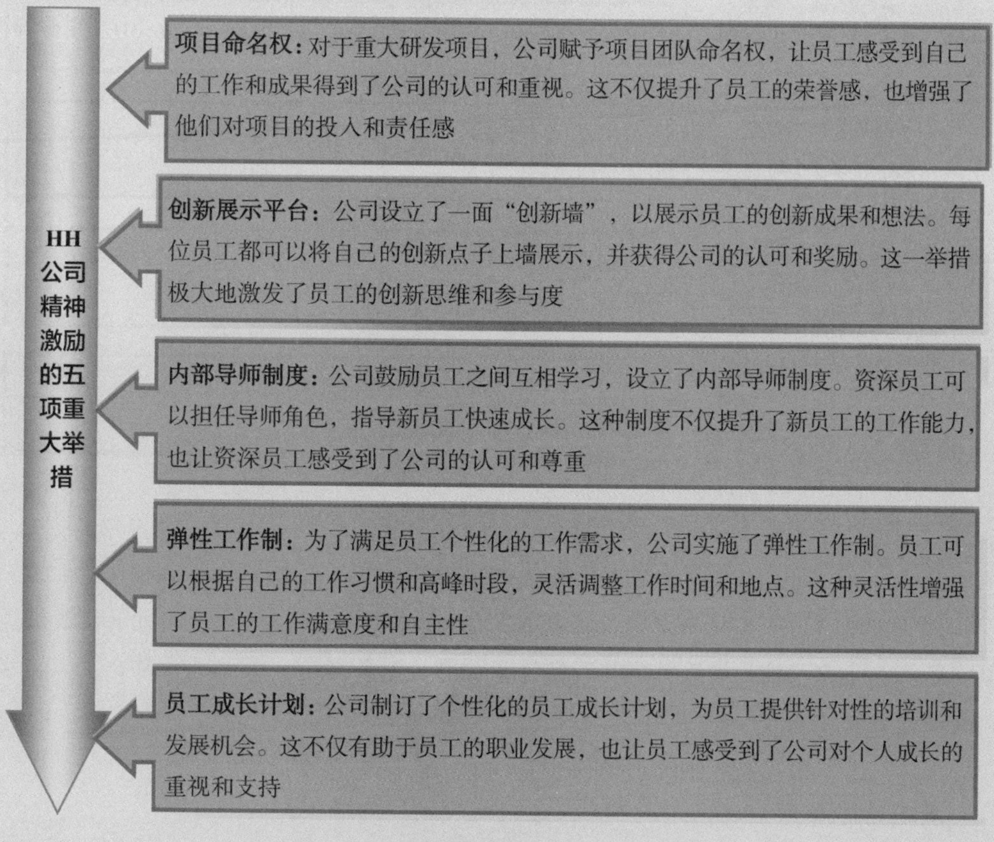

HH 公司精神激励的五项重大举措：

- **项目命名权**：对于重大研发项目，公司赋予项目团队命名权，让员工感受到自己的工作和成果得到了公司的认可和重视。这不仅提升了员工的荣誉感，也增强了他们对项目的投入和责任感

- **创新展示平台**：公司设立了一面"创新墙"，以展示员工的创新成果和想法。每位员工都可以将自己的创新点子上墙展示，并获得公司的认可和奖励。这一举措极大地激发了员工的创新思维和参与度

- **内部导师制度**：公司鼓励员工之间互相学习，设立了内部导师制度。资深员工可以担任导师角色，指导新员工快速成长。这种制度不仅提升了新员工的工作能力，也让资深员工感受到了公司的认可和尊重

- **弹性工作制**：为了满足员工个性化的工作需求，公司实施了弹性工作制。员工可以根据自己的工作习惯和高峰时段，灵活调整工作时间和地点。这种灵活性增强了员工的工作满意度和自主性

- **员工成长计划**：公司制订了个性化的员工成长计划，为员工提供针对性的培训和发展机会。这不仅有助于员工的职业发展，也让员工感受到了公司对个人成长的重视和支持

图 13.9　HH 公司精神激励的五项重大举措

345

3. 实施精神激励的五个步骤

HH 公司实施精神激励的五个步骤如图 13.10 所示。

需求调研	方案设计	方案宣讲	方案实施	效果评估与反馈
通过问卷调查、员工访谈等方式，深入了解员工的精神需求和期望	根据调研结果，结合公司战略目标和文化理念，设计具体的精神激励方案	通过内部会议、员工培训等渠道，向全体员工宣讲精神激励方案，确保员工充分了解和认同	按照既定方案，逐步推进各项激励措施的实施，确保激励效果最大化	定期收集员工反馈，评估激励效果，并根据实际情况对方案进行调整和优化

图 13.10　HH 公司实施精神激励的五个步骤

4. 实施精神激励的四项保障措施

HH 公司实施精神激励的四项保障措施如图 13.11 所示。

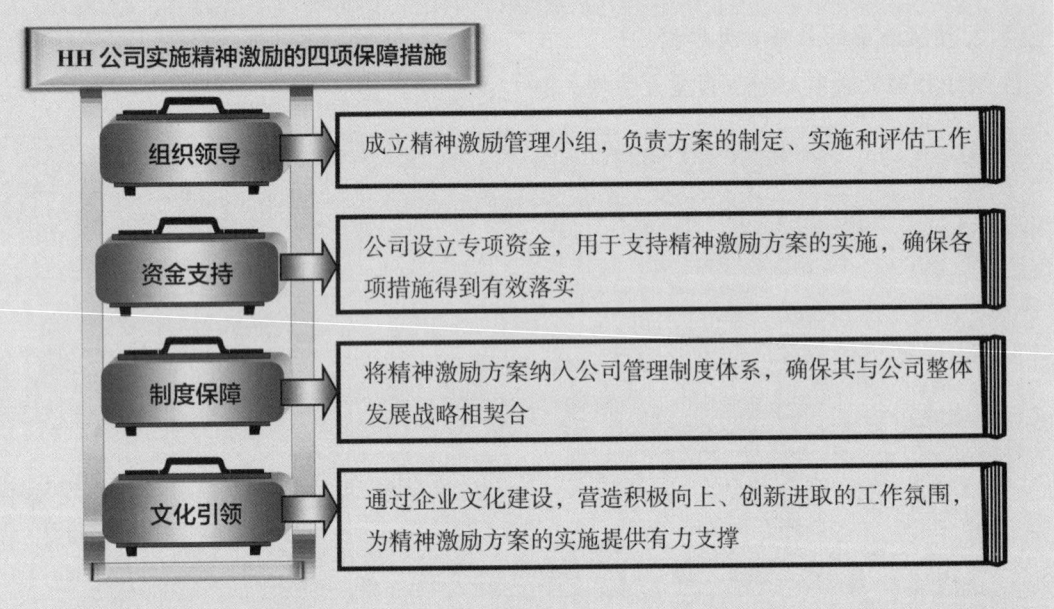

HH 公司实施精神激励的四项保障措施

- 组织领导 → 成立精神激励管理小组，负责方案的制定、实施和评估工作
- 资金支持 → 公司设立专项资金，用于支持精神激励方案的实施，确保各项措施得到有效落实
- 制度保障 → 将精神激励方案纳入公司管理制度体系，确保其与公司整体发展战略相契合
- 文化引领 → 通过企业文化建设，营造积极向上、创新进取的工作氛围，为精神激励方案的实施提供有力支撑

图 13.11　HH 公司实施精神激励的四项保障措施

HH 公司通过创新性的精神激励方式，成功提升了员工的工作积极性和创新能力，降低了人才流失率。这些举措不仅为公司带来了短期的效益提升，也为公司的长期发展奠定了坚实基础。未来，HH 公司将继续深化精神激励的创新实践，探索更多符合员工需求和企业发展的激励方式。

13.2　晋升竞聘与员工职业发展

晋升竞聘是指企业内部员工通过一定的评选机制，基于其工作表现、能力、潜力及对企业的贡献，竞争更高一级职位的过程。这一过程通常包括自我评价、上级评价、同事评价，以及面试或答辩等环节，旨在确保晋升的公正性和有效性。

员工职业发展是指员工在职业生涯中，通过不断学习、培训和工作经验积累，提升自身技能和知识水平，从而实现职位晋升、职责扩大或职业转型等个人职业成长的过程。它涵盖了职业规划、能力提升、目标设定与实现等多个方面。

晋升竞聘可以推动员工职业发展，员工职业发展也会促进晋升竞聘的成功。晋升竞聘不仅是员工职业发展的一个里程碑，也是新一轮职业发展的起点。每次晋升都会为员工带来新的挑战和机遇，促使其继续提升自我，实现更高的职业发展目标。同时，随着员工职业能力的不断提升，他们也会更加积极地参与更高层次的晋升竞聘，形成良性循环。

13.2.1　员工晋升基本模式

一般而言，员工晋升基本模式如图 13.12 所示。

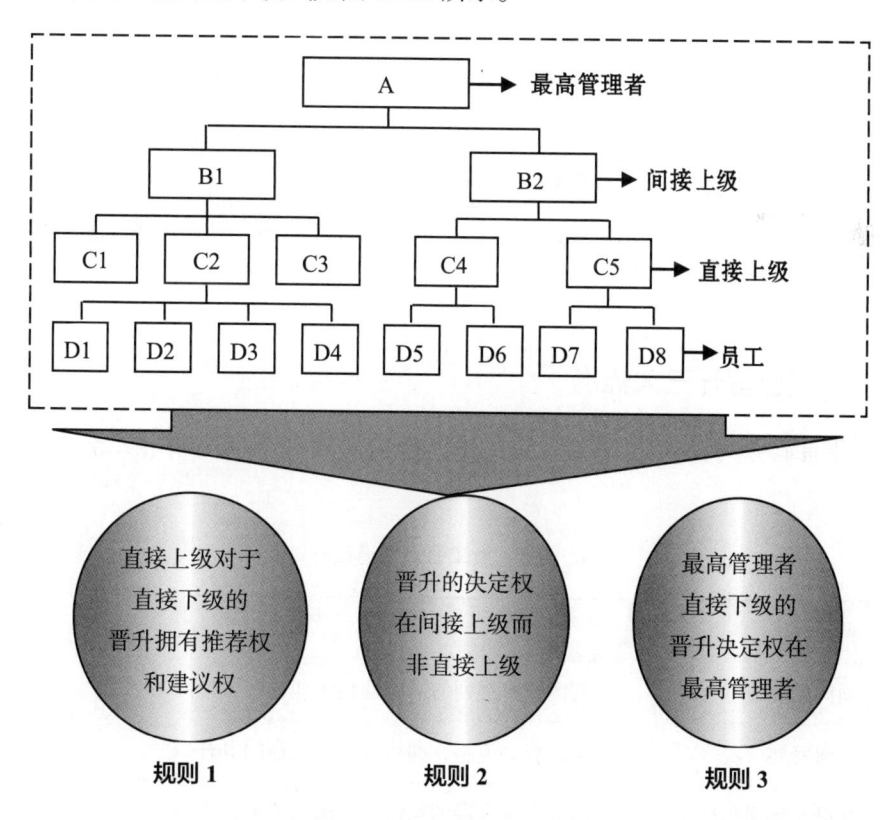

图 13.12　员工晋升基本模式

13.2.2 员工晋升八种类型

根据不同的标准，员工晋升可以划分为多种不同的类型，见表13.3。

表13.3 员工晋升八种类型

划分标准	类型	具体分析与细化说明
晋升是否包含权力的扩大	职务晋升	这种晋升包含了权力的扩大，如业务范围扩大、管理的人员范围扩大等
	职级晋升	这种晋升只有级别的上升，一般不包含权力的扩大，是对职务晋升的补充
晋升来源	内部晋升	大多数企业采取内部晋升，有利于增强企业内部员工的进取心和上进心
	外部晋升	外部晋升就是从企业外部聘请相关的人员到企业的管理岗位上，但在为企业增加活力的同时，容易挫伤内部员工的进取心
晋升级别多少	逐级晋升	按照企业的晋升通道，一级一级地晋升，这是员工晋升最常见的形式
	跳级晋升	一般针对非常优秀的员工。晋升时打破了逐级晋升的一般要求，直接晋升到更高的级别上
晋升去向	直系晋升	在本部门内晋升到上一级，只是扩大了责任和人员管理范围
	旁系晋升	晋升到其他部门的更高一级的岗位上去，有利于增加晋升者的经验

13.2.3 职业晋升三大标准

员工晋升通道分为横向发展、纵向发展、横向发展和纵向发展相结合三种通道，见表13.4。

表13.4 员工晋升通道设计

晋升通道	含义
横向发展	序列内或跨序列的岗位调整（即轮岗、换岗）
纵向发展	传统的晋升道路，即行政管理级别的晋升
横向发展和纵向发展相结合	突出多方向发展的可能性和岗位轮换的机会

企业员工晋升的标准可以从三个方面进行评估和测试，分别是任职资格、技能素质和工作业绩，如图 13.13 所示。

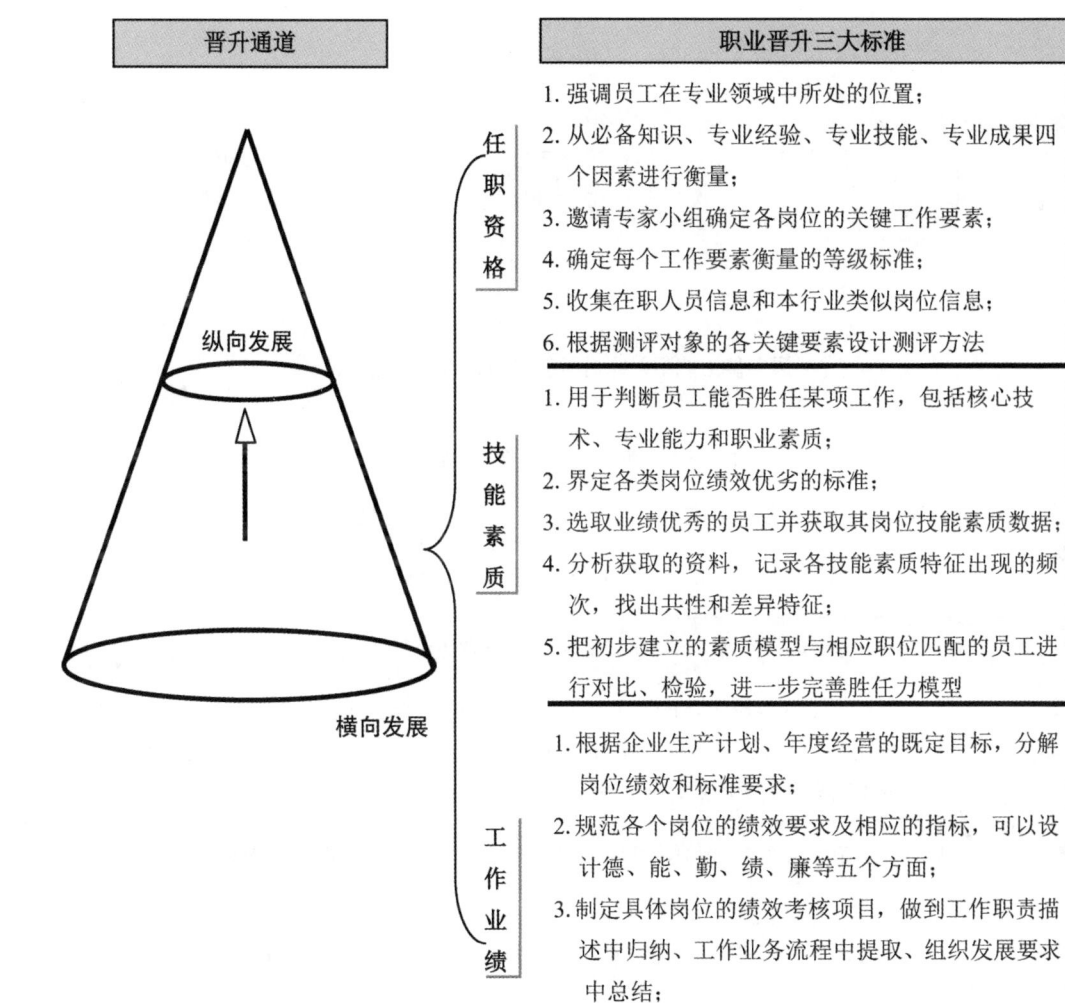

图 13.13 职业晋升三大标准

晋升通道：纵向发展、横向发展

职业晋升三大标准：

任职资格
1. 强调员工在专业领域中所处的位置；
2. 从必备知识、专业经验、专业技能、专业成果四个因素进行衡量；
3. 邀请专家小组确定各岗位的关键工作要素；
4. 确定每个工作要素衡量的等级标准；
5. 收集在职人员信息和本行业类似岗位信息；
6. 根据测评对象的各关键要素设计测评方法

技能素质
1. 用于判断员工能否胜任某项工作，包括核心技术、专业能力和职业素质；
2. 界定各类岗位绩效优劣的标准；
3. 选取业绩优秀的员工并获取其岗位技能素质数据；
4. 分析获取的资料，记录各技能素质特征出现的频次，找出共性和差异特征；
5. 把初步建立的素质模型与相应职位匹配的员工进行对比、检验，进一步完善胜任力模型

工作业绩
1. 根据企业生产计划、年度经营的既定目标，分解岗位绩效和标准要求；
2. 规范各个岗位的绩效要求及相应的指标，可以设计德、能、勤、绩、廉等五个方面；
3. 制定具体岗位的绩效考核项目，做到工作职责描述中归纳、工作业务流程中提取、组织发展要求中总结；
4. 为各绩效项目设定计算公式，量化所有业绩考核指标，加强考核针对性

13.2.4　晋升评估七项内容

在对员工晋升进行评估时，应从多个角度、全方位构建适合企业员工晋升评估的内容，如图 13.14 所示。

```
                        晋升评估内容
```

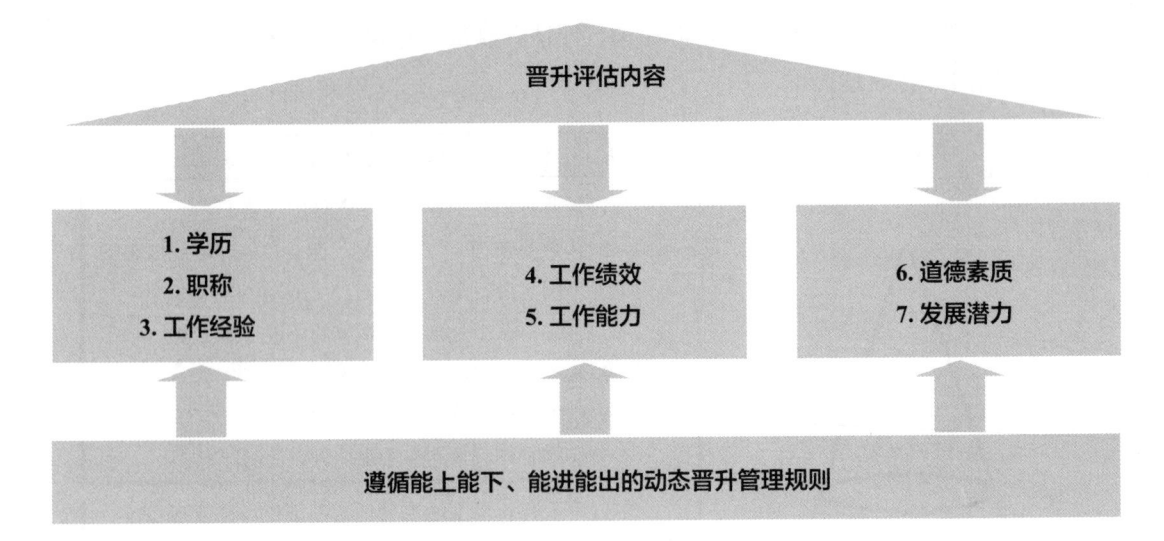

1. 学历	4. 工作绩效	6. 道德素质
2. 职称	5. 工作能力	7. 发展潜力
3. 工作经验		

遵循能上能下、能进能出的动态晋升管理规则

图 13.14 员工晋升评估七项内容

针对企业员工晋升评估的七项内容，需要进行评估分析与具体说明，见表 13.5。

表 13.5 员工晋升评估七项内容的评估分析与具体说明

内容	评估分析与具体说明
学历	一般以国家正规院校的全日制学习所获得的学历为准，包括高中、中专、大专、本科、硕士研究生、博士研究生等。一些企业对通过函授、自考、业大、电大等方式获得的学历，晋升要求较全日制学历要高出一级，如规定全日制学习获得的专科相当于函授的本科
职称	职称一般指社会或本行业承认的员工获得的专业职称，如工程师、高级工程师等
工作经验	工作经验既包括在本企业的工作经验，也包括在其他组织的工作经验。企业出于晋升岗位的要求可以突出强调本企业工作经验的拥有程度，工作经验多以年的形式计算
工作绩效	对于工作绩效的评估大多通过对员工在本企业的绩效考核的记录、结果等来衡量，可以将员工的工作绩效划分为优秀、良好、一般、不合格等等级
工作能力	工作能力是指员工在人际关系和业务处理过程中体现出来的同员工工作绩效结果紧密相关的某类比较稳定的特长、素质等，如沟通能力、问题解决能力、应变能力等
道德素质	道德素质是指员工所应具备的作为社会人和企业人的道德规范等，如诚信、责任等
发展潜力	发展潜力是指员工目前可能尚未表现出来，但在将来的工作表现中有着良好预期的能力

13.2.5 能力素质评估六个步骤

能力素质评估是员工晋升评估的重要部分。员工能力素质评估的六个步骤如图 13.15 所示。

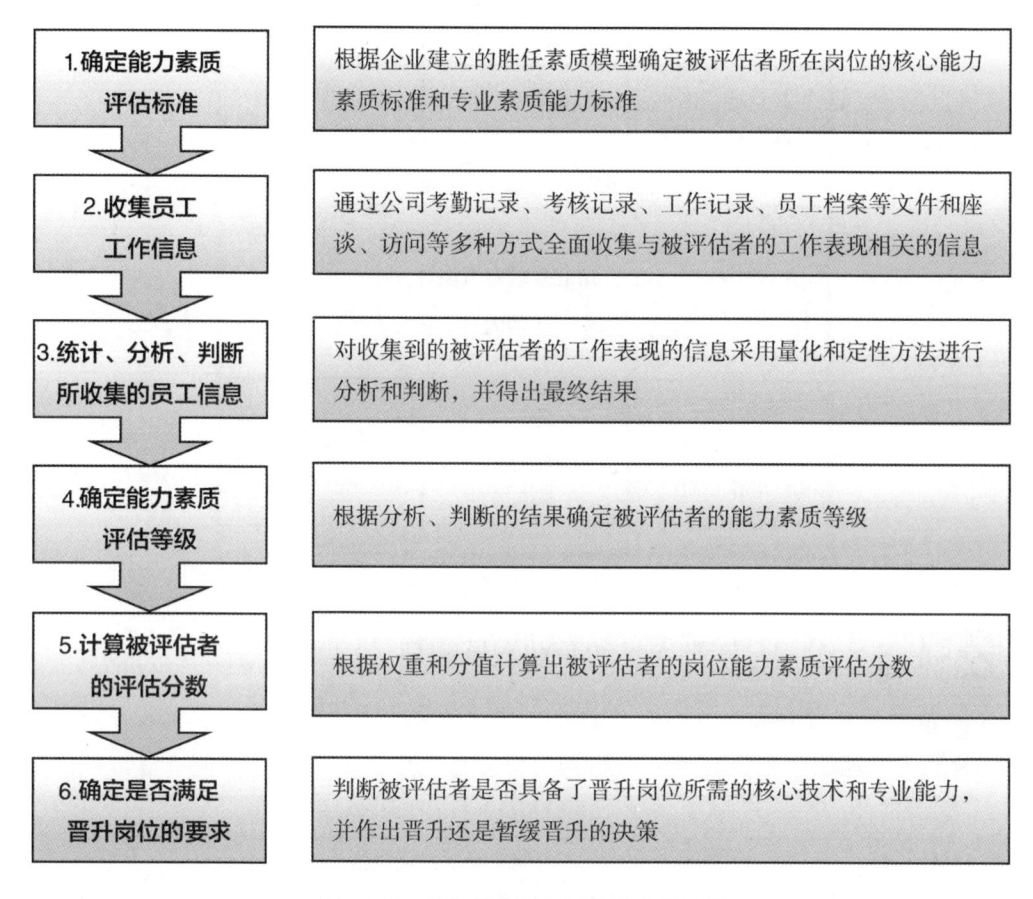

第13章 精神激励与职业生涯挂钩方法的应用

1.确定能力素质评估标准	根据企业建立的胜任素质模型确定被评估者所在岗位的核心能力素质标准和专业素质能力标准
2.收集员工工作信息	通过公司考勤记录、考核记录、工作记录、员工档案等文件和座谈、访问等多种方式全面收集与被评估者的工作表现相关的信息
3.统计、分析、判断所收集的员工信息	对收集到的被评估者的工作表现的信息采用量化和定性方法进行分析和判断,并得出最终结果
4.确定能力素质评估等级	根据分析、判断的结果确定被评估者的能力素质等级
5.计算被评估者的评估分数	根据权重和分值计算出被评估者的岗位能力素质评估分数
6.确定是否满足晋升岗位的要求	判断被评估者是否具备了晋升岗位所需的核心技术和专业能力,并作出晋升还是暂缓晋升的决策

图 13.15 员工能力素质评估的六个步骤

13.2.6 竞聘与职业发展

择优竞聘与员工职业生涯发展的关系如图 13.16 所示。

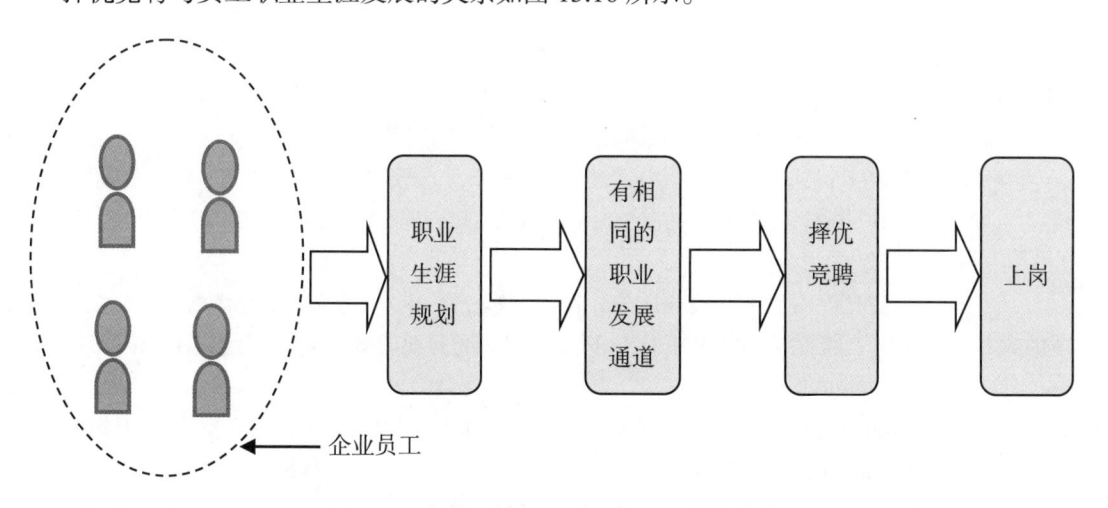

企业员工 → 职业生涯规划 → 有相同的职业发展通道 → 择优竞聘 → 上岗

图 13.16 择优竞聘与员工职业生涯发展的关系

规范的企业竞聘方案设计一般包括八项内容,如图 13.17 所示。

企业竞聘方案设计八项内容：

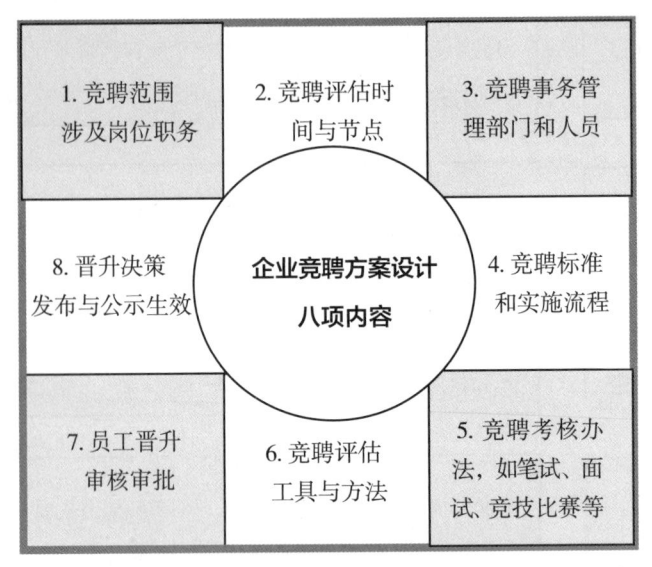

1. 竞聘范围涉及岗位职务
2. 竞聘评估时间与节点
3. 竞聘事务管理部门和人员
4. 竞聘标准和实施流程
5. 竞聘考核办法，如笔试、面试、竞技比赛等
6. 竞聘评估工具与方法
7. 员工晋升审核审批
8. 晋升决策发布与公示生效

图 13.17　企业竞聘方案设计八项内容

对标案例　××公司营销类人员的职业发展规划

××公司针对营销类人员的工作特点，设计了系统的营销类人员职业发展路径，大致可以分为五个通道，见表 13.6。

表13.6　××公司营销类人员的职业发展路径

职业发展路径		职业规划具体分析
企业内部发展	专业岗位晋升	在积累一定的工作经验后，从公司或集团的分支机构、片区或分公司的营销岗位，到更上一级的或公司总部做营销部门的工作，或者带领更大的营销团队、管理大区市场
		在公司总部营销部门积累一定工作经验后，到下一级或多级的分支机构带领营销团队、管理大区/省市场，或到某细分市场开辟新的业务。为晋升管理岗位奠定基础
	转向其他岗位	转向与市场、销售或客服等与工作经历相关的岗位，包括但不限于市场分析、公关推广、品牌建设与管理、渠道管理、供应商管理等岗位
		如果有管理专业背景或者对管理感兴趣，可以发展的方向包括市场信息或情报管理、行业研究、战略规划、人力资源管理、项目管理等岗位
		如果在产品或行业的生产制造、运营、研究开发、设计等技术方面拥有一定的基础和优势，则可以往技术含量较高的岗位流动，包括运作管理、售前技术支持、产品测试、售后技术服务等
横向跳槽		已经积累一定的工作经验且在本企业内缺乏进一步发展空间时，或者薪酬、企业文化等同个人预期存在较大差距时，也可以选择其他行业的相关职位或其他岗位以实现自身进一步发展的要求
创业创新		具有市场发展基础的营销工作经历，是个人创业的优势，因为创新的市场开拓是最重要、最有价值的工作，而具有营销工作经历的人才恰恰拥有这方面的经验和资源
转做营销咨询和培训		在积累丰富的营销经验后，转行从事营销咨询和培训工作也是一个很好的选择，其优势在于深刻理解营销行业背景和企业营销实践的环境。许多营销咨询公司的咨询顾问、培训师都是从营销工作转过来的

同时，××公司还设计了营销类人员的职业发展地图，如图 13.18 所示。

管理发展路径	管理发展路径	专业发展路径	专业发展路径
营销总监	总经理	营销顾问	高级客户经理
大区经理	营销副总	资深业务员	客户经理
地区经理	营销部经理	高级业务员	高级客户主任
省/市经理	产品经理	二级业务员	客户主任
片区营销主管	销售主管	一级业务员	
营销专员	营销/渠道专员	初级业务员	客户专员

图 13.18　××公司营销类人员的职业发展地图

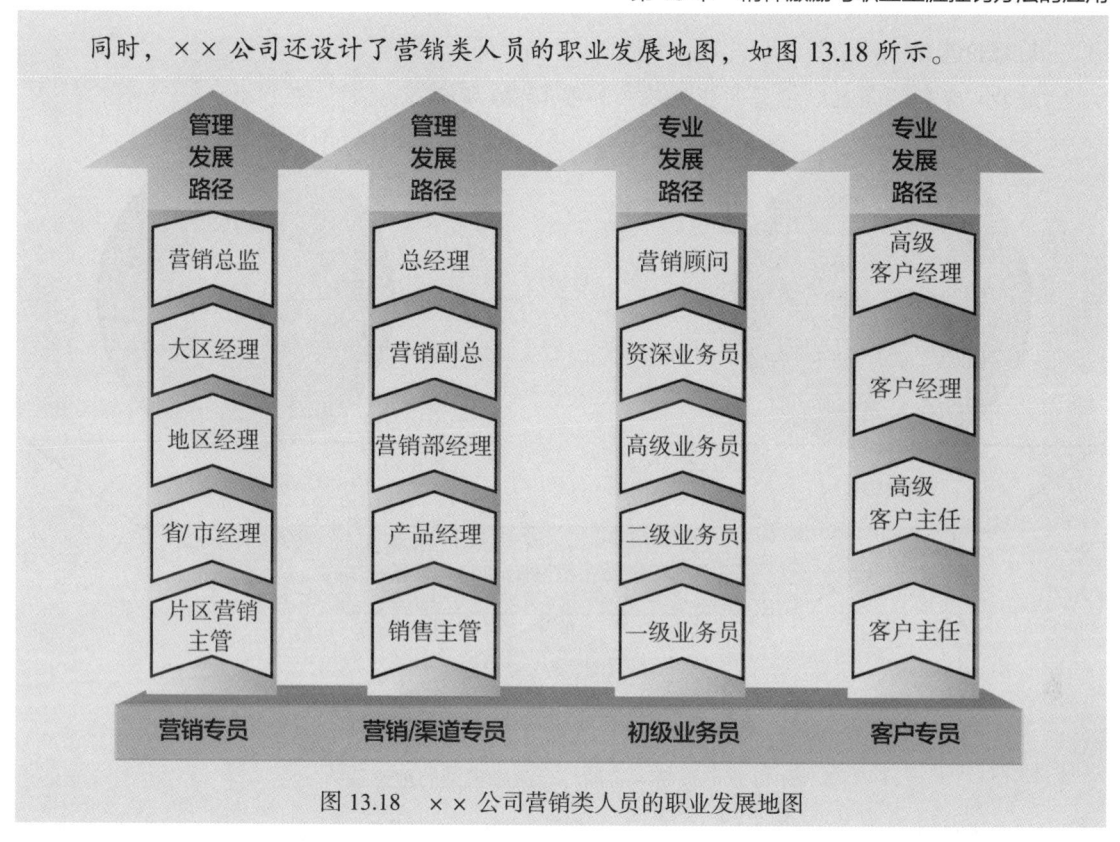

望闻问切：波特－劳勒综合激励模型设计

波特-劳勒综合激励模型是一种综合型的激励理论，由美国行为科学家爱德华·劳勒和莱曼·波特提出。该模型在期望理论和公平理论等理论的基础上形成，旨在系统地剖析激励的全过程，以期对人的行为形成更为全面的解释，如图 13.19 所示。

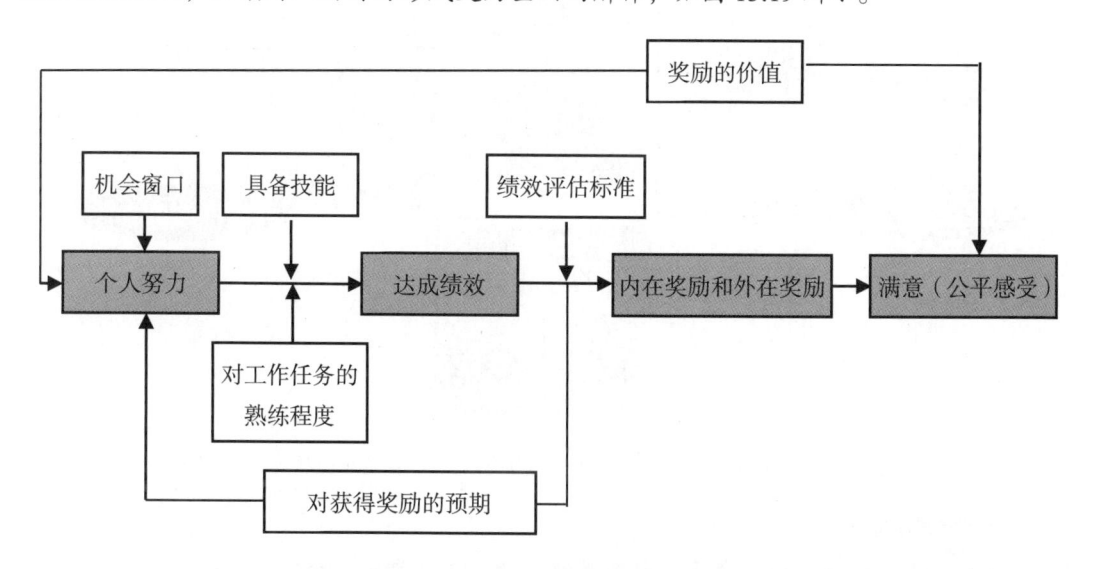

图 13.19　波特－劳勒综合激励模型

1. 理论基础

波特-劳勒综合激励模型的理论基础如图 13.20 所示。

该模型基于期望理论，即个人努力会导致绩效提升，进而带来相应的奖酬

即员工会评估自己所得奖酬的公平性，这会影响他们的满足感和未来的努力程度

期望理论　　　　　　公平理论

波特-劳勒综合激励模型的理论基础

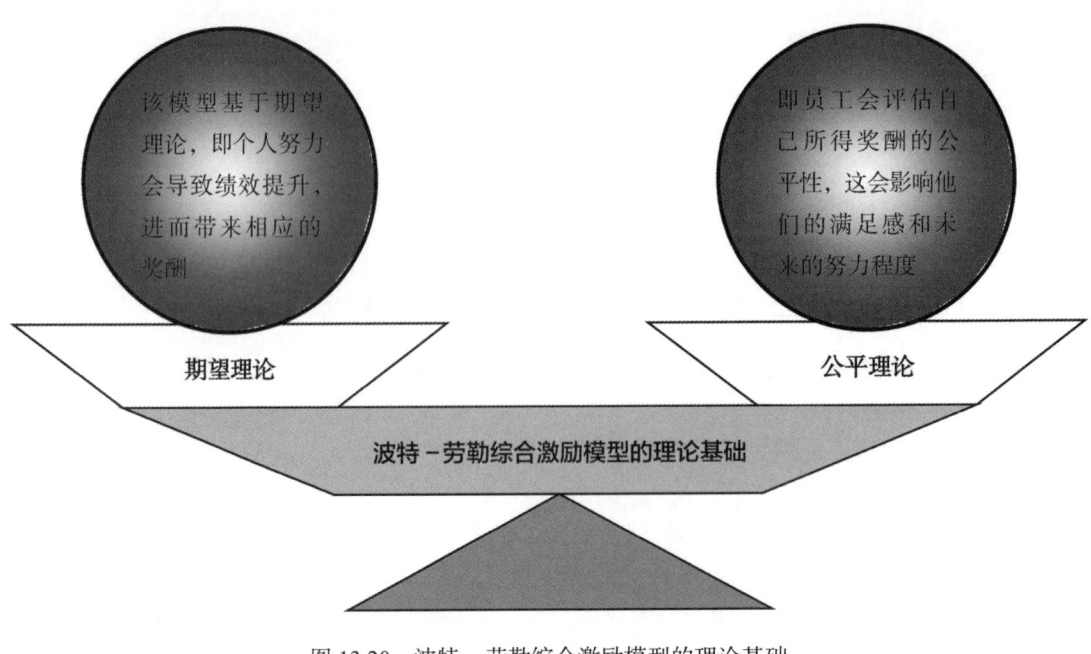

图 13.20　波特-劳勒综合激励模型的理论基础

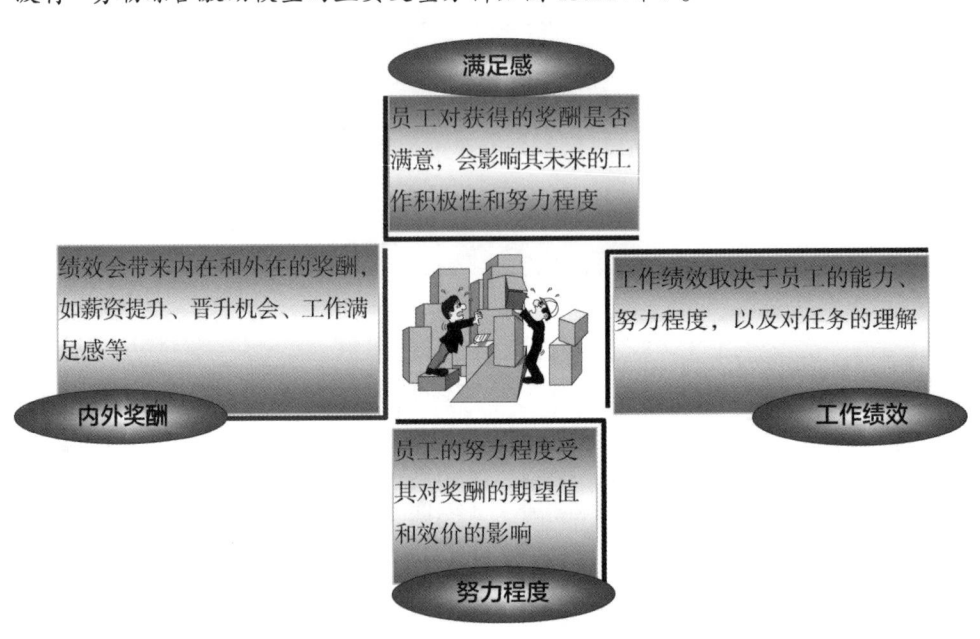

2. 主要变量分析

波特-劳勒综合激励模型的主要变量分析如图 13.21 所示。

满足感：员工对获得的奖酬是否满意，会影响其未来的工作积极性和努力程度

内外奖酬：绩效会带来内在和外在的奖酬，如薪资提升、晋升机会、工作满足感等

工作绩效：工作绩效取决于员工的能力、努力程度，以及对任务的理解

努力程度：员工的努力程度受其对奖酬的期望值和效价的影响

图 13.21　波特-劳勒综合激励模型的主要变量分析

3. 三个鲜明特点

（1）综合性：该模型综合考虑了内外激励因素，以及期望、公平等理论。

（2）循环性：模型中的各个变量相互影响，形成一个闭环，体现了激励过程的动态性。

（3）公平性强调：模型特别强调了奖酬的公平性对员工满足感的重要性。

4. 应用场景

波特-劳勒综合激励模型在多个领域都有广泛的应用场景，如图13.22所示。

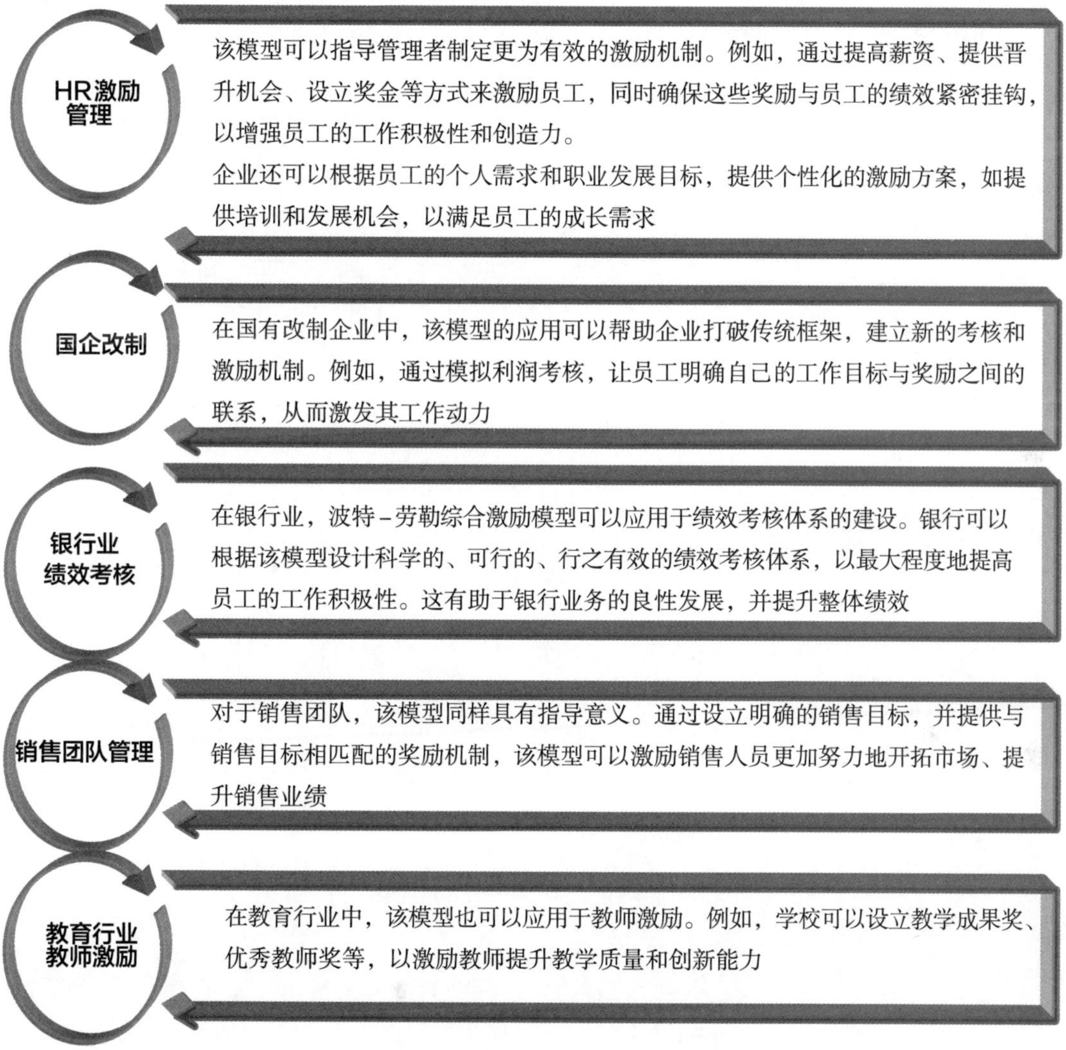

HR激励管理：该模型可以指导管理者制定更为有效的激励机制。例如，通过提高薪资、提供晋升机会、设立奖金等方式来激励员工，同时确保这些奖励与员工的绩效紧密挂钩，以增强员工的工作积极性和创造力。
企业还可以根据员工的个人需求和职业发展目标，提供个性化的激励方案，如提供培训和发展机会，以满足员工的成长需求

国企改制：在国有改制企业中，该模型的应用可以帮助企业打破传统框架，建立新的考核和激励机制。例如，通过模拟利润考核，让员工明确自己的工作目标与奖励之间的联系，从而激发其工作动力

银行业绩效考核：在银行业，波特–劳勒综合激励模型可以应用于绩效考核体系的建设。银行可以根据该模型设计科学的、可行的、行之有效的绩效考核体系，以最大程度地提高员工的工作积极性。这有助于银行业务的良性发展，并提升整体绩效

销售团队管理：对于销售团队，该模型同样具有指导意义。通过设立明确的销售目标，并提供与销售目标相匹配的奖励机制，该模型可以激励销售人员更加努力地开拓市场、提升销售业绩

教育行业教师激励：在教育行业中，该模型也可以应用于教师激励。例如，学校可以设立教学成果奖、优秀教师奖等，以激励教师提升教学质量和创新能力

图 13.22 波特–劳勒综合激励模型的应用场景

波特-劳勒综合激励模型为管理者提供了一个全面、系统的视角来看待员工激励问题。该模型强调了员工努力、绩效、奖酬和满足感之间的相互作用，以及公平性在激励过程中的重要性。通过运用这一模型，管理者可以更加科学地设计激励机制，提高员工的工作积极性和整体绩效。

第 14 章
战略性薪酬设计与应用

战略性意味着具有深远的策略性意义，强调的是对外部环境的敏锐洞察与灵活适应，核心在于识别和实施那些能为企业赢得和维持竞争优势的关键性选择。企业薪酬战略归属于企业的人力资源战略，服务于企业的经营发展战略。战略性薪酬的设计应强调企业薪酬策略的战略性意义，战略性薪酬强调薪酬体系为企业发展提供带有前瞻性的战略支撑，关注的是薪酬方式如何能够成为企业竞争优势的源泉。

战略性薪酬是指能提高员工的工作积极性并促进其个人发展，同时使员工的努力与组织的目标、理念和文化相符的薪酬计划。战略性薪酬设计将企业薪酬体系的构建与企业的发展战略有机结合起来，使企业薪酬体系成为实现企业发展战略的重要杠杆。

战略性薪酬能提高员工的工作积极性并促进其个人发展，使员工的努力与组织的目标、理念和文化相符，能满足企业增强对外竞争力的需要，是适应市场经济发展的需要，是顺应企业战略化管理的需要。

战略性薪酬设计应用框架体系插画

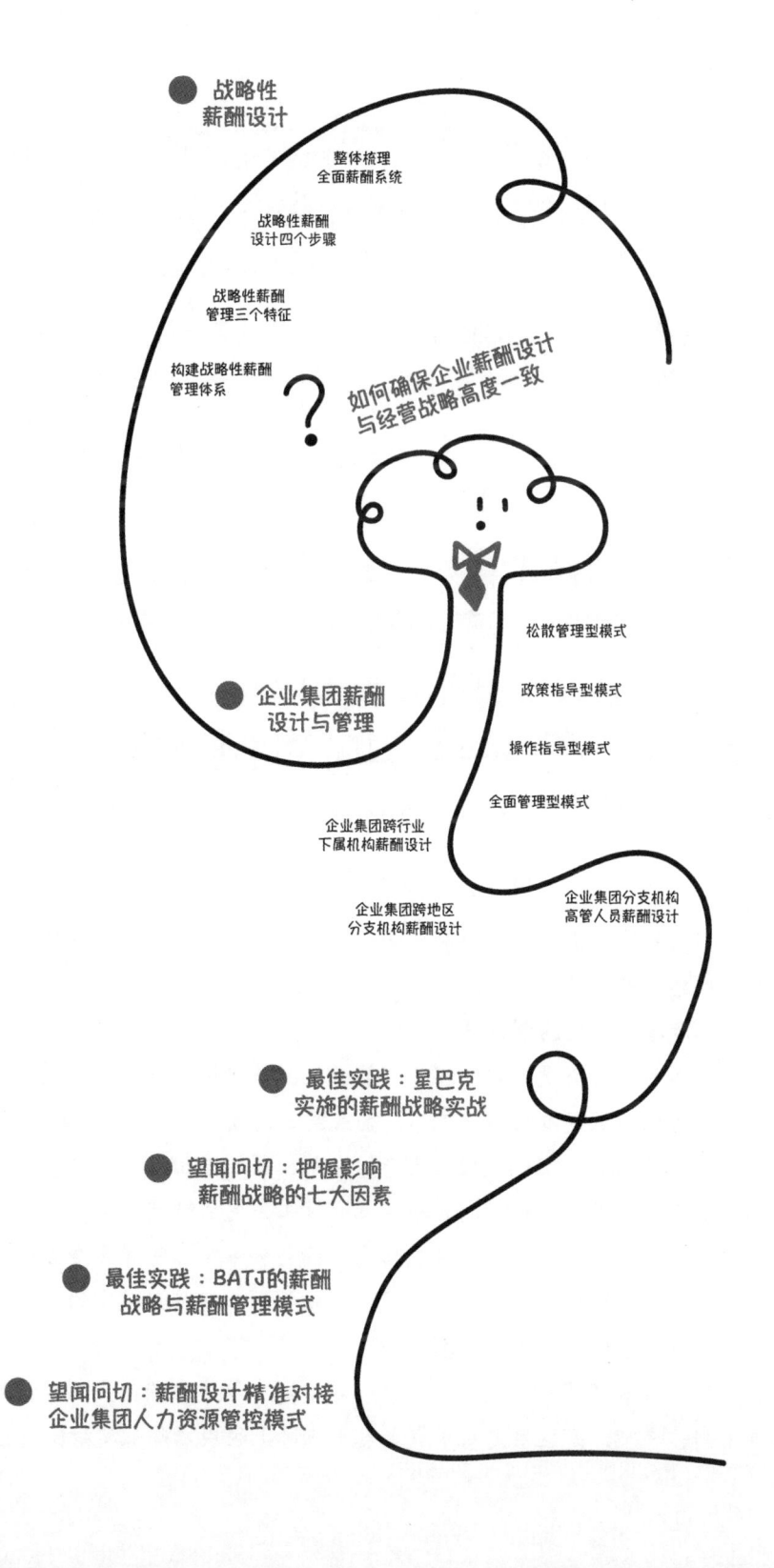

- **战略性薪酬设计**
  - 整体梳理全面薪酬系统
  - 战略性薪酬设计四个步骤
  - 战略性薪酬管理三个特征
  - 构建战略性薪酬管理体系

如何确保企业薪酬设计与经营战略高度一致

- **企业集团薪酬设计与管理**
  - 松散管理型模式
  - 政策指导型模式
  - 操作指导型模式
  - 全面管理型模式
  - 企业集团跨行业下属机构薪酬设计
  - 企业集团跨地区分支机构薪酬设计
  - 企业集团分支机构高管人员薪酬设计

- **最佳实践：星巴克实施的薪酬战略实战**

- **望闻问切：把握影响薪酬战略的七大因素**

- **最佳实践：BATJ的薪酬战略与薪酬管理模式**

- **望闻问切：薪酬设计精准对接企业集团人力资源管控模式**

问题与痛点：如何确保企业薪酬设计与经营战略高度一致

企业可以采取的经营战略主要包括低成本战略、差异化战略、专一化战略、稳定发展战略、快速发展战略、收缩战略等，如图14.1所示。

低成本战略是企业采用大规模生产方式，降低产品的平均生产成本来获得利润的生产经营方式　　**低成本战略**

差异化战略即通过采用特定技术和方法，使本企业的产品或服务在质量、设计、服务等方面与众不同　　**差异化战略**

专一化战略是指企业生产经营单一的产品或服务，或者将产品或服务指向特定的地区、特定的顾客群　　**专一化战略**

稳定发展战略是指企业保持现有的产品和市场，在防御外来环境威胁的同时保持均匀的、小幅度的增长速度　　**稳定发展战略**

快速发展战略即企业通过多样化经营或开辟新的生产经营渠道、增加市场占有率而使其在产品销售量、市场占有率及资本总量等方面获得快速和全面的成长　　**快速发展战略**

收缩战略即企业面临衰退的市场或失去竞争优势时，主动放弃某些产品或市场，以维持其生存能力的战略　　**收缩战略**

图 14.1　企业经营战略的六种类型

企业选择不同的战略类型就需要有不同的薪酬制度和体系与之相匹配，企业的薪酬战略必须与经营战略高度一致。

1. 与低成本战略匹配的薪酬设计

低成本战略实施的前提是实现管理费用最低化，并严格控制研发、试验、服务和广告等活动。在奖金有限的低成本战略背景下，企业薪酬制度具有两个鲜明的特点。

（1）用较低的薪酬成本实现规模性生产。在总体薪酬支出水平一定的条件下，企业可聘用较少的高效率员工或聘用较多的效率较低的员工来完成既定的生产经营任务。由于企业的用工成本不仅包括薪酬水平，而且包括员工福利和社会保险等多个方面，追求成本最低化的企业采用较低的薪酬—员工替代模式，即以效率工资聘用较少的高效率员工不仅能保证生产，而且有利于节约总用工成本。

（2）建立基于成本的薪酬决策制度。这一制度既可以是在确保产品数量和质量前提下的总成本包干制，也可以是在核定基本成本水平基础上的成本降低奖励制。

2. 与差异化战略匹配的薪酬设计

通过提高产品的价格，可获得较高的利润，企业采取差异化战略取得成功的关键是企业的新产品开发能力和技术创新能力非常强，能不断培育成熟的项目开发团队、产品设计团队和服务团队是实施差异化战略的重要途径。

该战略背景下，采用团队薪酬制度，完善工作用品补贴和额外津贴制度就是企业薪酬制度设计的重点。

3. 与专一化战略匹配的薪酬设计

专一化战略的实施是以专业化技术为前提的，要求企业在特定的技术领域保持持久的领先地位。为了突出技术力量的重要性，吸引技术人才，企业通常给技术人员支付远远超过市场水平的效率薪酬，以提高技术人员对企业的忠诚度，减少由于人员流失而带来的招聘费用、培训费用的损失及人员空缺造成的研发市场流失。

在这种经营战略背景下，企业通常采用基于技术等级的薪酬决定制度，并广泛采用股权激励和期权激励等长期薪酬激励计划。

4. 稳定发展战略下的薪酬设计

采用稳定发展战略情况包括企业缺乏成长资源，处于稳定的市场环境，经历过一段高速成长或收缩。稳定发展战略下，企业应该采用薪酬结构相对稳定，薪酬水平持大体相同的增长比率的薪酬策略。

5. 快速发展战略下的薪酬设计

除了依靠企业内部资源外，快速发展战略往往通过兼并、合并和重组等外部扩张方式来实现。为了满足企业经营领域多样化和经营地域多样化的需要，企业的薪酬制度设计应坚持多样化和针对性原则，允许不同性质的企业设计不同的薪酬方案，同时突出绩效薪酬制度和可变薪酬制度的应用。

6. 收缩战略下的薪酬设计

在收缩战略阶段，企业的薪酬制度应回归到维护企业核心资源和核心竞争力上来，强调薪酬制度的统一性。在收缩期，企业要考虑的一个重要因素是反敌意收购，设计有利于接管防御的薪酬策略。规定收购者在完成收购后，若在人事安排上有所变动，须对变动者一次性支付巨额补偿金。这部分补偿金支出通常视变动者的地位、资历和以往业绩而有高低之别。此外，管理层收购和ESOP等制度既是企业治理的手段，也是企业薪酬制度的一部分。

14.1 战略性薪酬设计

以资源为本的战略管理理论，深入剖析了企业资源的独特性和战略要素，从而阐释了企业长期竞争优势的根基。从实际操作经验来看，战略性薪酬体系在吸引、留住和激励企业的核心人力资源上展现出了显著效果，为企业的发展战略提供了有力的支撑。然而，战略性薪酬同时也是一把锋利的"双刃剑"，若运用得当，则能极大地推动企业战略目标的实现；若策略不当，也可能给企业带来严重的负面影响。

鉴于此，在实施战略性薪酬体系时，企业必须高度重视其动态性设计。这意味着薪酬体系需要随着企业战略目标和市场环境的变化而灵活调整。为了缓解因薪酬差异可能引发的内部公平性问题，企业应考虑对薪酬差距进行"隐性"处理，如通过非货币性福利、职业发展机会等方式来平衡。同时，选择战略性薪酬体系调整的时机也至关重要，应与企业的整体战略调整保持同步，确保薪酬策略始终与企业的战略目标相匹配。

14.1.1 整体梳理全面薪酬系统

全面薪酬系统，又称为整体薪酬体系，涵盖了员工为所在单位贡献劳动力后所获得的所有形式的回报。这一系统不仅包含经济性薪酬，还涉及非经济性薪酬，经济性薪酬可进一步细分为直接和间接两类，如图 14.2 所示。

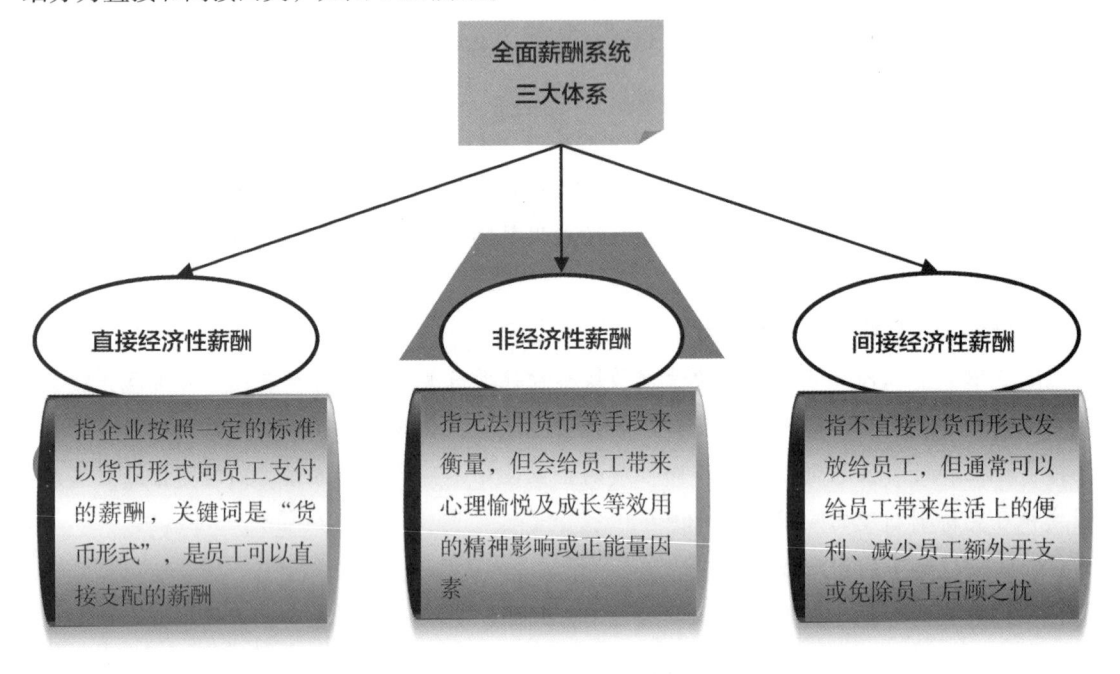

```
                    全面薪酬系统
                     三大体系

    直接经济性薪酬       非经济性薪酬        间接经济性薪酬

  指企业按照一定的标准   指无法用货币等手段来   指不直接以货币形式发
  以货币形式向员工支付   衡量，但会给员工带来   放给员工，但通常可以
  的薪酬，关键词是"货   心理愉悦及成长等效用   给员工带来生活上的便
  币形式"，是员工可以直  的精神影响或正能量因   利、减少员工额外开支
  接支配的薪酬           素                   或免除员工后顾之忧
```

图 14.2 全面薪酬系统三大体系

具体来说，全面薪酬系统的范畴广泛，既包括货币工资——员工可以直接装入口袋的部分，也包含为员工日常生活提供稳定支持的各种福利措施。更重要的是，它还涵盖了那些能够为员工带来深层满足感和心理愉悦的措施和手段。

只有深入理解了这一点，企业在构建战略性薪酬体系时，才能够更全面地考虑员工的多元化需求。同时，员工在权衡自己的付出与所得时，也能从更加多维的角度进行思考，从而避免双方仅仅在薪资的多少上进行单一的博弈。这样的全面薪酬系统设计，有助于构建更加和谐、积极的劳资关系，从而实现企业战略目标。

直接经济性薪酬主要包括工资、奖金、补贴、利润分享、股票分红等；间接经济性薪酬的核心关键词是"不直接以货币形式发放"，主要包括福利、教育培训、劳动保护、医疗保障、社会保险、离退休保障、带薪休假、旅游休假、职业指导等；影响非经济性薪酬的因素主要涉及三个层面，一是工作本身，二是工作环境，三是企业形象，见表14.1。

表14.1 非经济性薪酬的三大影响因素

影响因素	具体分析与影响说明
工作本身	主要包括工作有趣、愉快，工作具有挑战性，有成就感，能发挥才华，有发展的机会和空间，有晋升和奖励的机会，有相当的社会地位，有荣耀的头衔等
工作环境	主要包括能力强且公正的领导，合理的政策，融洽的工作氛围，志趣相投的同事，恰当的地位标志，舒适的工作条件，弹性的工作制，便利的交通通讯等
企业形象	主要包括社会效益好，企业有品牌，企业文化和价值观被社会认可，企业规模大，经济效益好，企业的产品受到社会公认，企业的产品和服务属于前沿等

14.1.2 设计战略性薪酬体系的步骤

一般而言，企业设计战略性薪酬体系需遵循以下四个关键步骤，如图14.3所示。

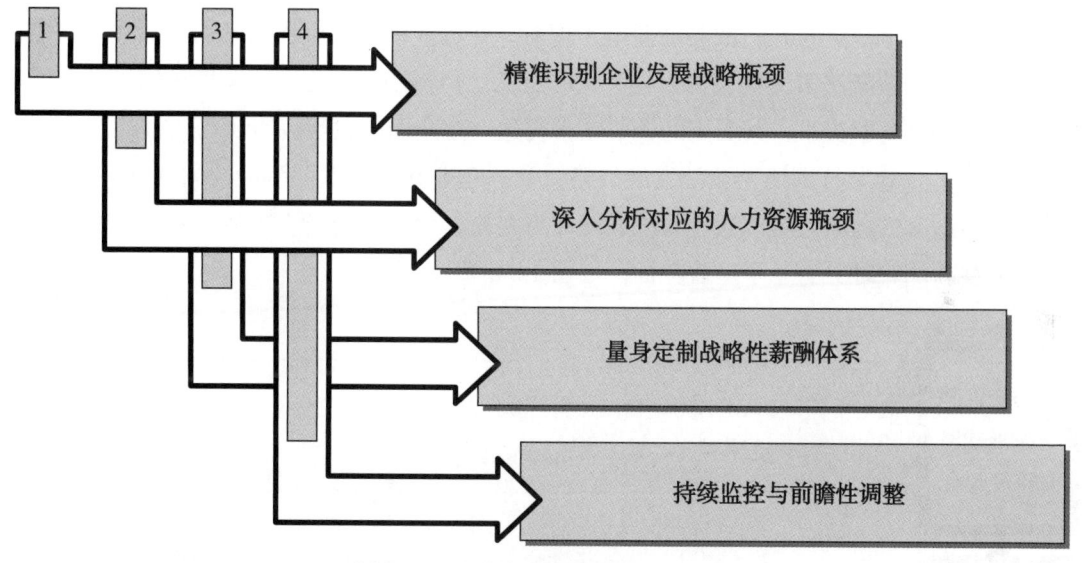

图 14.3 设计战略性薪酬体系的步骤

1. 精准识别企业发展战略瓶颈

在战略性薪酬设计的初始阶段，核心任务是精确定位企业发展的战略瓶颈。为实现这一目标，可采用多种分析工具与方法，其中关键成功因素分析与标杆管理法尤为有效。

（1）关键成功因素分析侧重于识别企业在特定市场中持续盈利所不可或缺的资源与能力。

（2）标杆管理法则通过与行业内表现最佳、效率最高的企业进行对照，从而揭示出改进的空间与方向。

2. 深入分析对应的人力资源瓶颈

一旦明确了公司的发展战略瓶颈，接下来就要剖析这些瓶颈部门所面临的人力资源挑战。这些挑战可能包括人力资源数量不足、质量不达标、配置不合理或激励措施缺乏等，或者是这些问题的组合。

3. 量身定制战略性薪酬体系

在战略性薪酬设计的核心环节，应着重考虑向企业的瓶颈部门和关键人力资源提供倾斜性支持。为此，企业可针对其战略性人力资源设立"薪酬特区"，旨在吸引、稳定和激励这些关键人才，从而为企业突破发展战略瓶颈提供坚实的人才基础。

4. 持续监控与前瞻性调整

企业需要不断监测和分析其发展过程中的瓶颈，以及由此产生的人力资源问题。同时，还应具备前瞻性思维，根据市场变化和企业发展需求，适时调整战略性薪酬政策，以确保薪酬体系始终与企业战略保持高度一致，并有效促进企业的持续发展。

14.1.3 战略性薪酬管理的特征

战略性薪酬管理，这一概念由乔治·米尔科维奇（George T. Milkovich）于1988年首次提出，指企业在制定薪酬决策时，能够对运营环境中的机遇与威胁迅速且恰当地作出反应，同时能够协同或支持企业的整体及长远发展目标。

作为一种薪酬决策模式，战略性薪酬管理对企业的业绩会产生深远影响。那些能够显著影响企业绩效的薪酬决策，均被视为具有战略意义。但需明确的是，战略性薪酬管理不等同于单一的战略性薪酬决策，其真正的核心在于构建一个全面的薪酬战略。

这一管理模式紧密围绕企业的发展战略，依据企业在特定发展阶段的内外部环境变化，精准选择最适宜的薪酬策略。通过系统的设计与实施，旨在推动企业战略目标的实现。

战略性薪酬管理具有三个显著特征，如图14.4所示。

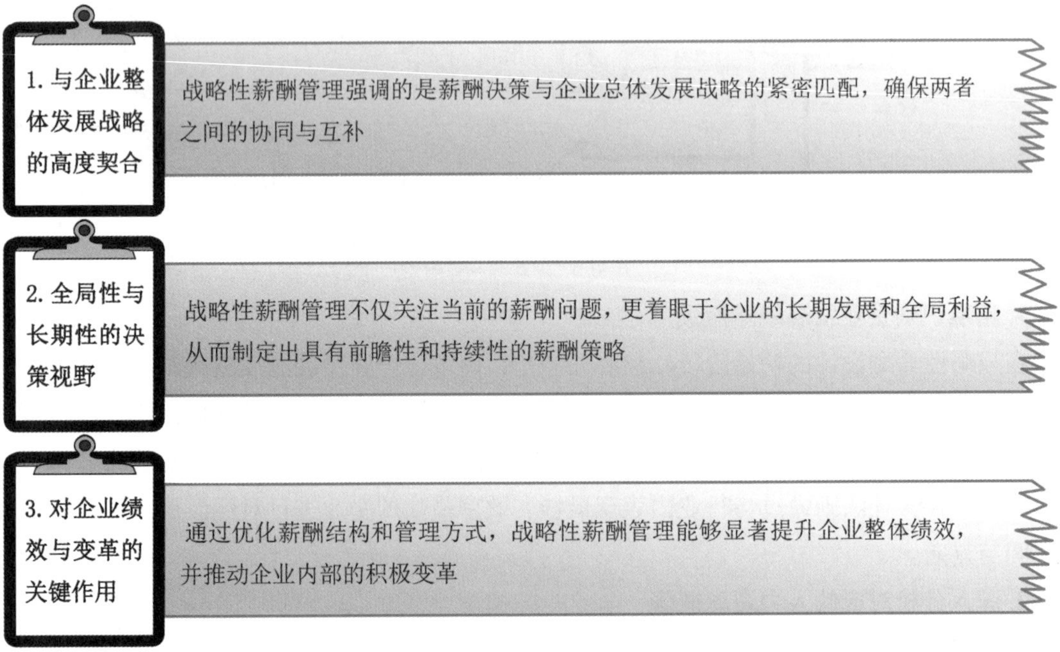

1. 与企业整体发展战略的高度契合	战略性薪酬管理强调的是薪酬决策与企业总体发展战略的紧密匹配，确保两者之间的协同与互补
2. 全局性与长期性的决策视野	战略性薪酬管理不仅关注当前的薪酬问题，更着眼于企业的长期发展和全局利益，从而制定出具有前瞻性和持续性的薪酬策略
3. 对企业绩效与变革的关键作用	通过优化薪酬结构和管理方式，战略性薪酬管理能够显著提升企业整体绩效，并推动企业内部的积极变革

图14.4 战略性薪酬管理的三个特征

战略性薪酬管理模式不仅关乎员工的薪酬福利,更是企业发展战略的重要组成部分,直接影响着企业的竞争力和市场地位。

14.1.4 构建战略性薪酬管理体系

战略性薪酬管理体系的构建应遵循以下四步基本流程,以确保其与企业战略目标和经营环境紧密相连,如图 14.5 所示。

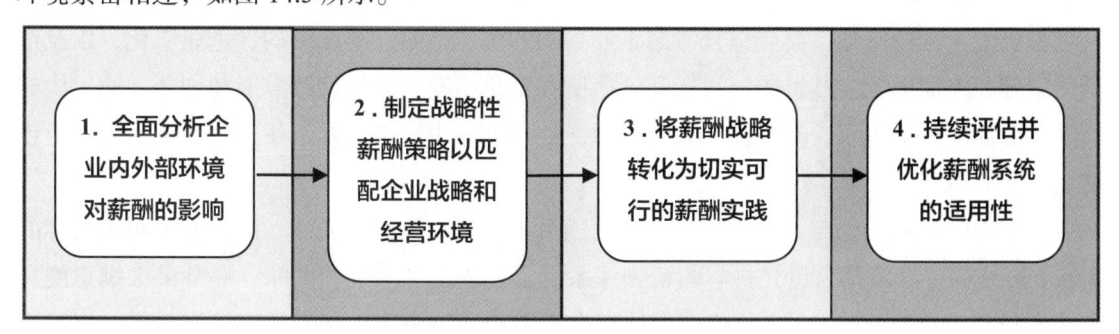

图 14.5 战略性薪酬管理体系构建的四步基本流程

1. 全面分析企业内外部环境对薪酬的影响

在进行薪酬管理体系设计之前,企业需要对所处的内外部环境进行深入分析。这包括考察当前的社会、政治和经济状况,全球经济竞争态势,以及企业文化、员工期望和工会动态等因素。

通过综合分析这些因素,企业能够更准确地把握薪酬管理面临的挑战和机遇,进而制定出与战略目标和经营环境相契合的薪酬方案。

2. 制定战略性薪酬策略以匹配企业战略和经营环境

基于内外环境的分析,企业应制定与自身战略和经营环境相匹配的战略性薪酬策略。这涉及薪酬体系、薪酬水平、薪酬结构和薪酬管理过程等多个方面的决策。核心目标是确保薪酬系统能够有效支持企业战略的实现,同时保持外部竞争力和内部公平性,合理认可员工的贡献,并提高薪酬管理的有效性。

企业应根据不同类型的薪酬决策来支持不同的企业战略,确保薪酬策略与组织的整体战略和经营环境相协调。

3. 将薪酬战略转化为切实可行的薪酬实践

薪酬战略不仅是理念和原则,更需要通过具体的薪酬系统或组合来落地实施。企业应选择合适的薪酬技术和设计高效的薪酬系统,以实现战略导向的要求。

这一步是从理论到实践的转化,关键在于薪酬技术的选取、薪酬系统的设计,以及对执行过程的把控。确保好的薪酬战略能够得到有效执行,对于提升员工满意度和企业绩效至关重要。

4. 持续评估并优化薪酬系统的适用性

薪酬体系设计完成后,并不是一成不变的。在执行过程中,企业需要不断对其进行检验、调整和评估,以确保其与变化的经营环境和战略目标保持一致。

因此，定期进行薪酬体系的匹配性和适应性评估是必不可少的环节。通过持续优化和改进，企业能够确保薪酬管理体系始终与时俱进，有效支撑企业的发展战略。

14.2 企业集团薪酬设计与管理

企业集团薪酬设计与管理的核心目的在于构建一套科学、合理且高效的薪酬体系，这样一项系统性工程的落地，需要综合考虑企业集团的整体战略、组织结构、企业文化，以及市场动态等多方面因素。其目的、目标和价值所在都是推动企业的持续发展和创新。通过构建科学、合理的薪酬体系，激发员工的工作积极性和创造力，吸引并留住人才，从而为企业创造更大的价值。

企业集团薪酬设计与管理目的，包括激励员工、吸引和留住人才，以及促进组织目标的实现；其目标可以细化为建立科学的薪酬体系、实现薪酬与绩效的关联、提升员工满意度和忠诚度和支持企业战略实施；价值主要体现在增强企业竞争力、提高员工工作效率、促进企业内部公平和降低人力资源管理成本。

14.2.1 松散管理型模式

企业集团薪酬管理中的"松散管理型模式"是一种相对灵活、自主的管理模式。在这种模式下，企业集团对下属企业的薪酬管理采取一种较为宽松的策略，允许各下属企业根据自身情况和发展需要，自主设计和实施薪酬体系。

松散管理型模式的三个特点如图 14.6 所示。

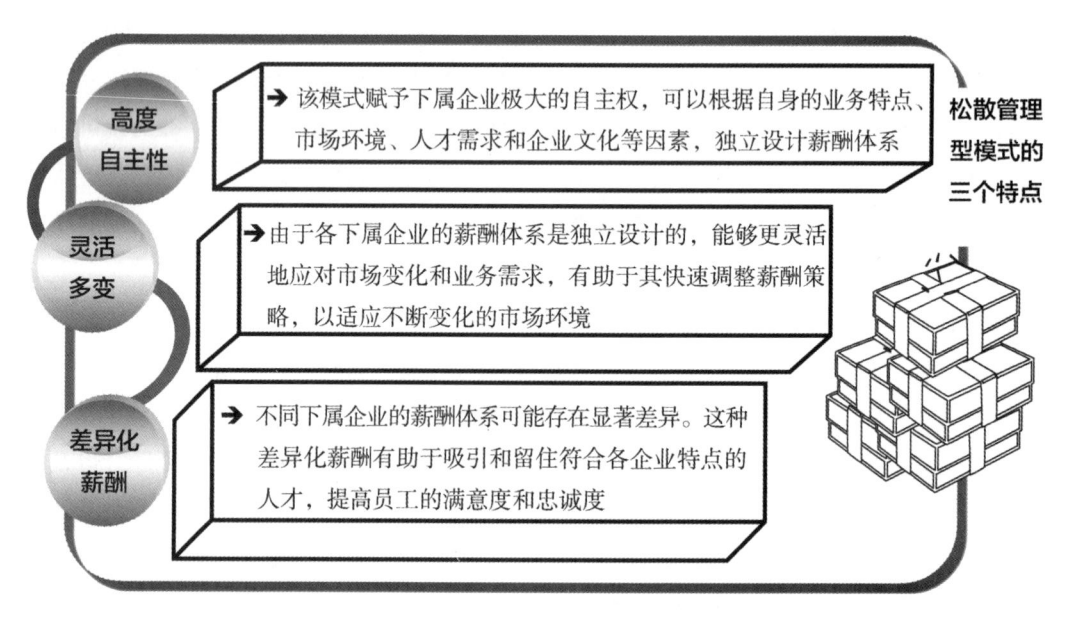

图 14.6 松散管理型模式的三个特点

松散管理型模式的三个优势如图 14.7 所示。

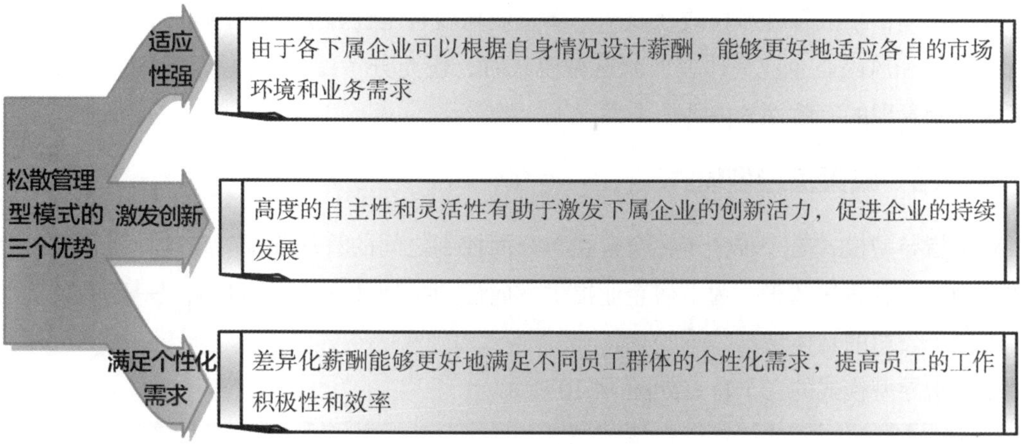

第 14 章 战略性薪酬设计与应用

松散管理型模式的三个优势

- **适应性强**：由于各下属企业可以根据自身情况设计薪酬，能够更好地适应各自的市场环境和业务需求
- **激发创新**：高度的自主性和灵活性有助于激发下属企业的创新活力，促进企业的持续发展
- **满足个性化需求**：差异化薪酬能够更好地满足不同员工群体的个性化需求，提高员工的工作积极性和效率

图 14.7　松散管理型模式的三个优势

松散管理型模式的三种挑战与风险如图 14.8 所示。

松散管理型模式的三种挑战与风险

- **管理难度增加**：由于各下属企业的薪酬体系不同，企业集团在整体管理和协调上可能面临更大的挑战
- **资源浪费**：每个下属企业都需要投入资源进行薪酬体系的设计和管理，可能造成一定程度的资源浪费
- **内部公平性问题**：差异化的薪酬可能导致企业集团内部出现薪酬不公平的现象，影响员工的士气和稳定性

图 14.8　松散管理型模式的三种挑战与风险

实施松散管理型模式的三个原则如图 14.9 所示。

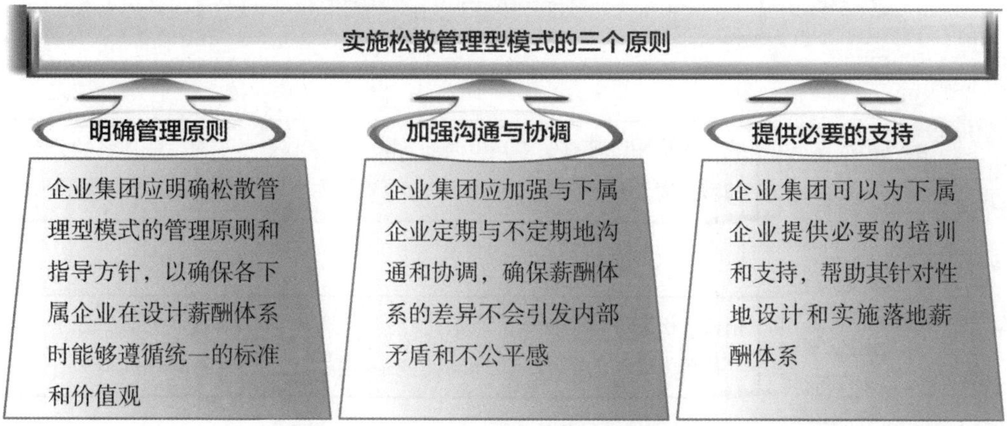

实施松散管理型模式的三个原则

明确管理原则	加强沟通与协调	提供必要的支持
企业集团应明确松散管理型模式的管理原则和指导方针，以确保各下属企业在设计薪酬体系时能够遵循统一的标准和价值观	企业集团应加强与下属企业定期与不定期地沟通和协调，确保薪酬体系的差异不会引发内部矛盾和不公平感	企业集团可以为下属企业提供必要的培训和支持，帮助其针对性地设计和实施落地薪酬体系

图 14.9　实施松散管理型模式的三个原则

综上所述，松散管理型模式在赋予下属企业高度自主性和灵活性的同时，也带来了一定的管理挑战和风险。企业集团在实施这种模式时，应充分考虑各种因素，制定合理的策略，以确保薪酬管理的有效性和内部公平性。

14.2.2 政策指导型模式

政策指导型模式是一种介于完全自主与全面控制之间的管理模式。在这种模式下，企业集团会制定一套薪酬政策，为下属企业提供方向性的指导和建议，同时保留一定的灵活性以适应不同子公司的具体情况。

政策指导型模式的三个特点如图 14.10 所示。

政策指导型模式的三个特点：

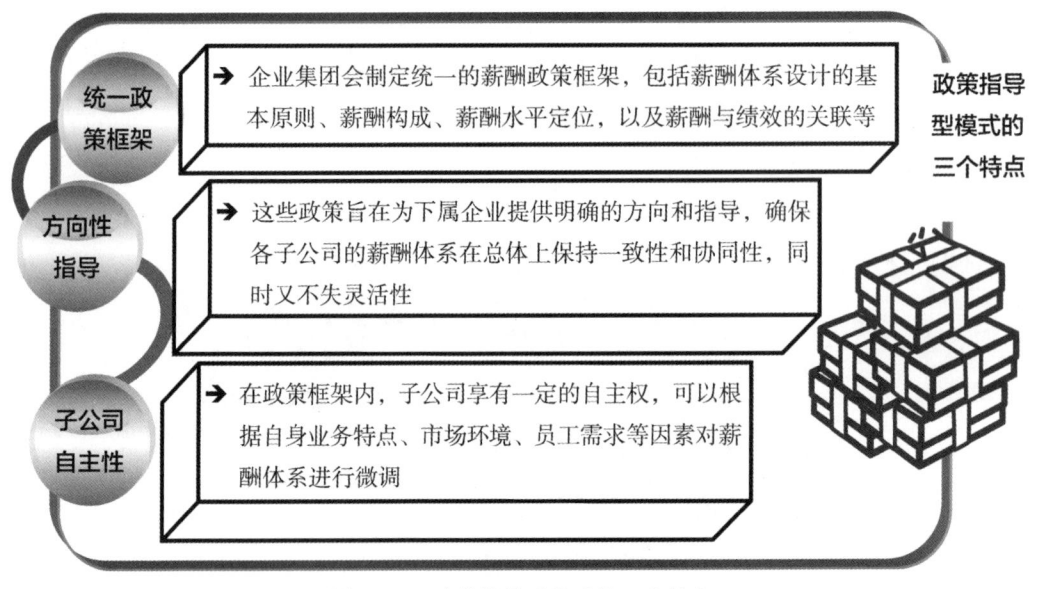

- **统一政策框架**：企业集团会制定统一的薪酬政策框架，包括薪酬体系设计的基本原则、薪酬构成、薪酬水平定位，以及薪酬与绩效的关联等
- **方向性指导**：这些政策旨在为下属企业提供明确的方向和指导，确保各子公司的薪酬体系在总体上保持一致性和协同性，同时又不失灵活性
- **子公司自主性**：在政策框架内，子公司享有一定的自主权，可以根据自身业务特点、市场环境、员工需求等因素对薪酬体系进行微调

图 14.10　政策指导型模式的三个特点

政策指导型模式的三个优势如图 14.11 所示。

政策指导型模式的三个优势：

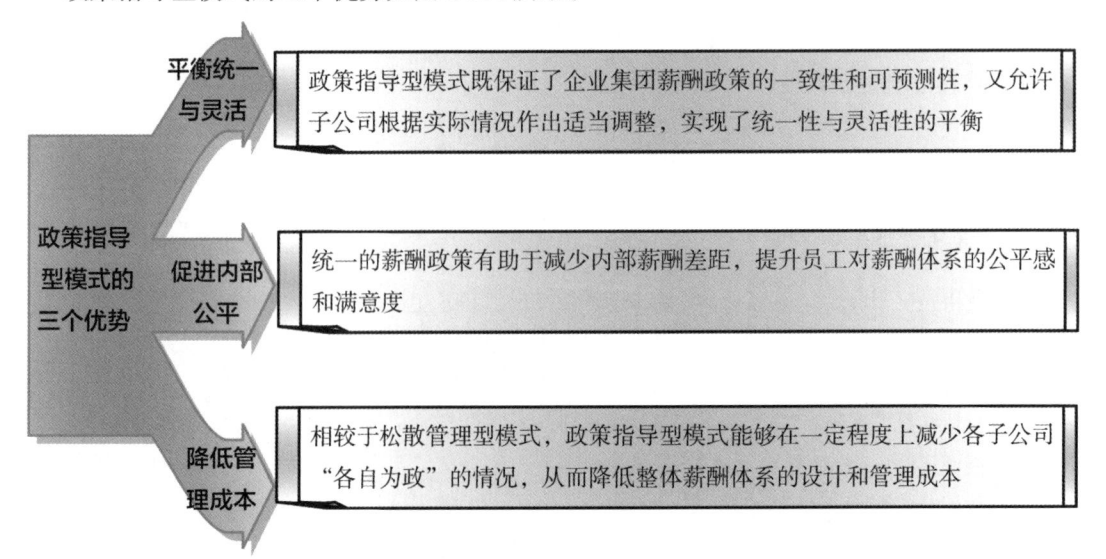

- **平衡统一与灵活**：政策指导型模式既保证了企业集团薪酬政策的一致性和可预测性，又允许子公司根据实际情况作出适当调整，实现了统一性与灵活性的平衡
- **促进内部公平**：统一的薪酬政策有助于减少内部薪酬差距，提升员工对薪酬体系的公平感和满意度
- **降低管理成本**：相较于松散管理型模式，政策指导型模式能够在一定程度上减少各子公司"各自为政"的情况，从而降低整体薪酬体系的设计和管理成本

图 14.11　政策指导型模式的三个优势

政策指导型模式的三种挑战与风险如图 14.12 所示。

制定一套既通用又灵活的薪酬政策框架是一项复杂的任务，需要综合考虑多种因素，确保政策的科学性和实用性

不同子公司之间可能存在显著的差异，如何在统一政策下满足各子公司的特殊需求是另一个需要解决的问题

政策制定难度

子公司差异处理

政策指导型模式的
三种挑战与风险

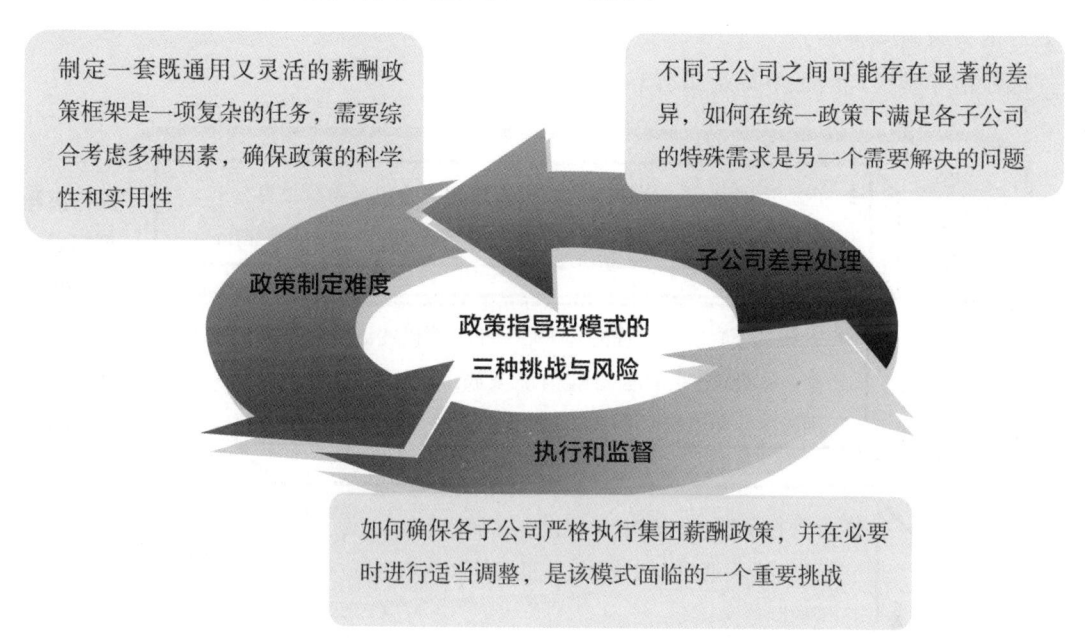

执行和监督

如何确保各子公司严格执行集团薪酬政策，并在必要时进行适当调整，是该模式面临的一个重要挑战

图 14.12　政策指导型模式该三种挑战与风险

实施政策指导型模式的三个原则如图 14.13 所示。

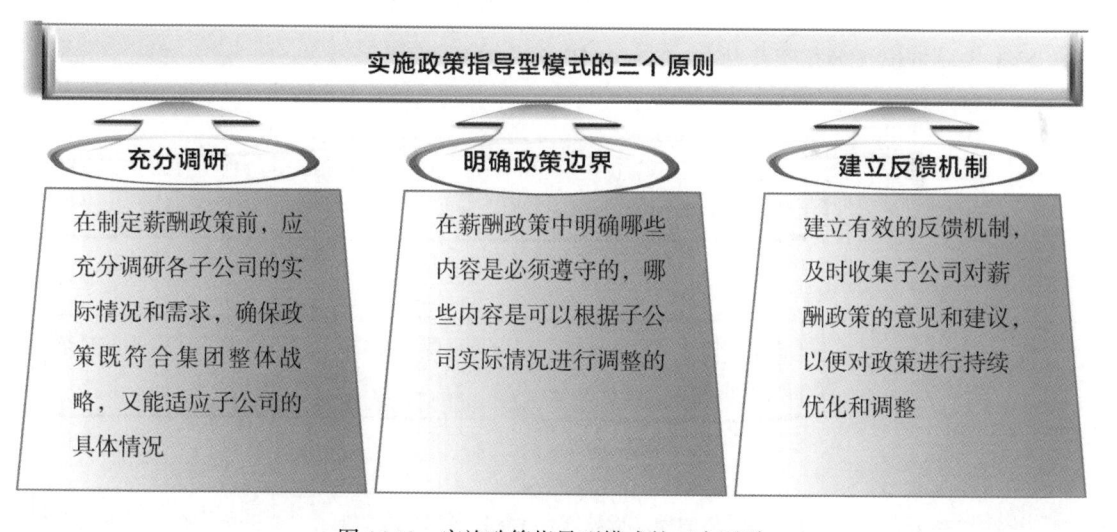

实施政策指导型模式的三个原则

充分调研	明确政策边界	建立反馈机制
在制定薪酬政策前，应充分调研各子公司的实际情况和需求，确保政策既符合集团整体战略，又能适应子公司的具体情况	在薪酬政策中明确哪些内容是必须遵守的，哪些内容是可以根据子公司实际情况进行调整的	建立有效的反馈机制，及时收集子公司对薪酬政策的意见和建议，以便对政策进行持续优化和调整

图 14.13　实施政策指导型模式的三个原则

综上所述，政策指导型模式在保持企业集团薪酬体系一致性的同时，赋予了子公司一定的自主权。这种模式的成功实施需要企业集团在制定政策时充分考虑各子公司的实际情况，并建立有效的执行、监督和反馈机制。

14.2.3　操作指导型模式

操作指导型模式是一种较为细致的管理方式，介于政策指导与全面管理之间。在这种模

式下，企业集团不仅提供薪酬政策的指导，还会给出具体的操作方法和流程，以帮助下属企业更好地实施薪酬管理。

操作指导型模式的三个特点如图 14.14 所示。

操作指导型模式的三个特点

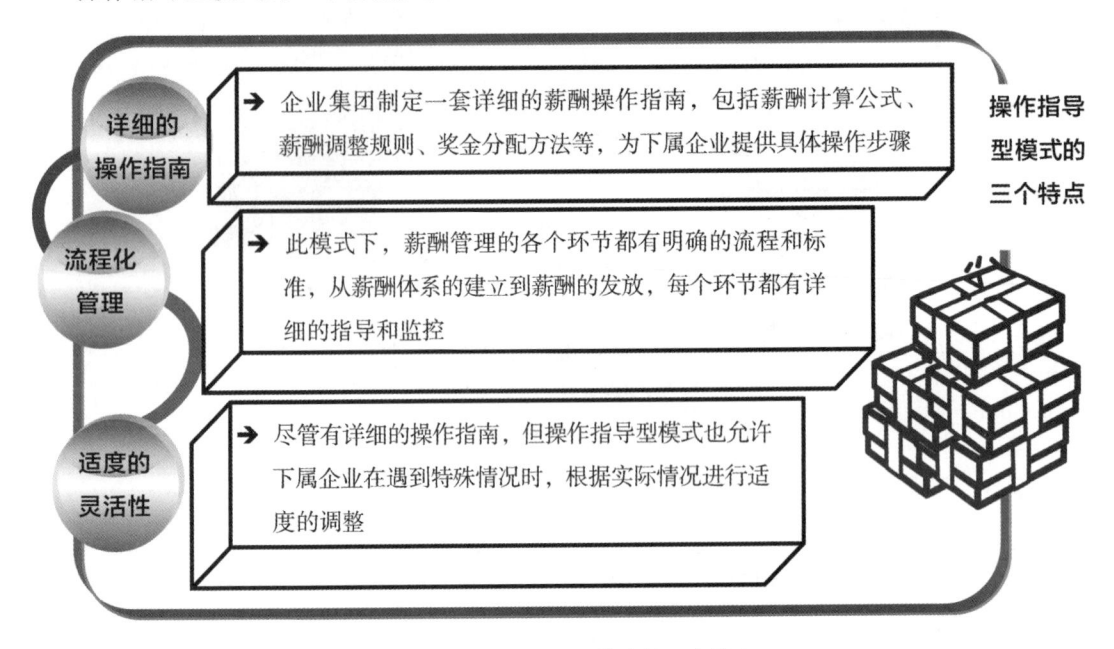

- 详细的操作指南：企业集团制定一套详细的薪酬操作指南，包括薪酬计算公式、薪酬调整规则、奖金分配方法等，为下属企业提供具体操作步骤
- 流程化管理：此模式下，薪酬管理的各个环节都有明确的流程和标准，从薪酬体系的建立到薪酬的发放，每个环节都有详细的指导和监控
- 适度的灵活性：尽管有详细的操作指南，但操作指导型模式也允许下属企业在遇到特殊情况时，根据实际情况进行适度的调整

图 14.14　操作指导型模式的三个特点

操作指导型模式的三个优势如图 14.15 所示。

操作指导型模式的三个优势

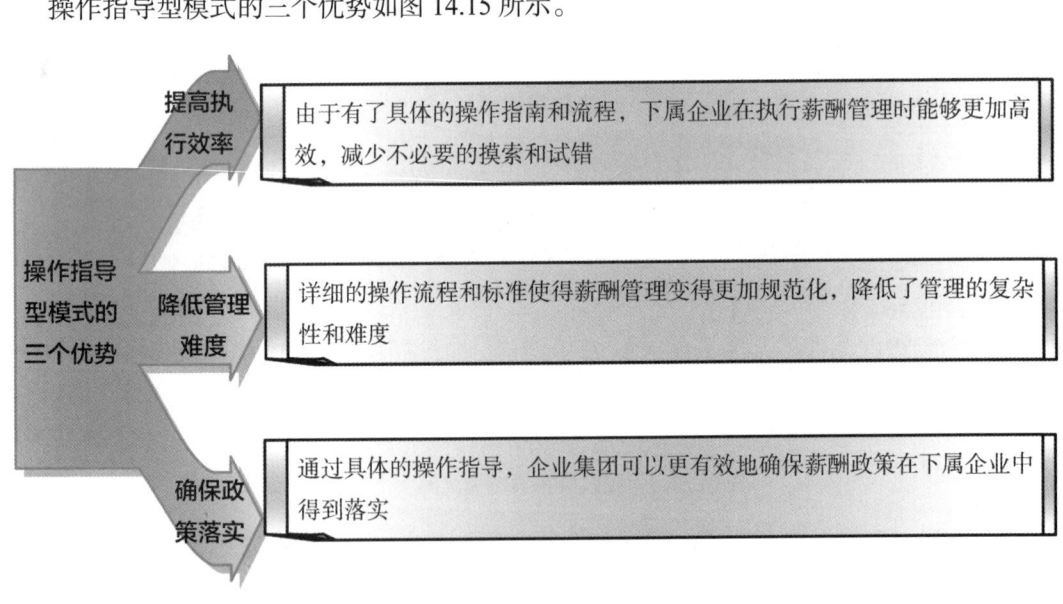

- 提高执行效率：由于有了具体的操作指南和流程，下属企业在执行薪酬管理时能够更加高效，减少不必要的摸索和试错
- 降低管理难度：详细的操作流程和标准使得薪酬管理变得更加规范化，降低了管理的复杂性和难度
- 确保政策落实：通过具体的操作指导，企业集团可以更有效地确保薪酬政策在下属企业中得到落实

图 14.15　操作指导型模式的三个优势

操作指导型模式的三种挑战与风险如图 14.16 所示。

第 14 章 战略性薪酬设计与应用

过于详细的操作指南可能会限制下属企业的自主性，使得它们在面对市场变化时难以灵活应对

如果下属企业过于依赖操作指南，可能会导致薪酬管理的僵化，缺乏创新和灵活性

刚性过强　　**执行僵化**

操作指导型模式的三种挑战与风险

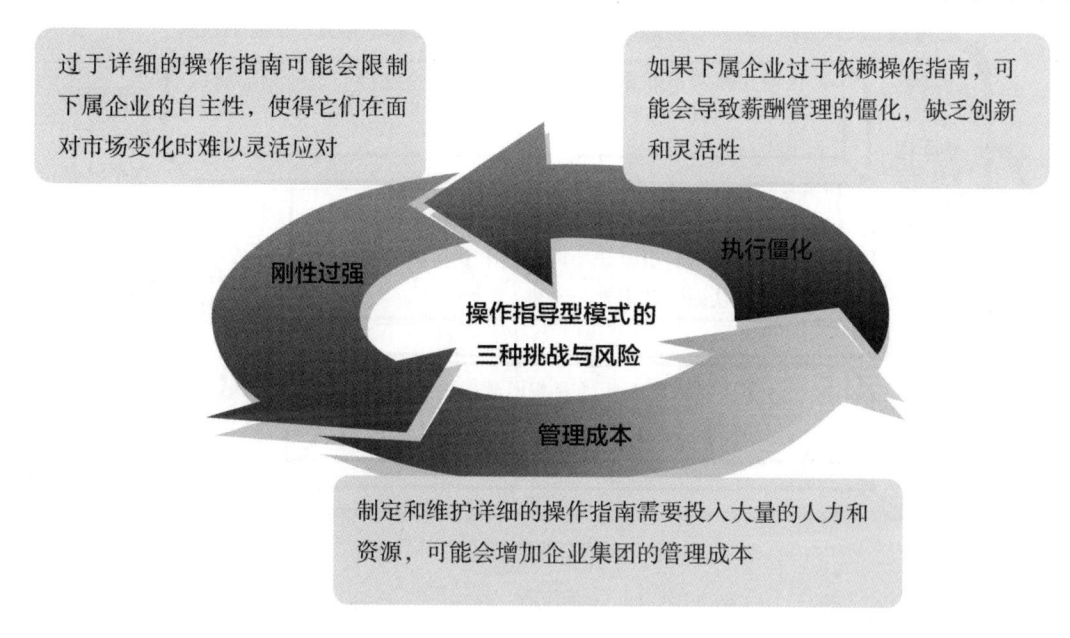

管理成本

制定和维护详细的操作指南需要投入大量的人力和资源，可能会增加企业集团的管理成本

图 14.16　操作指导型模式的三种挑战与风险

实施操作指导型模式的三个原则如图 14.17 所示。

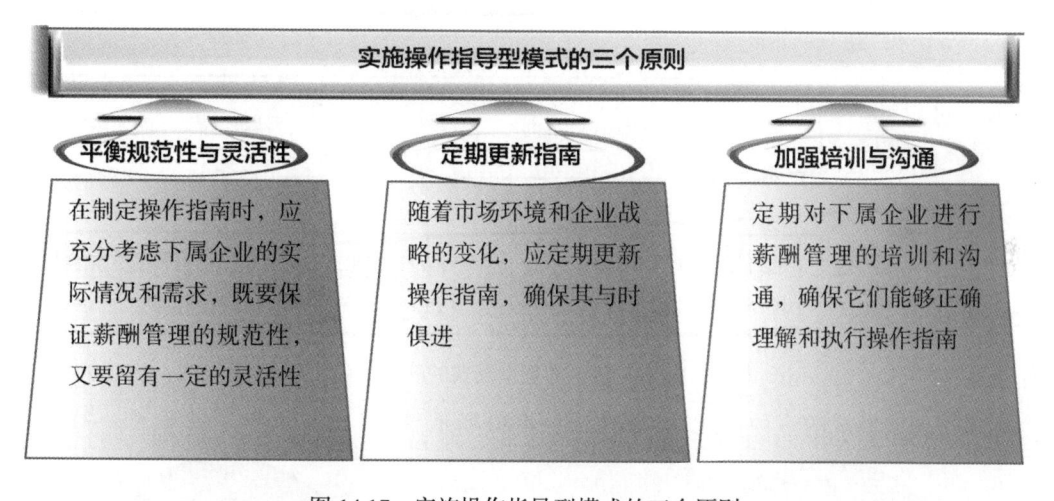

实施操作指导型模式的三个原则

平衡规范性与灵活性	定期更新指南	加强培训与沟通
在制定操作指南时，应充分考虑下属企业的实际情况和需求，既要保证薪酬管理的规范性，又要留有一定的灵活性	随着市场环境和企业战略的变化，应定期更新操作指南，确保其与时俱进	定期对下属企业进行薪酬管理的培训和沟通，确保它们能够正确理解和执行操作指南

图 14.17　实施操作指导型模式的三个原则

综上所述，操作指导型模式通过提供详细的操作指南和流程化管理，提高了薪酬管理的效率和规范性。然而，在实施过程中也需要注意平衡规范性与灵活性，以及定期更新指南和加强培训与沟通。

14.2.4　全面管理型模式

全面管理型模式是一种高度集中和统一的管理方式。在这种模式下，企业集团对下属企业的薪酬管理进行全面控制，确保整个集团的薪酬体系保持一致性和高效性。

全面管理型模式的三个特点如图 14.18 所示。

全面管理型模式的三个特点

- **高度集中化**：该模式强调企业集团对薪酬体系的完全掌控。集团总部负责制定薪酬政策、标准和程序，并确保其在下属企业中得到严格执行
- **统一标准**：在此模式下，集团内部采用统一的薪酬标准和结构，确保所有员工在相同职位上获得相同的薪酬待遇，从而实现内部公平性
- **严格监控**：企业集团对下属企业的薪酬发放进行严密监控，确保薪酬政策得到准确执行，并及时纠正任何偏差

图 14.18　全面管理型模式的三个特点

全面管理型模式的三个优势如图 14.19 所示。

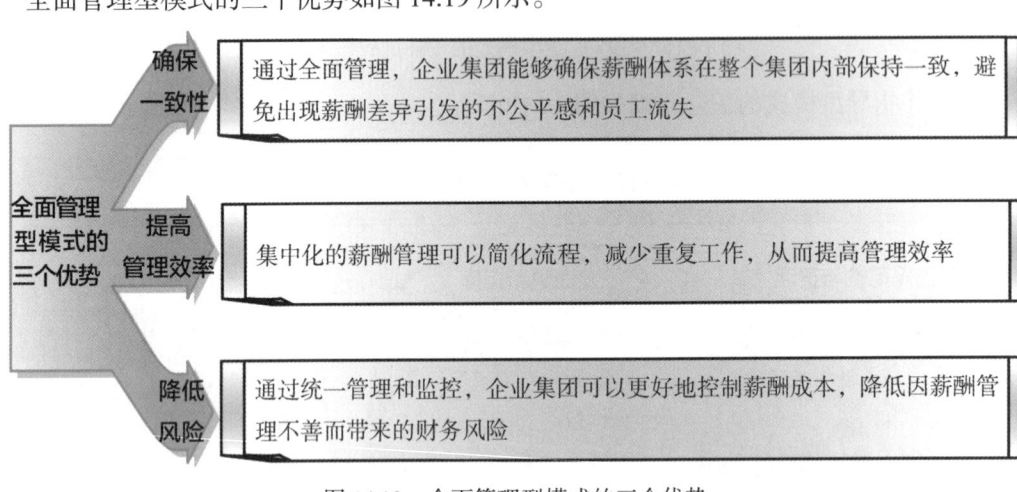

全面管理型模式的三个优势：

- **确保一致性**：通过全面管理，企业集团能够确保薪酬体系在整个集团内部保持一致，避免出现薪酬差异引发的不公平感和员工流失
- **提高管理效率**：集中化的薪酬管理可以简化流程，减少重复工作，从而提高管理效率
- **降低风险**：通过统一管理和监控，企业集团可以更好地控制薪酬成本，降低因薪酬管理不善而带来的财务风险

图 14.19　全面管理型模式的三个优势

全面管理型模式的三种挑战与风险如图 14.20 所示。

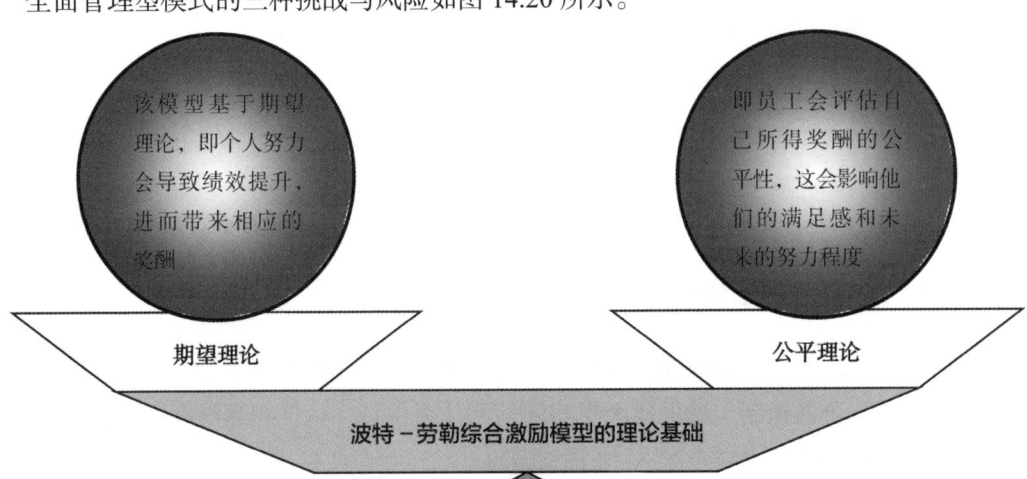

- **期望理论**：该模型基于期望理论，即个人努力会导致绩效提升，进而带来相应的奖酬
- **公平理论**：即员工会评估自己所得奖酬的公平性，这会影响他们的满足感和未来的努力程度
- **波特－劳勒综合激励模型的理论基础**

图 14.20　全面管理型模式的三种挑战与风险

实施全面管理型模式的三个原则如图 14.21 所示。

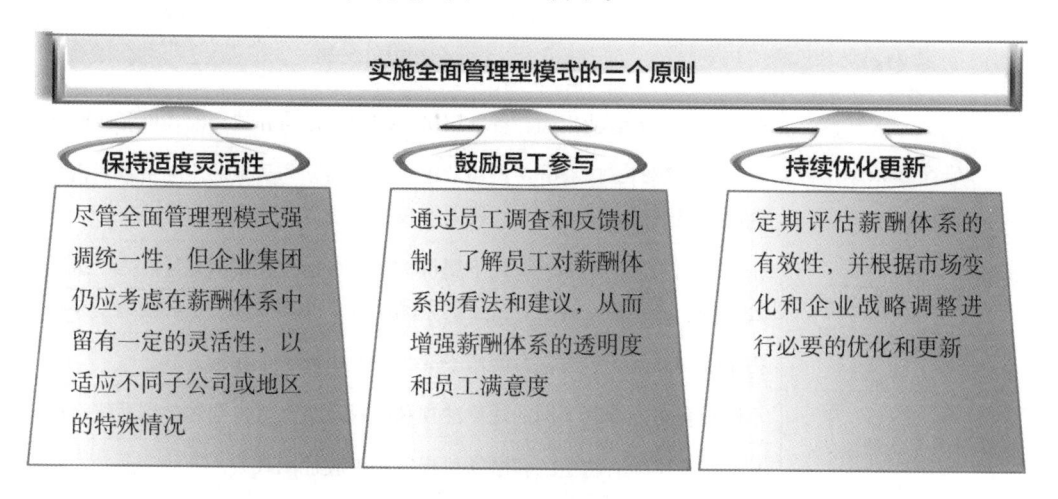

```
┌─────────────────────────────────────────────────────────┐
│           实施全面管理型模式的三个原则                      │
└─────────────────────────────────────────────────────────┘
    ↑                    ↑                    ↑
 保持适度灵活性        鼓励员工参与          持续优化更新

尽管全面管理型模式强    通过员工调查和反馈机    定期评估薪酬体系的
调统一性，但企业集团    制，了解员工对薪酬体    有效性，并根据市场变
仍应考虑在薪酬体系中    系的看法和建议，从而    化和企业战略调整进
留有一定的灵活性，以    增强薪酬体系的透明度    行必要的优化和更新
适应不同子公司或地区    和员工满意度
的特殊情况
```

图 14.21　实施全面管理型模式的三个原则

综上所述，全面管理型模式在确保薪酬体系一致性和高效性方面具有显著优势，但同时也面临着灵活性和创新性的挑战。企业集团在实施该模式时，应权衡各种因素，确保薪酬体系既符合集团整体战略，又能满足员工的期望和需求。

14.2.5　企业集团跨行业下属机构薪酬设计

企业集团跨行业下属机构的薪酬设计是一个多维度、复杂的过程，需要综合考虑行业特点、市场需求、内部公平性、法律法规等七个因素，见表 14.2。

表14.2　企业集团跨行业下属机构薪酬设计的七个影响因素

序号	影响因素	薪酬设计分析
1	理解行业特点与薪酬需求	不同行业有其独特的工作环境和人才需求，这直接影响到薪酬设计的策略
		高科技行业可能需要更多的研发和创新人才，为了吸引和保留这类人才，他们的薪酬通常会高于行业平均水平
		传统制造业可能更注重成本控制和效率提升，薪酬设计会更多地考虑绩效激励和成本控制
2	市场薪酬调研	收集不同行业、不同地区、不同职位的薪酬数据，了解市场薪酬水平和趋势
		这些数据不仅用于确定基本工资水平，还用于设计绩效奖金、福利待遇等
3	设计差异化薪酬策略	由于企业集团涉及多个行业，不能采用"一刀切"的薪酬策略
		主要依据是各行各业的业务市场情况、人才供需关系、企业战略等因素
		对于高需求、高技能职位，可能需要提供更具吸引力的薪酬和福利

续表

序号	影响因素	薪酬设计分析
4	绩效与薪酬挂钩	跨行业经营的企业集团,各下属机构的业务性质和盈利模式可能截然不同
		在设计薪酬时,应充分考虑绩效因素,使薪酬与员工的实际贡献紧密相连。这可以通过设立绩效奖金、股票期权等激励方式来实现
5	平衡内部公平性与外部竞争力	企业集团内部,不同行业的下属机构之间可能存在薪酬差异。为了维护内部公平性,需要建立透明、公正的薪酬制度,并确保员工了解薪酬差异的原因
		为了保持外部竞争力,薪酬水平应与行业市场水平相符
6	考虑法律法规与税收政策	不同行业可能面临不同的法律法规和税收政策,这也会影响到薪酬设计
		某些行业可能有特定的薪酬支付规定或税收优惠政策
		在设计薪酬时,需要确保合规性并最大化利用相关政策
7	薪酬体系的灵活性与可持续性	随着企业集团的发展和市场环境的变化,薪酬体系需要具备足够的灵活性以适应新的需求和挑战
		薪酬体系应具有可持续性,以确保在长期内能够有效激励员工并保持企业的竞争力

14.2.6 企业集团跨地区分支机构薪酬设计

企业集团跨地区分支机构的薪酬设计是一个需要综合考虑多方面因素的复杂问题。企业集团跨地区分支机构薪酬设计需要综合考虑地区差异等七个因素,见表14.3。

表14.3 企业集团跨地区分支机构薪酬设计的七个影响因素

序号	影响因素	薪酬设计分析
1	地区差异与薪酬调整	不同地区的经济发展水平、生活成本、劳动力市场状况等都有所不同,这直接影响到薪酬设计的策略
		一线城市的生活成本通常高于二三线城市,因此在设计薪酬时需要考虑到这一点,确保薪酬水平能够维持员工的基本生活需求,并具有一定的市场竞争力
2	法律法规与税收政策	跨地区经营的企业集团需要特别注意各地的劳动法律法规和税收政策
		不同地区的最低工资标准、社保缴纳比例、个人所得税政策等都会有所不同,这些都会影响到薪酬设计的具体细节
3	薪酬体系一致化与差异性	企业集团在设计跨地区分支机构的薪酬时,需要保持薪酬体系的一致性,以确保内部公平性
		考虑到不同地区的实际情况,允许一定程度的差异性
		需要在一致性和差异性之间找到平衡点,以确保薪酬体系既能激励员工,又能保持企业内部的和谐稳定

续表

序号	影响因素	薪酬设计分析
4	人才吸引与保留	对于跨地区经营的企业集团来说,吸引和保留人才是关键
		在设计薪酬时,需要考虑到不同地区的人才市场状况,确保薪酬水平能够吸引和保留优秀人才
		需要针对不同地区进行市场调研,以了解当地的人才需求和薪酬水平
5	绩效与薪酬挂钩	与跨行业下属机构一样,跨地区分支机构的薪酬设计也需要考虑绩效因素
		通过设立绩效奖金、股票期权等激励方式,将薪酬与员工的实际贡献紧密相连,从而激发员工的工作积极性和创造力
6	薪酬体系的灵活性与可持续性	随着企业集团的不断扩张和市场环境的变化,薪酬体系需要具备足够的灵活性以适应新的需求和挑战
		薪酬体系应具有可持续性,以确保在长期内能够有效激励员工并保持企业的竞争力
		需要定期对薪酬体系进行审查和调整,以确保其与时俱进
7	文化差异与薪酬设计	在跨国或跨文化经营的企业集团中,还需要考虑文化差异对薪酬设计的影响
		不同文化背景下的员工可能对薪酬有不同的期望和偏好,在设计薪酬时需要充分考虑到这一点,以确保薪酬体系能够符合员工的文化价值观

企业集团跨行业下属机构的薪酬设计与跨地区分支机构的薪酬设计,既有相同点也有不同之处,两者的相同点如图 14.22 所示。

综合考虑内外部因素

无论跨行业还是跨地区,薪酬设计都需综合考虑内外部环境因素。内部因素包括企业战略、文化、组织结构等;外部因素涉及市场竞争、行业特点、地区差异等

薪酬与绩效挂钩

两种薪酬设计都强调薪酬与绩效的关联性。通过设立绩效奖金、股票期权等方式,激发员工工作积极性和创造力,确保薪酬与员工实际贡献紧密相连

遵守法律法规

薪酬设计必须符合相关法律法规的要求,无论跨行业还是跨地区,企业都需要确保薪酬体系的合法性

灵活性与可持续性

无论跨行业还是跨地区,薪酬体系都需要具备灵活性和可持续性。灵活性意味着薪酬体系能够适应企业发展和市场环境的变化;可持续性则要求薪酬体系能够在长期内有效激励员工,保持企业的竞争力

图 14.22 企业集团跨行业下属机构与跨地区分支机构薪酬设计的四个相同点

企业集团跨行业下属机构与跨地区分支机构薪酬设计的不同之处如图14.23所示。

设计重点不同
- 跨行业下属机构的薪酬设计更注重行业特点和业务需求，针对不同行业的市场情况、人才供需等因素制定差异化薪酬策略；
- 跨地区分支机构的薪酬设计则更注重地区差异，如生活成本、劳动力市场状况、税收政策等，以确保薪酬水平在不同地区具有合理的市场竞争力

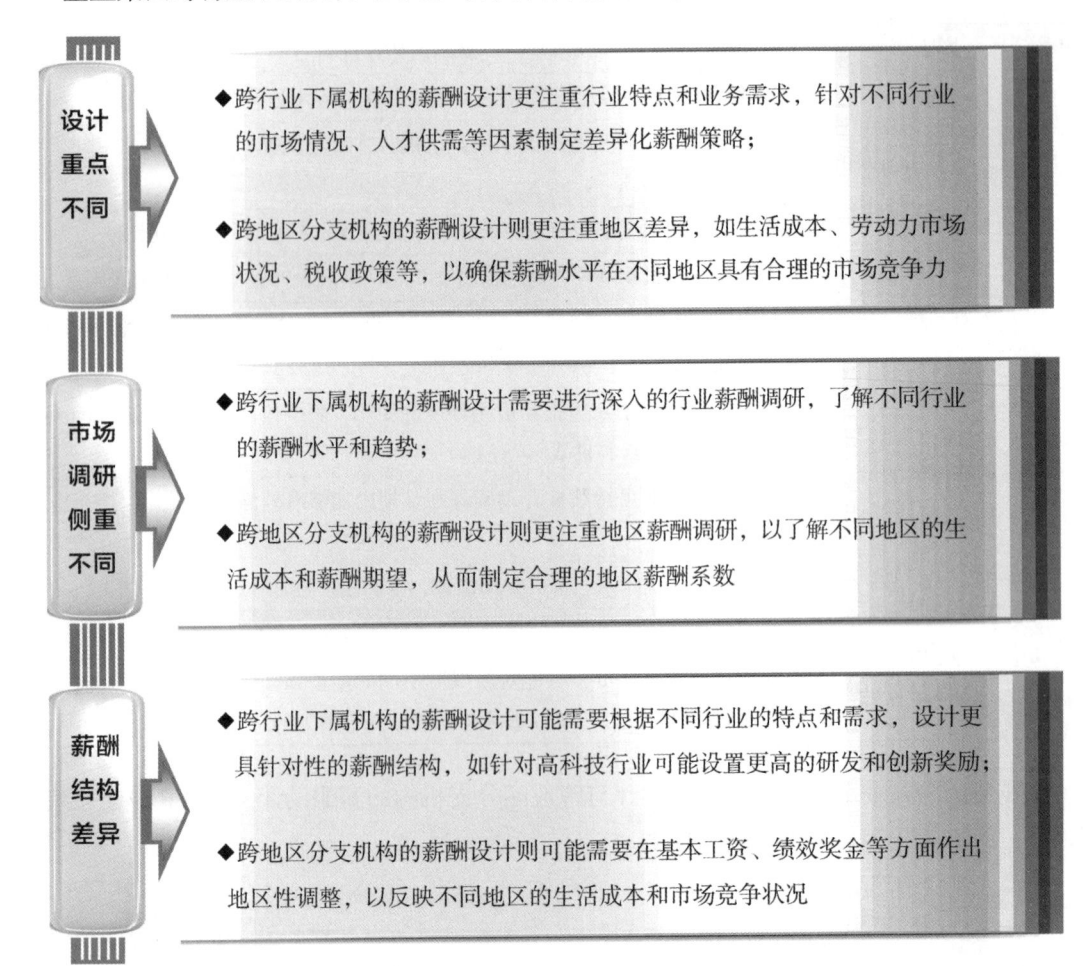

市场调研侧重不同
- 跨行业下属机构的薪酬设计需要进行深入的行业薪酬调研，了解不同行业的薪酬水平和趋势；
- 跨地区分支机构的薪酬设计则更注重地区薪酬调研，以了解不同地区的生活成本和薪酬期望，从而制定合理的地区薪酬系数

薪酬结构差异
- 跨行业下属机构的薪酬设计可能需要根据不同行业的特点和需求，设计更具针对性的薪酬结构，如针对高科技行业可能设置更高的研发和创新奖励；
- 跨地区分支机构的薪酬设计则可能需要在基本工资、绩效奖金等方面作出地区性调整，以反映不同地区的生活成本和市场竞争状况

图14.23　企业集团跨行业下属机构与跨地区分支机构薪酬设计的三个不同之处

14.2.7　企业集团分支机构高管人员薪酬设计

企业集团分支机构高管人员的薪酬设计是一项关键且复杂的任务，它直接关系到企业能否吸引、激励和留住高级管理人才。

1. 高管人员薪酬设计的战略意义

高管人员的薪酬设计不仅关乎个人利益，更是企业战略实施的重要保障。合理的薪酬体系能够激励高管们积极履行职责，推动企业战略目标的实现。因此，在设计高管薪酬时，必须紧密结合企业的整体战略和业务目标。

2. 高管人员薪酬构成的多元化

高管人员的薪酬通常由多个部分组成，如基本薪资、绩效奖金、股权激励、福利待遇等。这种多元化的薪酬构成旨在全方位地激励高管，使其既关注企业的短期业绩，也重视长期价值创造，如图14.24所示。

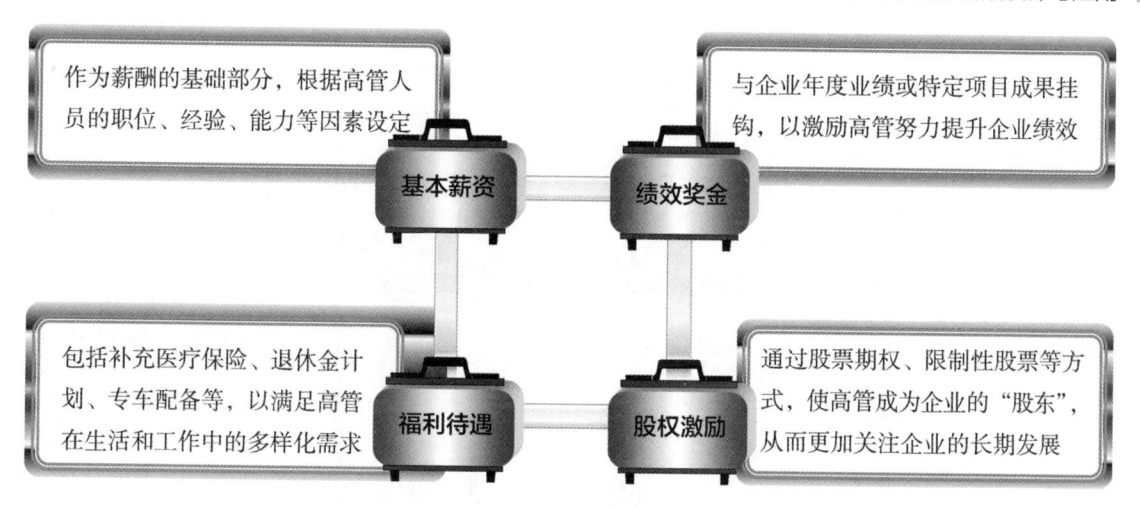

作为薪酬的基础部分，根据高管人员的职位、经验、能力等因素设定 **基本薪资**	与企业年度业绩或特定项目成果挂钩，以激励高管努力提升企业绩效 **绩效奖金**
包括补充医疗保险、退休金计划、专车配备等，以满足高管在生活和工作中的多样化需求 **福利待遇**	通过股票期权、限制性股票等方式，使高管成为企业的"股东"，从而更加关注企业的长期发展 **股权激励**

图 14.24　高管人员薪酬构成的四个部分

3. 高管人员薪酬与绩效的紧密挂钩

对于高管人员而言，薪酬与绩效的关联度应更高。这意味着，当企业绩效提升时，高管人员应获得更丰厚的回报；反之，若企业绩效不佳，其薪酬也应受到相应影响。这种紧密的绩效挂钩机制有助于确保高管人员的利益与企业整体利益保持一致。

4. 长期激励与短期激励的平衡

在设计高管人员薪酬时，需要平衡长期激励和短期激励的关系。长期激励（如股权激励）旨在鼓励高管人员关注企业的长期发展和价值创造；而短期激励（如年度绩效奖金）则更注重当前的业绩成果。通过合理调整这两者的比例，可以引导高管人员在追求短期业绩的同时，不忘企业的长远发展。

5. 风险与收益的权衡

高管人员的薪酬设计还应考虑到风险与收益的权衡。过高的薪酬可能会增加企业的财务风险，而过低的薪酬则可能无法有效激励高管。因此，在制定薪酬方案时，需要综合考虑企业的财务状况、市场竞争环境，以及高管的实际贡献等因素。

6. 透明与公平的薪酬制度

为了确保薪酬制度的公信力和有效性，企业集团应建立透明且公平的薪酬制度。这意味着薪酬的设定、调整和发放过程应公开透明，避免暗箱操作；同时，薪酬水平应与高管人员的职责、能力和贡献相匹配，以确保内部公平性。

当涉及企业集团分支机构高管人员的薪酬设计时，需要特别注意这些高管人员与集团高管人员在角色、职责和影响范围上的区别，如图 14.25 所示。

1. 职责与影响力的差异

集团高管人员通常负责整个企业集团的战略规划和运营管理，其决策对公司整体有广泛而深远的影响

分支机构的高管人员虽然在其管辖范围内拥有相当的决策权，但其影响主要局限于该分支机构。设计薪酬应考虑这种职责和影响力的差异

2. 业绩衡量的特定性

对于分支机构的高管人员，其业绩衡量应更加具体和针对性

与集团高管人员的综合性KPI不同，分支机构高管人员的KPI更侧重于该机构的运营效率、销售增长、客户满意度等。薪酬设计应将这些具体KPI与奖励机制紧密结合

3. 地域与市场因素的考量

分支机构往往分散在不同的地域和市场，薪酬设计时需要考虑当地的经济状况、行业薪酬水平、人才竞争状况等因素

在经济发达、人才竞争激烈的一线城市，分支机构高管人员的薪酬可能需要相应地上调，以吸引和留住人才

4. 与集团战略的协同性

尽管分支机构高管人员的工作重点可能更加局部，但其决策和行动仍需与集团的整体战略保持一致

通过设立与集团战略目标相一致的绩效奖金或其他激励措施，确保分支机构高管人员的工作方向与集团整体战略相契合

5. 职业发展路径的差异

分支机构高管人员与集团高管人员的职业发展路径有所不同

需要考虑到这种差异，为分支机构高管人员提供适当的晋升机会和职业发展通道，以激励其长期留任并发挥最大潜能

6. 风险管理与激励平衡

对于分支机构高管人员，薪酬设计还需要在风险管理和激励之间找到平衡点

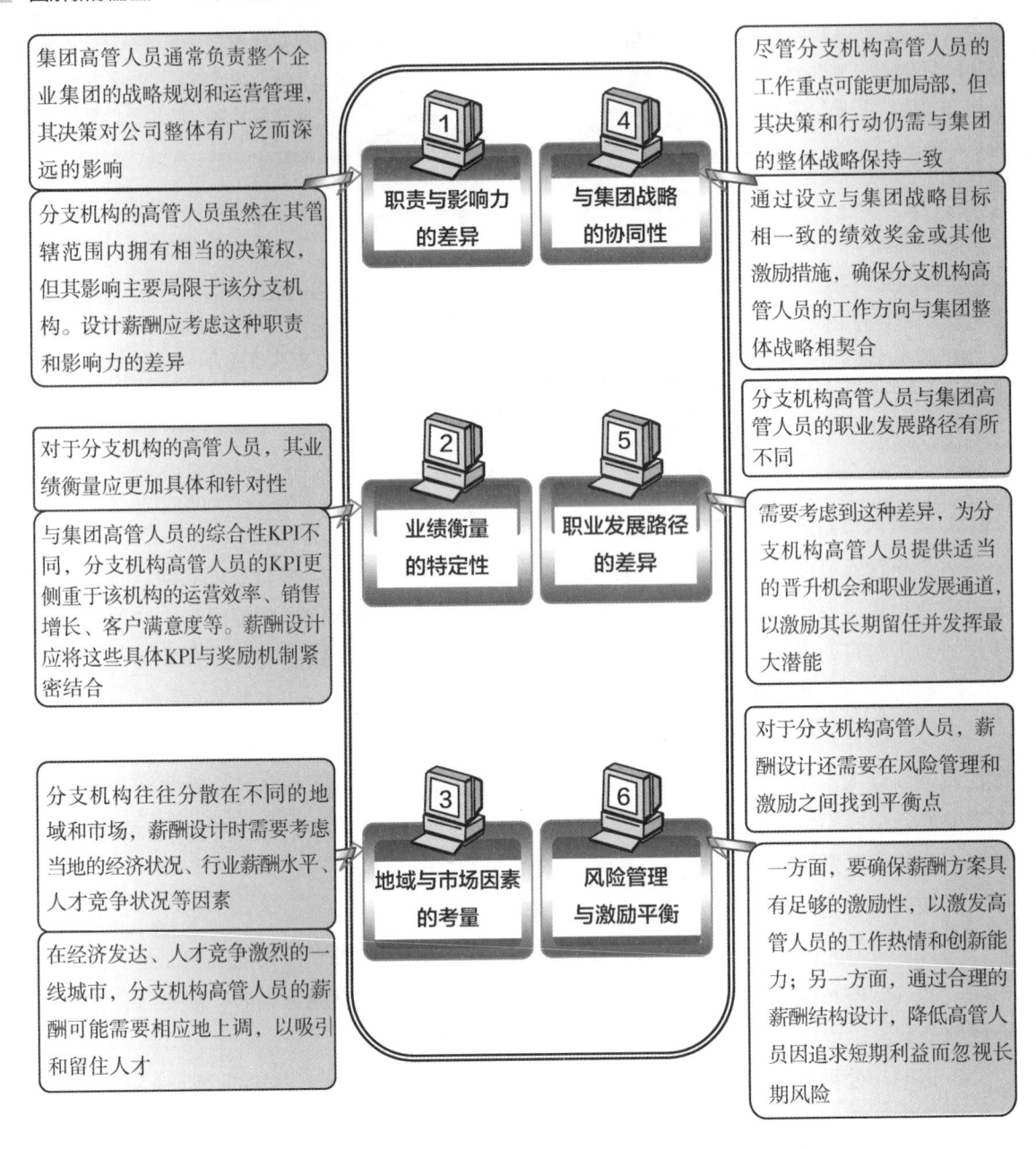

一方面，要确保薪酬方案具有足够的激励性，以激发高管人员的工作热情和创新能力；另一方面，通过合理的薪酬结构设计，降低高管人员因追求短期利益而忽视长期风险

图 14.25 分支机构高管人员与集团高管人员薪酬设计的区别

最佳实践：星巴克实施的薪酬战略实战

星巴克作为全球知名的咖啡连锁品牌，其薪酬战略是企业整体战略的重要组成部分。星巴克的薪酬战略旨在吸引、激励和留住人才，同时保持企业内部公平性，以支持企业的持续发展和竞争优势。

1. 星巴克薪酬战略导向性原则的体现

星巴克薪酬的战略导向性原则体现在两个方面，如图 14.26 所示。

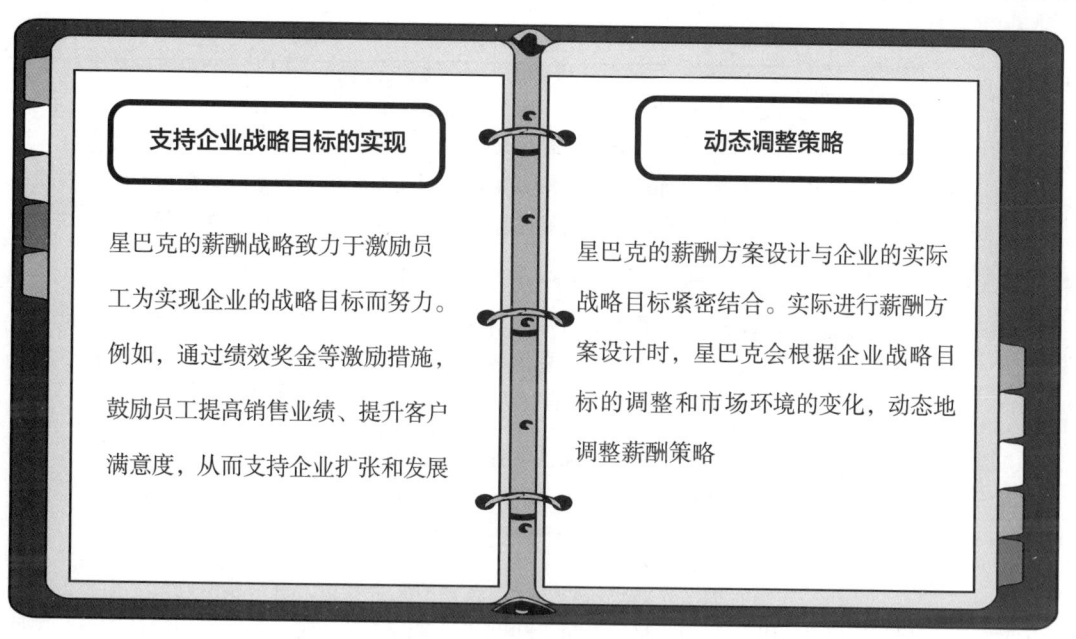

支持企业战略目标的实现	动态调整策略
星巴克的薪酬战略致力于激励员工为实现企业的战略目标而努力。例如，通过绩效奖金等激励措施，鼓励员工提高销售业绩、提升客户满意度，从而支持企业扩张和发展	星巴克的薪酬方案设计与企业的实际战略目标紧密结合。实际进行薪酬方案设计时，星巴克会根据企业战略目标的调整和市场环境的变化，动态地调整薪酬策略

图 14.26　星巴克薪酬的两个战略导向性原则

2. 星巴克薪酬战略贯彻五大原则

星巴克的薪酬战略在内部公平性、外部竞争性、员工激励性、成本控制性和管理规范化方面都表现出了显著的优势。通过确保内部公平性和提升外部竞争性，构建了一个既能激励现有员工又能吸引外部人才的全面薪酬战略。不仅有助于星巴克保持其在咖啡行业的领先地位，还为其长远发展提供了坚实的人才基础。通过优厚的薪酬待遇、与绩效挂钩的奖金政策，以及丰富的福利待遇来激励员工；通过薪酬与战略目标的结合，以及精细化的薪酬管理来控制成本；通过严格的薪酬体系实施和透明的薪酬沟通机制来实现管理的规范化。

星巴克薪酬战略五大原则见表 14.4。

表 14.4　星巴克薪酬战略五大原则

原则	细项划分	具体分析
内部公平性	岗位价值评估	星巴克对其内部不同岗位进行价值评估，确保薪资与岗位的重要性和复杂性相匹配。这种评估方法有助于确保员工在相似岗位和工作内容上获得相当的报酬，从而维护内部公平性
	绩效与薪酬挂钩	星巴克的薪酬体系中将员工的绩效奖金与他们的个人绩效和团队绩效紧密挂钩。这种做法不仅会激励员工更好地完成任务，而且可以根据每个人的贡献来分配奖金，进一步强化了内部公平性
	透明的薪酬制度	星巴克致力于保持薪酬制度的透明度，让员工清楚地了解薪酬的构成和分配原则，减少了猜测和误解，增强了员工对薪酬体系公平性的信心
外部竞争性	市场薪酬调研	星巴克会定期进行市场薪酬调研，以确保其薪酬水平与同行业和同地区的市场标准保持一致或更具竞争力，这有助于吸引和留住优秀人才

续表

原则	细项划分	具体分析
外部竞争性	福利和职业发展机会	除了基本薪资，星巴克还提供一系列吸引人的福利，如健康保险、退休计划、员工折扣及良好的职业发展机会等。这些额外的福利和职业发展前景增加了星巴克作为雇主的吸引力，使其在外部市场上具有竞争力
	品牌形象与企业文化	星巴克强大的品牌形象和积极的企业文化也是其外部竞争性的重要组成部分。这些因素与具有竞争力的薪酬体系相结合，共同构成了星巴克吸引人才的综合优势
员工激励性	优厚的薪酬待遇	星巴克为员工提供具有竞争力的基本工资，并根据员工的职位和工作内容设定不同的薪资水平。这种差异化的薪酬设计能够确保员工获得公平的报酬，从而激发其工作积极性
	奖金与绩效挂钩	星巴克通过设定与绩效挂钩的奖金政策，进一步激励员工提高工作效率和质量。当员工达到或超越绩效目标时，会获得相应的奖金，这种直接的物质激励能够显著提升员工的工作动力
	丰富的福利待遇	除了基本薪资和奖金，星巴克还提供一系列福利待遇，如健康保险、弹性工作时间、员工优惠等。这些福利能够满足员工的多样化需求，提升其工作满意度和忠诚度
成本控制性	薪酬与战略目标相结合	星巴克的薪酬战略与企业的整体战略目标紧密结合。通过动态调整薪酬策略，星巴克能够在保持员工激励的同时，有效控制成本。例如，在扩张期，星巴克可能会通过提高绩效奖金的比例，鼓励员工为企业的快速发展作出贡献，而不是简单地提高基本工资，从而避免成本过快增长
	精细化薪酬管理	星巴克对薪酬体系进行精细化管理，根据不同岗位对组织目标的贡献大小来设定薪资差距。这种精细化的管理方式能够确保薪酬分配的公平性和效率性，避免浪费
管理规范化	严格的薪酬体系实施	星巴克对其薪酬体系的实施非常严格，确保每位员工都能依照公司的规定和政策享受相对应的薪酬待遇。这种规范化的管理方式能够减少人为操作的失误和不公，提高员工对薪酬体系的信任度
	透明的薪酬沟通机制	星巴克注重与员工在薪酬管理方面的沟通，确保薪酬政策的透明度和公正性。员工能够及时了解薪酬政策的变化，并参与到薪酬管理的改进过程中，这能够增强员工对薪酬体系的认同感和满意度

3. 星巴克全面激励体系的建立

星巴克全面激励体系建立的两大关键如图 14.27 所示。

图 14.27 星巴克全面激励体系建立的两大关键

现金与福利激励并重
- 星巴克的薪酬体系不仅包括现金激励，如基本工资、绩效奖金等，还包括福利激励，如健康保险、员工折扣、带薪休假等
- 这种全面的激励体系能够满足不同员工的需求，提高其工作满意度和忠诚度

个性化激励策略
- 星巴克还根据员工的个人情况和需求，制定个性化的激励策略
- 对于单身未婚的员工，可能更倾向于现金激励；而对于已婚有家庭的员工，福利激励可能更具吸引力

4. 星巴克畅通沟通渠道与员工参与

星巴克注重与员工在薪酬管理方面的沟通，确保员工能够及时了解薪酬政策的变化，并能够参与到薪酬管理改进的过程中。这不仅增强了薪酬管理的透明度和公正性，还提高了员工对薪酬体系的认同感和满意度。

5. 星巴克薪酬战略与企业文化的契合

星巴克的薪酬战略与其企业文化紧密相连。星巴克倡导"以人为本"的理念，注重员工的成长与发展。因此，在薪酬战略中，星巴克也强调对员工的长期激励和职业发展支持，以激发员工的归属感和使命感。

望闻问切：把握影响薪酬战略的七大因素

在设计薪酬战略时，须像中医一样"望闻问切"，综合考虑各种因素，以确保战略的有效性和合理性。企业需要全面考虑企业文化与价值观、市场定位与竞争策略、员工需求与期望、行业薪酬水平与趋势、法律法规与税收政策、经济环境与市场变化，以及企业内部运营状况与财务状况这七大因素，见表14.5。只有把握好这些因素，企业才能制定出既符合自身实际情况，又能有效激励员工的薪酬战略。

表14.5 影响薪酬战略的七大因素

序号	影响因素	具体分析
1	企业文化与价值观	企业文化和价值观对于薪酬战略具有深远的影响。因此，在设计薪酬战略时，必须首先了解并尊重企业的文化和价值观
		一个强调团队合作、注重员工成长的企业，其薪酬战略可能会更加倾向于团队奖励和绩效激励；相反，一个以创新和个人能力为核心价值观的企业，可能会更注重个人贡献的奖励

续表

序号	影响因素	具体分析
2	市场定位与竞争策略	企业的市场定位和竞争策略也会直接影响薪酬战略
		一个追求成本领先的企业,可能会在薪酬上采取较为保守的策略,以控制成本;而一个追求差异化竞争的企业,则可能更愿意在薪酬上投入更多,以吸引和留住具有创新思维和专业技能的人才
3	员工需求与期望	不同年龄段、不同职位、不同背景的员工对于薪酬的期望是不同的。因此,薪酬战略需要考虑到员工的多样化需求
		年轻员工可能更看重职业发展机会和培训,而资深员工可能更注重薪酬福利和稳定性
4	行业薪酬水平与趋势	企业在制定薪酬战略时,须密切关注所在行业的薪酬水平和趋势,这有助于企业制定合理的薪酬战略
		如果企业的薪酬水平明显低于行业平均水平,可能会导致员工流失和招聘困难。反之,过高的薪酬水平也可能给企业带来不必要的经济负担
5	法律法规与税收政策	法律法规和税收政策对薪酬战略具有重要影响
		企业需要确保薪酬体系符合相关法律法规的要求,避免因违规操作而引发的法律风险。同时,合理利用税收政策,可以在合法合规的前提下,优化薪酬结构,降低企业和员工的税负
6	经济环境与市场变化	经济环境的不稳定性和市场变化也会影响薪酬战略。因此,薪酬战略需要具有一定的灵活性,以适应不断变化的经济和市场环境
		在经济繁荣时期,企业可能更倾向于提供更具吸引力的薪酬福利以吸引人才;而在经济衰退时期,企业可能需要调整薪酬战略以应对经营压力
7	企业内部运营状况与财务状况	企业的内部运营状况和财务状况是制定薪酬战略时必须考虑的重要因素
		一个运营良好、财务状况稳健的企业,更有能力提供具有竞争力的薪酬福利;相反,一个处于困境中的企业,可能需要通过调整薪酬战略来降低运营成本

在这七个影响因素中,市场定位与竞争策略是企业制定薪酬战略时不可忽视的重要因素。企业需要根据自身的市场定位和选择的竞争策略来构建与之相匹配的薪酬体系,以确保能够吸引、激励和保留那些对实现企业战略目标至关重要的员工。

薪酬战略市场定位的选择如图 14.28 所示。

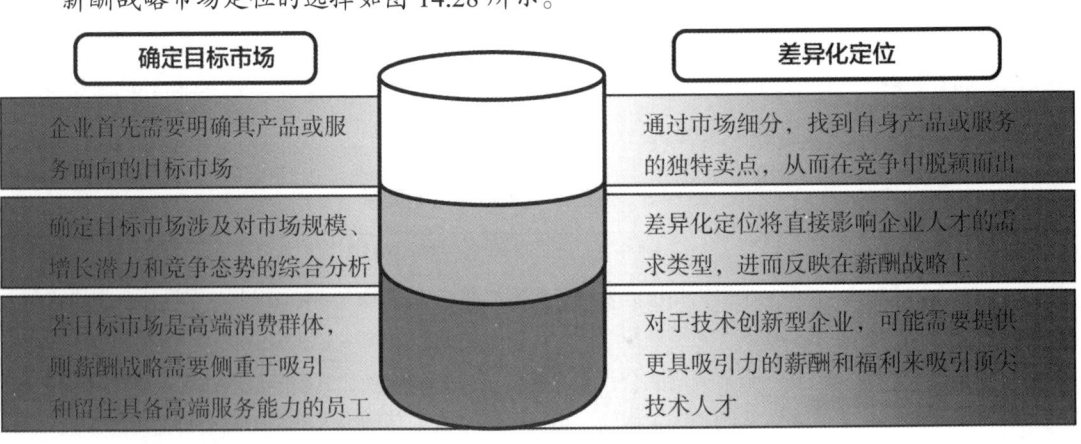

确定目标市场	差异化定位
企业首先需要明确其产品或服务面向的目标市场	通过市场细分,找到自身产品或服务的独特卖点,从而在竞争中脱颖而出
确定目标市场涉及对市场规模、增长潜力和竞争态势的综合分析	差异化定位将直接影响企业人才的需求类型,进而反映在薪酬战略上
若目标市场是高端消费群体,则薪酬战略需要侧重于吸引和留住具备高端服务能力的员工	对于技术创新型企业,可能需要提供更具吸引力的薪酬和福利来吸引顶尖技术人才

图 14.28 薪酬战略市场定位的选择

薪酬战略三大竞争策略的制定如图 14.29 所示。

三大策略	薪酬战略竞争策略分析
成本领先策略	若企业选择通过低成本来获取市场份额，其薪酬战略可能会更加注重成本控制。在提供具有竞争力的基础薪资的同时，可能会减少非必要的福利开支
差异化竞争策略	若企业侧重于提供独特的产品或服务以区别于竞争对手，其薪酬战略则需要重点考虑如何吸引和保留那些能够推动企业创新和提供定制化服务的员工，可能会提供更具吸引力的绩效奖励和创新激励
集中化策略	专注于某一特定市场或产品类别的企业，其薪酬战略更加倾向于奖励那些能够深入理解并满足这一特定市场需求的员工

图 14.29　薪酬战略三大竞争策略的制定

市场定位与竞争策略对薪酬战略的影响如图 14.30 所示。

根据市场定位和竞争策略，设计具有吸引力的薪酬体系招聘和留住关键人才。例如，对于高技能需求的市场定位，提供高于行业平均水平的薪酬

绩效激励部分应与企业市场定位和竞争策略保持一致。若企业追求市场份额的快速增长，则通过高额的业绩奖金来激励销售团队

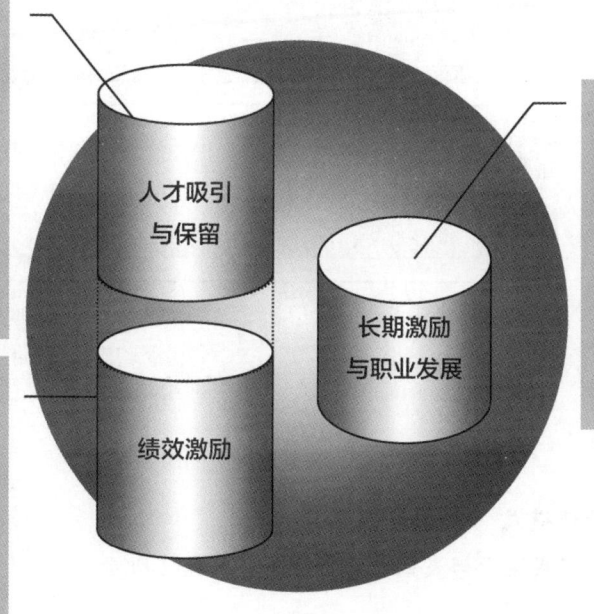

人才吸引与保留

长期激励与职业发展

绩效激励

对于追求长期市场领导地位的企业，其薪酬战略可能包括股权激励、利润分享等长期激励措施，以及与员工职业发展紧密挂钩的晋升和薪酬增长机制

图 14.30　市场定位与竞争策略对薪酬战略的影响

最佳实践：BATJ 的薪酬战略与薪酬管理模式

在当今的商业环境中，BATJ（百度、阿里巴巴、腾讯、京东）作为中国的科技巨头，其薪酬战略与薪酬管理模式备受关注。这些企业的成功在很大程度上得益于其精细化的薪酬管理体系，通过合理的薪酬战略吸引了大量顶尖人才，为企业的持续发展提供了强大的动力。

一、百度的薪酬战略与薪酬管理模式

百度的薪酬战略与管理模式充分体现了其对人才价值的认可和尊重。通过能力与贡献导向的薪酬战略和精细化、透明化的薪酬管理，百度成功地吸引和激励了大量优秀人才，为公司的持续发展和创新提供了有力支持。

1. 百度的薪酬战略

百度的薪酬战略主要涵盖四个方面，如图 14.31 所示。

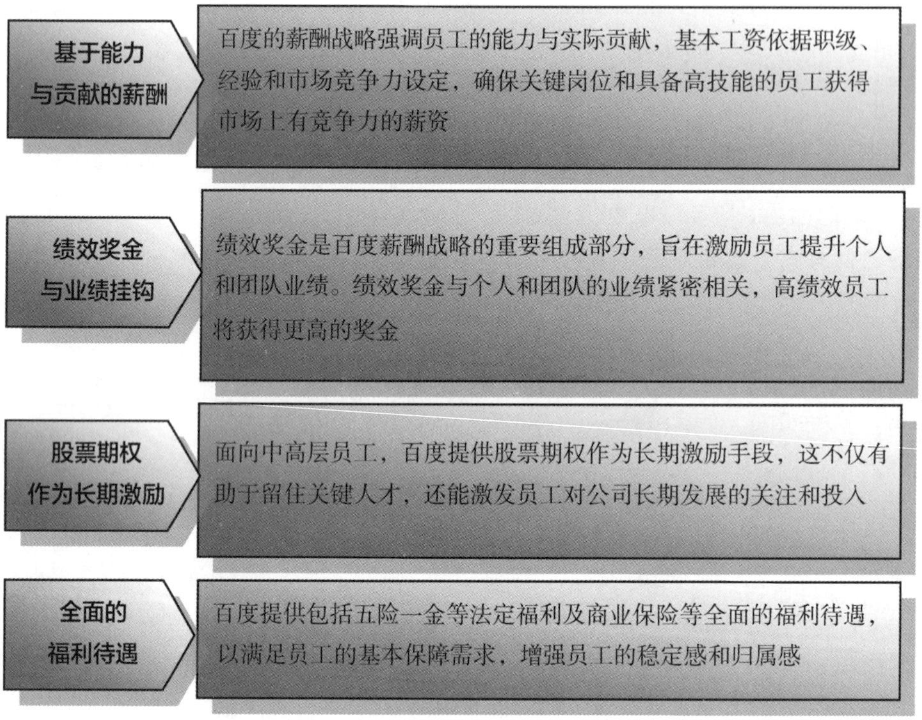

基于能力与贡献的薪酬	百度的薪酬战略强调员工的能力与实际贡献，基本工资依据职级、经验和市场竞争力设定，确保关键岗位和具备高技能的员工获得市场上有竞争力的薪资
绩效奖金与业绩挂钩	绩效奖金是百度薪酬战略的重要组成部分，旨在激励员工提升个人和团队业绩。绩效奖金与个人和团队的业绩紧密相关，高绩效员工将获得更高的奖金
股票期权作为长期激励	面向中高层员工，百度提供股票期权作为长期激励手段，这不仅有助于留住关键人才，还能激发员工对公司长期发展的关注和投入
全面的福利待遇	百度提供包括五险一金等法定福利及商业保险等全面的福利待遇，以满足员工的基本保障需求，增强员工的稳定感和归属感

图 14.31 百度薪酬战略涵盖的四个方面

2. 百度的薪酬管理模式

百度的薪酬管理模式主要涉及四个方面，如图 14.32 所示。

第 14 章 战略性薪酬设计与应用

精细化的职级体系	薪酬与绩效双挂钩	灵活的薪酬分配方式	薪酬管理透明与公平
百度建立了精细化的职级体系（如P序列和M序列），为员工提供清晰的职业发展路径。职级晋升与能力和业绩紧密相关，为员工提供了明确的奋斗目标	百度的薪酬管理模式中，薪酬与绩效紧密挂钩，通过定期的绩效考核，以确保高绩效员工获得相应的薪酬回报，从而激励全体员工提升工作效率和成果质量	除了基本薪资和绩效奖金，百度还采用多种薪酬分配方式，如股权激励、特殊贡献奖等，以满足不同员工的需求，激发员工的创造力和创新精神	百度注重薪酬管理的透明性和考核及分配的公平性，通过内部沟通和信息公开，确保员工了解薪酬制度和分配原则，减少猜疑和误解

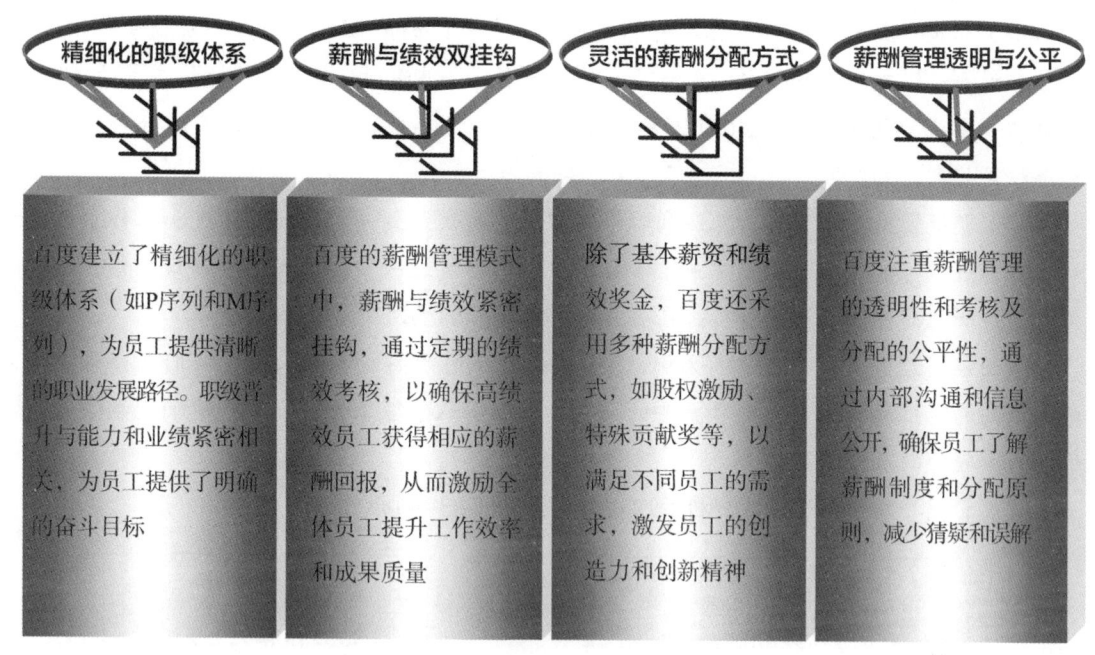

图 14.32 百度薪酬管理模式的四个方面

3. 百度的职级体系设计

百度的职级体系是其人力资源管理的重要组成部分，为员工提供了清晰的职业发展路径和晋升机会，能够更好地管理和激励员工，促进公司的整体发展和创新。

（1）百度的职级序列主要分为四条线，包括技术序列（T）、产品运营序列（P）、后勤支持部门序列（S）和管理序列（M），如图 14.33 所示。

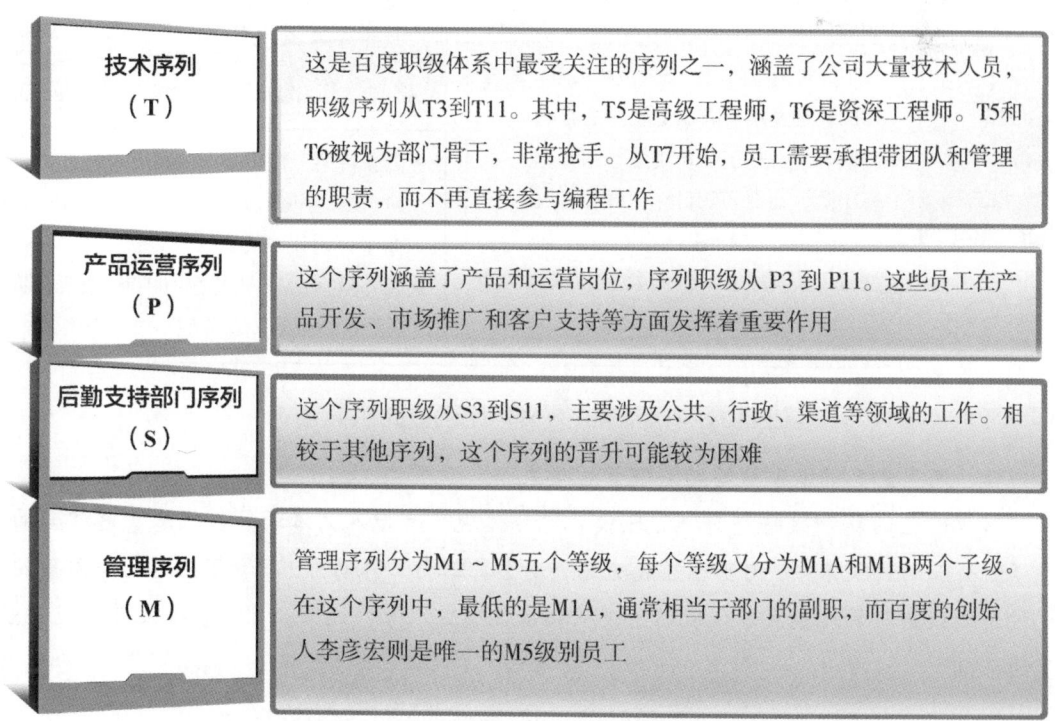

技术序列（T）	这是百度职级体系中最受关注的序列之一，涵盖了公司大量技术人员，职级序列从T3到T11。其中，T5是高级工程师，T6是资深工程师。T5和T6被视为部门骨干，非常抢手。从T7开始，员工需要承担带团队和管理的职责，而不再直接参与编程工作
产品运营序列（P）	这个序列涵盖了产品和运营岗位，序列职级从P3到P11。这些员工在产品开发、市场推广和客户支持等方面发挥着重要作用
后勤支持部门序列（S）	这个序列职级从S3到S11，主要涉及公共、行政、渠道等领域的工作。相较于其他序列，这个序列的晋升可能较为困难
管理序列（M）	管理序列分为M1～M5五个等级，每个等级又分为M1A和M1B两个子级。在这个序列中，最低的是M1A，通常相当于部门的副职，而百度的创始人李彦宏则是唯一的M5级别员工

图 14.33 百度职级体系的四个职级序列

（2）职级与薪酬的关系。百度的职级不仅代表员工的职位等级，还与薪酬紧密相关。一般来说，职级越高，薪酬水平也相应越高。例如，百度的T6级别员工对标阿里的P7级别员工，年薪总包为70万至100万元。此外，T5以上的关键岗位员工还有机会获得股票和期权等长期激励。

（3）职级晋升。在百度，职级的晋升通常需要员工达到一定的绩效评分和工作年限要求。晋升过程可能包括自我提名或主管提名，并需要经过一系列的考察和评审。晋升不仅意味着薪酬的提升，还代表着员工在公司内部地位和影响力的提高。

下面以百度的管理序列M5为例，M5员工是公司的高级管理人员，他们在公司内部拥有极高的地位和影响力，负责重要的战略决策和团队管理工作。同时，他们也享受着高薪待遇和额外的长期激励。

百度管理序列M5设计与分析的四个方面如图14.34所示。

百度管理序列M5设计与分析的四个方面

1. 职位等级与地位
- 高级管理职位：在百度的职级体系中，M5是管理序列的最高级别，如果能够成功晋级到M5，则意味着等级和地位仅次于公司创始人李彦宏；
- 领导权威：这意味着M5员工在公司内部拥有极高的地位和影响力

2. 职责与权力
- 战略决策参与：作为高级管理人员，M5员工通常参与公司的重要战略决策，对公司的长远发展有着举足轻重的影响；
- 团队管理：M5员工负责领导和管理大规模团队，确保团队目标达成和高效运作

3. 能力与经验
- 丰富的管理经验：能够达到M5级别的员工，通常都具备了丰富的管理经验和卓越的领导能力；
- 全面的业务能力：除了管理技能，M5员工还需要对公司业务有深入的了解和把握，以便更好地指导团队工作

4. 薪酬与待遇
- 高薪待遇：作为公司的高级管理人员，M5员工享受着高薪待遇，其薪资水平远高于公司其他员工；
- 额外激励：M5员工还可能获得股票、期权等长期激励，以及丰厚的年终奖金

图14.34 百度管理序列M5设计与分析的四个方面

二、阿里巴巴的薪酬战略与薪酬管理模式

阿里巴巴的薪酬战略与薪酬管理模式充分体现了其以人为本的管理理念。通过全面、灵活且公正的薪酬体系，阿里巴巴成功地激发了员工的工作动力，提升了公司的整体绩效。这种薪酬战略与管理模式不仅有助于吸引和留住顶尖人才，还为公司的长期发展奠定了坚实的基础。

1. 阿里巴巴的薪酬战略

阿里巴巴的薪酬战略主要涵盖三个方面,如图14.35所示。

全面薪酬体系:阿里巴巴采用灵活多元的薪酬结构,不仅包括基本工资,还涵盖绩效奖金、股权激励等。这种全面的薪酬体系旨在满足员工的多样化需求,从多个角度激发员工的工作动力

薪酬与绩效挂钩:阿里巴巴非常注重绩效,薪酬与员工的绩效紧密挂钩。员工的绩效奖金直接影响其薪酬水平,这种机制旨在激励员工提高工作绩效,实现个人与公司的共同发展

长期激励措施:阿里巴巴通过股权激励计划,让员工有机会分享公司的成长红利。这种长期激励措施有助于增强员工的归属感和忠诚度,同时也将员工的个人利益与公司的发展目标紧密结合

图 14.35 阿里巴巴薪酬战略涵盖的三个方面

2. 阿里巴巴的薪酬管理模式

阿里巴巴的薪酬管理模式主要涉及三个方面,如图14.36所示。

灵活的薪酬调整机制:阿里巴巴的薪酬管理制度具有灵活性,会根据市场状况、员工的绩效及公司的战略目标进行适时的薪酬调整。这种机制可确保公司的薪酬体系始终具有市场竞争力,能够吸引和留住顶尖人才

完善的绩效评估体系:阿里巴巴建立了完善的绩效评估体系,通过设定明确的绩效指标和考核标准来确保薪酬分配的公正性和合理性。员工的薪酬与其绩效考核结果直接相关,这种制度既体现了薪酬的激励作用,也保证了薪酬分配的公平性

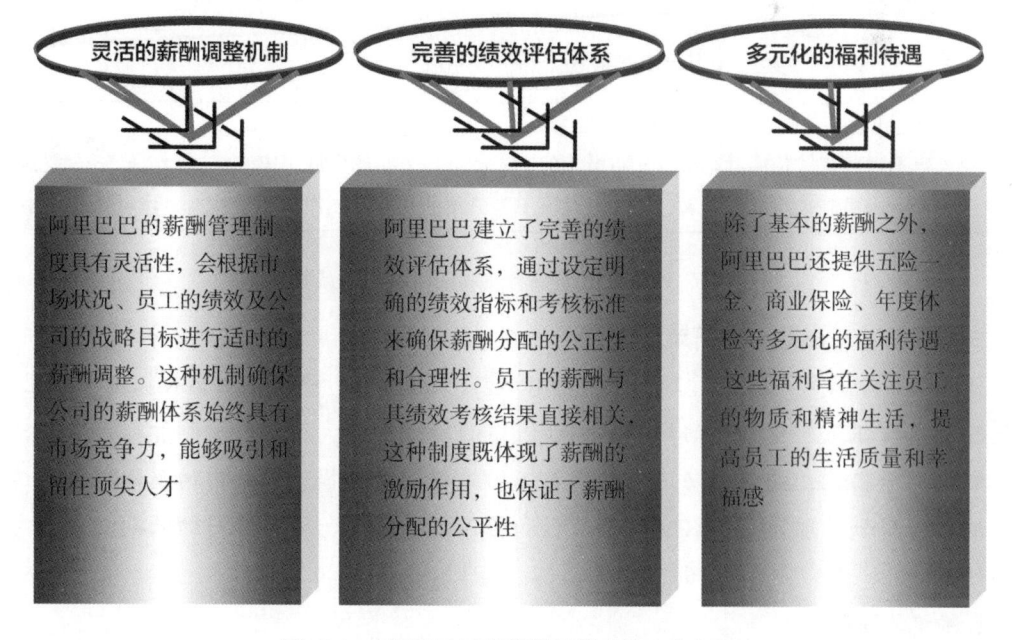

多元化的福利待遇:除了基本的薪酬之外,阿里巴巴还提供五险一金、商业保险、年度体检等多元化的福利待遇。这些福利旨在关注员工的物质和精神生活,提高员工的生活质量和幸福感

图 14.36 阿里巴巴薪酬管理模式的三个方面

3. 阿里巴巴的薪酬与绩效挂钩设计

"薪酬与绩效挂钩"是阿里巴巴薪酬战略中的重要一环。通过建立完善的绩效考核体系、直接将薪酬与绩效关联、设定绩效奖金、考虑绩效表现进行薪酬调整,以及实施与绩效结合的长期激励措施,阿里巴巴成功地激发了员工的工作动力,提高了整体工作效率,并推动了公司的持续发展。

阿里巴巴的薪酬与绩效挂钩设计主要包括五个方面,如图14.37所示。

阿里巴巴薪酬与绩效挂钩设计的五个方面

1. 绩效考核体系	阿里巴巴建立了一套完善的绩效考核体系,这是实现薪酬与绩效挂钩的基础。这套体系通过设定明确的绩效指标和考核标准,对员工的工作表现进行客观、全面的评估
2. 薪酬与绩效关联	阿里巴巴员工的薪酬水平与其绩效考核结果直接相关,即员工的绩效表现越好,其得的薪酬回报就越高。这种直接的关联旨在激励员工提高工作绩效,以实现更高薪酬收入
3. 设定绩效奖金	除了基本工资外,阿里巴巴还设立绩效奖金,作为对员工持续努力和优秀绩效的额外奖励。绩效奖金的数额通常根据员工的绩效考核结果来确定,绩效越高的员工,获得的奖金就越丰厚
4. 考虑绩效表现	在进行薪酬调整时,阿里巴巴会充分考虑员工的绩效表现。对于持续表现优秀的员工,公司会给予更大的薪酬提升空间,以此作为对员工努力的认可和激励
5. 长期激励与绩效结合	阿里巴巴通过股权等长期激励措施,将员工的个人利益与公司的发展牢牢绑定。这种长期激励机制也与绩效挂钩,旨在鼓励员工为公司的长期发展作出贡献

图14.37 阿里巴巴薪酬与绩效挂钩设计的五个方面

三、腾讯的薪酬战略与薪酬管理模式

腾讯的薪酬战略与薪酬管理模式充分体现了以人为本、业绩导向和长期激励的理念。通过全面薪酬体系、精细化的薪酬结构、科学的绩效评价、透明的薪酬管理,以及持续的薪酬调整等措施,腾讯成功地激发了员工的工作动力,提升了公司的整体绩效。这种薪酬战略与薪酬管理模式不仅有助于吸引和留住顶尖人才,还为公司的长期发展奠定了坚实的基础。

1. 腾讯的薪酬战略

腾讯的薪酬战略主要涵盖三个方面,如图14.38所示。

全面薪酬理念　腾讯的薪酬战略体现了全面薪酬的理念，包括基本工资、年终奖金、股票期权等多个方面。这种全面薪酬体系旨在从多个角度满足员工的需求，激发员工的工作动力

业绩导向　腾讯的薪酬战略以业绩为导向，年终奖金与员工所在部门的业绩表现直接相关。这种机制激励员工为部门业绩作贡献，推动公司整体业绩的提升

长期激励　通过股票期权等长期激励措施，腾讯鼓励员工长期服务企业，共享企业发展成果。这种长期激励机制有助于增强员工的归属感和忠诚度

图 14.38　腾讯薪酬战略涵盖的三个方面

2. 腾讯的薪酬管理模式

腾讯的薪酬管理模式主要涉及四个方面，如图 14.39 所示。

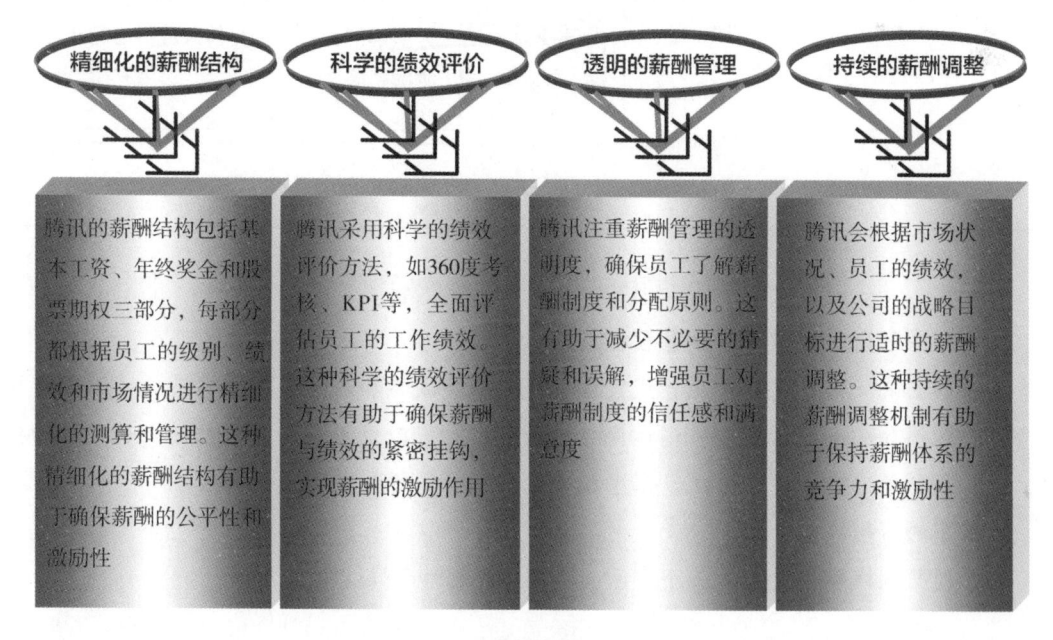

精细化的薪酬结构	科学的绩效评价	透明的薪酬管理	持续的薪酬调整
腾讯的薪酬结构包括基本工资、年终奖金和股票期权三部分，每部分都根据员工的级别、绩效和市场情况进行精细化的测算和管理。这种精细化的薪酬结构有助于确保薪酬的公平性和激励性	腾讯采用科学的绩效评价方法，如360度考核、KPI等，全面评估员工的工作绩效。这种科学的绩效评价方法有助于确保薪酬与绩效的紧密挂钩，实现薪酬的激励作用	腾讯注重薪酬管理的透明度，确保员工了解薪酬制度和分配原则。这有助于减少不必要的猜疑和误解，增强员工对薪酬制度的信任感和满意度	腾讯会根据市场状况、员工的绩效，以及公司的战略目标进行适时的薪酬调整。这种持续的薪酬调整机制有助于保持薪酬体系的竞争力和激励性

图 14.39　腾讯薪酬管理模式的四个方面

3. 腾讯精细化的薪酬结构与测算和管理

腾讯"精细化的薪酬结构与测算和管理"体现在多个方面，包括薪酬结构的基本工资

的设定、绩效奖金的计算与管理、股票期权的分配与行权，以及薪酬的动态调整与管理等。这些措施共同构成了腾讯全面、精细的薪酬管理模式。

腾讯精细化的薪酬结构与测算和管理主要包括五个方面，如图14.40所示。

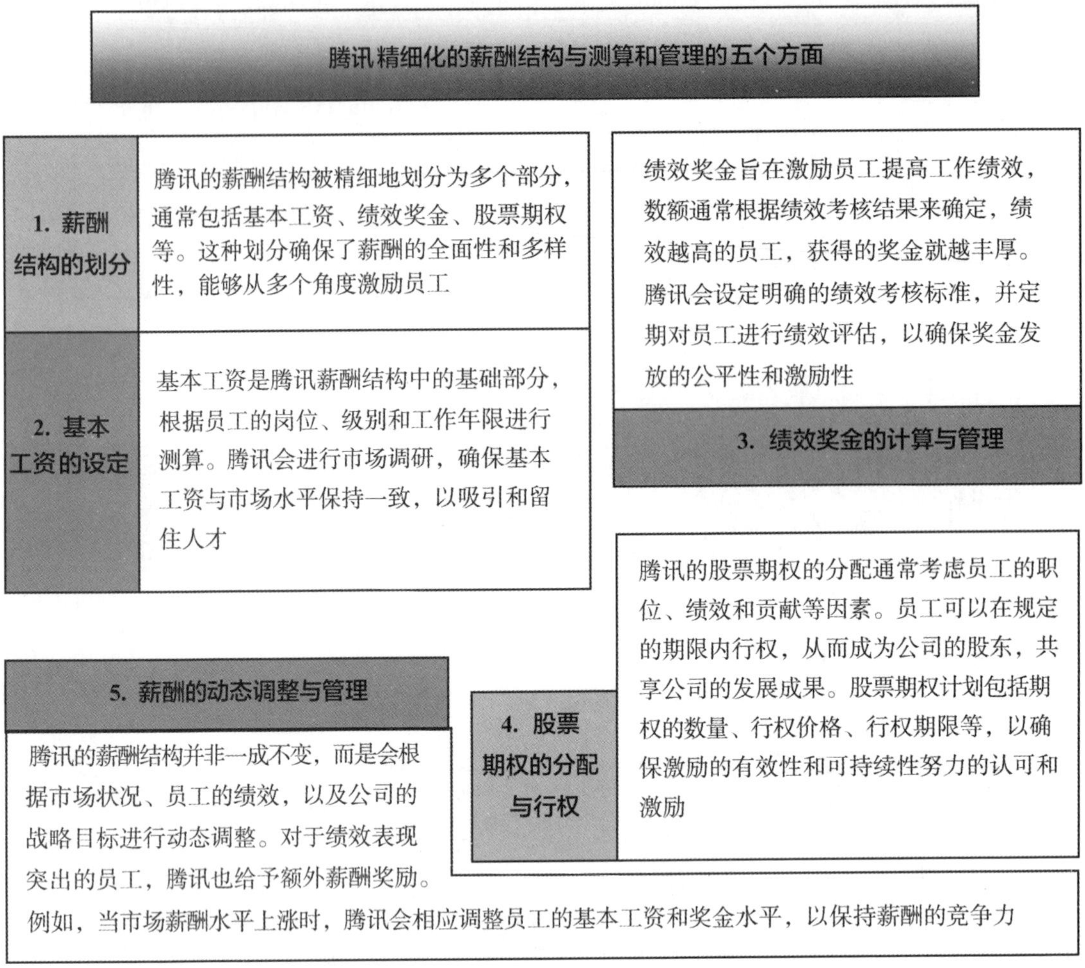

腾讯精细化的薪酬结构与测算和管理的五个方面

1. 薪酬结构的划分
腾讯的薪酬结构被精细地划分为多个部分，通常包括基本工资、绩效奖金、股票期权等。这种划分确保了薪酬的全面性和多样性，能够从多个角度激励员工

2. 基本工资的设定
基本工资是腾讯薪酬结构中的基础部分，根据员工的岗位、级别和工作年限进行测算。腾讯会进行市场调研，确保基本工资与市场水平保持一致，以吸引和留住人才

3. 绩效奖金的计算与管理
绩效奖金旨在激励员工提高工作绩效，数额通常根据绩效考核结果来确定，绩效越高的员工，获得的奖金就越丰厚。腾讯会设定明确的绩效考核标准，并定期对员工进行绩效评估，以确保奖金发放的公平性和激励性

4. 股票期权的分配与行权
腾讯的股票期权的分配通常考虑员工的职位、绩效和贡献等因素。员工可以在规定的期限内行权，从而成为公司的股东，共享公司的发展成果。股票期权计划包括期权的数量、行权价格、行权期限等，以确保激励的有效性和可持续性努力的认可和激励

5. 薪酬的动态调整与管理
腾讯的薪酬结构并非一成不变，而是会根据市场状况、员工的绩效，以及公司的战略目标进行动态调整。对于绩效表现突出的员工，腾讯也给予额外薪酬奖励。例如，当市场薪酬水平上涨时，腾讯会相应调整员工的基本工资和奖金水平，以保持薪酬的竞争力

图14.40　腾讯精细化的薪酬结构与测算和管理的五个方面

四、京东的薪酬战略与薪酬管理模式

京东的薪酬战略与薪酬管理模式紧密围绕其业务战略和人才发展战略展开，注重市场竞争性、业绩导向和灵活调整。通过完善的薪酬结构、绩效考核与薪酬挂钩、长期激励机制，以及薪酬的动态调整等方式，京东成功地吸引、保留和激励了优秀人才。

1. 京东的薪酬战略

京东的薪酬战略主要涵盖三个方面，如图14.41所示。

第14章 战略性薪酬设计与应用

高度市场竞争性：京东注重确保薪酬水平与市场接轨，甚至在某些关键岗位和人才上提供高于市场平均的薪酬待遇。例如，京东曾宣布将采销团队的年度固定薪酬由16个月提升至20个月，这一举措显著提升了薪酬的市场竞争性

业绩导向：京东的薪酬战略强调业绩导向，通过设立与业绩紧密挂钩的激励机制，激发员工的积极性和创造力。例如，对于采销团队，京东取消了业绩激励的上限，旨在充分释放员工的潜能

灵活调整：京东的薪酬战略具备灵活调整的特点，能够根据市场变化、公司业绩和员工需求进行适时调整。这体现在整体的薪酬水平上，还包括具体的薪酬结构和激励政策

图 14.41　京东薪酬战略涵盖的三个方面

2. 京东的薪酬管理模式

京东的薪酬管理模式主要涉及四个方面，如图 14.42 所示。

薪酬结构设计	绩效考核与薪酬挂钩	长期激励机制	薪酬动态调整
京东的薪酬结构相对完善，通常包括基本工资、绩效奖金、年终奖等多个部分。这种结构旨在全面评估员工的工作表现和贡献，确保薪酬与员工的实际付出相匹配	京东注重绩效考核与薪酬的紧密联系。员工的绩效奖金和年终奖等都与绩效考核结果直接相关。这种机制有助于确保薪酬的公平性和激励性	除了基本的薪酬结构外，京东还通过股票期权等长期激励机制来保留和激励关键人才。这种机制有助于员工与公司共同成长，分享公司发展的成果	京东会根据市场变化、公司业绩和员工发展需求进行薪酬的动态调整。例如，近年来京东多次对采销等一线业务人员的薪酬进行调整，以适应市场变化和满足员工期望

图 14.42　京东薪酬管理模式的四个方面

3. 京东采销团队的薪酬设计

京东采销团队的薪酬设计具有全面、精细、市场竞争力强、业绩导向、动态调整和个性化激励等特点。这些设计旨在最大限度地激发员工的工作积极性和创造力。

（1）京东采销团队的薪酬结构是全面且精细的，主要包括三个部分，如图14.43所示。

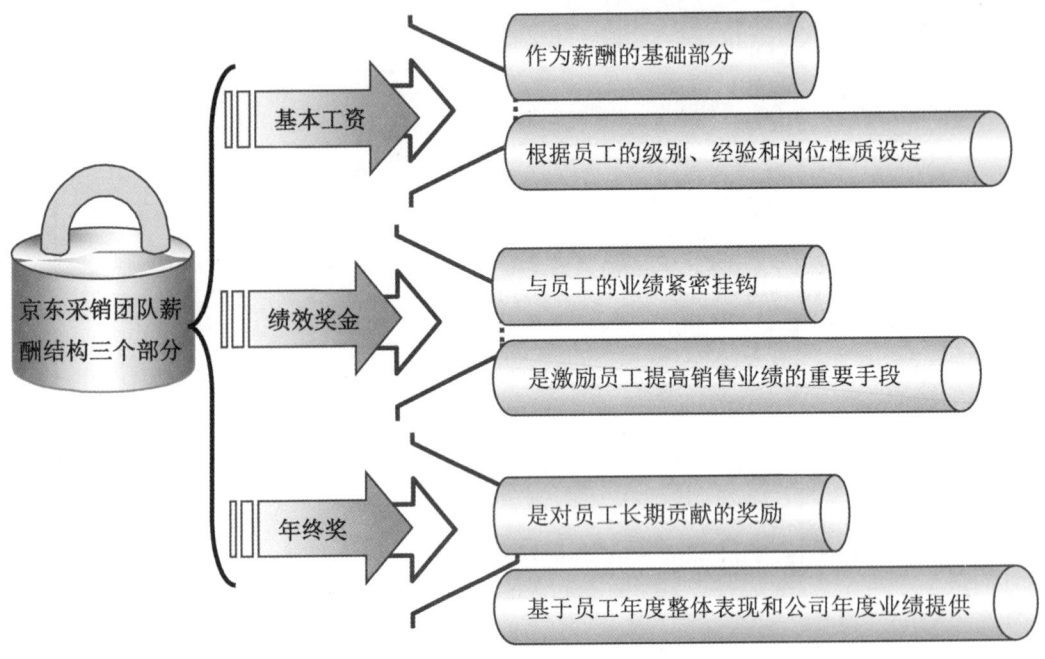

京东采销团队薪酬结构三个部分：
- 基本工资
  - 作为薪酬的基础部分
  - 根据员工的级别、经验和岗位性质设定
- 绩效奖金
  - 与员工的业绩紧密挂钩
  - 是激励员工提高销售业绩的重要手段
- 年终奖
  - 是对员工长期贡献的奖励
  - 基于员工年度整体表现和公司年度业绩提供

图14.43　京东采销团队薪酬结构的三个部分

（2）京东采销团队的薪酬激励主要包括三个方面，如图14.44所示。

京东采销团队薪酬激励的三个方面：

基本工资与绩效奖金：京东为采销团队提供具有市场竞争力的基本工资，并根据员工的业绩表现发放绩效奖金。这种直接的薪酬与业绩挂钩的方式，能有效地激励员工追求更好的业绩。

年度固定薪酬提升：为了进一步提高薪酬激励的效果，京东宣布从2024年7月1日起，将采销岗位的年度固定薪酬从16个月提升至20个月。这一举措显著提升了采销团队的收入水平，增强了员工的工作动力。

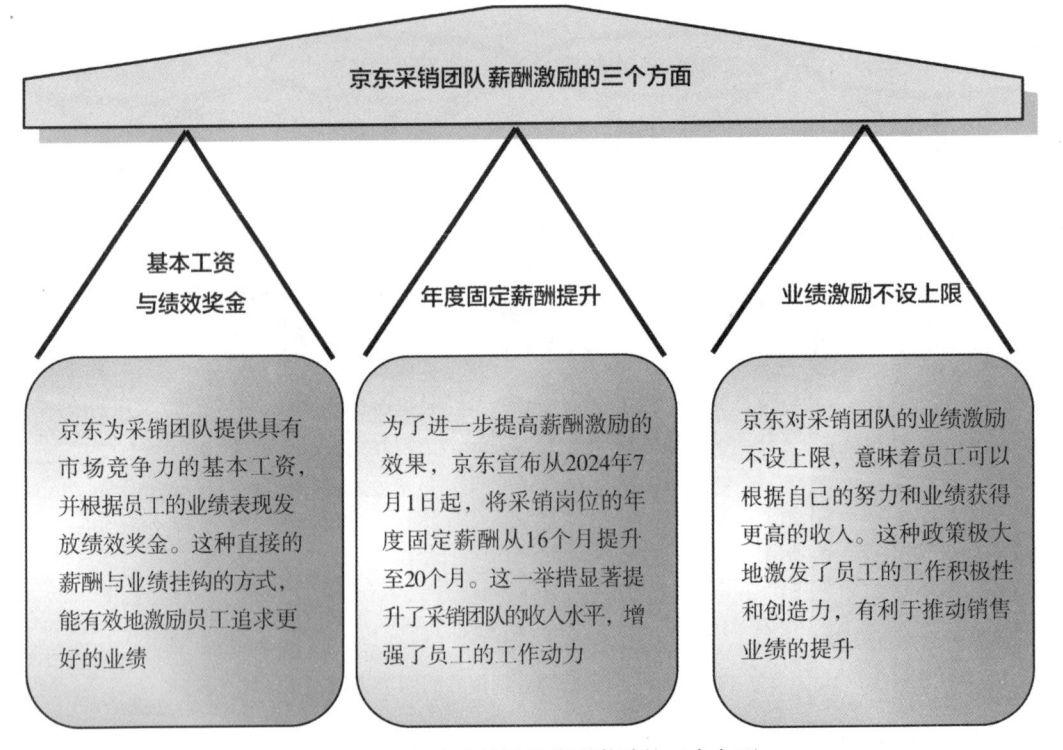

业绩激励不设上限：京东对采销团队的业绩激励不设上限，意味着员工可以根据自己的努力和业绩获得更高的收入。这种政策极大地激发了员工的工作积极性和创造力，有利于推动销售业绩的提升。

图14.44　京东采销团队薪酬激励的三个方面

（3）京东采销团队的晋升激励。京东为采销团队提供了广阔的晋升空间和发展机会，鼓励员工通过不断学习和提升自己的能力，争取更高的职位。同时，京东也注重搭建晋升通道，为员工提供更多的晋升机会，从而激发员工的职业发展动力。

（4）京东采销团队的文化激励。京东采销团队的文化激励主要包括两大方面，如图 14.45 所示。

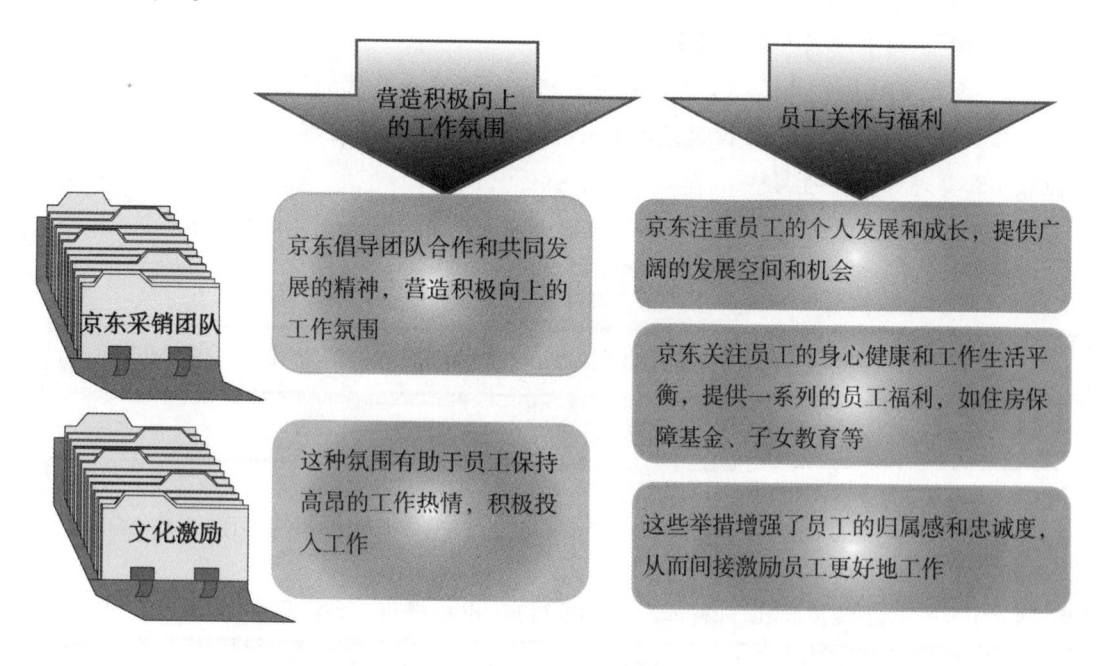

图 14.45　京东采销团队文化激励的两大方面

望闻问切：薪酬设计精准对接企业集团人力资源管控模式

"望闻问切"四步法在薪酬设计与企业集团人力资源管控模式的对接中具有重要的指导意义。通过深入洞察企业集团现状、倾听员工与市场的声音、明确薪酬设计目标并精准对接人力资源管控模式等步骤可以确保薪酬设计更加科学、合理且有效，从而为企业集团的长远发展提供有力支持。

一、"望"：洞察企业集团现状

在薪酬设计之初，首先要对企业集团的现状进行深入的洞察。这包括了解企业集团的组织结构、业务模式、员工构成、企业文化，以及财务状况等多个方面。通过对这些信息的全面把握，可以为后续的薪酬设计提供坚实的基础。

二、"闻"：倾听员工与市场的声音

"闻"的阶段，需要倾听员工和市场的声音。员工对于薪酬的期望和满意度是薪酬设计的重要参考依据。同时，也要密切关注市场动态，了解同行业和同地区的薪酬水平，以确保企业集团的薪酬设计具有市场竞争力。

三、"问"：明确薪酬设计目标

在"问"的阶段，需要明确薪酬设计的目标。这包括吸引和留住人才、激励员工提高

绩效、促进企业内部公平等多个方面。针对不同的目标，薪酬设计的策略和重点也会有所不同。例如，为了吸引和留住人才，可能需要提供具有市场竞争力的薪资待遇；为了激励员工提高绩效，可以设置与业绩紧密挂钩的奖金制度。

四、"切"：精准对接人力资源管控模式

"切"是薪酬设计的关键环节，需要将薪酬设计与企业集团的人力资源管控模式精准对接。根据企业集团的不同管控模式（如财务管控型、战略管控型、运营管控型等），薪酬设计也需要进行相应的调整。

战略性薪酬设计精准对接人力资源管控模式的六个阶段，如图14.46所示。

1. 理解人力资源管控模式

不同的人力资源管控模式（如财务管控型、战略管控型、运营管控型）对薪酬设计有不同的要求和侧重点

2. 财务管控型模式下的薪酬设计

◆财务管控型模式下企业集团主要关注财务目标的实现，对下属公司的具体运营和人力资源管理放权较大；
◆薪酬设计应重点考虑总额控制和内部公平性，确保薪酬支出符合企业集团的财务预算，并避免内部薪酬差距过大导致的不公平感；
◆需要设定一些关键的财务指标，如利润率、成本控制等，作为薪酬激励的依据

3. 战略管控型模式下的薪酬设计

◆战略管控型模式下企业集团会制定统一的战略规划和业务发展方向，下属公司需要遵循这些战略指导；
◆薪酬设计应体现企业集团战略意图和价值观，通过薪酬策略引导和激励员工行为与企业战略保持一致；
◆薪酬体系需要保持一定的灵活性，以适应不同下属公司在实施战略过程中的差异化和特定需求

4. 运营管控型模式下的薪酬设计

◆运营管控型模式强调企业集团对下属公司运营细节的掌控和管理；
◆薪酬设计应注重细节和标准化管理，确保整个企业集团的薪酬体系保持高度一致性和公平性；
◆需要详细规定薪酬标准、薪酬区间、调整办法等，以确保各下属公司之间的薪酬管理协调一致

5. 三大对接关键点

◆无论在哪种管控模式下，薪酬设计都需要与企业集团的整体战略目标相契合；
◆薪酬体系应能够激励员工为实现企业的战略目标而努力工作；
◆薪酬设计还需要考虑市场的薪酬水平和行业趋势，以确保企业集团的薪酬体系具有外部竞争力

6. 持续调整与优化

◆薪酬设计不是一次性的工作，而是需要随着企业集团战略调整、市场变化，以及员工需求的变化进行持续的调整和优化；
◆通过定期的薪酬调查和员工反馈收集，可以不断完善薪酬体系，使其更加符合企业集团的实际需求和市场趋势

图14.46 战略性薪酬设计精准对接人力资源管控模式的六个阶段

15

第15章
薪酬诊断与调整、沟通

薪酬管理系统诊断是确保薪酬体系有效运行的基础。这一过程涉及对薪酬管理系统的全面检查，包括系统的功能性、准确性、效率及安全性等方面。通过诊断，企业可以发现系统中存在的问题和瓶颈，进而提出改进措施，确保薪酬管理的顺畅和高效。

薪酬策略调整是根据企业发展战略、市场变化和员工需求，对薪酬政策进行适时的更新和优化。薪酬体系的调整涉及对薪酬结构、薪酬级别和薪酬标准的优化，以更好地反映员工的贡献和价值。员工薪酬调整是针对个体员工的薪资变动，通常基于绩效评估、市场薪酬调查和员工发展需求。

薪酬诊断与调整、沟通是一个系统性的过程，涉及多个方面的考量与平衡。密薪制是指员工的薪资信息对外保密，而薪酬沟通则确保员工理解和接受自己的薪酬构成和调整原因。

第15章 薪酬诊断与调整、沟通

薪酬诊断与调整、沟通应用框架体系插画

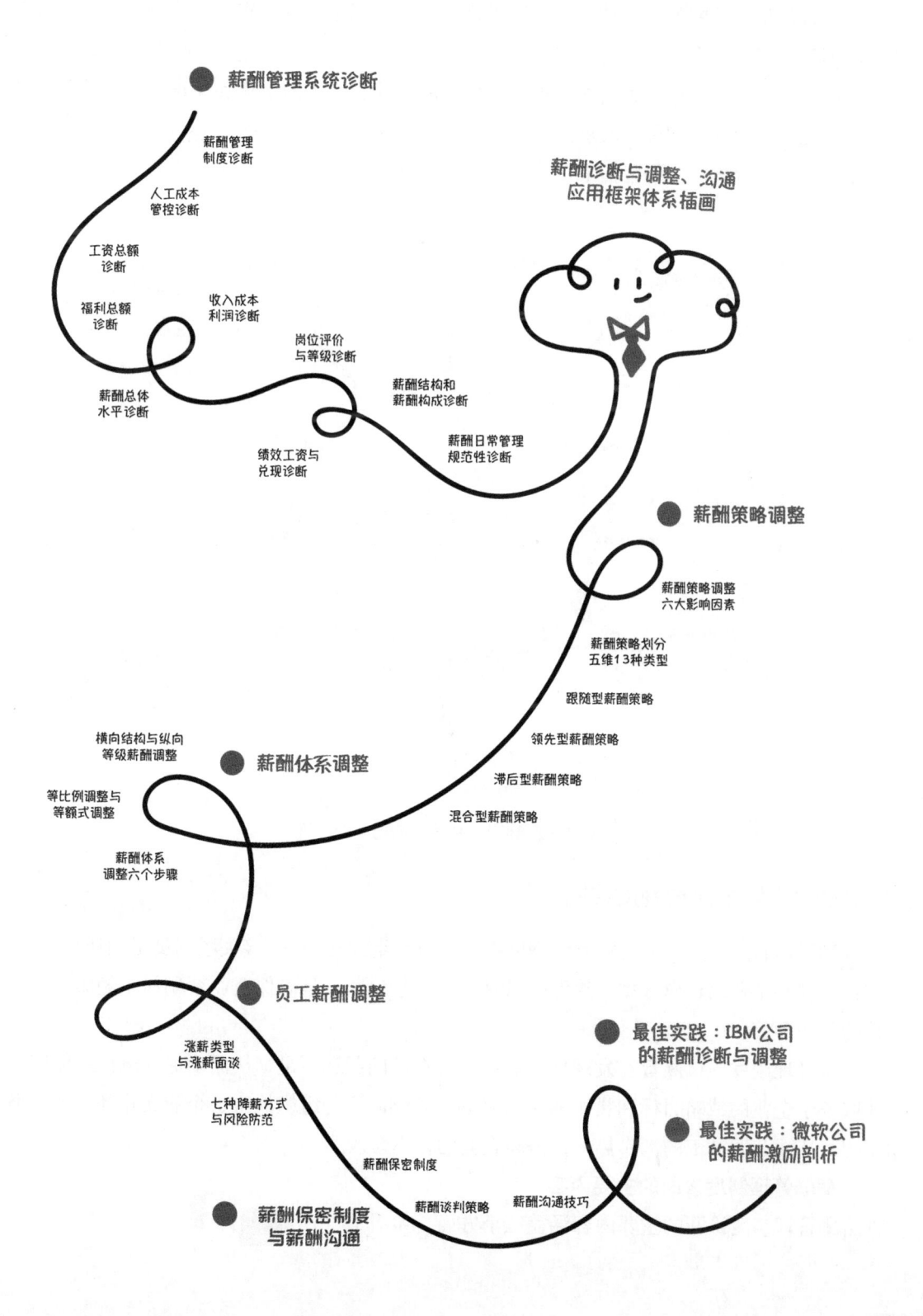

- **薪酬管理系统诊断**
  - 薪酬管理制度诊断
  - 人工成本管控诊断
  - 工资总额诊断
  - 福利总额诊断
  - 收入成本利润诊断
  - 薪酬总体水平诊断
  - 岗位评价与等级诊断
  - 薪酬结构和薪酬构成诊断
  - 绩效工资与兑现诊断
  - 薪酬日常管理规范性诊断

薪酬诊断与调整、沟通应用框架体系插画

- **薪酬策略调整**
  - 薪酬策略调整六大影响因素
  - 薪酬策略划分五维13种类型
  - 跟随型薪酬策略
  - 领先型薪酬策略
  - 滞后型薪酬策略
  - 混合型薪酬策略

- **薪酬体系调整**
  - 横向结构与纵向等级薪酬调整
  - 等比例调整与等额式调整
  - 薪酬体系调整六个步骤

- **员工薪酬调整**
  - 涨薪类型与涨薪面谈
  - 七种降薪方式与风险防范

- **薪酬保密制度与薪酬沟通**
  - 薪酬保密制度
  - 薪酬谈判策略
  - 薪酬沟通技巧

- **最佳实践：IBM公司的薪酬诊断与调整**
- **最佳实践：微软公司的薪酬激励剖析**

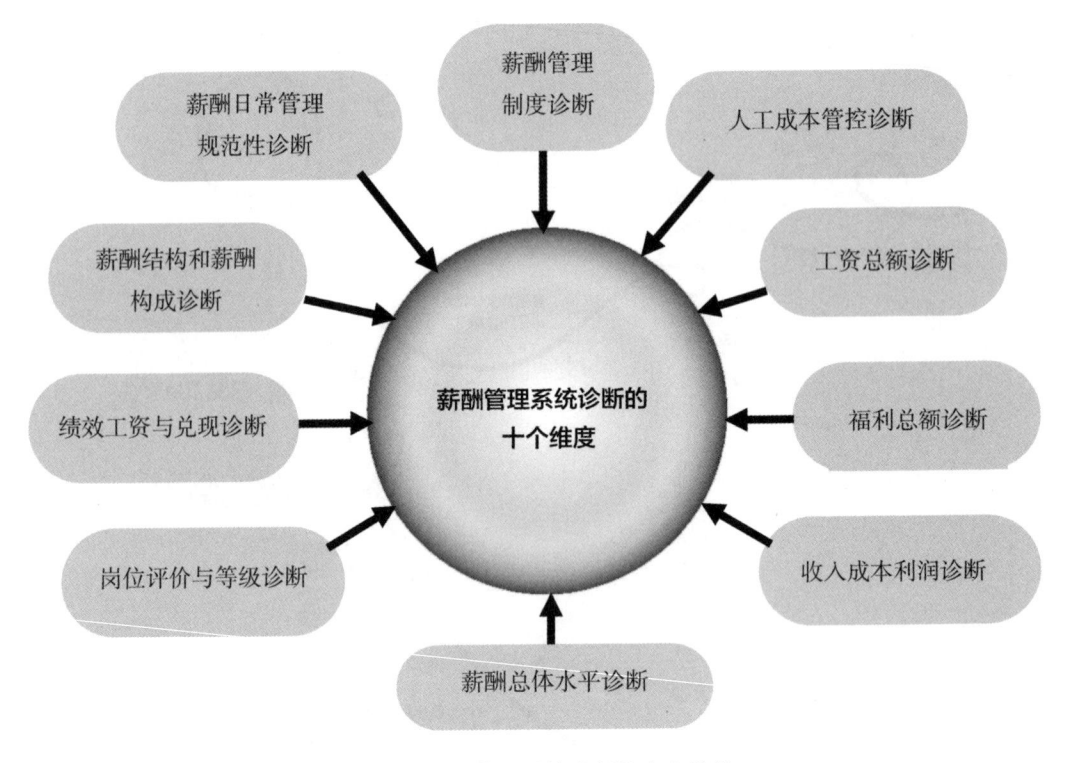

15.1 薪酬管理系统诊断

薪酬管理系统诊断的重要性与必要性不言而喻，其不仅能够提高薪酬管理的效率和准确性，保障信息安全与合规性，还可以增强员工满意度和激励效果，进而支持企业战略目标的实现。因此，企业应高度重视薪酬管理系统的诊断工作，并不断优化和完善这一系统，以适应不断变化的市场环境和员工需求。

薪酬管理系统诊断主要包括十个维度，如图 15.1 所示。

薪酬管理系统诊断的十个维度：
- 薪酬管理制度诊断
- 薪酬日常管理规范性诊断
- 人工成本管控诊断
- 薪酬结构和薪酬构成诊断
- 工资总额诊断
- 绩效工资与兑现诊断
- 福利总额诊断
- 岗位评价与等级诊断
- 收入成本利润诊断
- 薪酬总体水平诊断

图 15.1 薪酬管理系统诊断的十个维度

15.1.1 薪酬管理制度诊断

薪酬管理制度是企业人力资源管理体系中的核心组成部分，直接关系到员工的切身利益、工作积极性和企业的运营效率。对薪酬管理制度进行诊断，是确保企业薪酬体系健康、有效运行的关键环节。

薪酬管理制度的诊断旨在发现现行制度中存在的问题和不足，从而确保薪酬体系能够更好地服务于企业的战略目标和员工的个人发展。薪酬制度与组织战略、企业文化和市场环境相匹配，从而激发员工的工作热情，提高企业的整体绩效。

1. 薪酬管理制度诊断的主要内容

薪酬管理制度诊断的主要内容涵盖三个方面，如图 15.2 所示。

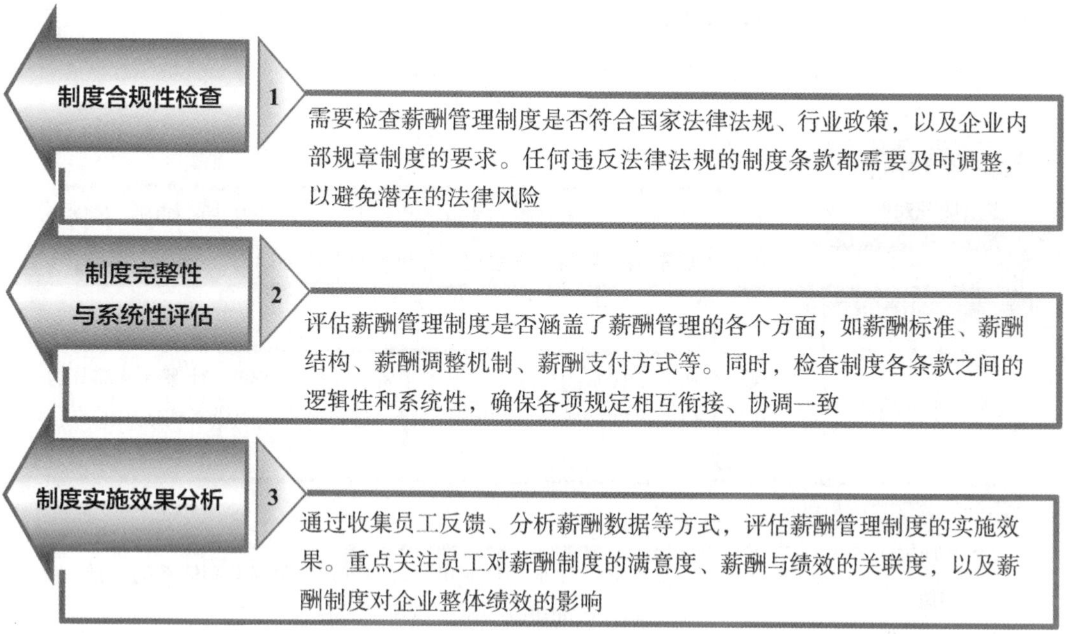

制度合规性检查	1	需要检查薪酬管理制度是否符合国家法律法规、行业政策，以及企业内部规章制度的要求。任何违反法律法规的制度条款都需要及时调整，以避免潜在的法律风险
制度完整性与系统性评估	2	评估薪酬管理制度是否涵盖了薪酬管理的各个方面，如薪酬标准、薪酬结构、薪酬调整机制、薪酬支付方式等。同时，检查制度各条款之间的逻辑性和系统性，确保各项规定相互衔接、协调一致
制度实施效果分析	3	通过收集员工反馈、分析薪酬数据等方式，评估薪酬管理制度的实施效果。重点关注员工对薪酬制度的满意度、薪酬与绩效的关联度，以及薪酬制度对企业整体绩效的影响

图 15.2　薪酬管理制度诊断的三项主要内容

2. 薪酬管理制度诊断的方法和步骤

薪酬管理制度诊断诊断包括四个方法和步骤，如图 15.3 所示。

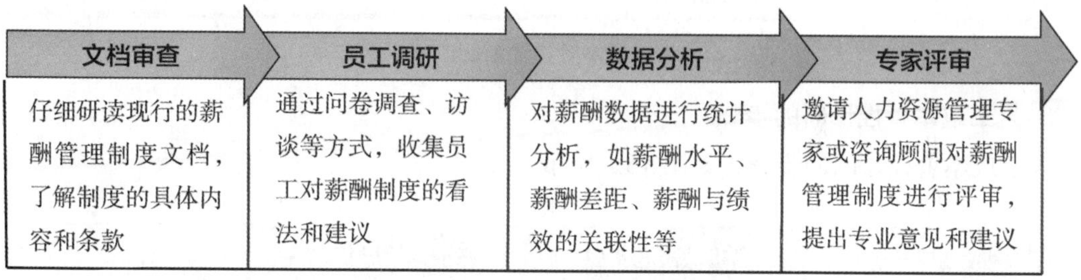

文档审查	员工调研	数据分析	专家评审
仔细研读现行的薪酬管理制度文档，了解制度的具体内容和条款	通过问卷调查、访谈等方式，收集员工对薪酬制度的看法和建议	对薪酬数据进行统计分析，如薪酬水平、薪酬差距、薪酬与绩效的关联性等	邀请人力资源管理专家或咨询顾问对薪酬管理制度进行评审，提出专业意见和建议

图 15.3　薪酬管理制度诊断的四个方法和步骤

3. 薪酬管理制度诊断的结果及改进建议

根据诊断结果，企业可以明确薪酬管理制度中存在的问题和不足，并制定相应的改进方案。改进建议可能包括完善制度条款、优化薪酬结构、调整薪酬与绩效的关联方式、提高薪酬制度的透明度和公平性等。

15.1.2　人工成本管控诊断

人工成本是企业运营过程中的重要支出项，对其进行有效的管控，对于提升企业的经济效益和竞争力具有显著意义。

人工成本管控诊断的核心目的在于评估企业当前的人工成本控制策略是否有效，是否能在保证员工激励的同时，最大化地控制成本支出。通过诊断，企业可以识别出成本管控中的漏洞和不足，进而制定针对性的改进措施。

1. 人工成本管控诊断的主要内容

人工成本管控诊断的主要内容涵盖四个方面，如图 15.4 所示。

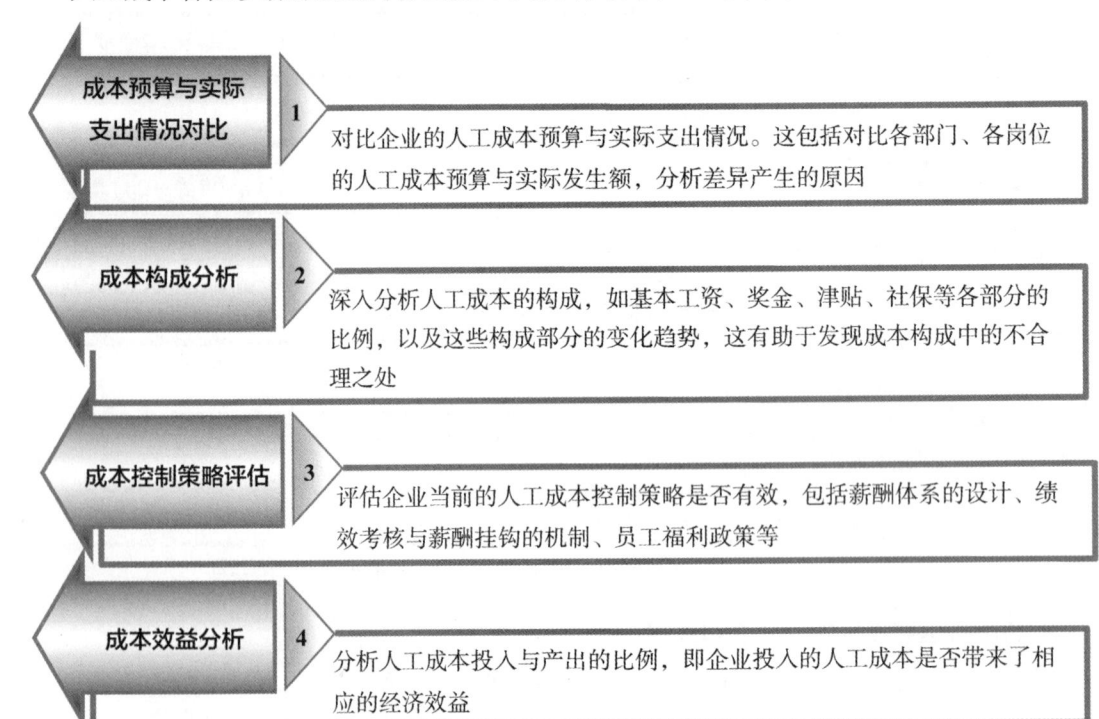

成本预算与实际支出情况对比	1	对比企业的人工成本预算与实际支出情况。这包括对比各部门、各岗位的人工成本预算与实际发生额，分析差异产生的原因
成本构成分析	2	深入分析人工成本的构成，如基本工资、奖金、津贴、社保等各部分的比例，以及这些构成部分的变化趋势，这有助于发现成本构成中的不合理之处
成本控制策略评估	3	评估企业当前的人工成本控制策略是否有效，包括薪酬体系的设计、绩效考核与薪酬挂钩的机制、员工福利政策等
成本效益分析	4	分析人工成本投入与产出的比例，即企业投入的人工成本是否带来了相应的经济效益

图 15.4　人工成本管控诊断的四项主要内容

2. 人工成本管控诊断的步骤

人工成本管控诊断的步骤，如图 15.5 所示。

数据收集与分析	员工访谈与调研	行业对比分析	专家评估
收集企业过去一段时间的人工成本数据，包括预算、实际支出、成本构成等，并进行详细的数据分析	通过与员工进行交流，了解他们对当前薪酬体系的看法，以及他们在工作中的实际感受	收集同行业其他企业的人工成本数据，进行横向对比，以判断本企业的人工成本水平是否合理	邀请人力资源管理专家或咨询机构进行评估，获取专业意见和建议

图 15.5　人工成本管控诊断的四个步骤

3. 人工成本管控诊断的结果及改进建议

根据诊断结果，可以明确企业在人工成本管控方面存在的问题和不足。针对这些问题，提出四条改进建议，如图 15.6 所示。

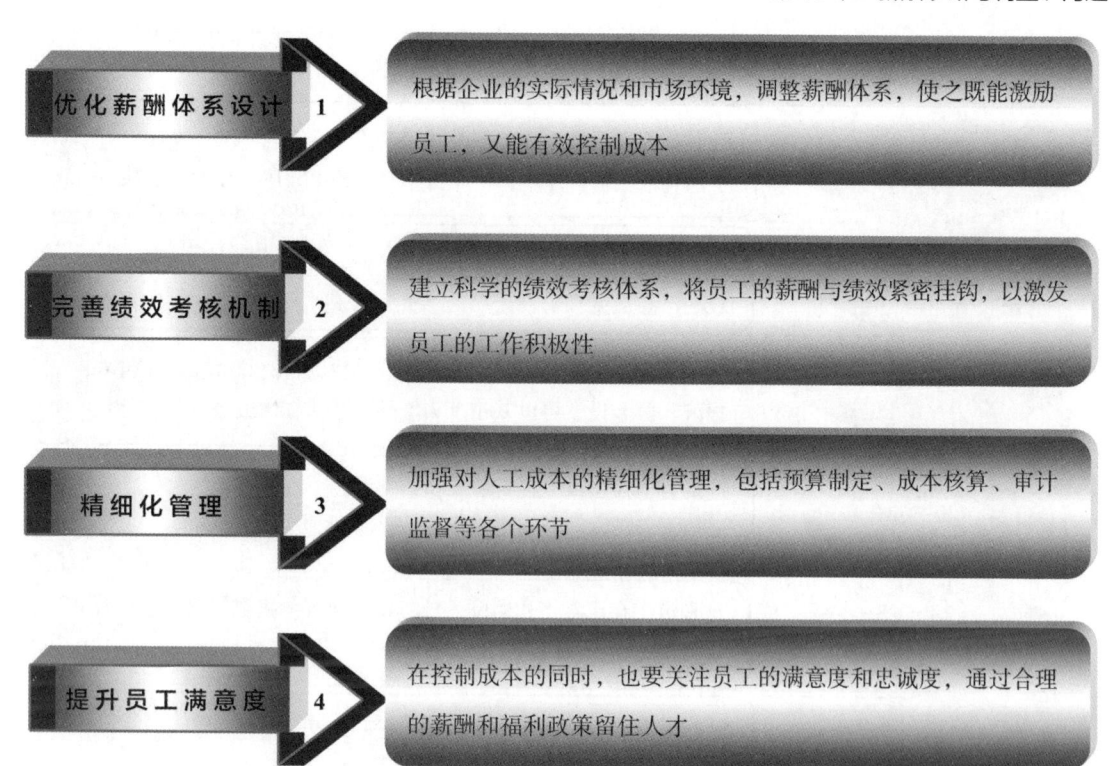

优化薪酬体系设计 1	根据企业的实际情况和市场环境，调整薪酬体系，使之既能激励员工，又能有效控制成本
完善绩效考核机制 2	建立科学的绩效考核体系，将员工的薪酬与绩效紧密挂钩，以激发员工的工作积极性
精细化管理 3	加强对人工成本的精细化管理，包括预算制定、成本核算、审计监督等各个环节
提升员工满意度 4	在控制成本的同时，也要关注员工的满意度和忠诚度，通过合理的薪酬和福利政策留住人才

图 15.6　人工成本管控诊断的四条改进建议

15.1.3　工资总额诊断

工资总额是指企业在一定时期内直接支付给本公司全部员工的劳动报酬总额。工资总额的计算应以直接支付给员工的全部劳动报酬为依据。

在薪酬管理系统诊断中，工资总额诊断涉及企业的财务健康状况。工资总额是企业为员工提供的直接经济补偿的总和，它反映了企业对人力资源的投入程度。对工资总额进行诊断，旨在确保企业的薪酬支出既合理又有效，能够支持企业的人力资源战略，并在控制成本的同时，最大限度地激励员工。

1. 工资总额计算公式

（1）工资总额计算公式通常包括六个部分，如图 15.7 所示。

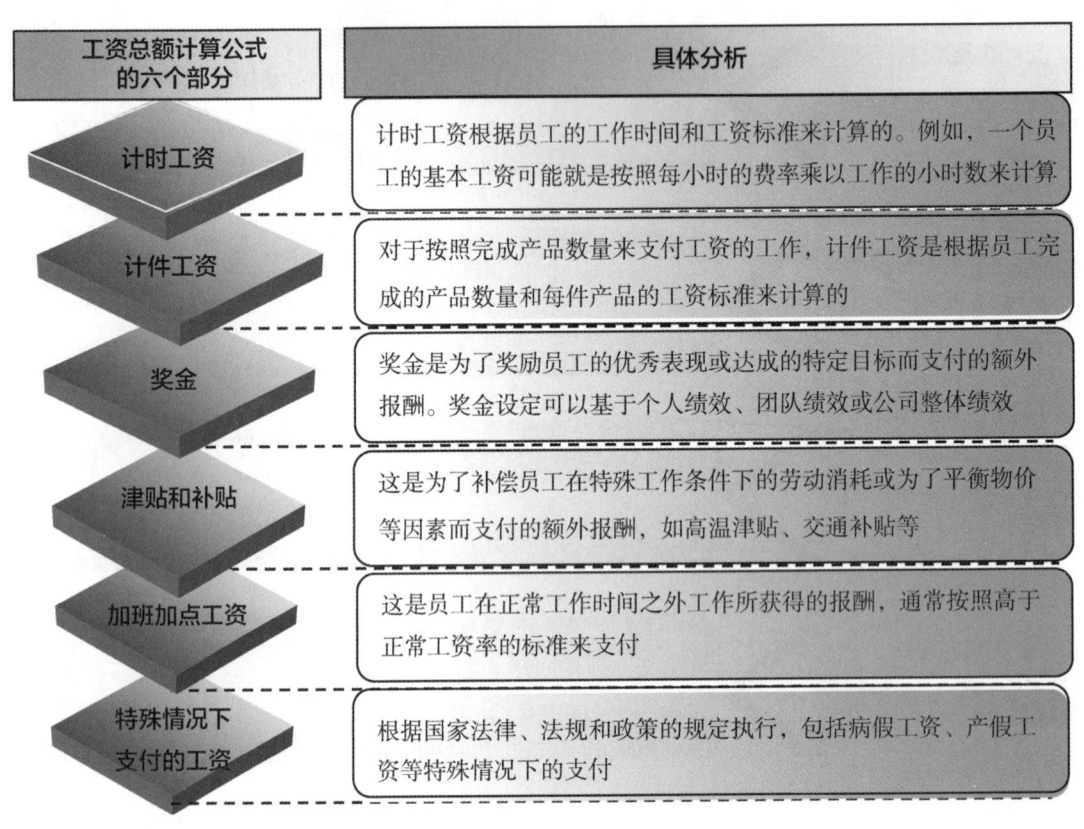

工资总额计算公式的六个部分	具体分析
计时工资	计时工资根据员工的工作时间和工资标准来计算的。例如，一个员工的基本工资可能就是按照每小时的费率乘以工作的小时数来计算
计件工资	对于按照完成产品数量来支付工资的工作，计件工资是根据员工完成的产品数量和每件产品的工资标准来计算的
奖金	奖金是为了奖励员工的优秀表现或达成的特定目标而支付的额外报酬。奖金设定可以基于个人绩效、团队绩效或公司整体绩效
津贴和补贴	这是为了补偿员工在特殊工作条件下的劳动消耗或为了平衡物价等因素而支付的额外报酬，如高温津贴、交通补贴等
加班加点工资	这是员工在正常工作时间之外工作所获得的报酬，通常按照高于正常工资率的标准来支付
特殊情况下支付的工资	根据国家法律、法规和政策的规定执行，包括病假工资、产假工资等特殊情况下的支付

图 15.7　工资总额计算公式的六个部分

工资总额计算公式可以简单表示为

工资总额 = 计时工资 + 计件工资 + 奖金 + 津贴和补贴 + 加班加点工资 + 特殊情况下支付的工资

（2）在工资总额的计算公式中，特殊情况下支付的工资包括以下内容：

● 根据国家法律、法规和政策规定，因病、工伤、产假、计划生育假、婚丧假、事假、探亲假、定期休假、停工学习、执行国家或社会义务等原因按计时工资标准或计时工资标准的一定比例支付的工资。

● 附加工资、保留工资。

（3）不列入工资总额的薪酬。不列入工资总额范围的项目明细见表 15.1。

表 15.1　不列入工资总额范围的 14 个项目明细表

序号	项目
1	根据国务院发布的有关规定颁发的发明创造奖、自然科学奖、科学技术进步奖和支付的合理化建议和技术改进奖，以及支付给运动员、教练员的奖金
2	有关劳动保险和职工福利方面的各项费用

续表

序号	项目
3	有关离休、退休、退职人员待遇的各项支出
4	劳动保护的各项支出
5	稿费、讲课费及其他专门工作报酬
6	出差伙食补助费、误餐补助、调动工作的旅费和安家费
7	对自带工具、牲畜来企业工作职工所支付的工具、牲畜等的补偿费用
8	实行租赁经营单位的承租人的风险性补偿收入
9	对购买本企业股票和债券的职工所支付的股息（包括股金分红）和利息
10	劳动合同制职工解除劳动合同时由企业支付的医疗补助费、生活补助费等
11	因录用临时工而在工资以外向提供劳动力单位支付的手续费或管理费
12	支付给家庭工人的加工费和按加工订货办法支付给承包单位的发包费用
13	支付给参加企业劳动的在校学生的补贴
14	计划生育独生子女补贴

2. 工资总额计算公式的应用与调整

在应用工资总额计算公式时，企业需要考虑多个因素，包括市场薪酬水平、企业经济状况、员工绩效表现等，如图 15.8 所示。这些因素都可能影响工资总额的计算和调整。

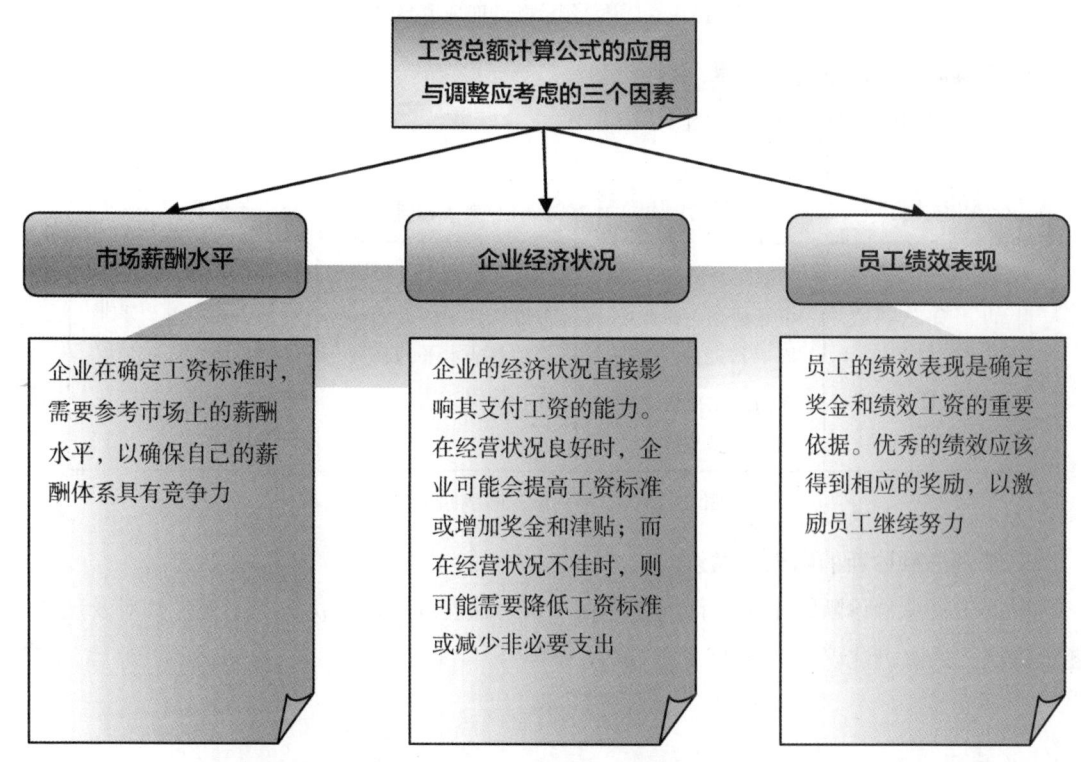

图 15.8 工资总额计算公式的应用与调整应考虑的三个因素

工资总额计算公式的应用与调整应考虑的三个因素

- **市场薪酬水平**：企业在确定工资标准时，需要参考市场上的薪酬水平，以确保自己的薪酬体系具有竞争力
- **企业经济状况**：企业的经济状况直接影响其支付工资的能力。在经营状况良好时，企业可能会提高工资标准或增加奖金和津贴；而在经营状况不佳时，则可能需要降低工资标准或减少非必要支出
- **员工绩效表现**：员工的绩效表现是确定奖金和绩效工资的重要依据。优秀的绩效应该得到相应的奖励，以激励员工继续努力

3. 工资总额诊断的主要内容

工资总额诊断的四项主要内容如图 15.9 所示。

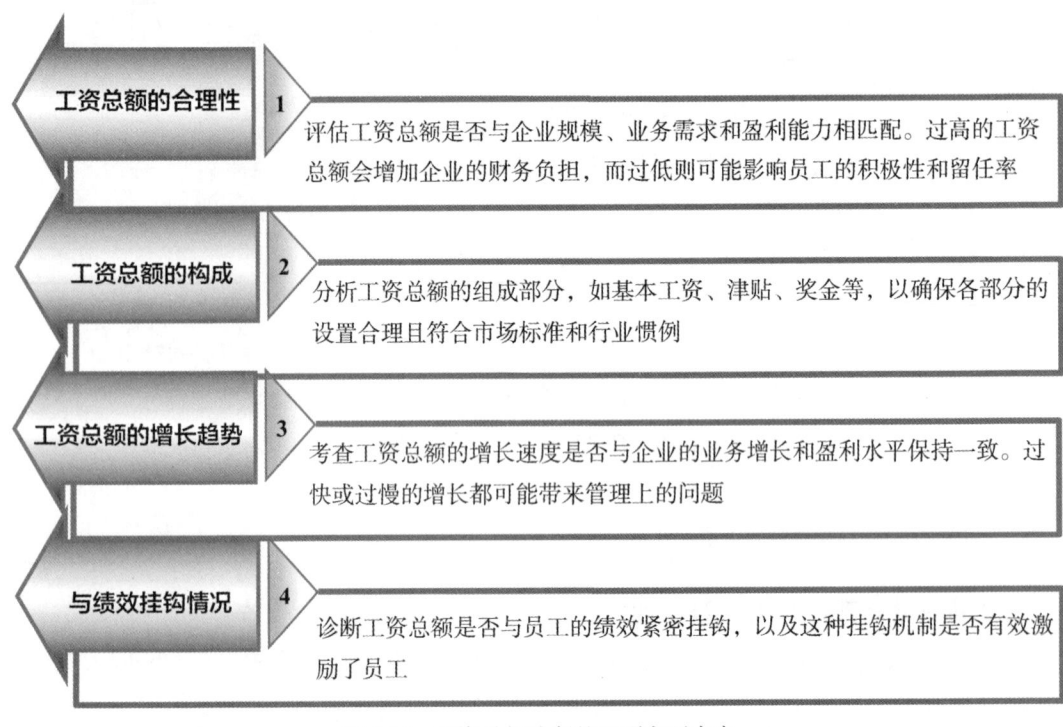

工资总额的合理性	1	评估工资总额是否与企业规模、业务需求和盈利能力相匹配。过高的工资总额会增加企业的财务负担，而过低则可能影响员工的积极性和留任率
工资总额的构成	2	分析工资总额的组成部分，如基本工资、津贴、奖金等，以确保各部分的设置合理且符合市场标准和行业惯例
工资总额的增长趋势	3	考查工资总额的增长速度是否与企业的业务增长和盈利水平保持一致。过快或过慢的增长都可能带来管理上的问题
与绩效挂钩情况	4	诊断工资总额是否与员工的绩效紧密挂钩，以及这种挂钩机制是否有效激励了员工

图 15.9　工资总额诊断的四项主要内容

4. 工资总额诊断的四个步骤

工资总额诊断的四个步骤如图 15.10 所示。

数据收集	对比分析	员工调研	财务分析
收集企业至少近三年的工资总额数据，以及与之相关的财务数据（如营收、利润等）	将收集到的数据与市场数据、行业数据进行对比分析，评估企业在行业中的薪酬水平	通过问卷调查、访谈等方式，了解员工对当前薪酬水平的满意度和期望	运用财务分析方法，评估工资总额对企业的财务影响，包括成本效益分析、薪酬回报率计算等

图 15.10　工资总额诊断的四个步骤

5. 工资总额诊断的结果及建议

根据工资总额诊断结果可以得出企业在工资总额管理方面的优势和不足。针对发现的问题，提出三条改进建议，如图 15.11 所示。

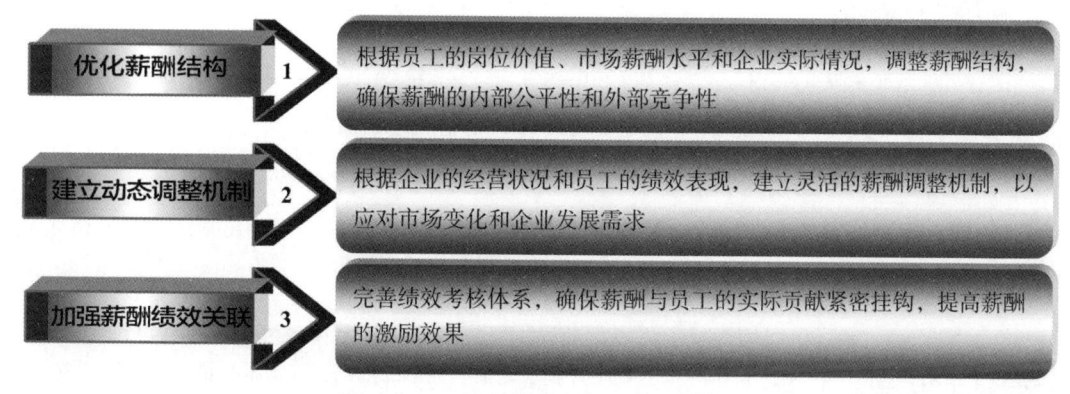

优化薪酬结构	1	根据员工的岗位价值、市场薪酬水平和企业实际情况，调整薪酬结构，确保薪酬的内部公平性和外部竞争性
建立动态调整机制	2	根据企业的经营状况和员工的绩效表现，建立灵活的薪酬调整机制，以应对市场变化和企业发展需求
加强薪酬绩效关联	3	完善绩效考核体系，确保薪酬与员工的实际贡献紧密挂钩，提高薪酬的激励效果

图 15.11　工资总额诊断的三条改进建议

15.1.4　福利总额诊断

福利作为员工薪酬的一部分，虽然通常不以现金形式直接体现，但福利项目的设计对于员工的满意度、忠诚度和整体工作氛围有着至关重要的影响。

福利总额诊断的主要目的是评估企业提供的福利水平是否合理，是否能有效激励员工，以及是否符合企业的经济实力和市场定位。通过福利总额诊断，企业可以发现福利政策中存在的问题，进而进行调整，以提高员工的工作满意度和忠诚度，降低员工流失率。

福利总额计算公式在薪酬管理体系中占据重要地位，直接关系到企业福利成本的核算和员工福利待遇的确定。

1. 福利总额计算公式的构成

（1）福利总额的计算公式通常包括各项福利的成本计算，以及这些成本的汇总。具体来说，可以将福利分为法定福利和企业自定义福利两大类，如图 15.12 所示。

法定福利成本　　企业自定义福利成本

| 法定福利成本包括养老保险、医疗保险、失业保险、工伤保险、生育保险，以及住房公积金等。这些福利的成本通常是根据国家相关法律法规规定的比例和员工工资基数来计算的 | 企业自定义福利成本包括企业年金、补充医疗保险、员工旅游、节日福利、健康检查等。这些福利的成本取决于企业的具体政策和标准 |

图 15.12　法定福利和企业自定义福利

（2）福利总额的计算公式可以简单表示为

$$福利总额 = 法定福利成本 + 企业自定义福利成本$$

2. 福利总额计算的关键要素分析

福利总额计算涉及三个关键要素，如图 15.13 所示。

员工工资基数 1：员工工资基数是计算法定福利成本的基础，通常根据员工的实际工资来确定。员工工资基数的不同会直接影响到法定福利的成本

法定福利比例 2：各项法定福利的缴纳比例由国家法律法规规定，企业需按照这些比例来计算和缴纳相关费用

企业福利政策 3：企业自定义福利的成本取决于企业的福利政策。不同的企业会有不同的福利标准和项目，这会直接影响到福利总额的计算

图 15.13　福利总额计算的三个关键要素

3. 应用福利总额计算公式的三大注意事项

应用福利总额计算公式的三大注意事项，如图 15.14 所示。

准确性	合规性	灵活性
在应用福利总额的计算公式时，必须确保所使用的数据准确无误，包括员工工资基数、法定福利比例和企业福利政策等	企业在计算福利总额时，必须严格遵守国家相关法律法规，确保福利的缴纳和发放符合规定	虽然福利总额的计算公式相对固定，但企业在制定福利政策时应具有一定的灵活性，以适应员工需求和市场变化

图 15.14　应用福利总额计算公式的三大注意事项

4. 福利总额诊断内容

福利总额诊断的主要内容涵盖四个方面，如图 15.15 所示。

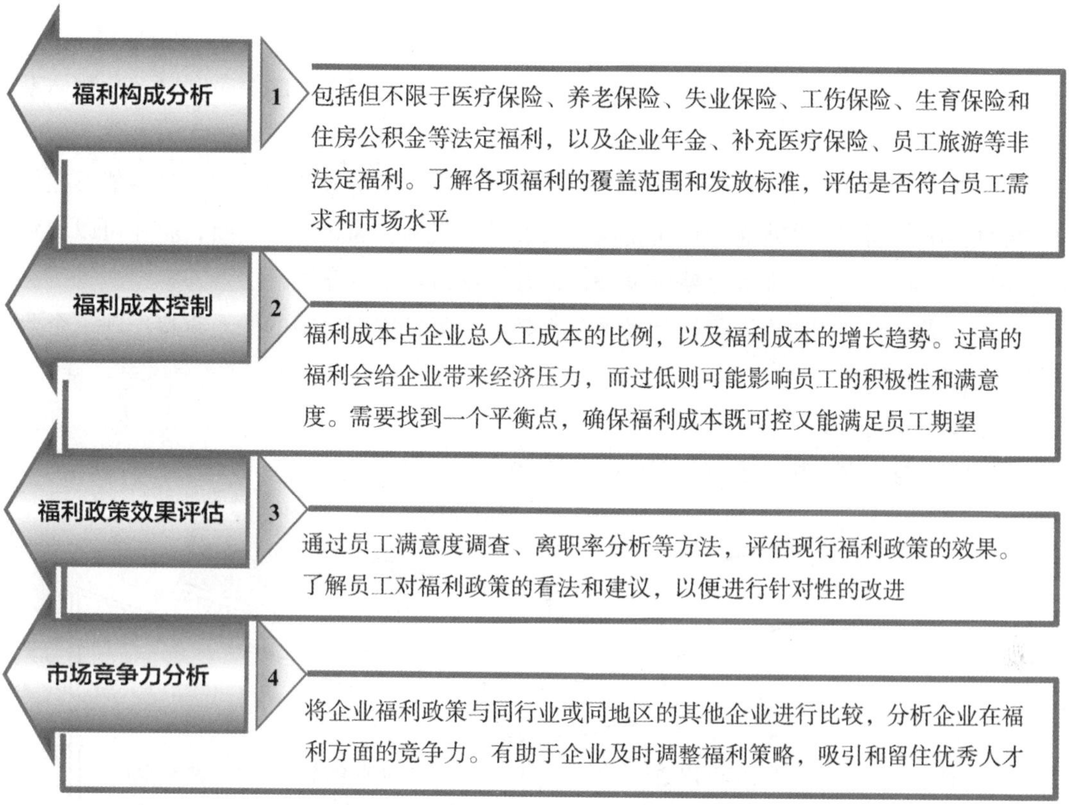

第15章 薪酬诊断与调整、沟通

福利构成分析	1	包括但不限于医疗保险、养老保险、失业保险、工伤保险、生育保险和住房公积金等法定福利,以及企业年金、补充医疗保险、员工旅游等非法定福利。了解各项福利的覆盖范围和发放标准,评估是否符合员工需求和市场水平
福利成本控制	2	福利成本占企业总人工成本的比例,以及福利成本的增长趋势。过高的福利会给企业带来经济压力,而过低则可能影响员工的积极性和满意度。需要找到一个平衡点,确保福利成本既可控又能满足员工期望
福利政策效果评估	3	通过员工满意度调查、离职率分析等方法,评估现行福利政策的效果。了解员工对福利政策的看法和建议,以便进行针对性的改进
市场竞争力分析	4	将企业福利政策与同行业或同地区的其他企业进行比较,分析企业在福利方面的竞争力。有助于企业及时调整福利策略,吸引和留住优秀人才

图 15.15　福利总额诊断的四项主要内容

5. 福利总额诊断方法

福利总额诊断的三种方法如图 15.16 所示。

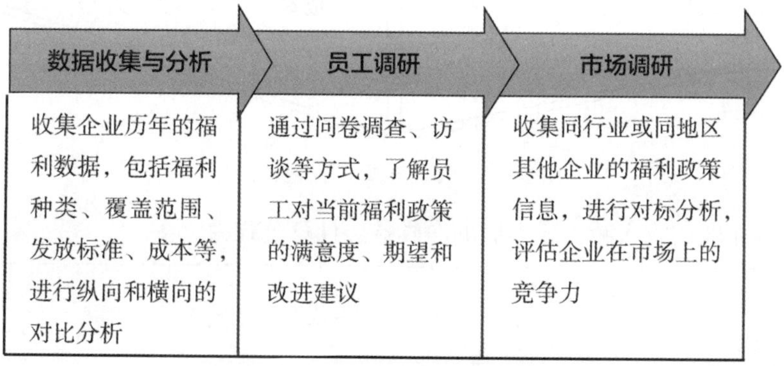

数据收集与分析	员工调研	市场调研
收集企业历年的福利数据,包括福利种类、覆盖范围、发放标准、成本等,进行纵向和横向的对比分析	通过问卷调查、访谈等方式,了解员工对当前福利政策的满意度、期望和改进建议	收集同行业或同地区其他企业的福利政策信息,进行对标分析,评估企业在市场上的竞争力

图 15.16　福利总额诊断的三种方法

6. 福利总额诊断结果的应用

根据福利总额诊断结果,企业可以制定针对性的改进措施,如调整福利构成、优化福利政策、提高福利的市场竞争力等。这些措施旨在提高员工的满意度和忠诚度,降低离职率,从而为企业创造更大的价值。同时,企业也需要定期回顾和评估福利政策的实施效果,确保福利政策能够持续有效地支持企业的发展战略。

15.1.5 收入成本利润诊断

收入成本利润诊断主要关注的是企业的收入、成本与利润之间的关系，以及薪酬体系如何影响这些关键因素。

收入成本利润诊断旨在评估企业的薪酬体系是否与其经济效益相匹配，是否能够在保证员工合理薪酬的同时，实现企业的可持续发展和盈利目标。通过这一诊断，企业可以识别薪酬管理中的潜在问题，进而优化薪酬策略，提升企业的整体经济效益。

收入、成本和利润是企业经济活动的三个核心要素，它们之间的关系直接反映了企业的经营状况和盈利能力。

1. 基本概念与公式

（1）收入与成本分析及示例如图 15.17 所示。

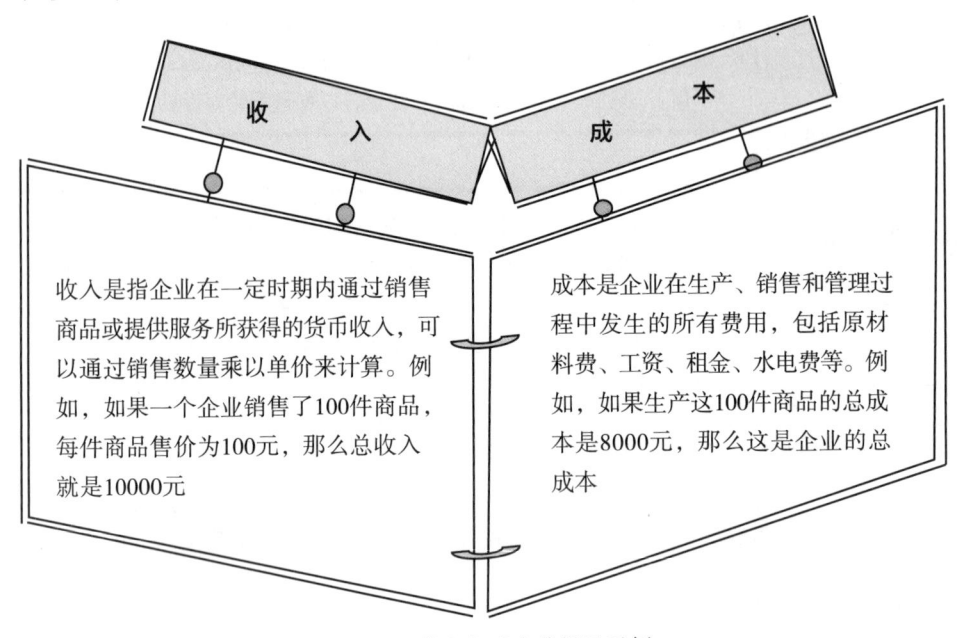

收入	成本
收入是指企业在一定时期内通过销售商品或提供服务所获得的货币收入，可以通过销售数量乘以单价来计算。例如，如果一个企业销售了100件商品，每件商品售价为100元，那么总收入就是10000元	成本是企业在生产、销售和管理过程中发生的所有费用，包括原材料费、工资、租金、水电费等。例如，如果生产这100件商品的总成本是8000元，那么这是企业的总成本

图 15.17　收入与成本分析及示例

（2）利润是企业的收入减去成本后的净收益。计算公式为

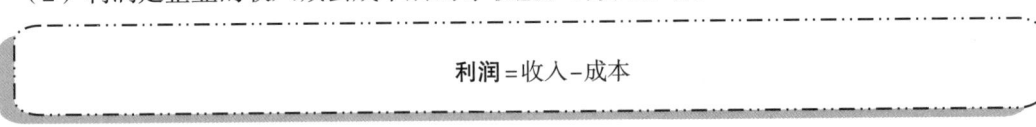

$$利润 = 收入 - 成本$$

在上面的例子中，利润：10000 元（收入）-8000 元（成本）=2000 元。

2. 公式的意义与应用

应用收入成本利润公式的三个要点如图 15.18 所示。

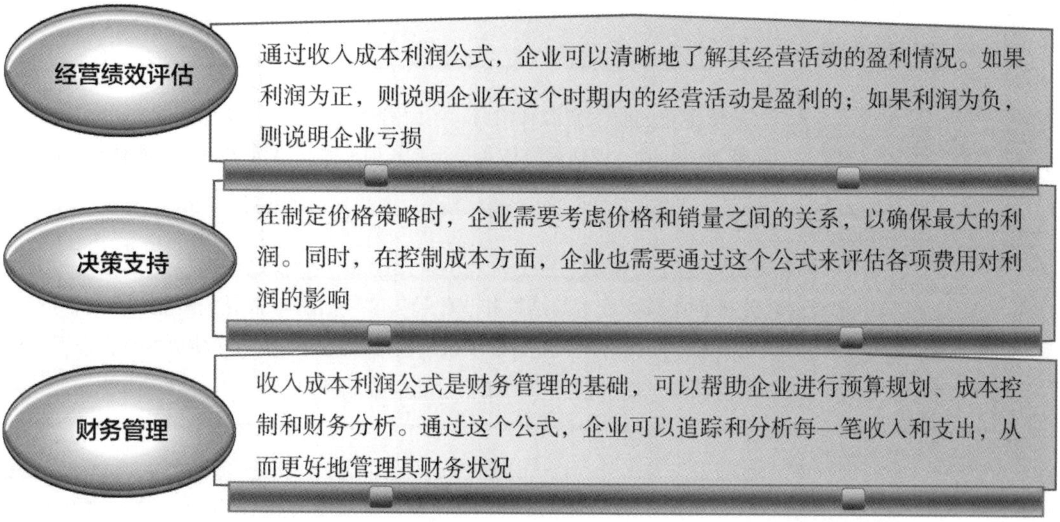

经营绩效评估	通过收入成本利润公式，企业可以清晰地了解其经营活动的盈利情况。如果利润为正，则说明企业在这个时期内的经营活动是盈利的；如果利润为负，则说明企业亏损
决策支持	在制定价格策略时，企业需要考虑价格和销量之间的关系，以确保最大的利润。同时，在控制成本方面，企业也需要通过这个公式来评估各项费用对利润的影响
财务管理	收入成本利润公式是财务管理的基础，可以帮助企业进行预算规划、成本控制和财务分析。通过这个公式，企业可以追踪和分析每一笔收入和支出，从而更好地管理其财务状况

图 15.18　应用收入成本利润公式的三个要点

3. 公式的扩展与变形

在实际应用中，收入成本利润公式还可以根据需要进行扩展和变形。例如，可以引入税金及附加、期间费用等因素，得到更复杂的利润计算公式：利润总额＝营业收入－营业成本－税金及附加－期间费用＋营业外收入－营业外支出等。这样的公式能够更全面地反映企业的盈利状况。

4. 注意事项

应用收入成本利润公式的三大注意事项如图 15.19 所示。

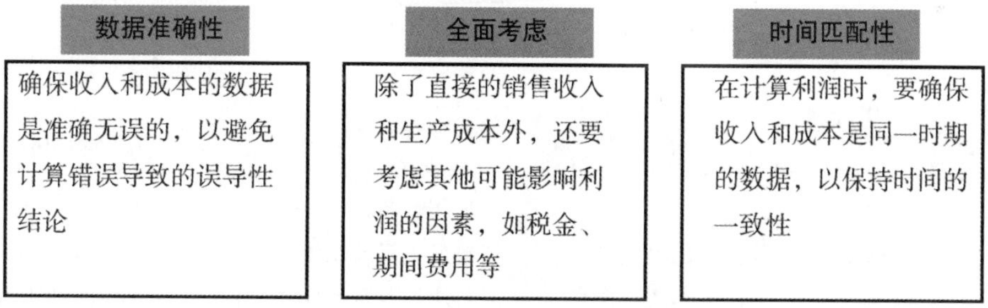

数据准确性	全面考虑	时间匹配性
确保收入和成本的数据是准确无误的，以避免计算错误导致的误导性结论	除了直接的销售收入和生产成本外，还要考虑其他可能影响利润的因素，如税金、期间费用等	在计算利润时，要确保收入和成本是同一时期的数据，以保持时间的一致性

图 15.19　应用收入成本利润公式的三大注意事项

5. 诊断的关键点

收入成本利润诊断的四大关键点如图 15.20 所示。

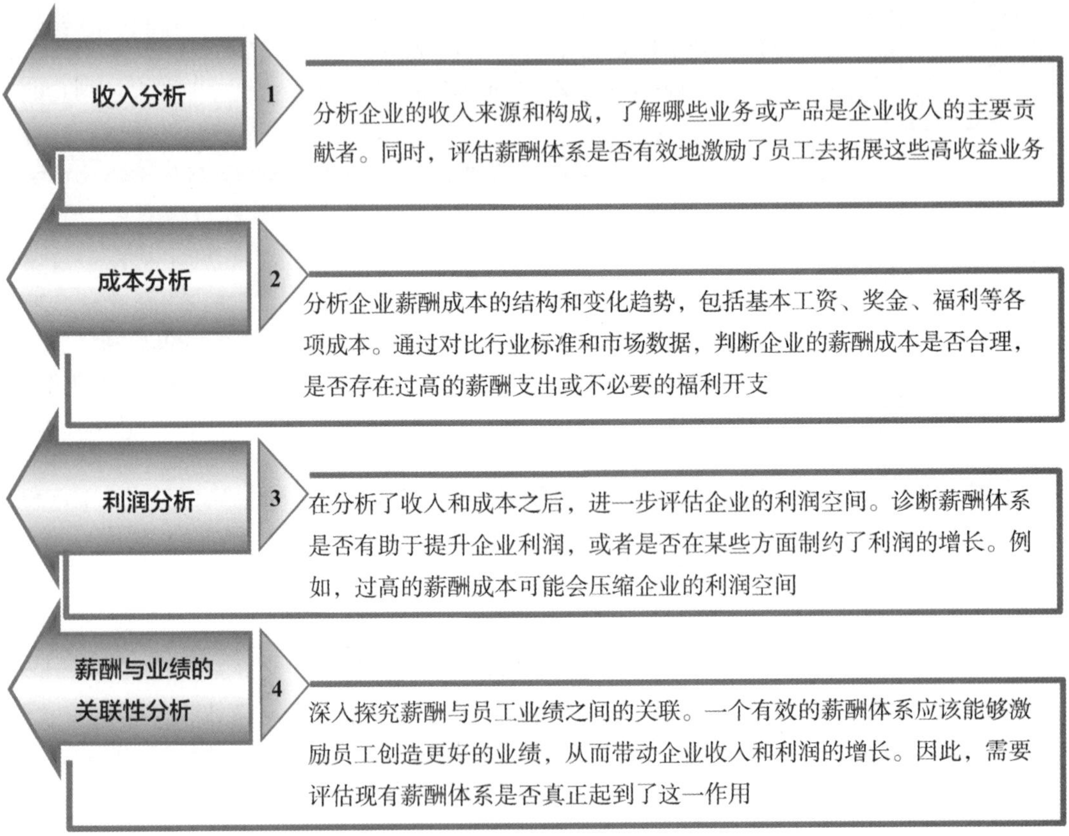

| 收入分析 | 1 | 分析企业的收入来源和构成，了解哪些业务或产品是企业收入的主要贡献者。同时，评估薪酬体系是否有效地激励了员工去拓展这些高收益业务 |

| 成本分析 | 2 | 分析企业薪酬成本的结构和变化趋势，包括基本工资、奖金、福利等各项成本。通过对比行业标准和市场数据，判断企业的薪酬成本是否合理，是否存在过高的薪酬支出或不必要的福利开支 |

| 利润分析 | 3 | 在分析了收入和成本之后，进一步评估企业的利润空间。诊断薪酬体系是否有助于提升企业利润，或者是否在某些方面制约了利润的增长。例如，过高的薪酬成本可能会压缩企业的利润空间 |

| 薪酬与业绩的关联性分析 | 4 | 深入探究薪酬与员工业绩之间的关联。一个有效的薪酬体系应该能够激励员工创造更好的业绩，从而带动企业收入和利润的增长。因此，需要评估现有薪酬体系是否真正起到了这一作用 |

图 15.20　收入成本利润诊断的四大关键点

6. 诊断步骤

收入成本利润诊断的四个步骤如图 15.21 所示。

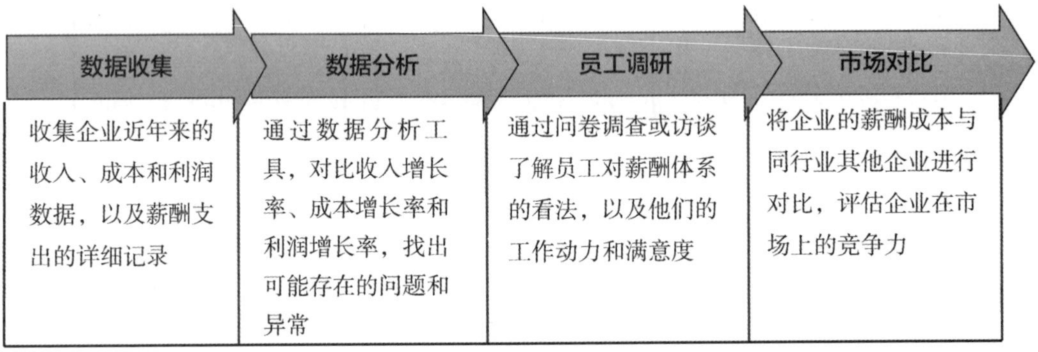

数据收集	数据分析	员工调研	市场对比
收集企业近年来的收入、成本和利润数据，以及薪酬支出的详细记录	通过数据分析工具，对比收入增长率、成本增长率和利润增长率，找出可能存在的问题和异常	通过问卷调查或访谈了解员工对薪酬体系的看法，以及他们的工作动力和满意度	将企业的薪酬成本与同行业其他企业进行对比，评估企业在市场上的竞争力

图 15.21　收入成本利润诊断的四个步骤

7. 收入成本利润诊断结果的应用

根据收入成本利润诊断结果，企业可以调整薪酬策略，使之更加符合企业的经济效益和长远发展。例如，如果发现薪酬成本过高，则可以考虑优化福利结构或调整薪酬水平；如果薪酬与业绩的关联性不强，则可以设计更加灵活的绩效奖金制度，以激发员工的工作积极性。

15.1.6 薪酬总体水平诊断

薪酬总体水平的诊断涉及企业薪酬体系的整体竞争力和内部公平性，直接关系到企业能否吸引和留住优秀人才。在竞争激烈的市场环境中，合理的薪酬水平是企业人才战略的重要支撑。通过薪酬总体水平诊断，企业可以了解自身薪酬体系在市场上的定位，进而作出相应调整，以确保薪酬策略的针对性和有效性。

1. 诊断的主要内容

薪酬总体水平诊断的主要内容涵盖三个方面，如图 15.22 所示。

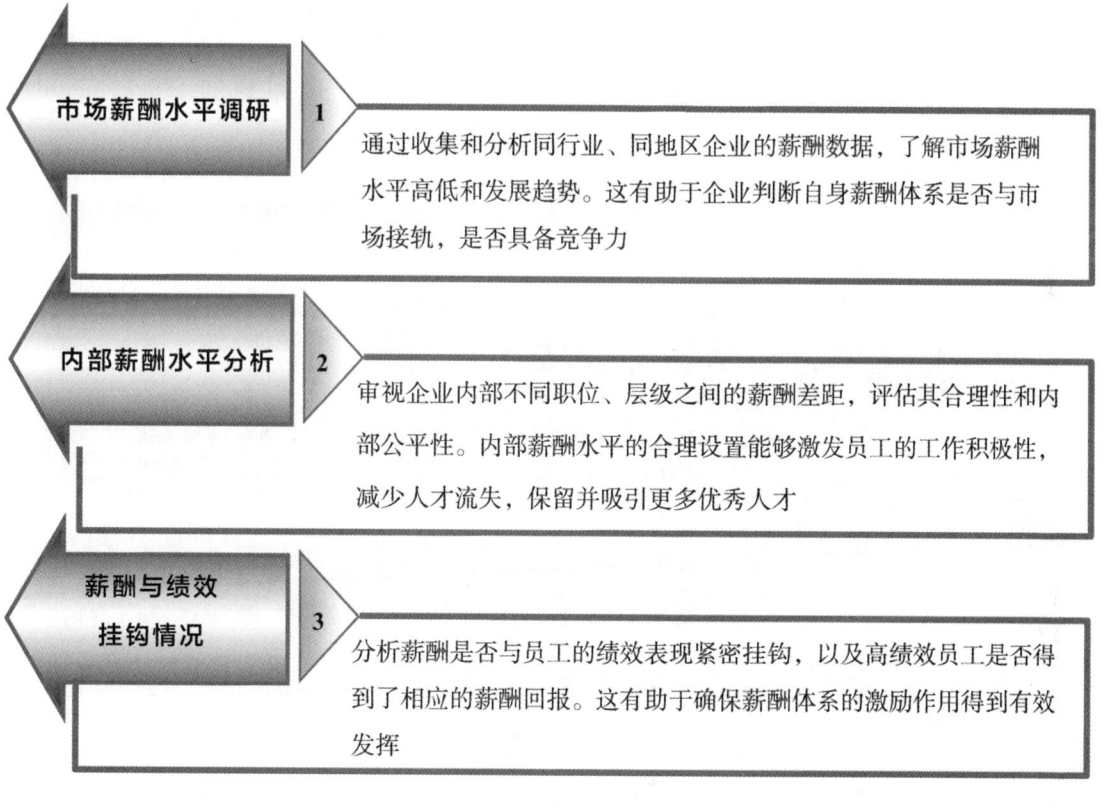

市场薪酬水平调研	1	通过收集和分析同行业、同地区企业的薪酬数据，了解市场薪酬水平高低和发展趋势。这有助于企业判断自身薪酬体系是否与市场接轨，是否具备竞争力
内部薪酬水平分析	2	审视企业内部不同职位、层级之间的薪酬差距，评估其合理性和内部公平性。内部薪酬水平的合理设置能够激发员工的工作积极性，减少人才流失，保留并吸引更多优秀人才
薪酬与绩效挂钩情况	3	分析薪酬是否与员工的绩效表现紧密挂钩，以及高绩效员工是否得到了相应的薪酬回报。这有助于确保薪酬体系的激励作用得到有效发挥

图 15.22 薪酬总体水平诊断的三项主要内容

2. 诊断步骤

薪酬总体水平诊断的四个步骤如图 15.23 所示。

数据收集	数据分析	内部访谈与调研	对比评估
通过招聘网站、市场调研机构等途径收集市场薪酬数据,同时整理企业内部薪酬数据	利用统计软件对数据进行分析,包括薪酬水平的分布、差异、趋势等	通过员工访谈、问卷调查等方式了解员工对薪酬体系的满意度和期望	将企业内部薪酬数据与市场数据进行对比,评估薪酬体系的竞争力和内部公平性

图 15.23　薪酬总体水平诊断的四个步骤

3. 薪酬总体水平诊断结果的应用

根据薪酬总体水平诊断的结果,企业可以对应采取四项措施,如图 15.24 所示。

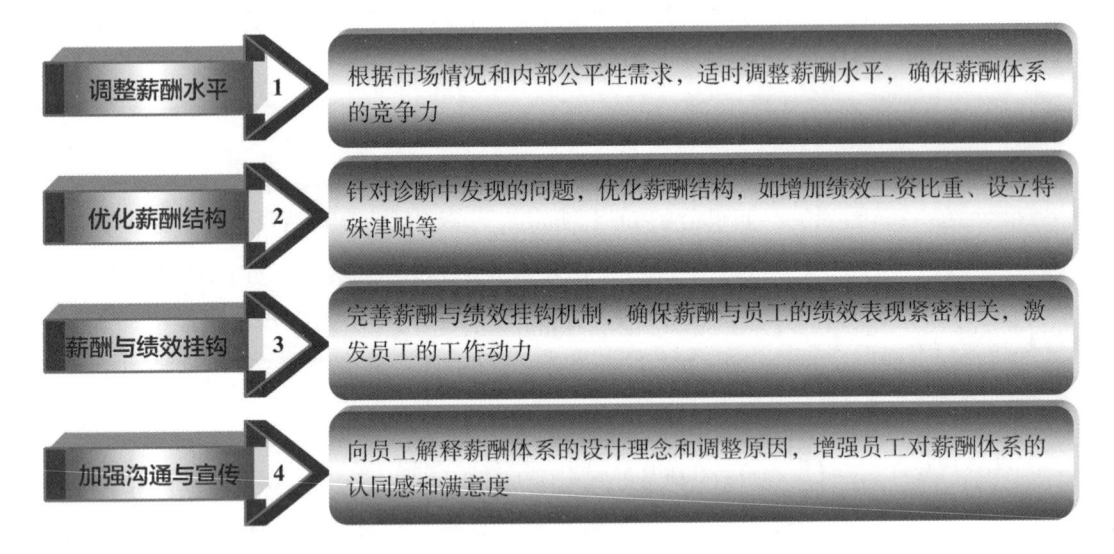

调整薪酬水平	1	根据市场情况和内部公平性需求,适时调整薪酬水平,确保薪酬体系的竞争力
优化薪酬结构	2	针对诊断中发现的问题,优化薪酬结构,如增加绩效工资比重、设立特殊津贴等
薪酬与绩效挂钩	3	完善薪酬与绩效挂钩机制,确保薪酬与员工的绩效表现紧密相关,激发员工的工作动力
加强沟通与宣传	4	向员工解释薪酬体系的设计理念和调整原因,增强员工对薪酬体系的认同感和满意度

图 15.24　应用薪酬总体水平诊断结果的四项措施

15.1.7　岗位评价与等级诊断

岗位评价与等级诊断直接关联到企业内部职位的相对价值和薪酬分配的合理性。岗位评价与等级是薪酬体系设计的基础,它决定了不同岗位之间的相对价值,从而影响薪酬的分配。一个科学、合理的岗位评价与等级制度能够确保薪酬与岗位价值相匹配,提高员工的工作积极性和满意度,进而提升企业的整体绩效。

1. 诊断的主要内容

岗位评价与等级诊断的主要内容涵盖三个方面,如图 15.25 所示。

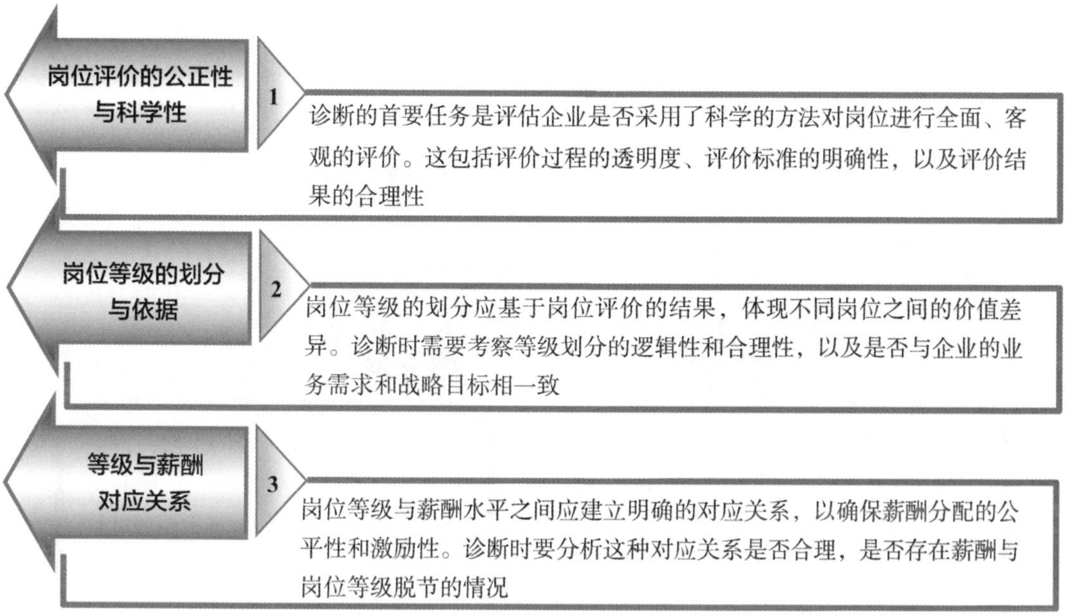

第15章 薪酬诊断与调整、沟通

岗位评价的公正性与科学性 ①	诊断的首要任务是评估企业是否采用了科学的方法对岗位进行全面、客观的评价。这包括评价过程的透明度、评价标准的明确性，以及评价结果的合理性
岗位等级的划分与依据 ②	岗位等级的划分应基于岗位评价的结果，体现不同岗位之间的价值差异。诊断时需要考察等级划分的逻辑性和合理性，以及是否与企业的业务需求和战略目标相一致
等级与薪酬对应关系 ③	岗位等级与薪酬水平之间应建立明确的对应关系，以确保薪酬分配的公平性和激励性。诊断时要分析这种对应关系是否合理，是否存在薪酬与岗位等级脱节的情况

图 15.25　岗位评价与等级诊断的三项主要内容

2. 诊断的步骤

岗位评价与等级诊断的四个步骤如图 15.26 所示。

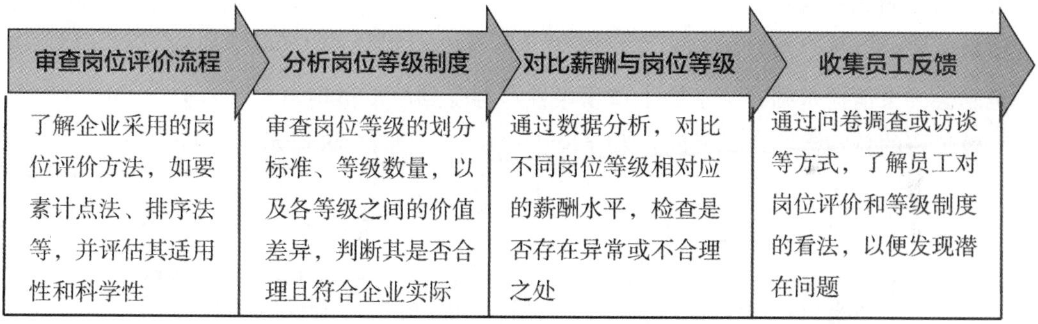

审查岗位评价流程	分析岗位等级制度	对比薪酬与岗位等级	收集员工反馈
了解企业采用的岗位评价方法，如要素计点法、排序法等，并评估其适用性和科学性	审查岗位等级的划分标准、等级数量，以及各等级之间的价值差异，判断其是否合理且符合企业实际	通过数据分析，对比不同岗位等级相对应的薪酬水平，检查是否存在异常或不合理之处	通过问卷调查或访谈等方式，了解员工对岗位评价和等级制度的看法，以便发现潜在问题

图 15.26　岗位评价与等级诊断的四个步骤

3. 诊断结果的应用与改进

根据诊断结果，企业可以调整和优化岗位评价与等级制度，确保薪酬分配的公平性和有效性。具体改进措施包括修订岗位评价标准、重新划分岗位等级、调整薪酬与岗位等级的对应关系等。

15.1.8 绩效工资与兑现诊断

绩效工资与兑现诊断不仅关系到员工激励机制的有效性，还直接影响到企业的整体绩效，以及员工的积极性和留任率。

1. 绩效工资设计的合理性

绩效工资与兑现诊断的首要任务是评估其设计的合理性。这包括绩效工资的占比、与基本工资的关系，以及绩效考核标准的明确性和可操作性。一个合理的绩效工资设计能够确保员工的工作成果与报酬直接挂钩，从而增强员工的工作动力。

绩效工资设计的合理性可以通过两个方面来验证，如图 15.27 所示。

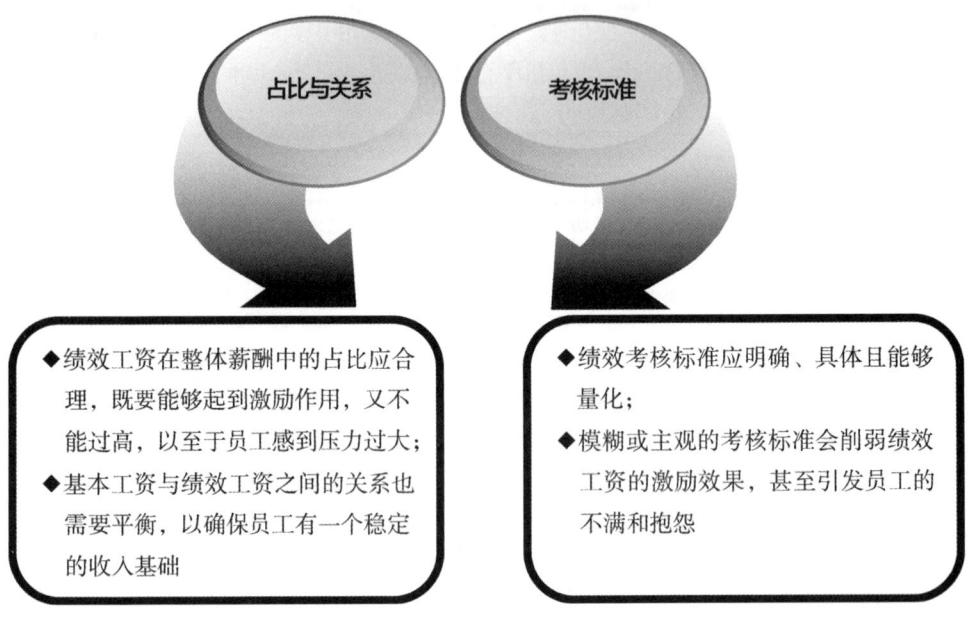

- 占比与关系
- 考核标准

◆ 绩效工资在整体薪酬中的占比应合理，既要能够起到激励作用，又不能过高，以至于员工感到压力过大；
◆ 基本工资与绩效工资之间的关系也需要平衡，以确保员工有一个稳定的收入基础

◆ 绩效考核标准应明确、具体且能够量化；
◆ 模糊或主观的考核标准会削弱绩效工资的激励效果，甚至引发员工的不满和抱怨

图 15.27　绩效工资设计的合理性验证

2. 绩效工资的兑现情况

绩效工资的兑现是激励机制的关键环节。如果绩效工资不能按时、足额兑现，那么整个激励机制会失去信任基础，员工的工作积极性也会受到严重影响。

绩效工资的兑现需要遵循及时性和足额性原则，如图 15.28 所示。

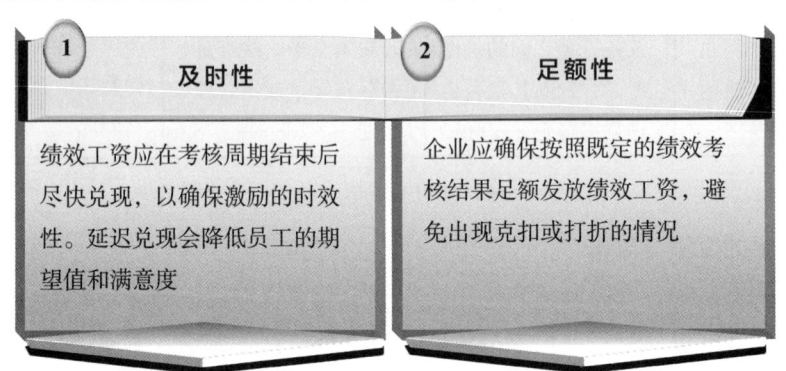

① 及时性
绩效工资应在考核周期结束后尽快兑现，以确保激励的时效性。延迟兑现会降低员工的期望值和满意度

② 足额性
企业应确保按照既定的绩效考核结果足额发放绩效工资，避免出现克扣或打折的情况

图 15.28　绩效工资兑现的及时性和足额性

3. 绩效工资与企业战略目标的对齐

绩效工资体系应与企业战略目标紧密对齐。这意味着绩效工资的设计应能够反映企业对员工行为和绩效的期望，从而引导员工为实现企业的战略目标而努力。

绩效工资与企业战略目标的对齐如图 15.29 所示。

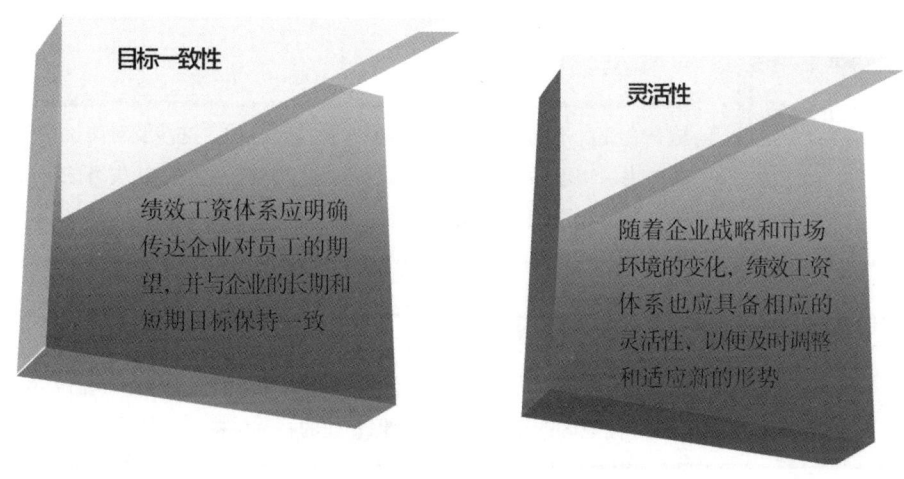

图 15.29　绩效工资与企业战略目标的对齐

4. 员工对绩效工资的感知与满意度

员工对绩效工资的感知和满意度是评估绩效工资体系有效性的重要指标。一个成功的绩效工资体系应能够提升员工的工作满意度和忠诚度。

员工对绩效工资的感知与满意度如图 15.30 所示。

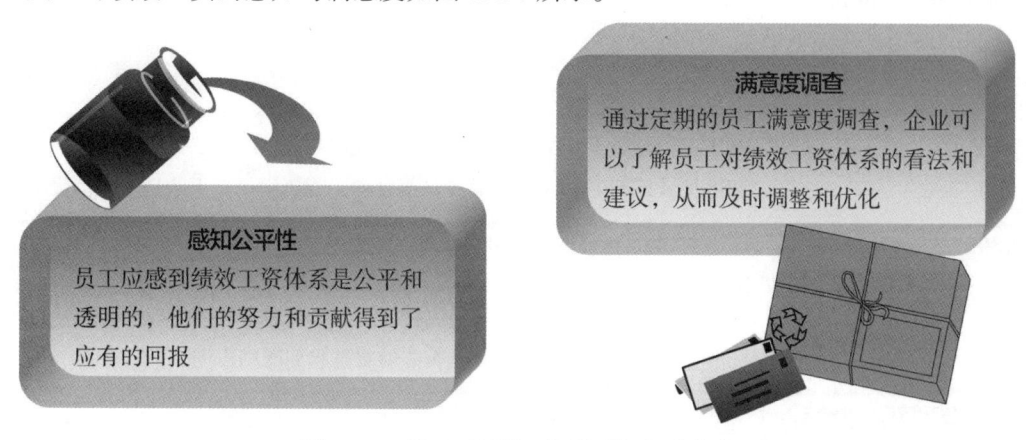

图 15.30　员工对绩效工资的感知与满意度

15.1.9　薪酬结构和薪酬构成诊断

薪酬结构和薪酬构成诊断直接关系到员工的报酬分配、激励机制的有效性，以及企业的成本控制。

1. 薪酬结构诊断

薪酬结构是指企业中不同职位或层级之间的薪酬差异和薪酬水平的分布。一个合理的薪酬结构能够确保企业内部薪酬的公平性和外部竞争力。

薪酬结构诊断的两大重点如图 15.31 所示。

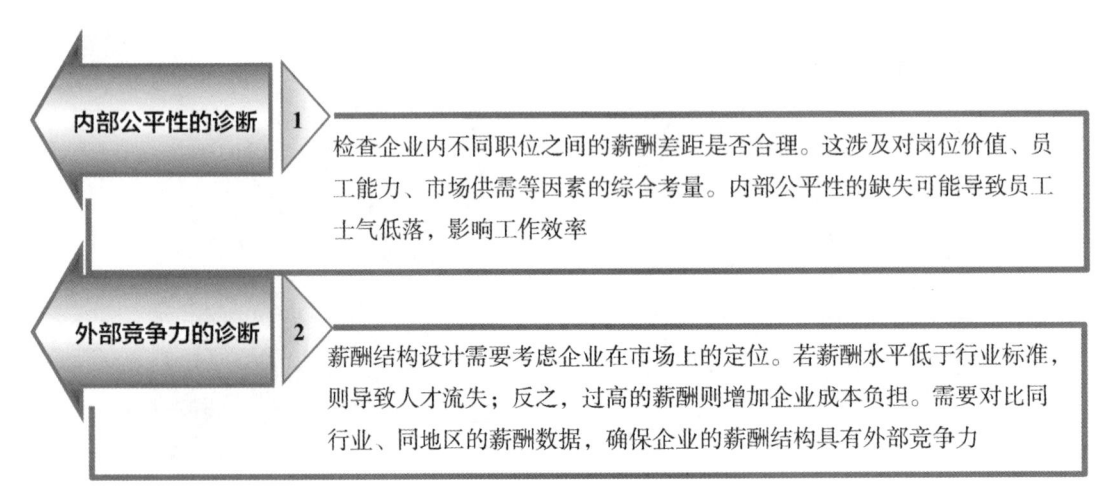

| 内部公平性的诊断 | 1 | 检查企业内不同职位之间的薪酬差距是否合理。这涉及对岗位价值、员工能力、市场供需等因素的综合考量。内部公平性的缺失可能导致员工士气低落，影响工作效率 |

| 外部竞争力的诊断 | 2 | 薪酬结构设计需要考虑企业在市场上的定位。若薪酬水平低于行业标准，则导致人才流失；反之，过高的薪酬则增加企业成本负担。需要对比同行业、同地区的薪酬数据，确保企业的薪酬结构具有外部竞争力 |

图 15.31　薪酬结构诊断的两大重点

2. 薪酬构成的诊断

薪酬构成是指员工薪酬的组成部分，通常包括基本工资、绩效奖金、津贴补贴、股票期权等。合理的薪酬构成能够激发员工的工作积极性，并帮助企业实现战略目标。

薪酬构成诊断的四大重点如图 15.32 所示。

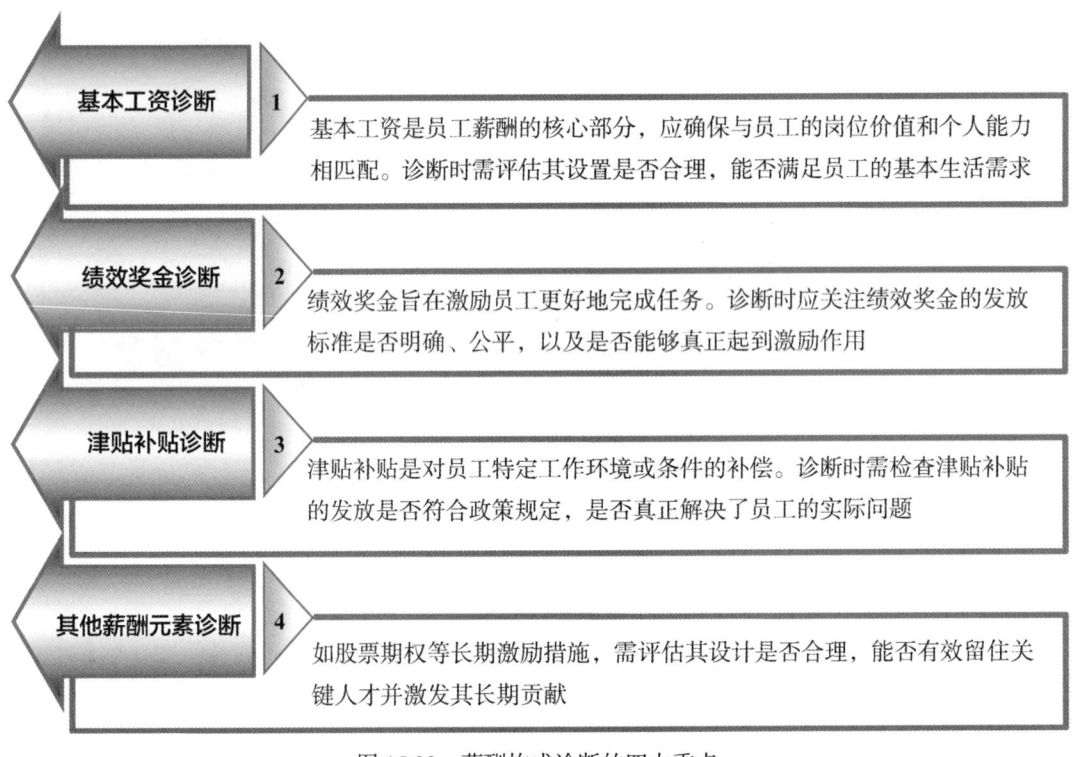

| 基本工资诊断 | 1 | 基本工资是员工薪酬的核心部分，应确保与员工的岗位价值和个人能力相匹配。诊断时需评估其设置是否合理，能否满足员工的基本生活需求 |

| 绩效奖金诊断 | 2 | 绩效奖金旨在激励员工更好地完成任务。诊断时应关注绩效奖金的发放标准是否明确、公平，以及是否能够真正起到激励作用 |

| 津贴补贴诊断 | 3 | 津贴补贴是对员工特定工作环境或条件的补偿。诊断时需检查津贴补贴的发放是否符合政策规定，是否真正解决了员工的实际问题 |

| 其他薪酬元素诊断 | 4 | 如股票期权等长期激励措施，需评估其设计是否合理，能否有效留住关键人才并激发其长期贡献 |

图 15.32　薪酬构成诊断的四大重点

15.1.10　薪酬日常管理规范性诊断

薪酬日常管理是薪酬管理体系中的重要环节，涉及薪酬预算、薪酬核算、薪酬审计、薪酬支付原则，以及薪酬调整策略等多个方面。这些环节的管理规范性直接影响到企业薪酬体系的公平、透明与效率。

1. 薪酬预算的诊断

薪酬预算是企业管理薪酬成本、规划人力资源投入的重要环节。在诊断时，应关注预算制定的科学性、合理性与前瞻性。一个规范的薪酬预算应该能够准确预测未来一段时间内的薪酬支出，并为企业的发展战略提供财务支持。诊断时要检查预算是否充分考虑了市场变化、企业业绩预期和员工发展需求等因素。

薪酬预算的制定受到多种因素的影响，主要包括四个方面，如图 15.33 所示。

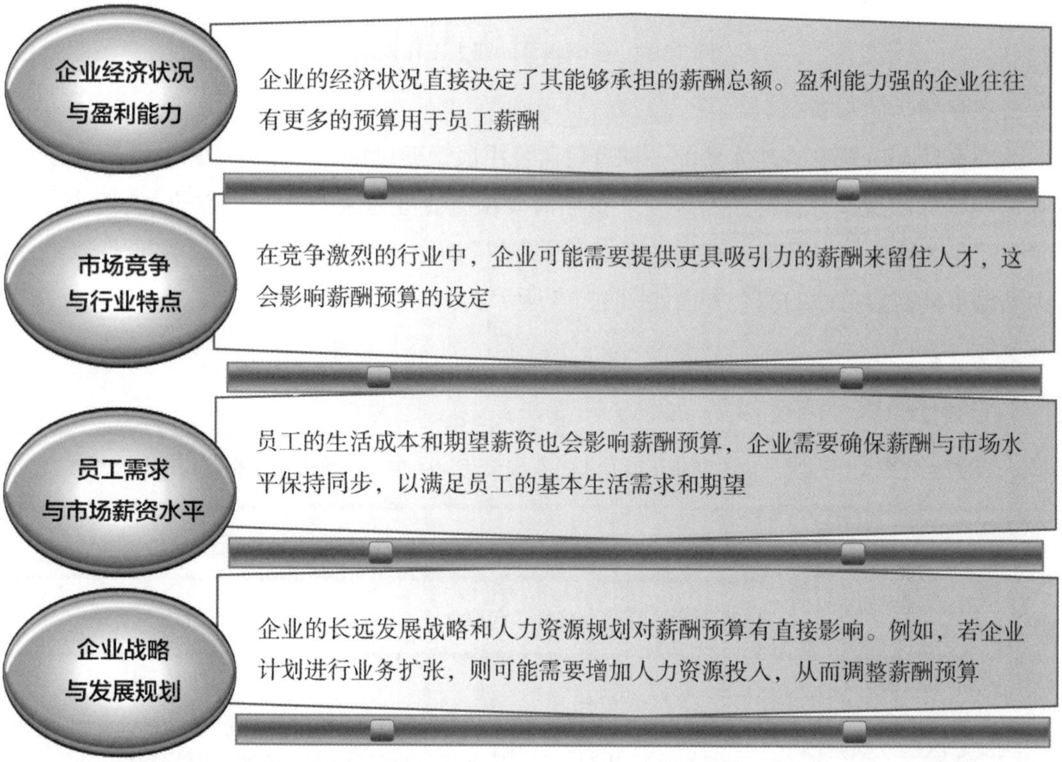

企业经济状况与盈利能力	企业的经济状况直接决定了其能够承担的薪酬总额。盈利能力强的企业往往有更多的预算用于员工薪酬
市场竞争与行业特点	在竞争激烈的行业中，企业可能需要提供更具吸引力的薪酬来留住人才，这会影响薪酬预算的设定
员工需求与市场薪资水平	员工的生活成本和期望薪资也会影响薪酬预算，企业需要确保薪酬与市场水平保持同步，以满足员工的基本生活需求和期望
企业战略与发展规划	企业的长远发展战略和人力资源规划对薪酬预算有直接影响。例如，若企业计划进行业务扩张，则可能需要增加人力资源投入，从而调整薪酬预算

图 15.33 影响薪酬预算制定的四种因素

2. 薪酬核算的诊断

薪酬核算的准确性与及时性直接关系到员工的切身利益。在诊断过程中，应评估企业的薪酬核算流程是否规范、核算方法是否科学，以及核算结果是否准确。同时，还要关注核算过程中可能存在的风险和漏洞，确保薪酬核算的公正性和透明性。

薪酬核算的规范性至关重要，其四大工作规范如图 15.34 所示。

及时性
薪酬核算应在规定的时间内完成，以确保工资的按时发放

保密性
薪酬数据属于敏感信息，核算过程中应严格遵守保密规定

准确性
核算过程应确保所有数据和计算的准确性，避免出现误差

合规性
核算方法和流程应符合相关法律法规和企业规章制度要求

薪酬核算的四大工作规范

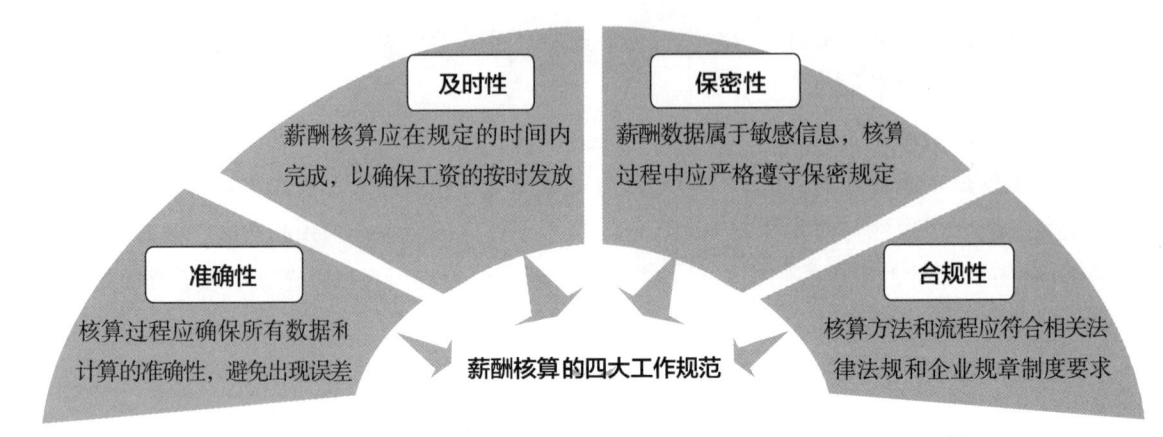

图 15.34　薪酬核算的四大工作规范

3. 薪酬审计的诊断

薪酬审计是对薪酬管理体系的一种有效监督手段。通过审计，企业可以发现薪酬管理中存在的问题和隐患，并及时进行纠正。诊断时要检查企业是否建立了完善的薪酬审计机制，审计过程是否严谨，以及审计结果是否得到了有效利用。

薪酬审计需要关注的四个方面如图 15.35 所示。

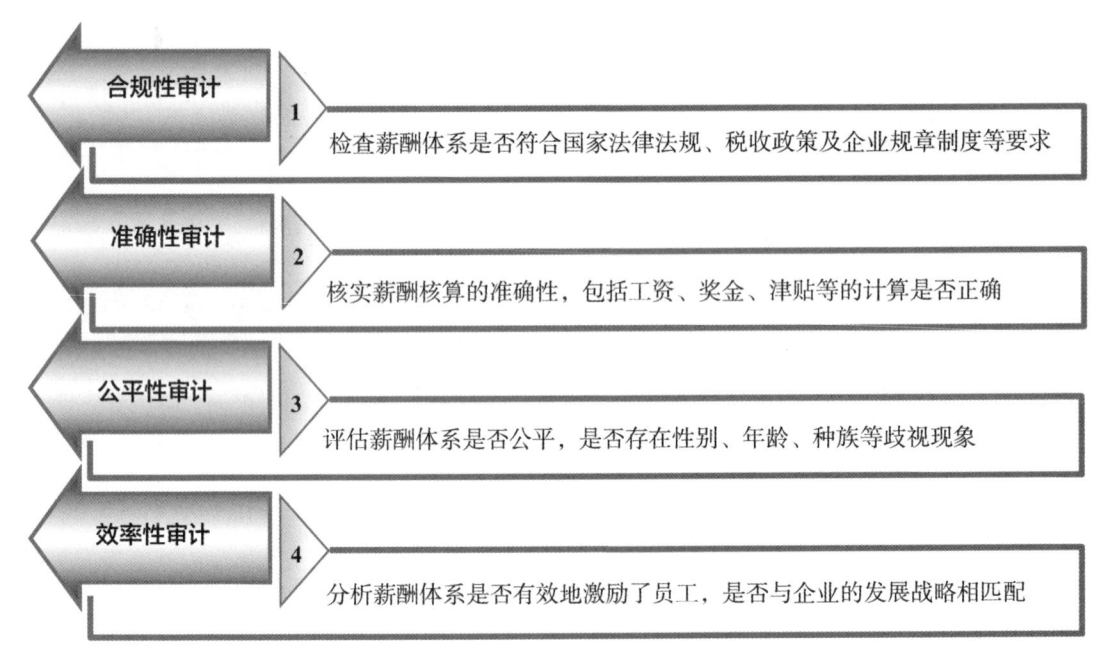

合规性审计 1 检查薪酬体系是否符合国家法律法规、税收政策及企业规章制度等要求

准确性审计 2 核实薪酬核算的准确性，包括工资、奖金、津贴等的计算是否正确

公平性审计 3 评估薪酬体系是否公平，是否存在性别、年龄、种族等歧视现象

效率性审计 4 分析薪酬体系是否有效地激励了员工，是否与企业的发展战略相匹配

图 15.35　薪酬审计需要关注的四个方面

4. 薪酬支付原则的诊断

薪酬支付原则是薪酬日常管理中的核心内容之一。一个合理的薪酬支付原则应确保薪酬发放的公平性、及时性和激励性。在诊断时，要评估企业的薪酬支付原则是否明确、合理，并能否有效激发员工的工作积极性。

薪酬支付应遵循四项规定，如图 15.36 所示。

支付周期	支付方式	扣税与代扣	支付记录
明确规定薪酬的支付周期，如月薪、年薪等，并有法律法规规定确保按时支付	确定薪酬的支付方式，如银行转账、现金等，并确保支付过程的安全性和便捷性	按照国家税收法规进行个人所得税的扣缴，并代扣其他法定或约定的费用	建立完善的薪酬支付记录系统，以备查询和审计

图 15.36　薪酬支付的四项规定

5. 薪酬调整策略的诊断

薪酬调整策略是企业根据市场变化、员工绩效和企业发展战略对薪酬进行适时调整的重要手段。诊断时要关注企业的薪酬调整策略是否灵活、科学，并能否及时响应外部环境的变化。同时，还要评估薪酬调整过程中可能引发的员工心理和行为变化，以确保调整的平稳过渡和员工的广泛接受。

薪酬调整策略主要包括四种类型，如图 15.37 所示。

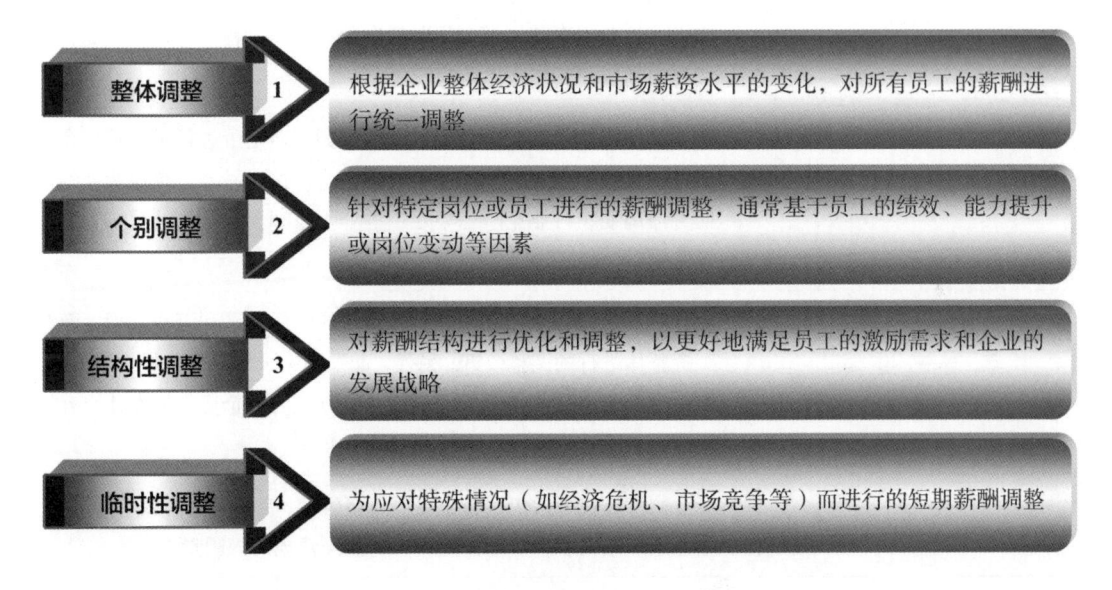

整体调整	1	根据企业整体经济状况和市场薪资水平的变化，对所有员工的薪酬进行统一调整
个别调整	2	针对特定岗位或员工进行的薪酬调整，通常基于员工的绩效、能力提升或岗位变动等因素
结构性调整	3	对薪酬结构进行优化和调整，以更好地满足员工的激励需求和企业的发展战略
临时性调整	4	为应对特殊情况（如经济危机、市场竞争等）而进行的短期薪酬调整

图 15.37　薪酬调整策略的四种类型

15.2　薪酬策略调整

薪酬策略调整是指企业根据市场状况、企业战略变化、人才市场动态或内部经营状况等因素，对薪酬管理的整体方向和原则进行重新审视和调整的过程。

这种调整通常涉及薪酬水平的定位（如领先型、跟随型或滞后型）、薪酬构成的优化（如基本工资、绩效奖金、津贴补贴的比重调整）、薪酬与绩效的关联度，以及薪酬支付的时机和方式等方面的改变，旨在更好地激励员工，提高员工满意度和绩效，同时确保企业薪酬策略的外部竞争力和内部公平性。

15.2.1 薪酬策略调整六大影响因素

一般情况下，影响薪酬策略调整的因素主要包括六种，见表15.2。

表15.2 薪酬策略调整六大影响因素

序号	影响因素	具体分析
1	经济环境因素	经济环境因素一般包括通货膨胀水平、劳动力供求关系、宏观经济政策、采购经理人指数、GDP、货币供应量、银行系统贷款增量等
2	政治环境因素	政治环境因素一般包括各国政局的变化。各国政府为了保护本国经济采取的贸易保护政策，各国主要领导人的更迭，领导人的管理风格和注重点，制定的规划和计划方向
3	社会文化环境因素	社会文化环境因素是指一个国家或地区人们共同的价值观、生活方式、人口状况、文化传统、教育程度、风俗习惯、宗教信仰等各个方面，这些因素是人类在长期的生活和成长过程中逐渐形成的，消费者习惯于把其作为行动的准则
4	市场环境因素	市场环境因素包括竞争者所采取的薪酬策略是否进行了调整，企业产品的替代品企业是否进行了薪酬策略调整。另外，企业所处的行业寿命周期、行业竞争态势处于哪个阶段都会对企业的薪酬策略产生影响
5	国家政策因素	国家政策因素是指国家为了提高民众的生活水平和消费水平，而对工资整体进行的调整政策。另外，如果国家采用了宽松的货币政策，则很可能会造成物价上涨的现象。地方政府和企业为了弥补原有货币的贬值而采用增加补贴的方式增加工资
6	企业内部环境因素	企业内部环境因素包括企业发展战略目标、企业人力资源战略规划、企业组织结构、企业业务模式、企业经营规模等因素

15.2.2 薪酬策略划分五维13种类型

薪酬策略的种类可以从五个不同的维度划分为13种类型，见表15.3。

表15.3 薪酬策略的13种类型

维度	策略	操作要点	适用范围
薪酬水平策略	领先型策略	企业实行高于市场薪酬平均水平的策略,确保留住企业现有人才,并对外部人才具有较强的吸引力	处于成长期的企业
	跟随型策略	企业薪酬水平与市场薪酬水平基本保持一致,在保持一定流动率的基础上实现员工队伍的相对稳定	处于成熟期的企业
	滞后型策略	企业采取低于市场平均水平的薪酬策略,通过这种方式降低企业经营成本	处于衰退期的企业
薪酬构成策略	单一薪酬策略	企业支付给员工单一的工资,不设津贴、奖金与福利项目	流动性较强的岗位、短期工、兼职人员等
	复合薪酬策略	企业把员工的薪酬总额划分为不同的支付项目,以基础工资为主,津贴、补贴、奖金为辅,从而实现薪酬多种功能的综合与统一	稳定发展保留核心人才的企业
薪酬等级策略	高级差策略	通过增加不同岗位的级差提升激励性,促进员工之间相互竞争,从而提高企业整体效益	处于高速成长和发展期的企业
	平均级差策略	使得各个岗位等级薪酬差别不是很大的策略,从而增强员工之间的公平性与团队协作	国有或企事业单位
	适度级差策略	处于高级差和平均级差之间的薪酬策略	处于成熟期的企业
薪酬体系策略	基于工作的策略	以工作的性质、环境、劳动量来调整薪酬	国有企业或事业型单位
	基于能力的策略	根据员工具有的技能、能力调整薪酬	民营企业、外资企业
	基于市场的策略	根据在市场中取得的业绩调整薪酬	销售型企业
薪酬支付策略	月薪策略	企业在支付薪酬时按月度给予	主管级别及以下的员工
	年薪策略	企业在支付薪酬时按年度给予	主管级别以上的员工

15.2.3 跟随型薪酬策略

跟随型薪酬策略是一种根据市场薪酬水平和员工绩效表现来设定薪酬的方法。其核心思想在于确保企业的薪酬水平与市场保持同步,同时根据员工的绩效进行适当调整,以吸引和留住人才。

（1）跟随型薪酬策略的三个关键步骤如图15.38所示。

1 市场薪酬调查

企业需要对市场上同类岗位的薪酬水平进行详细的调查。这有助于企业了解行业标准和竞争对手的薪酬策略，从而为薪酬设定提供参考

2 绩效考核体系

建立一个科学、公正的绩效考核体系是至关重要的，这不仅能激励员工提高绩效，还能确保薪酬与员工的实际贡献相匹配

3 薪酬设定与调整

根据市场调查结果和员工的绩效考核结果，企业可以设定和调整薪酬水平。这样做既能保证薪酬的外部竞争性，也能确保内部公平性

图15.38　跟随型薪酬策略的三个关键步骤

（2）跟随型薪酬策略三大优势分析如图15.39所示。

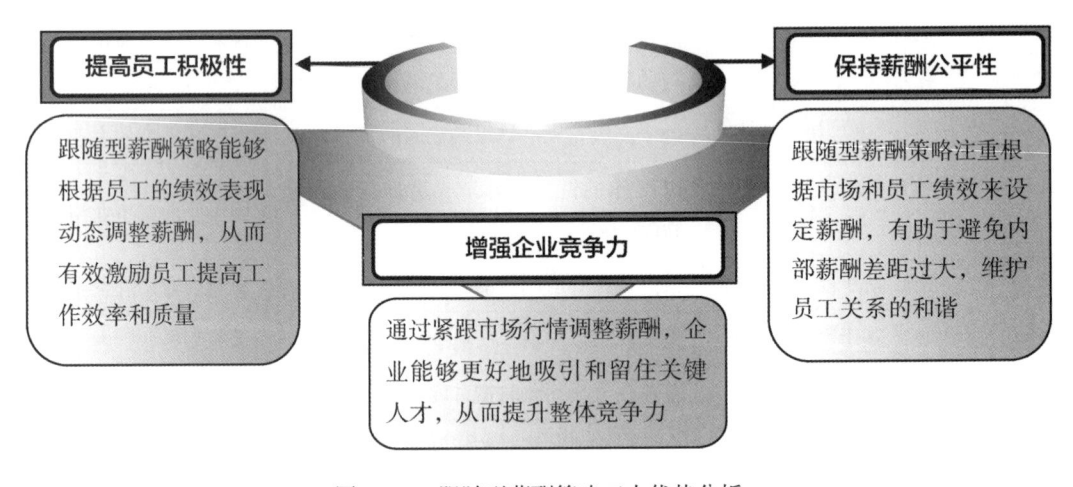

提高员工积极性

跟随型薪酬策略能够根据员工的绩效表现动态调整薪酬，从而有效激励员工提高工作效率和质量

保持薪酬公平性

跟随型薪酬策略注重根据市场和员工绩效来设定薪酬，有助于避免内部薪酬差距过大，维护员工关系的和谐

增强企业竞争力

通过紧跟市场行情调整薪酬，企业能够更好地吸引和留住关键人才，从而提升整体竞争力

图15.39　跟随型薪酬策略三大优势分析

（3）跟随型薪酬策略两大潜在挑战与应对方式如图15.40所示。

复杂度高	资源投入大
实施跟随型薪酬策略需要建立和维护一套复杂的薪酬测评标准和激励机制。为解决这一问题，企业可以借助先进的人力资源管理系统和专业咨询来简化流程	定期的市场薪酬调查和员工绩效考核需要投入大量的人力和财力。因此，企业应合理安排预算，并寻求高效的调查方法

图 15.40　跟随型薪酬策略两大潜在挑战与应对方式

15.2.4　领先型薪酬策略

领先型薪酬策略是企业在薪酬管理上的一种创新模式，是指企业在薪酬管理上使用先进的、具有前瞻性的策略和方法，致力于不断提升员工的薪酬待遇和福利水平。这种策略的核心目的在于激发员工的工作动力和创新精神，进而提高企业的绩效和竞争力。

（1）领先型薪酬策略的四个主要特征如图 15.41 所示。

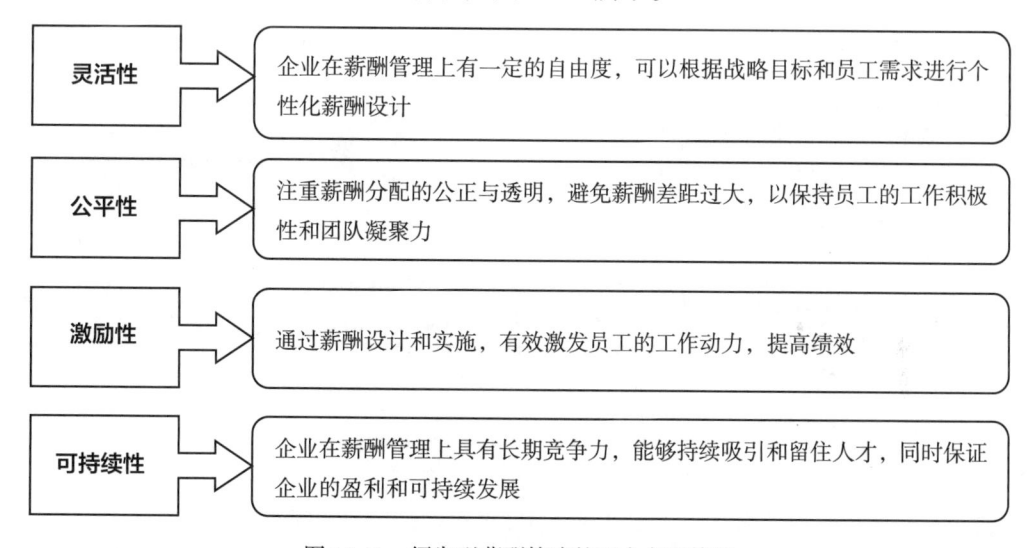

灵活性	企业在薪酬管理上有一定的自由度，可以根据战略目标和员工需求进行个性化薪酬设计
公平性	注重薪酬分配的公正与透明，避免薪酬差距过大，以保持员工的工作积极性和团队凝聚力
激励性	通过薪酬设计和实施，有效激发员工的工作动力，提高绩效
可持续性	企业在薪酬管理上具有长期竞争力，能够持续吸引和留住人才，同时保证企业的盈利和可持续发展

图 15.41　领先型薪酬策略的四个主要特征

（2）实施领先型薪酬策略的四种方法如图 15.42 所示。

制定薪酬体系	强化绩效管理	员工福利与关怀	人才培养与发展
根据员工的工作性质、绩效、市场薪酬水平等因素，制定具有竞争力的薪酬体系	采用科学的绩效管理方法，评估员工表现，提供成长机会	提供优厚的福利待遇和良好的工作环境，增强员工的工作满意度	关注职业生涯规划，为员工提供学习和成长的机会，提升员工能力

图 15.42　实施领先型薪酬策略的四种方法

（3）实施领先型薪酬策略的四大优势如图15.43所示。

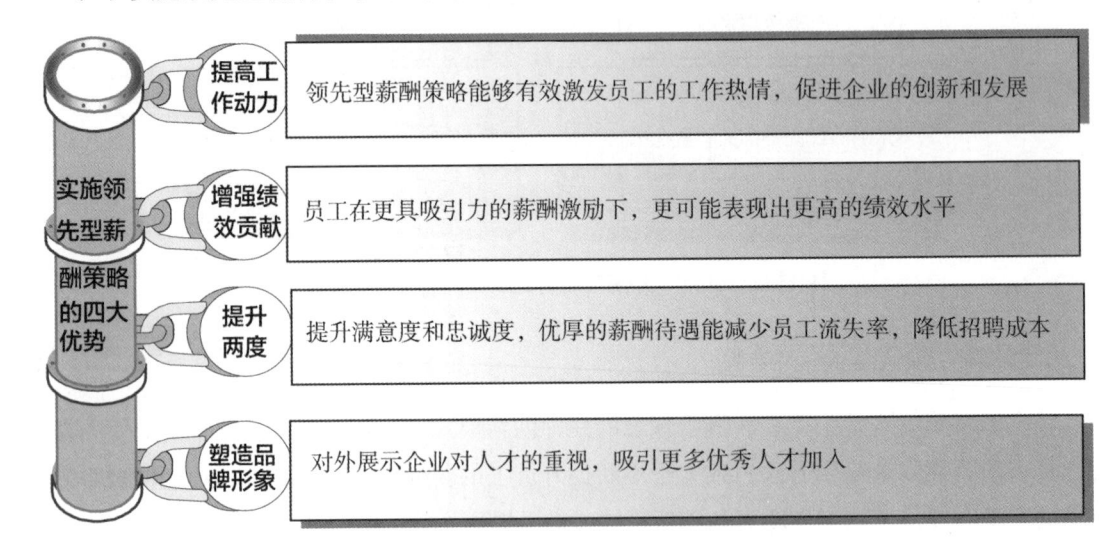

实施领先型薪酬策略的四大优势：
- 提高工作动力：领先型薪酬策略能够有效激发员工的工作热情，促进企业的创新和发展
- 增强绩效贡献：员工在更具吸引力的薪酬激励下，更可能表现出更高的绩效水平
- 提升两度：提升满意度和忠诚度，优厚的薪酬待遇能减少员工流失率，降低招聘成本
- 塑造品牌形象：对外展示企业对人才的重视，吸引更多优秀人才加入

图15.43　实施领先型薪酬策略的四大优势

（4）实施领先型薪酬策略的三大潜在挑战与应对，如图15.44所示。

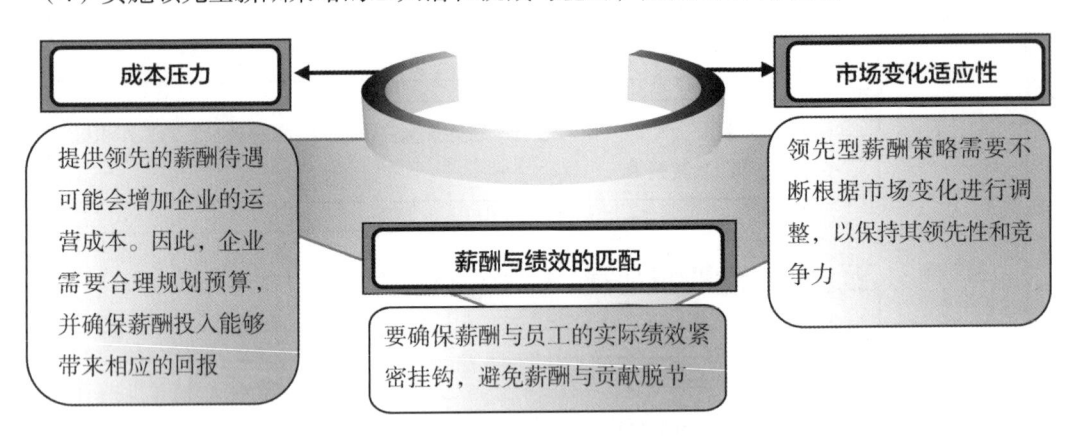

- 成本压力：提供领先的薪酬待遇可能会增加企业的运营成本。因此，企业需要合理规划预算，并确保薪酬投入能够带来相应的回报
- 薪酬与绩效的匹配：要确保薪酬与员工的实际绩效紧密挂钩，避免薪酬与贡献脱节
- 市场变化适应性：领先型薪酬策略需要不断根据市场变化进行调整，以保持其领先性和竞争力

图15.44　实施领先型薪酬策略的三大潜在挑战与应对方式

综上所述，领先型薪酬策略是一种积极、前瞻性的薪酬管理方法，旨在通过提供具有竞争力的薪酬待遇来激发员工的最大潜能，进而推动企业的持续发展和创新。然而，实施该策略时也需要谨慎考虑成本、绩效匹配和市场适应性等因素。

15.2.5　滞后型薪酬策略

滞后型薪酬策略，又称成本导向策略或落后薪酬水平策略，是指企业采取的薪酬水平低于竞争对手或市场薪酬水平的策略。其核心理念是在成本控制的前提下，通过提供低于市场标准的薪酬来降低运营成本。

滞后型薪酬策略是一种在特定条件下可采用的薪酬管理方法，但企业在实施时须权衡其带来的成本与风险，并结合企业实际情况进行决策。

(1)滞后型薪酬策略的三个特点如图15.45所示。

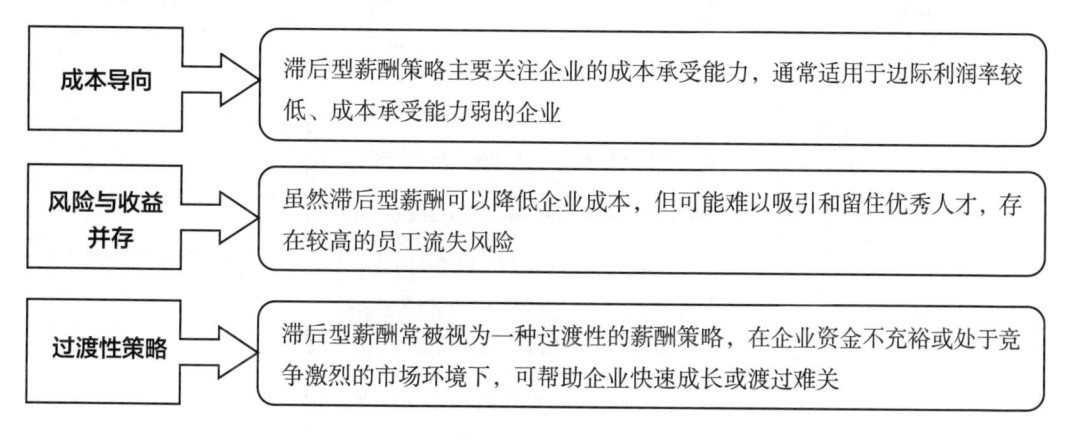

成本导向	→	滞后型薪酬策略主要关注企业的成本承受能力,通常适用于边际利润率较低、成本承受能力弱的企业
风险与收益并存	→	虽然滞后型薪酬可以降低企业成本,但可能难以吸引和留住优秀人才,存在较高的员工流失风险
过渡性策略	→	滞后型薪酬常被视为一种过渡性的薪酬策略,在企业资金不充裕或处于竞争激烈的市场环境下,可帮助企业快速成长或渡过难关

图 15.45　滞后型薪酬策略的三个特点

(2)实施滞后型薪酬策略的三个条件如图15.46所示。

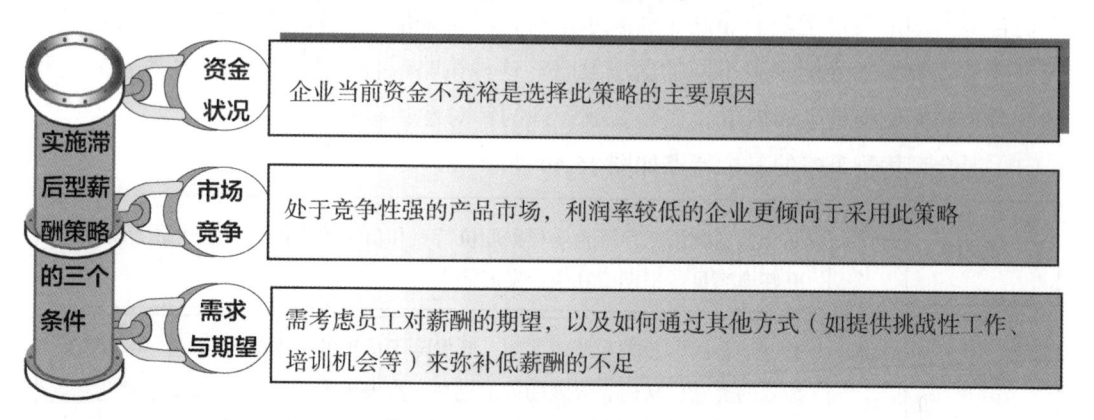

实施滞后型薪酬策略的三个条件:
- 资金状况：企业当前资金不充裕是选择此策略的主要原因
- 市场竞争：处于竞争性强的产品市场,利润率较低的企业更倾向于采用此策略
- 需求与期望：需考虑员工对薪酬的期望,以及如何通过其他方式(如提供挑战性工作、培训机会等)来弥补低薪酬的不足

图 15.46　实施滞后型薪酬策略的三个条件

(3)实施滞后型薪酬策略的优势与风险如图15.47所示。

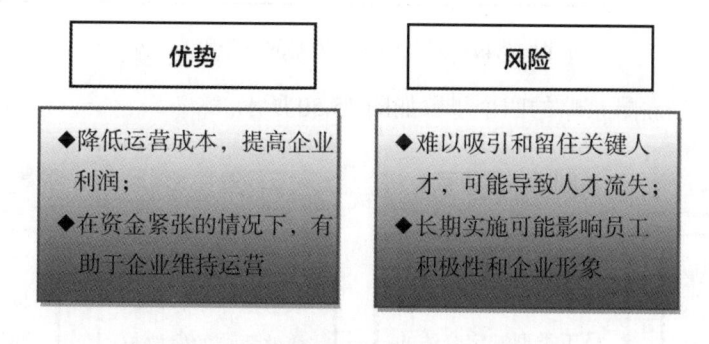

优势	风险
◆降低运营成本,提高企业利润； ◆在资金紧张的情况下,有助于企业维持运营	◆难以吸引和留住关键人才,可能导致人才流失； ◆长期实施可能影响员工积极性和企业形象

图 15.47　实施滞后型薪酬策略的优势与风险

(4)实施滞后型薪酬策略的建议与注意事项如图15.48所示。

```
┌─────────────────┐                          ┌─────────────────┐
│  明确策略定位    │ ◄──────────────────────► │  提供其他激励    │
└─────────────────┘                          └─────────────────┘
应清楚此策略主要适                            为弥补低薪酬的不足，可
用于企业资金紧张或       ┌─────────────┐      提供具有挑战性的工作、
市场竞争激烈的特定       │  及时调整    │      培训机会、良好的工作环
阶段                     └─────────────┘      境等

                         一旦企业经济状况好转或市场环
                         境变化，就应及时调整薪酬策略，
                         以避免长期低薪酬带来的负面影响
```

图 15.48　实施滞后型薪酬策略的建议与注意事项

15.2.6　混合型薪酬策略

混合型薪酬策略是指企业在确定薪酬水平时，不是采取"一刀切"的方式，而是根据职位类型或员工类型来分别制定不同的薪酬策略。这种策略融合了固定薪酬和绩效薪酬，旨在灵活应对不同岗位和员工的需求，提高薪酬管理的针对性和有效性。

（1）混合型薪酬策略的三个特点如图 15.49 所示。

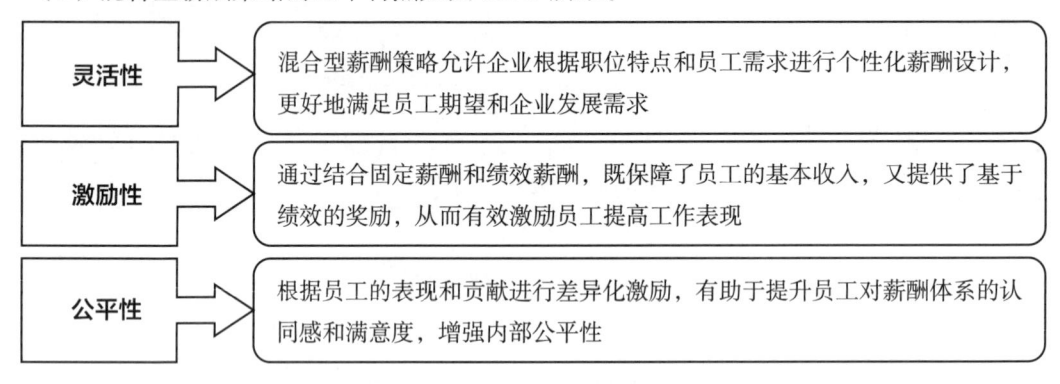

灵活性	混合型薪酬策略允许企业根据职位特点和员工需求进行个性化薪酬设计，更好地满足员工期望和企业发展需求
激励性	通过结合固定薪酬和绩效薪酬，既保障了员工的基本收入，又提供了基于绩效的奖励，从而有效激励员工提高工作表现
公平性	根据员工的表现和贡献进行差异化激励，有助于提升员工对薪酬体系的认同感和满意度，增强内部公平性

图 15.49　混合型薪酬策略的三个特点

（2）实施混合型薪酬策略的四个步骤如图 15.50 所示。

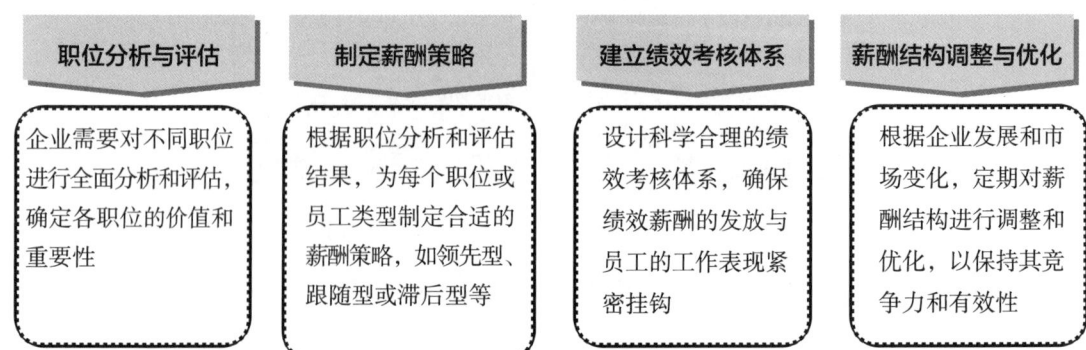

职位分析与评估	制定薪酬策略	建立绩效考核体系	薪酬结构调整与优化
企业需要对不同职位进行全面分析和评估，确定各职位的价值和重要性	根据职位分析和评估结果，为每个职位或员工类型制定合适的薪酬策略，如领先型、跟随型或滞后型等	设计科学合理的绩效考核体系，确保绩效薪酬的发放与员工的工作表现紧密挂钩	根据企业发展和市场变化，定期对薪酬结构进行调整和优化，以保持其竞争力和有效性

图 15.50　实施混合型薪酬策略的四个步骤

（3）实施混合型薪酬策略的三大优势分析如图 15.51 所示。

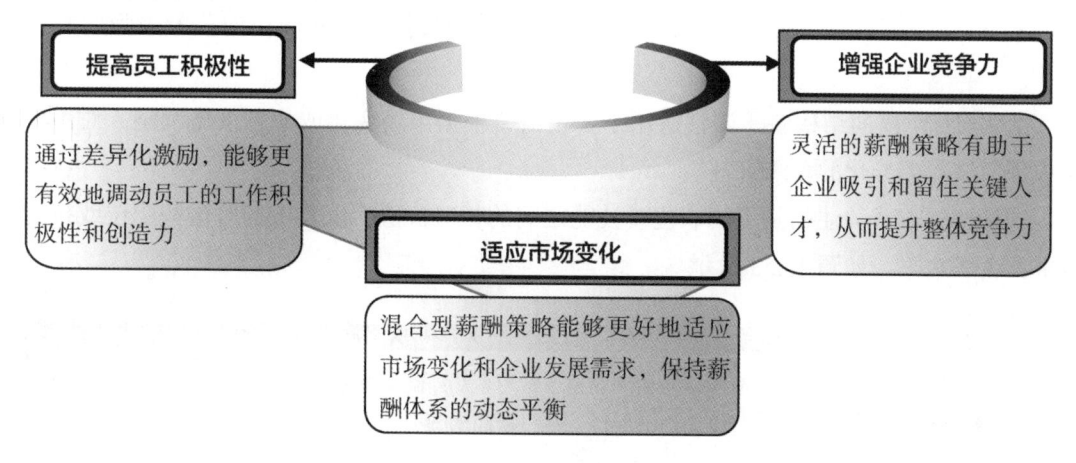

提高员工积极性
通过差异化激励，能够更有效地调动员工的工作积极性和创造力

增强企业竞争力
灵活的薪酬策略有助于企业吸引和留住关键人才，从而提升整体竞争力

适应市场变化
混合型薪酬策略能够更好地适应市场变化和企业发展需求，保持薪酬体系的动态平衡

图 15.51　实施混合型薪酬策略的三大优势分析

（4）实施混合型薪酬策略的两大潜在挑战与应对如图 15.52 所示。

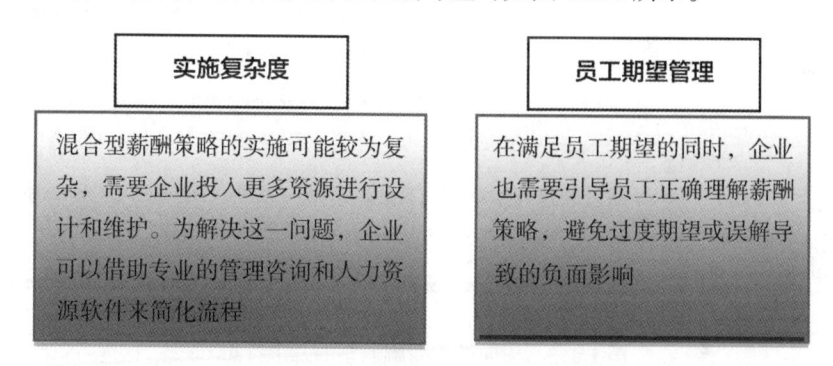

实施复杂度
混合型薪酬策略的实施可能较为复杂，需要企业投入更多资源进行设计和维护。为解决这一问题，企业可以借助专业的管理咨询和人力资源软件来简化流程

员工期望管理
在满足员工期望的同时，企业也需要引导员工正确理解薪酬策略，避免过度期望或误解导致的负面影响

图 15.52　实施混合型薪酬策略的两大潜在挑战与应对

15.3　薪酬体系调整

薪酬体系调整是指对企业薪酬结构的全面或局部调整，以适应组织变革、职位变动、市场竞争或员工发展需求。这种调整可能包括修改薪酬等级、薪酬带宽、薪酬重叠度，调整不同职位或职级的薪酬差距，或者优化薪酬与绩效考核的挂钩方式等。

薪酬体系调整旨在确保薪酬制度与市场趋势和企业战略保持一致，同时反映出企业内部不同职位的价值和贡献差异。

15.3.1　横向结构与纵向等级薪酬调整

1. 横向结构薪酬调整分析

横向结构薪酬调整主要是指针对不同职位、部门或业务线进行的薪酬调整。这种调整不依赖于员工的个人层级或资历，而是基于职位或部门的市场价值和公司内部的相对重要性。特点是有助于根据市场变化和公司业务需求，灵活地调整不同职位或部门的薪酬水平。例如，对于公司急需的人才或关键岗位，可以通过提高这些岗位的薪酬来吸引和留住人才。

适用场景：横向结构薪酬调整适用于公司需要根据市场变化或业务策略调整，对不同职位或部门进行差异化的薪酬管理。

这种调整方式关注的是不同职位或技能之间的相对价值，以及市场对这些职位或技能的需求和薪酬水平，如图 15.53 所示。

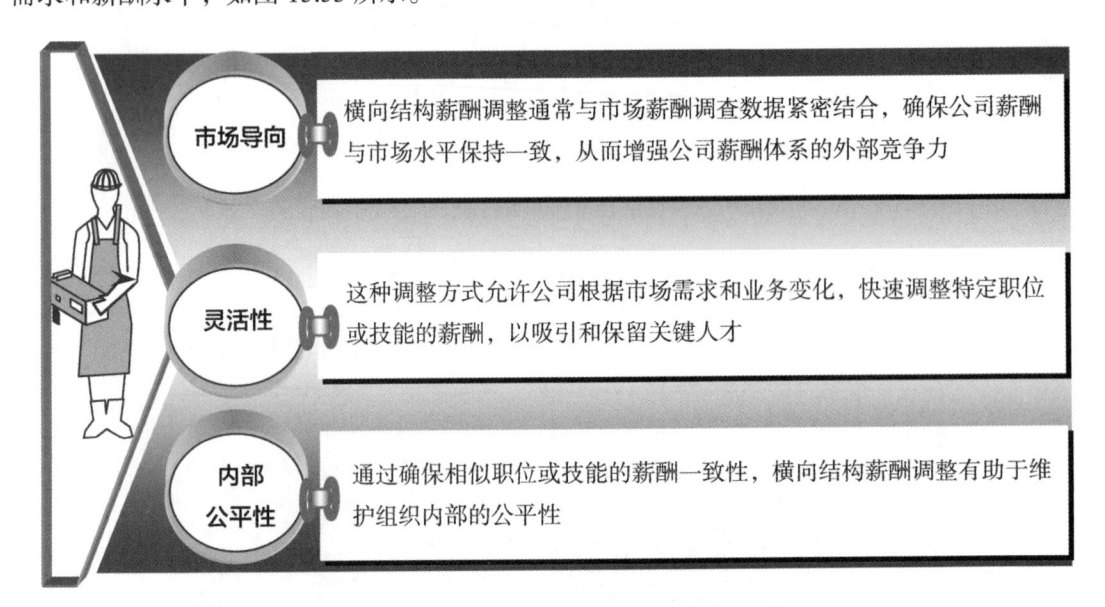

图 15.53　横向结构薪酬调整的三个特点

2. 纵向等级薪酬调整分析

纵向等级薪酬调整是基于员工的层级或资历进行的薪酬调整，通常涉及对不同层级的员工设定不同的薪酬标准和调整幅度，能够体现员工的层级和资历差异，激励员工通过提升自己的工作表现和资历来获得更高的薪酬。但也可能导致薪酬结构的僵化和层级之间的差距扩大。

适用场景：纵向等级薪酬调整适用于公司希望根据员工的层级和资历来设定薪酬标准，以激励员工提升自我和追求职业发展。

这种调整方式强调的是员工在组织内的层级和贡献，如图 15.54 所示。

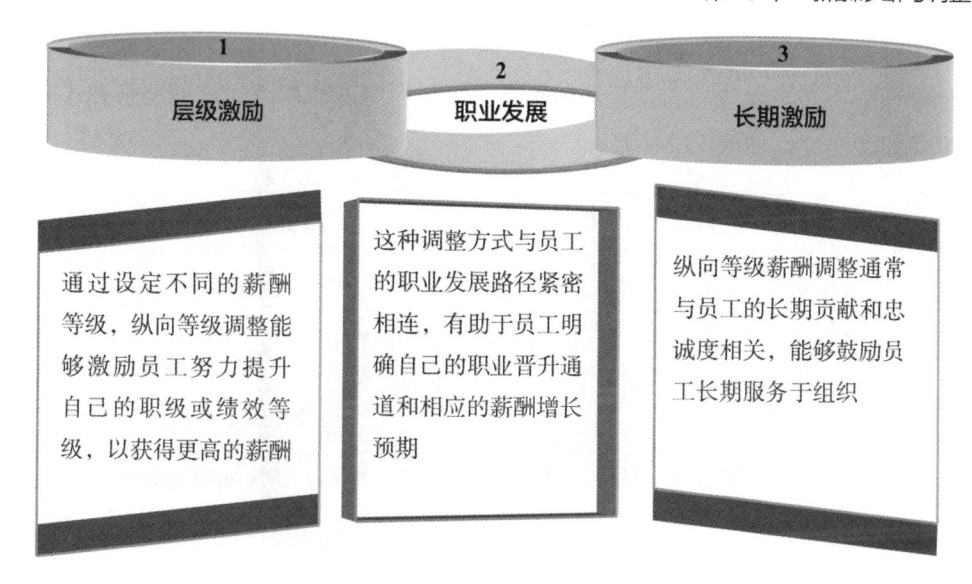

```
        1                           3
                    2
   层级激励        职业发展        长期激励
```

| 通过设定不同的薪酬等级，纵向等级调整能够激励员工努力提升自己的职级或绩效等级，以获得更高的薪酬 | 这种调整方式与员工的职业发展路径紧密相连，有助于员工明确自己的职业晋升通道和相应的薪酬增长预期 | 纵向等级薪酬调整通常与员工的长期贡献和忠诚度相关，能够鼓励员工长期服务于组织 |

图 15.54　纵向等级薪酬调整的三个特点

3. 横向结构与纵向等级薪酬调整的区别

横向结构与纵向等级薪酬调整的区别如图 15.55 所示。

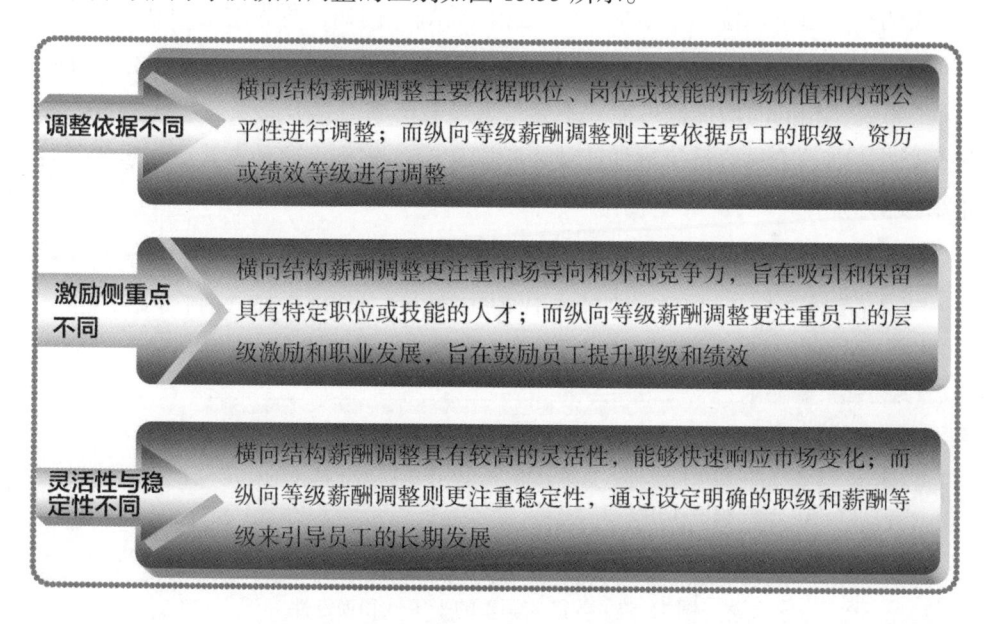

调整依据不同	横向结构薪酬调整主要依据职位、岗位或技能的市场价值和内部公平性进行调整；而纵向等级薪酬调整则主要依据员工的职级、资历或绩效等级进行调整
激励侧重点不同	横向结构薪酬调整更注重市场导向和外部竞争力，旨在吸引和保留具有特定职位或技能的人才；而纵向等级薪酬调整更注重员工的层级激励和职业发展，旨在鼓励员工提升职级和绩效
灵活性与稳定性不同	横向结构薪酬调整具有较高的灵活性，能够快速响应市场变化；而纵向等级薪酬调整则更注重稳定性，通过设定明确的职级和薪酬等级来引导员工的长期发展

图 15.55　横向结构与纵向等级薪酬调整的区别

15.3.2　等比例调整与等额式调整

1. 等比例调整

等比例调整是指按照一个固定的比例对所有人的薪酬进行统一调整。例如，公司决定对所有员工的薪酬增加 5%。特点是简单易行，能够快速实施。但由于是统一调整比例，可能导致原本薪酬高的员工调整后依然保持相对较高的薪酬水平，而薪酬较低的员工虽然得到了调整，但相对差距可能并未显著缩小。

等比例调整，即按照统一的百分比对所有员工的薪酬进行增减。这种调整方式的核心特点是公平性和激励性，如图15.56所示。

公平性

等比例调整确保了每位员工都能按照相同的比例获得薪酬调整，无论是高层管理者还是基层员工。这种一视同仁的方式有助于维护组织内部的公平感

激励性

由于调整比例相同，薪酬较高的员工在调整后会获得更大的绝对增长额。这种"多劳多得"效应可以在一定程度激励员工努力提升个人薪酬水平，从而激发工作动力

图 15.56　等比例调整的公平性和激励性

然而，等比例调整也可能导致薪酬差距的进一步扩大，因为高薪酬员工获得的增长额更高。

2. 等额式调整

等额式调整是指给每位员工增加相同数额的薪酬。例如，每人增加500元。这种方式能够更直接地提高低薪酬员工的收入水平，有助于缩小员工之间的薪酬差距。但对于原本薪酬较高的员工来说，相同的增加额可能并不会带来显著的薪酬提升感受。

等额式调整则是给每位员工增加或减少相同数额的薪酬。这种方式更注重平等性和稳定性，如图15.57所示。

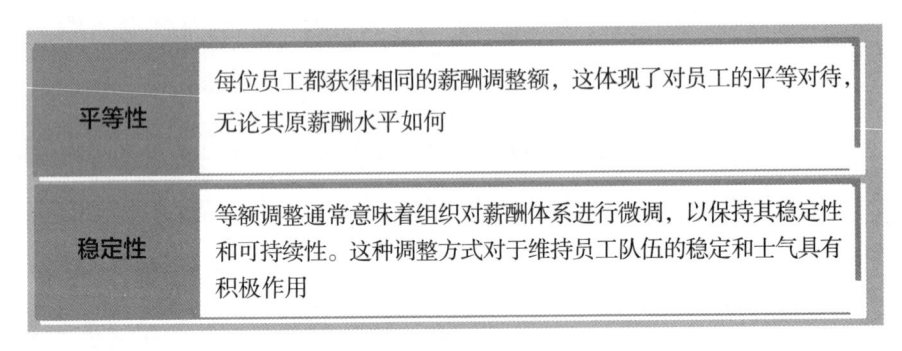

平等性　每位员工都获得相同的薪酬调整额，这体现了对员工的平等对待，无论其原薪酬水平如何

稳定性　等额调整通常意味着组织对薪酬体系进行微调，以保持其稳定性和可持续性。这种调整方式对于维持员工队伍的稳定和士气具有积极作用

图 15.57　等额式调整的平等性和稳定性

但等额式调整可能缺乏对高绩效员工的足够激励，因为无论绩效如何，每位员工的薪酬调整额都是相同的。

3. 等比例调整与等额式调整的区别

等比例调整与等额式调整的区别如图15.58所示。

调整原则不同 1	等比例调整基于员工的原薪酬水平进行百分比调整，而等额式调整则给予每位员工相同的调整额
激励效果不同 2	等比例调整更能激励员工提升自己的薪酬水平，因为高薪酬意味着高增长；而等额式调整则更注重平等和稳定，可能缺乏针对性的激励
薪酬差距影响不同 3	等比例调整可能会扩大薪酬差距，而等额式调整则有助于缩小薪酬差距或保持其稳定
适用场景不同 4	等比例调整适用于公司整体业绩稳定，且希望保持现有薪酬结构不变情况下的小幅调整；而等额式调整则更适用于希望特别关注并提升低薪酬员工待遇的情况、需要保持薪酬体系稳定和员工队伍士气的场景

图 15.58 等比例调整与等额式调整的区别

15.3.3 薪酬体系调整六个步骤

薪酬体系的调整需要遵循六个步骤，见表 15.4。

表 15.4 薪酬体系调整六个步骤

序号	步骤	薪酬体系调整业务操作说明
1	员工岗位价值及贡献度评估	◆ 各部门定期对部门内员工进行岗位价值及贡献度评估； ◆ 评估参照依据为各期绩效考核结果、员工主管及同事评价、员工在各项目或工作中的贡献度等
2	主管审核	◆ 薪酬主管对各部门提交的调薪申请或建议进行审核； ◆ 审核内容包括调薪申请理由是否充分、幅度是否合理、建议是否中肯等
3	招聘计划与部门薪资预算	◆ 薪酬主管根据各部门提供的薪资控制状况及年度招聘计划等情况，对部门的薪资进行预算； ◆ 预算应综合考虑可能存在的突发状况及薪资调整情况
4	薪资核算并确定薪酬等级	◆ 薪酬主管核算各部门提交薪资调整人员调整后的薪资； ◆ 薪酬主管应确定，调整后的薪资在企业薪酬等级中所处的等级是否在该岗位所在薪酬等级范围内； ◆ 若在薪酬等级范围内，则经人力资源部经理审批后根据核定后所在的薪酬等级调整；若在薪酬等级范围外，则应交总经理审批
5	调整薪资	◆ 薪酬主管确认薪资调整已呈权限领导审批； ◆ 调整相应员工的薪资，并根据制度规定在本期或下期发放调整后的薪资
6	变更薪资档案及资料	◆ 薪酬主管及时变更相应系统及档案内相关员工的薪资情况，并建立专门文件进行登记、统计； ◆ 登记内容包括薪资调整员工的姓名、部门、入职时间、调薪数额、调薪原因、调薪时间等

15.4 员工薪酬调整

员工薪酬调整是针对个别员工或员工群体的薪酬水平进行调整的行为,通常基于员工的工作表现、能力提升、岗位变动、市场薪酬水平变化或企业整体薪酬策略的调整。

员工薪酬调整是薪酬管理中具体而微的操作层面,直接影响员工的切身利益和工作态度。这种调整可以包括加薪、减薪或在薪酬构成中各部分比例的调整,目的是激励优秀员工,保持其工作积极性和忠诚度,同时也可能是对绩效不佳员工的负向激励。

15.4.1 涨薪类型与涨薪面谈

员工涨薪是薪酬管理体系中的重要环节,不仅能够激励员工积极工作,还能促进公司整体业绩的提升。在进行涨薪面谈时,管理者应注重沟通技巧和策略的运用,确保面谈达到预期效果。

员工涨薪的三种类型如图 15.59 所示。

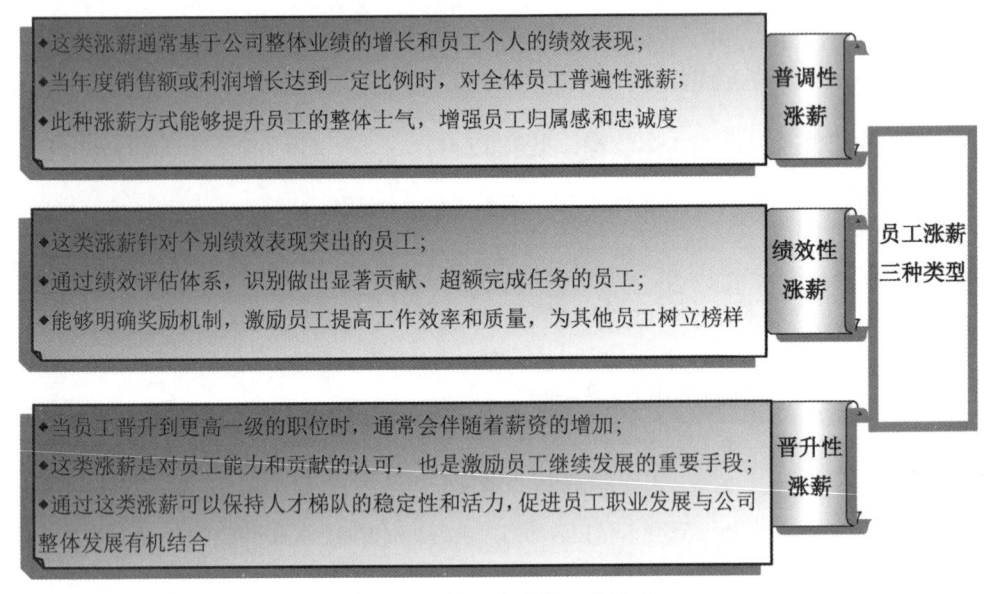

员工涨薪三种类型

- **普调性涨薪**
  - 这类涨薪通常基于公司整体业绩的增长和员工个人的绩效表现;
  - 当年度销售额或利润增长达到一定比例时,对全体员工普遍性涨薪;
  - 此种涨薪方式能够提升员工的整体士气,增强员工归属感和忠诚度

- **绩效性涨薪**
  - 这类涨薪针对个别绩效表现突出的员工;
  - 通过绩效评估体系,识别做出显著贡献、超额完成任务的员工;
  - 能够明确奖励机制,激励员工提高工作效率和质量,为其他员工树立榜样

- **晋升性涨薪**
  - 当员工晋升到更高一级的职位时,通常会伴随着薪资的增加;
  - 这类涨薪是对员工能力和贡献的认可,也是激励员工继续发展的重要手段;
  - 通过这类涨薪可以保持人才梯队的稳定性和活力,促进员工职业发展与公司整体发展有机结合

图 15.59 员工涨薪的三种类型

涨薪面谈的四大要点如图 15.60 所示。

涨薪面谈的四大要点

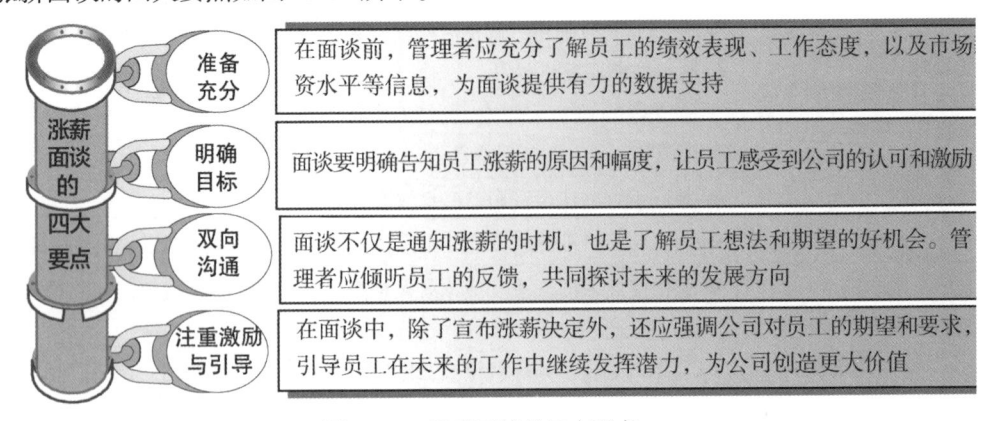

- **准备充分**:在面谈前,管理者应充分了解员工的绩效表现、工作态度,以及市场薪资水平等信息,为面谈提供有力的数据支持
- **明确目标**:面谈要明确告知员工涨薪的原因和幅度,让员工感受到公司的认可和激励
- **双向沟通**:面谈不仅是通知涨薪的时机,也是了解员工想法和期望的好机会。管理者应倾听员工的反馈,共同探讨未来的发展方向
- **注重激励与引导**:在面谈中,除了宣布涨薪决定外,还应强调公司对员工的期望和要求,引导员工在未来的工作中继续发挥潜力,为公司创造更大价值

图 15.60 涨薪面谈的四大要点

15.4.2　七种降薪方式与风险防范

员工降薪是一个需要谨慎处理的问题。通过合理的降薪方式和有效的风险防范措施，企业可以最大程度地减少降薪带来的负面影响，以维护企业的稳定和员工的利益。

员工降薪的七种方式如图 15.61 所示。

1. 直接降薪
- 直接减少员工的基本工资或奖金
- 这种方式最为直接，但也可能引起员工的强烈反感和抵制

2. 减少福利
- 如取消或降低一些非必需的福利待遇
- 此种方式较为隐蔽，但对员工实际收入和生活质量仍有显著影响

3. 调整薪资结构
- 如增加绩效工资的比例，降低基本工资，从而在员工绩效不佳时降低总薪酬
- 这种方式需要建立完善的绩效考核体系，并确保公平公正

4. 职位调整导致的降薪
- 当员工被调至较低级别的职位时，薪酬也会相应下降
- 需要明确的职位评估和调动机制，以避免滥用

5. 减少加班或津贴
- 通过限制加班或降低加班工资、交通津贴等方式来降低总体薪酬
- 这种方式对员工的直接影响较小，但长期累积效应仍不可忽视

6. 引入竞争机制
- 通过内部竞争来分配薪酬，表现不佳者可能面临降薪
- 这种方式需要建立透明的竞争规则和评价标准，以确保公平竞争

7. 临时性降薪
- 在公司经营困难时期，采取临时性的降薪措施以度过难关
- 这种方式需要明确降薪的期限和恢复机制，以避免员工利益长期受损

图 15.61　员工降薪的七种方式

员工降薪风险防范六项措施如图 15.62 所示。

员工降薪风险防范六项措施

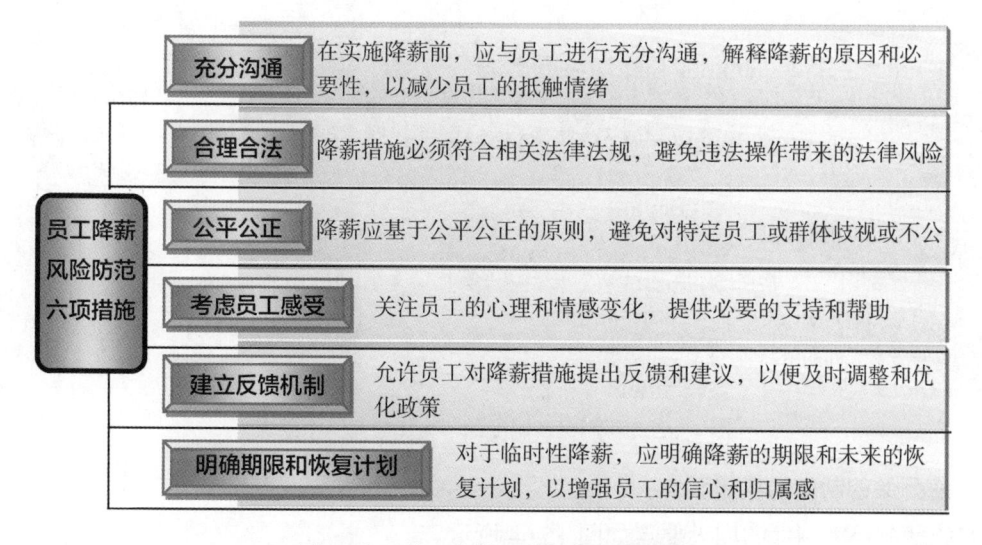

- **充分沟通**：在实施降薪前，应与员工进行充分沟通，解释降薪的原因和必要性，以减少员工的抵触情绪
- **合理合法**：降薪措施必须符合相关法律法规，避免违法操作带来的法律风险
- **公平公正**：降薪应基于公平公正的原则，避免对特定员工或群体歧视或不公
- **考虑员工感受**：关注员工的心理和情感变化，提供必要的支持和帮助
- **建立反馈机制**：允许员工对降薪措施提出反馈和建议，以便及时调整和优化政策
- **明确期限和恢复计划**：对于临时性降薪，应明确降薪的期限和未来的恢复计划，以增强员工的信心和归属感

图 15.62　员工降薪风险防范六项措施

433

15.5 薪酬保密制度与薪酬沟通

通过实施薪酬保密机制，企业意图减少员工之间因薪酬差异可能产生的不满和冲突，从而维护组织内部的和谐与效率。

通过制定合理高效的薪酬谈判策略，企业不仅可以在控制成本的同时吸引和留住人才，还能通过有效的薪酬沟通提升员工的工作满意度和忠诚度。

薪酬沟通技巧在密薪制环境中尤为重要。通过准确理解员工期望、清晰透明地传达信息、掌握非言语沟通技巧、建立双向沟通机制、遵循法律法规和企业文化，以及提供后续跟进与支持等，企业可以有效地与员工进行薪酬沟通，从而增强员工的满意度和忠诚度，促进企业的长远发展。

15.5.1 薪酬保密制度

薪酬保密制度，通常被称为密薪制，是指在企业内部对员工的薪资水平进行保密的一种管理制度。该制度的起源可以追溯到企业管理者对员工薪酬信息的敏感性，以及对内部竞争和团队稳定性的考虑。

1. 薪酬保密制度的优缺点

薪酬保密制度的三大优势与三个缺点如图 15.63 所示。

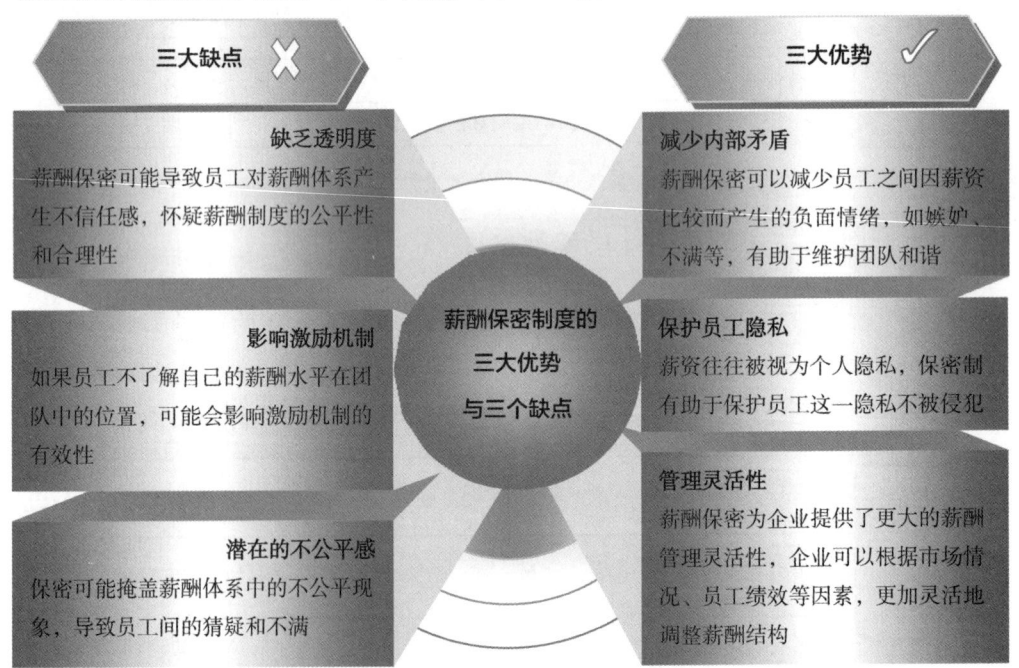

三大缺点 ✗

缺乏透明度
薪酬保密可能导致员工对薪酬体系产生不信任感，怀疑薪酬制度的公平性和合理性

影响激励机制
如果员工不了解自己的薪酬水平在团队中的位置，可能会影响激励机制的有效性

潜在的不公平感
保密可能掩盖薪酬体系中的不公平现象，导致员工间的猜疑和不满

三大优势 ✓

减少内部矛盾
薪酬保密可以减少员工之间因薪资比较而产生的负面情绪，如嫉妒、不满等，有助于维护团队和谐

保护员工隐私
薪资往往被视为个人隐私，保密制有助于保护员工这一隐私不被侵犯

管理灵活性
薪酬保密为企业提供了更大的薪酬管理灵活性，企业可以根据市场情况、员工绩效等因素，更加灵活地调整薪酬结构

图 15.63　薪酬保密制度的三大优势与三个缺点

2. 薪酬保密制度的实施要点

实施薪酬保密制度的四大要点如图 15.64 所示。

第15章 薪酬诊断与调整、沟通

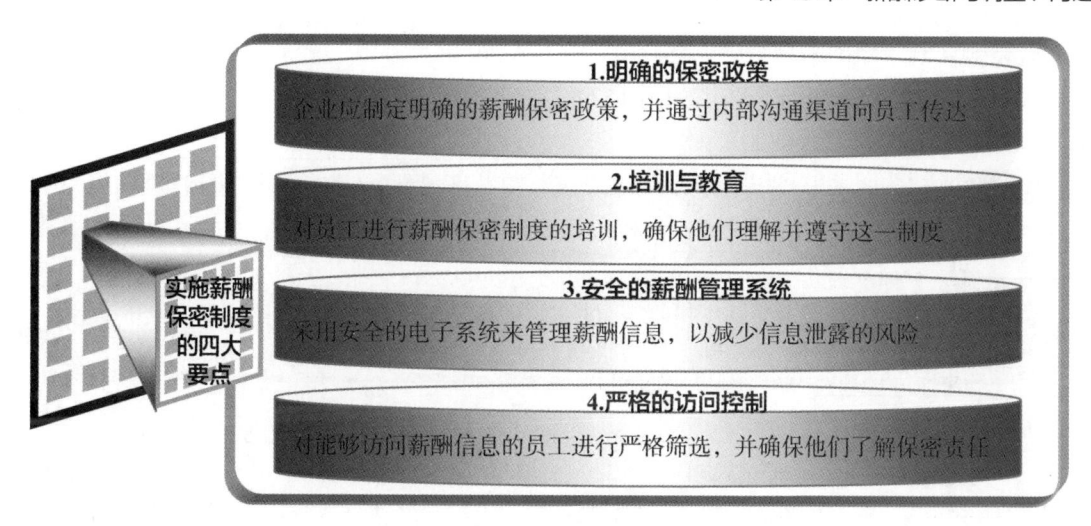

1.明确的保密政策
企业应制定明确的薪酬保密政策，并通过内部沟通渠道向员工传达

2.培训与教育
对员工进行薪酬保密制度的培训，确保他们理解并遵守这一制度

3.安全的薪酬管理系统
采用安全的电子系统来管理薪酬信息，以减少信息泄露的风险

4.严格的访问控制
对能够访问薪酬信息的员工进行严格筛选，并确保他们了解保密责任

图 15.64　实施薪酬保密制度的四大要点

3. 薪酬保密制度与薪酬沟通的关系

虽然薪酬保密制度强调了对薪资信息的保护，但这并不意味着企业可以完全忽视薪酬沟通。有效的薪酬沟通可以帮助员工理解企业的薪酬理念和薪酬体系，从而提高员工的工作满意度和忠诚度。在薪酬保密的前提下，企业可以通过提供薪酬体系的总体概述、解释薪酬决定的因素，以及定期回顾和调整薪酬政策等方式，来加强与员工的薪酬沟通。

综上所述，薪酬保密制度在维护团队稳定、保护员工隐私方面发挥着重要作用，但也需要与有效的薪酬沟通相结合，以确保员工对薪酬体系的信任和理解。

15.5.2　薪酬谈判策略

薪酬谈判策略是指在招聘、晋升或员工要求调整薪资时，企业与员工或候选人之间进行薪酬协商的具体方法和计划。一个有效的薪酬谈判策略不仅有助于企业吸引和留住人才，还能在控制成本的同时，确保员工得到公平合理的报酬。

1. 薪酬谈判策略的核心要素

薪酬谈判策略的三大核心要素如图 15.65 所示。

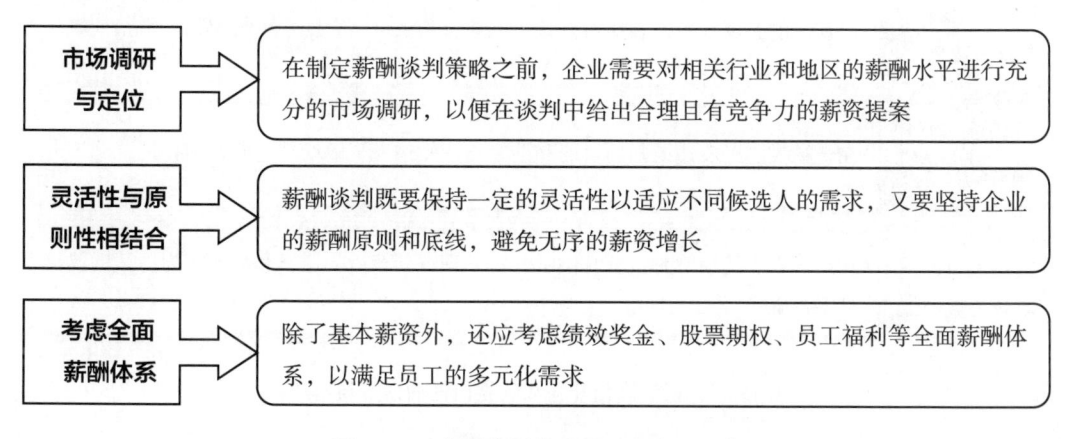

市场调研与定位	在制定薪酬谈判策略之前，企业需要对相关行业和地区的薪酬水平进行充分的市场调研，以便在谈判中给出合理且有竞争力的薪资提案
灵活性与原则性相结合	薪酬谈判既要保持一定的灵活性以适应不同候选人的需求，又要坚持企业的薪酬原则和底线，避免无序的薪资增长
考虑全面薪酬体系	除了基本薪资外，还应考虑绩效奖金、股票期权、员工福利等全面薪酬体系，以满足员工的多元化需求

图 15.65　薪酬谈判策略的三大核心要素

2. 薪酬谈判策略的实施步骤

实施薪酬谈判策略的五个步骤如图 15.66 所示。

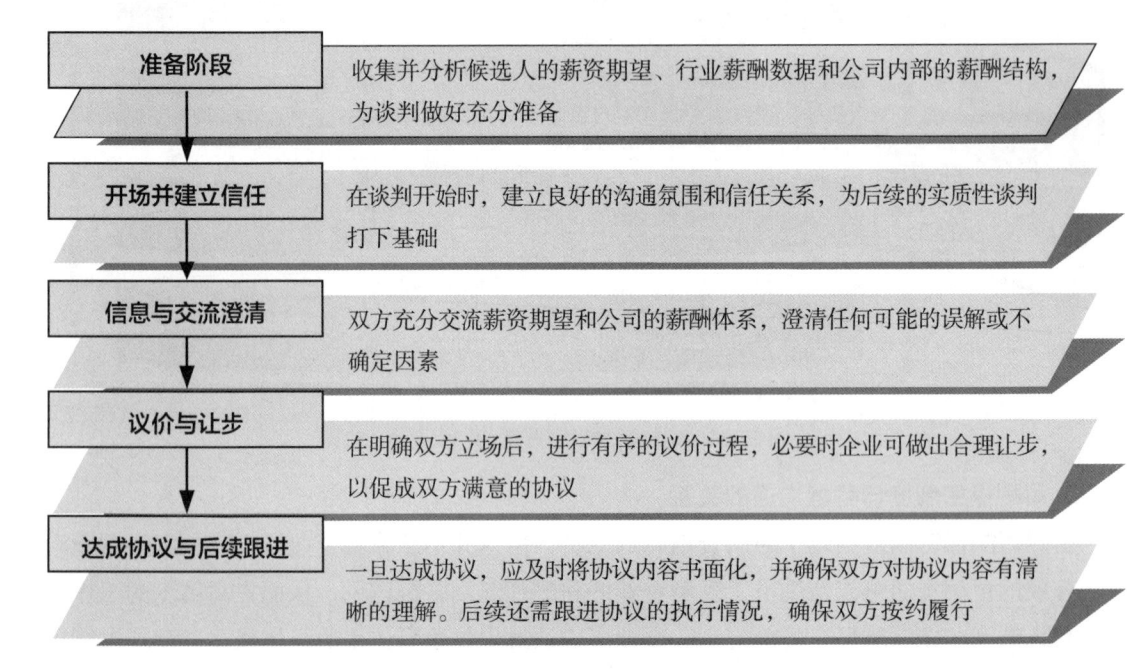

准备阶段	收集并分析候选人的薪资期望、行业薪酬数据和公司内部的薪酬结构，为谈判做好充分准备
开场并建立信任	在谈判开始时，建立良好的沟通氛围和信任关系，为后续的实质性谈判打下基础
信息与交流澄清	双方充分交流薪资期望和公司的薪酬体系，澄清任何可能的误解或不确定因素
议价与让步	在明确双方立场后，进行有序的议价过程，必要时企业可做出合理让步，以促成双方满意的协议
达成协议与后续跟进	一旦达成协议，应及时将协议内容书面化，并确保双方对协议内容有清晰的理解。后续还需跟进协议的执行情况，确保双方按约履行

图 15.66　实施薪酬谈判策略的五个步骤

3. 开场和建立信任的话术与技巧

薪酬谈判开场和建立信任的话术与技巧如图 15.67 所示。

话术1	"您好，[候选人姓名]，非常感谢您抽出时间来与我们进行这次薪酬谈判。我们对您非常感兴趣，相信您的加入能为我们的团队带来更多创新和价值。"
话术2	"在正式进入薪酬讨论之前，我想先了解一下您对当前市场薪酬水平的了解，以及您对自己价值的评估。这样我们可以更精准地找到一个双方都满意的薪资点。"
技巧1：保持友善与尊重	以友好的态度开场，表达对候选人的尊重和认可，有助于缓解谈判的紧张气氛
技巧2：明确表达意图	在开场时明确表达谈判的目的和期望，让候选人了解谈判的流程和目标
技巧3：倾听与理解	在候选人表达期望时，认真倾听并尝试理解其背后的逻辑和考虑，为后续的议价打下基础

图 15.67　薪酬谈判开场和建立信任的话术与技巧

4. 议价与让步的方法与技巧

薪酬谈判议价与让步的方法与技巧如图 15.68 所示。

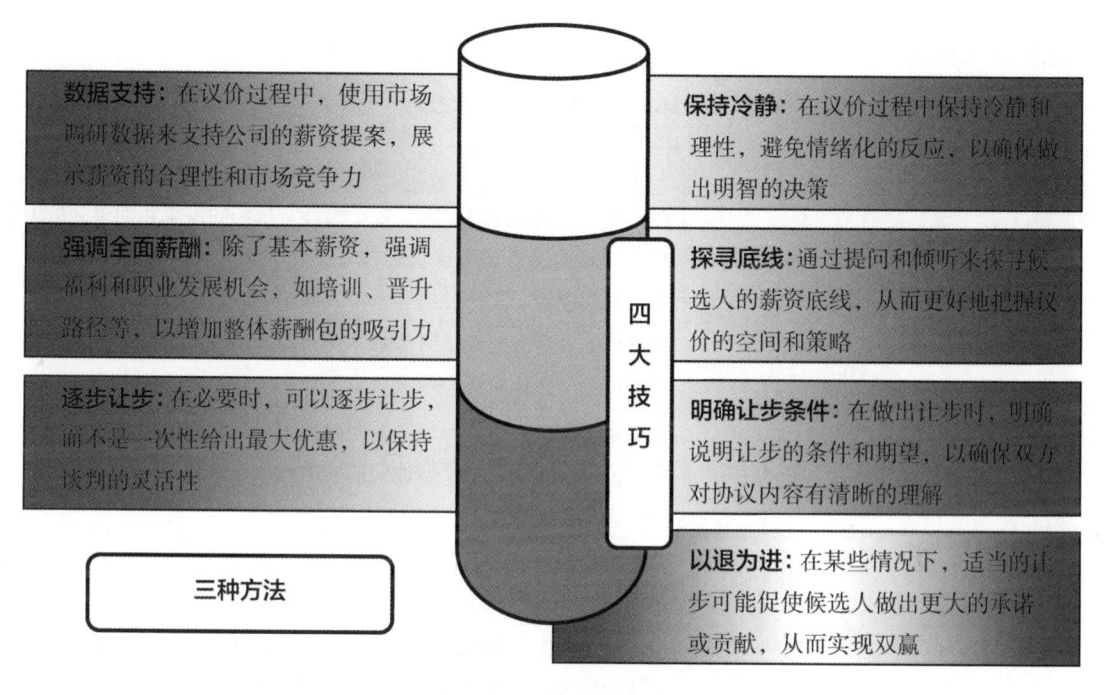

四大技巧

- **数据支持**：在议价过程中，使用市场调研数据来支持公司的薪资提案，展示薪资的合理性和市场竞争力
- **强调全面薪酬**：除了基本薪资，强调福利和职业发展机会，如培训、晋升路径等，以增加整体薪酬包的吸引力
- **逐步让步**：在必要时，可以逐步让步，而不是一次性给出最大优惠，以保持谈判的灵活性

三种方法

- **保持冷静**：在议价过程中保持冷静和理性，避免情绪化的反应，以确保做出明智的决策
- **探寻底线**：通过提问和倾听来探寻候选人的薪资底线，从而更好地把握议价的空间和策略
- **明确让步条件**：在做出让步时，明确说明让步的条件和期望，以确保双方对协议内容有清晰的理解
- **以退为进**：在某些情况下，适当的让步可能促使候选人做出更大的承诺或贡献，从而实现双赢

图 15.68　薪酬谈判议价与让步的方法与技巧

5. 薪酬谈判中可能遇到的挑战与对策

薪酬谈判中可能遇到的挑战与对策如图 15.69 所示。

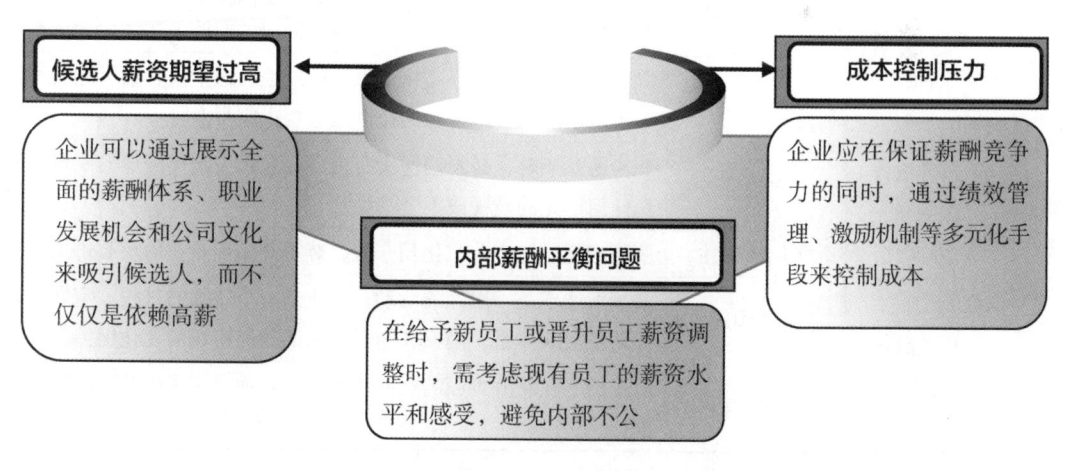

- **候选人薪资期望过高**：企业可以通过展示全面的薪酬体系、职业发展机会和公司文化来吸引候选人，而不仅仅是依赖高薪
- **成本控制压力**：企业应在保证薪酬竞争力的同时，通过绩效管理、激励机制等多元化手段来控制成本
- **内部薪酬平衡问题**：在给予新员工或晋升员工薪资调整时，需考虑现有员工的薪资水平和感受，避免内部不公

图 15.69　薪酬谈判中可能遇到的挑战与对策

6. 薪酬谈判策略与薪酬沟通的关系

薪酬谈判策略是薪酬沟通的重要组成部分。一个有效的薪酬谈判不仅要求企业具备良好的谈判技巧，还要求企业能够清晰、准确地传达企业的薪酬理念和政策。通过有效的薪酬沟通，企业可以更好地理解员工的需求和期望，从而制定出更加合理和有针对性的薪酬谈判策略。

15.5.3 薪酬沟通技巧

即使在密薪制的环境下,有效的沟通依然是薪酬管理中不可或缺的一环。薪酬沟通的六大技巧见表 15.5。

表15.5 薪酬沟通的六大技巧

序号	技巧	细项划分	具体分析
1	准确理解员工期望	倾听与洞察	在与员工沟通薪酬时,首先要学会倾听他们的需求和期望。员工对薪酬的期望往往不仅仅是数字上的增加,还可能涉及福利待遇、职业发展、工作环境等多个方面
		个性化沟通	每位员工对薪酬的期望可能都不同,因此沟通时需要考虑个体差异,进行个性化交流
2	清晰、透明地传达信息	明确性	在沟通薪酬时,要确保信息的明确性,避免使用模糊或含糊的语言。员工需要清楚地了解他们的薪酬构成、调整原因,以及未来的可能变化
		透明度	虽然密薪制要求薪酬保密,但在与员工沟通时,应保持必要的透明度,解释薪酬调整的依据和考虑因素,以增强员工的信任感
3	掌握非言语沟通技巧	肢体语言	在沟通过程中,肢体语言同样重要。一个微笑、一个点头或者一个鼓励的眼神,都能让员工感受到尊重和认可
		语调与语速	平和、友善的语调和适中的语速能够营造轻松的沟通氛围,有助于信息的有效传递
4	建立双向沟通机制	反馈与互动	薪酬沟通不应是单方面的宣讲,而应建立双向的沟通机制。鼓励员工提出问题、分享想法,并积极回应他们的关切
		开放心态	管理者应以开放的心态接受员工的反馈,这不仅有助于建立互信关系,还能为薪酬体系的持续改进提供宝贵意见
5	遵守法律法规和企业文化	合规性	在沟通薪酬时,必须确保所有内容符合相关法律法规的要求,避免任何形式的歧视或不公平做法
		文化敏感性	薪酬沟通应与企业文化相一致,尊重并体现企业的核心价值观
6	后续跟进与支持	持续沟通	薪酬沟通不是一次性的活动,而应是一个持续的过程。定期回顾和调整薪酬体系,确保其与员工的期望和市场的变化保持一致
		提供支持	对于员工在薪酬方面的疑问或困惑,管理者应提供及时的解答和支持

最佳实践:IBM 公司的薪酬诊断与调整

IBM 作为全球知名的科技公司,一直致力于通过技术创新和服务为客户提供最佳的解决方案。随着市场环境的变化和业务的不断扩张,IBM 认识到薪酬管理机制在吸引、激励和留住人才方面的重要性,并决定对其薪酬策略进行诊断与创新性调整。

IBM 薪酬策略定位三大关键如图 15.70 所示。

IBM 薪酬策略定位三大关键

全面薪酬体系	绩效导向	市场竞争力
IBM构建了一个全面的薪酬体系。该体系不仅包括传统的基本薪资和奖金,还涵盖了股权激励、健康与福利计划、职业发展与培训机会等非物质激励	IBM强调薪酬与绩效的紧密挂钩,员工的薪酬增长、奖金发放,以及股权激励等都与个人的绩效表现和团队的整体业绩密切相关	为了确保薪酬策略的市场竞争力,IBM 定期对薪酬水平进行市场调研,并根据调研结果及时调整薪酬标准,以确保其薪酬水平能够吸引和留住行业内的顶尖人才

图 15.70　IBM 薪酬策略定位三大关键

IBM 薪酬策略动态调整的三个重点如图 15.71 所示。

引入动态薪酬调整机制	IBM 建立了一个动态薪酬调整机制,该机制能够根据员工的绩效表现、市场薪酬变动,以及公司业务需求等因素,自动调整员工的薪酬水平。这种动态调整不仅确保了薪酬策略的灵活性和时效性,还大大提高了员工的工作积极性和满意度
个性化福利计划	为了满足员工多样化的需求,IBM 推出了一系列个性化的福利计划。员工可以根据自己的实际情况选择适合自己的福利组合,如健康保险、家庭护理、子女教育等。这种个性化的福利计划不仅增强了员工的归属感,还提高了员工的工作效率和忠诚度
股权激励创新	为了进一步激发员工的工作热情和创新精神,IBM 在股权激励方面进行了创新,推出了一种新型的股权激励计划,允许员工以优惠价格购买公司股票,并在一定期限内享有股票增值的收益。这种股权激励计划不仅将员工的利益与公司的发展紧密联系在一起,还激发了员工为公司创造更大价值的动力

图 15.71　IBM 薪酬策略动态调整的三个重点

IBM 的动态薪酬调整机制是一个综合考虑市场、绩效、业务需求和团队业绩等多因素的灵活体系。这一机制有助于确保公司薪酬体系的竞争力和激励性,从而吸引和留住优秀人才,推动公司的长期发展。

IBM 的动态薪酬调整机制见表 15.6。

表15.6　IBM的动态薪酬调整机制

动态机制	细化项目	IBM动态薪酬调整具体分析
动态薪酬调整机制构建的基础	市场薪酬调研	IBM会定期进行市场薪酬调研，了解同行业、同地区企业的薪酬水平和结构。这些调研数据为动态薪酬调整提供了市场参照，确保公司薪酬水平的竞争力和吸引力
	绩效评估体系	IBM拥有完善的绩效评估体系，通过设立明确的绩效目标和评估指标，全面考核员工的工作表现。绩效评估结果直接关联到薪酬调整，是实现动态薪酬调整的重要依据
动态薪酬调整的关键因素	个人绩效表现	员工的个人绩效是动态薪酬调整的核心因素。高绩效员工可以获得更高的绩效薪酬，低绩效员工的薪酬增长则可能受到限制。这种调整方式旨在激励员工不断提升工作表现
	团队整体业绩	除了个人绩效外，团队的整体业绩也会影响薪酬调整。当团队达到或超过预定目标时，团队成员可能会获得额外的薪酬奖励
	市场薪酬变动	随着市场环境和行业竞争态势的变化，薪酬水平也需要相应调整。IBM会密切关注市场动态，并根据市场薪酬变动情况对员工薪酬进行适时调整
	公司业务需求	公司业务的发展和战略调整也会对薪酬产生影响。例如，当公司需要重点发展某个业务领域时，可能会对该领域的员工提供更具吸引力的薪酬待遇
动态薪酬调整的实施流程	数据收集与分析	收集市场薪酬数据、员工绩效评估结果，以及公司业务需求等信息，并进行深入分析
	薪酬调整决策	基于数据分析结果，制定薪酬调整方案。这一过程中会综合考虑多种因素，确保薪酬调整的公平性和激励性
	员工沟通与反馈	将薪酬调整方案与员工进行沟通，收集员工的反馈意见，并根据实际情况进行必要的调整
	方案实施与监控	按照既定的薪酬调整方案进行实施，并定期监控实施效果，以便根据实际情况进行适时调整

IBM的福利计划是全面且精心设计的，旨在满足员工的多样化需求，并提升他们的工作满意度和忠诚度。IBM的福利计划体系见表15.7。

表15.7　IBM的福利计划体系

序号	福利项目	IBM福利计划体系具体分析
1	健康与医疗保险	IBM为员工提供全面的健康保险，包括医疗保险、牙科保险和视力保险，以确保员工及其家人在面对健康问题时能够得到充分的保障

续表

序号	福利项目	IBM 福利计划体系具体分析
2	退休金计划与储蓄计划	IBM 设有退休金计划，如 401（k）计划，员工可以根据自己的情况选择投入一定比例的收入，公司也会根据员工的投入进行贡献匹配
		IBM 还提供其他储蓄和投资计划，帮助员工规划未来，确保他们在退休后能够维持舒适的生活
3	带薪休假与假期	IBM 员工享有带薪休假，包括年假、病假及其他特殊假期
		员工可以享受一定天数的年假，用于休息和放松；在病假方面，IBM 也提供慷慨的政策，以确保员工在需要时能够有足够的时间恢复健康
4	员工关怀与支持	IBM 重视员工的心理健康，提供员工援助计划（EAP），以帮助员工应对压力、家庭问题或其他个人挑战
		公司还提供各种健康与健身计划，鼓励员工保持健康的生活方式
5	家庭与育儿支持	对于有家庭的员工，IBM 提供家庭护理假、产假/陪产假等支持，以确保员工能够在家庭和工作之间取得平衡
		IBM 还提供托儿服务或相关补贴，以帮助员工更好地照顾家庭
6	其他特色福利	IBM 还可能提供员工折扣、定期的员工活动等特色福利，以增强员工的归属感和团队凝聚力

通过创新性的薪酬策略调整，IBM 成功地吸引了大量优秀人才，提高了员工的工作积极性和满意度。同时，公司的业务也得到了快速发展，市场竞争力显著提升。这一成功案例为其他企业提供了有益的启示：在激烈的市场竞争中，企业应不断创新薪酬策略，以满足员工多样化的需求，激发员工的工作热情和创新精神，从而实现企业的可持续发展。

最佳实践：微软公司的薪酬激励剖析

微软公司作为全球科技巨头，一直以来都非常重视人才的吸引、激励和保留。为了更好地满足员工多样化的需求，并提升员工的工作积极性和忠诚度，微软公司采用了一种创新性的混合型薪酬策略。

混合型薪酬策略应用了多种薪酬激励工具和方法，同时结合职业发展与培训计划，旨在为员工提供全面、灵活的薪酬待遇，从而激发员工的最佳潜能。

微软混合型薪酬策略有四大核心要素，如图 15.72 所示。

微软混合型薪酬策略的四大核心要素

基本薪资与奖金

微软为员工提供具有市场竞争力的基本薪资，并根据员工的绩效表现发放相应的奖金。这种传统薪酬组成部分确保了员工的基本生活需求得到满足，并通过奖金激励员工追求卓越的工作表现

股权激励

微软利用股权激励计划让员工成为公司的"股东"，从而与公司的发展紧密绑定。员工可以通过股权激励计划购买公司股票，分享公司价值增长的红利。这种长期激励机制有助于激发员工的归属感和责任感

福利与津贴

微软提供丰富的福利和津贴，包括健康保险、退休金计划、员工折扣、带薪休假等。这些福利和津贴旨在满足员工的个性化需求，提升员工的工作满意度和忠诚度

职业发展与培训

微软非常重视员工的职业规划、长期发展和个人成长。公司提供非物质激励，包括广泛的培训和发展机会，帮助员工提升技能、拓展知识领域，并为员工规划清晰的职业发展路径

图 15.72　微软混合型薪酬策略的四大核心要素

微软混合型薪酬策略有三大创新点，如图 15.73 所示。

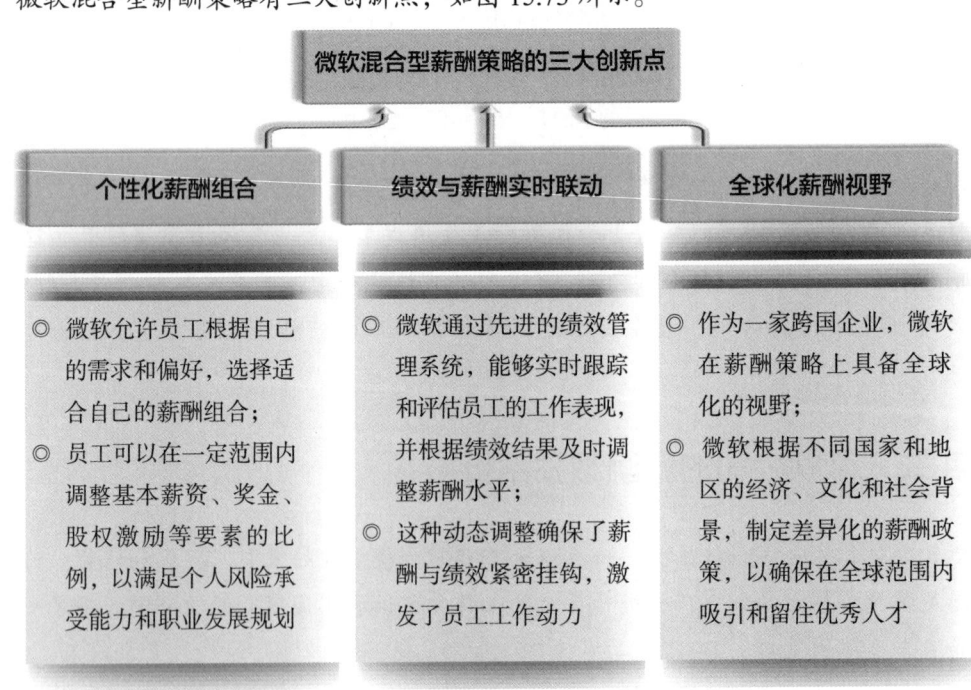

微软混合型薪酬策略的三大创新点

个性化薪酬组合

- 微软允许员工根据自己的需求和偏好，选择适合自己的薪酬组合；
- 员工可以在一定范围内调整基本薪资、奖金、股权激励等要素的比例，以满足个人风险承受能力和职业发展规划

绩效与薪酬实时联动

- 微软通过先进的绩效管理系统，能够实时跟踪和评估员工的工作表现，并根据绩效结果及时调整薪酬水平；
- 这种动态调整确保了薪酬与绩效紧密挂钩，激发了员工工作动力

全球化薪酬视野

- 作为一家跨国企业，微软在薪酬策略上具备全球化的视野；
- 微软根据不同国家和地区的经济、文化和社会背景，制定差异化的薪酬政策，以确保在全球范围内吸引和留住优秀人才

图 15.73　微软混合型薪酬策略的三大创新点

微软的职业发展与培训计划是一个全面而系统的体系，旨在帮助员工提升技能、实现职业目标，并促进公司的长期发展。

1. 职业发展路径

微软为员工提供了两条可选择的职业生涯发展轨道：技术轨道和管理轨道，如图 15.74 所示。

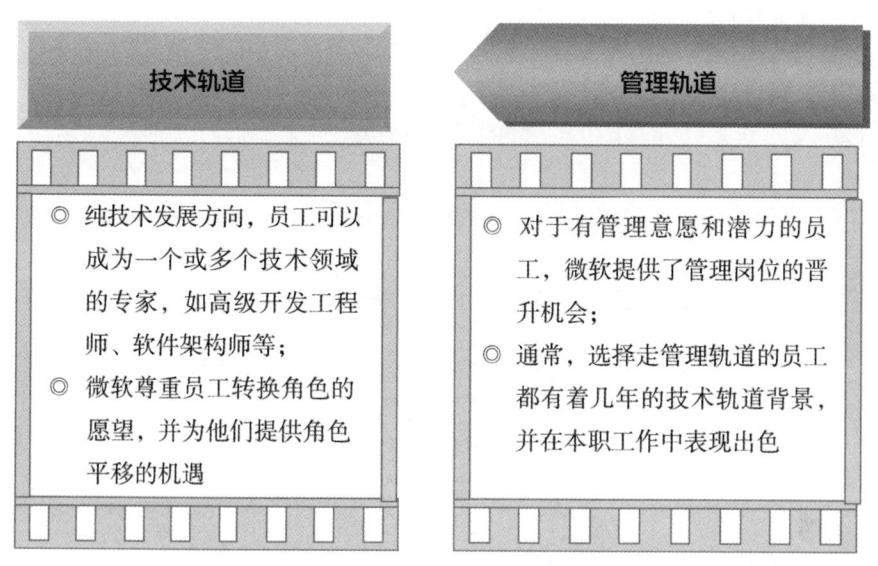

技术轨道
- 纯技术发展方向，员工可以成为一个或多个技术领域的专家，如高级开发工程师、软件架构师等；
- 微软尊重员工转换角色的愿望，并为他们提供角色平移的机遇

管理轨道
- 对于有管理意愿和潜力的员工，微软提供了管理岗位的晋升机会；
- 通常，选择走管理轨道的员工都有着几年的技术轨道背景，并在本职工作中表现出色

图 15.74　微软员工职业发展路径双轨道

2. 培训计划与内容

微软的培训计划旨在建立技术人才培养体系，提高当地技术人才的整体技术水平，并推动科技创新领域的发展。培训计划主要包括四个方面，如图 15.75 所示。

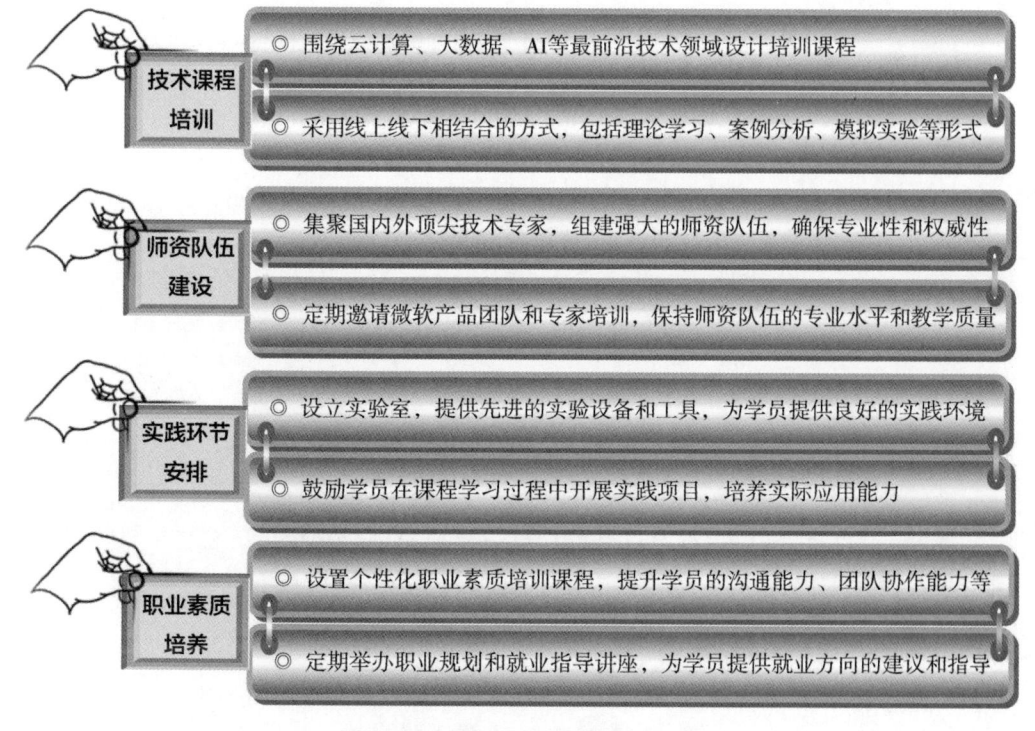

技术课程培训
- 围绕云计算、大数据、AI等最前沿技术领域设计培训课程
- 采用线上线下相结合的方式，包括理论学习、案例分析、模拟实验等形式

师资队伍建设
- 集聚国内外顶尖技术专家，组建强大的师资队伍，确保专业性和权威性
- 定期邀请微软产品团队和专家培训，保持师资队伍的专业水平和教学质量

实践环节安排
- 设立实验室，提供先进的实验设备和工具，为学员提供良好的实践环境
- 鼓励学员在课程学习过程中开展实践项目，培养实际应用能力

职业素质培养
- 设置个性化职业素质培训课程，提升学员的沟通能力、团队协作能力等
- 定期举办职业规划和就业指导讲座，为学员提供就业方向的建议和指导

图 15.75　微软培训计划的四个方面

3. 培训管理机制

微软的培训管理机制严格而完善，包括两个方面，如图 15.76 所示。

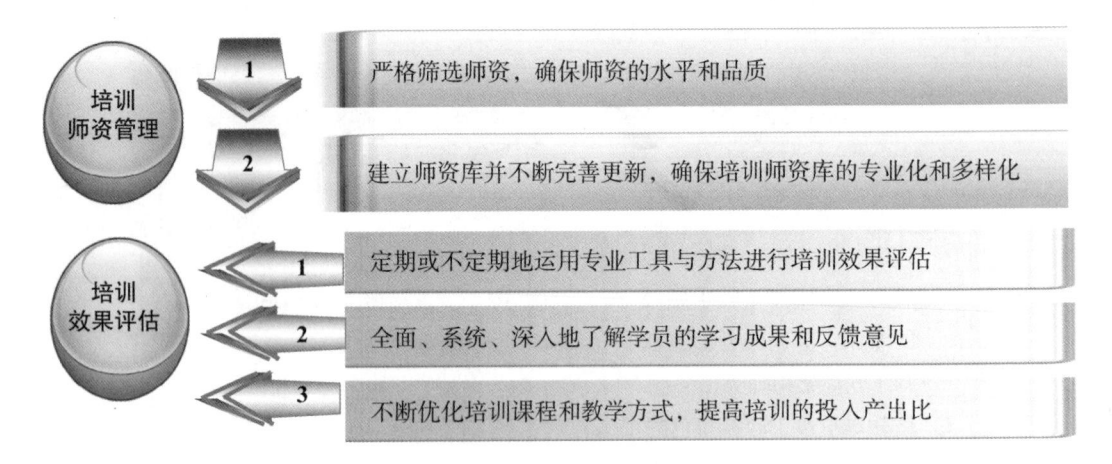

培训师资管理
1. 严格筛选师资，确保师资的水平和品质
2. 建立师资库并不断完善更新，确保培训师资库的专业化和多样化

培训效果评估
1. 定期或不定期地运用专业工具与方法进行培训效果评估
2. 全面、系统、深入地了解学员的学习成果和反馈意见
3. 不断优化培训课程和教学方式，提高培训的投入产出比

图 15.76　微软培训管理机制

通过实施混合型薪酬策略，微软成功地吸引了大量顶尖人才。员工在享受全面、灵活的薪酬待遇的同时，也感受到了公司对个人发展和职业成长的重视。

展望未来，微软会进一步探索个性化薪酬组合、动态薪酬调整等创新手段，为员工提供更加灵活多样的薪酬选择和发展机会。通过持续创新和改进，微软致力于构建一个更加公平、激励和吸引人的薪酬体系，以推动公司的可持续发展和员工的共同成长。